大学 学科地图 丛书

丛书总策划　　周雁翎

社会科学策划　　刘　军

人文学科策划　　周志刚

~ 大学 学科地图 丛书 ~

政治学系列

A GUIDEBOOK FOR STUDENTS

国际政治学
学科地图
（第二版）

陈岳 田野 主编

图书在版编目(CIP)数据

国际政治学学科地图/陈岳,田野主编. —2 版. —北京:北京大学出版社,2021.10
(大学学科地图丛书)
ISBN 978-7-301-32565-0

Ⅰ. ①国… Ⅱ. ①陈… ②田… Ⅲ. ①国际政治—高等学校—教材 Ⅳ. ①D5

中国版本图书馆 CIP 数据核字(2021)第 199052 号

书　　　名	国际政治学学科地图（第二版）
	GUOJI ZHENGZHIXUE XUEKE DITU（DI-ER BAN）
著作责任者	陈　岳　田　野　主编
责任编辑	刘　军
标准书号	ISBN 978-7-301-32565-0
出版发行	北京大学出版社
地　　　址	北京市海淀区成府路 205 号　100871
网　　　址	http://www.pup.cn　　新浪微博:@北京大学出版社
微信公众号	通识书苑（微信号：sartspku）
	科学元典（微信号：kexueyuandian）
电子邮箱	编辑部 jyzx@pup.cn　　总编室 zpup@pup.cn
电　　话	邮购部 010-62752015　发行部 010-62750672
	编辑部 010-62767346
印　刷　者	河北滦县鑫华书刊印刷厂
经　销　者	新华书店
	730 毫米×1020 毫米　16 开本　32.5 印张　555 千字
	2016 年 1 月第 1 版
	2021 年 10 月第 2 版　2024 年 6 月第 3 次印刷
定　　　价	100.00 元

未经许可，不得以任何方式复制或抄袭本书之部分或全部内容。
版权所有，侵权必究
举报电话: 010-62752024　电子邮箱: fd@pup.cn
图书如有印装质量问题，请与出版部联系，电话: 010-62756370

编写说明

"大学学科地图丛书"是北京大学出版社组织编纂的一套包括人文学科、社会科学以及自然科学诸学科的简明学科指南。

这套丛书试图通过提炼各学科的研究对象、概念、范畴、基本问题、致思方式、知识结构、表述方式,阐述学科的历史发展脉络,描绘学科的整体面貌,展现学科的发展趋势及前沿,将学科经纬梳理清楚,为本科生和研究生提供进入该学科的门径,训练其专业思维和批判性思维,培养学术兴趣,使其了解现代学术分科的意义和局限,养成整全的学术眼光。

各分册内容主要包括如下板块:(1) 学科综述或学科历史;(2) 学科基本理论体系及流派;(3) 学科关键术语、核心概念;(4) 学科主要研究方法;(5) 学科前沿;(6) 学科代表人物、重大事件;(7) 学科必读文献(重要著作、国际刊物);(8) 学科的重要学术组织等。当然,考虑到各学科的特点,各分册在写作结构上又有所调整或变通。

"大学学科地图丛书"的作者不但熟谙教学,而且在各学科共同体内具有良好的声望,对学科历史具有宏观全面的视野,对学科本质具有深刻的把握,对学科内在逻辑具有良好的驾驭能力。他们在繁忙的工作中,以巨大的热情投入到书稿的写作中,对提纲反复斟酌,对书稿反复修改,力图使书稿既能清晰展现学科发展的历史脉络,又能准确体现学科发展前沿和未来趋势。

近年来,弱化教学的现象在我国大学不断蔓延。这种倾向不但背离了大学教育的根本使命,而且直接造成了大学教育质量的下滑。我国大学教育面临一场空前危机。因此,当前对各学科进行系统梳理、反思和研究,不但十分必要,而且迫在眉睫。

希望这套丛书的出版能为广大学子提供初登"学科堂奥"的进学指南,能为进一步提高大学教育质量添砖加瓦,并能为推动现行学科体系的发展与完善尽一份心力。

北京大学出版社
2016 年 1 月

第二版序言

作为中国学者编写的第一部国际关系学科手册,《国际政治学学科地图》于2016年1月由北京大学出版社出版,至今已逾五年。这五年间,我们收到了不少读者的意见和建议。在2016年中国人民大学国际关系学院举办的"中国国际问题高级讲坛"上,本书部分作者和出版社编辑一道与多位参加讲坛的高校教师进行了专题座谈,与会者就《国际政治学学科地图》的定位、内容与体例等方面提出了广泛的意见,包括一些很有价值的修订建议。应出版社约请,外交学院秦亚青教授和复旦大学国际关系与公共事务学院苏长和教授对本书的进一步完善提供了切中肯綮的详尽建议。一些本学科的青年教师和学生在教学和科研过程中使用本书时也通过不同途径向我们反馈了很多宝贵的意见。我们感到有必要通过再版的方式吸纳这些意见和建议,以便为中国国际关系学界提供更好的公共物品。此外,2016年以来,国际形势发生了深刻变化,国际政治学研究也取得了一些新的进展,特别是与"全球国际关系学"遥相呼应的中国国际关系理论蔚然成型,我们感到也有必要通过再版的方式来反映这些新变化和新进展。

相对于第一版,第二版在结构上进行了如下调整:第二编"国际政治学主要理论流派"增加了"实践理论"一章;第三编"国际政治学基本范畴"增加了"国际等级"一章;第四编"国际政治学研究方法"增加了"过程追踪法"一章;第五编"国际政治学学科前沿"增加了"国际关系中的国际法"一章。

除了上述结构性调整外,我们还对原有多数章节的内容进行了修改和补充。修改补充的主要原则是集中地反映中国学者的知识贡献,更多地反映学术前沿文献带来的知识进步,及时地反映学术界关注议题的发展变化。

"现实主义""建构主义""无政府状态""国际制度""案例方法"这几章分别增加了"道义现实主义""从过程建构到关系理论""国际政治的社会演化理论""国际制度间关系""案例研究的设计与应用"等几节内容,"国际安全研究"与"国际政治心理学"两章进行了大部分内容的重写。其他修订各章也与时俱进地补充了新内容,比如"全球国际关系学"的兴起、大数据分析、大国竞争对全球治理的影响、国际政治经济学的中国议题等,不一而足。

经过近一年的修订工作,本书第二版得以完成。在此要特别感谢北京大学出版社教育出版中心的刘军编辑。当年正是在他的倡议下,我们启动了《国际政治学学科地图》的编写工作。一年前我们提出修订的目标,和刘军编辑可谓"不谋而合"。在两个版本的编辑过程中,刘军编辑一丝不苟的敬业精神也令我们感动。

主编谨识
2021 年 7 月

第一版序言

作为政治学中的一个主要分支学科,国际政治学(或称国际关系学)形成于第一次世界大战之后。经过近百年的发展,国际政治学在西方早已确立了相对独立的学科地位和比较完整的学科体系。作为西学东渐的产物,中国的国际政治学自改革开放以来也逐渐走上了学科发展的轨道。

学科手册是一门学科的知识体系得以确立和完善的主要标志之一。就政治学而言,牛津大学出版社先后出版了《政治科学手册》(Handbook of Political Science,1975)[1]、《政治科学新手册》(New Handbook of Political Science,1996)[2]和《牛津政治科学手册》(The Oxford Handbook of Political Science,2009)[3]。作为政治学中的一个重要知识领域,国际政治学的学科发展状况在这些学科手册中都以一定的篇章加以介绍和讨论。不过由于国际政治学与政治学其他分支学科相比具有相当的独立性,国际政治学者也力图编写本学科的学科手册。托马斯·瑞斯(Thomas Risse)和贝思·西蒙斯(Beth Simmons)等主编的《国际关系手册》(Handbook of International Relations,2002)比较全面地讨论了国际关系学科中的方法论问题、主要概念和实质问题。[4]克里斯琴·勒-斯密特(Christian Reus-Smit)和邓肯·斯奈德尔(Duncan Snidal)主编的《牛津国际关系手册》(The Oxford Handbook of International Relations,2008)则对本学科各个理论学派的经验层面和规范层面以及研究

---

[1] 英文原书共包括8卷,中文版为选译本,只翻译了部分章节。参见〔美〕格林斯坦、〔美〕波尔斯比编:《政治学手册精选》(上卷),竺乾威、周琪、胡君芳译,王沪宁校,北京:商务印书馆1996年版;〔美〕格林斯坦、〔美〕波尔斯比编:《政治学手册精选》(下卷),储复耘译,王沪宁校,北京:商务印书馆1996年版。

[2] 参见〔美〕罗伯特·古丁、〔美〕汉斯—迪特尔·克林格曼编:《政治科学新手册》(上、下册),钟开斌、王洛忠、任丙强等译,彭宗超、尹宏毅、崔之元校,北京:生活·读书·新知三联书店2006年版。

[3] Robert E. Goodin, eds., The Oxford Handbook of Political Science, Oxford: Oxford University Press, 2009.

[4] Walter Carlsnaes, Thomas Risse, and Beth Simmons, eds., Handbook of International Relations, London: Sage, 2002.

方法和议题领域进行了系统的回顾和评估。① 但迄今为止,在中文世界尚未出版国际政治学的学科手册。随着国际政治学在中国的发展,中国学者不仅对西方国际政治学的学科体系有了比较全面和深入的了解,而且对国际政治学的发展也做出了属于自己的原创性贡献。因此,在中文世界中编写国际政治学学科手册的时机已经基本成熟。

毋庸讳言,教科书也可以成为阐明学科体系的重要载体。随着国际政治学专业建设在中国的展开,国内已经出版了多部以"国际政治学概论""国际关系学导论"等为名的教科书。但基于其功能定位,教科书主要介绍的是本学科的基本概念和一般原理,难以满足高年级本科生、研究生以及青年学者深入了解和批判性反思本学科理论和分析工具的需要。作为教材的延伸和扩展,学科手册可以通过提纯学科的核心范畴、基本问题、致思方式、理论结构、研究方法和学术前沿等,将学科经纬梳理清楚,使读者能从整体上准确把握学科的学术脉络,并使其最终超越狭隘的专业意识,开拓更为宽广的学术视野。

基于上述考虑,我们应北京大学出版社之邀,组织编写了这本《国际政治学学科地图》。作为学科手册,本书旨在为国际政治学、政治学、外交学等相关专业的高年级本科生、研究生和青年学者等提供一本实用性的学科指南。

本书共分为六编二十五章。第一编是国际政治学学科综述。这一部分旨在为读者了解国际政治学学科发展的基本脉络提供全景式的勾勒。作为"国际关系话语的话语",国际政治学科史不仅提供了国际政治学发展的时空维度,而且为学科发展过程提供了动力阐释。鉴于既有的国际政治学科史主要叙述的是西方国际政治学的学科发展过程,本书另辟一章专门介绍和讨论国际政治学在中国的形成与发展。

从学科发展的历程看,正是在不同范式下对学科研究对象的探索产生了深刻的洞见,不同范式之间的争鸣则成为学科走向进步的动力。本书第二编介绍和讨论国际政治学的各种理论范式,包括现实主义、自由主义、马克思主义、建构主义、英国学派、新马克思主义以及批判理论、后现代主义和女性主义等。鉴于国内学术界对这些国际关系理论的专题性研究已经层出不穷,本书旨在以简明扼要的方式来展现各种国际关系理论的基本内核、演

---

① Christian Reus-Smit and Duncan Snidal, eds, *The Oxford Handbook of International Relations*, Oxford: Oxford University Press, 2008.

化轨迹和内部分化。

作为学科手册,本书在第三编中介绍和讨论了本学科的主要研究范畴。任何学科的研究对象都是由概念加以界定的,正是这些概念划定了本学科与其他学科的边界。与政治学中其他主要研究国内政治现象的分支学科相比,国际政治学研究的是超越国家边界的政治现象,特别是国家与国家之间的政治关系。基于这一理解,本书将民族国家、无政府状态、均势与霸权、国际制度、跨国行为体和全球治理作为国际政治学特有的核心概念范畴。比如国家、权力、制度、治理在政治学的主要分支学科中都是基本范畴,民族国家、均势和霸权(国家间权力分配)、国际制度、全球治理则成为这些范畴在国际关系领域中所表现出来的具体概念形式。

第四编介绍和讨论了国际政治学中的主要研究方法。本书主要是在研究程序和研究技术的层面来界定研究方法,而没有涉及方法论层面的问题。因此,理性选择路径、社会学路径、心理学路径等方法论问题不在本编讨论的范围中。作为一门社会科学学科,国际政治学研究主要采用了定性研究(主要是案例方法)、定量研究、形式模型(主要是博弈论)等研究方法。但作为人文学科研究方法的历史方法在国际政治学中也得到一些学者的青睐,特别是在中国的国际政治学研究中还是一种广为使用的研究方法。因此,本编也将历史方法作为国际政治学的一种研究方法来加以探讨。

第五编是国际政治学学科前沿。这一部分主要按照国际政治学中的次领域介绍和讨论国际政治学的前沿问题和研究进展。一般说来,国际政治学的次领域包括国际安全研究、国际政治经济学、对外政策分析、国际法等领域。由于外交学在中国教育部的专业目录中另列为一门独立的学科,而国际法与国际关系的交叉融合在中国刚刚起步,所以本编没有将对外政策分析和国际法的学科前沿问题纳入进来。另外,国际政治心理学近年来在中国有了较快的发展,因此本编也介绍和讨论了这一领域的前沿问题。

第六编是国际政治学的经典著作、代表学者、学术期刊与学术团体。本编的内容相对本书的前面部分是辅助性、参考性的,旨在通过对学科经典著作、代表学者、学术期刊和学术团体的介绍,为读者进一步回溯学科演进的历史或追踪观察学术动态提供便利。

作为学科手册,本书是一项学术共同体的集体事业。本书各章的作者来自中国人民大学、北京大学、清华大学、外交学院、北京外国语大学、中国政法大学、对外经济贸易大学、中央财经大学、中国传媒大学、西北政法大学等国内多所高校和中央党校、中国社会科学院、上海社会科学院等。他们在各自的研究领域都学有专长,为本书的编写质量提供了最重要的保证。

作为中国学者自己编写的第一本国际政治学学科手册,本书肯定会存在这样或那样的不足。特别是由于国际政治学的知识体系经过近百年的发展已经"枝繁叶茂",本书的结构安排力图展现学科发展的"主干",但仍难免挂一漏万。衷心期待读者提出宝贵的意见或建议,以便我们在本书再版时对其加以修改、补充和完善。

主编谨识
2015 年 5 月

作者简介

陈　岳	中国人民大学国际关系学院教授
陈兆源	中国社会科学院世界经济与政治研究所助理研究员
成晓河	中国人民大学国际关系学院教授
丁韶彬	陕西师范大学哲学与政府管理学院教授
方长平	中国人民大学国际关系学院教授
韩冬临	中国人民大学国际关系学院教授
华佳凡	清华大学国际关系学系博士生
李隽旸	中国社会科学院世界经济与政治研究所副研究员
李少军	中国社会科学院世界经济与政治研究所研究员
李　巍	中国人民大学国际关系学院教授
李永成	北京外国语大学国际关系学院教授
刘　玮	中国社会科学院世界经济与政治研究所副研究员
刘贞晔	中国政法大学全球问题研究所教授
罗天虹	中国人民大学国际关系学院副教授
苗红妮	中国传媒大学国际关系研究所副教授
莫盛凯	国际关系学院国际政治系讲师
聂文娟	外交学院国际关系研究所副教授
漆海霞	清华大学国际关系学系长聘副教授
秦治来	中央党校国际战略研究所教授
曲　博	外交学院国际关系研究所教授
石贤泽	对外经济贸易大学国际关系学院副教授
宋　伟	中国人民大学国际关系学院教授

孙学峰　清华大学国际关系学系教授
田　野　中国人民大学国际关系学院教授
王　联　北京大学国际关系学院教授
吴征宇　中国人民大学国际关系学院教授
辛　平　中央财经大学国际政治系讲师
尹继武　中国人民大学国际关系学院教授
左希迎　中国人民大学国际关系学院教授

目 录

第一编　国际政治学学科综述 …………………………………… (1)
　第一章　国际政治学学科史 ………………………… 石贤泽 (2)
　第二章　国际政治学在中国的发展 ………………… 陈　岳 (19)

第二编　国际政治学主要理论流派 ……………………………… (33)
　第三章　现实主义 …………………………………… 李永成 (34)
　第四章　自由主义 …………………………………… 宋　伟 (55)
　第五章　马克思主义 ………………………………… 罗天虹 (71)
　第六章　建构主义 …………………………………… 方长平 (86)
　第七章　英国学派 …………………………………… 苗红妮 (105)
　第八章　新马克思主义 ……………………………… 罗天虹 (125)
　第九章　实践理论 …………………………………… 聂文娟 (136)
　第十章　批判理论、后现代主义和女性主义 ……… 秦治来 (157)

第三编　国际政治学基本范畴 …………………………………… (177)
　第十一章　民族国家与民族主义 …………………… 王　联 (178)
　第十二章　无政府状态 ……………………………… 丁韶彬 (193)
　第十三章　霸权与均势 ……………………………… 吴征宇 (210)
　第十四章　国际制度 ………………………………… 田　野 (224)
　第十五章　国际等级 ……………………… 孙学峰　华佳凡 (249)
　第十六章　跨国行为体 ……………………………… 辛　平 (272)
　第十七章　全球治理 ………………………………… 刘贞晔 (289)

第四编　国际政治学研究方法 …………………………………… (307)
　第十八章　历史方法 ………………………………… 李隽旸 (308)

1

第十九章　定性方法 …………………………… 成晓河　（321）
第二十章　案例方法 …………………………… 李少军　（333）
第二十一章　过程追踪法 ……………………… 曲　博　（348）
第二十二章　定量方法 ………………………… 韩冬临　（363）
第二十三章　博弈论 …………………………… 漆海霞　（379）

第五编　国际政治学学科前沿 ……………………………………（397）

第二十四章　国际安全研究 …………………… 左希迎　（398）
第二十五章　国际政治经济学 ………………… 李　巍　刘　玮　（411）
第二十六章　国际政治心理学 ………………… 尹继武　（438）
第二十七章　国际关系中的国际法 …………… 莫盛凯　陈兆源　（458）

第六编　国际政治学经典著作、代表学者、学术期刊与学术团体 ……（477）

第二十八章　国际政治学经典著作
　　　　　　……………… 刘　乐　曾亚勇　莫盛凯　编　（478）
第二十九章　国际政治学代表学者、学术期刊与
　　　　　　学术团体 ……………………… 莫盛凯　编　（490）

第一编

国际政治学学科综述

> 政治现实主义和其他学派之间的差异是真实的、深刻的。政治现实主义者从以权力界定的利益概念出发进行思考,这同经济学家从以财富界定的利益概念出发,律师从行动与法律规定的一致性出发,道德学家从行动与道德原则的一致性出发是一样的。经济学家要问:"这个政策对社会或社会某部分的财富有何影响?"律师要问:"这个政策是否符合法律的规定?"政治现实主义者要问:"这个政策将如何影响国家的权力?"
>
> ——汉斯·摩根索

第一章 国际政治学学科史

石贤泽

作为国际政治学中日益引起关注的一个知识领域,国际关系学科史提供的是关于"国际关系话语的话语"[①],是对于国际关系学科的知识研究。这一研究不仅提供国际关系学科的时空维度的思想与制度层面的双重发展历史,而且还为这一历史发展过程提供动力阐释,进而在这一历史描述和阐释的基础上去反思国际关系学科的身份认同和实践价值。

一、国际关系学科史:探究中的知识领域与研究议题

关于国际关系学科发展历史的研究在冷战时期就已经开始,但并没有成为一个具有自觉意识和丰富成果的知识领域,自觉的国际关系学科史研究兴盛于后冷战时期,源于彼时国际关系学的"后实证主义"倾向以及冷战的突然终结给国际关系学科带来的知识危机。当时,作为学科中心的美国国际关系学一方面需要对过去的历史进行反思,从其他知识领域更多地获取知识养料,另一方面又需要从美国之外的国际关系学中获取知识养料,正是美国国际关系学的时间维度和空间维度的双重转变使得国际关系学科史研究具有了更大的知识驱动力。

虽然国际关系学科史研究试图通过建设性的批判和发掘来建构真实和全面的国际关系学科历史,但它并没有形成一个完整的知识体系,仍然在探究自己的研究议题、研究方法和价值关注。总的来说,国际关系学科史研究不仅叙述国际关系学科的发展历史,而且通过某种特定的历史撰写方式来阐释学科历史的发展动力,进而反思国际关系学科历史叙述和撰写背后的价值与意义,正是在历史事实—历史方法—历史价值/意义的整体构造中,国际关系学科史研究成为一个多维度、多层次的知识活动。

[①] 在关于国际政治学或者国际关系学的学科发展历史的知识研究中,"国际关系学学科史"(disciplinary history of International Relations)成为比"国际政治学学科史"运用和认可更多的术语,本章也因此用"国际关系学学科史"来替代"国际政治学学科史"。

具体来说,国际关系学科史的研究议题主要包括以下几方面。

第一,时间维度和空间维度的国际关系学科的发展历史。时间维度的国际关系学科史是国际关系学的思想史和国际关系学的制度史这两个层面的有机统一。空间维度的国际关系学科史着重于展示基于国别的国际关系学的知识发展状况及其特定的知识关系。

第二,国际关系学科历史的撰写方式与发展动力。国际关系学科史不仅要展示学科发展的历史"事实",而且还要分析这一历史叙述所运用的撰写方式,这也是在阐释国际关系学科历史发展的动力问题。

第三,国际关系学科的身份认同及其实践价值反思。学科认同反思涉及国际关系学在社会科学体系中的地位、国际关系学的内部知识发展状况以及国际关系学的全球知识交流结构。实践价值反思涉及作为"话语体系"的国际关系学科历史与政治意识形态、政治实践、政治权力之间的关系问题。

二、国际关系学科历史的发展演变:时空中的思想演变与制度变迁

时间维度和空间维度的国际关系学科发展历史大体包括国际关系学的"自我意象"(self-image)和国际关系学的知识地理考察两个方面。国际关系学科的自我意象不仅包括学科的思想史维度的主流意象,而且还包括并未引起注意的制度史维度的主流意象。国际关系学的知识地理考察则是要展示中心—半中心—边缘结构中的国际关系学的全球知识地理样貌。

就国际关系学的制度发展而言,国际关系学科的建制一般被认为起始于1919年威尔士大学设立"伍德罗·威尔逊(Woodrow Wilson)国际政治讲座"。1924年,伦敦经济学院设立了"欧内斯特·卡塞尔(Ernest Cassel)国际关系讲座"。1927年,伦敦经济学院的国际关系学系在诺埃尔-贝克(Philip Noel-Baker)的资助下创建,这也成为第一个在国际关系研究领域提供学位的机构。[①] 与英国早期设立国际关系或国际政治讲座相似,美国的一些大学也设立了国际关系讲座,但主要是在政治学学科内。美国最早建立的国际关系学系是乔治敦大学于1919年成立的沃尔什外交学院(Edmund A.

[①] Harry Bauer and Elisabetta Brighi, eds., *International Relations at LSE: A History of 75 Years*, London: Millennium Publishing Group, 2003.

Walsh School of Foreign Service),芝加哥大学于 1928 年成立的国际关系委员会(Committee on International Relations)最早在美国提供硕士研究生课程。尽管如此,20 世纪 30 年代以前的国际关系研究在学科制度支持上仍然力量薄弱。

伴随着 20 世纪 30 年代现实主义的崛起,以大学为基地的国际关系研究而不是更加强调政策导向的研究中心和智库的国际关系研究主导着美国国际关系学科的发展。"二战"后美国的三个制度要素极大地推动了国际关系学的发展:学界和政界之间的直接又可见的联系;在权力和学术之间发挥联系作用的基金会;灵活多样并且满足大众高等教育的大学体系的发展。[1] 依赖于政治科学系的制度母体的国际关系学在"二战"后的美国诸多大学中广为设立,因此,美国政治科学研究重镇也成为国际关系学科重镇,如哈佛大学、芝加哥大学、耶鲁大学、普林斯顿大学、哥伦比亚大学等。另外,专门的国际关系研究杂志也创立起来,如 1947 年创立的《国际组织》(*International Organization*)、1948 年创立的《世界政治》(*World Politics*)等成为国际关系学科发展的重要制度推手。国际关系学的制度化不仅扩散至欧美之外,而且建立起真正全球性的网络和结构,尤其是数字化极大地推动了全球学术网络的发展。

现实主义在"二战"后美国国际关系学中的核心知识范式地位使得国际关系学具有了思想上的学科独立性,同时,美国大学国际关系研究的制度配置的扩展使得国际关系学具有了制度上的学科独立保障,再加上"二战"后美国的超级大国地位,美国式的国际关系学或快或慢地扩展到了全球,这也使得作为一门学科的国际关系学在全球范围内确立起来。

20 世纪六七十年代的欧洲,大学同样成为国际关系研究发展的制度主体,伦敦经济学院、剑桥大学、牛津大学等成为英国国际关系研究的知识重心。当然,对于具有特色的"英国学派"而言,"英国国际政治理论委员会"(British Committee on the Theory of International Politics)成为英国学派启动、发展、延续的制度家园。

具有独立学科制度支撑的国际关系学通过不断的"大争论"(great

---

[1] Stanley Hoffmann, "An American Social Science: International Relations", *Daedalus*, Vol. 106, No. 3, 1997, pp. 49—50.

debates)的叙述方式形成了主导性的学科自我意象叙述,使得整体性的学科形象得以呈现出来。

一般认为,国际关系学的发展大致经历了"五次大争论":20世纪二三十年代的理想主义与现实主义之争;20世纪五六十年代的传统主义与科学主义之争;20世纪70年代及80年代早期的"范式间争论";20世纪80年代后期至90年代中期的理性主义与反思主义之争;20世纪90年代后期开始的理性主义与建构主义之间的争论。

"五次大争论"视角下的国际关系学的自我意象就被建构为"20世纪20年代和30年代早期居于主导地位的理想主义学说、20世纪30年代后期和40年代回应理想主义的现实主义理论、20世纪50年代后期和60年代的'社会科学'理论"。① 20世纪70年代是"后行为主义的成熟期",新现实主义成为学科主导理论。20世纪80年代的国际关系学是三大范式——现实主义、多元主义、结构主义,或者是现实主义、自由主义、激进主义——共存。20世纪80年代后期反思主义发展,20世纪90年代后期建构主义崛起,国际关系学处于现实主义、自由主义和建构主义的"三足鼎立"态势中。

虽然国际关系学被认为是一门"国际的"学科,但实际上,国际关系学的知识发展状况仍然具有国家或者地区特性,形成国际关系学的独特知识地理结构:美国国际关系学处于学科知识中心,英国、欧洲大陆及加拿大、澳大利亚的国际关系学处于学科的半中心,而其他地区的国际关系学处于学科的知识外围。

对于两次世界大战期间的知识中心的英美国际关系学而言,帝国主义和国际主义代表了学科历史的内生维度,指引着两次世界大战期间的大多数国际关系讨论,但同时,早期的国际关系思想家们的主要目标是要生成国际和平而非学科知识。

作为"二战"后的知识中心的美国的国际关系学,基本上是在现实主义理论家族的主导下,多个理论家族在知识辩论中推动知识进步,这种发展具体表现为现实主义理论家族内部的"内斗"以及外部理论家族的批判。"内斗"使得现实主义出现代际变迁,由古典现实主义发展至新现实主义、进攻

---

① Hedley Bull, "The Theory of International Politics, 1919—1969", in Brian Porter, ed., *The Aberystwyth Papers: International Politics 1919—1969*, London: Oxford University Press, 1972, p.33.

性现实主义、新古典现实主义;外部批判激发、推动许多替代理论尤其是自由主义的发展,形成了自由主义理论家族中的经济相互依赖理论(相互依赖自由主义)、民主和平理论(共和自由主义)、国际制度理论(新自由制度主义)以及强调多变量解释的"三角和平论"①等复合自由主义。在20世纪80年代后期特别是在90年代中期以来,在美国的国际关系理论和国际关系分析中,出现了新的"建构主义"理论家族。

对于半中心的英国国际关系学而言,"英国学派"或"国际社会学派"的兴起与发展基本上是在"国际社会"理论框架下实现其代际知识发展,更多地通过代内和代际的知识传承与分裂来实现发展,而没有出现多个理论范式。

同样处于半中心地位的欧洲大陆的国际关系理论提供了一些原创性、启发性的理论和挑战性的视角。② 雷蒙·阿隆(Raymond Aron)所开创的国际关系历史社会学在总体理论和非理论的历史研究之间走调和道路,成为法国国际关系学共同体的最为明显的特征。北欧地区生产了一些有特色的国际关系知识成果,如以加尔通(John Galtung)为代表的"和平研究"、以布赞(Barry Buzan)和维弗尔(Ole Wæver)为中心的安全研究的"哥本哈根学派"以及谈判研究、国际关系思想史等。

对于边缘地区的国际关系学科而言,"并不存在非西方的国际关系理论"似乎是共同现象③,虽然中国等一些国家在努力创立具有本国或本地区特色的国际关系理论。可能的例外要数拉丁美洲地区的国际关系学。拉丁美洲的国际关系学除了受到美国国际关系理论(主要是摩根索的现实主义以及更少程度上的相互依赖理论)影响,本地的政治经济学对于拉美国际关系学的影响同样重大,所以,拉丁美洲的国际关系学具有不同于中心地带即美国国际关系学的特性,依附论(dependency)和发展主义(developmentalism)

---

① 代表性的研究如:Bruce Russet and John Oneal, *Triangulating Peace: Democracy, Interdependence, and International Organizations*, New York: W. W. Norton, 2001。

② 关于欧洲国际关系学的知识发展状况的研究参见:Ole Wæver, "The Sociology of a Not So International Discipline: American and European Developments in International Relations", *International Organization*, Vol. 52, No. 4, 1998; Knud Erik Jórgensen, "Continental IR Theory: The Best Kept Secret", *European Journal of International Relations*, Vol. 6, No. 1, 2000; Jorg Friedrichs, *European Approaches to International Relations Theory*, London: Routledge, 2004; Knud Erik Jorgensen and Tonny Brems Knudsen, eds., *International Relations in Europe: Traditions, Perspectives and Destinations*, New York: Routledge, 2006。

③ Amitav Acharya and Barry Buzan, eds., *Non-Western International Relations Theory: Perspectives on and beyond Asia*, Abingdon: Routledge, 2010.

成为其具有国际影响的知识成果。①

21世纪以来,国际关系学的发展具有几个突出趋势:第一,学科主流似乎已经跨越了关于"范式"和"主义"的"大争论",着力于范式弥合、理论多元、分析折中;第二,对于大理论或元理论的争论的兴趣在减退,"中观理论"变得越来越流行;第三,建构主义国际关系理论在学科中的地位不断上升,建构主义对文化和身份的强调,给西方与非西方的区域研究提供了有价值的沟通桥梁;第四,美国等西方发达国家无论是在制度方面,还是在设定国际关系学的理论议程方面,仍然处于主导地位②。

对此,21世纪的国际关系学科发展倡导"全球国际关系学"(Global IR)③,这是"非西方的国际关系学"(Non-Western IR)④思想的扩展,源于国际关系学者越来越对学科发展现状不满——国际关系学将西方的历史、思想、实践和领导地位置于优先地位,而将西方之外其他地方的相关资源边缘化。阿米塔夫·阿查亚(Amitav Acharya)和巴里·布赞正式倡议创立"全球国际关系学"。全球国际关系学试图超越美国的知识霸权,发展出真正均衡的、包容性的、世界性的学科,真实地反映日益多元的国际关系知识研究。

全球国际关系学的发展过程具有三个重要的节点标志。第一个节点是阿查亚和布赞2005年组织研究项目,提出"为什么没有非西方的国际关系理论"这个重要问题。第二个节点是2014年阿查亚在国际研究学会(ISA)的会长就职演讲中,正式提出全球国际关系学的名称和倡议。第三个节点是2019年阿查亚和布赞在国际关系学百年诞辰之际,出版《全球国际关系学的建立》一书,成为推动全球国际关系学发展的重要标志⑤。全球国际关系学力图打破现在西方主流学术界所设定的学科边界,呼吁国际关系学的

---

① Arlene B. Tickner, "Latin American IR and the Primacy of lo práctico", *International Studies Review*, Vol. 10, No. 4, 2008.
② Amitav Acharya and Barry Buzan, *The Making of Global International Relations*, Cambridge: Cambridge University Press, 2019, pp. 287—90.
③ Amitav Acharya, "Global International Relations (IR) and Regional Worlds: A New Agenda for International Studies", *International Studies Quarterly*, Vol. 58, No. 4, 2014.
④ Amitav Acharya and Barry Buzan, eds., *Non-Western International Relations Theory: Perspectives on and beyond Asia*, New York: Routledge, 2010.
⑤ 秦亚青:《全球国际关系学与中国国际关系理论》,载《国际观察》2020年第2期,第28—30页。

知识构建与实践围绕七个主要维度展开：多元普世主义、世界历史、包容而非替代现有的国际关系理论与方法、将区域研究融入国际关系学、避免只基于国家或文化例外论的概念和理论、认可多种形式的能动性、回应世界日益加深的全球化①。全球国际关系学的研究议程包含的特定部分有：从世界历史中发现新模式、新理论、新方法；探究区域性的世界；考察全球层次与本土层次的观念与规范如何传播；探究文明之间的相互学习等②。

三、国际关系学科历史的推动力量：争论中的外在情境与内在话语

国际关系学科史研究中存在的一个突出问题是内史与外史（内部历史与外部历史，internal and external history）、文本主义与情境主义（textualism and contextualism）之间的分歧。早期的国际关系学科史研究并不关注国际关系学科史的历史撰写方式问题，冷战后的国际关系学科史越来越认识到"怎样写历史"和"历史是怎样的"一样重要。国际关系学科历史的撰写方式不仅提供了独特方法下的史实编撰，而且是对于国际关系学科历史的发展动力的阐释。就国际关系学科史的撰写方式而言，目前主要存在两种方式：情境主义和内在话语分析。

情境主义通过将国际政治学者及其文本置于合适的历史情境中来阐释思想的发生与发展，是一种典型的外在式的学科历史阐释方式。它着重考虑情境因素或外部环境对于学者个人、学派乃至学科的影响，认为"世界政治中的事件对于国际关系学的发展具有决定性的因果影响"③，因此，国际关系学的发展很大程度上是由国际政治中的主导性大国的政策议题关注所推动的，国际关系学的制度、主题和理论是主导性的核心大国的利益与视野的映射。情境主义的国际关系学科史基本认为："一战"的悲剧导致了国际关系学的诞生；"二战"的悲剧导致了两次世界大战期间理想主义的破灭和现实主义的崛起；"二战"后美国的特定情境——霸权时期和霸权体系中的霸权国位置——所生成的"霸权体系的护持"这一核心问题推动美国国际政治

---

① Amitav Acharya and Barry Buzan, *The Making of Global International Relations*, Cambridge: Cambridge University Press, 2019, pp. 300—09.
② Ibid., pp. 309—10.
③ Brian C. Schmidt, "The Historiography of Academic International Relations", *Review of International Studies*, Vol. 20, No. 4, 1994, p. 350.

理论的发展。① 霍夫曼(Stanley Hoffman)就认为美国国际关系学的发展源于知识倾向、政治环境、制度机遇的融合,其中,"二战"后的美国的外部政治环境从根本上决定了国际关系学的基本发展面貌,"国际关系学的发展不能同'二战'后的美国在世界事务中的角色分离开来"。② 史密斯(Steve Smith)、奥尔森(William C. Olson)等关于国际关系学的发展历史的叙述和阐释都是"情境主义"的典型代表,它们主张社会情境决定了国际关系学的发展。③

情境主义的历史撰写方式下的国际关系学科史具有"当下主义"(presentism)的历史意图,它是一种对于历史的"辉格党式的历史阐释"(the Whig interpretation of history),倾向于强调存在于过去的特定进步原则,导致了证明当下合法性的叙述,如在国际关系学领域,为了证明现实主义的正确性而创造了虚假的"第一次大争论"的神话。

新国际关系学科史对于具有"当下主义"意图的情境主义历史撰写方式持批判态度,它们所倡导的"内在话语分析"强调学科围绕基本核心概念展开思想流派之间的知识对话,在这种知识对话中呈现学科的内在发展。针对情境主义的弊端,斯密特(Brian C. Schmidt)提出了"批判性的内在话语历史"(critical internal discursive history)的替代路径,认为"国际关系学科自身,而不是总体的政治世界,才是重建学科的古老对话的最为合适的情境",国际关系学科的概念变化最好通过考察学科的内生性发展来进行理解。④"内在话语历史"的论述对象是作为建构国际关系学基础的内在"话语"(discourse)。斯密特在《无政府状态的政治分析》中以"无政府状态的政治分析"作为内在话语发展的线索,展示了从19世纪80年代到"二战"爆发前

---

① 秦亚青:《国际关系理论的核心问题与中国学派的生成》,载《中国社会科学》2005年第3期,第165—176页。

② Stanley Hoffmann, "An American Social Science: International Relations", *Daedalus*, Vol. 106, No. 3, 1997, p.47.

③ 相关研究成果如:Steve Smith, "Paradigm Dominance in International Relations: The Development of International Relations as a Social Science", in Hugh C. Dyer and Leon Mangasarian, eds., *The Study of International Relations: The State of the Art*, New York: St. Martin's Press, 1989; William C. Olsonand A. J. R. Groom. *International Relations Then and Now: Origins and Trends in Interpretation*, London: HarperCollins, 1991。

④ Brian C. Schmidt, "On the History and Historiography of International Relations", in Walter Carlsnaes, Thomas Risse, and Beth A. Simmons, eds., *Handbook of International Relations*, London: Sage, 2002, p.1.

美国国际关系学的发展历史。① 邓恩(Tim Dunne)在《创造国际社会》中同样围绕"国际社会"(international society)这一"英国学派"的基础概念展示了一个英国学派的内在话语历史。②

所以,"内在话语历史"的书写方式具有批判意图,强烈批判情境主义的国际关系学科史,实现一种"解放"的意旨。这种批判性在于"'批判的'知识研究使得撰写学科历史这一总体事业具有正当性,以及'批判的'方法——内在话语分析——被用来叙述一种新版的学科历史"。③

四、国际关系学科历史的意义追问:反思中的学科身份与知识实践

无论是传统的国际关系学科史还是批判性的国际关系学科史,作为一种历史叙述,它都指向多个层面的实践活动:第一个层面的实践活动乃是学科身份建构或反思;第二个层面的实践活动乃是国际关系学科之外的国际政治意识形态建构。

国际关系学科史所建构或反思的学科身份主要围绕着三个问题:国际关系学的学科独立性问题即国际关系学是否是一门独立学科;国际关系学科的统一性与分裂性问题,即国际关系学的国际性与国别性关系问题、国际关系学的知识体系的多元与统一关系问题;国际关系学的知识连续性问题,主要集中于国际关系学的"大争论"叙述中。

国际关系学的学科独立性问题早在"二战"后国际关系学迅速发展之时就已经产生,学者们围绕"国际关系学是否是一门学科""国际关系学的研究范围"等问题展开思考。邓恩(Frederick S. Dunn)认为,"作为一个独立的知识分支,国际关系学的区别性特征在于它所处理的问题的性质","它包含了研究主题和处理新问题的一套技巧与分析方法"。④ 在卡普兰(Morton A. Kaplan)看来,国际政治不能作为政治科学的次学科来进行研究,也不能作为

---

① Brian C. Schmidt, *The Political Discourse of Anarchy: A Disciplinary History of International Relations*, Albany: State University of New York Press, 1998.

② Tim Dunne, *Inventing International Society: A History of the English School*, London: Macmillan, 1998.

③ Gerard Holden, "Who Contextualizes the Contextualizes? Disciplinary History and the Discourse about IR Discourse", *Review of International Studies*, Vol. 28, No. 2, 2002, p. 256.

④ Frederick S. Dunn, "The Scope of International Relations", *World Politics*, Vol. 1, No. 1, 1948, p. 144.

其他学科的次学科来进行研究,因为国际事件不是国内事件的副现象,忽略政治的国际事件分析不能提供令人满意的系统知识,国际政治的主题抗拒系统的国内政治分析;同时,在政治问题的制度解决方式和分配与国际体系中的政治价值方面,国际关系学有其独特性。①

关于国际关系学科知识完整性的一个突出研究领域是关于国际关系学的国际性与国别性的讨论,主要围绕"国际关系学是(仍然是)一门美国社会科学吗?"这一问题展开。霍夫曼在《国际关系学:一门美国社会科学》中对国际关系学的美国特性问题做出了重大的开创性研究。克劳福德(Robert M. A. Crawford)等主编的论文集《国际关系学——仍然是一门美国社会科学吗?》更为集中和系统地讨论了国际关系理论中的霸权与多样性问题、国际关系理论的国家认同与跨国认同问题。②

关于国际关系学的知识体系的完整性争论还集中于知识统一或多元与学科进步的关系问题:到底是知识统一还是知识多元更加有利于学科的"进步"。这一问题又具体细化为两个问题:第一,国际关系学领域到底是在走向统一还是多元?第二,到底是统一还是多元更加有利于国际关系学的发展?霍尔斯蒂(K. J. Holsti)早在20世纪80年代就认为国际关系的特征是"分裂的学科"③,冷战后,霍尔斯蒂仍然认为"当代(国际关系)理论事业的本质特征就是分裂化和多元化"。④ 斯密特也认为,多元主义成为学科发展的障碍与问题。⑤ 对此,史密斯捍卫多元主义,认为"更多即更好","相较于难以捉摸的寻求累积性知识而限制了知识研究的选择而言,国际关系学科的多元化更加可取"。⑥ 伊肯伯里(G. John Ikenberry)和多伊尔(Michael W.

---

① Morton A. Kaplan, "Is International Relations a Discipline?", *The Journal of Politics*, Vol. 23, No. 3, 1961.

② Robert M. A. Crawford and Darry S. L. Jarvis, eds., *International Relations: Still an American Social Science? Towards Diversity in International Thought*, New York: State University of New York Press, 2001.

③ K. J. Holsti, *The Dividing Discipline: Hegemony and Diversity in International Theory*, Boston: Allen & Unwin, 1985.

④ K. J. Holsti, "International Relations at the End of Millennium", *Review of International Studies*, Vol. 19, No. 4, 1993, p. 401.

⑤ Brian C. Schmidt, "International Relations Theory: Hegemony or Pluralism?", *Millennium: Journal of International Studies*, Vol. 36, No. 2, 2007.

⑥ Steve Smith, "Debating Schmidt: Theoretical Pluralism in IR", *Millennium: Journal of International Studies*, Vol. 36, No. 2, 2007, p. 120.

Doyle)对此持中庸态度,认为理论多元性的影响是双方面的:悲观的看法认为"理论观点的多元化表明了学科缺乏任何重大的进步……常规科学仍然不见踪影",乐观的看法则认为"国际关系学并没有完善某一个范式或研究纲领,而是扩展和丰富理论清单"。①

对国际关系学知识连续性的知识反思和批判主要集中于"第一次大争论"②的虚假历史建构上。聚焦于"第一次大争论"的批判性研究通过考察两次世界大战期间的国际关系学的发展状况,发现与传统的流行信念相反,国际关系学科史的"第一次大争论"是虚构的,从来就没有真实地发生过,它只不过是一个学科的"基础性神话",是一个不合时代的、回溯性的创造物,主要基于对卡尔的粗糙阅读以及卡尔在打败两次世界大战期间的"理想主义"上的传说性作用,两次世界大战期间的国际关系学也从未被一群信奉所谓的理想主义范式的乌托邦式的学者所支配。修正主义史学的另一个成就是将一些关键思想家及作品从旧框架的控制中解救出来,在具体的话语语境中解读,而非在简单化的学科情境安排中给它们安排位置,这样,现实主义被重新解读为从西方社会思想和政治思想中汲取养料的精致的政治理论,自由国际主义也不再被错误地视为"幼稚的"现实主义的对立者,而是展示出自身的内在多样性和复杂的发展类型③。

国际关系学科史的国际政治意识形态建构主要体现在学科史叙述所不断强化的"现实主义"范式霸权和"美国中心"的国际关系学。国际关系学科史通过叙述自身的起源和发展来强化学科中的中心范式与边缘范式之间的相对位置的合法性,并且为当代的学科从业者提供了知识事业的意义感和归属感,进而为当代国际政治实践提供了主导性的思想指南。主流国际关系学科史展现了现实主义范式主导下的多元范式并存的学科特征,尽管国际关系学中的理论范式都是相对温和的,但是,特定的理论范式均带有指向性的意识形态,"现实主义是最为保守和右倾的,自由主义是更加自由和左

---

① G. John Ikenberry and Michael W. Doyle, "Conclusion: Continuity and Innovation in International Relations Theory", in Michael W. Doyle and G. John Ikenberry, eds., *New Thinking in International Relations Theory*, Boulder: Westview Press, p.279.

② 关于"第一次大争论"的批判性研究成果主要集结在:Brian C. Schmidt, ed., *International Relations and the First Great Debate*, New York: Routledge, 2012。

③ Duncan Bell, "Writing the World (Remix)", in Brian C. Schmidt and Nicolas Guilhot, eds., *Historiographical Investigations in International Relations*, Cham: Palgrave Macmillan, 2019, pp.19—20.

倾的"。① 主流国际关系学科史所确立的学科发展的正统叙述同样主导着国际关系教学,现实主义或者更多范围的理性主义成为国际关系教学实践和国际政治人才培养的主体内容,成为国际政治"思想市场"中的主导思想,进而成为影响国际关系政策和国际政治实践的支配性指导思想或者思维框架。新国际关系学科史通过批判性的立场来超越现实主义的国际政治世界,展现一个权力、规范、理念共同作用的世界,展现一个国际体系主导下的国家间世界中仍然存在国际社会乃至世界社会的可能空间。

国际关系学科史很大程度上是"美国的"国际关系学科史,美国的国际关系学成为整个学科的知识中心。美国中心的国际关系学具有某些知识狭隘性,美国学者在很大程度上并没有认识到许多理论、框架和争论实质上是为美国的对外政策关注所驱动的,不管是冷战时期的霸权稳定论和国际机制理论,还是对于后冷战时代的世界秩序的概念化工作(如历史终结论、文明冲突论、进攻性现实主义等),抑或是对于全球恐怖主义的讨论,都是源于美国的政策关注而变成全球性的知识议题。美国与外部世界尤其是非西方国家的学术共同体之间并没有形成知识互惠关系,新国际关系学科史正在打破国际关系学的"美国知识霸权",倾听关于国际关系的"全球的声音",关注美国之外的国际关系思想贡献,并且努力推进不同国家或地区的国际关系思想之间的知识对话,实现国际关系学科史的知识地理多元主义。

五、国际关系学科历史的未来延展:进展中的知识缺陷与研究改进

现有的国际关系学科史研究虽然取得了一些知识成就,但它仍然存在若干知识缺陷:在国际关系学科发展历史的时间和空间维度上都存在漏洞或者错误;学科历史叙述方式仍然是"大争论"和"情境主义"居于主流。

具体来说,在时间维度上,它似乎偏重当代而忽视过去,更多地聚焦于当代国际关系学科概貌,对于更加久远的学科历史的发掘和研究显得相当薄弱,尤其是对于20世纪50年代中期以前的国际关系理论/思想文本研读、研究得不够。在空间维度上,它似乎偏重知识"中心"或者"中心—半中心"地带的国际关系知识图景,忽略非西方的知识理路,而且,很少进行不同知

---

① Brian Rathbun, "Politics and Paradigm Preferences: The Implicit Ideology of International Relations Scholars", *International Studies Quarterly*, Vol.56, No.3, 2012, p.607.

识地域的国际关系学的比较研究。另外,国际关系学科史研究中普遍存在的一个缺陷就是在建构"跛脚的国际关系学科史",几乎只专注于学科的"思想史"而忽视了学科发展的"制度史",国际关系学科制度史的严重缺乏是当前国际关系学科史研究的一个突出特征。

"大争论"的主流叙述方式以及处于主导地位的情境主义阐释方式给学科发展带来了不利的影响。虽然"大争论"的叙述方式建构了一个概观性的、简易的、快捷的学科图景,但是,"大争论"并不能代表学科史发展的全部,这样的叙述方式扭曲了真实的学科史,这包括建构虚假的"第一次大争论"、强化"美国中心"的国际关系学、忽视国际关系学知识地理分布的多样性,使得国际关系学走向狭隘化。情境主义的阐释方法通过"倒着写历史"而参与到对于学科的当下主义证明和强化传统的学科意象,使得"忠实重构过去的思想、实践和对话的历史任务变成服务于证明关于当前学科认同的某一个论点"①,由此创造了许多虚假或者错误的学科历史片段。

基于现有的国际关系学科史研究的成就和不足,如果未来的学科史研究要想更加真实和科学,那么它至少应该关注以下的研究议题。

第一,寻求一种替代"大争论"的叙述方式,由"不可通约"的范式之间的知识争论转向面向同一"问题意识"(problematique)的"理论家族"间的知识对话,这才是学科发展成熟的标志。

具体来说,"无政府状态下的国家及其共同体的命运"似乎是国际关系学的"问题意识",不同的国际关系理论家族似乎都在回答着这一问题,"大争论"正好是学科内的不同"理论家族"变体之间的相互知识竞争关系。通过围绕核心问题意识来梳理国际关系学的思想史,既能够纵向地展示理论家族内知识谱系的历时性展开,又能够横向地展示理论家族间具体时段的知识谱系间的共时性关系。这样的叙述方式既展示了连续性的知识体,又展示了知识体之间的知识争论,从而将"大争论"包含于其中,"大争论"成为学科历史时段内的"大争论",而并非是学科历史是"大争论"下的学科历史。

另外,在超越"大争论"叙事的同时,对于国际关系学科重心的美国国际

---

① Brian C. Schmidt, "The Historiography of Academic International Relations", *Review of International Studies*, Vol. 20, No. 4, 1994, p. 363.

关系学的重新考察也是必要的,目前已有的一个特别富有成效的研究路径是质问国际关系学与帝国主义(imperialism)的勾连。从19世纪晚期一直到20世纪60年代,美国的国际关系研究卷入了为殖民主义和白人至上论辩护的工作中,"国际关系即是种族关系"[①],"殖民统治"问题处于学科的研究核心,"种族发展"理论被设计来解决这些问题。在此期间,一群卓越的非裔美籍学者,如布彻(Ralph Bunche)、洛甘(Rayford Logan)、威廉斯(Eric Williams)等被从学科历史中抹除。这一学科历史的研究发现改变了我们对于20世纪美国国际关系研究的理解,还需要更多的历史挖掘与发现。

第二,兼具思想史与制度史的国际关系学科史。

国际关系学科史研究除了重视思想史的维度外,还需要关照学科发展的制度维度,这里的"制度"不是指宽泛的一国的政治制度、经济制度和文化制度,而是指国际关系学科的自身学科制度,包括学科划分与大学科系设置、学术出版系统、学术资助体系、学术共同体建制等方面的制度。当然,这里的学科制度史叙述并不是将学科发展的制度面面俱到地纳入进来,而是紧扣思想史将具体的制度纳入进来,将制度融入学科思想生成、发展的脉动中。学科制度史的分析要超越以大学为中心的路径——毕竟大学也只是知识生产的众多制度和网络中的一部分——将智库、基金会、私营实验室、咨询公司、政府机构和国际组织等包括进来。

另外,数字化进程带来学科制度体系的重大改变,国际关系研究期刊的网络数据库、开放获取的电子书网站、国际性智库的网络平台、借助直播平台的线上会议等,给当代国际关系研究的发表、出版、交流提供了不同于早期学科历史的机制通道,也成为影响国际关系学科发展的新制度力量。数字化的制度力量不仅影响学术交流的方式和进程,而且影响学术生产和学术网络结构,因此,数字化作为一种学术制度形式,对于国际关系学科的影响也需要成为新时代国际关系学科史研究的有趣课题。

第三,国际关系学的"跨共同体比较研究"。

国际关系学科史不仅要去探究英美知识中心之外的知识地域的国际关系发展状况,而且还要对具有多样性和差异性的国际政治知识地理进行跨

---

① Robert Vitalis, *White World Order*, *Black Power Politics*: *The Birth of American International Relations*, Ithaca: Cornell University Press, 2015.

国或者跨地域的比较研究。国际关系学科史不仅要展示学科发展的多元和差异，而且还要分析差异为何、为何差异。在国际关系学的跨共同体知识比较中，要注意去建立分类模型来确立更多的具有代表性的国别知识比较，并不是随便在两个或多个国家的国际关系学发展之间进行知识比较。这种双边的国别知识比较应该是在某些国家特性上具有极大的相似性或极大的差异性，或者是相似性和差异性共存的国别之间进行，比如在国际关系学科史的国别比较研究中，"英美知识关系考察""美苏知识生产比较研究"等就是具有趣味和深度的课题，也是开展"跨共同体比较研究"的较好的起点。

跨共同体之间的知识比较使得不同国别和地域的国际关系学之间的沟通变得可行和有意义，也为国际关系学提供更加丰富的概念工具箱，使得我们能够以更加微妙的方式来理解和审视国际关系实践中的国家和人类的命运。

第四，更加合理的学科发展的动力阐释框架。

现有的国际关系学科发展的动力阐释方法上的"内在主义"与"外在主义"的二元对立是一种人为的概念建构，而国际关系学作为一门社会科学，既密切关注国际现实，又在实现自身的知识生产，在这一知识生产过程中，既有外在条件突出特定的研究主题，又有内在条件突出阐释特定主题的理路。所以，国际关系学的发展历史的叙述与阐释需要将"内在主义"与"外在主义"结合起来：把"外在情境"视为决定学科发展的总体方向的变量，而把"内在知识条件和制度条件"视为决定学科发展的具体路径选择的变量；"内在主义"将理论间的知识关联揭示出来，"外在主义"将理论与现实的关联揭示出来，在这样的框架下来阐释国际关系学发展的不同模式和轨迹的演变动力才更为科学合理。

第五，更加深入的国际关系学科史研究的价值反思与实践力量。

国际关系学科史研究通过对国际关系学科发展历史的自我思考引致国际关系理论的自我重构和发展，而这样一种国际关系理论的自我重构和发展又会通过遭遇这些理论变革的"人的观念"的改变进入到国际关系的现实实践领域，从而对现实的国际关系行为模式发挥重构作用。正如维弗尔所说，"对于国际关系学科的描述的意图并不仅仅在于描述自身，而是它对于理解理论的过去、现在和未来是必要的,从而对于理解我们所研究的世界是必要的"①,所以,国际关系学科史研究是一种更高等级的话语,它影响着次等级的"国际关系理论"话语并进而对"实践"发挥影响,这些"不同等级的话语"之间的内在关系使得国际关系学科史研究具有实实在在的现实实践力量。

第六,中国国际关系学的学科史梳理与研究。

百年未有之大变局下,历经百年的国际关系学在中国的发展轨迹是怎样的?在对外知识关系中,中国国际关系学是否很大程度上还是美国国际关系学的地理"位移"?在自我知识成果的生产中,中国国际关系学的学术话语体系的构建处于何种状态?成就与前景如何?显然,中国国际关系学已经不再是对西方知识的不经思考的模仿者,学者们具有主体性,在"中国化的国际关系理论"领域开疆拓土。

阿查亚和布赞主张推进"全球国际关系学"的路径之一是考察不同地区的可能的理论资源,如经典宗教和哲学传统,历史上的宗教人物、政治人物、军事人物的国际关系思想,当代后殖民时期领导人物的国际关系思想,具有全球视野的当代批判性国际关系学者的作品,以及从全球政治实践中汲取的洞见②。综合观之,中国在所有这些思想资源上都具有丰富的宝藏,中国也正在努力将自己的历史和政治理论带进国际关系学科:以阎学通为核心的"清华路径"的"道义现实主义"、秦亚青以"关系性"为理论硬核的"国际政治的关系理论"、以"共生"概念为核心的"上海学派"③、赵汀阳的天下体系理论,都成为中国国际关系理论建构的突出成果;中国特色大国外交理论、人类命运共同体理论成为中国国际关系学界理论化工作的重要指导课题。

显然,中国国际关系学的发展成就是在学科发展过程中累积发展达成的,其中具有丰富的历史遗产与经验,在建设中国学派的征途中,对于中国

---

① Ole Wæver, "Still a Discipline After All These Debates?", in Tim Dunne, MiljaKurki and Steve Smith, eds., *International Relations Theories: Discipline and Diversity*, Oxford: Oxford University Press, 2007, p.289.

② Amitav Acharya and Barry Buzan, *The Making of Global International Relations*, Cambridge: Cambridge University Press, 2019, p.310.

③ Xiao Ren, "Grown form Within: Building a Chinese School of International Relations", *The Pacific Review*, Vol.33, No.3—4, 2020.

国际关系学的学科史角度的系统梳理,是我们回望旧途汲取经验、锚定前路守成创新的基础。中国国际关系学的学科史研究成为学科回顾、反思与创新的基础性工作,尤其是需要我们具有学术自觉意识地开展这项工作。

因此,国际关系学科史研究需要去反思现实中的"无政府状态下的国家及其共同体的命运"问题,去反思作为知识活动的学科史研究如何为建立"更加美好的世界"做出观念贡献、如何改善"国家及其共同体的命运",通过强化过去的知识传统或者解放过去被压抑的知识传统来实现知识"再造"或者知识"解放",从而去改造我们的"国际关系观念",进而改造我们的"国际关系世界"。

六、小结

国际关系学科史研究日益成为国际关系学的一个分支领域。它通过自己在国际关系学科发展的"自我意象"研究、知识地理考察、学科历史撰写方式、学科身份和知识实践反思等议题上的知识成果彰显着自己的知识特色,但同时,"大争论"的主流学科历史叙述方式、偏重思想史而忽视制度史的历史"失衡"、跨共同体知识比较稀缺、情境主义的主流学科阐释路径,或者制约着学科史研究的健康发展,或者成为国际关系学科史研究的盲区。因此,未来的国际关系学科史研究要健康发展,需要以"无政府状态下的国家及其共同体的命运"的问题意识下的国际关系"理论家族"之间的知识对话的叙述方式替代"大争论"的叙述方式,建构一个"将制度史融入思想史"的健全的学科史,多开展学科历史的跨共同体知识比较研究,建立将内在主义和外在主义融合起来的学科历史动力阐释理路,去展示国际关系学科史研究的价值反思与实践力量。

第二章 国际政治学在中国的发展

陈 岳

作为社会科学中的一门新兴学科，一般认为国际政治学形成于第一次世界大战以后，是"世纪风云的产儿"。中国的国际政治学理论尽管起步较晚，但并不是从来没有相关的国际政治思想。在中国古代思想家们的哲学、政治和法律思想宝库中，存在许多与现代国际政治学理论相通的内容；近现代以来，中国的政治家和外交家也对国际政治事务提出了许多真知灼见；中华人民共和国成立之后的外交实践中，中国领导人提出和倡导的一系列原则、方针、战略和思想，也包含了丰富的国际政治学内容。但是作为社会科学领域中的一个学科，国际政治学自改革开放以后才走上了系统化发展的轨道。进入新世纪以来，中国的国际政治学理论从引进吸收走向自主探索与创新，甚至开始出现了"大理论"意义上的创新。

一、中国传统的国际政治思想

古代中国作为一个封闭式的中央大帝国，与外部世界特别是周边国家和地区形成的是一种以"天朝礼治"为核心的朝贡关系，即周边国家定期或不定期地向中国的中央王朝派遣朝贡使以表示其恭顺之意。中央王朝则对外派驻封疆官吏以实行对该地区的实际治理，或者以册封、赏赐和施惠来保持某种象征性的统治。其中最明显地表现在中国与东亚国家间的关系之中，因而就有"亚洲的华夏秩序"、中国的"华夷秩序"之说。[①] 这种中国的对外关系体系是以一元论的国际社会等级观念作为其思想基础的。根据中国古代的传统观念，人类社会本身就是一种等级制结构，最高层次是"天"，其次为"天子"，中国则是天子治下的"天下"，再次为诸侯治下的"国"，一般百

[①] John Fairbank, Edwin O. Reischauer, and Albert M. Craig, *East Asia: The Modern Transformation: A History of East Asian Civilization*, Vol.1, Boston: Houghton Mifflin Company, 1965; Wolfgang Franke, *China and the West*, Oxford: Blackwell, 1967; 黄枝连：《亚洲的华夏秩序：中国与亚洲国家关系形态论》，北京：中国人民大学出版社1992年版。

姓为"子民",管理百姓之百官为"父母官"。这种传统观念反映在中国对世界的看法中,就有所谓的"华夏中心主义",即中央之国(Central Kingdom)乃人类社会和世界文明之中心,中国之君王即"天子"乃天下万物之统治者,所有其他国家的统治者均隶属于中华帝国之君主的统治。这种统治与西方诸国的最主要的区别在于它强调的是德治教化,即所谓"礼治主义"。这种"礼治主义"与中国人所尊崇的儒家传统密切相关。

"仁、义、礼、智、信"是儒家传统中的精髓所在。儒家所追求的是"修身、齐家、治国、平天下",主张"保民、行德、服民心",崇尚"仁政""王道",反对"以力服人"的"霸道"。这一整套治国原则不仅体现在对本国臣民的治理,而且体现在与外邦蛮夷间的关系上。最早有史记载的朝贡是公元57年(东汉光武帝建武中元二年),日本邪马台国大倭王正式遣使者到洛阳"奉贡朝贺",汉光武帝"赐以印绶",印文为"汉委奴国王"。① 公元238年(三国曹魏明帝景初二年)倭国女王卑弥呼派大夫难升米来华朝贡,大概是有史记载最早的赐大于贡的典型事例。倭国"献男生口四人,女生口六人,班布二匹二丈",魏明帝封卑弥呼为"亲魏倭王,假金印紫绶",并赐锦绢、铜镜、宝刀、珍珠等物。②

作为中国历史上力主并贯彻"礼治"治国的皇帝之一,明太祖朱元璋在夺取政权之前就提出,"礼法,国之纪纲;礼法立则人志定、上下安"。他登基后,除了在国内努力恢复和确立礼治统治之外,也将其运用到对外夷的关系之中。"天地之间,帝王酋长,因地立国,不可悉数。雄山大川,天造地设,各不相犯;为主宰者果能保境恤民,顺天之道,其国必昌;若怠政祸人,逆天之道,其国必亡。"即位之初,他即遣使至周边各地,要求各国向中国朝贡、称臣。当时与中国有朝贡关系的有数十个国家,"西域大小诸国莫不稽颡称臣,献琛恐后。又北穷沙漠,南极溟海,东西抵日出没之处,凡舟车可至者,无所不届。"③中央王朝对它们的朝贡均赞许有佳,赐以厚物。1405—1433年郑和七下西洋,可谓明朝时中国人的一大壮举。明成祖遣使下西洋与忽必烈海洋远征的最大区别就在于他力图以和平的方式向海外传播"王化""声

---

① 《后汉书》,第一百一十五卷,《东夷列传》。
② 参见《三国志》,第三十卷,《魏书·东夷传》。
③ 《明史·西域四(坤城)》,第三百三十二卷,列传第二百二十。

教"以及所谓"抚外夷以礼,导人以善",以天朝之德政治普世之天下。①

这种天朝一统和礼治天下的传统不仅影响到中国古代的国际秩序观念,而且对后人的影响也是深远的,不仅影响到中国与周边国家的关系,也影响到古代和近代中国对自身安全及战争与和平问题的看法。

在中国古代思想史中,除了"仁、义、礼、智、信"之外,与其相联系的"和"也是一个十分重要的概念,并被认为是东方和平智慧的本质。② 它所包含的既有和谐,也有和平;既有人与自然的和谐,也有人与人、国家与国家之间的和平状态,即所谓"天时、地利、人和"乃至达到"天人合一"的最高境界。可以说,天时、地利与人和相协调是产生"天人合一"观念的现实历史基础。③与"和"相对应(而不是相对立)的"武"在中国传统文化观念中也是与西方不同的。战争并不被古人视为人类的自然现象,而仅仅是一种迫不得已的行为。西周时期祭公谋父就不断宣扬"耀德不观兵"。春秋时期的楚庄王所说之"止戈为武",意在说明战争的目的在于制止战争。儒家崇尚"仁政"和"王道",反对"以力服人"的"霸道",但并不绝对地否定战争,主张战争在于"以仁伐不仁",战争目的在于"诛其君而吊其民",即诛杀暴君而拯救人民。评判战争的标准也不在胜负,而在是否能使天下达致真正的和平和恢复人的德性。所以,中国自古就有所谓"文武之道,一张一弛""不战而屈人之兵,善之善者也"等诸多说法。当然,中国古代诸子百家对和平主义的论说和解析并不完全一样,即所谓的"有秩序"的和平主义(儒家)、"行动"的和平主义(墨家)和"法自然"的和平主义(道家),等等。④

中国古代思想家们的和平主义也好,"天人合一"也好,"止戈为武"也好,都是与一定的秩序联系在一起或结合在一起的。这种秩序的含义是多重的:一为伦理秩序,即所谓争战的"义"与"不义","有道"或"无道";二是文化秩序,即是否"仁德"和符合"礼";三是政治秩序,即是否合乎"王道"和"仁政"。正是在这些传统思想的影响和指导下,中国从古代时期就逐步与其邻国形成了所谓的华夏"天朝礼治"体系。⑤ 这一体系的核心就是"通问结

---

① 参见黄枝连:《亚洲的华夏秩序:中国与亚洲国家关系形态论》,第三篇。
② 刘志光:《东方和平主义源起、流变及走向》,长沙:湖南出版社1992年版,第3页。
③ 李泽厚:《中国古代思想史论》,北京:人民出版社1985年版,第318页。
④ 刘志光:《东方和平主义源起、流变及走向》,25—55页。
⑤ 黄枝连:《亚洲的华夏秩序:中国与亚洲国家关系形态论》。

好,以相亲睦""抚外以礼,导人以善"。后来确立起来的天朝朝贡体制更体现出华夏中央王朝的"义""礼"和"王道"秩序观,即维护天朝的尊严胜于领土和其他物质的得失,对外更多的是采取怀柔和安抚政策,而不是动用武力,即使被迫使用武力,也不在战后割地索赔。那些向天朝进贡的番邦夷族从中央王朝所得到的物质利益往往远远多于他们所朝贡的。然而,这种体制在资本主义发展起来之后的西方列强面前却显得苍白无力了。

19世纪以后,随着西方资本主义的发展和向海外的扩展,中国天朝的朝贡制与西方的自由贸易发生了激烈的对抗,天朝的礼仪和尊严在西方"蛮夷"的坚船利炮面前一败涂地,以致丧权辱国、割地赔款。清王朝的统治者感到痛心疾首的还只是丢了面子,"不成事体",而中国的知识分子则感受到民族生存的危机,从而有了从"师夷之长技以制夷"到"中学为体,西学为用"的思维变式。

但是,中国古代传统的和平主义观念对19世纪末20世纪初中国的士大夫乃至革命者的影响都是根深蒂固的。维新派和洋务派之"师夷"并不在于师其坚船利炮,而是兴教育、办实业、改政制。康有为仍确信,世界大同之理想乃是保持人类世界和平的基础。孙中山先生是一位伟大的革命家,也是一个民族主义者,民族主义即为其三民主义的第一要义。但是在他看来,民族主义不过是实现世界大同之理想的一个必要阶段而已,人类达致大同之路并不在于竞争,而在于互助。"社会国家者,互助之体也,道德仁义者,互助之用也;人类顺此原则则昌,不顺此原则则亡。"[1]中国人有一种极好的道德,就是爱好和平,各国共同去讲和平,是因为怕战争,出于勉强而然之,不是一般国民的天性。"中国人几千年酷爱和平,是出于天性,论到个人,便是谦让,论到政治,便是不嗜杀人者能一之,和外国人便有大大的不同。"中国早期的马克思主义者陈独秀、李大钊等人对中国传统文化中的"和""静"之本性进行了批判,认为这正是中国积弱的病根所在。然而,尽管陈独秀反对儒家的和平主义和调和论,但是他对墨、庄学说却极为推崇。[2]李大钊把"调和"视为人类的本性所在,强调互助和合作的作用,主张世界的统一和秩序。

---

[1] 孙中山:《心理建设》,载《中国哲学史资料选辑》(近代之部·下),北京:中华书局1984年版,第634页。
[2] 参见《陈独秀文章选编》(上)(中),北京:三联书店1986年版。

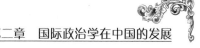

后来,因巴黎和会和中国政府的软弱,他开始倚重"阶级竞争",但仍强调"阶级竞争"的工具性作用,"阶级竞争,是改造社会组织的手段,这互助的原理,是改造人类精神的信条"。①

第一次世界大战之后,中国曾经兴起了一阵和平主义的热潮,胡适、蔡元培等人发挥了积极的作用。但是,公理并没有战胜强权,20世纪30年代以后日本帝国主义的入侵使中国真正面临了亡国的危险。毛泽东是马克思主义阶级斗争理论的信奉者,同时也是中国传统文化和政治思想的承继人。他在早年就曾强调,世界文明分东西两流,东方文明在世界文明内,要占半壁的地位。东方文明可以说就是中国文明。吾人似应先研究过吾国古今学说制度的大要,再到西洋留学才有可资比较的东西。当中国面临亡国的危险时刻,以毛泽东为首的中国共产党人"出乎意料地"没有"报复情绪",他们将"复仇心理让位于根深蒂固的和平愿望和得到一次拟定出他的纲领的机会(任何一个人都得出强烈的印象,这些人不愿意发动一次内战)"。② 以蒋介石为首的国民党政府一直将共产党人视为其首要敌人,奉行"攘外必先安内"的政策,但是在西安事变后再次与共产党携手,投入了武装抗战。一向酷爱和平和崇尚温良恭俭让的中华民族,为了自身的生存而与日本帝国主义展开了殊死的血战,并最终赢得了胜利。

中国的近现代历史在很大程度上是中华民族的一部屈辱史。华夏天朝自成一体的结构被西方资本主义所打破,使中国从"天下"的中心成为世界的一员,但却是不平等的一员。中国在对外关系中处于被动挨打的地位,本身并无安全可言,其基本目标实际上只是争取和维护自身的生存。同时,为了维护和巩固统治阶级的政权,统治阶级和主要的政治力量又都求助于外国的势力,周旋于列强之间。直到第二次世界大战结束后,中国作为主要的战胜国和联合国的创始成员国及联合国安理会的常任理事国,特别是1949年中华人民共和国成立,中国才真正开始确立其主权国家的地位和尊严。

---

① 参见《李大钊文集》(上),北京:人民出版社1984年版。
② 〔美〕约瑟夫·埃谢里克:《在中国失掉的机会》,罗清、赵仲强译,北京:国际文化出版公司1989年版,第201页。

二、中华人民共和国成立后的国际政治研究

中华人民共和国成立以后,中国的国际政治研究开始了新的起步。1950年中国人民大学设立了外交系,下设国际关系和中国对外政策、外交通史、大使与领事权、国际法和外语等教研室。1955年院系调整时,外交系大部人员抽出组建外交学院。1963年底,周恩来主持召开了加强全国国际问题研究座谈会,随即中共中央下达了《关于加强外国问题研究的决定》。此后,中国人民大学、北京大学和复旦大学设立了国际政治系,北京和上海先后建立了一批外国问题研究机构,创办了一批国际问题研究刊物,编辑和翻译出版了一批国内外学术及政治著作和教科书。但是,十年浩劫使中国刚刚开始的国际问题研究受到严重损害。直到中共十一届三中全会以后,由于实行对外开放的基本国策,中国的国际问题研究才重新出现了生机。1979年3月,邓小平在理论务虚会上指出,"政治学、法学、社会学,以及世界政治的研究,我们过去多年忽视了,现在也需要赶快补课"。[①] 伴随着中国整个社会科学的重建,国际政治的学科建设迅速展开。

中国对国际政治学的系统研究起步较晚,并经过了曲折的磨难。尽管如此,中华人民共和国成立以来,中国的国际问题研究仍取得了很多重要的成果。中国的政治领导人在下述几个问题上作出了重要贡献。

(1) 和平共处五项原则。和平共处原则是列宁最先提出来的。中华人民共和国成立以后,中国领导人根据国际关系的实践,将其进一步加以理论化和系统化,提出了相互尊重主权和领土完整、互不侵犯、互不干涉内政、平等互利、和平共处的五项原则,并将其扩大到所有国家间的相互关系之中,成为被国际社会广泛接受的国际关系普遍准则。和平共处五项原则,在国际法的进化过程中占有重要地位,也是第二次世界大战以后新兴国家对新兴国际关系法律基础探索的重要组成部分。[②]

(2) 三个世界的战略划分。这是中国领导人依据20世纪60年代以后世界力量对比的变化和主要国家间相互关系的变化而提出来的,是对世界

[①]《邓小平文选》(第2卷),北京:人民出版社1994年版,第180—181页。
[②] 苏长和:《和平共处五项原则与中国国际法理论体系的思索》,载《世界经济与政治》2014年第6期,第4—22页。

经济与国际政治相互作用的综合考察的结果。尽管国际上对此存在争议,但是它对国际政治学研究的重大影响却是不容否认的。

(3) 和平与发展的两大主题。中华人民共和国成立以来,一直高举和平的旗帜,为维护世界和平与进步作出了积极贡献。20世纪80年代以后,中国又把维护世界和平和促进共同发展作为当代世界面临的两大主题,无论是在理论上,还是在实践中,都对此作出了积极努力,在外交上为中国争得了主动,在理论研究上实现了一定的突破。①

(4) 国际政治新秩序。世界秩序问题,一直是东西方国际政治学理论研究的重要内容之一。但是长期以来,对秩序的研究一直没有突破强权政治、集团政治和均势政治的框框。中国领导人在20世纪80年代中期以后提出的建立国际政治新秩序的主张,揭示了旧秩序的实质,提出了建立新秩序的目标、基础及准则,无疑是在理论上和政治上的重大发展,并且在国际上引起了高度重视和热烈的讨论。

(5) 建设和谐世界。进入21世纪以来,面对复杂多变的国际形势和国内艰巨繁重的建设任务,中国对外政策和国际战略有了新的发展。2004年,中国政府明确提出了致力于走和平发展道路,其核心是充分利用世界和平的大好时机努力发展和壮大自己,同时又以自己的发展维护世界和平。2005年,中国政府进一步提出,推动建设持久和平、共同繁荣的和谐世界,表明了中国对国际秩序的美好愿望和追求。和谐世界理念反映了中国与国际社会关系的新变化,是对中国一贯秉持的和平外交理念的继承和发展,丰富了马克思主义的国际政治理论,向国际社会传达了一个负责任的大国的意愿和抱负。②

(6) 推动构建人类命运共同体。21世纪进入第二个十年后,中共领导集体认识到,人类面临诸多难题和挑战,维护世界和平,促进共同发展,任重道远。面对国际形势的深刻变化和世界各国同舟共济的客观要求,各国应该共同推动建立以相互尊重、公平正义、合作共赢为核心的新型国际关系,同时强调与各国在利益汇合点的基础上开展合作,与各国建立和发展利益

---

① 陈岳:《如何认识世界主题和时代特征》,载《世界经济与政治》2002年第2期,第76—79页。

② 李景治等:《中国和平发展与构建和谐世界研究》,北京:中国人民大学出版社2011年版。

共同体、责任共同体、命运共同体,推动构建人类命运共同体。① 党的十九大报告呼吁,世界命运握在各国人民手中,人类前途系于各国人民的抉择。中国人民愿同各国人民一道,推动人类命运共同体建设,共同创造人类的美好未来。② 这是以习近平同志为核心的党中央在洞察国际形势和世界格局演变大趋势的基础上,对人类社会发展进步大潮流的前瞻性思考。

在严格意义上,中国的国际政治学研究还是自改革开放以后开始起步的。20世纪80年代,中国的国际政治学研究重点在引进,即将国外(包括西方和苏联东欧)的国际政治学理论介绍到中国。中国人民大学国际政治系组织翻译的"国际政治学汉译名著"丛书就包含了多部西方和苏联东欧的国际政治学理论著作。从20世纪80年代后期至90年代初,中国翻译出版的经典著作包括摩根索的《国家间政治——寻求权力与和平的斗争》、卡普兰的《国际政治的系统与过程》、华尔兹的《人、国家与战争》和《国际政治理论》、霍夫曼的《当代国际关系理论》、库库尔卡的《国际关系理论问题》、山本吉宣的《国际政治理论》和《国际相互依存》、多尔蒂等的《争论中的国际关系理论》、吉尔平的《国际关系政治经济学》、斯特兰奇的《国家与市场:国际政治经济学导论》、伯顿的《全球冲突:国际危机的国内根源》、基欧汉和奈的《权力与相互依赖——转变中的世界政治》、奥尔森等的《国际关系的理论与实践》、库隆比斯等的《权力与正义:国际政治学导论》、多伊奇的《国际关系分析》等。随着这些译著的翻译出版,中国学者对国际政治学理论流派有了初步的把握,尽管对其了解得还不够系统和全面。作为中国学者自己撰写或编辑的理论读物,陈汉文的《在国际舞台上》(1985)、倪世雄的《当代美国国际关系理论流派文选》(1987)反映了中国学者对西方国际关系理论的最初接触。

到了20世纪90年代,中国国际关系学者开始静下心来思索和探讨学科发展的基础,系统地了解西方的学术脉络,深入地思考中国所处的国际环境。作为对学科基础思考和探讨的结果,一批国际政治学教科书问世,并且具有与西方同类教科书不同的风格和框架结构,比如张季良的《国际关系学

---

① 陈岳、蒲俜:《构建人类命运共同体》,北京:中国人民大学出版社2018年版。
② 习近平:《决胜全面建成小康社会 夺取新时代中国特色社会主义伟大胜利:在中国共产党第十九次全国代表大会上的报告》,北京:人民出版社2017年版,第25、60页。

概论》(1989)，程毅、杨宏禹的《国际关系基础理论》，冯特君、宋新宁的《国际政治概论》(1992)，梁守德、洪银娴的《国际政治学概论》(1994)，俞正梁的《当代国际关系学导论》(1996)，李少军的《国际政治学概论》(2002)，等等。与20世纪80年代相比，这一时期中国学者对西方国际关系理论的发展谱系有了更为全面的了解，这反映在金应忠、倪世雄的《国际关系理论比较研究》(1992)，王逸舟的《西方国际政治学：历史与理论》(1998)，倪世雄等的《当代西方国际关系理论》(2001)等著作上。针对国际政治环境的变动与中国对外关系中的挑战，中国学者也开始思考一系列国际关系的新问题，诸如：高科技的发展对国际关系的影响；相互依赖问题；国家主权及其限制；国际关系中的伦理道德问题；国际关系中的文化因素；国家安全的观念；国家内部的制度与对外行为的关系；等等。① 作为"当代国际政治丛书"的第一部，王逸舟的《当代国际政治析论》(1995)反映出中国国际关系学者对当代国际关系的新问题已经开始进行自主的探索。

  进入21世纪以来，随着中国与世界相互依赖的加深，中国的国际政治学研究有了长足的发展。无论是在教材体系还是科研成果上，无论是在西方理论的引进还是本土知识的生产上，都取得显著的成就。中国人民大学国际关系学院组织编写的"21世纪国际政治学系列教材"因其"系统的理论性、强烈的现实性和前瞻的学术性"而引人注目，被全国多所高校使用。复旦大学"国际关系系列教材"在全国高校中有较大的影响。北京大学国际关系学院教师编写的国际政治经济学和国际关系史等教材在全国高校中也有较大的影响。随着学科专业的发展，对西方国际关系理论的介绍、阐释和评析不断加强，西方经典著作的引进力度空前、数量庞大。② 除了一批原版影印的西方国际关系理论经典著作由北京大学出版社出版之外，上海人民出版社的"东方编译所译丛"、北京大学出版社的"国际关系理论前沿译丛"和"大战略研究丛书"、世界知识出版社的"国际关系学名著系列"等集中翻译了大批国际政治学科的重要理论著作。近二十年来，中国的国际政治学研究在学术成果上取得了长足的进步，以上海人民出版社的"当代国际政治丛

---

  ① 参见资中筠主编：《国际政治理论探索在中国》，上海：上海人民出版社1998年版。
  ② 陈岳、孙龙、田野：《西方政治学在中国：近30年来学术翻译的发展与评析》，载《政治学研究》2013年第2期，第95—110页。

书"为代表,一批颇具影响力的理论专著不断出版。在借鉴西方国际关系理论的基础上,一些学者已对国际关系的经验现象提供新的理论概括与解释,开始建构具有中国特色、中国风格和中国气派的国际关系理论。

三、新世纪以来中国国际关系理论的新发展

进入21世纪以来,中国国际关系学界对西方国际关系理论的引入更加全面、及时和系统,对于主流国际关系理论的内部流派的分梳更加全面和细致,对于三大主流理论之外的其他国际关系理论也有了更具体的介绍和讨论。比如,当建构主义在美国异军突起时,中国学术界就大致同步译介了建构主义的主要作品。除了秦亚青为其翻译的《国际政治的社会理论》(2000)所撰写的译者前言外,郭树勇的《建构主义与国际政治》(2001)、方长平的《国家利益的建构主义分析》(2002)、袁正清的《国际政治理论的社会学转向:建构主义研究》(2005)都成为国内研究建构主义的代表作。秦亚青主编的《文化与国际社会:建构主义国际关系理论研究》(2006)则全面介绍了建构主义的各个分支流派,包括奥努夫的规则建构主义、克拉托克维尔的规范建构主义、温特的结构建构主义、鲁杰的国际体系演化理论和江忆恩的战略文化理论等。又如,对于在美国国际关系理论中一直居于主流地位的现实主义,中国学者超越了以往概而论之的一般性理解,对古典现实主义(许嘉:《权力与国际政治》,2001)、结构现实主义(吴征宇:《华尔兹国际政治理论研究》,2003)、进攻性现实主义(李永成:《霸权的神话:米尔斯海默进攻性现实主义理论研究》,2007)、防御性现实主义(唐世平:《我们时代的安全战略理论:防御性现实主义》,2016)、新古典现实主义(陈志瑞、刘丰:《国际体系与国内政治:新古典现实主义的探索》,2015)等现实主义的分支都有专题的研究著作问世。此外,中国学者开始对世界体系理论、女性主义、英国学派等美国主流国际关系理论之外的其他流派进行更为深入细致的研究,比如王正毅的《世界体系论与中国》(2000)对世界体系理论的起源、方法、影响等进行了系统的考察,李英桃的《社会性别视角下的国际政治》(2003)和《女性主义国际关系学》(2006)全面评析了女性主义国际关系理论,张小明的《国际关系英国学派——历史、理论与中国观》(2010)对国际关系理论中的英国学派进行了颇具深度的研究。

随着多年来的引进和积累，中国国际关系学者在熟悉西方国际关系理论的基础上开始提供一些创新性的理论成果。近二十年来，中国学者在国际政治的中层理论和微观模型上取得了一些创新。这些创新性的理论成果在研究取向上具有以下三个鲜明的特点。其一，往往在学科主流上提炼研究问题、提出概念范畴和建立理论框架，如秦亚青关于霸权护持的理论（《霸权体系与国际冲突》，1999），阎学通和孙学峰关于"崛起困境"的理论（《中国崛起及其战略》，2005），苏长和（《全球公共问题与国际合作》，2000）与田野（《国际关系中的制度选择》，2006）关于国际制度形式与设计的理论，尹继武关于联盟信任形成的理论（《社会认知与联盟信任形成》，2009），林民旺有关战争决策的理论（《选择战争——基于规避损失的战争决策理论》，2009），刘丰有关霸权正当性的理论（《制衡的逻辑：结构压力、霸权正当性与大国行为》，2010），李巍关于国际制度竞争的理论（《制度之战：战略竞争时代的中美关系》，2017），杨原关于大国权力竞争的理论（《大国无战争时代的大国权力竞争》，2017），宋伟关于整体国家利益的理论（《位置现实主义：一种外交政策理论》，2021）等，所讨论的学术问题都是国际学术界所普遍关心的重大理论问题。其二，广泛运用社会科学各个学科所提供的理论工具来发展国际关系中的理论模型，比如秦亚青和魏玲对社会学中社会化和网络化理论的借鉴，王正毅对政治经济地理的探究（《边缘地带发展论：世界体系与东南亚的发展》，2018），田野对经济学中交易成本理论的运用，尹继武和林民旺对心理学中认知理论和前景理论的采纳，孙吉胜对语言学概念的使用（《语言、意义与国际政治》，2009），庞珣基于社会网络分析方法对国家权力的研究等。其三，往往具有中国背景意识和中国问题意识。魏玲为中国参与的第二轨道进程建立了建构主义模型（《规范、网络化与地区主义》，2010），黄琪轩在中国技术发展开始走向自主创新的背景下确立了其理论框架（《大国权力转移与技术变迁》，2013），苏长和在"中国与国际制度"的研究框架内提出了"中国新外交""周边主义"和"全球治理学"等范畴，李巍在人民币国际化的问题意识下突出了国际政治领导在国际货币秩序缔造中的作用（《制衡美元：政治领导与货币崛起》，2015），陈拯基于对中国在"保护的责任"辩论中角色的关注探讨了说辞政治如何塑造共有观念（《说辞政治与"保护的责任"的演进》，2019）。

随着知识的积累和学术的自觉，中国国际关系学者近年来在宏观范式上也出现了开拓性的创新。秦亚青的"世界政治的关系理论"、阎学通的"道义现实主义"和唐世平的"国际政治的社会演化理论"都在大理论(grand theory)的意义上令人瞩目。

作为长期在国际关系理论研究中耕耘的中国国际关系学者，秦亚青发现西方主流的国际关系理论范式都在不同程度上忽视了社会互动过程和与之密切相关的社会性关系。基于中国传统思想和社会文化中的"关系性"元素，秦亚青提出了"世界政治的关系理论"。这一理论以关系性作为理论硬核的形上元，以中国的中庸辩证法作为认识论图式，将国际关系的世界视为由关系构成的世界，假定国际行为体是关系中的行为体，从本体论意义上将过程界定为运动的关系，并基于关系性逻辑重新概念化权力、合作、治理等国际关系的关键要素。秦亚青在《中国社会科学》2009年第3期发表的《关系本位与过程建构：将中国理念植入国际关系理论》一文中初步阐述了这一理论，在中文著作《关系与过程：中国国际关系理论的文化建构》(2012)和英文著作《世界政治的关系理论》(*A Relational Theory of World Politics*, Cambridge University Press, 2018)中，不仅系统地阐述了这一理论的硬核和逻辑，而且将其运用于对中国融入国际社会、全球治理和东亚地区合作的分析。

作为探索中国古代国际政治思想的基础之一，以阎学通为核心的清华国际关系学术团队在林林总总的先秦文献中抽取了《管子》《老子》《墨子》《荀子》《韩非子》《尚书》《左传》《国语》《四书》《战国策》《吕氏春秋》等典籍中的有关篇章并对其中的国家间政治思想进行阐发，编辑了《中国先秦国家间政治思想选读》(2008)和《王霸天下思想及其启迪》(2009)。在这些研究工作的基础上，阎学通在《中国社会科学》2009年第3期发表的《先秦国家间政治思想的异同及其启示》以及英文著作《古代中国思想与当代中国权力》(*Ancient Chinese Thought, Modern Chinese Power*, Princeton University Press, 2011)中解读、阐释中国古代的国家间政治思想，以提炼、升华古代国家间政治经验。阎学通由此阐发了诸子著述对当代国际关系理论发展的启示：理论效力以其适用性为基础；应对非传统安全威胁需要道义的领导；国际权威以道义为基础；国际观念的建构是一个由上而下、由强而弱的过程。尽管阎学通自己并不倡导为理论贴标签，他的理论就其内容而言仍可以称为"道义现实主义"(《世界权力的转移:政治领导与战略竞争》,2015;*Leadership and the Rise of Great Powers*, Princeton University Press, 2019)。

与秦亚青和阎学通转向中国文化的理念或中国古代政治思想不同,唐世平将自然科学中的进化论范式带入国际关系理论,也取得了大理论意义上的创新。在《欧洲国际关系杂志》(*European Journal of International Relations*, Vol. 16, No. 1)所发表论文的基础上,唐世平在《国际政治的社会进化:公元前8000年到未来》(*Social Evolution of International Politics: From 8000 BC to the Future*, Oxford University Press, 2012)一书中更全面阐述了"国际政治的社会演化理论"。基于对社会演化的阐释,唐世平提出国际政治系统一直是一个演化的系统。不同的国际政治理论来自并适用于国际政治的不同时期,不同的国际政治时代实际上需要不同的国际政治理论。因此,国际政治应该成为真正的进化论科学,或"给达尔文应有的地位"。以古代中国与后罗马时代的欧洲为例,唐世平特别揭示了从进攻性现实主义世界到防御性现实主义世界演化背后的根本机制与辅助机制。

毋庸置疑,作为一门发端于西方的知识门类,国际政治学主要是在西方文化背景下基于西方国际政治的经验确立起自己的知识谱系的。特别是大量美国国际关系学者的研究使国际政治学成为现代社会科学的一个门类并具有社会科学理论的属性。用斯坦利·霍夫曼的话说,国际关系是"一门美国式的社会科学"。[①]作为改革开放以后新一轮"西学东渐"的反映,中国国际关系理论的发展也首先是以引进西方国际关系理论作为起点的。但近十几年来,在理解中国对外关系的历史与实践或者汲取中国传统文化元素的基础上,中国国际关系理论研究无论是在中观/微观的层次上还是在宏观的层次上都取得了创新性的研究成果。这些成果的取得,不仅拉近了中国国际关系研究的水平与西方国际关系研究水平之间的距离,而且为国际学术同行开始提供具有中国特色、中国风格和中国气派的国际关系理论成果,在一定程度上反映了费孝通先生在其晚年一再强调的"文化自觉"。正如费孝通所言:"其意义在于生活在一定文化中的人对其文化有'自知之明',明白

---

① Stanley Hoffmann, "An American Social Science: International Relations", *Daedalus*, Vol. 106, No. 3, 1997.

它的来历、形成的过程,所具有的特色和它的发展的趋向,自知之明是为了加强对文化转型的自主能力,取得决定适应新环境、新时代文化选择的自主地位。"[1]在满足社会科学理论构建标准、遵循社会科学理论创新规律的基础上,随着中国日益走近世界舞台的中央,中国学者需要更自觉地推进国际关系理论"中国学派"的建立和发展。

---

[1] 费孝通:《关于"文化自觉"的一些自白》,载《学术研究》2003年第7期,第7页。

第二编

国际政治学主要理论流派

> 理论并非只是规律的集合,而是对规律的解释。规律指出恒定不变的或可能存在的因果联系,而理论则解释这种联系为何存在。规律有别于理论,区别之一就在于规律可以被发现,而理论只能被构建。理论尽管与需要解释的世界密切相连,但却独立于真实的世界。"现实"既不会与理论一致,也不会与代表理论的模式一致。理论尽管并非与经验和观察的世界完全分离,但却只是间接的联系。如果"真实性"成为问题所在,那么我们就处在规律的范畴之内,而非理论的范畴之内。在没有任何理论光芒指引的情况下,试图寻找事物间的联系,就仿佛盲目地向一个看不见的靶标射击一样,不仅要浪费大量的弹药,而且即便击中了靶心,也无人知晓。
>
> ——肯尼斯·华尔兹

第三章 现实主义

李永成

现实主义(Realism)是对国际政治进行描述、解释、预测的比较可靠的理论范式之一,也是居于历次国际关系学理辩论中心的主流学派,历经批判而持久不衰。① 自修昔底德(Thucydides)以来,现实主义穿越了两千多年的思想时空,在摩根索(Hans Morgenthau)、华尔兹(Kenneth Waltz)、米尔斯海默(John Mearsheimer)等当代大师的推动下,实现了从思想到理论到科学理论的几次飞跃,已成为一个学说林立的理论家族。

一、现实主义的理论内核

现实主义认为,国际政治的运行环境是一个"利益对立和利益冲突的世界"②,国际政治的本质是权力政治和安全政治,国家间关系的基本属性是竞争,基本表现样式是均势政治。如摩根索所言,"国际政治,亦如所有其他政治一样,也是争夺权力。无论国际政治的终极目标是什么,权力总是其直接目标"。③ 米尔斯海默也说,"尽管大国竞争的烈度时有消长,但大国之间总是相互畏惧,总在进行权力竞争"。④ 现实主义区别于其他国际关系理论学派的理论内核在于论证为什么国际政治是权力政治和安全政治,致力于阐述国家进行权力竞争和安全竞争的基本环境、基本战略、政策行为及其导致

---

① 新自由制度主义理论大师基欧汉(Robert Keohane)曾言:"尽管对现实主义的批判周而复始,但这些批判的聚焦似乎只是巩固了现实主义思想在西方国际政治思想中的中心地位。"Robert Keohane, "Theory of World Politics: Structural Realism and Beyond," in Idem ed, *Neorealism and Its Critics*, New York: Columbia University Press, 1986, p. 158. 也可参见[美]罗伯特·基欧汉编:《新现实主义及其批判》,郭树勇译,秦亚青校,北京:北京大学出版社2002年版,第145页。现实主义学者沃尔特也说:"虽然许多学者(以及为数不少的决策者)不愿承认,但现实主义依然是理解国际关系最有力的一般性理论体系。"Stephen M. Walt, "International Relations: One World, Many Theories," *Foreign Policy*, No. 114, Spring, 1998, p. 43.

② Hans Morgenthau, *Politics among Nations: The Struggle for Power and Peace*, sixth edition, New York: Knopf, 1985, p. 3.

③ Ibid., p. 31.

④ John Mearsheimer, *The Tragedy of Great Power Politics*, New York: W. W. Norton & Company, 2001, p. 2.

的国际后果,它"对国际政治中的战争、联盟、帝国主义、合作的障碍以及其他重要的国际关系现象进行简洁而有力的解释"①,对未来能否消除国家间冲突和战争持悲观态度。悲观因此成为现实主义的典型特质,甚至有人认为,悲观乃是将现实主义凝结为一种国际政治思想和理论的丰富传统的根本。②

现实主义的基本假定有:(1)国家是世界政治中最重要的行为体,因而国际关系主要是政府间的外交活动,国际组织等其他行为体处于次要和从属地位;(2)国家是单一理性的相似行为体(like unit),在国际事务中以理性方式采取行动,追求安全和利益最大化;(3)权力计算是国家的支配性思维方式,国家根据权力界定利益,重视国际收益的相对分配,强调经济实力和军事实力在国际政治中的作用。③ 现实主义者基于相同的假定发展出了若干现实主义学说,如基于人性论的"古典现实主义"(Classical Realism),基于国际无政府性的"新现实主义"(Neorealism),或称"结构现实主义"(Structural Realism),具有"现状取向"的"防御性现实主义"(Defensive Realism),以及具有"修正取向"的"进攻性现实主义"(Offensive Realism)。米尔斯海默将主要的现实主义理论归纳如下(见表3-1):④

表3-1 米尔斯海默对现实主义理论的分类归纳

	古典现实主义	防御性现实主义	进攻性现实主义
什么原因促使国家进行权力竞争?	国家与生俱来的权力欲	体系结构	体系结构
国家想要多少权力?	能得到多少要多少。国家追求相对权力最大化,其终极目标是霸权。	不超过现有的权力。国家专注于维持既有均势。	能得到多少要多少。国家追求相对权力最大化,其终极目标是霸权。

另外,重视国内政治、旨在建构外交政策理论的新古典现实主义(Neo-

---

① Stephen Walt, "International Relations: One World, Many Theories," p.31.
② 如施韦勒说,"正是这些循环往复的悲观主义主题,而非任何具体的主张或可检验的假说,使人们可以谈论包括修昔底德、马基雅维里、霍布斯、卢梭、韦伯、基辛格、华尔兹和米尔斯海默在内的现实主义传统"。Randall L. Schweller, "New Realist Research on Alliances: Refining, Not Refuting, Waltz's Balancing Proposition," *The American Political Science Review*, Vol.91, No.4, 1997, p.927.
③ 类似归纳亦可参见〔美〕罗伯特·基欧汉编:《新现实主义及其批判》,中文版序言,第39页。
④ John Mearsheimer, *The Tragedy of Great Power Politics*, p.22.

classical Realism),也是冷战后崛起的一支重要的现实主义力量。①

二、从古典现实主义到新现实主义

古典现实主义的逻辑基底是人性,其基本变量关系是人性导致权力政治,它自修昔底德始,至马基雅维里,再到摩根索,经历了两千多年的生命历程,至今"依然没有过时"。② 修昔底德是奉献了现实主义思想的第一人,他对国际政治两大规律的洞察和阐释成就了他现实主义鼻祖的地位:(1)"强者为其所能为,弱者受其所须受"所揭示的权力政治规律;(2)"雅典实力的增长及其在斯巴达激起的恐惧使战争不可避免"所揭示的安全竞争规律。③ 修昔底德在解释国际事件时,强调从人性与领导者、国内政治与国家制度、国家间体系等三个层次进行立体的理解,故称"复合现实主义"(Complex Realism)。④

马基雅维利(Niccolo Machiavelli)也是古典现实主义的杰出代表,其《君主论》(The Prince)主要基于"人性"去解读君主政治和国际政治,被称为"原教旨现实主义"。⑤ "君主哲学"以人性恶为前提,以重视权力争夺、关注利益冲突的政治观为核心,以君主"被畏惧优于被爱戴"为权力战略原则,被称为后世现实主义学者"思想与理论定位的基本坐标"。⑥ 马基雅维里政治思想中的三大信条构成了现实主义哲学的基石:(1)历史由因果事件组成,其走向可以通过知识活动加以分析和理解,但不能像乌托邦主义者认为的那样通过"假想"得到引导;(2)不是理论创造实践,而是实践创造理论;(3)不是伦理决定政治,而是政治决定伦理,道德乃权力的产物,缺乏有效的权威,

---

① Gideon Rose,"Neoclassical Realism and Theories of Foreign Policy," *World Politics*, Vol. 51, No. 1, 1998, pp. 144—172.

② Jack Snyder,"One World, Rival Theories," *Foreign Policy*, No. 145, Nov/Dec, 2004, p. 56.

③ Hayward R. Alker, Jr.,"The Dialectical Logic of Thucydides' Melian Dialogue," *The American Political Science Review*, Vol. 82, No. 3, 1982, p. 806. 所谓"修昔底德陷阱"便来源于第二条规律。

④ 这是民主和平论的代表性学者迈克尔·多伊尔(Michael Doyle)的观点。Michael W. Doyle, *Ways of War and Peace: Realism, Liberalism, and Socialism*, New York/London: W. W. Norton & Company, 1997, pp. 49—92.

⑤ Ibid., chapter two, pp. 93—110.

⑥ 王逸舟:《西方国际政治学:历史与理论》,上海:上海人民出版社1998年版,第12页。

第三章 现实主义

就没有有效的道德。①

20世纪,尽管有卡尔(E. H. Carr)、尼布尔(Reinhold Niebuhr)、凯南(George Kennan)等杰出的古典现实主义学者,但摩根索无疑是集大成者,其《国家间政治》是当之无愧的理论顶峰。在该著中,摩根索以人性为逻辑起点,以"政治现实主义六原则"为理论内核,以"界定为权力的利益"为核心概念,循着"权力政治"与"和平政治"两条主线,建构了古典现实主义最宏伟的理论大厦。

在摩根索看来,国家间权力政治的根本动力在于人性中的"支配倾向"和"无限的权力欲"。② 现实主义之所以得其名,在于两个根本原因:其一,它承认现实世界是一个"利益对立和利益冲突"的世界,是"人性中固有的各种力量起作用的结果";其二,它旨在以历史实践为依托去实现"较小的恶",而不以抽象原则为指导去追求"绝对的善"。③ 以此为基础,摩根索阐述了政治现实主义六原则:(1) 政治由根植于人性的客观规律所支配;(2) 界定为权力的利益这一概念是引导政治现实主义在国际政治领域披荆斩棘的主要路标;(3) 界定为权力的利益作为客观分类具有普遍合理性,但特定的利益观念并非一成不变;(4) 政治现实主义认可政治行动的道德要义,但认为抽象、普遍的道德准则不适用于国家行为;(5) 政治现实主义拒绝承认特定国家的道德愿望等同于放之天下而皆准的道德法则;(6) 政治现实主义坚持政治领域以权力关切为特征的独立性。④ 以六原则为主轴,摩根索进一步从"争夺权力"与"限制权力"两个方面论述了国家间权力政治的基本样式。他认为,国家的权力战略有维持权力、增加权力、显示权力三个目标,与之相适应的政策分别是现状政策、帝国政策与威望政策。在国际政治中,国家权力的限制主要靠三种力量——国际均势、国际法、国际伦理与世界舆论,其中均势是最有效的力量。摩根索的理论可图示如下(见图3-1):

---

① Edward Carr, *The Twenty Years' Crisis 1919—1939: An Introduction to the Study of International Relations*, London: Macmillan, 1939(1981 printing), pp. 62—63.
② Hans Morgenthau, *Politics among Nations*, p. 155.
③ Ibid., pp. 3—4.
④ Ibid., pp. 4—15.

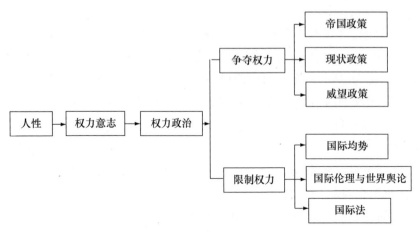

图 3-1　摩根索理论图示

如何实现世界和平是摩根索理论的另一主线。他认为,通往国家间和平的主要道路有三条:一是以限制求和平,主要方法是裁军、集体安全、司法仲裁,或建立国际政府来行使和平功能;二是以转变求和平,主要方法是建立世界国家或世界共同体;三是以调和求和平,主要方法是外交,灵活运用说服、妥协和武力威胁三种外交手段。历史表明,由于"国家间关系的本质"是以国家主权为基础,前两种和平道路只是理想主义的蓝图,因此只有通过外交来"缓解和最小化"导致"大国对抗、引发战争灾难幽灵的政治冲突",从而"创造实现永久和平的前提条件"。① 如何充分发挥外交的和平功能?摩根索提出了外交的四项基本原则:(1) 外交必须摒弃十字军精神,求同存异,培育国家间的共同道德观念;(2) 外交政策目标必须根据国家利益来确定,以适当的权力来支持;(3) 外交必须以其他国家的观点来注视政治舞台;(4) 国家必须愿意在一切非至关紧要问题上妥协。② 摩根索特别重视外交妥协的和平价值,他阐述了外交妥协的五项先决条件:(1) 为了实质性的真正利益放弃毫无价值的虚幻权利;(2) 切勿把自己置于一种退则颜面尽失、进则风险重重的境地;(3) 切勿让一个虚弱的盟国代做决定;(4) 不能把外交政策的制定和处理赋予军队,武装力量是外交政策的工具而非主人;(5) 在制定和推行外交政策时,政府要引导舆论方向,而不能成为舆论的奴

---

① Edward Carr, *The Twenty Years' Crisis 1919—1939: An Introduction to the Study of International Relations*, p. 563.
② Ibid., pp. 584—588.

第三章 现实主义

隶,不能被舆论牵着鼻子走。①

古典现实主义的领导地位到1979年时被取代,这一年华尔兹出版《国际政治理论》一书②,新现实主义理论瓜熟蒂落,成为现实主义范式的新王者。新现实主义的主要变量关系是国际结构影响国际结果和国家行为,其核心理论逻辑是国际结构的无政府性导致国家间的安全竞争和均势行为,主要内容如下。

第一,国际政治理论是体系理论。在华尔兹看来,理论是"对规律进行解释"的思维创造③,国际结果(international outcomes)只能从体系层次得到简约但有说服力的科学解释,而不能主要从单元(即国家)层次的原因推导出来,试图从人性、领导人、国家的政治制度和国内政治等因素出发去理解国际政治的思路只能算是外交政策理论,是一种将整体化约为部分、"由内而外"的还原主义思路,它无法解释国际政治不因人和国家的不同而出现的重复性与连续性,这就使探寻体系层次的原因"既有必要,也有可能"。④ 华尔兹的国际结构主要有三项内容:体系的无政府性、单元功能的相似性和单元间的实力分配,其中实力分配是体系变革的关键因素,决定国际结构是两极还是多极。两极是最稳定的结构。结构主要通过社会化和竞争两种机制对国家行为产生影响。⑤

第二,国际政治的根本动力是安全竞争。国内政治是等级制之下的政治,国际政治是无政府状态下的政治,即在国家之上没有中央权威,因而没有国际利维坦在危急时为各国提供帮助和安全保障。因此,国家在国际政治中的基本行为逻辑是自助,首要目标是国家安全。华尔兹指出,"在无政府条件下,安全是最高目标,只有生存有保障时国家才能安稳地追求安宁、利润、权力等利益"。⑥ 在这一点上,赫兹(John Herz)的"安全困境"思想为华尔兹提供了直接的理论启示。华尔兹写道:"赫兹创造了'安全困境'这个术语,用来描述各国因为拿不准彼此的意图,出于安全而武装自己,但却

---

① Edward Carr, *The Twenty Years' Crisis 1919—1939: An Introduction to the Study of International Relations*, pp. 588—591.
② Kenneth Waltz, *Theory of International Politics*, Reading, Mass.: Addison-Wesley, 1979.
③ Ibid., p. 6.
④ Ibid., p. 69.
⑤ Ibid., p. 74.
⑥ Ibid., p. 126.

因此激发了恶性循环的情形"。① 安全困境的国际政治逻辑是,一国为保障自身安全而采取的措施,意味着降低了其他国家的安全感,军备竞赛由此螺旋升级,难以停止。② 在华尔兹看来,国际体系的无政府性不仅导致了国家间的安全困境,还阻碍了国家间的合作,他指出,"不安全的环境条件——至少各国对于别国未来意图和行动的不确定性——妨碍了它们的合作"。③

第三,国际政治是均势政治,国家追求安全最大化,因而追求"适量的权力"。新现实主义理论是一种结构逻辑下的均势理论,华尔兹说,"如果关于国际政治有什么别具一格的政治理论,那当属均势理论"。④ 他认为,在无政府条件下,"体系促使国家去追求的目标是安全。增加的权力可能会也可能不会服务于安全目标"。⑤ 他强调,过多或过少的权力都不利于国家安全,"虚弱可能招致敌人发动攻击,这是较强的力量本可阻止的。过多的力量可能促使其他国家增加军备并聚合力量。权力是可能有用的手段,明智的政治家会设法掌握适量的权力"。⑥ 因此,"国家的首要关切不是谋求权力最大化,而是维护它们在体系中的地位"。⑦ 权力最大化之所以危险,是因为国际均势规律在起作用。在华尔兹看来,均势意味着实力强大的国家会自然地被其他国家视为安全威胁,制衡战略的定义便是加入较弱一方以防止出现霸权。尽管国家有利用他国的软弱和虚弱获取权力的动力,而且当时机成熟时这样的行动也的确有良好的战略意义,但倘若大国行动起来咄咄逼人,则其他国家通常会联合制衡进攻者,挫败其获取更多权力的努力。⑧ 于是,进攻行为给进攻者带来的结果可能是权力和安全的受损,而不是收益。华

---

① Kenneth Waltz, *Theory of International Politics*, p.186.
② 按照当今英国学派的领军人物布赞(Barry Buzan)的说法,安全困境思想使当时极为流行的从权力争夺视角解释国际政治的动力机制逐渐地转移到安全竞争的视角。Barry Buzan, *People, State, and Fear*, 2nd ed. Boulder, Colo.: Lynne Rienner Publishers, 1991, p.4.
③ Kenneth Waltz, *Theory of International Politics*, p.105.
④ Ibid., p.117.
⑤ Ibid., p.126.
⑥ Kenneth Waltz, "Realist Thought and Neorealist Theory," *Joural of International Affairs*, Vol.44, No.1, 1990, p.36; 亦可参阅 "The Origins of War in Neorealist Theory," *Journal of Interdisciplinary History*, Vol.18, No.4, 1988, p.616。
⑦ Ibid., p.126.
⑧ Kenneth Waltz, *Theory of International Politics*, chapters 6, 8.

尔兹的这种"地位维持说"被指责为"新现实主义的现状偏向"。① 华尔兹的权力政治论可图示如下(图3-2):

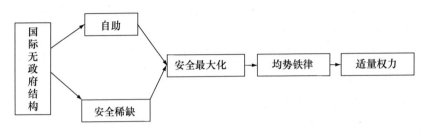

图3-2 华尔兹权力政治理论图示

三、防御性现实主义与进攻性现实主义②

新现实主义理论具有典型的防御性特征,即认为"国家专注于维护均势",追求"不超过现有权力的权力"③,其核心观点有三:第一,在无政府状态下,安全是首要目标,权力是手段,国家在国际政治中的根本关切是安全最大化,而不是权力最大化;第二,安全最大化逻辑使制衡(Balancing)而非追随(Bandwagoning,即加入实力强的一方)成为国家的优先安全战略,这种国际均势机制导致追求权力最大化往往会遭到遏制和挫败;第三,安全最大化的可靠途径是维持均势现状。④

20世纪80年代后,在沃尔特(Stephen M. Walt)、斯奈德(Jack Snyder)、范·埃弗拉(Stephen van Evera)和格拉泽(Charles Glaser)等人的推动下,防御性现实主义进一步发展,分析层次也从体系层次扩展到单元层次,但其理论核心依然是关注安全最大化、重视均势铁律、提醒大国过度扩张的风险,

---

① Randall Schweller, "Neorealism's Status-Quo Bias: What Security Dilemma?" in Benjamin Frankel, ed., Realism: Restatement and Renewal, London/Portland, Or.: Frank Cass, 1996, pp. 90—121.

② 防御性现实主义和进攻性现实主义的两分法最早由斯奈德提出,他认为防御性现实主义的"防御性"体现在"进攻性行动无助于国家安全"的权力—安全观,沃尔特及其《联盟的起源》一书是防御性现实主义学说的最佳范例;而进攻性现实主义的"进攻性"体现在"进攻行动通常会增加国家安全"的权力—安全观,米尔斯海默及其《回到未来》是代表;华尔兹及其《国际政治理论》是"二者兼有"。参见 Jack Snyder, Myths of Empire: Domestic Politics and International Ambition, Ithaca: Cornell University Press, 1991, p. 12, note 36。

③ John Mearsheimer, The Tragedy of Great Power Politics, pp. 19—22.

④ Kenneth Waltz, Theory of International Politics, p. 126.

主张国家奉行适度的安全战略。①

沃尔特的理论是"威胁平衡理论"(Balance of Threat Theory)②,其核心问题是国际政治中的联盟因何而起,即国家在无政府状态下"如何选择朋友"③,其基本理论逻辑是威胁失衡导致国家结盟,国家结盟行为"取决于它们认识到的威胁",即国家结盟不是为了制衡最强大的国家,而是制衡威胁最大的国家,以维护自身安全,同时"影响国际体系作为整体的嬗变"。④ 沃尔特认为,一国构成威胁的程度由四个要素决定:综合实力(aggregate power)、地理邻近性(geographical proximity)、进攻能力(offensive capabilities)和意图(perceived intentions),这就修正了华尔兹均势理论单纯以实力认定安全威胁的主张。一个综合实力强、地理上邻近、进攻能力高、侵略意图昭彰的国家是更大的安全威胁,可能导致相关国家结成同盟对抗之。倘若最具威胁性的国家或国家集团比二号威胁者危险得多,便造成威胁失衡,进而引发结盟以恢复威胁平衡。⑤ 沃尔特理论的战略意义在于揭示了苏联被认为更危险的根本原因,论证了为何美国为首的阵营能积聚更多的力量平衡苏联威胁,为何美苏竞争形势的发展总体上对美有利,美国需要担心的不是盟友的背叛,而是如何避免错位的好战情绪激发其他国家的反对。⑥

斯奈德的理论是"帝国神话理论"⑦,以国内政治为基底阐释大国为何总是奉行扩张政策,而且往往走向过度扩张,其理论逻辑是以扩张求安全的战略观念被神话为意识形态,被国内政治中由各种利益集团所形成的卡特尔化政治联盟用来推行对外扩张政策,这些利益集团的狭隘利益系于帝国扩张、军事准备或经济自足,它们出于私利相互支持,"以整个社会的普遍利益

---

① 专门对防御性现实主义进行学理述评的文章,参见 Jeffrey W. Taliaferro, "Security Seeking under Anarchy: Defensive Realism Revisited", *International Security*, Vo. 25, No. 3, 2000, pp. 128—161。

② Stephen Walt, *The Origins of Alliance*, Ithaca, NY: Cornell University Press, 1990 (paperbacks), p. 38.

③ Ibid., p. 1.

④ Ibid., p. vii, p. 1.

⑤ Ibid., pp. 264—265.

⑥ Ibid., pp. 282—285.

⑦ Jack Snyder, *Myths of Empire: Domestic Politics and International Ambition*, Ithaca: Cornell University Press, 1991.

第三章　现实主义

为幌子追求其狭隘利益"。① 斯奈德认为，国际体系的无政府性并不必然推动国家对外扩张，相反，国际政治的均势律与扩张成本增长律往往导致以扩张求安全的战略适得其反。均势律意味着帝国扩张会招致其他国家的压倒性联盟，从而陷入"自我包围"；扩张成本增长律意味着持续不断地向边缘地带的扩张会导致成本逐渐超过收益，陷入"帝国的过度扩张"。② 斯奈德理论表明，评估和预测一国对外政策的扩张倾向，不能只看国际体系，更应关注该国国内政治的卡特尔化，卡特尔化程度越高，越有可能对外扩张，其他国家应据此采取相应的安全战略予以应对。③

范·埃弗拉的理论是"攻防平衡理论"（Offense-Defense Theory）④，它以战争原因为核心问题，检验了关于战争起源的五个现实主义假说⑤，据此对现实主义理论做了两大修正：一是将其对整体权力结构的关注修正为对精细权力结构（fine-grained structure of power）的关注；二是将其对权力本身的关注修正为对国家权力认知的关注。⑥ 范·埃弗拉认为，由于国际体系的无政府性，国家的首要目标是安全，战争的原因在于国家对国际权力的精细结构出现错误认知。⑦ 其主要观点有：(1) 国家对国际权力结构的认知对发生战争的风险具有重大影响，国家发动战争的原因在于它们认为自己会赢，认为优势在先发制人一方，认为其相对权力处于相对衰落之中，认为资源具有高度累积性，最重要的是，认为征服是容易的。(2) 国际权力的实际结构对发生战争的风险也有影响，但影响较小些，因为国家常常对国际权力的实际结构产生错误认知，而且它们只按其认知做出反应。(3) 当代权力结构是良性的，先发制人的优势很小，大国相对实力的兴衰很少剧烈起伏，资源的累

---

① Jack Snyder, *Myths of Empire: Domestic Politics and International Ambition*, pp. 1—2, 31.
② Ibid., p. 6.
③ Ibid., pp. 320—321.
④ Stephen Van Evera, *Causes of War: Power and the Roots of Conflict*, Ithaca &London: Cornell University Press, 1999.
⑤ 这五个假说分别是：1. 若国家对战争结果抱有错误的乐观主义，则战争发生的可能性很大；2. 若先动员或先进攻的一方占据优势，则战争发生的可能性很大；3. 若国家间相对权力产生剧烈波动，即机会之窗和脆弱之窗都很大，则战争发生的可能性很大；4. 若资源具有累积性，即控制资源可使国家能保卫或获得其他资源，则战争发生的可能性很大；5. 若征服比较容易，则战争发生的可能性很大。Ibid., p. 4.
⑥ Ibid., pp. 7—9.
⑦ Ibid., p. 11.

积性很低,征服非常困难。但各国认为当代国际权力结构是恶性的,即对上述精细结构的各方面产生反复的错误认知,大量现代战争成为"错觉导致的战争"。① 归根结底,范·埃弗拉理论的核心逻辑是,一个"进攻主导"(即征服被认为比较容易)的世界,比一个"防御主导"(即征服被认为非常困难)的世界,更具战争危险。② 第一次世界大战的根源便在于"进攻拜物教"在欧洲的兴起和泛滥。③

格拉泽的理论是"权变现实主义"(Contingent Realism)④,认为国际无政府性不会导致追求安全的国家奉行竞争性战略的普遍趋势,相反,在一系列条件下,合作才是一个理性国家的最佳选择。他指出,一国的战略选择有赖于三种变量的影响:一是该国自身的动机;二是影响该国军事潜力的物质因素,如权力和进攻—防御平衡态势;三是国家动机的相关信息,如 A 国对 B 国动机的看法及其对 B 国掌握 A 国动机相关信息的看法。因此,安全困境不仅仅关乎物质,更关乎信息,"如果追求安全的国家认为其对手也很可能是一个安全追求者,如果防御比进攻相对容易,那么安全困境就不严重,合作和克制就更有吸引力"。⑤ 格拉泽的理论是一种"理性的规范理论",旨在揭示为何合作才是无政府条件下"安全追求者的最优选择"⑥,其重大政策含义是对中国崛起对美国安全和中美关系的乐观主义,强调无论是中国崛起后中美安全实力对比,还是中国的动机,都不会给美国造成安全压力而促其发动预防性战争,因为美国依然享有多重防御优势,特别是巨大的核武器优势所具有的威慑效应,因而美国会很安全,中国的安全利益也会得到保障。⑦

与防御性现实主义并行发展的是米尔斯海默的进攻性现实主义⑧,其理

---

① Stephen Van Evera, *Causes of War: Power and the Roots of Conflict*, p. 255.
② Ibid., p. 118.
③ Ibid., chapter 7.
④ 其代表作是《国际政治的理性理论》。Charles L. Glaser, *Rational Theory of International Politics: The Logic of Competition and Cooperation*, Princeton, N.J.: Princeton University Press, 2010.
⑤ Charles L. Glaser, *Rational Theory of International Politics*, pp. 269—270.
⑥ Ibid., p. 270.
⑦ Ibid., pp. 272—274.
⑧ John J. Mearsheimer, *The Tragedy of Great Power Politics*, New York/London: W. W. Norton & Company, 2001.

论内核是国际无政府性促使国家追求安全最大化,权力最大化是实现安全最大化的最可靠方式,理想结果是成为地区霸权,即体系中遥遥领先的大国或唯一大国。

进攻性现实主义基于五个基本假定。① 第一,国际体系处于无政府状态,主权国家之上"没有中央权威",国家生存环境的根本特征便是"没有守夜人"。第二,大国内在地拥有军事攻击能力,提供了彼此伤害甚至相互摧毁的资本,互为潜在威胁,军事力量越雄厚,其危险性就越大,越令人生畏。第三,各国对别国意图无法百分之百准确认定,这有三方面的含意:(1) 意图具有不确定性,没有国家能确信不会在任何时候、任何情况下遭到他国的军事攻击;(2) 国家并非必然拥有敌对性意图,但意图的不确定性使国家不可能相信别国都"抱有可靠的善意";(3) 攻击的可能原因很多,没有国家能确信别国不会受到任意一种原因的驱动。第四,生存是大国的首要目标,即"维护自己的领土完整和国内政治秩序的自主",一旦一国被征服,它便失去了追求其他利益的地位。第五,大国是理性行为体,这主要有三层含义:(1) 国家明了其外部环境的无政府性和他国拥有军事攻击力量的现实,并从战略高度考虑自己的生存之道;(2) 国家"考虑别国的偏好,关注自己的行为会如何影响别国的行为,也掂量别国行为会如何影响自己的生存战略";(3) 国家"既重视其行为的长期影响,也重视其直接影响",国家会对行为的长期和短期权力效应认真加以甄别。②

米尔斯海默强调,上述五个假设命题中的任何一个都不足以单独导致国家的进攻行为,但它们的共同作用为大国进攻性地思考和行动创造了强大的驱动力,恐惧、自助和权力最大化成为普遍的国家心理和行为模式。上述理论假定及其国家行为推论塑造了进攻性现实主义的基本逻辑架构,如下图所示(见图3-3):

---

① John J. Mearsheimer, *The Tragedy of Great Power Politics*, New York/London: W. W. Norton & Company, 2001, pp. 30—32.
② Ibid., p.31.

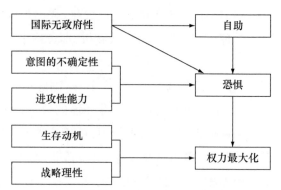

图 3-3 进攻性现实主义的基本逻辑架构图

没有中央权威施救、缺乏惩罚进攻者的有效机制、其他大国作为潜在威胁的现实使各国的安全只能依靠自己,而不能指望别人的保护,即便国家具有结盟倾向,但联盟"只是一时的权宜之计",反目成仇的盟友并不鲜见,因此,"自助"成为国家最根本的行为模式。国际无政府性及其自助逻辑,各国所拥有的攻击能力和可能的进攻动机使国际关系中的信任余地甚微,猜疑无处不在①,即便国家间的恐惧会随着时空的变化而波动,但永远无法消除。②

恐惧和自助的必然逻辑推论是,国家必须拥有保障安全的可靠手段。在国际政治中,权力是确保安全的终极手段,但对于决策者来说,根本无法像防御性现实主义者主张的那样通过追求"适量"权力来维护国家安全,因为安全环境具有动态性,国家无法有效确认多大的权力才足以保证安全。于是,国家必须高度关注自己的相对权力和国际权力分配及其变动,最大的权力确保最大的安全成为大国安全理念的核心原则,"大国认识到确保安全的最佳途径是获得霸权,从而消除其他大国挑战的可能性"。"只有一个被

---

① 因为"在一个各国相互依赖的高度动态化的经济体系中,总会有出现讹诈和边缘政策的可能"。John J. Mearsheimer, "Back to the Future: Instability in Europe after the Cold War", *International Security*, Vol. 15, No. 1, Winter, 1990/91, p. 46.

② 在米尔斯海默看来,大国间的相互疑惧程度是分析国际政治的重要参数,它"在很大程度上决定着大国间安全竞争的烈度和大国战争的可能性"。其逻辑是,疑惧程度越高,彼此的安全感越弱,竞争烈度越强,冒险性安全政策越容易获得政府和公众的认可,战争可能性也就越大。米尔斯海默强调,国家间相互恐惧的缓解必须有赖于:1. 足够的战略威慑能力和战略生存能力;2. 巨大水体(或缓冲地区)的阻遏力量;3. 大致平衡的国际权力分配。其中,除了第 2 条取决于国家意志和努力无法改变的地理因素之外,第 1 和 3 都涉及权力建设和权力积聚问题。这实际上体现了安全困境塑造国家追求权力最大化的政策思维和国际行为的深层机制。Mearsheimer, *The Tragedy of Great Power Politics*, pp. 42—43, 43—45.

误导的国家才会自认为已有足够确保生存的权力而放弃成为体系霸主的时机。"在这种霸权诱惑的逻辑影响下,各国不仅会利用对方的弱点为自己谋利,还千方百计确保自己不被利用。从这个意义上说,"国家根本上既注意防御,也重视进攻"。① 进攻意味着四个具体的政策目标:谋求地区霸权,并阻止别的地区出现霸主,因为水域的阻遏力量和无法实现核垄断,所以不可能有全球霸主;追求财富最大化,夯实军事实力的社会经济基础;建设地区内最强大、有足够海空力量支持的地面力量;寻求核优势。② 当然,理性的进攻都必须"精心计算",其玄机在于,"老成的权力最大化追求者懂得何时该主动出手,何时须见好就收"。③

与进攻性现实主义不同,防御性现实主义认为,追求权力最大化因为均势逻辑而成为"自我挫败"的战略,进攻性现实主义如何超越这种"防御逻辑"而使"进攻"成为大国的生存理性?关键在于,米尔斯海默反对"制衡"与"追随"的两分法,认为制衡与推诿才是大国面对均势破坏行为时的主要战略选择,而且权力理性决定了推诿是优先战略。推诿战略指在出现均势挑战者时袖手旁观,把遏止侵略者的重担转嫁给盟友或别国。推诿战略的优先性在于它:(1) 代价较低,战争的代价由盟友承担,保存了自己的实力;(2) 有利于均势的利己转移,进攻者和责任承担者可能陷入长期的消耗战,使推诿者比二者皆强;(3) 减少直接威胁,避免多线作战。④ 正是推诿优先于制衡的权力理性使国际政治中的均势同盟难以自动形成,给进攻者创造了追求权力最大化的战略空间,这成为进攻性现实主义逻辑链条上最重要的一环。

进攻性现实主义最重要的政策价值在于它对中美关系的分析和预测⑤,认为持续发展的经济实力必然推动中国不断增强军事实力,致力于谋取东亚霸主地位,而美国必然会从自身权力—安全最大化的需要出发,千方百计予以阻止,于是中美安全竞争不可避免地会走向紧张,甚至不排除冲突和有

---

① Mearsheimer, *The Tragedy of Great Power Politics*, p. 35.
② Ibid., pp. 138—147.
③ Ibid., p. 40.
④ Ibid, pp. 158—62.
⑤ Richard K. Betts, "Conflict or Cooperation?: Three Visions Revisited", *Foreign Affairs*, Vol. 89, No. 6, November/December, 2010, pp. 186—194.

限战争的可能。①

四、新古典现实主义

新古典现实主义是20世纪90年代以来现实主义家族的重要成员,代表性学者包括沃尔福斯(William C. Wohlforth)、柯庆生(Thomas Christensen)、扎卡利亚(Fareed Zakaria)、施韦勒(Randell L. Schweller)等。② 国际政治理论和外交政策理论彼此分立是华尔兹的重要观点③,但在新古典现实主义者看来,华尔兹追求理论的简约美虽无可厚非,却导致了对外交政策的解释力不足,他们试图以国内政治为基底建构外交政策理论,主张将体系变量和国内政治变量结合起来,对古典现实主义的外交政策思想进行系统的更新和改造,其核心主张是"国家外交政策的视野和抱负首先受制于其在国际体系中的位置,即受制于其物质性相对实力",但"这种体系压力必须通过若干单元层次的干预变量才能起作用",这便是新古典现实主义理论的共性。④ 基于这种共性,特定国家的大战略、对国际影响的追求、对国际均势的认知、对威胁的反应等成为新古典现实主义者的核心研究问题,权力认知、国内动员、政府权力、精英政治等成为他们研究的主要干预变量,其变量关系是:国家间相对权力分布(自变量)→国内约束与精英认知(干预变量)→外交政策(因变量)。⑤

沃尔福斯的理论是"均势认知论"⑥,其核心逻辑是领导人与精英集团对国际均势的认知是塑造一国外交政策延续与变革的必要条件,其主要内容

---

① Mearsheimer, *The Tragedy of Great Power Politics*, New York/London: W. W. Norton & Company, 2014, chapter X.

② Gideon Rose, "Neoclassical Realism and Theories of Foreign Policy," *World Politics*, Vol. 51, No. 1, 1998, pp. 144—172.

③ Kenneth Waltz, "International Politics Is Not Foreign Policy", *Security Studies*, Vol. 6, No. 1, Autumn, 1996, pp. 54—57.

④ Gideon Rose, "Neoclassical Realism and Theories of Foreign Policy," *World Politics*, Vol. 51, No. 1, 1998, p. 146.

⑤ Steven E. Lobell, Norrin M. Ripsman and Jeffrey W. Taliaferro, eds., *Neoclassical Realism, the State, and Foreign Policy*, Cambridge: Cambridge University Press, 2009, p. 20. 陈志瑞、刘丰:《国际体系、国内政治与外交政策理论:新古典现实主义的理论构建与经验拓展》,载《世界经济与政治》2014年第3期,第111—128页;刘丰、左希迎:《新古典现实主义:一个独立的研究纲领?》,载《外交评论》2009年第4期,第134页。

⑥ William C. Wohlforth, *The Elusive Balance: Power and Perceptions during the Cold War*, Ithaca &London: Cornell University Press, 1993.

有:(1)对均势的认知是动态的,尽管典型的实力评估标准并未捕捉到实力分配的变化,但对实力分配变化的认知可能导致国家行为的急剧变化;(2)对均势的关系性评估比观念结构更容易变化,但观念变化与关系性评估的变化会相互加强;(3)对未来趋势的预期会强化当前的均势评估,尽管前者比后者的可靠性更低,但的确会影响外交政策,比如赫鲁晓夫对苏联实力增长的乐观预期强化了他对美苏平等地位的追求。① 以大国竞争为例,沃尔福斯认为,"国家进行竞争的理由千万条,但其中的一个必要条件是它们认为自己有实力去竞争"。② 因此,苏联领导人"认识到苏联实力的衰落"③,这是他们最终放弃与美国进行冷战式权力政治竞争的必要条件。

柯庆生的理论是"国内动员论"(Domestic Mobilization Model),其核心问题是,为何领导人会操纵低烈度的外部冲突以便动员国内民众支持其高成本、长时间的安全大战略;其基本观点是领导人为了争取民众支持,可能不得不放弃国际结构指向的最优战略而采取敌对性的外交政策;④其因果链是,国际体系权力结构的变迁→领导人对国家安全威胁的认知→设计国家对外大战略→国内政治动员→局部领域的进攻性对外政策。⑤ 在这个逻辑链条中,国内动员能力是国际挑战与外交政策之间的中介变量。⑥ 柯庆生研究了美国对华政策(1947—1950)和1958年金门危机两个案例,他发现,杜鲁门对华战略的动力是其政府为动员国内民众支持对苏联的有限遏制战略而操纵意识形态使然,结果导致杜鲁门主义全面滑向全球遏制共产主义的大战略,最终使美国在朝鲜战争中的卷入演变成杜鲁门本不愿看到的美中战争。⑦ 类似的,1958年的炮轰金门危机,原本是毛泽东为了动员国内民众

---

① William C. Wohlforth, *The Elusive Balance: Power and Perceptions during the Cold War*, pp. 294—296.
② Ibid., p. 252.
③ Ibid.
④ Thomas J. Christensen, *Useful Adversaries: Grand Strategy, Domestic Mobilization, and Sino-American Conflict, 1947—1958*, Princeton: Princeton University Press, 1996, p. 4.
⑤ 李巍:《从体系层次到单元层次:国内政治与新古典现实主义》,载《外交评论》2009年第5期,第139页。
⑥ 柯庆生认为,领导人进行国内动员的主要障碍在于,一是民众与领导人在观察国际安全环境时存在信息不对称,二是国家安全作为一种公共产品所导致的"集体行动困境",因此,领导人为了获得国内民众的支持,会操纵意识形态,夸大国际威胁。
⑦ Christensen, *Useful Adversaries*, chapters 4, 5.

团结在其大跃进旗帜之下,但却招来了美国第七舰队介入台海,几乎升级为中美新一轮的战略对峙。①

扎卡利亚的理论是"政府中心现实主义"(State-centered Realism)②,其核心问题是"国家为何和何时会对外扩张"③,其理论的变量关系是:政府权力(state power)影响国家扩张。④ 政府权力是指国家权力中可由政府动用以实现其目标的部分,它反映了决策者实现其目标的便利性,政府结构(state structure)对政府权力形成了有力的制约。⑤ 1865 年南北战争结束之后,美国的国家物质实力持续增长,但由于政府权力邦州分散、条块分割、府会制衡,形成国家强政府弱的内政架构,总统难以将国家实力转换为对外扩张影响的政府权力。19 世纪 80、90 年代之后,美国的工业化浪潮推动现代美国政府架构逐渐形成,政府权力走向集中,总统权威日益增强,将国家实力转化为政府对外扩张政策的能力与日俱增,因而出现了一个不断追求海外影响的美国,造就了将美国带上世界舞台、成为世界大国的强势总统麦金莱、老罗斯福和威尔逊。

施韦勒的理论是"国家凝聚力论"(State Coherence)⑥,其核心问题是为

---

① Christensen, *Useful Adversaries*, chapters 6.

② Fareed Zakaria, *From Wealth to Power: The Unusual Origins of America's World Role*, Princeton, N. J.: Princeton University Press, 1998.

③ 扎卡利亚认为,国际政治理论旨在解释国际事件,如华尔兹通过集中关注国家间暴力冲突和均势制衡的规律性而建构了一种国际政治理论。但是,国际政治理论无法解释国家的动机,而只能在解释国际事件时对国家动机做出假定。相反,外交政策理论解释为何不同的国家,或者同一个国家在不同历史时期,对外部世界拥有不同的意图、目标和偏好;外交政策理论阐释国家的行为努力,如寻求盟友、兼并殖民地,但不能解释这些努力的结果。因此,他的理论不解释国家扩张图谋的成败,因为扩张后果更多地取决于国际环境,因此要理解国家扩张的后果就需要借助国际政治理论,如华尔兹的均势理论。Ibid., p. 9; p. 8, note 8.

④ 扎卡利亚的理论源自于对两种既有外交政策理论的不满:古典现实主义和防御性现实主义。古典现实主义的外交政策理论假定国家的物质性权力决定国家利益,它对国家为何扩张这个问题的基本解释是:国家之所以扩张是因为它们有能力扩张。防御性现实主义对国家扩张问题的基本解释是,国家对外扩张的原因是受到了威胁,不安全感促使国家进行扩张,以应对具有进攻意图的强国,即国家不是因为有能力时便扩张,而是因为受威胁时不得不扩张。在扎卡利亚看来,防御性现实主义无法解释大国往往在自身实力崛起阶段进行扩张,也无法解释扩张的方向是比自己弱小、更容易征服的地区,而不是造成威胁的大国;古典现实主义的缺点在于它强调"国家权力"是影响一国对外决策最重要的要素,而没有注意到对外政策并非由一国作为一个整体做出,而是由其政府做出,因而"至关重要的是政府权力,而非国家权力"。Ibid., pp. 4,9.

⑤ Ibid., p. 9.

⑥ Randall L. Schweller, *Unanswered Threats: Political Constraints on the Balance of Power*, Princeton &London: Princeton University Press, 2006.

何国家在面对国际体系中的潜在威胁时会出现制衡不足(Underbalancing),其基本理论内核是制衡不足通常源于国内政治中若干制约因素导致的国家凝聚力问题,即"缺乏凝聚力的国家,无论是大国还是小国,往往会因为国内政治考量的制约"而难以采取行动制衡外部威胁。① 换言之,"如果国家在精英层面和社会层面处于分裂状态,那么它们可能不会按照均势逻辑行事"。② 具体而言,在凝聚力不足的国家中,领导人会因为政治风险、政策风险太高而欠缺足够的意愿和能力去动员国家资源以实施制衡。③ 施韦勒认为,国家凝聚力是四个变量综合影响的结果:精英共识/分歧(Elite Consensus/Disagreement)、精英团结/分裂(Elite Cohesion/Fragmentation)、社会团结/分裂(Social Cohesion/Fragmentation)、政府的强弱。④ 如果这四个变量在负方向上发挥作用,即精英团体缺乏共识,精英和社会出现碎片化,政府权力不稳,则领导人加强军力等内部制衡行为的政治风险和成本将大大增加,制衡不足随之出现。⑤

五、道义现实主义

道义现实主义是阎学通提出的一种现实主义理论,也是现实主义范式的内核与"中国古代王道思想"有机结合生成的重要成果,⑥其核心问题是"一个国家如何成功崛起",从而与聚焦于守成主导大国为何遭遇霸权衰落的传统思路形成显著差别。⑦ 不过,两种思路并不彼此对立,而是相互补充,共同构成理解大国兴衰的国际关系理论图景。

作为一般性的国际关系理论,道义现实主义"遵循古典现实主义的原则,从国际权力、国家实力和国家利益的角度分析国家的道义行为",但尤其

---

① Randall L. Schweller, *Unanswered Threats: Political Constraints on the Balance of Power*, Princeton &London: Princeton University Press, 2006. p.68.
② Ibid., p.11.
③ Ibid.
④ Ibid., p.47.
⑤ Ibid., pp.11—13.
⑥ 阎学通:《历史的惯性:未来十年的中国与世界》,北京:中信出版社2013年版,第182页。
⑦ 阎学通:《大国领导力》,李佩芝译,北京:中信出版集团2020年版,第3—4,35,227页。

重视"国家领导人的道义关注对决策的影响"。①道义、实力、权力、利益、权威五个概念及其相互关系构成道义现实主义的学理基础。权力指国际影响力,也是"最重要的"国家利益。权威来自"追随者的信心",体现了他国自愿接受领导的程度。实力指一国的综合实力,是国家利益的基础,包括操作性和资源性两类要素,前者指政治实力,后者指军事实力、经济实力、文化实力,计算公式为综合实力=(军+经+文)×政。显然,政治实力具有扩大或缩小资源性要素作用的功能,它取决于国家领导的效率,而领导效率由改革的政治方向与执行力决定。根据国家实力的大小,道义现实主义理论中有主导国、崛起国、地区大国、小国四种国家,其利益各不相同,主导国力求维持世界主导地位,崛起国谋求扩大国际权力,地区大国追求维护地区主导权,小国则主要追求生存。道义现实主义这种国家之间基于实力分配的等级制,在秦亚青看来,意味着国际关系的实质是争夺国际领导。②

在道义现实主义中,领导国的核心道义是"在国内实行负责任且仁慈的治理,在国际上享有良好的战略信誉"。对内,改革能力是领导力的主要体现;对外,战略信誉是"最基本的国际道义,是领导国建立国家权威的先决条件"。③ 理解道义现实主义的"道义",要注意以下几点。其一,它是工具性的,而非价值性的,其作用不是帮助决策者界定国家利益是什么,而是影响决策者对实现国家利益的方式与手段的选择,即"在应该如何获得国家利益方面影响决策者"。其二,它以政府道义为标准,包括保护国家利益的责任、履行国际规范的义务、对盟国的战略可信性等基本构成要素。其三,政府道义须以普世道义为准绳,崇奉"关心/伤害、公平/欺骗、忠诚/背叛、权威/破坏、神圣/堕落"这5对伦理基础中的前者。④

道义现实主义的核心自变量是政治领导,变量值为国内领导或国际领导的不同类型。国内领导的分类标准、类型及其战略偏好如表3-2所示。

---

① 阎学通:《大国领导力》,第6,10页。
② 秦亚青:《中国国际关系理论的发展与贡献》,载《外交评论》2019年第6期,第1—10页。
③ 阎学通:《大国领导力》,第50,27页。
④ 同上书,第9—14页。

表 3-2　国内领导类型及其战略偏好①

对国际地位的态度	领导责任感	
	负责的	不负责的
维持现状	守成型(奉行经济决定论,对外追求扩大经济收益,据此维持现有国际地位;战略偏好为运用经济影响,以经促政)	无为型(奉行无为而治的道家政治哲学,对内避免争论,对外妥协以迁就国内反对派;战略偏好为回避冲突,降低战略目标或放弃崛起)
改变现状	进取型(信奉政治决定论,认为政治领导力决定国家兴衰,以改革谋求更高国际地位;战略偏好为构筑联盟体系以扩大国际支持)	争斗型(信奉社会达尔文主义,推崇暴力的有效性,相信不断的战争胜利是获得国际权力的唯一途径;战略偏好为军事扩张)

在现实的政治生活中,大多数崛起国的领导与战略偏好是上述分类中"任意两类的混合",领导类型的转变往往通过政权更迭(最高领导人的变更)和领导自我转型两种机制来实现。②

国际领导作为道义现实主义的自变量要素,其主要基础是国家实力和战略信誉,受到战略信誉(守信誉/不守信誉)和行为准则(标准一致/双重标准)两个变量的影响而生成四种类型、导向不同的国际领导风格,影响国际社会风气(表 3-3)。③

表 3-3　国际领导的类型及其领导风格

行为准则	战略信誉	
	守信誉	不守信誉
标准一致	王道型(遵行国际规范,以身作则,守规范者奖励,逆规范者惩治;富兰克林·罗斯福政府,西周)	强权型(基于他国的恐惧建立领导地位,破坏国际道义规则,国际社会常处于战争状态;纳粹德国,军国主义日本,秦帝国)
双重标准	霸权型(对盟友信守承诺,提供援助,赢得信任;对竞争对手冷酷无情;冷战时期的美、苏,齐桓公)	昏庸型(不负责任地随波逐流,欺软怕硬,政策自相矛盾,朝令夕改,军事手段常用;特朗普政府,周幽王)

---

① 相关内容见阎学通:《大国领导力》,第 40—50 页。
② 同上书,第 47 页。
③ 相关内容见第 53—59 页。

大国崛起是道义现实主义的总因变量,又可还原为国际格局、国际规范、国际秩序、国际体系等要素。① 因此,道义现实主义的变量关系是政治领导决定大国崛起,其机制是,国家领导力的升降决定国家间相对实力的变化和国际格局的变化,决定大国的外交战略,决定国际规范类型,影响国际秩序的稳定和持久性。② 国际体系由国际行为体、国际格局、国际规范三个核心要素构成,其中至少两个要素的变化才能实现国际体系转型。道义现实主义主张以王道型领导改善世界政治环境,方能为更好的世界创造"最佳机会"。③

　　总体来看,政治领导力是大国竞争的决定性因素,有"一个按普世道义准则制定外交政策的政治领导",几乎是崛起国成功的充要条件。④ 具体而言,"当崛起国的政治领导力强于主导国的政治领导力时",两国的权力地位就可能反转,"崛起国将成为新的主导国"。所谓"强于",是指"更强且更高效"。⑤ 归根结底,"影响崛起国与主导国战略竞争结果的主要因素是它们在赢得国际支持方面的领导力的差别","赢得较多国际支持的一方将是竞争的赢家"。⑥

　　需要指出的是,道义现实主义既是一种解释大国成功崛起的普遍性国际关系理论,也是一项明确指向中国外交的外交政策理论,对中国外交如何服务于中华民族复兴殚精竭虑,其理论逻辑充分体现了这一点:"以物质国力和道义建立国际战略信誉,以国际战略信誉赢得更多盟友,依靠众多的盟友实现民族复兴。"具体讲,道义现实主义建言中国外交:(1)以"公平、道义、文明"为指导思想,推动建立"责权相等的国际新秩序";(2)承担更多的国际安全责任,特别是为友邦提供安全保障;(3)放弃不结盟政策,广结盟友,最大化地赢得国际支持。⑦

---

① 阎学通:《大国领导力》,第 228 页。
② 同上书,第 94 页。道义现实主义认为,国际秩序包括两个基本构成要素,一是国际主流价值观,二是国际规范,二者的关系是前者决定后者,即国际规范"依据国际主流价值观制定",因此,倘若崛起国和主导国各自提倡的价值观彼此相左,则价值观冲突将成为两国战略竞争的一部分。(第151 页)
③ 同上书,第 202—203,245 页。
④ 同上书,第 24 页。
⑤ 同上书,第 4 页。
⑥ 同上书,第 50 页。
⑦ 同上书,第 182,193—194 页。

第四章　自由主义

宋　伟

与现实主义被普遍承认为西方国际关系学界的主流理论不同,在政治思想领域,自由主义一直占有无可争议的主流地位,尽管对自由主义政治理论的内涵和历史仍然存在诸多的争议。"大多数西方思想家的目标始终在于建构这样一种社会,在这种社会中,每个个体在最少依赖其统治者的自由裁量权的情况下,可以在某个既定的权利义务框架内决定自己的行为和承担由此产生的责任。"① 自由主义,而不是民主主义,构成了当代西方政治制度的基石。正是出于平等保护个人自由权利这一核心信念,市场经济、宪政法治、民主选举、政党政治、新闻自由和三权分立等国家制度才被创造出来。事实上,不论是政治自由主义、经济自由主义、宗教自由主义、社会自由主义等等,都持有这样一种共同的信念,即个人自由的社会将能最大限度地发挥个人的创造力,从而带来社会的繁荣与进步。因此,与现实主义和社会科学意义上的国际关系理论不同,作为一种政治哲学的自由主义本质上是一种规范性的理论。自由主义的哲学家们相信,保护个人和社会自由的政治制度,将可以为国内社会乃至国际社会的稳定与繁荣奠定基础。

一、自由主义的政治哲学

在英国自由主义政治哲学家约翰·格雷(John Gray)看来,自由主义包括如下的观念要素:它是个人主义的,因为它主张个人对任何社会集体之要求的道德优先性;它是平等主义的,因为它赋予所有人以同等的道德地位,否认人们之间在道德价值上的差异与法律秩序或政治秩序的相关性;它是普遍主义的,因为它肯定人类种属的道德统一性,而仅仅给予特殊的历史联合体与文化形式以次要的意义;它是社会向善论,因为它认为所有的社会制度与政治安排是可以纠正和改善的。正是这一关于人与社会的观念赋予

---

① Frederic Watkins, *The Political Tradition of the West*, Cambridge: Harvard University Press, 1984, p.10.

自由主义以一种确定的统一性,从而使之超越了其内部巨大的多样性和复杂性。①格雷对自由主义核心要素的归纳中,第一个方面是本体论的,即个体的权利优先于集体的权利;第二个和第三个方面是方法论的,即个体权利的实现需要尊重平等和普遍性的原则;第三个方面是认识论方面的,即人们有理性的能力,可以实现不断积累的社会进步。大体类似于格雷的概括,本章把自由主义政治哲学的核心精神要素概括为三个原则,并简要阐述它们作为国际关系规范的表现。

首先是自发原则或者说个人主义。这一原则坚持每个人都有自己的权利和自由,可以支持自己的财产和身体。自由主义者倾向于认为,自发自生的社会秩序会有一种无形之手来调节,达到一种对整个社会都有利的结局。在自由主义者看来,整个社会体系、各种政治制度的行为,都是行为体自发的、无意识的相互作用形成。用哈耶克(Friedrich von Hayek)的话来说,"人类赖以取得成就的许多制度乃是在心智未加设计和指导的情况下逐渐形成并正在发挥作用的","自由人经由自生自发的合作而创造的成就,往往要比他们个人的心智所能充分理解的东西更伟大"。②应用到在国内和国际经济领域,自由主义者主张实行自由化的经济政策,每个人都有权支配自己的劳动和财产,有权与他人订立契约,有权通过市场出售或者购买商品。经济学的鼻祖亚当·斯密(Adam Smith)曾经写道:"关于把资本用于哪类能够生产最有价值产品的国内产业上面这一问题,显然每一个身临其境的人都能做出比政治家或立法家更好的判断。""不必法律干涉,个人的自身利益和欲望,自然会引导人们将社会资本尽可能按最适合全社会利益的比例,在所有各行业之间分配。"③应用到国际政治关系之中,这一原则导致了传统自由主义者的均势思想,即各国之间的竞争会自然而然导致对潜在霸权国的制衡,也导致了主权平等、民族自决以及国际人权保护等现代国际关系的原则。

其次是平等原则或者说相对主义。自由主义者认为,不管人们出身于何种社会历史文化背景,他们都拥有平等的基本人权,在道德地位和法律地

---

① 〔英〕约翰·格雷:《自由主义》,曹海军等译,长春:吉林人民出版社2005年版,第2页。
② 〔英〕冯·哈耶克:《个人主义与经济秩序》,邓正来译,北京:三联书店2003年版,第12页。
③ 〔英〕亚当·斯密:《国富论》,唐日松等译,北京:华夏出版社2004年版,第327、453页。

位方面都是平等的。这里的相对主义与前面格雷所总结的普遍主义并不矛盾。相对主义意味着,应该承认并且容忍多样化的宗教、习俗、道德规范,因此,同样应该尊重其他民族、群体的基本人权。应用到国际关系领域,这一原则必然要求大小国家一律平等、尊重文化和文明的多样性、保障中小国家在国际事务中的发言权、民族自决、保护基本人权等。这些正是战后国际政治秩序中的重要内容,被明确写入《联合国宪章》《世界人权宣言》之中。当然,自由主义的平等原则在国际关系中的贯彻可能会出现一些内在的矛盾,这主要表现在如何处理个人权利的平等与主权国家的平等之间,以及经济领域的自由市场原则与政治领域的经济权利平等之间。主权国家之间的平等自然会引申出不干涉内政的原则,而自由主义对个人权利的重视又使得它必然把保护人权作为国际关系的一项基本原则;经济领域的自由市场原则可能会使竞争力不强的国家处于不利境地,而政治领域的权利平等原则又要求照顾发展中国家。这些都构成了当代国际秩序、国际政治哲学研究中的焦点问题,例如人权保护正在从人道主义干涉走向"保护的责任"——当出现大规模的人道主义灾难时,个人权利的平等之重要性要超过主权国家之间的平等。

最后是平衡原则,即多元主义。 平衡原则意味着,"自由主义的社会在本质上是一个多元的社会。社会的稳定与进步依赖于社会各组成部门之间的平衡关系。权力、财富甚至意见的过分集中会构成对社会平衡与进步的威胁"。①如果国家本身过于强大、集权,没有受到制约,那么个人和社会即使通过宪政、民主保有一部分的权利,但事实上是无法实现的,因为强大的政府面对着分散的个人总是有着组织上、资源上的优势。因此,自由主义者对于国家权力的结构本身规定了分权制衡的原则,并将其抬高到极为重要的地位。例如,阿克顿(John Emerich Edward Dalberg-Acton)勋爵曾经写道:"分立的或者毋宁说是多元的权威是一个好政府得以存在的基础。""自由存在于权力的分立之中。专制主义存在于权力的集中营里。"②在国际经济领域,自由主义者主张,财富的过度集中、南北双方严重的贫富分化也会损害发达

---

① 李强:《自由主义》,北京:中国社会科学出版社1998年版,第11页。
② 〔英〕阿克顿:《自由与权力——阿克顿勋爵论说文集》,侯健等译,北京:商务印书馆2001年版,第332、339页。

国家的经济发展,因此需要通过国际经济援助等方式实现一定程度的平衡,实现财富分配的某种"实质正义";在国际政治领域,依据平衡原则,在主张主权国家平等的同时,必须要通过集体安全、势力均衡等方式来制约那些有野心的强国,个人、非政府组织也应该在国际关系领域中扮演更为重要的角色。许多自由主义者认为,与国内政治一样,国际关系中最大的危险可能来自有着专制野心的强者。如孟德斯鸠(C. L. Montesquieu)所言:"从事物的性质来说,要防止滥用权力,就必须以权力约束权力。"①

如上所述,自由主义政治哲学的这些特点——自发、平等、平衡——都在一定程度上影响了自由主义者对国际关系的思考。理想主义构成了自由主义国际关系理论在早期的主要代表形式。理想主义者相信通过一系列的制度设计,可以避免人性的缺陷,达致世界的和平。理想主义国际关系哲学的主要代表者是第一次世界大战后美国总统威尔逊提出的"十四点计划"。这十四点计划是改造世界政治的规范性主张,还称不上是系统的、具有解释力的社会科学理论。其主要内容是:签订公开和约,杜绝秘密外交;平时和战时海上航行绝对自由;取消一切经济壁垒,建立贸易平等条件;裁减军备到同国内安全相一致的最低点;根据旨在国家不分大小、相互保证政治独立和领土完整的特别盟约,设立国际联合机构;等等。除了很多措施本身的可行性需要打上疑问以外,威尔逊理想主义的最大问题在于它自身。十四点计划并不是经过严格论证的理论,不管是裁军、民族自决还是建立国际联盟,这些措施都在一定程度上得到了实施,但结果并不令人满意。自由主义的政治哲学为系统的国际关系理论的发展提供了思想的土壤。例如,自由贸易、经济相互依赖促进国家间合作共赢的思想,以及威尔逊理想主义计划中所体现出来的对国际组织、国际法的重视,都为后来新自由制度主义的出现奠定了基础。

二、传统自由主义国际关系理论

传统自由主义者的一个主要特点在于强调个人权利与自由,反对政府干涉,强调政府只充当"守夜人"的角色,并只能通过合适、有限的法律体系

---

① 〔法〕孟德斯鸠:《论法的精神》(上册),张雁深译,北京:商务印书馆1995年版,第154页。

来进行治理。罗伯特·诺齐克(Robert Nozick)指出,"个人拥有权利。……这些权利如此强有力和广泛,以致引出国家及其官员能做些什么事情的问题"。诺齐克进而在这一理论假设的基础上最终确立了国家的正当性原则,即正义的国家乃是最小干预个人事务、最能保障个人权利之充分实现的国家,即"最小国家"(the minimal state)原则。①不论是在政治领域还是经济领域,传统自由主义都表现出这种强烈的"放任自流"色彩。总的来说,传统自由主义者认为,不管是在国内政治还是国际关系领域,可能造成战争、冲突和苦难的,最主要的在于政府,尤其是专制、邪恶的政府。因此,政治制度和国际冲突之间建立起来了直接的因果关系。

1. 核心概念:国家性质

传统自由主义者在分析国际关系(国际体系稳定性)时使用的核心概念是"国家性质"。所谓国家性质,简单地说,就是国家是自由的还是非自由的。可以从国家权力的范围和国家权力的结构这两个方面来考察自由主义者对国家性质的内涵是如何界定的。

自由主义者强调国家权力必须限制在一定的范围。换句话说,国家权力是有限的,而社会权力是无限的。自由主义相信,国家一旦享有了无限的权力,就一定会构成专制和腐败。国家权力受到限制,这是保障个人自由、权利最基础的条件。许多自由主义者强调了国家权力的范围及其不能侵入的领域。亚当·斯密等古典自由主义经济学家强调说,国家权力不应该干预市场经济的运行,绝对不能充当裁判兼赛手的角色。在国际贸易中,国家也不应该采取重商主义政策。②约翰·密尔(John Stuart Mill)提出了个人自由的三个领域,这些都是国家不能干涉的,其中包括:每个人自由思考和发表意见的自由;按照自己的喜好进行生活的自由;在不伤害到他人的前提下进行政治、经济和社会活动的自由。在那些不影响到其他人的事情上,"每人应当享有实行行动而承担其后果的法律上和社会上的完全自由"。③自由主义者认为,国家权力的目的在于为个人自由、权利和发展提供良好的社会

---

① 〔美〕罗伯特·诺齐克:《无政府、国家与乌托邦》,何怀宏等译,北京:中国社会科学出版社1991年版,第1页。
② 〔英〕亚当·斯密:《国富论》,第497—581页。
③ 〔英〕约翰·密尔:《论自由》,许宝骙译,北京:商务印书馆1998年版,第90页。

秩序。这种对国家和社会权力进行划分并写入宪法,就构成了自由国家的一个本质特征:宪政。宪法的根本内容就是对国家和社会的权利范围进行划分。"任何符合宪政精神的宪法都必然包括这样两大部分:一部分是对公民作为私人的权利的规定和保护,另一部分是对管理公共事务的政府如何行使权力所作的程序上的规定,表现为用列举的方式规定政府的权限。"①国家必须依据宪法和法律来施政,立法权因此成为国家权力的中心。国家权力的范围和使用必须受到限制这一自由主义核心理念是自由主义者判断国家性质的根本标准。

自由主义者为保障个人的自由和权利,除了通过宪政的方式规定国家权力的范围之外,考虑到国家权力本身是一个非常强大、可怕的"利维坦",他们还从国家权力的结构角度进行了设计,并将其作为判断国家性质的另外一个根本标准。如果国家本身过于强大、集权,没有受到制约,那么个人和社会即使通过宪政、民主保有一部分的权利,但事实上是无法实现的,因为强大的政府面对着分散的个人总是有着组织上、资源上的优势。因此,自由主义者对于国家权力的结构本身规定了分权制衡的原则,并将其抬高到极为重要的地位。孟德斯鸠把国家权力划分为三种:立法权力、有关国际法事项的权力和有关民政法规事项的行政权力,即立法、行政和司法权力。"当立法权和行政权集中在同一个人或同一个机关之手,自由便不复存在;因为人们将要害怕这个国王或议会制定暴虐的法律,并暴虐地执行这些法律。如果司法权不同立法权和行政权分离,自由也就不存在了。如果司法权同立法权合而为一,则将对公民的生命和自由施行专断的权力,因为法官就是立法者。如果司法权同行政权合而为一,法官便将拥有压迫者的力量。"如果三权合一,"那便一切都完了"。②通过把立法权、行政权和司法权三种权力分开,让它们互相制衡,这样国家权力结构就处于一种分散的状态。这就保证了各种权力部门都不能专断地对社会进行控制,毕竟要使三个如此庞大的机构同时合谋,在实践中基本不具有可行性。

---

① 刘军宁:《共和·民主·宪政——自由主义思想研究》,上海:上海三联书店2000年版,第120页。
② 〔法〕孟德斯鸠:《论法的精神》(上册),第156页。

第四章 自由主义

2. 主要逻辑:国家性质决定国际体系的稳定性

在自由主义者看来,国内社会和国际社会并无本质的区别,无政府状态的国际社会只是表明了缺乏一个中央权威的事实。在无政府状态下,虽然一部分乐观的自由主义者认为,"坏的国家"的存在会招致自然而然的均势,没有必要干涉,但是绝大多数自由主义者都会把这些"坏的国家"当做是国际体系不稳定性的最主要的根源。自由主义者特别担心,国家这种公共权力会被滥用,不管是在国内社会还是在国际关系中。道理很简单,在自由主义者看来,国家这一公共权力控制着暴力,而暴力的使用则主要受制于国内政治的善与恶。在国际体系中存在多种行为体、多个中心的无政府状态下,对国家间冲突与和平起到主要作用的依然是国家。在自由主义者看来,那些专制国家的政府最有可能利用自己手中掌握的权力进行对外扩张,以转移国内矛盾或者谋求不正当利益,因为专制国家可以肆意从社会中抽取各种资源;而自由国家的政府由于受到各方面的制约,将自然倾向于和平与合作。在自由国家之间,即使存在利益冲突,也可能通过谈判协商的方式进行友好解决。因此,自由国家是国际体系稳定的根源,而非自由国家是国际体系不稳定的根源。

3. 传统自由主义的理论推论

基于传统自由主义国际关系理论的硬核(核心概念和主要逻辑),简要介绍两种有代表性的推论:民主和平与安全共同体;功能主义的地区一体化。这些代表性的观点是自由主义国际关系理论中生机勃勃的推论。

民主和平论是传统自由主义国际关系理论中发展最为充分、学术影响最大的一种推论。民主和平论者为民主国家之间不打仗提供了许多有说服力的解释,有些是建立在康德(Immanuel Kant)思想的基础上,有些则是新发展出来的。按照王逸舟教授的总结,这些解释大概分为两个方面:一是自由民主制度的约束;一是相关的规范和文化造成的自律(或戒律)。"制度的约束"主要是指政治制度的制衡性。战争将使公民们(选民和纳税人)付出流血和财产的代价,如果政府一意孤行地发动战争,最终可能在下一次选举时遭到失败。同时,制度约束的关键之处在于,民主政治的结构使包括外交在内的各种事务相当透明,国会和舆论等机制对决定战争发动权的政府起着强有力的制约和监督作用。"民主的规范和文化"是指根据自由民主价值观念,人权受到重视,人们通过协商、选举来决定国家事务,养成了民主协商、尊重他人的传统,这种风气和传统自然会延伸到对待其他民主国家的人民。①同时,一个国家民主稳定性的提升也会在外交事务上获得更多其他国家的信赖。所有这些都有助于民主国家不对外发动战争和彼此之间不太会迈入战争,同时也有助于形成康德所说的"自由和平联盟"。因此,如果民主国家的数量不断增多,那么国际关系中战争就会越来越少,国际体系就会实现稳定与和平。民主和平论者为他们的理论提供了相当的实证支持。例如,迈克尔·多伊尔考察了近三百年来世界上的主要战争,得出结论说:"虽然自由国家卷入过无数次与非自由国家的战争,但宪政稳定的自由国家彼此间没有发生过战争。"②

与此同时,民主和平论者也力图在国际体系层面证明维护总体和平的可能性。这方面涉及以卡尔·多伊奇(Karl Deutsch)为代表的、主张安全共同体(Security Community)概念的学者。安全共同体也是建立在自由民主的国家基础之上,与康德的"自由和平联盟"有着密切的关系。"安全共同体"分"合并"(Amalgamated)和"多元"(Pluralistic)两种类型。"合并型安全共同体"是指两个或更多的独立单位正式合并成一个较大的独立单位,例如今天的美国。"多元安全共同体"是指各成员仍保持法律上独立的共同体,例如今天的美国和加拿大。③多元安全共同体的基础包括宪政主义、民主等共同的国家性质,以及对彼此的认同和集体感。同时,有八个条件是形成多元安全共同体所必需的,即主要价值观相互包容、独特和有吸引力的生活方式、强大的核心区、较高的经济增长、共同的报酬预期、广泛的相互交流、不断增多的精英分子和大规模的人员流动等。另有四个条件对共同体的形成有帮助(但不是必要的),即拒绝"自相残杀"的战争、外来的军事威胁、经济相互依赖和道德与语言的融合。④因此,从某种意义上,可以把多元安全共同

---

① 王逸舟:《国际关系与国内体制——评民主和平论》,载《欧洲》1995年第6期,第4—13页。
② Michael Doyle, "Kant, Liberal Legacies and Foreign Affairs," *Philosophy and Public Affairs*, Vol. 12, No. 3, 1983, p. 213.
③ Karl W. Deutsch and Sidney A. Burrell, et al, *Political Community and the North Atlantic Areas: International Organization in the Light of Historical Experience*, Princeton: Princeton University Press, 1957, pp. 5—6, 30—31.
④ Karl W. Deutsch and Sidney A. Burrell, et al, *Political Community and the North Atlantic Areas: International Organization in the Light of Historical Experience*, pp. 43—161.

体看做是民主和平或者说自由和平联盟设想的扩展。

戴维·米特兰尼(David Mitrany)和欧内斯特·哈斯(Ernest Haas)是功能主义一体化推论的主要代表性学者。两者的观点有联系又有区别。哈斯也被称为新功能主义者。米特兰尼的功能主义理论有着强烈的自由主义色彩。"米特兰尼相信,技术问题的解决需要精深的知识和专门的技术。解决这些问题需要技术专家们不涉及政治或冲突内容的合作行动,因为技术专家们会选择与政治、军事这些国家间高级政治无关的解决方案。"①同时,他相信,国家间的利益本质上是和谐的,通过选择某些领域,由技术专家开展功能性的合作,例如欧洲一开始在煤炭和钢铁联合经营方面的合作,从中形成的互惠将可以使得这些合作形成习惯并自动扩展到其他部门。参与合作的可以是政府部门、市政当局或者私有企业。②"通过合作中的学习,日渐增强的信任将取代相互猜疑,这样做是必要的,也是可能的。"③这一功能性的过程将伴随着忠诚从国家向国际性功能机构转移。一体化的最终结果是按照功能分别组织起来的技术化管理的国际市民社会,国家不需要完全消亡,但也不需要在新的国际层面上重建。但是,米特兰尼的功能主义还是相当粗糙的,例如:在缺乏了政府权力积极参与的情况下,技术性合作如何实质性地展开?已有的合作怎么才能"自动地"扩展到其他领域?政府部门和社会精英在其中能发挥什么样的作用?

针对这些问题,欧内斯特·哈斯为代表的功能主义者对米特兰尼的观点进行了补充和完善,加入了"外溢"(Spillover)和"超国家性"(Supra-nationality)等新的核心要素。哈斯认为,在一体化的过程中,除了技术专家以外,政府领导人、技术官僚和社会精英也发挥着重要作用。他们对于一体化的态度,取决于自身的利益,时而支持、时而反对。哈斯强调,除了功能性的国际机构以外,需要政治性的"超国家机构"来推动一体化的进程。"外溢"指的是一体化过程中合作扩展的过程。一方面,随着某个技术领域合作的拓展,可能会涉及越来越多的其他技术领域,这是功能性的外溢;另一方面,技

---

① 〔美〕詹姆斯·多尔蒂、小罗伯特·普法尔茨格拉夫:《争论中的国际关系理论》,阎学通等译,北京:世界知识出版社2003年版,第550页。
② Mihai Alexandrescu, "David Mitrany: From Federalism to Functionalism," in *Transylvanian Review*, Vol. 16, No. 1, 2007, p. 25.
③ 〔美〕詹姆斯·多尔蒂、小罗伯特·普法尔茨格拉夫:《争论中的国际关系理论》,第550页。

术性合作要求政治上的配合和支持,并使得卷入其中的利益团体、政府部门有了自己的诉求和关注,这就是政治上的外溢。正如哈斯所言,"最初在一个领域进行一体化的决策外溢到新的功能领域中,一体化涉及的人越来越多,官僚机构之间的接触和磋商也越来越多,以便解决那些由一体化初期达成的妥协而带来的新问题"。① 约瑟夫·奈则指出了新功能主义的一个自由主义基础,即多元主义的存在,"精英价值观的互补程度越高,区域一体化不断发展的可能性就越大","各成员国的多元化程度越高,通过过程机制的反馈作用促进一体化的条件就越好"。②

功能主义一体化推论对于传统自由主义国际关系理论进行了非常有价值的拓展。虽然这一推论仍然建立在传统自由主义国家性质的核心概念基础之上,但是对于如何具体拓展自由民主国家之间的合作,提供了新的、有意思的途径,那就是注重属于"低层政治"的技术性、功能性合作,建立国际性的协调机构,在合作的进程中将越来越多的政府部门、社会精英和个人卷入到进程中来。

三、新自由主义国际关系理论

以罗伯特·基欧汉为代表的自由主义学者提出了自由制度主义理论(Liberal Institutionalism)或者说新自由主义,主张通过强有力的国际制度来提供国际和平与合作的公共产品。自由制度主义者同样重视个人的权利,主张有限政府和自由国家,并倾向于自由贸易和一种开放的国际经济秩序。自由制度主义对于传统自由主义理论范式最大的修正可能是接受了国家中心主义,以及建构国际关系理论的体系层次。虽然有些传统自由主义者已经开始关注自由贸易和经济全球化带来的国家间相互依赖的状况,但他们还是把这个当成一个国家行为的结果,所以解决的方案也是针对国家;而自由制度主义者则是以相互依赖作为某个起点,从一种相互制约、相互依赖的国家间关系来看待世界政治。从这一点我们就可以看出,自由制度主义者是从一个新的层次——国际体系层次——来铺设自己的理论的。自由制度

---

① Ernst Haas, "International Integration: European and Universal Process," *International Organization*, Vol. 16, No. 3, 1961, p. 372.

② [美]詹姆斯·多尔蒂、小罗伯特·普法尔茨格拉夫:《争论中的国际关系理论》,第556页。

主义者并不认为,在国际舞台上,国家之间自发的竞争会是最有利的一种状态;相反,虽然存在共同利益,但是如果缺乏政策协调和机制保障,自由制度主义相信合作将很可能失败。自由制度主义的这种"国家中心主义"和体系层次转向,使得自由主义可以不必再把精力放在复杂的国内政治上,而使更多关注国际体系的核心要素,从而发展出新的理论硬核。

1. 核心概念:国际制度

基欧汉使用"国际制度"(International Institutions)这一术语作为自由制度主义的核心概念。基欧汉区分了国际制度的三种形式:(1)正式的政府间国际组织和国际非政府组织——它们是基于明确的协议、有明确目的的组织;(2)国际机制——它们建立在国家所认可的、涉及特定问题的明确规则基础之上;(3)国际惯例——它们以隐含的规则和理解为基础。① 根据秦亚青的论述,新自由主义的国际制度概念具有三个特征:(1)权威性。国际制度是国际社会成员认可或达成的规则,代表了某个领域的行为准则。"实际上,在国际关系中,大多数国家在大多数情况下都基本遵循国际制度,就像大多数行人和车辆在大多数情况下(即便是没有警察的情况下)都遵循交通规则一样。即使是约束力相对很小的国际惯例也是如此。如20世纪60年代以前,外交豁免只是一种不成文惯例,但是国家基本遵守这个规则。"(2)制约性。国际制度制约作用和国家遵循国际制度动机在很大程度上依赖于国际制度可以使理性自私的行为体较好地实现自我利益的功能。国际制度的建立取决于国家尤其是大国的自愿行为,但是,国际制度一经建立,就对所有参与制度的成员国家具有约束作用。(3)关联性。随着国际社会相互依存程度越来越高,国际行为体之间交往活动越来越频繁,国际制度会不断发展和扩展,并形成一种国际制度网络体系。"国家制度本身会成为一种重要的权力资源,成功利用国际制度的国家会在不断增加可见国力的情况下加大自己的权力。"②

---

① Robert Keohane, *International Institutions and State Power*, Boulder: Westview Press, 1989, pp. 3—4.
② 秦亚青:《新自由制度主义》,载秦亚青主编:《理性与国际合作:自由主义国际关系理论研究》,北京:世界知识出版社2008年版,第71—72页。

2. 主要逻辑：国际制度决定国际体系的稳定性

基欧汉是从批判霸权稳定论展开他的国际制度和平论的。霸权稳定论将国际体系和国际秩序的稳定归因于霸权国的强大。一旦霸权国衰落，其他强国将开始挑战既有的国际秩序。基欧汉承认，霸权国家的存在，能够促进某种程度的合作，但霸权国的衰落并不一定意味着冲突的增多和国际秩序的消失。例如，在 1900 年到 1913 年，英国力量的衰落，是与那时商业上的冲突减少而不是增加并存的。① 换句话说，如果霸权国家所创造的国际机制、国际制度本身不是完全自私自利的，而是符合了经济自由主义的互惠精神，那么这样一种国际制度就会成为公共产品，而不会成为现实主义所说的那样，仅仅是对创建者有利而不利于新兴强国的国际秩序。

基欧汉全面地论述了霸权衰落以后国际体系仍然可能保持稳定的因果逻辑。首先，基欧汉指出，国际机制为国家间的合作提供了许多"硬件"式的支持。这些硬件包括提供会议场所、会议规则、相关议题的信息、评判标准等等。其次，基欧汉认为，国际制度的网络式存在为国家间的广泛合作提供规范和模式，并可能具有一定的法律约束力。一旦某个机制建立起来，那么处理后续的追加议题的成本就会更低一些，因为已经存在现成的规范和模式，不必再展开重复的谈判。再次，基欧汉认为，国际制度的存在将会从几个方面影响到国家利益的确定。国家在加入国际制度之时，并不了解自己可能的相对获益是多少；同样，在涉及许多国家的合作和谈判中，分清楚每个国家的相对获益并不具备可行性。随着国际制度的建立，各国相同政府部门可能会建立起来跨政府的网络渠道，导致现实主义者所预测的那种"统一、自私的国家理性"受到瓦解。最后，国际制度通过对背叛者的惩罚，表明了囚徒困境模型说服力有限。囚徒困境模型只是某种一次性的合作，而且背叛者不会受到惩罚。但是，当存在国际制度背景，国家间可能进行重复、多次博弈的前提下，相互欺骗和背叛就会带来最坏的选择。由于存在这些重要的功能，国际制度本身也就具有了较强的惯性、独立性和生命力。对于自由主义者来说，即使实力结构发生了变化，国际制度本身仍然可能具有相当的合法性和价值，可以在霸权衰落以后构成国际体系稳定的支柱。

---

① 〔美〕罗伯特·基欧汉：《霸权之后：世界政治经济中的合作与纷争》，苏长和等译，上海：上海人民出版社 2001 年版，第 39 页。

约瑟夫·奈则从四个方面总结了国际制度如何可能会促进人们对于和平的期望。首先,国际制度促使人们产生了一种连续观念,比如大多数西欧人都期望欧盟永远存在下去。其次,制度创造了礼尚往来的机会,各国没有必要过于计较每一次的交易。如果今天法国人得到了较多好处,那么明天意大利人可能得到更多的好处。再次,制度促进了信息的流动。大家在做些什么呢? 意大利人是否会遵守欧盟通过的决定? 贸易往来是否大致均衡? 欧盟的制度可以提供这些相关的信息。最后,制度可以提供解决冲突的方法。欧盟国家可以在部长级会议和欧盟委员会的框架内进行讨价还价,此外,还有一个欧洲法院。这样一来,制度创造了一种气氛,促使人们期望稳定与和平。①

3. 新自由主义的理论推论

新自由制度主义以国际制度为核心概念的理论,为自由主义国际关系研究提供了一个新的研究纲领。这里简要论述有关国际制度、国内政治和外交政策三个方面的推论。

许多自由主义国际关系学者关注国际制度设计本身的分配正义问题。基欧汉认为,虽然不能确定关贸总协定和国际货币基金组织是否更偏向于西方发达国家,但是对这两种机制进行改革,把更多的资源分配给穷国和经济全球化中的弱势群体,却是可取的。②更具体地,奥兰·扬(Oran R. Young)提到了一些制度设计方面的设想。首先,他认为,设计一个好的国际制度,应该先明确该制度的功能和任务,从其功能出发来考虑。例如,如果涉及决策程序问题的国际机制,那么应该避免那些容易陷入僵局的决策规则,尽可能减少出现无效结果的可能性;如果是那种项目式国际机制——例如气候变化机制——那么关键是确定对应的成员国国内机制,这些机构有能力和意愿来致力于集体项目的执行。③其次,他认为在国际机制中应该有结构较为完整的履约审查体系,这样一种审查制度将增强机制的有效性。最后,考虑到国际制度和国内制度、实践之间的互动关系,以及不同领域之间的国际

---

① 〔美〕小约瑟夫·奈:《理解国际冲突:历史与理论》,张小明译,上海:上海人民出版社2002年版,第69页。
② 〔美〕罗伯特·基欧汉:《霸权之后:世界政治经济中的合作与纷争》,第304页。
③ 〔美〕奥兰·扬:《世界事务中的治理》,陈玉刚、薄燕译,上海:上海人民出版社2007年版,第43—44页。

制度的互动关系,机制的设计应该顾及整个制度网络体系的协调问题。他举例说,目前对于国际贸易机制的批评,就集中在这些全球性安排对国家和地区层面的资源机制的破坏性或者剥削性影响。①雷诺·米特切尔(Renold B. Mitchell)等学者则重点考察了国际制度的履约规则设计问题。米特切尔指出,任何一个履约规则体系都包含三个方面:基础规则体系(Primary Rule System)、履约信息体系(Compliance Information System)和违约回应体系(Noncompliance Response System)。基础规则体系包括了行为体、规则和机制为实现其实质目标的行为过程。履约信息体系包括了收集、分析和传播履约或违约信息的行为体、规则和过程。违约回应体系包括了对履约、违约行为的奖惩措施及其实施办法。②米特切尔考察了控制石油污染制度中的规则变迁,主要是从总的排放标准控制到装备标准控制的变化。他指出,虽然油轮在后一种标准中不得不安装昂贵的环保装备,但却得到了更多的履行,因为从装备入手使得履约机制实行起来更为透明、更有可操作性。③

  许多自由主义国际关系学者考察了"二战"后自由化的国际政治经济机制对国内政治所产生的重要影响。约翰·鲁杰(John Ruggie)提出了所谓的"内嵌的自由主义"。内嵌的自由主义不仅表明了自由化国际经济制度可能造成的国内分裂和国内政治压力,也提出了必须建立一整套有助于国际经济自由化的国内政治制度保障。鲁杰认为,经济自由化必然造成国内不同经济群体的失衡,受到良好教育、在国际竞争中具有优势的部分和阶层将从自由化中受惠,而技术陈旧、竞争力不强的部分和阶层将承担自由化的代价。"二战"后,虽然经历了美国霸权的衰落,但新的国际经济机制是基于一种"内嵌的自由主义妥协"(Embedded Liberalism Compromise)之上的。所谓的"妥协",其实就是经济发展和社会保护之间达成的一个折中——国家通过财政政策、福利政策等缓和自由化对弱势群体的冲击,从而保障自由市场机制的稳定运行。那么,"内嵌"的意思指的就是自由主义的机制根植于国内合理的社会目标得到满足之中。一旦没有了后者,自由的国际经济机制

---

① 〔美〕奥兰·扬:《世界事务中的治理》,第110—113页。
② Renold B. Mitchell, "Regime Design Matters: International Oil Pollution and Treaty Compliance," *International Organization*, Vol. 48, No. 3, 1994, p.430.
③ Ibid., pp.456—7.

第四章 自由主义

也就如无本之木、无源之水了。另外两位国际关系学者安德鲁·科泰尔(Andrew P. Cortell)和小詹姆斯·戴维斯(James W. Davis, Jr.)考察了国际规范的国内影响。他们认为,政府官员和社会利益群体可以通过求助于国际规则或者规范来努力推动他们所在国家想要达到的目标。国际规则可以使得行为体的诉求具有合法性,特别是当那些国际规则和国际组织具有权威性时。通过这一方式,国际规则和规范可以被整合进入政策辩论之中,在有些情况下可能最终影响到国家的政策选择。[①]

一些新自由主义的国际关系学者也从国际制度理论出发,阐述了相关的外交政策推论。这些推论有一个中心的共同点,即强调多边性的国际制度对于国家外交政策的重要性。新自由主义的代表性学者约瑟夫·奈所提出的"软实力"(Soft Power)理论在一定程度上吸收了自由制度的观点。他认为,当前的国际体系是一种相互依赖的状态,经济、文化等因素的作用日益突出,传统的实力资源地位下降了,国家必须善用新的实力资源来达到其目标。软实力往往来自文化和意识形态的吸引力、国际机制的规则和制度等资源,它可能无须以高昂代价运用硬实力。[②]软实力发挥作用的一个核心渠道就是通过国际制度。奈认为,传统的硬实力更多的是"指挥性的",而软实力则是"同化性的",也就是一国造就一种情势使其他国家仿效该国发展倾向并界定其利益的能力。美国拥有多于其他国家的同化能力,"管理国际经济的制度——如国际货币基金组织、关贸总协定等往往体现了自由主义的市场经济原则,与美国社会和意识形态的主流标准是一致的"。[③]他认为,美国仍然拥有最强大的软实力,但是美国的外交政策却常常损害自己的软实力。约瑟夫·奈对伊拉克战争中体现出来的美国单边主义提出了强烈的批评。他认为,虽然这场战争可能体现了民主与人权的目标,但是却忽视了对国际制度的强调。"很显然,如果没有让他者感到可以参与磋商的国际制度,这种将价值观强加于人的帝国主义方式既不能吸引其他国家,也无法产

[①] Andrew P. Cortell and James W. Davis, Jr. , "How Do International Institutions Matter? The Domestic Impact of International Rules and Norms," *International Studies Quarterly*, Vol. 40, No. 4, 1996, pp. 451—478.

[②] 〔美〕约瑟夫·奈:《硬权力与软权力》,门洪华译,北京:北京大学出版社2005年版,第97页。由于"Soft Power"更多指的是非军事性、物质性的能力,属于国家实力的一部分,因此本书采用"软实力"而不是"软权力"的翻译方法。

[③] 〔美〕约瑟夫·奈:《硬权力与软权力》,第108页。

生软权力。"①莉萨·马丁(Lisa Martin)系统地探讨了多边主义对于霸权国家和小国的重要意义。一方面,霸权国从事一系列单边谈判的成本要远远高于在一个多边框架下进行谈判的成本;另一方面,维持一个多边组织的成本,要比维持一个决策更为集中的组织的成本要低得多,因为其他大多数国家——尤其是小国——会有更多的发言权,从而也会有更多的认同。②总之,这一推论相信,不管是在谈判阶段遵循多边主义方法,还是通过建立正式的多边国际制度来解决问题,多边主义制度都能在其中起到独特的作用。

四、小结

自由主义是一种源远流长、内容庞杂的政治哲学和政治理论,同时也带有很强的规范色彩。传统自由主义者坚信国家是最有可能造成动荡和不安的根源,因为政府太强大了,所以他们把目光对准政府本身。不过,传统自由主义者并没有系统提出他们的国际关系理论,国际关系哲学以及民主和平论、功能主义地区一体化学说这样的具体推论占据了他们论述的绝大部分。对于体系层面因素的忽视是还原主义者在分析国际体系稳定性这一核心问题时最大的弱点。新自由主义者则大幅度地向新现实主义者靠拢,在理论范式上进行了相当的修正,特别是在国家中心主义这一基本假设上。基欧汉和其他大多数新自由主义国际关系学者所采用的方法是理性主义和功能主义的,在假设国家自私自利的前提下来探讨合作的可能性,这使得他们的理论有了较强的说服力。

新自由主义国际关系理论的发展,使得自由主义国际关系理论有了自己的研究议程、研究纲领。如前所述,许多自由主义学者利用国际制度的概念,展开了实证工作和进一步的理论探索,涵盖了国际制度的具体设计、国际制度如何影响国内政治以及外交政策等多个方面,并提出了相当多的有意义的政策推论。这些推论从许多方面支持和佐证了自由制度主义,构成了其理论的"保护带",也丰富和发展了自由制度主义,使得其能够解释更多的现象。不管是软实力推论还是结构自由主义推论,都是将自由制度主义和当代国际政治结合在一起的有意思的观点。

---

① 〔美〕约瑟夫·奈:《硬权力与软权力》,第216—218页。
② 〔美〕莉萨·马丁:《理性国家对多边主义的选择》,载〔美〕约翰·鲁杰主编:《多边主义》,苏长和等译,杭州:浙江人民出版社2003年版,第125—126页。

第五章 马克思主义

罗天虹

国际政治/国际关系作为"二战"后发展起来的年轻学科,长期受到冷战氛围的影响。马克思主义本身兼为社会科学理论与意识形态,在学科中的处境,更是直接受到政治气候的牵连。

在20世纪70年代以前,介绍和评述国际关系理论的西方主流出版物对待马克思主义的典型评述是马克思主义对于解析国际关系存在致命缺陷。肯尼思·华尔兹将马克思主义作为国际政治分析的"第二种基本概念",而且是第二种基本概念"最成熟的发展阶段"。[①] 他指出,关于无产阶级政权的建立将消除国家间冲突的信念必然破灭,因为维护国家权力与安全的竞争内在于国际无政府状态,后者恰恰是华尔兹本人所推崇的国际关系分析"第三种概念"所讨论的主题。[②] 马丁·怀特(Martin Wight)在一篇流传甚广的论文中讨论了国际关系理论发展的总体状况,他认为:无论是马克思、列宁还是斯大林,都"没有对国际理论做出任何系统性贡献",这导致要为本科学生提供关于共产主义对外政策原则的阅读文献都是困难的;尽管列宁的帝国主义论是最为接近的,但其中主要是经济问题的分析,几乎没有阐述国际政治;共产主义在根本上是关于国内社会的政治理论,苏联共产党人一方面在列宁去世以后已经默认了社会主义国家在国际社会中孤立存在的现实,另一方面在更大地域内努力扩展其事业的进程中饱受挫折。[③] 自20世纪70年代起,国际学术界在运用马克思主义解析国际关系方面开始出现一批有分量的作品。至20世纪80年代,马克思主义成为更新国际关系理论尤其是批判新现实主义弊端的重要思想资源。进入21世纪,欧美国家特别是欧洲国家出版的国际关系理论的概览性英文著作和教科书,将马克思主义国际

[①] 〔美〕肯尼思·N.华尔兹:《人、国家与战争———一种理论分析》,倪世雄等译,上海:上海译文出版社1991年版,第109页。该著英文版出版于1954年。

[②] 参见〔美〕肯尼思·N.华尔兹:《人、国家与战争———一种理论分析》,第四章、第五章。

[③] Martin Wight, "Why Is There No International Theory?", *International Relations*, 1960, Vol.7, No.2, pp.35—48.

关系理论作为理论传统或流派之一并在书中辟专章加以讨论,内容明显增多。①

如果说冷战对铁幕两边的马克思主义国际关系理论探讨都构成压力,那么以苏联和中国为代表的社会主义国家,在延续和发展马克思主义国际关系理论方面所面临的压力相当独特。一方面,马克思主义作为党和国家的意识形态,在政治上具有至高无上的地位;另一方面,共产党人在夺取政权后担负着维护国家安全和利益的任务,这与马克思主义的世界革命思想之间存在着很大错位。对国家外交政策的合理性做出适当的马克思主义解释,成为社会主义国家马克思主义学者头等重要的任务,而这一任务具有很大的挑战性。从实践的需要出发,打破理论原典的羁绊,使理论与时俱进,是完成这个任务的基本思路。这导致理论阐发成为对党的现有纲领和路线的解读。西方马克思主义学者对此做出坦率而尖刻的评论,认为社会主义国家以马克思主义名义阐发的理论"观点粗陋,重复特定的标准,对马克思主义本身进行公式化的解读,并极力为特定的政治利益辩护"。② 在改革开放之后的中国,随着国际关系学科的转型和重构,中国国际关系学界还受到另外一种力量的影响,那就是国际关系研究驱逐意识形态的羁绊,从西方主流国际关系理论中寻求最有力的分析工具,以更好地服务于国家外交的现实需要。可以说,中国学界先是受到过度意识形态化的束缚,后来又受到过度去意识形态化氛围的影响,在探索马克思主义国际关系理论方面,显得顾虑重重。不过近年来,对马克思主义国际关系理论的研究已经增强,并开始体现自觉创新的意识。

本章将评述在马克思主义传统、原则和方法论之下进行国际关系分析的主要理论成果。本章首先追溯马克思和恩格斯两位经典作家的学说,分

---

① 参见 Andrew Linklater (ed.), *International Relations: Critical Concepts in Political Science*, London and New York: Routledge, 2000。该著为文集汇编,第三卷第六部分标题是"马克思主义",收入七篇文章;Benno Teschke, "Marxism", in Christian Reus-Smit and Duncan Snidal (eds.), *The Oxford Handbook of International Relations*, Oxford: Oxford University Press, 2008; Andrew Linklater, "Marx and Marxism", in Scott Burchill, Andrew Linklater, Richard Devetak, Jack Donnelly, Terry Nardin, Matthew Paterson, Christian Reus-Smit and Jacqui True, *Theories of International Relations* (Fourth Edition), Basingstoke: Palgrave Maclillan, 2009, pp. 111—135。

② Fred Halliday, *Rethinking International Relations*, Vancourer, B.C.: University of British Columbia Press, 1994, p. 49.

析马克思主义国际关系理论的核心思想;其次梳理以帝国主义论为核心的列宁主义国际政治理论;最后尝试总结在国际政治学科谱系中马克思主义理论的特性和地位。

一、马克思主义国际关系理论的奠基:"世界历史"理论及其国际关系意蕴

历史唯物主义是马克思主义的一大创见,虽然马克思、恩格斯并非专门针对国际关系问题阐发历史唯物主义,然而历史唯物主义理论本身就具有全球历史的广度和高度,这集中体现在他们对"世界历史"的论述中。可以说,马克思主义国际关系理论的方法论是历史唯物主义,历史唯物主义是马克思主义"研究国际关系理论的主要方法"。[①] 也可以更明确地说,"世界历史"理论是马克思主义奠基人国际关系理论思想的核心内容,并由此奠定了马克思主义国际关系理论的哲理基础。

1. "世界历史"的概念与基本内涵

《德意志意识形态》是"世界历史"理论的主要文本载体,也是马克思、恩格斯明确而集中论述"世界历史"的唯一文献。《德意志意识形态》被认为是第一次系统阐述了唯物主义历史观的基本原理,可见"世界历史"思想是马克思主义创始人唯物主义历史观中的题中本有之义,它意味着唯物史观从一开始就具有全球性的眼界、世界历史的高度。1848年2月在伦敦出版的《共产党宣言》虽然没有出现"世界历史"的用语,却简要而系统地阐明了"世界历史"理论的基本思想。此后,马克思和恩格斯都没有再对"世界历史"进行集中论述,但在政治经济学理论的系统研究中有所提及,同时作为一种论断和一种视角的"世界历史"观点贯穿和渗透于他们后来的著作中。其中,《资本论》对资本奥秘的探讨,尽管没有将世界经济与世界贸易作为其理论方案的要素,但把商品范畴作为一个中心要素,就把资本主义定位于一个超越国家界限的历史进程的结果,马克思关于资本原始积累的论述也就意味着确认现代资本主义是通过在世界经济中获得资本盈余而实现的。[②]

[①] 胡宗山:《国际关系理论方法论研究》,北京:世界知识出版社2007年版,第178页。
[②] 参见马克思:《资本论》(第1卷),北京:人民出版社2004年版,第860—870页;[巴西]特奥多尼奥·多斯桑托斯:《论世界经济概念的起源》,高铦、高戈译,载《国外社会科学》1999年第6期,第51—57页。

马克思还明确指出,"资本主义制度日益具有国际的性质"。① 另外,马克思主义创始人后来在对俄国问题、印度问题、中国问题、欧洲外交问题以及欧洲工人运动的发展和国际协调等一系列现实问题所发表的见解中,都贯彻了他们在"世界历史"理论中所提出的基本思想,并更充分地展现了"世界历史"观念和方法的内涵。

马克思主义的两位创始人没有专门以下定义的方式说明什么是"世界历史",但《德意志意识形态》中的相关论述最接近于对"世界历史"的界定。针对思辨的观点把历史扭曲成好像后期历史是前期历史的目的的唯心史观,他们指出,历史不外是各个世代的依次交替。接着,他们写道:"各个相互影响的活动范围在这个发展进程中越是扩大,各民族的原始封闭状态由于日益完善的生产方式、交往以及因交往而自然形成的不同民族之间的分工消灭得越是彻底,历史也就越是成为世界历史。"②他们还强调,历史向世界历史的转变,"是完全物质的、可以通过经验证明的行动"。③ 可见,首先,"世界历史"是相对于以往各民族间在相互影响方面的活动范围有限,彼此相对封闭、孤立而言的;其次,他们从生活的物质生产角度对"世界历史"这一范畴进行了解说,这构成了与唯心主义世界史观的根本区别。但他们对"世界历史"的讨论并不止于此,他们的论述涉及更博大深远的问题。

2. "世界历史"理论的两大主题

世界历史理论大体可以区分为两个层面或者说两个主题的论述:一是对世界历史形成动因和趋势的考察和分析,这个层面的研究和论述主要是一种科学探索旨趣之下的研究和论述;二是对在历史进程中人与自然的关系、人与人的关系之状况,特别是人的解放、共产主义事业的进展与"世界历史"的关系的论述,这个层面的论述,虽然同样是以对物质生产与交往的分析为基础,但更体现出关切人类解放和无产阶级革命的政治价值导向。

从物质生产和交往的基本现实出发阐释"世界历史"的形成是唯物主义的"世界历史"理论展开的基本线索。对于马克思主义创始人来说,"世界历

---

① 马克思:《资本论》(第1卷),第874页。
② 马克思、恩格斯:《德意志意识形态》,《马克思恩格斯选集》(第1卷),人民出版社1995年版,第88页。
③ 同上书,第89页。

史"的正式发端,并不是通常人们所认为的15世纪末,而是18世纪末19世纪初以来,伴随着大工业时代的到来,才有"世界历史"的降临。那么,从历史唯物主义观点来看,世界历史的性质与后果究竟何在?对此,《德意志意识形态》《共产主义原理》和《共产党宣言》所表达的基本思想是高度一致和极为明确的:"世界历史"的形成意味着地方局限性与民族特殊性的打破,资本主义以先进生产力为利器向全世界扩散,意味着先进生产力的世界性扩散,这种以工业化、资本主义化为导向的同质化是具有进步意义的。同质化,首先意味着"文明国家"卷入"世界历史",加速了这些国家的工业化进程,深化了其资本主义的发展,"大工业到处造成了社会各阶级间相同的关系,从而消灭了各民族的特殊性"。① 马克思主义创始人在这方面的观点,直接关系到他们对文明国家无产阶级革命的看法。其次,同质化也意味着对于落后国家,特别是非西方的"野蛮民族""未开化国家"的道路和前途产生重大影响,造成这些国家遭受征服、压迫和剥削,驱使这些国家纳入资本主义世界体系,走上资本主义化道路,这具有历史进步意义。马克思后来关于英国在印度的殖民统治担负着"双重使命",充当了"历史的不自觉的工具"的分析,继续表达了这个观点。

世界历史理论的另一主题是如何认识人的问题以及人的解放问题。德国古典哲学家设定"一般人",而不是"现实的历史的人"。马克思和恩格斯则从分工入手,阐明了分工对人所产生的压迫作用以及消灭旧式分工的解放意义,以哲理的方式提出了"再消灭分工"②的命题。而消灭旧式分工和异化是一个以生产力的巨大增长为前提条件的"世界历史性"过程。其要点有二。第一,人的解放程度与"世界历史"的发展程度紧密相关。只有摆脱民族局限和地域局限而同整个世界的物质生产和精神生产发生实际联系,才能获得利用全球的全面生产的能力,这种能力对于人的解放来说构成了关键性的物质基础条件。第二,共产主义革命具有"世界历史性"。"共产主义只有作为占统治地位的各民族'一下子'同时发生的行动,在经验上才是可能的,而这是以生产力的普遍发展和与此相联系的世界交往为前提的。"③

---

① 马克思、恩格斯:《德意志意识形态》,《马克思恩格斯选集》(第1卷),第114页。
② 同上书,第83页。
③ 同上书,第86页。

3. "世界历史"理论的国际关系意涵

"世界历史"理论的阐发,属于马克思主义奠基人早期的理论工作成果。在《德意志意识形态》公开发表之后,"世界历史"并没有立即被视为一种自成体系、具有独立价值的理论。西方学者最早对它表现出浓厚的研究兴趣,是由于其人本主义倾向。直到20世纪90年代,在世界范围内对全球化问题的热烈讨论中,人们才重新发现了"世界历史"理论。但显然,不应将"世界历史"理论仅仅作为一种全球化理论。就"世界历史"理论在马克思主义两位奠基者的理论体系中的地位来看,"世界历史"理论是他们革命性的历史观——唯物主义历史观的有机组成部分。该理论分析"世界历史"进程在资本主义时代得以生成的基础、动力以及该进程所带来的民族间从属性关系,这样就提供了一种关于世界经济政治的言说与理论。也就是说,在马克思主义创始人那里,世界历史分析与国际政治经济分析是并行相合的,表明一种研究国际历史与国际政治经济的总体性方法和视角。具体而言,世界历史理论的国际关系意涵包括以下几个方面。

(1)从现代工业化生产力的发展与资本主义经济的扩张入手,阐明"世界历史"与国际关系的形成和发展趋向。从世界生产力的现代化与世界生产方式的资本主义属性这个角度来把握世界体系的性质,这就与当今大多数国际关系学者几乎当成公理的"无政府状态"的基本假定形成了对比。"无政府状态"是现实主义理论和其他理性主义理论都认可的假定,它描述了国际政治中最高权威缺失的基本现状,并据此得出各国走向安全"自助"(self-help)以及国家间展开权势竞争的基本判断。马克思的论述中,也有"无政府状态"的概念,但马克思用它来说明资本主义分工和市场的"无政府状态"。马克思定义的"无政府状态",给我们提供了关于世界体系性状的一个重要侧面,促使我们去考察资本主义经济生活中的无政府状态与资本主义时代国际政治之间的联系。

(2)从世界生产力和生产关系的角度出发,国家的界限是暂时的、非根本性的划分。工业化的力量与资本的力量,已经打破了疆界所区隔的国家以及历史传统、文化等所区隔的民族,阶级的区分而非民族、国家的区分,成为更具决定性意义的区隔。这就与当今人们所熟悉的并被当成某种公理的所谓主权国家构成了国际体系的基本行为体和单元的观念,形成了对照。

（3）在大工业与资本所开创的"世界历史"进程中，民族之间、国家之间形成了从属性关系，交往活动和世界市场纽带所凝结的世界经济政治中的不平等因素被揭示出来。这种不平等，既源于先进生产力对落后生产力在商品市场上的胜利，资本主义所代表的工业化对封建的小农经济的胜利，更直接地源于在资本积累需要的驱动之下文明国家对落后民族的侵略、掠夺和征服。这种对世界体系结构的论述角度，与国际关系理论最大的主流派别现实主义特别是结构现实主义将国际关系的结构理解为主要体现为大国数量多寡的国际权力结构的观念，形成了鲜明的对比。

（4）"世界历史"理论提供了一种历史进步主义的国际关系理论，阐明了资本主义的世界历史性将被共产主义的世界历史性所替代的必然趋势。这与现实主义所代表的那种历史循环论的观念形成了鲜明的反差。马克思主义创始人的进步主义论，固然带有19世纪思想的烙印——某种欧洲中心论与单线论史观的特征，但同时他们的理论又是辩证法的产物，他们的进步主义论也是辩证的，并非简单僵硬的线性思维。他们既最早敏锐地指出资本主义的发展带来世界各个部分之间整合与一体化的趋势，也率先针对殖民主义现象和帝国主义现象，批判性地论述了资本主义所带来的全球性剥削压迫。他们显然没有以简单的两分法来看待资本主义的悖论、全球化的悖论。其中的关键在于，马克思将"伟大的社会革命"所缔造的"新世界"作为世界历史发展的最终归宿，因此资产阶级所推动的全球化实际上是"为新世界创造物质基础"。①

（5）世界历史理论包含着鲜明的无产阶级解放与全人类解放主题，这赋予马克思主义创始人的国际关系论述以特色鲜明的革命主义内容。对马克思和恩格斯来说，仅仅做学究式的观察研究是远远不够的，人类解放关切与政治行动导向既是他们科学研究活动的归宿，也是他们研究工作的有机组成部分。他们明白地宣布他们的理论就是为了给无产阶级的革命提供思想武器，同时他们的历史唯物主义观点也从根本上认为，理论思想不可能是绝对中立的，不管思想者是否有意如此。由此，他们的世界历史与国际关系理论思考兼具科学探索的旨趣与革命、解放的旨趣，同时与当代狭义的国际关

---

① 马克思：《不列颠在印度统治的未来结果》，《马克思恩格斯选集》（第1卷），北京：人民出版社1995年版，第773页。

系理论大为不同的是,他们关于国际关系的思考不是围绕国家对外政策进行,而是针对无产阶级革命战略的考察和分析。

进一步概言之,马克思主义创始人的国际政治/国际关系思想包含三大要素:方法论上将国际政治视为总体社会进程的有机组成部分,并从经济社会分析入手把握国际政治的历史唯物主义,政治纲领上的人类解放关切与无产阶级革命关切,国际政策上反对民族主义的无产阶级国际主义。以上三方面或许可以作为我们分析认识后来的马克思主义者的理论工作与经典马克思主义之间关联性的某种参照。

二、以帝国主义论为核心的列宁主义国际政治理论

在呈现系统性的马克思主义国际关系理论方面,列宁的帝国主义论具有开创性意义。值得注意的是,列宁作为极具开创性的共产党人国务家,其国际政治思考涉及了从国际局势分析到革命战略部署再到立国方针措施等方面的内容。要完整把握列宁的观点主张,必须扩展考察的范围,将列宁对世界资本主义、帝国主义和民族、国家、革命的思考视为相互联系的组成部分,将它们作为列宁主义国际政治理论的有机组成部分。

1. 帝国主义论与时代理论

帝国主义理论并非列宁的独创,但发表于1917年的小册子《帝国主义是资本主义的最高阶段》充分吸收借鉴了既有理论研究的成果,不仅是当时马克思主义帝国主义理论研究的集大成者,而且融入了列宁对帝国主义时代无产阶级革命问题的思考,堪称发动十月革命的理论依据,因此历史地位极其重要。

在帝国主义论中,列宁对当时世界资本主义的形状和世界大战的原因,做出了明确的解释,强调不去研究"帝国主义的经济实质",就"根本不会懂得如何去估计现在的战争与现在的政治"。[①] 他从资本主义自由竞争发展到垄断的基本特征出发,论述了资本主义发展的新阶段与不平衡发展、殖民地争夺、帝国主义战争之间的关系;进而认为资本主义发展到帝国主义阶段,资本主义内部矛盾尖锐化,资本主义的崩溃垂死趋势已经十分明显,无产阶

---

① 列宁:《帝国主义是资本主义的最高阶段》,北京:人民出版社1972年版,第4页。

级革命的时代已经到来;无产阶级政党的策略是把资本家为了本身利益而进行的战争转变为无产阶级为全体被剥削的劳动者利益而进行的正义战争;无产阶级的社会主义革命才能铲除帝国主义带来的灾难。列宁很有把握地断定:"帝国主义战争是社会主义革命的前夜。这不仅因为战争带来的灾难促成了无产阶级的起义……而且因为国家垄断资本主义是社会主义的最完备的物质准备,是社会主义的入口,是历史阶梯上的一级,从这一级就上升到叫做社会主义的那一级,没有任何中间级。"① 可见,帝国主义理论为布尔什维克党发动革命提供了理论依据,也是列宁断定俄国革命胜利之后将会有世界革命到来的理论依据。

与帝国主义理论相联系,时代理论也是列宁国际政治学说的重要组成部分,它回答如何评估时代内容的问题,进而可以确定无产阶级的历史处境和无产阶级的革命任务。列宁指出,尽管难以判断时代中事件的速度,但是却有可能认识"哪个阶级是这个或那个时代的中心,决定着时代的主要内容、时代发展的主要方向、时代的历史背景的主要特点",这些就是把握时代基本特征的依据,在此基础上考虑国家的具体特点,才能制定正确的策略。② 列宁把历史时代划分为三个时期:1789—1871 年,资产阶级上升的时代;1871—1914 年,资产阶级绝对统治和衰落的时代;1914 年以后,帝国主义时代,资产阶级变成腐朽、没落、内在死亡的、反动的阶级。③ 后来,斯大林总结说,马克思的时代是帝国主义没有充分发展的时期,无产阶级革命还没有成为必不可免的直接实践的时期,而列宁却处在帝国主义充分发展、无产阶级革命开展起来的时期。④ 十月革命之后,时代理论的内容进一步得到发展,提出东方被压迫民族的解放事业已经构成世界范围内反对帝国主义和进行社会主义革命的组成部分。中国共产党的领袖毛泽东,正是遵循列宁主义和斯大林的理论,根据对时代的判断来定位中国革命,认为在资本主义决然死灭、社会主义决然兴盛的时代,中国的资产阶级民主革命必然是新民主

---

① 列宁:《大难临头,出路何在?》,《列宁全集》(第 32 卷),北京:人民出版社 1990 年版,第 218—219 页。
② 列宁:《打着别人的旗帜》,《列宁全集》(第 26 卷),北京:人民出版社 1990 年版,第 143 页。
③ 同上书,第 144 页。
④ 参见斯大林:《论列宁主义基础》,《斯大林选集》,北京:人民出版社 1979 年版,第 185 页。

义革命,是世界社会主义革命的一部分。①

2. 社会主义的对外政策原则

列宁在马克思主义国际关系理论中的地位,绝不仅限于阐发了帝国主义理论,他领导世界上第一个社会主义政权进行的国际政策探索和思考,地位极为重要,因为马克思主义对现实世界的态度是:"哲学家们只是用不同的方式解释世界,问题在于改变世界。"②遵循马克思的教导,列宁为苏维埃俄国确立的对外政策原则是维护世界社会主义的利益。他指出从十月革命之后,俄共(布)与苏维埃就是"护国派",致力于"保卫祖国不受帝国主义者的侵犯",但布尔什维克党和苏维埃政权维护的不是"大国主义",不是"民族利益","我们肯定地说,社会主义的利益,世界社会主义的利益高于民族的利益,高于国家的利益。我们是社会主义祖国的护国派"。③

在列宁的"社会主义祖国的护国派"立场中,我们能看到两方面内容:一方面是保卫国家的意志和策略,尤其是为了保住苏维埃政权,积极寻求和平,提出"和平共处";另一方面建立共产国际,推行"世界革命",并将被压迫民族反抗帝国主义、殖民主义和争取解放的斗争纳入世界革命的总体框架,提出"全世界无产者和被压迫民族联合起来"。④ 前者表现为明确宣布苏维埃俄国实行和平外交,"俄罗斯苏维埃联邦社会主义共和国希望同各国人民和平相处,把自己的全部力量用来进行国内建设"⑤,并为达成和平,签署布列斯特和约,付出领土损失的巨大代价,以及很快放弃了革命外交的姿态,与西方国家开展常规意义上的对外交往,特别是发展贸易关系。后者突出表现为1920年进军波兰,1921年策动德、日革命,1921年策动蒙古脱离中国,以及建立共产国际作为世界革命的司令部,积极帮助各国建立共产党和输出革命。

---

① 参见毛泽东:《新民主主义论》,《毛泽东选集》(第2卷),北京:人民出版社1991年版。
② 马克思:《关于费尔巴哈的提纲》,《马克思恩格斯选集》(第1卷),北京:人民出版社1995年版,第57页。
③ 列宁:《在全俄中央执行委员会和莫斯科苏维埃联席会议上关于对外政策的报告》,《列宁全集》(第34卷),北京:人民出版社1984年版,第318—319页。
④ 列宁:《在俄共(布)莫斯科组织积极分子大会上关于租让的报告》,《列宁全集》(第40卷),北京:人民出版社1984年版,第73—74页。
⑤ 列宁:《俄共(布)第八次全国代表会议文献:关于国际政策问题的决议草案》,《列宁全集》(第37卷),北京:人民出版社1990年版,第354页。

3. 国家和民族学说

列宁主义的理论和实践还有两个内容涉及国际政治,即国家与民族问题。在马克思、恩格斯理论的基础上,列宁结合俄国革命的实际阐发了国家学说和民族学说。有西方学者认为,列宁的国家理论是对政治理论的"最大贡献"。①

列宁国家理论的代表作是写于1917年夏季的《国家与革命》。他对国家的界定非常简明,认为国家是特殊的强力组织,是用来镇压某一个阶级的暴力组织。与马克思主义创始人的基本观点相一致,列宁认为革命的任务是打碎国家,国家在无产阶级革命后立即开始消亡,而且处于高度解体的状态。值得注意的是十月革命胜利之后列宁对国家问题的论述和政策主张。在1918年3月的俄共(布)紧急代表会议上,列宁对国家消亡的前景已经不再乐观,指出"我们目前是绝对主张有国家的,至于说要论述国家不复存在的、充分发展了的社会主义",这些还是"遥远的事",而提前宣布国家消亡"违背历史的前景"。② 列宁强调无产阶级专政,认为革命后的国家是武装起来进行统治的无产阶级。伴随着社会生活军事化和对反对势力的镇压,到1919年,布尔什维克党与国家的权力已经融合为一体。1921年新经济政策开始实施,列宁将这一政策框架称为"国家资本主义",指出这是在无产阶级国家掌控之下、一定限度之内的资本主义,列宁努力说服全党相信,布尔什维克党在政治上比资本家更占优势,利用好农民所希望的自由贸易和有利于人民生活的资本主义,是完全可以做到的。③ 同时,对于党的官僚化政治的贻害越来越明显,列宁深感失望,他对有关领导人强烈表达不满。④ 而党内"工人反对派"的活跃,使列宁更感到危险。列宁参与的最后一届党代会通过的决议,将争吵和摩擦视为最严重的反党行为。列宁亲自领导了对"工

---

① Lucio Colletti, *From Rousseau to Lenin: Studies in Ideology and Society*, London and New York: Monthly Review Press, 1972. pp. 224.
② 列宁:《俄共(布)第七次(紧急)代表大会文献:就布哈林对关于党纲的决议的修正所作的发言》,《列宁全集》(第34卷),北京:人民出版社1990年版,第60—61页。
③ 参见列宁在1921年党的第十次代表大会和1922年党的第十一次代表大会上的讲话,《列宁全集》(第41卷),北京:人民出版社1990年版。
④ 参见列宁:《致彼·阿·波格丹诺夫》,《列宁全集》(第52卷),北京:人民出版社1990年版,第148—151页。

人反对派"的打击,但也表达了某种和解的愿望。①

在"一战"前后,民族问题集中体现为民族自决权问题与民族文化问题。列宁支持民族自决权,但始终坚持自决权不是绝对的,必须与党的利益、社会主义的利益保持一致。列宁指出,资本主义的发展在民族问题上存在两种历史趋势,一是民族运动的觉醒和民族国家的建立,二是民族交往频繁,民族隔阂消除,国际统一形成,后者是"具有世界历史意义的资本主义趋势",是"使资本主义向社会主义转化的最大动力之一"。② 马克思主义的民族纲领考虑到这两种趋势,首先强调维护民族平等和民族自决权,其次维护国际主义原则。列宁强调解决民族问题的唯一出路是实行彻底的民主主义,"采取完全自由和民主的办法解决各民族的政治自决问题,即各民族的国家分离权问题",不允许任何民族、任何语言享有特权。"各民族的共同文化"不是非民族的,而是从每一种文化中抽出民主主义、社会主义的成分,对抗资产阶级文化、资产阶级民族主义。列宁旗帜鲜明地提出,"马克思主义同民族主义是不能调和的"。尽管马克思主义承认民族原则在资产阶级社会中的历史必然性和民族运动的合理性,但绝不能"超出受到一定历史范围的严格限制的界限"去协助资产阶级民族主义,"马克思主义提出以国际主义代替一切民族主义"③;反对一切民族压迫的斗争是绝对正确的,为笼统的"民族文化"而斗争是绝对不正确的;无产阶级欢迎一切民族同化,只要同化不是强制性的,不是依靠特权进行。

4. 小结

列宁的国际政治理论在继承马克思主义创始人基本理论的基础上,具有更为直接的政策相关性,是对布尔什维克党的世界政治观和相关政策的理论阐释和指导,其中帝国主义论在列宁主义国际理论中占有核心地位。列宁的国际政治思考,注重对资本主义发展历史阶段的分析,并将国际政治评估建立在经济分析的基础上。"一战"之后,列宁继续强调"整个国际形势

---

① 参见〔美〕罗伯特·文森特·丹尼尔斯:《革命的良心》,高德平译,北京:北京出版社1985年版,第249—257页。
② 参见列宁:《关于民族问题的批评意见》,《列宁全集》(第24卷),第130页。
③ 同上书,第136页。

的基础就是帝国主义的经济关系"。①

考察列宁主义理论原则在实践中的难题、调整以及后果,我们看到列宁国际政治思想中的双重特性:坚定大胆地革命兼务实谨慎地处理国务。两者之间显然存在着内在紧张。从大战略的角度看,"在国家体系内保卫苏维埃国家"与"追求社会主义的最后胜利"是两个"有时候彼此冲突的政治目的"。② 这种内在紧张,体现在后来所有社会主义国家的对外关系中。其主旋律在不同的时期有所不同,但在对外关系实践中大致的趋势是维持国家生存的考虑越来越占上风。列宁去世之后,在关于苏联大战略的辩论中,斯大林"一国建成社会主义"论,战胜了托洛茨基的"不断革命"论,为了对抗资本主义的进攻,建设强大的工业与军事力量成为国家的头等要务,甚至无产阶级国际主义的核心内容也演变为"捍卫苏联",为苏联服务。另外,基于防止依赖资本主义危险性的独立自主的现代化、依靠国内人民尤其是农民付出巨大牺牲的工业化提上了日程。

在共产国际组织体系的有力推动下,列宁主义长期而深刻地影响了包括中国共产党在内的世界各国共产党的政治理论与纲领。在20世纪60年代初中国共产党和苏联共产党所进行的公开论战中,在20世纪60年代末中国在"文化大革命"期间向世界各国所弘扬的毛泽东思想中,都能看到列宁主义的清晰烙印。可以说,以帝国主义论为核心的列宁主义国际政治学说,构成了世界各国共产党人国际关系理论的基本内核。

三、国际政治学科谱系中的马克思主义理论:特点与地位

今天,不管是翻阅国际关系理论的西文教科书,还是总览国际政治经济学、历史社会学等国际关系分支领域的理论图景,都不难发现马克思主义的身影与烙印。在将全球资本主义发展带入国际关系研究、从资本积累与阶级分析入手探究国际关系方面,在对全球霸权的理解和认识方面,马克思主义理论提供了卓越的洞见。马克思和恩格斯在资本主义全球化的推进和经

---

① 列宁:《共产国际第二次代表大会文献:关于国际形势与共产国际基本任务的报告》,《列宁全集》(第39卷),北京:人民出版社1990年版,第206页。
② 〔美〕康多利扎·赖斯:《苏联大战略的演变》,载〔美〕保罗·肯尼迪编:《战争与和平的大战略》,时殷弘、李庆四译,北京:世界知识出版社2005年版,第148页。

济不平等的增长方面具有惊人的预见性，但他们没能预见到民族主义将继续在世界政治中发挥作用。列宁强调了全球化与民族碎片化是资本主义生产全球扩散的两个并进的方面，并确立和践行预示着一个新世界的社会主义国际原则，然而它们在实践中遭遇障碍并逐渐变形。总的来看，马克思主义的分析力量一直主要在于历史唯物主义关于资本主义如何变成世界范围内主导性生产体系的分析。马克思主义对于国际关系的解释力也是独特的或特定的。马克思本人一生写了大量国际评论，除了个别文章，绝大多数并没有采用历史唯物主义的分析思路，而是以新闻记者的笔法进行某种权力—利益分析，这从一个侧面反映了这种解释力的特定性。许多马克思主义者在20世纪70年代和80年代已经承认，经典马克思主义关于民族—国家和暴力在现代世界上重要性的认识是不充分的，同时资本主义的胜利仅会短暂持续的旧有看法也是过于乐观了。

马克思主义是启蒙运动以来激进自由主义传统的一部分，已经成为"我们这个时代的常识"。然而马克思主义在政治实践中所遭遇的波折也是巨大的，从全球范围来看，马克思主义迄今在国际政治学科中的地位仍然是边缘的。马丁·怀特曾指出，16世纪主权国家兴起以来的三大激变性运动，即宗教改革—反宗教改革、法国革命及20世纪囊括了共产主义与法西斯主义的革命，都未发展出"任何值得重视的国际理论"。革命主义追求重构古老的政治形式，难免兴奋和过于急躁，如托洛茨基所言，革命不需要外交，"我将对世界各国发表几篇革命宣言，然后就关门大吉"。[①] 怀特分析说，与国内政治相比，国际政治表现出更强烈的重复性，不易受进步主义论说的影响，而革命主义一旦发展出较为复杂微妙的国际政治论说，往往就失去了革命主义的特性。这一论述对认识马克思主义国际关系理论原则在实践中遭受的波折有一定启发。

在国际关系学科中，无论赞成马克思主义本身与否，马克思主义无疑是与现实主义、自由主义等主流理论相并立的重要的替代选择之一。欧美国际关系学界重新解读马克思主义的努力渐成规模大致是在20世纪80年代，当时马克思主义成为批判现实主义的一件有力武器。2001年"9·11"事件

[①] 〔波〕伊萨克·多伊彻：《武装的先知——托洛茨基：1879—1921》，王国龙译，北京：中央编译出版社1998年版，第361页。

的发生以及随之而来的宗教因素在国际关系中作用的凸显似乎又告诫人们,马克思主义对国际政治的一些基本现实缺少足够深入的认识。但2008年席卷欧美的金融危机爆发,则又一次彰显全球资本主义分析的解释力,《21世纪资本论》①的全球热销则提醒人们《资本论》并未离去。同时,值得注意的是,欧美国际关系学界自21世纪以来越来越明显的分野也展现出来:欧洲学界在理论上具有更大的开放性,更为严肃地对待非主流理论,欧洲的左翼学界也更为强大;而美国国际关系学界的知识视野较为狭窄,如果说在冷战期间只是温和地抗拒马克思主义,那么在后冷战时期,作为一种严肃学术探讨的马克思主义"几乎消失"。②

冷战的终结与共产主义在一些国家的式微,确实很容易令人得出表面性的结论,马克思主义已不再有吸引力或有意义。不过,"如果说现实主义理论能够与其表亲社会达尔文主义、种族主义和权力政治加以区分,那么,解释性的马克思主义也能够与工具性的马克思主义相区分"。③ 这一洞见对中国国际关系学界来说非常重要。对于中国学者而言,能否真正将马克思主义作为分析工具,而不仅仅是政治正确的标尺,是马克思主义理论探索过程中值得认真汲取的重大经验教训。随着冷战背景下意识形态束缚的解除,马克思主义理论活力的展现释放也得到了更大的空间。对于非历史地进行理论建设所暴露的问题的不满和批评,为马克思主义的历史唯物主义展现其理论活力与解释力,创造了更为有利的学术氛围。冷战的终结与全球化趋势的强化,为马克思主义从资本入手的解释,提供了显而易见的分析对象。当然,全球化的现代形式伴随着新的族群暴力以及民族的碎片化这些新的现实问题,也对马克思主义提出了维护学术生命力、克服理论弱点的艰巨任务。

---

① 〔法〕托马斯·皮凯蒂:《21世纪资本论》,巴曙松等译,北京:中信出版社2014年版。
② Richard Falk, *Predatory Globalization: A Critique*, Cambridge: Cambridge University Press, 1999, p. 37.
③ 〔英〕弗雷德·哈利迪:《论历史唯物主义与国际关系学的联系与互动》,孙丽萍译,载《史学集刊》2014年第3期,第5—16页。

第六章 建构主义

方长平

建构主义是20世纪90年代在美国兴起的国际关系理论。以亚历山大·温特(Alexander Wendt)为代表的温和建构主义者提出的建构主义国际关系理论,把建构主义从后现代理论体系中带回到主流国际关系理论中,并通过理论构建形成了建构主义理论家族中最具有体系性的理论,从而奠定了在西方国际关系理论中建构主义与自由主义、现实主义的三足鼎立之势。本章以温特的主流建构主义作为代表,系统考察建构主义的不同类型与基本假设、理论主张和理论体系、学术评价和最新进展。

一、建构主义的不同类型与基本假设

(一) 建构主义的不同类型

有关建构主义的类型,不同学者有不同的划分,本书介绍国内外几种有代表性的划分。

国内学者秦亚青在他主编的《文化与国际社会》中对建构主义的类型分为:卡赞斯坦的安全文化理论、江忆恩的战略文化理论、温特的结构建构主义、鲁杰的体系演进理论、克拉托赫维尔的规范建构主义、奥努弗的规则建构主义。[1] 严格意义上讲,秦亚青并不是按照一个特定标准进行分类的,而是把几个代表性的主流建构主义学者的理论进行了介绍。国际学界对建构主义的类型划分很多,以下介绍几种。

1. 传统派(conventional)与批判派(critical)。这种分类由特德·霍普夫(Ted Hopf)提出。[2] 二者的共同点是发现和揭示了国家体系中被人们认为是自然的、既定的东西,实际上是人类主观能动和社会实践的产物,主张所

---

[1] 秦亚青主编:《文化与国际社会:建构主义国际关系理论研究》,北京:世界知识出版社2006年版,第19页。

[2] Ted Hopf, "the promise of constructivism in IR Theory", *International Security*, vol. 23, no. 1, 1998, pp. 171—200.

有的事实只有放在具体的情景中,才能理解其意义;二者都强调知识与权力的关系,强调行动者和结构相互构成,认识到共享的意义对世界政治研究的重要性。传统派并没有和主流理论完全决裂,承认社会实在的客观性,并且可以认知;而批判派则受后现代主义影响,怀疑社会实在的客观性,强调反基础主义和反实证主义。

2. 新古典、后现代和自然主义。这一分类由约翰·鲁杰提出。[①] 新古典建构主义遵循马克斯·韦伯(Max Weber)的路径,遵循实证主义的认识论,在分析手段上借鉴了言语行为理论、交往行动理论和认知进化理论,侧重于共享意义的探讨,主要代表有鲁杰、克拉托赫维尔(Friedrich Kratochwil)、奥努夫(Nicholas Onuf)、芬尼莫尔(Matha Finnemore)、阿德勒(Emanuel Adler)、卡赞斯坦(Peter Katzenstein)。后现代主义主张与现代主义的认识论完全决裂,强调语言的建构作用,认为话语是世界政治的基本分析单位。其代表人物有阿什利(Richard Ashley)、德·代元(James Der Derian)、坎贝尔(David Campbell)、沃克(Robert B. J. Walker)、考克斯(Robert Cox)等。自然主义主张走中间道路,坚持主流理论的一些特征,认为社会科学和自然科学一样,可以对不可观察到的社会世界加以认识;同时认为,国际关系的世界是一种社会实在,是行动者在实践活动中建构而成的。其主要代表人物包括温特、德斯勒(David Dessler)。

3. 温特认为建构主义可以划分为:以克拉托赫维尔和鲁杰为代表的现代主义学派,以阿什利和沃克为代表的后现代主义学派,以蒂克纳(J. Ann Tickner)和彼得森(V. Spike Peterson)为代表的女性主义学派。这三个学派之间虽然存在较大的理论分歧,但是它们都认为理性主义没有关注社会理论,特别是没有足够重视世界政治中的行为体是社会建构而成的事实。[②]

4. 卡赞斯坦、克拉斯纳(Stephen Krasner)和基欧汉几位学者认为建构主义可划分为传统派、批判派和后现代派。[③] 传统派强调结构与行动者的互

[①] John Ruggie, "What Makes the World Hang Together? Neo-Utilitarianism and the Social Constructivist Changes", *International Organization*, Vol. 52, No. 4, 1998, p. 881.

[②] 〔美〕亚历山大·温特:《国际政治的社会理论》,秦亚青译,上海:上海人民出版社2000年版,第3页。

[③] Peter Katzenstein, Stephen Krasner and Robert Keohane, "International Organization and the Study of World Politics", *International Organization*, Vol. 52, No. 4, 1998, pp. 645—686.

构,而不是一方决定另一方。批判派则认为制度安排、行为规范、国家身份植根于特定的历史情景中,对文本进行具体的解读,代表人物有瑞斯·卡朋(Thomas Risse-Kappen)和克拉托赫维尔。后现代主义则揭示了话语的霸权一面,强调掌握语言的重要性,认为现实是话语的产物,阿什利是其主要代表人物。

5. 斯密特(Chris Reus-Smit)把建构主义按照系统、单元和整体三个方面划分。① 系统层面强调国家行为体之间的互动,单元层面强调国内社会、法律规范和国家的身份和利益之间的互动。整体层面则试图沟通系统和单元,把国内和国际领域看成是一个社会和政治秩序的两个方面。

6. 罗恩·帕兰(Ronen Palan)把建构主义分为强硬和温和两类。② 强硬派认为,社会制度和结构是人们建构而成的,代表人物是奥努夫和克拉托赫维尔。温和派认为,行动者的行为是在一定的社会情景下发生的,它建构了行动者的认同和利益,社会情景的变化会带来行动者利益的变化。

7. 英国学派的学者蒂姆·邓恩把建构主义分为国际社会建构主义和新建构主义。③ 他认为,英国学派是建构主义的前身,属于国际社会建构主义。新建构主义者则以温特和奥努夫为代表。

还有其他一些分类,在这里不一一介绍。④ 建构主义类型的多样性,既源于不同学者划分标准,也反映了学界对建构主义理解本身的复杂性和多元性特征。

(二) 建构主义的基本假设

所有上述建构主义尽管种类繁多,但既然可以称为建构主义,就需要接受一些基本原则,温特在《国际政治的社会理论》中开门见山地强调了建构主义的两条基本原则:第一,人类关系的结构主要是共有观念(shared ideas)

---

① Chris Reus-Smit, "Constructivism", in Scott Burchill, Richard Devetak, et al., *Theories of International Relations*, 2nd Edition, New York:Palgrave MacMillan, 2001, pp. 219—221.
② Ronen Palan, "A World of Their Making: An Evaluating the Constructivism Critique in International Relations", *Review of International Studies*, Vol. 26, No. 4, 2000, p. 576.
③ Tim Dunne, "The Social Construction of International Society", *European Journal of International Relations*, Vol. 1, No. 3, 1995, pp. 367—389.
④ 皮特曼(Ralph Pettman)把建构主义分为保守、常识的和后现代的、规则取向的。阿德勒把建构主义分为现代主义、现代主义语言学、激进派和批判派。霍布森(John M. Hobson)从国家和国际关系角度把建构主义分为:国际社会为中心、国家为中心、激进或后现代的。

而不是物质力量决定的;第二,有目的的行为体的身份和利益是由这些共有观念建构而成的,而不是天然固有的。前者表现的是解释社会生活的理念主义原则,强调共有观念,以社会为本源,与强调生命存在、技术或环境的物质主义相对。后者表达了一种"整体主义"(Holist)或曰"结构主义"的研究方式,强调社会结构的层创进化力量(emergent powers),这是与把社会结构还原为个体的个体主义方法不同的。因此,温特认为可以把建构主义看做结构理念主义理论。①

秦亚青在对不同建构主义类型进行了介绍后,认为这些建构主义都遵循三个基本假设。②第一,社会世界是施动者在客观环境中建构的世界。客观事实本身没有多少社会意义,只有通过社会施动者的实践活动和表象体系才获得意义。社会事实是可以建构的。社会事实就是大部分人相信的东西,社会事实因为人的互动性实践活动得以造就和确立。第二,施动者—结构是互构的,任何一方没有本体优先性。华尔兹的新现实主义强调了结构对施动者的影响,但由于其结构是根据施动者的实力地位排列的,所以是施动者在先而结构在后。基欧汉的新自由制度主义认为制度的产生建立在施动者个人利益的算计和衡量之上,同样也是在强调施动者优先于结构的本体地位。而建构主义则强调施动者和结构的互构性,即同时产生,相互依存,没有本体上的优先问题。比如,奴隶和奴隶主是施动者,奴隶制是结构性因素,两方不能离开一方而单独存在;再比如,中国象棋的规则是结构性因素,甲乙两方是施动者,缺少任何一方,也就不成之为棋局。第三,观念的力量是巨大的。在其他主流国际关系理论流派中,观念因素一直是一个重要概念。古典现实主义者卡尔认为权力的三种形式包括军事实力、经济实力、支配舆论的力量。③摩根索也强调不能低估道德的影响。④新现实主义则为了强调物质性结构的作用,将观念因素的作用最大限度地降低了。新自由主义学者基欧汉和戈尔茨坦(Judith Goldstein)则认为,观念常常是政府

---

① [美]亚历山大·温特:《国际政治的社会理论》,第1页。
② 秦亚青主编:《文化与国际社会:建构主义国际关系理论研究》,第21—25页。
③ [英]爱德华·卡尔:《二十年危机(1919—1939)》,秦亚青译,北京:世界知识出版社2005年版,第120—130页。
④ [美]汉斯·摩根索:《国家间政治:权力斗争与和平》,徐昕等译,北京:北京大学出版社2006年版,第266页。

政策的重要决定因素。① 与上述理论相比,建构主义强调,观念既有因果作用,又有建构作用。观念是共有观念,是文化。观念具有重要的传播意义,正是在行为体接受、形成共有观念之后,行为体的身份、认同和利益也从而得到了重新界定。

秦亚青提及的建构主义类型基本都属于主流建构主义范畴,即承认客观事实存在的弱势物质主义,与激进建构主义保持距离,激进建构主义不承认客观事实存在,认为一切都是观念建构,这实际上已经走到了后现代阵营之内。

二、温特建构主义的基本主张与理论体系

(一)建构主义的基本主张

1. 重新定义了结构和施动者。

在国际关系理论中,对国际体系结构进行系统并权威定义的要数肯尼思·华尔兹的结构现实主义理论。他比照国内政治结构,从排列原则、单元的特性和能力分配三个方面来定义国际结构。国际政治结构的无政府状态,意味着组成结构的各个单元是平等的。从单元特性看,无政府结构也要求作为系统单元的国家间是一种平等关系,功能上具有同一性,只要无政府状态依然存在,国家就始终是同类单元。国际结构只有在组织原则或是单元能力发生变化时才会改变。从能力分配看,在无政府结构下,单元主要是根据实现类似任务的功能来区分。在无政府状态下,排列原则和单元特性都没有变化,变化的只是组成系统的单元(主要是主权国家)之间的能力分配,因此,华尔兹就将结构定义为以军事实力和经济实力为代表的物质能力分配。②

温特的建构主义首先对华尔兹的结构现实主义有关结构的概念进行了重新定义。在很大程度上我们可以说,建构主义对新现实主义的挑战集中在对结构的定义上。与新现实主义的物质结构不同的是,建构主义的结构

---

① 〔美〕朱迪斯·戈尔茨坦、〔美〕罗伯特·基欧汉:《观念与外交政策:信念、制度与政治变迁》,刘东国等译,北京:北京大学出版社2005年版,第3页。

② 〔美〕肯尼思·华尔兹:《国际政治理论》,信强译,上海:上海人民出版社2008年版,第118—132页。

是社会意义上的结构,即观念分配。它包含三个因素:(1) 共有知识,这是最根本的。行为体在一个特定环境中共同具有的理解和期望。在这个环境中,共有知识建构行为体的身份和利益。(2) 物质性因素,温特区别于其他激进建构主义者的地方正是在于他承认一定物质性因素的客观存在,认为物质性因素不可化约为观念性因素,但它本身意义有限,物质性因素只有通过社会性结构才能对行为体行为产生有意义的影响。因此可以说温特建构主义是弱势物质主义观。(3) 社会实践,这是结构存在和转化的条件。无政府状态是国家建构的,无政府的国际结构正是国家社会实践的结果,国家之间的互动造就了社会结构,互动逻辑发生变化,国际体系结构也会发生变化。①

至于国际体系的施动者,温特也接受了现实主义的假定,承认国家是国际体系的主导行为体。但是建构主义的国家作为施动者(agent)不是单纯接受体系的制约,而是具有能动性的一面,通过社会实践塑造体系的结构和进程,这也是建构主义在施动者属性上与理性主义的差异。②

2. 结构对施动者的建构作用。

具体到温特的国际体系理论上,就是国际体系结构建构了国家的身份和利益。这与理性主义的假定存在差异。理性主义假定施动者,也就是国家,具有先在的身份和利益,身份就是利己的国家身份,利益就是实现利益最大化的自私者。并且,国家在参与国际体系互动之前,就已经具有这样的身份和利益,国家的身份和利益是外生于国家之间以及国家与国际体系互动的进程,理性主义国际关系理论的主要目的就是在给定身份和利益的条件下,解释国家的对外政策规律。

建构主义对此提出质疑。温特认为,国际结构不仅是对国家行为和政策产生因果性作用,还对国家身份和利益产生构成性作用,国家身份和利益在很大程度上是国际体系的结构建构的。体系结构对行为体身份和利益的建构是温特建构主义理论的最大贡献。身份决定利益,利益决定行为,从某种意义上,建构主义是身份政治理论。温特在一定程度上借鉴了英国学派代表人物马丁·怀特的区分,认为国际体系存在三种不同的体系结构:霍布

---

① 〔美〕亚历山大·温特:《国际政治的社会理论》,第139—184页。
② 同上注,193—238页。

斯文化、洛克文化和康德文化。在霍布斯文化中,国家之间是敌人身份,随之导致的国家利益就是相互摧毁对方、侵占领土和主权;在洛克文化中,国家之间的相互身份是竞争对手,承认相互主权,遵循生存和允许他国生存的原则,追求安全而不是征服,成为洛克文化中各国的利益;在康德文化中,国家之间的相互身份是朋友,朋友遵循的是互助原则和非暴力原则,"人人为我,我为人人"是康德文化的核心,随着这种文化的内化,利他成为国家利益的一部分。不同的体系文化塑造了国家不同的角色身份,不同的身份确定不同的国家利益属性。[1]

建构主义超越了对单纯国家行为的研究,开始从本体论角度对国家身份和利益进行探究,并根据国家身份利益的变化思考行为的选择。这与理性主义单纯的行为研究有根本不同。理性主义认为国家所处的无政府状态只有一种逻辑,即霍布斯逻辑,因此在这样的逻辑文化下,国家利己的国家身份和自私的国家利益观是给定的,因此,国际关系研究的核心是考虑在这样的文化背景下,国际体系的结构变化和制度如何影响国家的行为。

3. 施动者的互动造就了结构。

建构主义不仅强调结构对施动者,也就是国际体系结构对国家身份和利益的建构作用,也强调施动者即国家之间的互动对国际结构形成的作用。施动者与结构之间关系是互构的。

施动者的互动导致了结构的形成,"无政府状态是国家造就的"。[2] 理性主义国际关系理论甚至经典国际关系理论都把无政府状态作为先验给定的因素,当做国际关系研究的起点。在经典国际关系理论看来,因为国家之上没有更高的政府权威,无政府状态就是给定的。但是经典国际关系理论忽略的是,给定的无政府状态并没有给定的单一逻辑,作为一种体系结构,它的逻辑是国际体系中施动者互动的结果。施动者不同的初始行为,通过互应机制,就可以生成不同逻辑的无政府文化,这就是温特提出的三种无政府文化。

---

[1] 〔美〕亚历山大·温特:《国际政治的社会理论》,第 244—301 页。
[2] Alexander Wendt, "Anarchy is What States Make of It: The Social Construction of Power Politics", *International Organization*, Vol. 46, No. 2, 1992, pp. 391—425.

(二) 建构主义的理论体系

如何认识建构主义的理论体系,或者说,如何在国际关系理论谱系中定位温特的建构主义,可能有助于我们更深入地理解温特建构主义的基本特征。温特是从本体论和方法论两个方面对国际关系理论进行分类。本体论包括物质主义和理念主义,方法论指的是整体主义和个体主义。当然,也还存在认识论上的差异。

本体论主要是物质主义和理念主义的区分。物质主义认为物质性因素对行为体的行为有直接作用;理念主义则强调观念性因素的重要性,认为物质因素通过观念因素才能产生实质性意义。方法论主要是整体主义和个体主义的区分。整体主义以整体为基本分析单位,根据整体特征解释个体特征;个体主义则强调个体的作用,以个体解释整体。

根据这两个维度,所有的国际关系理论流派可以划分为四种类别:整体主义/物质主义理论、整体主义/理念主义理论、个体主义/物质主义理论、个体主义/理念主义理论。因此,可以将温特的建构主义理论界定为整体主义/理念主义理论,也就是说,其理论基底是整体主义方法论和理念主义世界观。这也体现出温特建构主义的两个基本原则:一是反理性主义原则,二是反物质主义原则。

另外,建构主义的认识论基础是科学实在论,强调建立严格研究议程,提出能够证伪的科学假设,是可以获得社会现象的客观知识的。建构主义虽然认为社会科学研究中主客体界限难以清晰界定,但在本体论上,建构主义从来都承认诸如国家、国际体系这类社会结构是独立存在的事实,是集合性社会现象,对于个人来说,是独立存在的社会事实,是不能化约为主观理念的。

温特特别讨论了社会类别的客观性问题。他认为社会类别与自然类别确有区别,但这些区别不能否定以观念为核心的社会类别具有客观性这一论断。第一,社会类别的存在有物质性基础,这是客观实在的。第二,社会类别具有自行组织能力,如侵略会受到抵抗、犯罪会受到惩罚。第三,社会类别虽然不能独立于建构社会类别的集体话语语境,但可以独立于研究者的个体话语语境。国际体系对于国际关系研究者来说是客观存在的社会事实,是不以研究者的个体意志为转移的。研究人员使用的理论势必影响他对客观现象的观察,所以任何观察都是以理论为导向的,但观察以理论为导向并不意味着观察由理论决定。这是社会现象的客观基础。建构主义承认这样的基础,并以此作为其方法论的根本依据。

三、建构主义的学术评价

(一) 学术意义

1. 对既有概念的修正与补充

建构主义之所以能够被主流国际关系学界迅速接受和认可,部分原因就在于,其继承了主流国际关系理论中的基本概念。同时,建构主义赋予了一些既有概念新的理解和内涵,使其理论的学术价值得以凸显。

首先,建构主义丰富了国际体系结构的内涵。与新现实主义集中关注体系结构的物质性要素不同,建构主义强调了观念性要素的重要作用,认为物质性因素只有通过嵌入共有知识的结构中才能产生实质性影响。尽管物质性因素和观念性因素的重要性次序问题仍然充满争议,但人们对国际体系结构的理解却因为建构主义的出现而更加多元。

其次,建构主义修正了人们对无政府状态这一国际体系根本属性的固有理解。温特旗帜鲜明地提出"无政府状态是由国家造成的",从根本上挑战了主流学派的理论逻辑。① 由此,建构主义发现了不同逻辑的无政府文化,从而在学理上为国际体系的进化演进提供了可能性。

再次,国际关系的其他相关概念也因建构主义的逻辑推理而得到了修正,如权力、利益等。对于权力,建构主义强调观念力量建构国家间身份的作用,一定程度上引起了人们对于"软权力"的重视;②对于利益,建构主义认为国家利益并非先验给定,主要是由国际体系中不同的观念分配建构的。③这些无疑有助于人们更客观真实地理解国际关系中的各种问题。

2. 对研究议程的设定与引领

主流国际关系理论以经典经济学的方式,把国家视为"经济人",实际上

---

① Alexander Wendt, "Anarchy is What States Make of It: The Social Construction of Power Politics", pp. 391—425.
② 袁正清:《国际政治理论的社会学转向:建构主义研究》,上海:上海人民出版社 2005 年版,第 300 页。
③ 方长平:《国家利益的建构主义分析》,北京:当代世界出版社 2002 年版,第 116 页。

是把国家非人化。而建构主义把哲学和社会学问题引入国际关系研究议程,使人的能动性、社会性、实践性回归国际政治,也使政治的本意得以体现,推动了国际关系的伦理化进程。① 随之,文化、观念、规范、身份等概念逐渐成为国际关系研究中的核心概念,这既使传统议题的研究视角得以扩展,又使学术研究的新兴领域得以涌现。正因为如此,一些学者于 20 世纪 90 年代末开始探讨国际关系研究的发展趋势,提出了"国际关系研究的建构主义转向"。② 在这个意义上,建构主义的出现与发展对于国际关系的研究议程有着历史性的引领意义。

3. 对不同范式的沟通与融合

从学术发展史的角度看,建构主义的最大意义在于:它将理念主义本体论和实证主义认识论相结合,以中间道路的方式沟通了不可通约的理性主义和反思主义,架起了主流理论和非主流理论对话的桥梁。

促进学科理论不断发展的重要条件是范式间辩论,然而,在建构主义出现之前,主流学派的理论趋同及理性主义与反思主义间的难以对话一度使得国际关系理论发展陷入沉寂。正因为建构主义分别从理性主义与反思主义两大阵营中汲取了营养,才使得它具备了成为主流学派和非主流学派对话桥梁的基础,从而促进了理论的交流和发展。一方面,建构主义在认识论上与理性主义相通,坚持科学实证主义原则,抛弃了文本解读、语言分析等反思主义的纯粹诠释性方法,使自身更易于理解和把握。另一方面,建构主义在本体论上与反思主义相通,立足于观念本体论,将社会世界视为主体间意义的世界,实现了对理性主义物质本体论的超越,从而体现了自身的理论创新。因此,建构主义的这种中间道路特征,在国际关系领域最集中地体现了社会科学理论所最需要的合成特性,对国际关系研究自 20 世纪 90 年代以来的发展具有重大意义。③

---

① 秦亚青:《权力·制度·文化:国际关系理论与方法研究文集》,北京:北京大学出版社 2005 年版,第 137 页。
② Jeffrey Checkel, "The Constructivist Turn in International Relations Theory", *World Politics*, Vol. 50, No. 2, 1998, pp. 324—348.
③ 杨广:《架起主流理论与批判理论的桥梁——试析温特建构主义理论的合成性》,载《世界经济与政治》2003 年第 9 期,第 35 页。

4. 对现实世界的关怀与指导

建构主义理论在现实层面同样具有潜在的指导意义。由于建构主义强调施动者和结构之间的互构,国际关系行为体的实践活动和互动过程就成为国际体系结构变化的基本条件。在这里,国家的能动性就在国际关系发展中拥有了实质意义,现实世界的变化也在一定程度上取决于国家的思维方式和政策选择。正如温特所说,"现实主义对自我利益的坚持帮助创造并物化了自助的国际政治世界,如果自我利益不被实践活动所支承,它就不复存在"。① 沿着这一逻辑,温特在 2003 年又提出"世界国家必然出现"的结论,尽管颇受争议,但仍然为人们寻求国际体系的发展进化提供了一种指引。②

(二) 学理批判

作为后起的国际关系理论流派,温特建构主义在获得学界高度赞誉的同时,也受到了来自各个学派的批评和质疑。建构主义中间道路的特性,就决定了理性主义对其的批判主要集中在本体论层面,反思主义对其的批判主要集中在认识论层面。而在建构主义内部,也不乏批评之声,更多集中在方法论层面。

1. 理性主义的批评

(1) 现实主义的批评

在很多现实主义学者看来,温特虽然承认物质性因素在决定国际体系结构方面的重要作用,却大大低估了这一作用,没有认识到是体系在迫使国家依照现实主义原则行事。③ 克拉斯纳就指出,根本无法用洛克文化来定义威斯特伐利亚体系以来的国际政治,在实际生活中起决定性作用的仍然是物质力量,大国一直试图利用实力控制小国的国内制度安排和政治进程,没有吞噬小国只是因为吞并和管理的成本大大高于收益,而不是因为以主权制度为代表的洛克文化的内化。④ 因而,建构主义只是注意到霍布斯式国际

---

① 〔美〕亚历山大·温特:《国际政治的社会理论》,第 355 页。
② 关于世界国家生成的动力与逻辑的研究,参见 Alexander Wendt, "Why a World State is Inevitable", *European Journal of International Relations*, Vol. 9, No. 4, 2003, pp.491—542.
③ John Mearsheimer, "A Realist Reply", *International Security*, Vol. 20, No. 1, 1995, pp.82—93.
④ Stephen Krasner, "Wars, Hotel Fires, and Plane Crashes", *Review of International Studies*, Vol. 26, No. 1, 2000, pp.131—136.

体系极端而暂时的形态,却忽略了强权政治在国际关系现实中的大量存在。①

（2）新自由主义的批评

新自由主义学者强调自身对观念的重视,并不认可温特关于新自由主义的归类定位。② 此外,基欧汉认为,在国际政治中,物质和观念何者作用更大这样的本体论问题在宏观层面上没有答案,所以没有意义,真正意义的问题是观念能发挥什么作用,以及通过什么因果机制发挥作用。③

2. 反思主义的批评

反思主义普遍认为实证主义认识论与后现代本体论不可调和,温特所提倡的科学方法无法解释主要是观念构成、充满主体间性意义的社会世界。④ 史密斯认为,如果把国际关系当做外在于主体的客观事实,就可以通过解释的方法加以把握,如果在本体论上把国际关系看成社会类别,那么理解是分析社会世界的恰当方法。在对世界的把握上,只有理解和解释两种方式,没有中间调和的余地。他还指出,温特对物质和观念关系的解释仍然是笛卡尔式的,物质有时独立于观念,有时依赖于观念,使物质因素可以充当因变量和自变量,破坏了科学实在论的统一性。⑤

3. 建构主义内部的批评

温特在早期就曾提出施动者和结构的互构问题,认为施动者的互动可以形成不同的无政府文化。但是,出于构建国际关系体系理论的需要,温特在后期更多关注的是体系结构对国家身份和利益的建构作用,并没有形成系统成熟的施动理论。因此,切克尔(Jeffrey Checkel)就认为,温特的建构主义理论没有充分注意国家作为施动者的作用,也没有研究国内政治在决定国际体系发展过程中的作用。虽然这样的批评并不一定准确,但也表明温

---

① 郭树勇:《建构主义与国际政治》,北京:长征出版社2001年版,第157页。
② 温特认为新自由主义的本体论仍然是物质主义的,参见〔美〕亚历山大·温特:《国际政治的社会理论》,第94—95页。关于温特对国际关系理论的归类定位,参见〔美〕亚历山大·温特:《国际政治的社会理论》,第27—30页。
③ Robert Keohane, "Ideas Part-Way Down", *Review of International Studies*, Vol.26, No.1, 2000, pp.125—130.
④ 秦亚青:《权力·制度·文化:国际关系理论与方法研究文集》,第141页。
⑤ Steve Smith, "Wendt's World", *Review of International Studies*, Vol.26, No.1, 2000, pp.123—180.

特建构主义仍有需要完善之处。①

四、建构主义的国内外新进展

(一) 建构主义在国外的进展

在美国,温特的建构主义之后,除了温特本人提出的"世界国家"概念,建构主义的主要发展在于提出了现实建构主义和自由建构主义的区分。

温特的主流建构主义创立之后,学界认为,包括温特创立的体系建构主义在内,当前主流建构主义国际关系理论具有一种根深蒂固的自由主义偏见。② 温特的建构主义可以很好地解释一个自助的霍布斯世界如何进化为一个互助的康德世界,但却无法阐释一个互助的康德世界如何退化为一个自助的霍布斯世界。③ 因此温特的理论带有显而易见的康德自由主义痕迹,正因如此,有越来越多的国际关系文献将之批评为"新康德理想主义"或"新乌托邦主义"。④ 巴尔金(Samuel Barkin)认为,建构主义作为国际关系研究的方法不一定非得是自由主义或理想主义的,虽然它在美国的实践中表现出一贯的自由/理想主义偏见。固然,建构主义强调世界政治的变革,但变革的方向不一定是演进的,变革并不必然是进步的。如同理性主义作为一种方法,与现实主义和自由主义结合形成新现实主义和新自由制度主义,建构主义作为一种方法与现实主义和自由主义结合,也形成了现实建构主义和自由建构主义的分化。

现实建构主义和自由建构主义都强调国际政治的社会建构性。但二者在社会建构的方向性和人类社会的未来前景上有着不同的理解。自由建构主义相信在频繁的社会互动中,通过行为体之间的相互教化与学习,自由民

---

① Jeffrey Checkel, "The Constructivist Turn in International Relations Theory", p. 342.

② 例如:Samuel Barkin, "Realist Constructivism", *International Studies Review*, Vol. 5, No. 3, 2003, pp. 325—342; Jennifer Sterling-Folker, "Competing Paradigms or Birds of a Feather? Constructivism and Neoliberal Institutionalism Compared", *International Studies Quarterly*, Vol. 44, No. 1, 2000, p. 97; John Mearsheimer, "The False Promise of International Institutions", *International Security*, Vol. 19, No. 3, 1994/95, pp. 37—47。

③ Stefano Guzzini and Anna Leander, eds., *Constructivism and International Relations: Alexander Wendt and His Critics*, London & New York: Routledge, 2006.

④ 例如:Bruce Russett, "A Neo-Kantian Perspective on Democracy, Interdependence and International Organizations in Building Security Communities", in Emmanuel Alder and Michael Barnett, eds., *Security Communities*, Cambridge: Cambridge University Press, 1998, pp. 368—394。

主国家用以建立国内秩序的规范、原则和利益扩散到国际社会并为不同类型国家所内化,从而能够有效驯化(tame)国家权力之运行,甚至存在最终消除权力政治考虑之可能。①

现实建构主义的主要代表性人物是巴尔金,他在2003年的一篇论文中系统地提出了现实建构主义的思想。② 现实建构主义反对建构主义这一重新包装下的"新威尔逊乌托邦精神"。它认为,规范、说服、认同和观念等建构主义元素既有教化合作、劝善和谐的正面积极作用,同时也具有教唆冲突、物化敌意的负面消极作用。人们既可以在自由和谐理念下建构政治合作,也可以在现实生存理念下建构政治冲突。

建构主义是否可以与现实主义、自由主义融合,融合后是作为自由主义、现实主义的研究纲领一部分,还是属于建构主义的两个分支,在此问题上学界有很多争议。本章在此不展开讨论,本章的目的在于澄清主流建构主义本身的自由主义色彩、进化论的方向在理论上并非必然。在经验上,非洲国家在"二战"后纷纷独立,建立主权国家,主权制度确保了这些国家国内秩序的稳定。但冷战后个别非洲国家的部族认同超过对主权国家的认同,主权制度在这些国家遭受到重创,导致国内内战频繁,陷入无政府状态。这也显示了建立在主权制度基础上的洛克文化并非不可能倒退到霍布斯文化。

(二)建构主义在中国的发展

自温特为代表的主流建构主义引入中国后,建构主义在中国获得了巨大的发展,研究队伍壮大,研究成果丰硕。正如秦亚青所言,"建构主义在中国的发展是一个值得研究的个案"。③ 秦亚青认为,建构主义在中国的巨大发展除了中国学人的努力,更主要在于理念主义本土论,强调国际体系的社会性质与中国的传统思维方式有相通之处,同时也适应了中国社会巨大的

---

① 有关"自由建构主义"的相关论述可参见:Thomas Risse-Kappen, Collective Identity in a Democratic Communtity: The Case of NATO, in Peter Katzenstein, ed., *The Culture of National Security: Norms and Identity in World Politics*, New York: Columbia University Press, 1996, pp. 357—399; Jeffrey Checkel, "The Constructivist Turn in International Relations Theory", pp. 324—348; Latha Varadarajan, "Constructivism, Identity and Neoliberal (in) Security", *Review of International Studies*, Vol. 30, No. 3, 2004, pp. 319—341。

② Samuel Barkin, "Realist Constructivism", pp. 325—342.

③ 秦亚青主编:《文化与国际社会:建构主义国际关系理论研究》,第29页。

社会变化需求。但纵观中国学界建构主义的研究成果,除了评介之外,研究更多地集中在实证研究层面。中国学者对建构主义的原创性贡献在于秦亚青的"过程建构主义"。

过程建构主义源于秦亚青在《中国社会科学》(2009年第3期)发表的论文《关系本位与过程建构:将中国理念植入国际关系理论》。[①] 这篇论文通过对西方国际关系体系理论的检视,发现华尔兹的结构现实主义、基欧汉的新自由制度主义和温特的结构建构主义共同的理论缺失是缺少社会过程和社会性关系的要素。针对这一缺失,秦亚青借鉴主流建构主义,将"过程与关系"这两个中国社会文化中的重要概念植入到国际关系理论,提出了他的过程建构主义的理论模式。过程具有自在性,过程的核心是关系,这是中国社会文化中的根本理念。秦亚青将这个概念挖掘出来并进行概念化处理,提出了其过程建构主义"关系本位"的基本假定。过程是指产生社会意义的持续的实践互动,过程既是关系的复合体,也是关系运作的时空域境。过程与行为体是共生的、相互建构的,共同参与并推动着社会化实践。过程可以孕化权力、孕育规范并在建构行为体身份方面具有重要意义。

正如秦亚青所言,尽管关系性作为过程建构主义的核心概念源于中国文化,但并不意味着不具有普适性意义。因为在任何社会中,关系都是十分重要的因素,尽管不同社会和文化背景下人们对关系的理解可能不一样,但任何社会都不可能不以关系性作为自己的定义性特征。

五、从过程建构到关系理论

2009年秦亚青提出"过程建构主义"后,不断丰富和发展他在过程建构主义中提出的核心概念"关系性",用中国传统文化中的"关系性"取代西方国际关系理论中的"理性",建立了他的世界政治的关系理论。世界政治的关系理论超越了过程建构主义的研究议程,成为中国国际关系学者在国际关系理论创新中的标志性成果,也为非西方国际关系理论的发展做出了重

---

① 秦亚青:《关系本位与过程建构:将中国理念植入国际关系理论》,载《中国社会科学》2009年第3期,第69—86页。

第六章　建构主义

要贡献。①

（一）研究的缘起

秦亚青认为，作为社会科学理论，国际关系理论离不开社会理论生成和发展的一般规律。尽管理论的功用具有一定的普适性，但任何理论的创造者都带有自己的"文化胎记"。社会理论的硬核是由形下元和形上元两部分组成的。前者具有感知（perceive）功能，后者具有认知（conceive）功能。形下元感知到的外部信息，通过形上元的处理，包括理解、诠释、解释甚至建构，赋予这些信息以社会意义。而理论硬核的形上元，"恰恰是在文化的长期浸泡中蕴化滋养而形成的，通过知识生产者的大脑表象出来的，这也正是文化体通过长期实践形成的背景知识对于成员的'化成'作用"。②秦亚青在近年来的论著中，不断强调社会理论的生成需要文化共同体的"背景知识"，并对"背景知识"与"表象知识"在理论建构中的功能进行了有意义的区分。

秦亚青将文化界定为共同背景知识（shared background knowledge），认为文化体的背景知识是在长期的历史实践中生成、积淀和发展起来的，成为文化体的定义性要素，塑造文化体成员的思维和行为方式，导致文化体成员对社会事实不同的理解。表象知识是深嵌于背景知识中的人所生产的，是作为实践共同体成员的学者在长期的表象活动中形成的，"背景知识是使意图功能成为可能的非意图和前意图能力，所以表象知识是从背景知识中生发出来的"。③ 背景知识和表象知识相互支持、相互补充、相互加强。这一点不同于实践学派的观点。国际关系实践学派发现在社会理论建构中过于强调表象知识，忽视了背景知识的存在意义，但实践学派将背景知识和表象知识对立起来。而秦亚青认为，二者是非对立、非互斥的相互依存，是一体两面的，但背景知识具有本体优先性，是表象知识产生的土壤。

---

① 有关世界政治的关系理论，秦亚青在过程建构主义之后，先后提出中国国际关系理论的文化建构、国际政治的关系理论、世界政治的关系理论，本节内容主要参考秦亚青：《关系与过程：中国国际关系理论的文化建构》，上海：上海人民出版社 2012 版；秦亚青：《国际政治的关系理论》，载《世界经济与政治》2015 年第 2 期；秦亚青：《国际政治关系理论的几个假定》，载《世界经济与政治》2016 年第 10 期；秦亚青：《世界政治的关系理论》，载《世界政治研究》2018 年第二辑；秦亚青：《文化与国际关系理论创新》，载《中国社会科学评价》2019 年第 4 期；Qin Yaqing, *A Relational Theory of World Politics*, Cambridge: Cambridge University Press, 2018；秦亚青：《世界政治的关系理论》，上海：上海人民出版社 2021 年版。

② 秦亚青：《世界政治的关系理论》，上海：上海人民出版社 2021 版，前言第 9—10 页。

③ 转引自秦亚青：《世界政治的关系理论》，上海：上海人民出版社 2021 版，前言第 3 页。

具有不同背景知识的文化体,在观察和理解世界时就有不同的视角,对世界意义的理解就有差异,中华文化、西方文化和伊斯兰文化在此意义上差异是明显的,不同的文化资源为理论创新提供了不同的源头。文化—背景知识(形上元)—表象知识(形下元),最后形成了社会科学理论。秦亚青以主流国际关系理论的几次融合为例,说明形上元是如何推动融合发生的。他认为主流国际关系理论,包括结构现实主义、新自由制度主义、结构建构主义和英国学派,其理论硬核的形而上元素,就是个体理性,个体理性是西方文化背景知识的标志性要素。正是个体理性的理论硬核,导致了作为表象知识的国际关系理论的融合趋势。从"新新合成"背后的工具理性,到建构主义和英国学派背后的规范理性,从理论创立之初的不可通约性到高度的通约性,这些西方理论在最核心层面是相通的原因就是个体理性构成它们的形而上元素。

(二) 关系理论的内涵与研究方向

秦亚青在分析了包括西方国际关系理论在内的社会理论是建立在"理性"这个核心概念基础上后,进一步提出了在中华文化体或儒家文化体的背景知识中蕴含的"关系性"(relationality)概念。关系性发端于中华文化实践,反过来又影响了中华文化体成员几千年的实践活动。中华社会某种程度上就是"关系社会"。关系理论在本体论、认识论和方法论上,提出了与西方主流国际关系理论完全对立的观点。

第一,本体论上,关系理论提出了三个相互依赖的基本假定。首先,世界是由关系构成的一个复杂的关系体,而不是由分离的、独立的原子式实体构成。中华文化对世界的构成和运行关注的是关系而不是个体本身。其次,行为体是且只能是"关系中的行为体",行为体的身份和角色是由社会关系塑造的,没有绝对独立的自我身份存在,它具体包括自在与共在的共时性、自我身份的关系性建构、我他利益的共享性。在关系理论中,自我存在、自我身份和自我利益与他者存在、他者身份和他者利益是联系在一起的。最后,"过程"是关系理论的一个关键概念,过程是流动中的关系,关系中的行为体是由过程界定的,过程可以生产和再生产行为体的身份。国际社会本质上是一个过程而不是实体,是一种生成而不是一种存在,是一个开放的生成。

第二,认识论和方法论上,关系理论同样也是从中华文化中汲取营养,提出中华文化的"中庸辩证法"(the zhongyong dialectics)构成了关系理论的认识论基础和方法论原理。中庸辩证法认为世界任何事物,包括自然界和社会界,都有着两个极项(poles),其原型即阴、阳,宇宙万物的生成和发展都是阴阳关系互动导致的。作为所有关系的原型,阴阳关系也被称为"元关系",它包含了三个重要假定:首先,阴阳和谐,阴阳关系的本质或者正常状态是和谐的,这与黑格尔辩证法认为两个极项之间关系根本是冲突的观点不同;其次,阴阳互涵,阴阳两个极项之间是互嵌互涵的,是你中有我、我中有你的一体两面的关系;最后,阴阳互补,阴阳相互补足、相辅相成,共同造就新生命。阴阳关系不是黑格尔辩证法的"正题""反题",而是某种"共题"的互动、互构。

第三,关系性逻辑。依据上述本体论、认识论和方法论的假定,关系理论提出了它的关系性逻辑。关系性逻辑是一种行动逻辑,指人的行动是基于关系的。关系性逻辑并不否定结果性逻辑(工具理性)和适当性逻辑(规范理性)的意义,而是认为关系型逻辑具有本体优先地位。关系行为体承认理性的重要性,但关系逻辑中的理性不是个体理性,而是关系理性。关系理性包含三方面的内涵。一是关系选择。行为体所处的关系圈促成和限制行为体的行为,关系情境是行为体行动的首要背景。二是关系中的行为体积极利用关系圈达成有利的目的。三是关系中的行为体利用关系来实现和维持社会秩序。对于管理调控独立的社会个体,关系理论更强调要管理调控成员之间的关系。关系理论认为,和谐是社会的理想秩序,和谐并不意味着把社会不同的个体形成一个同质的整体,而是通过有效管理成员之间的差异,制止社会混乱,实现社会秩序的稳定。

第四,关系理论提出后,尽管没有系统的实证研究成果,但秦亚青还是试图从关系理论视角出发,对国际关系中的一些基本概念——权力、合作和治理——进行再概念化,为世界政治的关系理论指出了未来研究的方向。例如,权力的概念,关系理论提出了关系性权力概念,权力可以来自关系,是一种交互赋权或赋能的能力,具有可分享性、可交换性的特征。对于合作,关系理论认为合作不是基于个体理性的结果,关键是关系的亲密度。关系世界中合作通过三种机制实现——亲缘选择、孔子改善和孟子最优三种,亲缘困境是关系世界中的合作的主要障碍。关于全球治理,过去的全球治理过于强调规则和机制的重要性,忽视了关系治理的意义。关系治理包含了以信任为规范、以关系为治理对象、以关系管理作为治理的过程。

综上所述,秦亚青创立的世界政治的关系理论贡献显著。第一,他通过对背景知识和表象知识的界定和区分,揭示了社会理论建构背后的背景知识即文化的作用,破除了我们过去长期对西方国际关系理论普适性的认知,为包括中国在内的非西方学者通过发掘自身的文化要素并进行概念化,形成自身的国际关系理论提供了一个有益的路径。第二,世界政治的关系理论通过对中华文化中蕴含的"关系性"概念的提炼和解读,从本体论、认识论和方法论三个方面建构了理论框架和理论逻辑,也形成了理论硬核。第三,尽管世界政治的关系理论还没有系统的实证研究成果,但是从关系的视角对国际关系理论中的既有概念进行重新理解,势必拓展国际关系理论研究的空间,为今后国际关系中层理论的生成和发展提供动力。第四,尽管世界政治的关系理论的实践性还有待检验,但它蕴含的实践意义也是明显的。世界本来就是一个关系的复合体,而不是一个个原子式的行为体;世界本来就应该是和谐的,而不是天然就是冲突的;社会秩序的构建并不是把异质化的世界同质化,而是如何在保留异质的同时寻求共存。这些思想无论是对国家治理还是对区域和全球治理,都提供了丰富的理论资源,也必将在实践中显示其优势。

第七章 英国学派

苗红妮

世界是统一性与多样性的结合,国际政治研究也理应如此。自20世纪50年代末创始以来,英国学派(the English School)始终保持别具一格的研究风格,逐渐发展成为国际政治学界影响力颇大的一个理论流派。英国学者的学术努力与以美国学者为代表的所谓主流学派有着诸多不同,堪称国际政治研究之"非美国化"的成功样板。在冷战时期,英国学派处于国际政治学的边缘地带。冷战结束以来,英国学者不同于经济自由主义的"国际社会"思想引起国际政治学者的广泛关注,恰如其分地展示了国际政治研究多元发展的独特魅力。时至今日,英国学派推出的学术著述,已经成为国际政治研究者探寻新的理论增长点的重要知识宝库。

一、英国学派的自我认同

英国国际政治学者素以"固守"学派意识而闻名。即使在20世纪60年代科学主义方法席卷整个国际政治学界之时,英国学派成员也没有盲目追随,而是一如既往、脚踏实地地"经营"自己的研究特色。正如英国国际政治理论委员会成立之初确定的任务那样——探究"国际性国家体系的本质、外交的假定和观念、对外政策的原则、国际关系和战争的伦理学",希望以此与其他思想学派区别开来。正是英国学派成员始终对其学术传统"超乎寻常"地固守,其"学派意识"才容易为人所理解和推崇。

(一)"英国学派"称谓的提出

20世纪80年代,围绕英国国际政治研究是否存在学术特征,国际政治学界展开了激烈争论。正是在这场争论的过程中,"英国学派"这种学术称谓才得以在国际政治学界确立自身的位置。

英国国际政治学术团体真正为人所熟知,缘起一场针对"古典理论"的批评。1976年,斯蒂芬·乔治(Stephen George)公开批评英国学者坚守古典方法的传统,呼吁英国学者加强与美国国际政治研究方法的结合。1980年,杰弗里·贝里奇(Geoffrey Berridge)的文章《政治理论与国家体系的制度历史》再次涉及英国国际政治理论委员会,并探索了该委员会的"经典传统"以及马丁·怀特、赫德利·布尔(Hedley Bull)、查尔斯·曼宁(Charles Manning)等人的研究思想。为了强调"不列颠学派"(the British School)的存在,布尔专门做出如下声明:"英国国际关系研究协会的有些成员宣称,根本不存在不列颠学派——这简直就是胡说八道。"①不管上述学者是否点明英国学派或者"不列颠学派",他们都认为英国国际政治理论委员会具有一种独树一帜的研究风格。

第一次公开使用"英国学派"称谓的学者是罗伊·琼斯(Roy E. Jones)。1981年,琼斯发表《国际关系研究中的英国学派:结束该学派的理由》一文,旨在对所谓的英国学派的学术特性展开集中批评。针对英国学者的认识论,琼斯认为,诸如"国际社会"的整体主义思想充斥着混乱的逻辑。针对怀特关于国际关系思想的三种传统——现实主义、革命主义与理性主义(简称"3Rs")——的划分,琼斯提出了批评:"如果这三种思想传统的确指明了人们思考、理解以及行动的方式,那么它们起源于何处呢?……进行政治理论研究是第一位的事情,它并不是对政治家和其他活动家的言行简单地进行分类、评价。"②客观地看,富有讽刺意味的是,琼斯在该文中首次启用"英国学派"的称呼,原本是为了更好地展开批评,却未曾想反而使该学派受到国际政治学界的更多关注。

琼斯对英国学派的批评迅速引起了大量的回应。首当其冲的评论来自菅波英美(Hidemi Suganami)。菅波英美认为,英国有一种特殊的国际政治理论方法,这在查尔斯·曼宁、艾伦·詹姆斯(Alan James)的作品中有着明显体现。菅波英美确定了统一该学派的五个因素:致力于价值中立的研究;拒绝行为主义;运用社会学方法和制度分析;相信国际政治学的自主性;拒绝乌托邦主义。同时,希拉·格雷德尔(Sheila Grader)和彼得·威尔逊(Peter Wilson)也认为,尽管该学派的学者并没有就"国际社会"达成共识,但

---

① Kai Alderson and Andrew Hurrell, "The Continuing Relevance of International Society", in Kai Alderson and Andrew Hurrel (eds.), *Hedley Bull on International Society*, London: Macmillan Press Ltd., 2000, p.46.

② Roy E. Jones, "The English School of International Relations: A Case for Closure", *Review of International Studies*, Vol.7, No.1, 1981, p.10.

第七章　英国学派

是他们始终致力于国际社会的相关论述。

（二）英国学者学派意识的确立

英国学者的学术努力可以自成一种国际政治理论流派，或者被冠名为"英国学派"。虽然不同时期的英国学者在理论重点、论证方式等方面不尽相同（甚至存在严重分歧），但是与美国学者相比，他们在整体层面的研究具有许多共同特点，并能始终做到有意识地维系自身的学术特色。具体而言，英国学派这一学术群体的存在，有以下两个重要"标志"。

第一，不同时期的英国国际政治学者之间存在着紧密的学术联系。最明显的例子就是怀特与布尔之间的关系。在纪念怀特的演讲中，布尔描述了自己如何成为怀特"国际政治"讲座的"经常借鉴者"。[①] 再如，约翰·文森特（John Vincent）公开承认自己借鉴了布尔的思想（20 世纪 70 年代初，他是布尔在澳大利亚国立大学的博士生）。在布尔去世后，文森特仍然指出，布尔对自己的著作《人权与国际关系》的"每一页"都产生了影响。

第二，英国国际政治学者注重以学术团体发展思想。1959 年成立的英国国际政治理论委员会是该学派不断前进的学术阵地。英国学派的发展与英国国际政治理论委员会的历史沿革息息相关。自委员会成立至 1985 年停止活动以来，它定期举行周末集会，确定研究目标，召开学术会议，出版论文集（1966 年的《外交探索》和 1984 年的《国际社会的扩展》），对于英国学派学术产品的推出起到了至关重要的作用，逐渐成为该学派成员传播国际社会思想、构建自身研究路径的战略依托。

毋庸置疑，英国学派作为国际理论的一种研究流派已经牢固地确立起来了。欧洲国际政治学者围绕该学派展开了重要的学术讨论，主要论坛有两个：《欧洲国际关系》和《合作与冲突》。在大西洋彼岸，美国国际政治学界认真思考了英国学派的特点及作用，尤其是在国际政治理论出现建构主义转向之后更是如此。例如，玛莎·芬尼莫尔认为英国学派与建构主义、社会学制度主义一样，都是所谓的"以社会结构为导向的方法"的流派，该方法把社会结构作为自变量。彼得·卡赞斯坦等人在对文化与安全的讨论中，显然也认识到了英国学派的强烈社会意象（imagery）。

[①] Hedley Bull, "Martin Wight and the Theory of International Relations", in Martin Wight, *International Theory: The Three Traditions*, Leicester: Leicester Press, 1991, ix—xxiii.

需要说明的是,局内人的自我认同与某些有同感的"局外人"对该学派的承认相得益彰,共同推动着英国学者的学派意识不断发展。① 当然,也有(没有认同感的)局外人对英国学派抱有敌意,因为该学派拒绝科学革命,而这场革命席卷了美国常春藤联盟各大学的政治系。

(三) 英国学派的传统理论模式

基于怀特的倡导,传统英国学派成员大多致力于构建国际政治理论的三种传统——现实主义、革命主义以及理性主义。一般而言,英国学派的学术特征主要包括两点:其一,国际体系、国际社会和世界社会三个重要概念并行存在;其二,坚持理论探索的多元主义方法。② 在英国学派的经典著作中,上述三个重要概念有时与霍布斯(马基雅维利)、格劳秀斯和康德相对应,而且往往与怀特关于国际关系理论的"三种传统"——现实主义、理性主义以及革命主义——相吻合。这样一来,英国学派的经典理论模式可以形象地描述为国际体系、国际社会与世界社会为整个国际政治勾勒的一幅完整而相互联系的图画(见图7-1)。③

在英国学派的发展过程中,国际体系、国际社会、世界社会三个概念的发展是不平衡的,其中国际社会的概念发展最为成熟。英国学派的成员大多认为,自己的研究对象就是国际社会,甚至主张国际社会是英国学派思想的一面旗帜。例如,怀特教授曾经明确指出:"在国际关系理论中,人们最有可能提出的基本问题就是:什么是国际社会?"④ 与国际社会概念的发展相比,尽管早期英国学派成员重视国际体系研究(如怀特生前撰写了《国家体系》的草稿,布尔区分了国际体系与国际社会,等等),但是多数成员(尤其是新生代成员)认为没有必要保留国际体系的概念,因为国际体系与国际社会的内涵有时是重叠的。另外,"世界社会"这一特定术语并没有引起英国学派的足够重视,而且其含义也没有得到清晰的界定。

---

① 〔英〕赫德利·布尔:《无政府社会——世界政治秩序研究》,张小明译,北京:世界知识出版社2003年版,第5页。
② Richard Little, "The English School vs. American Realism: A Meeting of Minds or Divided by a Common Language?", *Review of International Studies*, Vol. 29, No. 3, 2003, p. 445.
③ Barry Buzan, *From International to World Society? English School Theory and the Social Structure of Globalization*, Cambridge: Cambridge University Press, 2004, p. 9, Figure 1.
④ Martin Wight, "An Anatomy of International Thought", *Review of International Studies*, Vol. 13, Issue 3, 1987, p. 222.

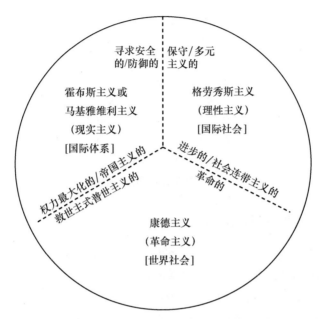

图 7-1 英国学派"三种传统"的经典模式

说明:( )里面的标题是怀特使用的;[ ]里面的标题是分析的关注点;分界线两边的标题是各种传统相互交汇之处。

按照上面的总结,英国学派的国际社会理论内核也可以概括为"一个核心、三个支点",即以"国际社会"为核心概念,以"国际秩序""国际正义""维系国际社会的因素"为研究支点(见图 7-2)。关于"国际社会"这一核心概念,英国学派成员大多对其内涵进行了清晰界定,而且大量作品涉及国际社会的发展历史,尤其涉及欧洲现代国际社会的创造以及欧洲国际社会向其他地区的扩张。关于国际社会研究的三个支点,国际秩序是国际社会的首要价值,是为实现国际社会的基本目标服务的;国际正义一度受到英国学派的忽视,到了 20 世纪八九十年代得到英国学派的重视;维系国际社会的重要因素包括国际法、国际规范和冲突管理与解决体系,它们都是国际社会得以生存和运转的基本制度。总体而言,上述理论内核的四个方面是相互联系、相互影响的。国际社会意味着,虽然国家之间缺少最高权威,但是为了实现一些共同价值观念,它们能够遵守国际规则、国际规范、国际制度,从而有效地维系了国际社会的客观存在和正常运转。而且,"秩序"和"正义"是国际社会的两种基本价值,维系国际社会就是要实现这两种价值。

图7-2 英国学派的核心内涵

二、英国学派的国际社会观

国际社会是英国学派最为核心的概念。在英国学派成员看来,国际政治实为一种特殊的社会领域:该领域的成员——主权国家——不仅是财富和权力的竞争对手,而且也具有特定权力、权利和义务。所谓国际社会是指,尽管缺少一个中央政府,但是国家的行为模式仍然受到法律和道德的制约。与此同时,英国学派的成员认为,历史方法是十分重要的,国际社会的各种规则兴起于欧洲特定的基督教文化之中。

(一)怀特、巴特菲尔德、沃森国际社会观的文化倾向

在怀特看来,国际社会根植于共同的文化或文明。在《权力政治》一书中,怀特并未对国际社会进行明确界定,只是将它视为"国家体系"的同义词来互换使用。① 在《国家体系》一书中,怀特没有区分国际社会与国际体系两种观念,也没有谈到世界社会,而倾向于把上述三个术语合并到"国家体系"概念之中。在怀特看来,如同自己考察的所有国家体系一样,希腊城邦国家的公民享有共同的文化,这是联结该体系的重要因素。针对否认国际社会存在的说法,怀特做出了相应的回答。怀特反对"主权国家所强加的思想偏见",并帮助英国国际政治理论委员会远离国家中心论。怀特认为,国际社会不仅存在,而且有别于其他任何社会。在怀特的思考中,国际社会不是独立国家之间的理性主义安排,而是源于地区的社会、文化基础。也就是说,国际社会并不是由国家建构的,它在国家出现以前就存在,其存活也依赖于

---

① 〔英〕马丁·怀特:《权力政治》,宋爱群译,北京:世界知识出版社2004年版,第106页。

国际社会成员相同的文化基础。怀特关于"国际社会是在文化的框架下运作的"①观点,与汤因比对不同文化及其在时空上的联系的关注存在一定联系。

在赫伯特·巴特菲尔德(Herbert Butterfield)看来,国际社会是共有的政治、道德原则的产物。巴特菲尔德在《历史上的国际体系》②一文中,曾经明确指出了国际社会的文化内涵(沃森重点引用过):"迄今为止被研究的国际体系……的产生好像并不是源于联结至今还极为分离的单元的过程。促进某种结合的有效力量可能是先出现的共同文化的成分,但是……令人惊奇的事实是初期的政治霸权的重要性——政治霸权可能甚至有责任传播共同文化。"③巴特菲尔德对国际政治研究的主要兴趣在于,对管理和调整国家间关系的经验进行精细的积累,以此来制定国际社会运作的正式规则和制度。在巴特菲尔德与怀特共同为《外交探索》一书撰写的导言中,两人对英国委员会的研究过程做出了描述:"主要的目的……是澄清审慎以及道德义务的原则;国际社会的发展历史表明,正是这些原则将国际社会统一起来,而且这种作用仍将存在。"④实际上,审慎原则、责任感以及其他管理国际社会的无形规则,或者是共同文化环境的产物,或者是社会支配性文化的产物。

在亚当·沃森(Adam Watson)看来,国际社会孕育于某种文化母体。沃森指出,假如把社会理解为国家对体系压力的有意识反应,那么从其简单形式来看,这种观念显得不够充分。沃森认为,在欧洲国家向世界其他地区扩张的狂潮以及随后的衰退中,它们留下了人们可以进行管理的全球体系,因为全球性国际社会一直是在欧洲文化的母体中孕育形成的。沃森有关印度古典社会政事的论文(《国际社会的演变》一书其中两章就节选于此文),例证了国际社会的文化视角。在沃森看来,国际体系几乎很少是紧密的帝国,也很少是由真正平等独立的主权国家构成的,这是两个极端。国际社会源

---

① Martin Wight, "Western Values in International Relations", in Herbert Butterfield and Martin Wight (eds.), *Diplomatic Investigations: Essays in the Theory of International Politics*, London: Allen and Unwin, 1966, pp. 96—97.

② Adam Watson, *The Evolution of International Society: A Comparative Historical Analysis*, London: Routledge, 1992, p. 5.

③ Ibid.

④ Herbert Butterfield and Martin Wight, "Introduction", in Herbert Butterfield and Martin Wight (eds.), *Diplomatic Investigations: Essays in the Theory of International Politics*, p. 13.

于地区的社会、文化基础,这种基础不仅有助于国家间的合作,而且也以企图为霸权提供基础的形式促进它们的竞争。

(二)布尔关于国际社会的多元主义构想

布尔对国际社会的界定部分地回避了文化这一根本性问题。在布尔看来,"如果一群国家意识到它们具有共同利益和价值观念,从而组成一个社会,也就是说,这些国家认为它们相互之间的关系受到一套共同规则的制约,而且它们一起构建共同的制度,那么国家社会(或国际社会)就出现了"。① 布尔将国际社会理解为国家对体系压力的有意识反应(类似于汤因比所用的术语——"政府对进入体系所导致的生活挑战进行反应"),从而避开了传统意义上界定国际社会的文化视角。

布尔所理解的国际社会是以英国学派的多元主义设想为特征的。布尔对主权和多样性独立的价值观、运作方式特别关注。在他看来,"国际性"一词从字面上暗含了一种无政府状态的意思,国际体系的研究应该以此作为逻辑的出发点——国际体系的成员(主权国家)彼此承认对方拥有同样的主权。多元主义设想相信,国家遵守共同规则和制度,在它们彼此的冲突中受到这些规则的制约。它们维护自己的社会,因为在它们之间既不存在完全的利益冲突,也不存在完全的利益一致。

布尔的多元主义构想是一种关于国际法的起源和国际社会性质的实证主义立场。布尔首次将国际法中实证主义与自然主义的争论扩展到国际政治研究中。在早期一篇文章中,布尔区分了研究国际社会的两种方法,把它们分别贴上了格劳秀斯式的观点与多元主义的观点两个标签。对布尔来说,"格劳秀斯式的核心假定是,构成国际社会的国家在实施法律方面是团结一致或潜在的团结一致的"。② 与此不同,国际社会的多元主义思想认为:"国家并没有展示出这种团结一致,但是它们能够为了实现某些最低限度的目标而达成一致,这种一致达不到实施法律的一致。"③根据奥本海(L. Oppenheim)

---

① [英]赫德利·布尔:《无政府社会——世界政治秩序研究》,第10—11页。
② Hedley Bull, "The Grotian Conception of International Society", in H. Butterfield and M. Wight (eds.), *Diplomatic Investigations: Essays in the Theory of International Politics*, London: Allen and Unwin, 1966, p.52.
③ Ibid.

的作品所例示的多元主义观点,国际社会的成员是国家而非个人。① 布尔坚定地相信,国家是国际社会的有限成员中的唯一单元,短期内根本不可能出现威斯特伐利亚体系(即主权国家体系)的替代物。

布尔晚年开始探索连带主义国际社会出现的可能性。1983年以后,布尔集中关注两类问题:一是世界秩序,二是国际社会主要制度的脆弱性不断增长。布尔意识到,第三世界要求获得较多的世界财富的呼声是公平的,享受人权必须是全球的目标。② 这样一来,布尔与早期英国学派成员在国际干涉问题上产生了分歧:布尔赞成在特殊形势下的干涉是合法的,而后者把不干涉视为国际社会不可或缺的构成规范。布尔认为,在粗暴地侵犯人权的案例中,国家集体的干涉有可能发生,但是并没有破坏国际社会的和谐。③ 在布尔看来,1945年之后国际社会的意识形态走向极端化,有可能破坏多元主义所承诺的国际秩序。

客观地说,布尔对国际社会的理解存在着一种矛盾情感。布尔的国际社会研究包含了三种世界政治范式的因素:现实主义、多元主义和社会连带主义,其中每种范式都产生了对外政策的理论和实践,它们分别以权力、秩序和正义问题为核心。④ 一开始,布尔就反对卡尔的现实主义对权力的强调,因为卡尔的现实主义"几乎不承认"国际政治中的社会成分。布尔主张,"现在对国际政治问题的新型分析应该以国际社会观念本身为起点"。⑤ 接下来,布尔支持用国际社会的多元主义设想来取代现实主义,因为它保存了国际秩序。后来,布尔不得不转向国际社会的连带主义理论。遗憾的是,他对社会连带主义理论未能充分展开论述。尽管布尔充分考虑了秩序的因素,但是却始终将正义置于对外政策的中心,致使其国际社会观始终在社会连带主义的边缘上徘徊。总之,布尔眼中的国际社会介于普世主义和特殊

---

① Hedley Bull, "The Grotian Conception of International Society", in H. Butterfield and M. Wight (eds.), *Diplomatic Investigations: Essays in the Theory of International Politics*, p.68.
② Hedley Bull, "Justice in International Relations: The 1983 Hagey Lectures", in Kai Alderson and Andrew Hurrell (eds.), *Hedley Bull on International Society*, Basingstoke: Macmillan, 2000, pp.206—245.
③ Hedley Bull (ed.), *Intervention in World Politics*, Oxford: Clarendon, 1984, p.195.
④ Andrew Linklater, *Beyond Realism and Marxism*, London: Macmillan, 1990, pp.8—33.
⑤ Hedley Bull, "*The Twenty Years' Crisis* Thirty Years On", in Kai Alderson and Andrew Hurrell (eds.), *Hedley Bull on International Society*, Basingstoke: Macmillan, 2000, p.138.

主义之间,而且个人的命运完全由国家控制。

（三）文森特关于国际社会的连带主义转向

文森特是英国学派的重要代表人物,因为他先后对不干涉、文化和人权这些国际社会的具体问题进行了研究,而这些问题随着冷战的结束已日益成为当代世界政治研究的中心话题。文森特试图在国际社会的多元主义理论与连带主义理论之间架起桥梁,最后实现了连带主义对多元主义的超越。

1. 早期关于国际社会的国家主义构想

在《不干涉与国际秩序》一书中,文森特以不干涉的理论和实践解释了国际社会的演进方式。文森特不仅分析了有关不干涉原则的理论,而且还剖析了这一原则在国家实践中所扮演的角色,也就是探讨不干涉原则是如何影响对外政策的。文森特认为,所谓不干涉规范就是将国家间秩序置于国家内部个人的正义之前,不干涉原则来源于国家主权原则(前者要求尊重后者,而且事实上也的确为后者提供了保障)。国家有义务为实现安全、信任和私有财产权的不可侵犯性这些基本目标提供条件。

从国家主义的起点出发,文森特对多元主义国家社会的理论和实践进行了典型说明。文森特在《不干涉与国际秩序》中提出的国际社会观在伦理上是多元主义的。后来,在《人权与国际关系》一书中,文森特生动地描写了多元主义的设想。他把国际社会比做"鸡蛋盒"："主权国家是鸡蛋,其优良德行包含在(易碎的)蛋壳内。盒子则为国际社会,它为每个鸡蛋提供一个分隔间,并在一个鸡蛋与另一个鸡蛋之间提供一种(不太易损的)隔层。国际社会的一般职能是隔离和减少冲击,而非采取行动。国际社会不该把自身错当做它所构成的各个文明社会。"① 在文森特看来,"国家道义"的共同体模式位于以权力(即利益)为中心的现实主义观念与以普遍权利和义务为中心的世界主义观念之间,它是多元主义的国际社会理论,因为它把主权国家置于核心。需要注意的是,对于文森特在《不干涉和国际秩序》中提出的多元主义国际社会理论,必须将其放在冷战期间超级大国与东欧和第三世界之间的干涉与反干涉活动的背景中才能正确地解读,因为文森特撰写本书时的政治环境并没有为人道主义干预提供合适的土壤。

---

① 〔英〕约翰·文森特:《人权与国际关系》,凌迪等译,北京:知识出版社1998年版,第172页。

到20世纪70年代中期,文森特开始对国际政治的文化和文明基础产生兴趣,并且以此来剖析秩序/不干涉的结构。在1978年发表的《西方对普遍道德秩序的看法》一文中,他提出了国家道德替代性框架的初步轮廓。这段时期是文森特的思想从《不干涉与国际秩序》的"国家主义"向《人权与国际关系》(及其后的著作)的"有限国家主义"演进的中间阶段。

2. 后期关于国际社会的连带主义构想

文森特的连带主义"转向"最清晰地表现在他的第二部(也是最后一部)主要著作《人权与国际关系》中。该著考察了国家如何阐释普遍人权的话语并将这些话语融入国际关系之中,同时也剖析了如何挑战国家主义意识形态。正如文森特在该著的序言中所说的那样:"本书并未要求摧毁目前的国际关系殿堂,以修建一座更适合人权发展的崭新的世界社会大厦,而是更倾向于探索如何用人权去修补国际社会的缝隙。"①文森特认识到,存在合理的历史经验可以质疑多元主义的国家主义主张,这促使他去修正多元主义的"国家道义模式"。连带主义与多元主义的国家道义观的区别在于以下两个原则(它们都对多元主义忽视日常的人类生活提出了批评):第一,个人享有生存的"基本权利",即"免受暴力欺凌的安全权和生存权";第二,国际社会可以承担为反对"异常的压迫"而进行"人道主义干预的义务"。② 换句话说,文森特之所以对多元主义国际社会的规则进行修改,部分原因在于人类对生命价值承担着不可或缺的义务(假如失去这种义务,人类的日常生活就会失去意义),部分原因在于需要对故意侵犯基本人权的行为进行合法的国际干预。

总体上,文森特的国际社会观建立在连带主义设想的基础之上。最初,文森特认为,国家是主要行为体,需要尊重主权,坚持不干涉原则。然而,在《人权与国际关系》中,文森特的国际社会观明显发生了连带主义转向,关注的主体不再是国家,而是个人。文森特尤为关注人权与国家权力之间的关系,探求用世界主义价值观协调国家社会的途径。同时,文森特强调共同观念对国际社会的基础性作用,其思想认识经历了从国际政治迈向世界政治的转变。

---

① 〔英〕约翰·文森特:《人权与国际关系》,Ⅲ(序言)。
② 同上书,第175页。

(四) 布赞关于混合型国际社会的同心圆构想

布赞认为,当今的国际社会实际上是一个复杂混合物。一方面,它部分地来源于文化同质的国际社会,该社会形成于现代欧洲,并在全盛时期强行推广到世界大部分地区。另一方面,它也部分地来源于功能主义过程——通过这一过程,包含在互动水平较高的体系中的不同文化学会了相互容忍。国际社会主要就是欧洲同质文化在全球范围内的展开:从多数非欧洲文化和民族被排斥在欧洲文明区域之外开始,中间经历了长期的变化过程,最后一直发展演变到当前的复杂局面。布赞认为,这种文化同质的国际社会的底线就是:几乎所有的国家都相互承认彼此是法律上平等的主权实体。如果按照这个标准,那么现在只有少数国家处于国际社会之外。

在布赞看来,所谓全球性国际社会是一种后殖民现象。一方面,文明模式的国际社会有一个欧洲核心,该地区比其他地区发达得多。因为欧洲地区的规则、规范和制度的数量更多,形式更丰富,更有力量,约束着其成员处于各种机制的网络之中。另一方面,功能主义模式的国际社会尊重全球范围内的多样性文化,各国对国际社会的忠诚程度有重大的差别。直到20世纪90年代,几乎在所有领域的规范、规则和制度上(除了与国家主权和核武器有关的以外),苏联一直领导着对西方的挑战。因此,随着苏联的解体,功能主义模式的国际社会的整体凝聚力极大地增强了。

冷战的结束消除了超级大国的竞争所造成的各种分裂现象。这意味着两个同心圆并存和竞争的局面不复存在,意味着仅仅剩下一幅较为清晰的后殖民时代全球性国际社会的画面——内部存在明显等级和层次的同心圆。这个国际社会几乎囊括了当今世界上的所有国家,将它们分别置于这个同心圆的不同层次和位置上。少量所谓的"无赖国家"仍然被部分地排除在这个同心圆结构之外,因为它们在外交上没有得到多数国家的承认。诸如朝鲜等几个国家处于国际社会的外部边缘,这是因为它们几乎只接受基本的外交承认和交流规则。诸如阿根廷、中国和印度等国家位于同心圆的中间一层,这是因为它们力图保持高度的独立性,并且谨慎地选择接受(和拒绝)不同类型的规范、规则和制度。在同心圆的核心部分,人们发现了稠密的重叠机制网络,在该网络中,国家在追求增加安全、经济效率、环境管理、社会开放和其他广泛目标的过程中自愿约束自己。欧盟沿着这条道路取得了如此之大的进展,以至于该地区性国际社会开始呈现出类似于国家的特性。

(五) 国际社会观的简单评价

从联系的方面讲,几乎所有的英国学派学者都赞同国际社会是该学派的核心概念,并且以此来强调某种共同文化或者价值观的重要性。概括地说,英国学派理解国际社会的方式可以归结为以下三种。① 第一,国际社会是国务活动家头脑中的一系列观念。这种观点以曼宁为典型。在他看来,国际社会只不过是一种观念而已。第二,国际社会是政治理论家头脑中的一系列观念。这种观点在怀特所提出的三种传统以及布尔和文森特的作品中表现得最为明显。第三,国际社会是一系列从外部强加的概念。这种观点将国际体系、国际社会以及世界社会视为一系列分析方面的概念,以此来解释国际体系的物质结构和社会结构。它以布尔的《无政府社会》和巴里·布赞的观点为典型,也与非英国学派的国际政治理论家如华尔兹和温特采用的结构方法类似。

从差别的方面讲,老一代学者与新生代学者对于国际社会的定位有所不同。前者将国际社会视为一种积极因素,而将国际社会以外的其他概念(世界社会等)视为消极因素——成为国际社会超越的对象。国际社会指的是国家间共有利益、认同的制度化,并且将共有规范、规则和制度的创造以及维系置于英国学派理论的核心地位。后者认为国际社会本身存在着一些需要消除的弊端,转而将世界社会视为一种带有目标意义的对象。国际社会表明了这样一种形势,即国际社会结构的基本政治、法律框架是由国家体系确定的,并且国家在国际社会界定的秩序范围内赋予个人和跨国行为体以相应权利。② 简言之,老一代英国学派学者通过突出国际社会的文化含义而强调国际社会对国家单元的超越,新生代英国学派学者通过突出(国际)社会的全球纬度而再次实现对国家单元的超越,并且通过重新定义多元主义—社会连带主义之争拓展国际社会的系谱。

在国际政治研究领域,英国学派学者聚焦的"国际社会"概念具有双重

---

① Barry Buzan, *From International to World Society? English School Theory and the Social Structure of Globalization*, p. 12.

② Ibid., xvii (Glossary).

作用。从积极的方面看,国际社会这个术语至少有三种作用。第一,国际社会体现了英国学派的包容性和开放性。英国学派不仅将国际社会视为现实主义与自由主义/世界主义之间的中间道路,而且将其视为一系列独立概念(如国际体系、世界社会)的要旨所在。国际社会促使人们关注由国家本身构成社会的基本要素,对历史、文化和法律更加开放,从而成为英国学派多数研究议程展开的前提。第二,国际社会突出了外交准则、政治话语逻辑的重要性。在英国学派看来,把外交包括在更广泛视角中这一研究传统在国际政治理论界的生命力最为持久。第三,国际社会为国际政治研究增添了人文社会气息。国际社会这个术语能够促使人们更加关注各种非国家行为体的作用,并且关注当前国家体系的发展方向——世界社会或者市民社会。不管是世界社会还是市民社会,都明显远离了国家话语的冰冷气息,逐渐凸现非国家话语的人文关怀。

从消极的角度看,国际社会这个术语至少有三种负面影响。第一,国际社会并不具有连贯一致的含义,不利于英国学派的长足发展。与"国际体系"这一成熟概念相比,学者们在使用"国际社会"这一术语的时候往往显得比较随意。第二,国际社会带有一定的地域文化偏见,缺乏非西方世界的文化视角。在某种意义上,英国学派所阐发的国际社会构想凸现了"欧洲中心主义"或者"白人中心主义"。第三,国际社会不重视客观现实,难以适应变动中的世界政治。表面看来,国际社会的理论和概念似乎能够有助于解释当代世界政治中的一些最复杂、似乎最矛盾的特征。但是,国际社会与国际政治复杂性之间的距离日趋拉大,限制了其研究价值的进一步推广。

三、英国学派的思想重塑

随着国际政治理论多元化不断加深,英国学派的理论缺失引起了更多关注。为了更好地维系和扩展英国学派的学术地位,以布赞为代表的新生代学者发起了一场重新塑造英国学派的学术运动。

英国学派将国际社会研究视为其理论内核,但是它并不能涵盖英国学派的全部理论贡献。相对于国际社会概念的成熟发展而言,世界社会并没有引起英国学派的足够重视。世界社会概念的不充分发展,推动了英国学派的思想重塑。以布赞为代表的新生代英国学派成员开启世界社会的研究思路,对该学派传统理论模式进行重新塑造。

(一)重塑英国学派的视角:迈向世界社会

随着世界社会因素的意义日渐增长,英国学派忽视世界社会的做法越来越站不住脚。原因有三:第一,英国学派需要澄清自身与其他学派对世界社会的用法之间关系的本质;第二,只有世界社会研究得以发展壮大,英国学派理论自身才能有所发展;第三,全球化引发的争论长期得不到人们的关注,但是在政治上占据中心地位,而英国学派理论有可能澄清这场争论,这种可能性取决于它能否使自己的理论构架处于良好状态。① 即使人们关于世界社会的重要性日渐增长的认识是错误的,英国学派仍然需要澄清这个概念,既是为了对世界社会做出某种判断,也是为了推动英国学派的自我完善。

布赞认为,笼统地谈论世界社会具有丧失分析能力的危险。世界社会既包括物质性互动,也包括社会建构性观念,然而这些内容并没有像国际体系与国际社会那样得以明确区分。布赞主张,在当今时代,国家世界与非国家世界之间始终相互作用,有必要保持这两种世界在概念上的区分。按照布赞的设想,如果在思考国际社会的文化多样性的同时,能够增添经济因素的视角,那么人们就会发现国际社会是不断发展的——寻求共同遵守的规则、标准和制度范围的扩大,而世界社会的发展是这一过程的必要条件之一。也就是说,除非在世界社会层面上发生像西方各国(尤其是欧盟国家)之间的趋同现象,否则在政治范畴内要想使国际社会超出一定范畴是不可能的。② 在布赞看来,国际社会的拓展与世界社会的形成存在密切关系。

布赞在反思以前的世界社会研究的基础上尝试提出新的世界社会观。与怀特、布尔、文森特关于世界社会研究的三种思路不同,布赞提出了第四种思路,即世界社会部分地可以从共有文化的角度来理解,也可以部分地从更加理性的、契约式的社会结构的角度来理解。③ 布赞认为,由于英国学派

---

① Barry Buzan, *From International to World Society? English School Theory and the Social Structure of Globalization*, p.11.

② 〔英〕巴里·布赞、理查德·利特尔:《世界历史中的国际体系:国际关系研究的再构建》,刘德斌等译,北京:高等教育出版社2004年版,第301页。

③ Barry Buzan, "From International System to International Society: Structural Realism and Regime Theory Meet the English School", *International Organization*, Vol.47, No.3, 1993, pp.333—337.

学者未能解释清楚社会与共同体之间的区分,所以人们对国际社会与世界社会之间关系的认识就会出现几种难以协调的观点:第一种观点认为世界社会是国际社会的先决条件,第二种观点认为世界社会是国际社会的敌人,第三种观点认为世界社会是国际社会的未来合作伙伴。① 总体看,布赞将世界社会的研究思路归结如下:首先将世界社会构建成一个注重国际体系中的非国家层面的概念,进而成为国际社会这一概念的补充/对立面,最后发展成为人际领域、跨国领域与国家领域之间相互作用的结合体。

(二) 英国学派重塑后的理论内核

经过布赞的思想重塑,英国学派的主要内容"一个核心、三个支点"正在经历由"国际政治"向"世界政治"的转变(见图7-3)。

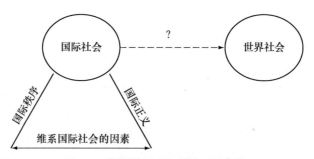

图7-3 英国学派重塑后的理论内核

1. 核心概念——从"国际社会"迈向"世界社会"

传统意义上,国际社会的本体论基础是主权国家,世界社会的本体论基础是非国家行为体。布尔和沃森关于国际社会的定义表明,英国学派主要关注现实主义与理性主义之间的综合。然而,对国际社会的追求迫使英国学派不得不牵涉到自由革命主义的因素。也就是说,一旦社会的观念得到认可,那么人们就不能只考虑(国家之间的)国际社会,也要想到"世界社会"(以此强调个人和跨国行为体拥有共同的规范、价值观)。尤其是,世界社会对于能够激活秩序研究的永久性道德意识来说是至关重要的,因为国家社会只是一个二阶社会的现象,在此基础之上是注重道德至上性(尽管仍然没能实现)的全人类社会。例如,布尔将全人类社会作为奋斗理想,文森特更

---

① Barry Buzan, *From International to World Society? English School Theory and the Social Structure of Globalization*, p. 45.

是这样认为。

为此,英国学派需要进一步确定国际社会与世界社会之间的关系。具体地说,这两种观念之间是相互排斥的(国家主权对世界主义)、相互依赖的(需要社会连带主义因素来加强国际社会;需要政治秩序的框架来稳定深层次的自由主义想象),还是二者之间的混合?在实践中,对于世界社会概念主要有两种用法。第一种用法以布尔为典型:将世界社会视为一种旨在强调人类社会秩序的非国家维度的具体观念。布尔认为,世界社会是由个体而不是由各个国家组成的。这种意义上的世界社会事先假定了根据"全人类普遍社会的共同目标和价值"来定义的"一种世界共同利益"的存在。① 例如,布赞和利特尔(Richard Little)借用世界社会强调世界政治中非国家行为体和个人层面上的社会因素和共同体因素,或者是两者之一。在这种用法中,世界社会与国际社会是相互区别的,而且两者相互对立。第二种用法以文森特为典型,并且在大多数社会学方法中流行:用世界社会这个概念来记录人类社会组织整体中的宏观维度。根据这种用法,世界社会作为一种对世界社会秩序进行概念化的方式,也有可能与国际社会相互对立。

由此可见,国际社会概念正在经历向世界社会概念的迈进。国际社会概念否定了现实主义完全以权力政治为核心的国际体系说,开创了以规范和制度为核心的研究传统。在新一代英国学派学者的努力之下,国际社会概念逐渐转向世界社会概念。

2. 研究支点——世界意识不断增长

秩序观:从"国际秩序"走向"世界秩序"。尽管早期的英国学派学者大多主张,国际社会是世界政治秩序得以维持的重要保证,但是如果考虑到整个世界所面临的某些共同危险,那么仅仅维持最低限度的秩序这一目标就显得太不合时宜了。因此,许多连带主义者认为,国际社会需要培育一种对世界共同利益的自觉意识,这是因为世界主义以及对个人权利的关注是国际社会走向成熟的重要标志。按照布尔的理解②,实现世界秩序对国际秩序的超越是国际社会不断向前发展的必然要求。不仅世界秩序概念比国际秩

---

① 〔英〕巴里·布赞、理查德·利特尔:《世界历史中的国际体系:国际关系研究的再构建》,第39页。
② 〔英〕赫德利·布尔:《无政府社会——世界政治秩序研究》,第17页。

序概念的含义要广(世界秩序几乎涵盖了世界政治行为体之间或者内部的各种秩序),而且世界秩序也比国际秩序更重要(世界秩序体现了人类社会的终极关怀)。除此之外,一方面,世界秩序在道义上要优先于国际秩序,因为秩序的应有之义就是全人类发展过程的合理有序;另一方面,既然国际秩序有助于促进"世界秩序",那么世界秩序的维系也需要重视国际秩序的价值,二者不能相互排斥。

正义观:从"国际正义"走向"世界正义"。英国学派学者的传统观点认为,国际正义占据主导地位,个人正义、世界正义几乎没有什么地位,这是因为当今世界政治的主要行为体就是民族国家,而不是其他非国家行为体。然而,随着国际社会的范围不断扩大,国家间正义有必要让位于世界正义。也就是说,国际社会要想获得生存和更大的发展,必须注重个人权利和少数民族权利的维护,这是国际道义的应有之义,因为世界正义体现的是整个人类社会的共同目标,符合当前由国际社会迈向世界社会的发展轨迹。

从维系国际社会的因素看,国际制度需要不断扩展。第二次世界大战结束后,国际法日益表现出了强劲的变动性:国际法的主体、国际法的适用范围以及国际法的制定过程都有了很大程度的扩展。新生代英国学派学者特别希望,通过文化间的对话能够达成普遍人权的共识,从而建构"想象的"世界共同体,而且国际合作根植于受到主体间创建的规则约束这些共有价值观。对于国际社会的"积极"制度(如外交和法律)的有效运行来说,特别需要怀特所称的"国际社会意识"的高度发达形式。

(三) 英国学派重塑后的未来走向

经过四次修正,英国学派理论的发展空间得以拓宽,学派意识再次得到固守。布赞为国际政治研究实现"从国际社会迈向世界社会"做出了有益探索,为推进英国学派的未来发展开启了广阔前景。根据布赞的理解,未来英国学派的研究纲领应瞄准三种发展方向。

1. 研究的主题应该是二阶社会的特征

在英国学派中间已经出现了有关"一阶社会""二阶社会"的相关论述。按照布赞的理解,一阶社会就是人际社会,指的是建立在个人相互作用基础之上的社会结构,而且主要表现为大规模的共有认同模式。二阶社会的成员不是个人而是持久性的人类集合,它们拥有认同和行为体特征,而且远远大于其部分之和。① 尽管目前英国学派也开始关注一阶社会迈向二阶社会这一崭新领域的运动,然而这一不甚明朗的运动并没有形成自我意识。

如果迈向二阶社会的运动可以稳步前进的话,那么英国学派就能够跨越社会学与政治理论之间的传统界限,因为这种运动开启了社会学研究的一扇窗户。虽然社会学家并没有对此进行过多的研究,但是社会学与政治理论、社会学与国际政治学的结合能够促使它们共同发展。沿着这条思考线索,英国学派将会探寻一些具有挑战性的问题:二阶社会、共同体与由个人构成的社会、共同体之间的区别是什么?源自一阶社会的理论如何才能适用于二阶社会的研究?

2. 研究的基准应该是多元主义—社会连带主义之争

多元主义—社会连带主义之争居于英国学派理论的核心地位。英国学派学者通过多元主义与社会连带主义之争来探索国际社会与世界社会之间的界限,这种研究不仅开启了重视经济因素的思路,而且也引入了社会连带主义的其他特征,甚至将人们的注意力转移到国际社会的制度问题上。正如布赞所说:"要想清晰地揭示出那些构成国际社会基础的动力因素以及推动力量,必须摆脱存在于自我瘫痪的多元主义与自我束缚的社会连带主义之间这种荒谬的对立的约束。"② 由此可见,如何对这场争论进行建构对于未来英国学派的理论发展具有重要意义。

多元主义—社会连带主义争论的核心因素是人权。与之相关的问题包括人道主义干预和西方对第三世界承担的责任。虽然多元主义与社会连带主义可以用于国际社会的思考之中,并且二者最好成为界定各种国际社会的基础,但是社会连带主义并非必须被看做国际社会与世界社会的混合。这一转变为社会连带主义的非自由主义这一领域开启了广阔的分析空间。换句话说,一定形式的社会连带主义(主要是自由主义)会自动涉及权利、责任以及认可在个人与跨国行为体身上的延伸。

3. 研究的对象应该是国际社会的主要制度

多元主义与社会连带主义的争论必然涉及国际社会的制度问题。制度

---

① Barry Buzan, *From International to World Society? English School Theory and the Social Structure of Globalization*, xvii—xviii (Glossary).
② Ibid., p.15.

可以分为主要制度和次要制度,英国学派尤为关注国际社会的主要制度。英国学派所谈论的这些主要制度①既是国家的组成部分,也是国际社会的组成部分,因为这些主要制度能够界定任何社会的基本特征和目的,国际社会的多元主义或者社会连带主义性质与其所包含的制度类型存在一定联系。实际上,新生代英国学派学者对国际社会主要制度的青睐是不言而喻的。正如布赞 2007 年在北京大学的一次演讲中指出的那样:"主要制度指的是在演化中产生而非特意设计的,它们具有很强的生命力、悠久的历史和深厚的根基,而且在一定意义上还属于构成性的(constitutive)制度,规定谁是社会中的行为体,及其游戏规则是什么。从这个意义上说,这些制度可以被比做国际象棋或者中国象棋的游戏规则,它们规定了每个棋子的意义以及如何进行游戏。"②就二阶社会而言,这些主要制度能够界定组成这一社会的各种单元。

既然主要制度对英国学派的主张是至关重要的,那么更多的工作既需要放在主要制度的概念化方面,也需要将这一概念化过程与自由制度主义者以及有关次要制度的机制理论研究更为系统地联系在一起。探索这种联系有可能遇到的一个中心问题是:"国际社会中构成性影响的局限表现在什么地方?"根据构成性影响与由预定博弈中的预定行为体界定并创造的管理性实践之间的区别,人们能否理解主要制度与次要制度之间的区别? 同时,研究者也需要将对制度的更为连贯的理解融入历史说明中去。由此可见,主要制度这一概念为修正英国学派关于国际社会扩张与演进的说明提供了广阔的空间。

---

① Barry Buzan, *From International to World Society? English School Theory and the Social Structure of Globalization*, pp. 184, 187, Figure 2, Figure 3.
② 〔英〕巴里·布赞:《英国学派及其当下发展》,李晨译,载《国际政治研究》2007 年第 2 期,第 107 页。

第八章 新马克思主义

罗天虹

新马克思主义有不同的界定,英文国际关系理论著作中的"新马克思主义"通常是宽泛的含义,指尝试重新检讨或修正马克思主义经典理念,但仍相信及坚持马克思主义某些原则的理论立场与方法。相较于经典马克思主义与列宁主义,新马克思主义的书斋色彩浓厚。新马克思主义国际关系理论家主要由学者构成,尽管也有不少人积极参与政治社会运动,但其身份首先是学者。新马克思主义理论内部分支众多,由于篇幅所限,本章将主要介绍与经典历史唯物主义方法保持较强一致的依附理论与世界体系论。

一、新马克思主义国际关系理论概述

总的来看,新马克思主义思潮主要的建树在哲学和文化研究领域,对于国际关系问题的关注相对较少,不过,对于资本主义世界经济与帝国主义理论的研究,还是得以延续。在卢森堡(Rosa Luxemburg)、希法亭(Rudolf Hilferding)、布哈林(Nikolai Ivanovich Bukharin)、列宁等人进行了先驱性的研究工作之后,一些马克思主义学者并不满足于停留在列宁的帝国主义论的结论上,而是不断拓展这一研究,最终形成了"马克思主义的帝国主义理论"[1],或称"帝国主义政治经济学"[2]。吉尔平所说的作为国际政治经济学三大意识形态之一的马克思主义,主要体现在这里。

在国际关系的不同分支学科中,国际政治经济学领域对马克思主义的地位较早予以了明确认可。这与罗伯特·吉尔平在其著名的国际政治经济学教材中提出国际政治经济学三大意识形态的划分不无关系,但更根本的原因在于马克思主义的政治经济学与国际政治经济学所关注的问题范围大

---

[1] 参见〔英〕安东尼·布鲁厄:《马克思主义的帝国主义理论:一个批判性的考察》,陆俊译,重庆:重庆出版社2003年版。
[2] 参见〔美〕罗纳德·H.奇尔科特主编:《批判的范式:帝国主义政治经济学》,施杨译,北京:社会科学文献出版社2001年版。

体一致或相通,都讨论政治与经济之间的关联与相互作用。在国际政治经济学的学科透镜下,马克思主义从生产方式入手解析国际关系,更容易被认可为一种将经济和政治勾连起来的备选理论路径。但在传统而狭隘的国际政治学科透镜下,如果没有直接将主权国家这一最重要的国际行为主体作为首要关注对象,却着眼于阶级,就是相关性差,用处不大。正因如此,多数新马克思主义国际关系理论属于国际政治经济学理论。依附理论—世界体系论,新葛兰西主义国际政治经济学理论,法兰克福学派传统的国际关系批判理论,构成了新马克思主义国际关系理论的主要组成部分,前两者都被归为国际政治经济学理论。

依附论—世界体系论以探究不发达资本主义的动因为起点,进而致力于揭示资本主义全球体系的构成、趋势与前景,是帝国主义理论的当代形态中成熟和成名较早、影响力颇大而且至今仍然活跃的一种。国际政治经济学著作如果罗列马克思主义国际政治经济学理论,在列宁的帝国主义理论之后,必然谈及依附理论,多数也会列入世界体系论。它们被称为结构主义的马克思主义国际政治经济学理论,同时也会被纳入历史社会学与发展经济学理论的范畴。

新葛兰西主义国际关系理论主要也是国际政治经济学理论,不过,新葛兰西主义国际关系理论的开创者和杰出代表罗伯特·考克斯(Robert W. Cox)所阐发的霸权与世界秩序理论,实际上是一种综合性更强的理论,既对历史唯物主义的方法有所坚持,也纳入了葛兰西(Antonio Gramsci)思想中对意识因素的强调[1],并在知识论、认识论层面上吸收了法兰克福学派的观点。[2] 考克斯的研究对象是世界秩序[3],试图揭示其经济、政治与社会文化矛盾以及这些矛盾所提示的局限性和可能性。他研究的切入点是生产的权力关系,将探究生产的社会关系作为首要步骤,详尽考察了生产的社会关系的类型,以及由不同类型生产关系的等级化组合而形成的积累的结构与机制。

---

[1] 参见 Robert W. Cox, "Gramsci, Hegemony and International Relations: An Essay in Method", *Millennium: Journal of International Studies*, Vol.12, No.2, 1983, pp.162—175.

[2] 参见〔加拿大〕罗伯特·W.科克斯:《社会力量、国家与世界秩序:超越国际关系理论》,载〔美〕罗伯特·基欧汉编:《新现实主义及其批判》,郭树勇译,北京:北京大学出版社2002年版。

[3] 参见〔加拿大〕罗伯特·W.考克斯:《生产、权力和世界秩序:社会力量在缔造历史中的作用》,林华译,北京:世界知识出版社2004年版。

第八章 新马克思主义

考克斯认为,生产关系确定行使政治权力的条件,而生产关系的走向也受制于积累结构的框架。考克斯认同传统的政治经济学观点,认为阶级关系为经济和政治、生产和权力提供了彼此之间的联系。这些都显示出他对历史唯物主义分析思路的坚持。但考克斯并没有局限于经典的历史唯物主义,而是提出了更具包容性的分析框架。其一,他将世界秩序作为研究对象,既与国际政治/国际关系学界主流的核心关切保持衔接,也可以融入批判性内容。其二,考克斯引入更为宽泛的社会力量范畴,研究生产的不同方式和过程中如何产生不同的社会关系,它们如何影响社会力量,以及世界秩序和国家制度中的权力如何形成和控制生产关系发展。其三,他扩展了对阶级形成动力的分析,认为生产的结构只造成形成阶级的潜力,阶级的真正形成取决于意识因素。其四,考克斯对生产和权力之间的关系提出更为平衡的分析。在逻辑上,一方面承认权力制度始于劳动进行的方式,即先有生产,然后才有权力体系;另一方面认为劳动通过一系列生产关系的结构进行,每一种结构都是一种权力关系。在考察历史状况的基础上,他提出,主要的生产结构如果不是国家创立,也是由国家鼓励和维持的。考克斯的研究横跨生产、国家与国际政治经济,提供了恢宏而细密有力的分析,在将历史唯物主义方法引入国际关系学科并显示解释力方面堪称突破,做出了里程碑式的重大贡献。与此同时,如果溯源到葛兰西,考虑到葛兰西强调在资产阶级霸权再生产过程中观念的作用,新葛兰西主义的国际关系理论甚至可以说是一种国际关系的文化理论,从中我们看到,在考克斯的笔下,历史唯物主义方法既得到坚持,也被再造。

法兰克福学派是一种社会哲学流派,对当代西方思想界、知识界产生了极其广泛而深远的影响,但其理论已在很大程度上偏离了传统马克思主义的唯物主义基调,认为马克思主义的本质是批判,并断言人的解放是马克思理论的核心。法兰克福学派发展出系统的社会批判理论,还从知识论层面上划分出传统理论与批判理论[1],对自身的合法性进行了令人信服的论证。不过法兰克福学派的第二代旗手哈贝马斯(Jürgen Habermas)在坚持批判理论立场的同时,也试图将自己的理论与历史唯物主义建立起有机的联系,专

---

[1] 〔德〕马克斯·霍克海默:《批判理论》,李小兵等译,重庆:重庆出版社1989年版。

门探讨"重建历史唯物主义"①,强调道德规范结构的作用,并以交往行动和对话作为达成社会变迁的桥梁。在法兰克福学派的影响下,各个学科领域都涌现出批判理论,批判理论日益演变为一个宽泛的概念,其与马克思主义之间的联系最终淡去。在英文表述中,首字母大写的方式(Critical Theory)指狭义的批判理论,即法兰克福学派的批判理论;首字母小写的方式(critical theory)指广义批判理论。国际关系批判理论也是一个理论群,大致可以区分为包含解放诉求的批判理论和后结构主义的批判理论两种类型。前者主要包括承继法兰克福学派传统的国际关系批判理论与新葛兰西主义批判理论,它们都属于新马克思主义的国际关系理论。法兰克福学派国际关系批判理论的代表人物是安德鲁·林克莱特(Andrew Linklater),他将自己的批判理论聚焦在国际关系的政治领域,特别是规范领域,集中关注社会政治生活的道德和文化维度,研究主题涉及公民身份②、共同体③以及世界政治中的伤害问题④。他倡导世界主义,赞成哈贝马斯的对话伦理,认为平等主体之间的对话承诺是世界主义的中心,是所有正义观的中心,并探寻世界主义全球秩序的内在可能。作为法兰克福学派国际关系批判理论的代表人物,林克莱特的思想来源是多样的,包括受到马克思思想的影响。他有专著详尽梳理马克思主义⑤,其评述中肯而精当。他对历史唯物主义并不排斥,但认为其对待物质和意识关系的方式过于简单。他认为哈贝马斯关于世界主义伦理的论述是重建历史唯物主义的一部分;他解释说他吸收借鉴埃利亚斯进程社会学理论的原因在于,该方法是在一种更综合的社会科学概念中保持历史唯物主义力量的尝试。

  以上提到的新马克思主义三大分支,绝非新马克思主义国际关系理论的全貌,还有一些学派与学者的理论研究也十分值得关注。例如,贾斯

---

① 〔德〕尤尔根·哈贝马斯:《重建历史唯物主义》,郭官义译,北京:社会科学文献出版社2000年版。
② Andrew Linklater, *Men and Citizens in the Theory of International Relations*, Second Edition, London: Macmillan, 1990.
③ Andrew Linklater, *Transformation of Political Community: Ethical Foundations of the Post-Westphalian Era*, Columbia: University of South Carolina Press, 1999.
④ Andrew Linklater, *The Problem of Harm in World Politics*. Cambridge: Cambridge University Press, 2011.
⑤ Andrew Linklater, *Beyond Realism and Marxism: Critical Theory and International Relations*, London: Macmillan, 1990.

廷·罗森伯格(Justin Rosenberg)对资本主义与全球社会关系进行了深入分析①,近年又开始致力于"不平衡与综合发展"(uneven and combined development)②理论的探讨,并已经吸引了一批学者的加入,开始被称为苏塞克斯学派(Sussex school)的代表人物。

二、依附论

拉丁美洲是依附理论获得广泛而深远影响的地区,拉美学者,包括长期在拉美工作的非拉美裔学者,是依附论学者最重要的组成部分。同时,依附理论家也囊括了欧美和其他第三世界国家的学者。作为一项集体成果,依附理论是多元的,涵盖了不同的观点、倾向和研究方法。其中的分野可以追溯到作为依附论思想基础的两大传统,即以普雷维什(Raúl Prebisch)为首的拉美经济委员会传统③和马克思主义传统。由此,大致形成了结构主义④、马克思主义以及介于两者之间⑤的三大流派。马克思主义依附论的代表人物主要包括鲁伊·毛罗·马里尼(Ruy Mauro Marini)(亚帝国主义,提出对劳动超额剥削的理论)和特奥托尼奥·多斯桑托斯(Theotonio dos Santos)(新依附论)。其中多斯桑托斯自称新马克思主义流派,他在20世纪60年代初通过领导和参与《资本论》读书运动,学习和接受马克思主义。冈德·弗兰克(Andre Gunder Frank)在某种程度上被视为

---

① 参见〔英〕贾斯廷·罗森伯格:《市民社会的帝国——现实主义国际关系批判》,洪邮生译,南京:江苏人民出版社2002年版;〔英〕贾斯廷·罗森伯格:《质疑全球化理论》,洪霞、赵勇译,南京:江苏人民出版社2002年版。
② 〔英〕贾斯廷·罗森伯格:《肯尼思·华尔兹与列夫·托洛茨基——不平衡与综合发展视角下的无政府状态》,载《史学集刊》,2014年第3期第39—64页。
③ 劳尔·普雷维什在1950年发表提出"中心—外围"学说。参见 Raúl Prebisch, *The Economic Development of Latin America and Its Principal Problems*, New York: United Nations, 1950。普雷维什的"中心—外围"论给依附论提供了重要的概念基础,但它是典型的第三世界民族发展主义学说和局限于经济层面特别是贸易问题的讨论,依附论进一步展开了这一讨论。
④ 奥斯瓦尔多·松克尔(Oswaldo Sunkel)和塞尔索·富尔塔多(Celso Furtado)被视为结构主义依附论的代表人物,普雷维什的最后一部著作《外围资本主义》也被看做是该派作品。
⑤ 费尔南多·卡多佐(Fernando Cardoso)有时候被看做是结构主义流派,有时被称为源自韦伯理论的流派和谈判依附论,有时又被认为是"最正统的马克思主义流派",因为他和法莱托(Enzo Faletto)接受资本主义发展具有积极作用的观点。参见〔巴西〕弗朗西斯科·洛佩斯·塞格雷拉主编:《全球化与世界体系》(上),白凤森等译,北京:社会科学文献出版社2003年版,第33、54页。

马克思主义依附论的成员。①

依附论者针对欠发达国家的经济发展问题,提出带有共识的批判性分析:新古典经济学中的所谓比较优势,在事实上只是单方面优势,不发达国家受到工业化国家的经济剥削并非偶然,经济剥削是资本主义体系的有机组成部分;欠发达国家并非发达国家的早期阶段,而是具有自身的发展条件和特征,尤为关键的是,这些国家和地区面临特殊的外部结构,它们是世界经济中的弱者。马克思主义依附论进一步将矛头指向国际资本,并系统阐发了依附形式的历史演变和依附的概念。

依附理论在20世纪70年代前半期广泛传播,达到高潮。阿连德(Salvador Allende)政府的政策被认为建立在"依附论"之上。依附论对西方主流现代化理论的批评,导致现代化理论在20世纪70年代的反思和多元化转向。"全球史观"在20世纪70年代以后上升为西方史学占统治地位的观念,与依附理论的影响不无关联。但20世纪70年代末以后,随着西方经济的停滞和亚洲四小龙异军突起,依靠资本的发展模式占了上风,依附理论受到现实的重大挑战,逐渐式微和走向自我调整。对依附理论的批评主要集中在两个方面,一是内源论对外因论的批评,二是对依附概念的批评。现代化理论发起反击,指出:"新马克思列宁主义理论因采取了错误的立场,只承认欠发达问题的逻辑,而没有找出它的历史起因及其变化的可能性,因而完全没有估计到第三世界国家会出现资本主义工业化。"②不过,随着后冷战时代全球化扩展的消极后果逐渐显现,特别是1994年墨西哥金融危机以及1997年亚洲金融危机相继爆发,依附理论的观点开始重新受到重视。而依附理论家们也没有停止探索的脚步,他们在进行理论反思的基础上,投入全球化与资本主义的研究中,并且与世界体系研究进一步合流。③

---

① 弗兰克本人抱有拒绝与马克思主义有紧密理论联系的立场,并建议实行国际剥夺。多斯桑托斯据此认为这使他与马克思主义的辩证分析拉开了距离,并使弗兰克代表着处在正统马克思主义或新马克思主义之外的依附论的精髓。
② 罗荣渠主编:《现代化:理论与历史经验的再探讨》,上海:上海译文出版社1993年版,第214页。
③ 参见〔德〕安德烈·冈德·弗兰克:《白银资本——重视经济全球化中的东方》,刘北成译,北京:中央编译出版社2000年版;〔巴西〕弗兰西斯科·洛佩斯·塞格雷拉主编:《全球化与世界体系:庆贺特奥托尼奥·多斯桑托斯60华诞论文集》(上、下),白凤森等译,北京:社会科学文献出版社2003年版;〔埃及〕萨米尔·阿明:《世界一体化的挑战》,任友谅等译,北京:社会科学文献出版社2003年版;〔荷兰〕安德烈·冈德·弗兰克、巴里·K.吉尔斯主编:《世界体系:500年还是5000年?》,郝名玮译,北京:社会科学文献出版社2004年版;〔巴西〕特奥托尼奥·多斯桑托斯、谢曙光、高銛主编:《霸权与反霸权:全球化的局限与地区化进程》,北京:社会科学文献出版社2005年版。

三、世界体系论

世界体系论最知名的杰出代表人物是伊曼纽尔·沃勒斯坦①（Immanuel Wallerstein），但实际上这是一场更为广泛的由众多学者参与和不断推进的研究活动。沃勒斯坦反对用"世界体系理论"这一名称来整合世界体系研究这一运动，并坚持把他们的工作称为"世界体系分析"（World-systems Analysis），主张将世界体系作为一种视角，而不是推论方式。"以任何严肃的方式加以理论化都还为时过早，而且，到时机成熟时我们应该从理论上加以说明的正是社会科学，而非各种世界体系。"②在渊源上，布罗代尔所开创的年鉴学派的历史社会分析、依附理论以及马克思的资本积累理论，都是世界体系论借鉴的思想资源。沃勒斯坦有明确的反资本主义倾向，认为支撑资本主义体系的经济剩余越来越少，世界资本主义将面临"总危机"，倡导建立"社会主义世界政府"，但并不是所有人都将其归类在新马克思主义理论群。③

世界体系论的基本观点是主张研究社会行为的恰当分析单元是"世界体系"，否认民族国家是相对独立的社会；世界体系是一种"历史体系"，"世界"的空间和长久绵延的时间，共同形成了某种具体的历史世界体系。沃勒斯坦本人集中致力于研究现代世界体系，即资本主义世界经济，描述和分析其产生发展、体制结构和运行原则，阐明体系目前出现的结构性危机及其对未来行动的意义。它试图了解作为一个整体的世界体系如何运作，包括世界体系的经济结构、政治框架、文化环境等，并把所有这些方面当做紧密联系在一起的一个整体看待。在持有整体论观点的同时，它也进一步追究现代世界体系不同维度的构成和运行。资本主义世界经济大约起源于16世

---

① 参见〔美〕伊曼纽尔·沃勒斯坦：《现代世界体系》（1—3卷），尤来寅等译，北京：高等教育出版社1998、2000年版；〔美〕伊曼纽尔·沃勒斯坦：《现代世界体系（第4卷）：中庸的自由主义的胜利（1789—1914）》，吴英译，北京：社会科学文献出版社2013年版。〔美〕伊曼纽尔·华勒斯坦：《历史资本主义》，路爱国、丁浩金译，北京：社会科学文献出版社1999年版。

② 〔美〕伊曼纽尔·沃勒斯坦：《所知世界的终结——二十一世纪的社会科学》，冯炳昆译，北京：社会科学文献出版社2002年版，第216页。

③ 例如，樊勇明教授将沃勒斯坦的世界体系理论划归在"结构性权力论及其他"的篇目之下，与斯特兰奇的"结构性权力论"、克拉斯纳的"结构冲突论"并立。参见樊勇明：《西方国际政治经济学》，上海：上海人民出版社2006年版，第四章。

纪,其形成和扩张的动力是资本的不断积累;基于劳动的轴向型(axial)划分与不平等交换,导致经济剩余的特定流向,造成中心—半边缘—边缘的划分与紧张关系;在经济剩余的创造中,工资劳动与非工资劳动都起到巨大和持续的作用;而种族主义、性别主义也成为现代世界体系重要的组织原则。世界体系论将现代国家体系视为世界经济的产物,认为国家体系的性质由世界经济体系的性质决定,而国家的性质则由其内部结构决定,不由体系的性质决定。国家在市场运行中起到至关重要的作用,资本主义与国家是紧密结合的。正因如此,资本主义并非人们所认为的是最发达的市场经济,资本主义的本质是垄断,资本主义恰恰是反市场的。多重国家在世界体系中并存,造成了国家等级地位的差异并形成霸权国家,霸权国家的兴衰更替呈周期性特点,并在历史上显现为长达百年以上的特长周期。世界体系分析还少有地将地缘文化也作为研究对象,认为自由主义是在现代世界体系内构建起来的特有的意识形态,它在整个19世纪和20世纪都支配着世界体系的地缘文化,但现在已经失去了其无可置疑的主导地位。

尤其与众不同的是,世界体系论者提出了"反体系运动"这一术语,用于考察和分析世界范围内针对历史资本主义和种种不平等的造反运动。① 反体系运动是以革命的意识形态为基础动员民众力量的社会运动,力求解决这一体系资本—劳工、核心—边缘结构所产生的不平等。传统的反体系运动包括两种形式:由社会主义党派和工会所推动,寻求在每个民族国家内推进反资产阶级或雇主的阶级斗争;为创建民族国家而斗争的民族运动。两者都采取"两步走战略",第一步革命者夺取政权,第二步改变世界。然而,国家权力有很大的局限性,"革命者当政的时间越长,他们越是推迟诺言的兑现"。② 第二次世界大战以后,可以说传统的反体系运动取得了巨大成功,然而,在获得国家政权后,它们却成为现存的世界资本主义体系的一部分,对历史资本主义反而起到巩固作用。战后重大的反体系运动是1968年的世界革命,包括法国"五月风暴"、美国的学联运动、捷克的"布拉格之春"等。

---

① Giovanni Arrighi, Terence Hopkins, "Immanuel Maurice Wallerstein," *Antisystemic Movements*, London/New York: Verso, 1989.
② 〔美〕伊曼纽尔·沃勒斯坦:《新的反体系运动及其战略》,刘元琪摘译,载《国外理论动态》2003年第4期,第20—23页。

这一运动将斗争矛头既指向美国霸权,也将老左派斥为"不是问题的解决者而是问题的一部分",并反对苏联与美国霸权的合谋。1968年之后的反体系运动包括各种毛主义运动、反全球化运动、绿党等生态运动、女权运动、少数民族斗争运动等各种新社会运动,以及人权组织。新的反体系运动依然面临着老左派曾经遭遇的问题:建立全能主义的等级机构,反体系性销蚀,沦为体系的一部分。沃勒斯坦等一批世界体系论者认为,目前世界体系正处在转型时期,他们探讨人类共同富裕、平等生活、尊重自然的愿景,并对未来的可能性保持一定的开放态度。沃勒斯坦认为,历史不在任何人一边,新的体系是否只是另一种等级制、特权和不平等,取决于反体系运动的发展。反体系运动可以将追求一种"有选择性的广泛的非商品化"作为中期战略,并不断对反体系运动长期目标的实质意义加以讨论。执政的反体系运动即国家并不能起到转变社会的作用。在美国主导的世界帝国、没有哪个国家占主导地位的世界市场社会、毁灭人类的一场新世界大战这三种可能性中,阿里吉(Giovanni Arrighi)强调了世界市场社会的前景:世界经济的管理以市场为基础,但国家参与进行调节。同时阿里吉认为世界市场社会和中国在全球经济中越来越重要的地位并不矛盾。依据其东亚和中国历史研究,他提出,如果中国成为霸权,那么它会采取更具合作性的政策,中国远比美国、英国和荷兰更会打经济牌。①

世界体系分析寻求重新书写现代世界体系的历史,并重新评价现存的体系所构建起来的知识结构,其探索范围大大超过了一般意义上的"国际关系",是一种典型的多学科乃至于全学科的研究。这在方法论上具有重大的意义,与流行的科学主义研究方法形成了鲜明对照。宏大的视野使其研究显示出独具的洞察力,但它也遭到主流学者或明或暗的拒斥。在对历史世界体系的分析中,该派学者也试图超越传统左翼思维的局限性,探究拉美、非洲与东亚在世界体系中的真实处境与地位,并对反体系运动的发展困境进行了深刻的批评。

---

① 《资本的蜿蜒之路(下)——乔万尼·阿里吉访谈》,杨慧译,载《国外理论动态》2009年第9期,第45—52页。

四、小结

新马克思主义国际关系理论内部,大致可以区分出两种理论导向:注重物质因素分析而缺乏道义考量的结构主义导向;注重观念因素分析、规范性分析的批判论导向。

作为与现代化理论相对抗的学说,依附理论和世界体系论都强调被现代化理论所忽视的落后国家经济发展的外部条件,并被认为是当代国际关系理论中经济结构主义思考路径的主要代表。① 一般认为,世界体系论深受依附理论的影响,这部分是对的,但还不够全面。两者的发展几乎是平行的。按照阿明(Samir Amin)和多斯桑托斯的说法,较为系统完整的依附理论与世界体系论,几乎同时诞生于20世纪70年代初,其主要代表人物并称依附理论和世界体系论"四代表",即弗兰克、阿里吉、沃勒斯坦和阿明,他们之间一直有合作,共同著书立说。② 至20世纪末,依附论与世界体系论合流的趋势更加明显,并主要汇合在对世界体系的深入研究中。在依附论学者看来,依附论本来就是从全球视角观察问题的理论,世界体系理论是依附论的高级阶段;既有的世界体系研究虽然已经取得丰硕成果,但在描述和分析世界体系的生产领域方面还缺乏深度;在把科技革命引入当代辩论的中心时,依附论具备了创造性地参与分析世界体系的能力。③

在战后新马克思主义的发展中,依附论/世界体系论集中进行世界资本主义经济分析和批判,因而与经典马克思主义保持了一致的关注焦点,同时直接吸收借鉴马克思的资本积累理论,成为延续马克思主义政治经济学传统的典例。但他们毫不避讳对经典马克思主义的批判,特别是对"苏联正统马克思列宁主义"的批判,称斯大林主义的马克思主义背弃了辩证法,是受实证主义影响的马克思主义现代化理论,充满机械论的革命思想。它堵塞了封建社会和前资本主义社会通向现代资本主义和自由民主的道路。向社

---

① 参见 Paul Viotti and Mark V. Kauppi, *International Relations Theory*, 5th ed., Pearson, 2012, Chapter 4 "Economic Structuralism: Global Capitalism and Postcolonialism"。
② 〔埃及〕萨米尔·阿明,〔巴西〕特奥托尼亚·多斯桑托斯:《冈德·弗兰克与依附理论、世界体系论》,载《国外理论动态》2005年第8期,第48页。
③ 〔巴西〕弗兰西斯科·洛佩斯·塞格雷拉主编:《全球化与世界体系——庆贺特奥托尼奥·多斯桑托斯60华诞论文集》(上),第9、35页。

第八章 新马克思主义

会主义过渡的政权把部分社会主义国有经济同市场和最陈旧的生产方式结合在一起,虽然无法完成现代化任务,却在强烈规范性因素的作用下,企图证明社会主义是解决一切资本主义弊端的良方。① 同时,借鉴其他理论资源,极力进行理论更新,作为当代西方新马克思主义学者的共同特征,也体现在依附论—世界体系论学者身上。

依附理论和世界体系论在考察分析边缘国家和地区长期落后的成因问题的过程中,在理论辩论的过程中,最终将批判的矛头指向了诞生于19世纪的现代社会科学,认为现代社会科学论证工业革命和现代文明正当性而确立理性和功利的至尊地位,实际上是带来新的粗暴野蛮的意识形态。在此基础上,他们提出对马克思主义的理解,认为尽管马克思主义也是一种19世纪阐发现代社会及其发展进程的经典理论,但马克思主义思想总体上不脱离"合理"范畴。现代性是以资产阶级民主革命为标志的,但是与非批判性的思想家将所有社会都视为最终的和理想的形式不同,马克思主义认为这一社会形式仅仅是人类全球发展进程的一种状态。② 而新马克思主义正是在这一意义上延续了对发展问题、现代性问题的思考。同时,依附论和世界体系分析的参与者来自不同学科背景,从一开始就表现出跨学科、多学科方法的特征。这最终导向社会科学重建的目标,提出了全学科的设想。

新葛兰西主义国际政治经济学与法兰克福学派国际关系批判理论都具有批判论导向,后者尤为突出。它们都注意到历史唯物主义的不足,并试图加以完善和重建。社会批判论对历史唯物主义的重建和对国际关系的阐释,带来了令人耳目一新的观点和论述,但也提出了一个重大问题:在多大程度上的更新和创新,才是依然保有马克思主义传统的精髓与独特性,而非已然脱离马克思主义的轨道?

---

① 〔巴西〕弗兰西斯科·洛佩斯·塞格雷拉主编:《全球化与世界体系——庆贺特奥托尼奥·多斯桑托斯60华诞论文集》(上),第50—51、66页。
② 〔巴西〕特奥托尼奥·多斯桑托斯:《"依附论"的历史与理论总结》,载〔巴西〕弗兰西斯科·洛佩斯·塞格雷拉主编:《全球化与世界体系——庆贺特奥托尼奥·多斯桑托斯60华诞论文集》(上),第52页。

第九章 实践理论

聂文娟

19世纪,哲学发展史上实现了第一次"实践转向"。1845年马克思在《关于费尔巴哈的提纲》中指出,社会生活在本质上是实践的,凡是把理论导致神秘主义方面去的神秘东西都能在人的实践中以及对这个实践的理解中得到合理的解决。[①] 马克思主义哲学作为一种全新的世界观、认识论与方法论,摒弃了以"绝对本体"为依托、从客体和直观的形式考察世界的哲学观,代之以实践的哲学视角,立足于现实的、感性的生活,把世界与存在看做是不断生成和显现的过程,从而实现了现代哲学的伟大变革,完成了哲学中的"实践转向"。20世纪,哲学的"实践转向"逐渐向社会科学蔓延,如实践理论家西奥多·夏兹金(Theodore R. Schatzki)所言,思想家过去所谈论的是"结构""系统""意义""生活世界""事件""行动",如今许多理论家给予"实践"以可以相提并论的荣耀。[②] 如布迪厄拒绝把人类活动归属于抽象结构,主张把实践设想为自组织和自传播的活动场域,安东尼·吉登斯则主张超越行动-结构的严格独立等。21世纪初,越来越多的国际关系学者开始转向"实践理论",强调国际关系的实践本质,尤其是进入21世纪第二个十年后,中美竞争加剧,美国霸权不断走向衰落,国际体系的结构转变成为现实关切后,相对于主流结构理论的"静止"特性,实践理论所强调的"演变"特性越来越引起关注。

一、实践理论的理论内核

(一)研究问题:结构和体系的转变

20世纪下半期,国际关系理论的发展主要是在体系层次,逐步形成了三大理论,即肯尼思·华尔兹的结构现实主义、罗伯特·基欧汉的新自由制度

[①] 《马克思恩格斯选集》第1卷,北京:人民出版社1995年版,第54—56页。
[②] 〔美〕西奥多·夏兹金、卡琳·诺尔·塞蒂纳、〔德〕埃克·冯·萨维尼:《当代理论的实践转向》,柯文、石诚译,苏州:苏州大学出版社2010年版,导言。

第九章　实践理论

主义和亚历山大·温特的结构建构主义,三大理论演化的主线是什么是国际体系的结构,以及结构如何影响行为体。围绕这一研究问题,三大理论尤其是结构现实主义和结构建构主义各执一词,但在争论的背后,它们存在着共同的知识盲区,即关于结构和体系生成演变的问题,这正是实践理论形成的学科背景,也成为其核心的研究关切。①

三大主流理论难以解释体系的演变问题,是由结构自身的静态属性所决定的。结构要成为结构,就必须保持稳定的状态,从逻辑上说,这些一成不变的事物不能解释发生变化的事物。② 因此,三大主流理论只告诉了我们结构是如何构成的,以及它们怎样发生作用,但没有告诉我们结构在时间中的运行过程,亦即结构的生成演变。国内学者秦亚青也指出,三大理论呈现出高度的静态形式,而静态形式的理论难以解释动态世界政治,尤其是处于重要转型期和频繁变化中的互动实践,这是西方国际关系主流理论的重大缺失。

关于结构的演变,一些研究通过历史路径对此做出了积极的尝试。罗伯特·考克斯曾指出,现实主义等国际关系理论错误在于,"它所采取的思想形式,来自一个特定的历史阶段(因而也来自一种特定的社会关系结构),却假定它具有普遍有效性"。国内学者唐世平也指出,主流的大理论都或明或暗地宣称自己可以解释全部的人类历史,因此从本质上说,它们都假定了国际系统不随着时间的推移而发生根本性的转型。③ 相比之下,历史主义的研究计划涉及发掘人类理念与物质世界的联系,揭示反映特定时代特征的历史结构,并最终对结构的相互转换做出说明。④英国学派对此做出了富有成效的研究,巴里·布赞从华尔兹的观点———一种体系方法只有在结构效应被清楚地界定和展示时才是成功的———出发,质疑结构何时不具有效应,何时具有效应,结构效应是否存在一个由弱到强的光谱。布赞《世界历史中的国际体系》一书打开了体系演变的动态图景,国际体系从非常小的规模开

---

① 关于三大主流理论分析的"静态性",参阅朱立群、聂文娟:《国际关系理论研究的"实践转向"》,载《世界经济与政治》2010 年第 8 期,第 98—115 页;朱立群、聂文娟:《社会结构的实践演变模式》,载《世界经济与政治》2012 年第 1 期,第 5—18 页。
② 〔挪〕伊弗·B.诺伊曼、〔丹〕奥勒·韦弗尔:《未来国际思想大师》,肖锋、石泉译,北京:北京大学出版社 2003 年版,第 389 页。
③ 唐世平:《国际政治的社会演化》,北京:中信出版社 2017 年版。
④ 〔美〕罗伯特·基欧汉:《新现实主义及其批判》,郭树勇译,北京:北京大学出版社 2007 年版,第 18 页。

始,经过次大陆和大陆规模,再到全球规模,从发展阶段上分为前国际体系、多重国际体系和全球国际体系(现代国际体系)三个阶段。在公元前六万年到公元前四万年,伴随着采集、狩猎群体之间长距离交换网络的出现,前国际体系开始出现;在最近六千年的大部分时间里,地球上存在着几个国际体系,它们彼此或多或少独立发挥作用;大约在五百年前,一个单一的全球性国际经济体系首次出现,在此后的几个世纪里,一个完整的全球性国际体系形成。[①] 显然,相对于华尔兹的静态结构图景,布赞引入了历史或时间变量,力图描述出更加丰富且具有动态的结构图景,在其图景中,华尔兹的理论模型只是一个特定阶段的特定部分,而不是全部。但布赞的研究重在历史描述,对历史背后的深层次动力缺乏深入探讨,没有充分解释国际体系的演变机制,为什么会从前国际体系走向多重国际体系再走向现代国际体系,以及背后的动力机制是什么。同时,布赞对历史的分析缺乏足够的理论深度,导致他对未来走向的预测也不太具有说服力,如他认为现在和未来的一段时间里,我们将生活在一个主要由19世纪全球转型所决定的世界中。尽管布赞提供了许多相关的细节描述以论证这一趋势的可能性,但从体系演变的层次看,布赞并没有提供宏观层次的理论解释。

现有国际关系理论之所以未能充分解释结构演变的原因,根本原因在于对实践因素的忽视。正如马克思所言,"全部社会生活在本质上是实践的",实践产生了社会意义和包括规范、观念、文化等在内的社会性因素。为了更好地理解国际社会结构的演变,实践必须得到国际关系理论学者更多的关注和系统化研究。正如罗克珊·林恩·多蒂(Roxanne Lynn Doty)所说,"具有讽刺意味的是,几乎所有的国际关系学者在谈到施动者—结构关系问题时,都赋予实践以重要意义,但从分析的角度,却没有给予实践相应的地位"。[②]

(二) 实践本体论及其核心概念

实践理论坚持了实践本体论,为考察结构和体系的演变提供了最终的理论依据。在实践理论的模型里,人类社会并不是一个预先给定的客体世

---

① 〔英〕巴里·布赞、理查德·利特尔:《世界历史中的国际体系》,刘德斌主译,北京:高等教育出版社2004年版。

② Roxanne Lynn Doty, "Aporia: A Critical Exploration of the Agent—Structure Problematique in International Relations Theory", *European Journal of International Relations*, Vol. 3, No. 3, 1997, p.376.

第九章 实践理论

界,而是一个由主体的积极行为所构造或创造的世界,主体的实践活动不仅生成着社会的物质方面,而且生成着社会意识和精神活动。人在本质上是实践的存在,人与自身、人与自然、人与人的关系究其根本都是实践关系,国际关系是国家间的社会历史实践活动,本质上也是一种实践存在。国际体系和结构既是人类实践活动的条件,也是其结果,因此,正如吉登斯所言,"社会科学研究的主要领域既不是个体行动者的经验,也不是任何形式的社会总体的存在,而是在时空向度上得到有序安排的各种社会实践"。①

在实践本体论下,实践理论进一步发展出几个核心概念。

1. 变化。实践本体论的最根本特点,就是把本体看作是动态的、不断发展、不断生成的过程,看作是人类实际运动的过程。② 事物不是一成不变、静止不动的,事物都有一个发展过程,现实存在的事物就是对活动、变化、发展的肯定。主流的西方国际关系理论基本上都否定事物的变化属性,而采取一种"本质主义"立场,假定行为体具有本质属性,在社会互动之前已经存在,或者即使与他者产生了社会互动,其本质属性也不会改变。③ 正如恩格斯在《反杜林论》中所批判的,把各种自然物和自然过程孤立起来,撇开宏大的总的联系去考察,不是把它们看作本质上变化的东西,而是看作固定不变的东西,这种考察方式造成了最近几个世纪所特有的局限性,即形而上学的思维方式。④ 马克思主义实践观要求我们不光从现象,也从事物的实体性本质的变化状态来观察事物,从量的变化到质的变化来理解事物。⑤

在实践理论中,社会结构总是处在不断生成变化的过程中,不管是以物质能力界定的结构还是规则文化界定的观念结构,都不是"先验"或"外在"之物,而是一个历史性的社会存在。尽管相对于特定个体而言,结构具有不以个体主观意志为转移的客观性,但脱离了诸多个体的集合,社会结构也将不复存在,正是个体实践为结构带来了生生不息的变化动力。在此理论范

---

① 〔英〕安东尼·吉登斯:《社会的构成》,李康、李猛译,北京:中国人民大学出版社 2016 年版,第 61 页。
② 王于、陈朗:《"实践本体论"及其革命意义》,载《哲学动态》1988 年第 3 期,第 16 页。
③ 关于新现实主义、新自由制度以及主流建构主义的"本质主义"立场分析,参见 Patrick Thaddeus Jackson and Daniel H. Nexon, "Relations Before States: Substance Process and the Study of World Politics", *European Journal of International Relations*, Vol. 5, No. 3, 1999, p. 293.
④ 《马克思恩格斯全集》第 26 卷,北京:人民出版社 2014 年版,第 24 页。
⑤ 〔日〕广松涉:《马克思主义的哲学》,邓习议译,南京:南京大学出版社 2019 年版,第 318 页。

畴内,我们更容易理解国际体系自古至今从弱式国际体系到强式国际体系的发展进程,国家从无到有的发展进程,国家属性的民族国家、阶级国家、身份认同的复杂演变进程,国家间功能在过去几个世纪中同化、分化的微妙进程,更容易对21世纪体系结构的发展演变持开放的态度。历史不会如布赞所言在此"止步",历史的进程尤其不会因为西方国家的衰落而缓慢下来,不同国家间关系的实践将会给国际体系的演变带来更多的开放性和可能性。展望21世纪,正如借鉴马克思主义的批判理论家考克斯所言,从生产关系、阶级关系、历史集团和国家形式,一直到世界秩序的结构,在所有这些层次上,变化都可能发生。① 考克斯进一步指出了这种体系社会性变化的来源,即内部的矛盾冲突,这种变化可能来自社会主流观念或世界观与现实物质条件的差距,当这种差距越来越大时,潜在的冲突或变化就有可能发生。② 在实践理论范畴,矛盾总是存在,变化总是可能的,当国家间实践充斥着对立矛盾,国际体系的结构不仅具有量变的可能性,也具有质变的可能性。

2. 关系。实践理论强调实践就是"一种社会关系的总和",坚持在物质与意识、个体与社会、当下与历史的互动关系中去把握社会事物,在整体的社会关系中去理解社会事物,反对把个体或国家等行为体抽象成超然的、孤立的个体。正如马克思主义实践理论指出的,任何存在物的存在,只能是对象性的存在,换言之,若没有"对象性关系",那它只能是"非存在物"。事物并不具有实体性的自存性,关系性界定了其存在,在普遍的相互贯通的存在方式中现实地存在,形成以此为具象的印象、特写。③ 一切概念性规定都是关系。在国际关系学界,秦亚青提出了"关系主义",即在社会生活中,关系是最具有意义的内容,是一切社会活动的枢纽,因此也是分析社会生活的基本单位。④ 在秦亚青看来,西方主流国际关系理论虽然将学科定名为国际关系学,但却没有形成真正讨论"关系"的理论。⑤ 在美国学者杰克逊和奈克森看来,关系先于国家而存在,对关系和进程的关注能够帮助我们形成更好的

---

① 〔加〕罗伯特·W. 考克斯:《生产、权力和世界秩序——社会力量在缔造历史中的作用》,林华译,北京:世界知识出版社2004年版,第13页。
② Anthony Leysens, *The Critical Theory of Robert W. Rox*, New York: Palgrave Macmillan, 2008, p. 21.
③ 〔日〕广松涉:《马克思主义的哲学》,第320页。
④ 秦亚青:《关系与过程》,上海:上海人民出版社2012年版,第62页。
⑤ 同上书,第41页。

第九章　实践理论

世界政治理论,更有力地解释一些社会现象,如全球化、相互依赖和涉及行为体变化的领域,这些都是主流理论本质主义的理论框架难以解释的。新现实主义和新自由制度主义假定国际体系、国家和国家利益都是不可改变的,都具有"预先给定"的特性,关系主义有助于我们去质询世界政治中行为体存在的历史性,更系统地理解行为体的变化。①

在实践理论中,结构与行为体的关系处于首要地位,而不是结构或行为体的某一方。布迪厄指出,个人与社会之间的对立,或者说个人主义与结构主义之间的对立,是那些危害社会学的"毒瘤般的主张"之一。社会科学并无必要在这些极端间进行选择,因为社会现实既包括行动也包括结构,以及由二者相互作用所产生的历史,而这些社会现实的材料存在于关系之中。②在布迪厄看来,实践本体论赋予我们考察社会结构演变的方法论启示,即"方法论上的关系主义",从而拒斥了方法论的个体主义以及方法论上的整体主义。③ 我们的任务就是了解关系聚合的进程,了解关系稳定和物化社会实体的进程。

通过关系主义考察结构,我们会发现结构和行为体之间存在着复杂关系,呈现出多种形式。对此,结构现实主义强调了结构对行为体的因果性制约作用,温特强调了结构对行为体的建构作用,建构了行为体的身份与利益,实践理论强调结构与行为体的关系不是单向度的,也不是线性的。朱立群在研究中国与国际体系的互动时,提出了双向社会化的实践逻辑:一方面,结构层面的规则、规范为行为体所接受内化,成为其行动准则;另一方面,行为体也将自身的规范、规则上传到国际层面,影响国际社会,并形成国际社会普遍接受的规范和制度。④ 在国际关系的实践中,结构和行为体的非线性关系也引起了越来越多的注意。杰维斯指出,传统的理论认为"在缓慢而坚实的过程中,每一步的效果都是可见的,第一步好的或坏的结果在第二步中给我们启示……然而,当变量以非线性方式互动时,变化可能并不是渐

---

① Patrick Thaddeus Jackson and Daniel H. Nexon, "Relations Before States: Substance Process and the Study of World Politics", *European Journal of International Relations*, Vol. 5, No. 3, 1999, p. 292.
② 〔法〕皮埃尔·布迪厄、〔美〕华康德:《实践与反思——反思社会学导引》,李猛、李康译,北京:中央编译出版社1998年版,第16页。
③ 同上书,第15—20页。
④ 朱立群:《中国与国际体系:双向社会化的实践逻辑》,载《外交评论》2012年第1期,第171页。

进的。相反,在一个较长时期内,系统在突然崩溃或转变之前可能并不存在明显的恶化状况"。① 在杰维斯看来,在国际体系内相互联系有很多种类,相互联系能够破坏有目的的行为,不仅行动会导致相抵触的行动,而且会导致不可预料的结果产生,因此,政治与社会生活中存在着复杂性。唐世平的研究指出,国际关系理论中结构的概念限制了我们对系统内部复杂联系的认知,他呼吁摒弃"国际结构"的概念,重新回到"国际系统"的概念框架来理解社会政治生活。② 上述理论都强调系统内部以及结构和行为体之间的复杂关系,而要全面考察其复杂关系,在理论框架上我们最终仍将不得不坚持关系主义的方法论,回到实践本体论的范畴,才能始终坚持在动态的关系中把握社会事物。

更为重要的是,通过关系主义考察结构,将帮助我们看到结构系统与外部的联系,即结构的外在功能性,这是主流结构主义理论认识的重大盲区。华尔兹在构建结构现实主义的理论模型时,不仅要求把体系层次的力量与单位层次上的力量区分开来,而且要求把国际政治体系与国际经济体系和社会体系区分开来,这种孤立国际政治体系的方法固然有其价值所在,但却忽视了政治体系与更广阔的社会的联系,进而影响了对政治结构功能以及发展趋势的认知。戈德曼曾指出,当结构与它们的包容性结构以及人类生活相联系时,结构是功能性的;在不考虑结构的意义和功能的情况下,不可能理解一个结构。③ 系统哲学的研究也指出,一个系统没有内部的联系,就不会形成系统的结构;没有外部的联系,就谈不上系统的功能。严格意义上的封闭系统,对于外界来说实质上就是"无",是没有功能可言的。严格意义上的封闭系统只是一种理论上的抽象,并非现实的存在,现实的系统都是开放系统,因而都是具有一定功能的系统。功能作为表现于系统的外在规定性,体现了一个系统对于另一个系统的意义、一个系统对于更大系统的价值。④ 结构现实主义理论模型显然忽视了国际政治结构背后的国际经济结

---

① 〔美〕罗伯特·杰维斯:《系统的效应:政治与社会生活中的复杂性》,李少军等译,上海:上海人民出版社2008年版,第40—41页。
② 唐世平:《国际系统的影响:六大渠道》,载《世界经济与政治》2016年第8期,第4—36页。
③ 张一兵:《当代国外马克思主义哲学思潮》(上),南京:江苏人民出版社2012年版,第363页。
④ 魏宏森、曾国屏:《系统论》,北京:世界图书出版公司2009年版,第290—291页。

构以及社会结构,忽视了站在更大的系统内来考察国际政治结构的功能,比如国际政治系统作为人类社会系统的子系统,扮演的社会功能是什么?结构现实主义认为,国际政治系统影响了国家的行为模式,即竞争和冲突,但却忽略了在竞争和冲突背后,国际政治系统本身也是人类社会应对自然界的产物,是人类社会应对气候变化、工业化、现代化、全球化、全球变暖以及民主制度等人类历史发展大趋势的产物。它应该扮演的社会功能是维系人类社会的生存,促进人类社会的生产与发展,因此在一定程度上和平合作与竞争冲突都是国际体系的结构性产物。通过功能的维度考察国际体系结构,会发现当一种结构的意义、功能不能满足社会历史发展需求时,人们就会创造一种新的有功能、有意义的结构,以取代被废弃的旧结构,这在一定程度上使我们对国际体系结构的转变以及历史趋势有了更为深刻的认识。

回顾历史,在农业社会时期,人类社会的生产力水平较为低下,国际社会体系互动较弱,体系主要由几大农业帝国构成,结构也是一种相对平等的状态。但到了工业社会时期,伴随着几次工业革命,人类社会的生产力水平大幅度提升,国际社会内部的互动日益频繁深入,体系主要由民族国家行为体组成,内部围绕着资本主义的生产方式逐渐形成了不平等的三重结构:中心、边缘以及介于二者之间的半边缘。中心国家是那些在世界体系中占据主导地位、依靠先进技术和工业产品控制支配其他国家的国家;边缘国家指那些不得不以出口自然资源和初级产品而受控于中心国家的国家;而半边缘国家指那些既可以在某种程度上控制边缘国家又在某种程度上受控于中心国家的国家。① 这也构成了20世纪美国霸权主导的国际体系的物质基础。进入21世纪,人类社会的生产方式再次发生重大变革,新一轮技术革命正在酝酿,资本主义的发展也经历着一个"空间重塑"的进程,即制造业(程度明显)和服务业(程度次之)正从中心国家向边缘国家转移。② 国际体系原有的中心边缘结构无疑将会进行重大变革,才能更好地适应新时代的生产力发展要求以及生产方式的变革。在此意义上,国际体系必将进入一个后美国霸权的时代。正如布赞所言,"当下流行的争论错误地将焦点放在美中

---

① 〔美〕伊曼纽尔·沃勒斯坦:《现代世界体系》,郭方等译,北京:高等教育出版社1998年版。
② 〔英〕巴里·布赞、乔治·劳森:《全球转型:历史、现代性与国际关系的形成》,崔顺姬译,上海:上海人民出版社2020年版,第203页。

之争上,即它们之间的超级大国地位的更替如何引发危机,这是不得要领的,因为这忽略了正在兴起的全球新秩序的本质"。① 中美权力更替不仅是两国双边层次互动的产物,而且是由体系层面的功能需求所驱动,同时体系层面的功能需求也会影响两国双边互动的结果。

3. 互动进程。实践理论强调行为体之间的互动,这种互动是实践主体发挥能动性和创新性的来源,也是结构体系变化的重要来源。马克思主义实践理论强调,人民创造自己的历史,但是他们并不是随心所欲地创造,并不是在他们自己所选定的条件下创造,而是在直接碰到的、既定的、从过去继承下来的条件下创造。因此马克思的实践哲学是一种合理意志的创造性哲学,没有这种能动的创造性,就无法超越机械唯物主义。② 互动进程正是个体发挥合理能动性的重要场所。社会学家布鲁默提出了过程互动理论,认为社会互动的动态过程涉及个体"外化的"活动,即产生的社会效应或影响,以及"内化的"活动,即对他们所经历的社会压力或面对的要求所采取的选择性态度。个体在互动过程中以新的方式界定彼此间的行为,可能会从中产生全新的互动模式。③ 涂尔干的社会理论也认为,社会规模上的扩大和交往力度的增加,深刻地影响着集体存在的根本状况,两者都能改变社会事实。④

在主流国际关系理论中,互动进程被大大忽略了,使得结构和行为体的关系是一种机械的关系,没有意识到互动进程中包含了行为体的能动性以及结构变革的潜能。如温特所言,在华尔兹的理论模型中,还原主义是指那些仅仅考虑国家特征和属性的理论,同时华尔兹未做任何分析就把"互动"归入了还原主义范畴,这就完全改变了问题的实质,因为互动可能产生单凭单元属性无法预测的层创作用。⑤ 当然,温特尝试把互动进程引入其理论框架,但却没有把这一研究思路贯彻到底。在温特看来,国家间的社会互动决定了国家的身份特征,新的互动形式可以创造新的国家身份。但对温特而

---

① 〔英〕巴里·布赞、乔治·劳森:《全球转型:历史、现代性与国际关系的形成》,中文版前言。
② 张一兵:《当代国外马克思主义哲学思潮》,第106页。
③ 〔英〕罗布·斯通斯:《核心社会学思想家》,姚伟、李娜译,上海:上海人民出版社2020年版,第118页。
④ 〔美〕基欧汉:《新现实主义及其批判》,第139页。
⑤ 〔美〕亚历山大·温特:《国际政治的社会理论》,秦亚青译,上海:上海人民出版社2008年版,第185页。

言,当角色身份上升为一种观念结构,个体间的互动进程再次被弃置一旁,突出的仍然是结构的建构作用。对此,科林·怀特批评道,在温特的理论中,个体没有发挥任何能动性,只是集体文化和知识结构的"解码器",个体不会对其集体角色进行反思,更不会表达不满,个体也不会歪曲或改变现有的集体知识体系。①

在国际结构和体系的变革中,越来越多的国际关系学者开始强调互动进程的重要性,认为不仅同时存在着结构和行为体,而且还存在着这两者之间的互动进程。国际关系学者布赞、琼斯等试图区别单位特征和单位互动,这种区别得出的必然结论就是把互动作为一种介于"单位"和"结构"之间的独立分析层次。② 小约瑟夫·奈在其历史研究中指出,如果我们不仅仅关注体系的结构,也关注体系的过程,即国家间互动模式,我们将学到更多的东西。互动进程可以改变结构,例如,允许参加囚徒困境游戏的人相互沟通,会改变游戏的结构,同样,国家相互沟通和达成互利协定,改变了国家传统的战略选择,也会改变国际政治的后果。③ 布赞在其历史研究中,提出了"过程"和"互动能力"这两个概念,"过程"被界定为单位在互动时实际上做了什么,"互动能力"则可以定义为它们能够做什么。如果互动能力很低,那么结构的影响就会很小或干脆不发挥作用。如果互动能力高,那么结构的力量得以发挥强有力的作用,互动能力不仅与结构所产生的能力一起发挥作用,而且充当了推动和塑造结构的一种独特源泉。④ 在唐世平看来,互动不仅指单元(包括其行为)之间以及能动者和结构之间的互动,单元与物质环境之间的互动也构成了系统内的关键进程。系统内的互动还进一步产生了系统内的突现趋势(如工业化、殖民化、去殖民化、现代化、全球化、全球变暖、民族主义潮流以及民主化),而这些趋势都是至关重要的系统属性。⑤

互动与结构、行为体一道成为分析国际体系的三个层次。通过互动进程的理论视角,我们能够发现国际体系的建立是一个历史过程,是一个充满

---

① Colin Wight, "State Agency: Social Action without Human Activity?", *Review of International Studies*, Vol. 30, No. 2, 2004, p. 277.
② 〔美〕亚历山大·温特:《国际政治的社会理论》,第 187 页。
③ 〔美〕小约瑟夫·奈:《理解国际冲突:理论与历史(第 5 版)》,张小明译,上海:上海人民出版社 2005 年版,第 50 页。
④ 〔英〕巴里·布赞、理查德·利特尔:《世界历史中的国际体系》,第 71 页。
⑤ 唐世平:《国际系统的影响:六大渠道》,第 8 页。

不确定性的过程,在此过程中,行为体的身份利益、国际社会的规则规范都从特定语境中得以界定,并且不断地经历互动实践的再界定。互动能力的物质性因素对国际体系的潜在变革性应引起更多的重视。比如20世纪核武器的出现深刻改变了国家间互动的方式,同时对国际体系产生了深远影响,对此,华尔兹也给予了一定程度的认可。[①] 进入21世纪,新技术的出现将再次对国际体系的演变产生深远影响。如阎学通指出互联网、人工智能、区块链等数字技术的发展,改变了国家之间的联系方式、财富积累方式以及战争方式。数字经济成为国家间竞争的新场域,网络安全成为国家安全的核心领域。[②] 还有研究指出,全球数字化浪潮已塑造出数字权力,数字权力的资源主要由数字基础设施和数字流量构成,新技术在塑造新权力的同时也在颠覆原有权力的主体与平衡,国际体系正在缓慢地发生重大变革。[③]

综上,实践理论为我们提供了一种研究国际关系的新视角。与主流国际关系理论相比,实践理论的视角强调了国际体系结构的演变性、关系性以及互动进程性。演变性否定了主流理论结构本质主义的立场;关系性揭示了结构以及体系的对内对外功能,指出了结构可能演变的方向;互动进程性指出了结构体系演变的动力所在。在国际体系正在经历深刻变革调整的时代,实践理论契合了时代变化的主题,具有进一步发展的潜力。实践理论面临的主要挑战是操作化的问题,如何衡量变化、关系以及互动进程的问题,然而,这些是理论框架内技术性的问题,对国际关系学者而言,相对于技术问题,思维理念的转换才是更根本的问题。

二、实践理论的不同研究进路

"实践"是实践理论的核心概念。实践概念所具有的广义性进一步催生了实践理论的不同流派,学者们从不同的研究进路出发,探索了不同的研究主题。

(一)语言文化进路

国际关系的实践转向大约是在世纪之交出现的,首先就是从语言建构

---

① [美]基欧汉:《新现实主义及其批判》,第299页。
② 阎学通:《数字时代初期的中美竞争》,载《国际政治科学》2021年第1期,第24—55页。
③ 唐新华:《技术政治时代的权力与战略》,载《国际政治科学》2021年第2期,第59—89页。

第九章 实践理论

主义开始。这一研究进路认为实践是语言、意义和规范的源泉和传递者,意义和语言不能被嵌入表征或心智内容之中,正是由于人们使用和回应它们,语言才在实践中获得自身的意义。

2002年艾弗·诺伊曼(Iver B. Neumann)首先发文称,应该将"实践概念带入国际关系研究的语言学转向"。他指出,国际关系的语言研究仅仅关注了文本分析,如所使用的话语和隐喻等,而忽略了其他重要的社会行动,因此难以从整体上理解社会生活。他认为我们应该借鉴维特根斯坦和福柯理论中的实践要素来完善语言研究。[1] 汉斯·乔阿斯(Hans Joas)也强调应该"将话语分析与社会科学中的宏观进程研究融合在一起"。[2] 杰夫·海斯曼(Jef Huysmans)指出,国际关系中的话语分析颠倒了话语和实践的关系,忽视了话语发生作用的场所以及共同体建设中的日常活动和技术人员的作用。[3] 2002年安德烈亚斯·雷克维茨(Andreas Reckwitz)发文探讨了实践理论和文化理论的关系,在他看来,文化理论是通过意义的符号结构来解释和理解社会行为。文化理论分为四种——文化唯心主义、文本主义、主体间主义和实践理论,它们的不同在于对于社会理论的最小单位和社会的最终存在的认识不同。文化唯心主义认为人的思维是存在的本质,是社会存在的场所或家园,包含了一系列特定的社会活动和社会属性。文本主义认为,符号结构不在人的"内部"思维,而在"外部",在一系列的所指、符号、话语和沟通文本中。主体间主义认为社会的存在在于互动,典型的例子就是日常语言的使用,在言语行为中,主体的语义命题和语用规则都具有非主观性,社会性只存在于主体之间的一系列符号互动中,因此社会结构具有主体间性。在雷克维茨看来,上述三种都具有唯智主义特征,实践理论认为社会存在于实践,社会分析的最小单位应该是实践。实践理论把思维、文本和对话都去中心化,将身体动作、事物、实践知识以及惯例都纳入研究中来,认为行动者实践实现了身体行动和思维行动的统一。雷克维茨认为实践理论提供了一

---

[1] Iver B. Neumann, "Returning Practice to the Linguistic Turn: The Case of Diplomacy", *Millennium: Journal of International Studies*, Vol.31, No.3, 2002, p.627.

[2] Hans Joas, "The Changing Role of the Social Sciences: An Action-Theoretical Perspective", *International Sociology*, Vol.19, No.3, 2004, pp.301—313.

[3] Jef Huysmans, *The Politics of Insecurity: Fear, Migration and Asylum in the EU*, Milton Park: Routledge, 2006.

种有用的分析社会现象的工具,增加了我们对人的施动性以及社会性的理解,扩展了文化理论的研究范畴。①

(二) 日常实践进路

实践理论的部分学者强调应关注国际政治中那些被人们忽视的"日常行为"、那些与日常事务相关的"小东西(little things)""习惯"等,因为正是行为体的日常实践活动构成了国际政治的复杂图像。2011年,加拿大多伦多大学的伊曼纽尔·阿德勒(Emanuel Adler)和麦吉尔大学的文森特·波略特(Vincent Pouliot)主编的文集《国际实践》对实践理论进行了整理,成为实践理论系统化的重要著作。他们指出,研究的重点是实践者的所作所为,因为能够聚焦国际事务的日程活动,包括多边外交、金融贸易、环境谈判等不同领域。② 在阿德勒和波略特的研究中,实践就是行动的实施,实践就是做事情的过程,实践不同于实体或实在。③

波略特2008年发表文章探讨了行为体的日常实践逻辑。在他看来,国际关系的主流研究认为行为体的行为具有三种逻辑,即工具理性及其所隐含的结果性逻辑、遵守规范的适当性逻辑以及沟通行动的论争逻辑。这三种逻辑都具有表象的偏见,强调的是行动者正在想什么而不是去解释行动者的想法是从哪儿来的。实践逻辑是行动者对自己如何进行某种行动的直觉把握,也就是说,行动者往往不是经过缜密的理性思考和理性设计之后才采取行动,而是一种难以言说的实践知识——显而易见的实践知识以及常识性反应——的驱动。波略特把这一研究运用在安全共同体的理解中,认为这种非暴力的国际社会群体形态,不像制度主义所说的那样,是国际制度将这些国家联系在合作的约束性制度框架之中,也不像建构主义所说的那样,是好规范的产生、传播、内化使共同体成员完全放弃使用武力。实践性逻辑认为,安全共同体的形成是共同体成员经过长期的实践,逐渐形成了共有知识和相互默契,使它们不会将使用武力作为一种行动选项加以考虑,也不会认为其他成员会使用武力解决争端。换言之,它们之所以这样做,是因

---

① Andreas Reckwitz, "Toward a Theory of Social Practices: A Development in Culturalist Theorizing", *European Journal of Social Theory*, Vol. 5, No. 2, 2002, pp. 243—263.
② 〔加〕伊曼纽尔·阿德勒、文森特·波略特:《国际实践》,秦亚青等译,上海:上海人民出版社2015年版,第3页。
③ 同上书,第7页。

第九章　实践理论

为在日常实践互动中形成了这样的思维方式和行为方式,或者说这就是它们的日常实践活动。① 2008年阿德勒也发文呼吁修正国际关系领域盛行的安全共同体概念,指出它本质上应该是实践共同体,实践是国家、个体和人类施动者与社会结构和系统之间的媒介。他强调,只有通过共同体的日常实践,才能形成认知演变,从而实现体系的和平转换。② 波略特进而把实践逻辑的思想扩展到对和平外交的思考,2010年在专著中称外交实践是一门艺术而不是科学。在他看来,传统的外交都是通过"我是谁"来推导"我会做什么",实践逻辑强调的是"我做什么"来表明"我是谁",因此他通过关注外交代表们的具体互动进程来分析北约和俄罗斯的关系,通过和平的实践逻辑分析了双方和平关系的进展及其局限性。③ 2012年诺伊曼也发文称,外交的规则不是通过理论知识的习得,而是通过国内外不断实践,在无数的国际谈判实践中不断地转换角色而习得的。④

在实践逻辑之后,还有学者进一步研究了国际关系中的惯习现象并提出了惯习逻辑。2010年特德·霍普夫(Ted Hopf)发文专门探讨了国际关系的惯习逻辑。在他看来,我们经常夸大了施动者的施动性、理性以及不确定性,实际上世界政治中形成了合作与冲突的惯习模式,而我们都忽略了社会生活中大多数行为体大多数时间所经常做的事情。他认为实践逻辑强调行为体具有更多的反思性和施动性,因而对变革有着更高的预期,而惯习是行为体反复发生的行为并已经形成了一种稳定的模式,惯习逻辑强调了更多的稳定性和延续性。关于安全困境、安全共同体以及长期竞争等现象,惯习逻辑都提供了一种优于结果逻辑或适当性逻辑的解释视角,惯习理论也填

---

① Vincent Pouliot,"The Logic of Practicality:A Theory of Practice of Security Communities",*International Organization*,Vol. 62,Issue 2,2008,pp. 257—288;秦亚青:《行动的逻辑:西方国际关系理论"知识转向"的意义》,载《中国社会科学》2013年第12期,第181—198页。

② Emanuel Adler,"The Spread of Security Communities:Communities of Practice,Self-Restraint,and NATO's Post—Cold War Transformation",*European Journal of International Relations*,Vol. 14,Issue 2,2008,pp. 195—230.

③ Pouliot,V.,*International Security in Practice:The Politics of NATO—Russia Diplomacy*,Cambridge:Cambridge University Press,2010.

④ Neumann,I. B.,*At Home with the Diplomats:Inside a European Foreign Ministry*,Ithaca,NY:Cornell University Press,2012.

补了主流建构主义主体间性理论的空白,使生活世界回到关注的中心。①

在实践理论的日常进路下,还有很多学者关注国际关系的具体实践进程,并得出了新的发现。如《国际实践》论文集中收集了一篇帕特里克·摩根对威慑转向的研究,挑战了现实主义关于国际政治"冲突性"本质的假定。② 埃里克·沃腾对联合国安理会中的集体谈判研究,补充了我们对集体决策的理性选择的认知。③

(三) 场域进路

场域进路主要借鉴了法国社会学家布迪厄的场域理论,认为一个分化的社会并不是一个由各种系统功能、一套共享的文化或者一个统一的权威整合在一起的浑然总体,而是各个场域的聚合。场域不是一般性的空间结构形式,而是充满冲突和争夺的空间。场域中的行动者掌握着不同种类和数量的资本,包括经济的、社会的、文化的、符号的资本,场域中行动者基于各种资源利用各种策略来争夺和维护有利于自己的位置和空间。④ 与主流现实主义理论相比,场域理论强调了不同场域内权力资本的差异性;与自由制度主义理论相比,场域理论强调了场域内部的竞争性;与主流建构主义相比,场域理论不仅强调社会结构性的规范认同,而且强调了个体基于自身位置性的认同。⑤ 2012 年特莱恩·贝尔林(Trine Villumsen Berling)借用场域理论分析了欧洲安全观的演变。20 世纪 90 年代,欧洲认为威胁的本质、战略环境以及获得安全的方式都发生了变化,传统的解释分为两种:理性主义和反思主义。理性主义基于权力均势的视角认为冷战的结束是个意外,两极格局解体,世界将回到多极格局,北约也将最终走向解体。反思主义分为温和建构主义和激进建构主义,前者认为规范因素在理性主义的解释中起到干扰变量的作用,即虽然共同威胁消失,但安全共同体的共有规范维持了

---

① Ted Hopf, "The Logic of Habit in International Relations", *European Journal of International Relations*, Vol. 16, No. 4, 2010, pp. 539—561. 值得注意的是,霍普夫随后对自己的观点进行了部分修正,在认可惯习逻辑带来的稳定性的同时,他认为实践中惯习孕育着变化的可能性,并对变革出现的条件进行了分析,参见 Ted Hopf, "Change in International Practices", *European Journal of International Relations*, Vol. 24, Issue 3, 2018, pp. 1—25.
② 〔加〕伊曼纽尔·阿德勒、文森特·波略特:《国际实践》,第 157—193 页。
③ 同上书,第 281—306 页。
④ 〔法〕布迪厄、〔美〕华康德:《实践与反思——反思社会学导引》,第 17—20 页。
⑤ John Levi Martin, "What is Field Theory", *American Journal of Sociology*, Vol. 109, No. 1, 2003, pp. 1—49.

北约的存续;后者认为语言建构了社会现实,即北约的安全话语、叙述或认同重构了两极之后的国际关系。贝尔林认为上述两种解释都没有充分解释欧洲安全观中关于北约作用的符号斗争。在他看来,安全是一个实践场域,充满了行动者寻求重新界定欧洲安全观的斗争。在这场竞争中,贝尔林强调了新的施动性、权力形式的社会生成过程以及社会事实的过程建构而非本质主义特征。国家不再是主要参与者,军队不再是主要的权力来源,反而是智库发挥了重要作用,安全研究专家赋予了安全以意义,并界定了不同的威胁,在实践中,变革成为一种信念。事实上,安全理论本身已成为欧洲安全领域的一项重要权力实践。①

(四) 社会网络进路

在实践理论范畴内,还有一部分学者借助社会网络理论来分析国际关系现象。社会网络进路的基本假设是社会生活主要由各种关系模式以及关系网络构成,因此关系类型研究是其理论的主要内容,这也是对实践理论关系概念的进一步操作化尝试。在社会网络中,节点(node)代表社会网络中的行为体,可以是个体、群体或国家,各个节点之间由不同形式的关系模式组成,比如朋友关系、权威关系或者金钱交易、声望认同等。网络进路分析的主要思路是社会联系的强度、规模、性质以及节点的位置和数量决定了社会网络的模型,社会网络的模型进而限定、施动或影响了行为体的行为。② 2009 年哈夫纳·伯顿(Hafner Burton)等人在《国际组织》上发文指出,社会网络分析基于三个原则:节点和它们的行动是相互依赖的,而不是相互独立的自治个体;节点之间的联系是物质资源和非物质资源转移或"流动"的通道;社会网络模型将社会、经济、政治等结构概念化为行动者之间稳定的关系形式。他们进而提出,在社会网络视角下,权力具有三种形式:准入权、代理权和退出权。准入权是指国家行为体获取流动的、有价值的信息和资源的能力;代理权是指国家节点位置具有居中性,可以作为其他国家的中间人开展行动;退出权是指国家行为体可以轻易地脱离网络,并承受较小的风险

---

① Trine Villumsen Berling, "Bourdieu, International Relations, and European Security", *Theory and Society*, Vol. 41, 2012, pp. 451—478.
② David M. McCourt, "Practice Theory And Relationalism As The New Constructivism", *International Studies Quarterly*, Vol. 60, Issue 3, 2016, p. 480.

损失。① 2011年查理·卡朋特(Charli Carpenter)在《国际组织》上发文,进一步探讨了在社会网络中不同的节点基于位置的不同性而带来的不同权力。他指出,社会网络不是扁平式的均匀分布,而是一种无标度(scale-free)网络,网络中少数为中心节点,中心节点拥有极其多的连接,而大多数节点只有很少量的连接。边缘节点之间的通道依赖于中心节点,因此中心节点对无标度网络的运行起着主导的作用。卡朋特进一步通过军备控制的案例研究,表明中心节点掌握着议程设置权,从而促进了特定军备控制规范的发展。②

(五)认识论进路

还有一部分研究从认识论的角度推进了实践理论的发展。2009年瑞乔·米蒂宁(Reijo Miettinen)等人指出,实践理论的转向与我们如何获取经验知识、如何理解社会和组织生活有关。③ 随后,众多实践理论家都指出了西方主流理论认识论存在的二元对立的"痼疾"。二元对立表现在主体与客体、物质与精神、自然与社会、理性与非理性等二元对立的基础上,在国际关系领域则体现为微观与宏观、个体与社会、体系与单元、结构与施动者等二元对立。④ 实际上,这些对偶性分类都是人类主观建构的产物,在二元对立思维模式下,人们把主观建构的产物当成了客观事实,并且不顾社会世界的复杂性,将其作为普世标准强加于客观世界,从而不断再造表象的偏见,将现实世界看成了"逻辑的事物",而不是"事物的逻辑"。⑤ 阿德勒和波略特指出,实践取向的理论框架给国际关系理论提供了一种精致的概念工具,可以打破分离物质与理念的笛卡尔二元主义藩篱。⑥ 文森特·波略特还指出主流理论中存在的表象偏见问题。表象(representation)即主体对外部世界的再现,主体通过静态沉思式的思维认知活动,再现其所认识的外部世界的

---

① Emilie M. Hafner-Burton, Miles Kahler, and Alexander H. Montgomery, "Network Analysis for International Relations", *International Organization*, Vol. 63, Issue 3, 2009, pp. 559—592.

② Charli Carpenter, "Vetting the Advocacy Agenda: Network Centrality and the Paradox of Weapons Norms", *International Organization*, Vol. 65, Issue 1, 2011, pp. 69—102.

③ Reijo Miettinen, Dalvir Samra-Fredericks and Dvora Yanow, "Re-Turn to Practice: An Introductory Essay", *Organization Studies*, Vol. 30, No. 12, 2009, pp. 1309—1327.

④ Davide Nicolini, *Practice Theory, Work, and Organization: An Introduction*, Oxford: Oxford University Press, 2013, p. 2.

⑤ 朱立群、聂文娟:《国际关系理论研究的"实践转向"》,第98—115页。

⑥ 〔加〕伊曼纽尔·阿德勒、文森特·波略特:《国际实践》,第12页。

本质。波略特认为,理论研究者远离和漠视社会实践,将自身置于社会"真空"中,通过高高在上或后视性视角观察社会现象,构思理念,阐述理论和表象知识,造成的结果就是科学家从象牙塔中看到的世界与实践者身处的世界相差甚远。① 2018 年弗里德里希·克拉托赫维尔(Friedrich Kratochwill)出版专著《实践:行动与认识》,专门指出了实践的行动特征,以及实践中不同的认识论和方法论工具。在他看来,知识的获得并没有一个"确定性基础",并非如休谟所言"需要好好地观察",研究者不是保持距离进行远观,而需要参与到历史社会中,通过行动获得知识(Acting and Knowing),通过"互动与对话",我们才具有如何行事的社会能力。② 克拉托赫维尔还进一步指出了知识的有用性,强调传统的标准科学方法追求的是逻辑的连贯性和严谨性等价值,但却忽略了人类认知的重要目的是高效地生产有用的知识,知识的目的最终是为了解决人类生活中的问题,满足人的实际需要。③

综上,学者们从不同的研究进路出发,丰富了实践理论的研究(如图 9-1 所示)。他们的共同之处在于将实践置于研究的中心,使实践成为"概念性中心点"(conceptual focal point),强调了实践是一种具有极大潜力的研究议程,可以为国际政治的经验研究提供一个概念框架。④ 实践理论重新界定了一些基本的社会理论概念,发展出自身的理论内核,即变化、关系以及互动,使得我们重新理解国际关系的本质和发展动力。⑤ 不可否认的是,实践理论不同进路之间仍存在着多种——有时甚至是相互冲突的——观念和研究策略,在如何研究实践、如何选取实践的研究范畴以及如何平衡或整合不同的研究议题上,实践理论家们还没有找到统一的路径或研究纲领,但毫无疑问,实践理论已经起步,如夏兹金所言:"实践理论是一场松散但确定的思想

---

① Vincent Pouliot, "The Logic of Practicality: A Theory of Practice of Security Communities", pp. 257—288.
② Friedrich Kratochwil, *Praxis: On Acting and Knowing*, Cambridge: Cambridge University Press, 2018, p. 11.
③ Jorg Friedrichs and Friedrich Kratochwil, "On Acting and Knowing: How Pragmatism Can Advance International Relations Research and Methodology", *International Organization*, Vol. 63, Issue 4, 2009, pp. 701—731.
④ [加]伊曼纽尔·阿德勒、文森特·波略特:《国际实践》,第 365 页。
⑤ Jorg Kustermans, "Parsing the Practice Turn: Practice, Practical Knowledge, Practices", *Journal of International Studies*, Vol. 44, No. 2, 2015, p. 176.

运动。"①

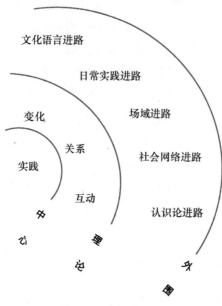

图 9-1 实践理论图示

三、实践理论与"中国国际关系学派"

考克斯曾经指出,任何理论都是一种视角,这样的视角来自时空(尤其是社会世界的时间和空间)中的某种位置。② 主流国际关系理论的理论视角更多地反映了美国等西方国家的中心主义,反映了它们的历史位置感以及问题意识,实践理论的研究问题以及本体论、核心概念更大程度上契合了非西方国家的历史位置观,随着人类社会生产力的进一步发展以及不同文化文明的交流融合,实践理论的发展和壮大将是不可避免的历史趋势。

在中国,实践理论近年来受到了越来越多学者的注意,呈现出不断发展的趋势。21世纪以来,随着中国在国际体系中的影响力不断增强,呼吁创建"中国国际关系学派"的声音越来越强烈,实践理论与"中国国际关系学派"相得益彰,实践理论既是"中国国际关系学派"的一部分,也从以下几个方面

---

① 〔美〕夏兹金、塞蒂纳:《当代理论的实践转向》,第16页。
② 秦亚青:《关系与过程》,第22页。

进一步推动了"中国国际关系学派"的发展。

第一,"中国国际关系学派"服务于特定的研究问题,对此的探寻只能在实践中寻找,实践理论提供了理论上的指引。关于创建"中国国际关系学派",在国内有不同的声音。有人认为科学无国界,理论具有普世性,正如没有"中国物理学派""中国地理学派"等,"中国国际关系学派"既无可能也无必要。① 这一说法掩盖了一个重要事实——理论总是和问题联系在一起,普适性的大理论服务于普世性的大问题,中等理论服务于中等问题,小理论服务于小问题。中国国际关系学派有无必要,取决于中国在实践中面临问题的性质以及问题的迫切性,"中国意志非得以自己的方式表达不可的地步,国际关系理论的中国学派才会产生"②。中国国际关系学派的可能性也取决于中国的实践,因此这本质上是一个实践和认识的关系,而不是一个科学主义和人文主义之间的学理争论。③ 20世纪90年代中国面临的实践课题是如何和平地融入国际社会,21世纪中国面临的实践课题是如何和平崛起,对此,现有的国际关系理论都难以提供有效的理论框架,这一问题只能在中国多年来的实践中去找寻,回到实践中,视实践而不是主流理论的教条为我们认知和理性的最终基础。这是中国未来外交实践的需要,也是"中国国际关系学派"发展壮大的基石所在。

第二,"中国国际关系学派"所诞生的文化土壤正好是一种实践文化,中国的实践文化观、实践哲学观与实践理论具有天然的亲合性,这一实践特征将成为"中国国际关系学派"发展壮大挥之不去的"胎记"。中国传统儒家文化的根本特征是日常生活实践。这在知与行的关系中,强调行的根本性。④中国传统哲学强调过程和联系,强调生成主义的历史性和情境性,反对本质主义的永恒性和普遍性,这些都与西方二元对立的主流哲学具有重要区别。中国传统哲学与马克思主义的哲学同属实践哲学理路,尤其是毛泽东基于中国革命的实践形成的毛泽东实践哲学思想,是马克思主义实践哲学的深

---

① 阎学通:《国际关系理论是普世性的》,载《世界经济与政治》2006年第2期,第1页。
② 王义桅、倪世雄:《论比较国际关系学及国际关系理论的中国学派》,载《开放时代》2002年第5期,第17—23页。
③ 李巍:《中国国际关系研究中的"理论进步"与"问题缺失"》,载《世界经济与政治》2007年第9期,第23—30页。
④ 王南湜:《追寻哲学的精神:走向实践哲学之路》,北京:北京师范大学出版社2006年版,第368页。

度中国化。这些丰富的实践文化土壤将会大大促进国际关系实践理论的发展,中国将有望成为实践理论发展的重要阵地。

第三,"中国国际关系学派"的合法性最终需要实践理论的支撑。主流国际关系理论主要反映了美国等西方国家的关切,如斯坦利·霍夫曼所言,国际关系学是一种美国式社会科学。美国不仅主导了国际关系理论研究的方法论、价值论,而且主导了其本体论、认识论,以至于国际关系理论研究的具体问题都要从美国引进①。在这一知识结构中,"中国国际关系学派"很难找到自身独立生长发展的空间,比如在西方的话语体系中,中国的和平崛起注定是"大国政治的悲剧",而所谓的"民主和平论"注定是国际政治的通用法则。"中国国际关系学派"面临的终极困境就是在美国式社会科学之树上,很难结出中国式话语之果实。对"中国国际关系学派"而言,首要的发展任务就是对现有的主流理论进行一定的解构。无疑,实践理论就是重要的解构工具,正如马克思所言,凡是把理论导致神秘主义方面去的神秘东西都能在人的实践中以及对这个实践的理解中得到合理的解决。② 只有在解构的基础上才能进行建构,立足于实践理论,"中国国际关系学派"将会走得更远。

---

① 王义桅:《国际关系理论的国家性》,载《美国研究》2003年第4期,第23页。
② 《马克思恩格斯选集》第1卷,北京:人民出版社1995年版,第56页。

第十章　批判理论、后现代主义和女性主义

秦治来

国际政治学第三次大辩论是一场"扩展思维空间"的学术运动。它不同于此前侧重于世界现实讨论的特点,而是强调注重国际政治研究过程和特点的再思考。在国际政治学者注重自我反思的背景下,批判理论、后现代主义和女性主义纷纷涌现,从不同角度、不同命题对国际政治学的"传统"提出批评,极大地促进了国际政治研究的多元化进程。客观地看,"批判"视角下的各种流派(批判理论、后现代主义、女性主义,等等)提出许多新的建设性见解,但是无法撼动现实主义和自由主义的学科地位,依然处于"以挑战姿态出现的少数派"的位置。

一、批判理论

在 20 世纪 60 年代后期,批判理论得以广泛传播,适应了国际范围的各种反叛思想运动。从 20 世纪 70 年代后期开始,批判理论逐渐进入国际政治研究领域,成为国际政治左翼思想家及其学说的重要武器。批判理论以其不妥协的态度和独有的思考方式,逐渐扩展成国际政治学界反思传统、另辟蹊径的一种新的认识论和方法论。

(一)批判理论的思想渊源

1. 历史唯物主义

批判理论是"西方马克思主义"的一支,其直接来源之一是历史唯物主义。当今时代,历史唯物主义的影响依然强大,它体现在埃里克·霍布斯鲍姆(Eric Hobsbawn)等当代马克思主义历史学家的著作中,也体现在葛兰西等当代马克思主义政治学者的著作里。与此同时,历史唯物主义在法国年鉴学派的历史学家的作品中也有所体现。

历史唯物主义对国际政治学的批判理论产生了重要而直接的影响。批判理论家继承了马克思本人最激进的思想(尤其是早期马克思的一些理论),与教条式马克思主义保持明显的距离。例如,批判理论对当代资本主

义和苏联式社会主义同时进行了尖锐的抨击,提出社会发展的"第三种选择"。

2. 法兰克福学派

批判理论的另一个直接来源是 20 世纪上半叶的"法兰克福学派"(Frankfurt School)。法兰克福学派借鉴和汲取的先辈思想家多半来自德国及中欧地区。从这个意义上讲,早期的法兰克福学派属于欧美理论界所说的"(欧洲)大陆学派",具有不同于"盎格鲁—撒克逊学派"的某些风格。一般而言,法兰克福学派的创立者们对所有社会活动的讨论均置于一种批判性的构架之中。从康德对理性和知识的条件及局限的关注,到黑格尔对精神现象的探索,直至马克思对特殊的历史形态(资本主义、交换过程等)的剖析,都在法兰克福学派特别是哈贝马斯的笔下得到了进一步深化。

法兰克福学派成员的作品包含一系列批评性对话与探索,其命题涉及历史事件、当代哲学以及社会活动和社会思潮等。不管具体的追求有何不同,他们的基本动因是一致的:在多学科、跨学科的知识背景下,奠定探索特定问题的理论和方法论基础,而这些问题可能涉及社会的再生产和转型、文化的含义以及个人、社会和自然之间的联系,等等。尽管法兰克福学派每一位成员提出具体问题的方式可能不同,但他们都坚信,通过考察当代社会和政治问题,他们可以营造一种批判意识,而且能够提出一种非权威式的、非官僚式的政治理论。

(二)批判理论的基本内容

一般来说,批判理论与词义学相关,主要指的是某种反主流的(尤其是反权力政治学传统的)、"批判性的"学说或者观点。在当代西方哲学和社会科学里,批判理论有其特定的渊源和含义。同样,国际政治研究领域中的批判理论具有自成一体的思想内涵和方法论特征:具有强烈的左翼倾向、坚决反对资本主义的国际扩张。尤其是,批判理论对权力政治学主导的国际政治传统思想提出新挑战。

1. 认为知识是为一定的目标服务的

对于实证主义所宣扬的客观知识,批判理论深表怀疑。批判理论认为,知识并不产生于主体对客观现实的某种中立观察,而是反映了此前已经存在的社会目标和利益。批判理论提醒观察者注意社会的结构和知识的效果,考虑所谓的"价值中立"的说法对知识建构的不良作用。在国际政治研究领域,批判理论的上述命题对批评新现实主义、躲避理想主义的陷阱、振兴启蒙运动和思想解放过程,具有难以估价的影响。

加拿大学者罗伯特·考克斯是在国际政治研究领域应用批判理论的前驱之一。在1981年发表的《社会力量、国家与世界秩序:超越国际关系理论》一文中,考克斯提出了"理论总是服务于一定的人和一定的目的"的基本论点。① 在这篇文章中,根据理论的视角和目标,科克斯将理论分为"问题解决理论"和"批判理论"两种:所谓"问题解决理论"就是按照其发现世界的原样对待世界,把占支配地位的社会关系和权力关系以及将它们组织起来的制度,视为行为的给定框架;"批判理论"与世界的主导秩序保持距离,并追问这种秩序是如何形成的。在考克斯看来,"问题解决理论"的错误在于"它所采取的思想形式,来自一个特定的历史阶段(因而也来自一种特定的社会关系结构),却假定它具有普遍有效性"。② 也就是说,"问题解决理论"从规范的主观偏好所做出的各种假设都是站不住脚的。相对而言,批判理论力图寻求变化的证据,并且坚持这样一种假定:现有的结构不可能长久保持。

2. 主张现存的世界结构是可以改变的

批判理论家反对"现存世界结构具有免疫力"的观点。在批判理论家看来,现存的世界结构——权力与财富的不平等构造——实际上是可以改变的。批判理论探讨了新型共同体的前景,即个人和集团可以获得更高层次、更大程度的自由。这种信念来自马克思的如下假设:一切表面上稳固的现有事物终将消亡,人类在自由选择的条件下可以更好地创造自己的历史。这种信念拒绝乌托邦式的假设:人类社会存在一种防止现有社会秩序发生根本改变的伦理,这种伦理一方面承认新现实主义者对各种激进变化的约束,另一方面避免了新现实主义对国际政治前景的宿命论式的见解。在成功摆脱现实主义与理想主义争论的束缚之后,批判理论认真考察了从现存社会关系中发掘更大自由的前景。

---

① 〔加〕罗伯特·科克斯:《社会力量、国家与世界秩序:超越国际关系理论》,载〔美〕罗伯特·基欧汉编:《新现实主义及其批判》,郭树勇译,北京大学出版社2002年版,第190页。
② 同上书,第192页。

在《生产、权力和世界秩序》一书的结论部分,考克斯指出,该著的写作旨在发现最有用的方法,以此理解社会和政治世界,进而能够改变世界。作者所采用的研究方法是,努力发现现存秩序中的矛盾,这是因为矛盾是引发秩序变革的主要原因。在考克斯看来,维持或者改变现存社会秩序的条件可以分为三个层次——生产、国家和世界秩序,而且上述三者中的任何一方面都不能单独决定其他两个层面,即"改变是通过三个层面上相互支持的事态发展所实现的"。① 由此可见,批判理论的关注对象是变化的过程,而不是变化的结果。

3. 拓展马克思主义的解放斗争学说

促进人类的解放和实现人的全面发展是批判理论的核心内容。马克思主义认为,既然阶级压迫是以控制生产方式为基础的,那么只要无产阶级控制了生产方式,就会实现人类的解放。与此不同,批判理论认为,除了阶级统治之外,社会还存在其他形式的统治,如以性别、种族、宗教、民族主义为基础的统治。因此,批判理论主张,关于社会解放的学说需要对更多的社会形象进行分析,人类的解放斗争需要在社会各个领域中进行,而不能仅仅是生产方式的斗争。哈贝马斯等人拒绝马克思关于"阶级力量是社会斗争的主要形式,生产过程是社会和历史的决定因素"的观点,进而对历史唯物主义进行重新构建。批判理论通过考察社会排斥性问题,通过分析包括生产过程在内的各种力量,扩展了马克思主义的解放斗争学说。尤其是,批判理论特别重视社会学习的方式。近来,批判理论试图研究人类如何有选择地进行学习,如何在自己的共同体实现同化和排他过程,如何以公开的和潜在的批判方式发展自身处理各种问题的能力。总之,通过整合与凝聚问题的研究,批判理论重新开启了瞄准人类解放目标、重建历史社会学的研究议题。

4. 重视对话在理论重建中的作用

在批评和判断已有社会安排的时候,批判理论展示了囊括其他学派思想精髓并提出新的政治共同体设想的能力。现实主义和新现实主义认为,各共同体(国家)必须依照军事实力等标准处理相互间关系。批判理论拒绝

---

① 〔加〕罗伯特·W. 考克斯:《生产、权力和世界秩序:社会力量在缔造历史中的作用》,林华译,北京:世界知识出版社2004年版,第263—264页。

这种说法,并且预见了批判思想在评估国家边界的道德重要性及政治生活的后主权时代时具有重要价值。批判理论所倡导的各学科、领域、命题之间的对话,有助于学者汇集不同的后实证主义方法,探索国际政治进一步发展的可能性,预测超越主权国家局限性以后的政治共同体。

(三) 关于批判理论的评价

作为一种特殊的"显微镜"和"望远镜",批判理论在观察和剖析主流国际政治理论的过程中,显示出独特和优异的工具性功能。吉姆·乔治(Jim George)和戴维·坎贝尔特别强调,批判理论具有"拓展更大思维空间"的作用。他们指出,批判理论兴起以来,国际政治学界目睹了曾经被视为"异端"的思想的迅速扩散,理论差别和不同观点的存在不再被斥为消极现象,而被视为积极趋势加以肯定。这种巨大的学科成就与批判理论有关。从学科方法的角度看,批判理论主要有以下四个方面的贡献。

1. 提出了一种建立在知识与权力的相互关系之上的现代社会理论

在知识与社会之间的相互关系方面,批判理论察觉和批评了实证主义/经验主义等传统方法的内在局限性。确切地讲,在拒绝科学哲学的某些虚假前提和方法的过程中,批判理论集中剖析了"工具理性(instrumental reason)"的全能主义潜能,指出了技术有可能控制人性和问题解决过程。在这里,批判理论的一个重要作用表现在,把人类从自身在现代社会所处的异化状态下解放出来,包括解放被异化了的思维。

2. 揭示和肯定了知识建构的具体过程

批判理论反对独断的知识方法论,强调需要从人类历史、文化和权力关系的所有领域汲取社会生活的知识。在批判学者看来,所有知识都具有自身历史性,人们对理论的理解(以及说明)与现实具有密切联系。批判理论逐渐使人们认识到,某种"客观性"不可能完全凭借所依据的"事实"或"真实世界"而得出判断,同时它必然含有"主体"基于自己的"理念"和批评力所做的选择因素。反过来,"主观能动性"或"理想主义者"同样也包含了实践对主体的锤炼和研究战略的反复演练。这样一来,在"主体"与"客体"的传统划分方面,批判理论开辟了新的思维空间。

3. 深入解剖了语言的社会功能

批判理论指出了不同"话语文本"在"塑造"现实方面的作用。具体而言,批判理论大力汲取了从路德维希·维特根斯坦(Ludwig Wittgenstein)到米歇尔·福柯(Michel Foucault)的语言哲学批判的最新成果,质疑了"理性"的概念,提出了建立一种科学社会学的目标,即将有关语言的新理论逐渐变成有关理论的新语言(例如,关于"作为实践的语言"的论述,关于"人造的客观性"的分析,等等)。与此同时,批判理论把语言的社会功能逐渐扩展为"意义与认同"的建构功能,并且对主体性问题做出特别考察。批判理论创立的这种"激进解释主义"对于近期的国际政治研究议程产生了深远影响。

与它所批评的对象一样,批判理论同样有着理论的缺失和历史的局限性。批判理论的分析、解释能力非常有限。一方面,批判理论家的激进左翼倾向和对现有体制的不妥协态度,致使他们在观察国际现实和社会结构时,更多地关注问题和缺点,而较少理解和说明成绩、进展。另一方面,由于批判理论家拒绝"价值中立"原则和"免疫力"命题,因此他们有可能丧失学术研究有时所需要的客观评判态度。

需要指出的是,批判理论的成就和缺陷始终与马克思主义的历史地位联系在一起。从创立之日起,马克思主义对资本主义社会及其国际制度进行了不屈不挠的抵抗和批判。作为社会下层阶级和国际体系边缘力量的代表,马克思主义始终从一种受压抑的位置发出呼唤或抨击意见。迄今为止,在主要资本主义社会及其主导的国际体系中,马克思主义的政治纲领并没有获得预期的实施效果。因此,马克思主义经常表现为一种"批判的理论",而不是一门"管理的科学"。作为当代国际政治学的一种左翼思潮,马克思主义始终(也只能)是众多主流理论的旁支,即处于"资本主义国际政治理论体系"边缘位置的一种抵抗性思想。读者认识、评判批判理论时,必须注意有关马克思主义评价的这种视角。

二、后现代主义

在主流理论流派进行自我更新的同时,国际政治学界出现了一些颇具"反叛意识"的研究群体:后实证主义者、后结构主义者、话语分析家等后现代主义者。这些带有浓厚"后学色彩"的学者不仅发现了一些曾经为人疏忽的研究困惑,而且提出了一些过去难以想象的新问题。

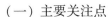

第十章 批判理论、后现代主义和女性主义

（一）主要关注点

1. 质疑"对历史的既定理解"

国际政治研究人员不应该盲目接受"既定事实"，而要深入挖掘它们的隐含意义。有关"生产方式的封建主义形态""权力和权威的等级制安排"或"中世纪的生活形态和意识形态"等说法和观念，究竟是什么时候出现的？这些观念和说法如何得以广泛流传？一种传统的回答是：随着封建主义让位于资本主义，人类社会出现了更具现代性的生活方式和意识形态，政治共同体逐渐围绕主权国家形成；此后，自由、公正和理性等概念相应出现，暴力、冲突和国家间战争伴随而生。久而久之，主权、领土国家、国际无政府状态和与此相关的一系列学说，逐渐成为人们的思维定势。后现代主义学者指出，这个众所周知的故事并不是无懈可击的，因为它潜藏着许多未能解答的疑问。例如，关于现代国家间政治的理解，在多大程度上依赖于宏观历史分析？在多大程度上宏观分析无法解读人类学的一些新发现，无法证实欧洲地区以外的发展历程？在多大程度上世界不同地区、文化、群体的演进可以适用于国际政治学者熟悉的"进化""进步"与"国家科层化"观念？

后现代主义学者逐渐发现，尽管有关古代和现代的区分仍然有效，但是这种区分本身及其隐含的意义限制了人们的思考。例如，就"资本主义"的形成而言，马克思和韦伯的历史解释便具有这种"思维定势"的作用。现代历史的"非线性发展"证明了所谓"现代性"和"国家"、线性预测及其相关理论越来越站不住脚。而且，尽管人们普遍认为，欧洲在16、17世纪的社会经济创新和文艺复兴时期的知识成就造就了现代意义上的变革，但是实际上欧洲在16、17世纪以前已经取得了相当惊人的进展。遗憾的是，这一事实既没有引起传统学者的重视，也没有得到普通民众的注意。

2. 反思"世界政治的历史因素"

法国学者贝特朗·巴第（Bertrand Badie）对所谓的普遍理论提出尖锐批评。巴第在1989年断言，社会科学正在经历一场危机，而这场危机"发轫于对政治学和历史学具有所谓普遍性、单一决定性和相互独立性等观点的质疑"。[①] 巴第对这场"普遍主义的危机"所开出的药方之一就是，将历史因素

---

① 〔挪〕伊弗·B. 诺伊曼等主编：《未来国际思想大师》，肖峰等译，北京大学出版社 2003 年版，第 204—205 页。

重新引入到普遍主义的分析框架之中。在巴第看来,历史是将社会集团和制度放置到适当范畴内的必要因素,任何行为体之间的相互关系必须放在相关的环境中加以考察,因为这些关系及其伴随产生的制度化和实践行为过去的特性为未来可能出现的发展轨迹提供了行动指南。

一些后现代主义学者纷纷对世界政治的历史因素重新做出解读,其中以罗伯特·沃克为典型。沃克1989年在《国际关系理论中的历史与结构》一文中指出,国际政治研究人员应给予历史以优先地位,进而也应给予强调解释、实践和对物化进行批判的方法以优先地位。在谈到"国际关系产生之前的生活"时,沃克明确指出:"历史的记载与记忆都具有明显的欺骗性,需要仔细地进行解读和阐释。"[①]在沃克看来,关于国家的起源,有两种流行的解释:一是把国家视为15世纪后期在欧洲出现的相对自主的政治共同体形式;二是坚持以国家主权的定位为时期划分的原则,把1648年《威斯特伐利亚和约》作为区分新旧时期的基准(旧时期的特征是宗教统治及等级制度占据主导地位,新时期的特征是世俗的社会和自主的政治共同体出现)。然而,一旦撤开这两种对国家起源的流行解释,人们的认识可能难以达成共识。

沃克进一步指出,世界政治的权威理解出现了一种颇有争议的趋势:历史的展示正在让位于解释结构的展示。在一种结构下面,国际政治历史的确表现为无政府状态——各国不断地进行权力角逐和自助的过程;在另一种结构下面,国际政治表现为两极、多极或单极。在每一种情况下,国家、国际体系的这种历史性都变得不那么重要,人们开始把世界政治描述为一场永恒的游戏,似乎永远都能或多或少地遵守这些相同的规则。第三种、第四种以及更多的解释结构则可能部分(甚至完全)偏离"经典"的规定。

3. 寻求新的知识增长方式

正如理查德·伯恩斯坦(Richard Bernstein)所概括的那样,具有批判意识的学者在对一些古老问题进行反复思索后,"有一种日益增强的感受,现有的思维方式和研究方式存在某种重大缺陷",因而他们渴望"改变那种引

[①] 〔加〕罗布·沃克:《国际关系理论中的历史与结构》,载〔美〕詹姆斯·德·代元主编:《国际关系理论批判》,秦治来译,杭州:浙江人民出版社2003年版,第342—343页。

导我们思考和行动的范畴结构和模式"。① 这种"反叛"现象是普遍存在的,而且渗透到当代哲学和人文科学的几乎所有领域。

20 世纪 70 年代前后,寻求新的知识增长方式首先引起了一些哲学家和社会学家的重视。他们在自己的著述中开始显露批判意识,希望以此探索新的知识增长方式。其中,在这方面已经取得重要成果和广泛影响的当代思想家(主要是一批哲学家)包括:马尔库塞(Herbert Marcuse)、哈贝马斯、伯恩斯坦、伽达默尔(Hans-Georg Gadamer)、罗蒂(Richard Rorty)、费耶阿本德(Paul Feyerabend)、福柯和德里达等人。寻求新的知识增长方式,也引起带有"后学"色彩的国际政治学者的关注。例如,吉米·乔治在《全球政治的话语》一书对所有论题的分析都建立在自己的"后学"逻辑之上,从而使自己对现实主义与理想主义、行为主义与历史主义、全球主义与新现实主义的批评具有与众不同的色彩。尤其是,乔治对实证主义/经验主义的"形而上学"的特殊力量和弱点的讨论,对国际政治理论作为一门"落后学科"的说明,具有独特的说服力。

(二) 认识论特点

按照后现代主义的要求,研究人员在进入具体的观念和价值评判之前,必须回答以下问题:认识过程是如何发生的,它有什么样的特定背景与条件,人对事物及其本质的各种看法隐含着什么未言明的假定与共识,这些背景与条件、假定与共识究竟有何"优势"与"局限"。只有完成上述知识准备之后,研究人员才能对已经或即将形成的各种判断和推理过程做出评估。从哲理上看,后现代主义思想家在认识论方面具有几个共同特点。

第一,在研究人类社会和政治时,实证主义/经验主义的研究方法具有明显的局限性。在他们看来,在科学主义盛行的时期,实证主义所强调的"重视经验、重视实际过程、重视事实的主要规律和重大特点的内涵"得到强化。

第二,关注知识的形成和塑造过程。他们从本体论和认识论的角度,从隐藏着的假定、承诺和前提里,观察它们在科学理性主义时代如何构成了有关"现实""自我"和现代社会的本质等问题的占支配地位的想象。换句话

---

① Richard J. Bernstein, *Beyond Objectivism and Relations: Science Hermeneutics and Praxis*, Oxford: Basil Blackwell, 1983, p.2.

说,他们强调的是社会的、历史的、文化的命题,而不是那些建立在"深思熟虑"的理性主义、"有意义的数据"或"符合规则的公式"之上的命题。

第三,拒绝那种超越历史和社会实践之外的所谓客观知识的探讨。按后现代主义的说法,人们不要盲目追随那些"不言自明的假设",而是要更加透彻地了解理论研究背后的推动因素。因此,后现代主义学者更愿意向读者展示理论分析的基本假设。甚至,透视主义对国际政治研究的经验主义堡垒——数据分析领域——也做出了强有力的回应,即应该"按照基本的理论假定的性质来检查哪些数据是最适合的"。[①] 后现代主义对科学、客观性、真理、理性和逻辑的批评是史无前例的,因为它极力倡导一种名副其实的"知识重组过程"。

第四,重视对现实的语言学的讨论和建构。后现代主义思想家的理解范围十分宽泛,包括从自由主义到马克思主义的各种命题,从各式各样的范畴到形形色色的术语。例如,需要重新理解的术语包括:"真实的"和"乌托邦—理想式的","理性的"和"非理性的",社会结构中的"本质"和"动因","语言"与"现实","阶级""进步""意识"以及"现代人",等等。所谓的"意义和理解"并不简单依附于世界,相反,它们处在一种动态过程之中,不断地被建构、捍卫和挑战。

当然,后现代主义对现代主义思维的批判,并不意味着完全抛弃西欧文艺复兴时期以来所有关于现实的想象。这种批判只是试图超越现代研究方法的局限,通过扬弃"回到"批判主义的传统上去。正如乔治所评价的那样:"在某种意义上,后现代主义代表着一种呼唤,呼唤一种新的社会批判精神,这种精神将被灌输的人性与批判的态度结合起来,它不接受既定的、被认为理所当然的知识,质疑所有命题的前提,凡事皆要打一个问号。"[②] 尽管在所有权威的正统理论和思想面前,后现代主义的呼吁自然被视为一种异端,但是这种"反常"的做法能够开拓新的思维空间,甚至有可能创造出正统的"可能主义"远未达到的理论成果。

---

① Zeev Maoz, "Conflict Datasets: Definitions and Measurement", *International Interactions*, Vol. 14, No. 2, 1988, pp. 165—171.

② Jim George, "International Relations and Search for Thinking Space: Another View of the Third Debate", *International Studies Quarterly*, Vol. 33, No. 3, 1989, p. 273.

（三）简单评价

各种各样的后现代主义思想具有极强的"破坏性"。或者,借用后现代主义者喜欢的一句话说,它们具有一种"解构"作用,即对原有的思维结构、主流理论、认识方法进行摧枯拉朽式的分裂、解析。

1. 思想贡献

第一,有助于克服"欧洲中心论"。正如迈克尔·曼(Michael Mann)在《社会权力的来源:从人类起源到1760年的权力史》一书中指出的那样:"世界历史在发展。通过历史比较,我们可以看到,我们时代最重要的问题都在'长篇小说'(novel)里面。在这些'长篇小说'里,各种问题都被有意识地、拾遗补阙式地填充到那些能够有效地应付比较传统的问题的制度里。"① 在这种批判性考察中,后现代主义者见到了人们熟悉的故事背后那些不为人知的故事,了解了为什么这些故事的编造者需要强调某些情节而掩盖另外一些情节。

第二,有助于消除狭隘的经验主义。后现代主义者批评说,狭隘的经验主义以"严格的标准"或"严谨的分析"为借口,限制了许多本来可能出现的新鲜见解和发现。雷蒙德·马丁(Raymond Martin)指出,这种做法并不是主张用"艺术"压倒"科学",更不是一般地否定经验证据的作用,而是提倡用一种"温和的、经验基础上的主观主义"代替狭隘的经验分析。② 后现代主义者强调,国际政治学者应当更具备想象力,在研究方法上更擅长"中庸之道",学会在经验证据不完全的情况下深入观察和正确判断的本领。狭隘的决定论只会不间断地产生一些充满危险色彩的推理,其结果是:多数的理论模式不得不受制于"现实政治"的束缚。③ 衡量一个理论优劣的标准并不是狭窄的论题,而应是宽广和深入的理解,而且这种理解能够为未来的研究创造条件。

第三,有助于破除主流现实主义的神话。后现代主义各家学说的主要

---

① Michael Mann, *The Source of Social Power: A History of Power from the Beginning to A. D. 1760*, Cambridge: Cambridge University Press, 1986, p.32.
② Raymond Martin, *The Past within US: An Empirical Approach to Philosophy of History*, Princeton, NJ: Princeton University Press, 1989.
③ Yale H. Ferguson and Richard W. Mansbach, "Between Celebration and Despair: Constructive Suggestions for Future International Theory", *International Studies Quarterly*, Vol. 35, No. 4, 1991, p.369.

进攻点之一是现实主义的一些重要命题。后现代主义者指出:传统现实主义所指的国家或主权正在越来越多地失去意义,而代之以更多、更明显的其他行为体及其意志和影响。换句话说,国际社会正在出现这样一种发展过程:欧洲的发展模式开始丧失一统天下的地位,原先已经存在的但受到掩盖的其他线索变得明显和有效,全球化进程的概念、术语和分析模式早已不再是"权力政治学"狭窄的框架所能容纳、想象的。

2. 思想缺陷

第一,理论的"破"大于"立"。尽管后现代主义思想家犀利地揭示和批评了传统研究的许多问题,但是他们自己似乎还没有建立起独立的理论体系大厦。尽管他们发现了现实主义等主流学派在研究方法方面的严重缺陷,但是他们所提出的替代性方案——后实证的、后现代的、批判式的方法论——只能起到廓清面目和铺平地基的作用(当然,这种作用也是十分重要的)。从中性的语义上讲,他们的价值论和政治观严重地落后于他们的认识论和方法论。从"不破不立"的意义上看,后现代主义者取得了巨大成功。但是,从"先破后立"的角度观察,后现代主义者只是走了一半路程,尽管他们中有些人——如吉米·乔治、弗格森(Yale H. Ferguson)和曼斯巴奇(Richard W. Mansbach)等——提出了初步的和极富新意的"研究纲领"。

第二,容易走向否定一切传统的极端。正如不少后现代主义者自己看到和承认的那样,在某些场合(例如,激烈辩论和其他情绪化的时候),后现代主义的批判有可能导致完全的相对主义和对一切经验研究的断然拒绝。这种因素有可能危及这些有才华、有创造力的新一代思想家,也是令某些持重的权威理论家"敬而远之"的原因所在。当然,这种因素也是后现代理论传播不广、影响有限的一个原因。正如基欧汉教授所言,"他们(后现代主义者)的批判往往多于解释。……他们仍然停留在国际政治学的边缘,他们与经验研究的强大力量和影响相比几乎令人难以察觉"。[①] 后现代主义乐于追求国际政治思考的"质疑精神",有时会削弱客观性和真理等概念,导致知识的合法性愈加复杂,从而使非科学与科学之间的界限变得模糊。

---

① 〔美〕罗伯特·基欧汉:《研究国际制度的两种方法》,载〔美〕詹姆斯·德·代元主编:《国际关系理论批判》,第324—325页。

第三,自身逻辑潜藏着"失控"的危险。作为一位在"第三次大辩论"中以对后现代主义的归纳而闻名的思想家,拉彼德(Yosef Lapid)列举了几种陷入非实证逻辑而不能自拔的可能性,其中包括:过分夸大"后"理论或"潜框架"的存在及其价值;对引导性假设的批评导致某种"不可评价性"的结论;过分的"玄虚性"和"寄生性"导致某些"后理论学"的死亡;使后现代主义成为一种新的"方法一元论"的教条版本。[①] 换句话说,后现代主义自身有一个逻辑矛盾,即现实是社会建构的,而建构中却没有永恒的真理。这样一来,后现代主义所理解的社会建构可能是一种没有内在真理成分的过程。

正如在当代人文哲学领域中的命运一样,后现代主义在国际政治学领域主要受到一些思想敏锐但尚不是主流的年轻思想家的青睐。后现代主义的优点与缺点、地位和前途都与上述研究现状联系在一起。可以这样认为,不论后现代主义具有怎样的缺陷,这种充满"活力"的理论及其独具一格的方法论都为国际政治学的不断成长注入了新的基因和养分。或许,后现代主义的价值主要不在于发现新的真理,而在于拓展思维的空间。

三、女性主义

近几十年来,社会性别问题已经成为国际政治学界研讨的新课题。国际社会开始重视女性问题的一个重要标志是,联合国将1976—1985年定为"争取妇女解放与平等地位的十年"。美国的几家著名女性主义杂志,如《符号》《女性主义研究》《女性研究国际论坛》,对国际关系与女性主义问题展开相关研究。尤其是《抉择》杂志的编辑主要由女性主义学者担任,并且曾经举行过有关"女性主义视野中的国际关系"的专题讨论。在英国,1988年伦敦经济学院召开了国际政治学界第一次有关性别与国际关系的专题研讨会,同年伦敦经济学院校刊《千禧年》(*Millennium*)出版了这次研讨会的专辑。尽管各种各样的女性主义难以达成共识,并且存在一定缺陷(甚至不成熟),但是女性主义的批判具有深刻的警醒作用,能够拓展当代国际政治学者的探索空间。

---

① Yosef Lapid, "The Third Debate: On the Prospects of International Theory in a Post-Positivist Era", *International Studies Quarterly*, Vol. 33, No. 3, 1989, pp. 247—249.

（一）关于性别偏见的解读

很长一段长期,社会性别问题游离在国际政治研究的边缘。在过去一段时间内,作为对世界范围妇女运动的一种反应,历史学和社会学等学科对妇女的地位与作用问题的研究取得一定进展。然而,性别研究在国际政治学界却是一个例外,即社会性别研究始终没有引起国际政治学者的重视。美国一些主要的国际关系杂志,例如《国际研究季刊》《国际组织》《世界政治》等,几乎很难看到女性主义方面的文章,这足以说明这一领域研究中的空白。

主流学者认为,妇女研究与国际政治研究不可能建立起有机的、互补的联系。哈利迪(Fred Halliday)认为,造成这种现象的直接原因有三点:第一,从人们的思维习惯来看,制度性的惯性和惰性在起作用,人们见惯不怪、习以为常;第二,从国际政治学本身的落后发展看,这门学科实在难以注意到性别问题在其他研究领域的进展;第三,从研究对象的传统定义来看,国际政治理论往往关注"高级政治"方面的内容,而性别问题充其量只是处于"低级政治"的最下层。① 归根到底,造成这种现象的根本原因在于性别问题与国际政治问题之间的分隔:一方面,国际政治研究可以不参照性别问题;另一方面,国际政治被视为性别中立的一个领域,它对妇女在社会中的地位和作用没有什么影响。

美国国际政治学者安·蒂克纳批评说,长期以来,国际政治都是男人的世界,是一个权力与冲突的世界,在这个世界中,战争是一种享有特权的活动。在传统意义上,外交、兵役和国际政治学主要是男性的领域。过去,在职业外交家的行列中,很少包括女性。在专攻国际政治学的少数女性当中,几乎没有人是安全专家。国际政治学界的女性学者倾向于关注国际政治经济、南北关系及分配公平问题等领域。即便在最发达的工业化国家(美国),仍然很少在外交界或军界的最高位置上见到女性。第三世界不发达国家忽视女性职业家的情况更为严重。

芝加哥大学的琼·爱尔希坦(Jean Bethke Elshtain)以"公共领域的男

---

① Fred Halliday, "Hidden from International Relations: Women and the International Arena", in Rebecca Grant and Kathleen Newland (eds.), *Gender and International Relations*, London: Open University Press, 1991, p.159.

人、私人领域的女人"这一画龙点睛的标题指出了一种社会性别的世俗偏见。通过运用弗洛伊德的理论,爱尔希坦勾画了一幅男性"色厉内荏"的画像,"实际上,男人十分害怕女人的性别和生产能力。他们下意识地把这种担忧投射到社会形态上,其方式是通过制度及其活动(包括政治和战争)排斥妇女的进入。另一方面,他们有意无意地宣传这样一种信念:女人是柔弱的。男人把自己定义为'非女人',意味着不那么脆弱、不易遭受伤害"。① 爱尔希坦的批评表明,性别歧视在国际政治研究领域已经十分严重。

需要注意的是,性别本身的差异所带来的地位差别远比社会、政治、经济和国际政治现有的男女地位差异要小得多。实际上,国际政治研究领域的性别歧视与世界政治现有的结构、偏好和传统有着根深蒂固的联系。因此,性别差异及由此带来的歧视现象,与其说是一个生理现象,不如说是一个社会政治现象——全球普遍的政治文化现象。

(二) 基本内容

作为国际政治理论的主流学派,现实主义基本上没有为女性主义研究留有发展空间。女性主义研究要想更加有效地融入国际政治理论的知识建构,需要借鉴一种非常有效的途径,即对现实主义进行重新阐释或者做出理论修正。当代女性主义学者在对传统国际政治观念进行批判的同时,指出了几种不同的研究思路和方法。

1. 批判传统权力政治学的国家概念

妇女是私人领域的公民,与公共生活隔绝,这种观念早在古希腊时期已经出现。具体来说,古希腊城邦国家的形成有赖于性别之间的分工:女性的责任体现在家庭里,男性的社会关系扩展到作为公民或战士去扩大和保卫民主制度。这种分工在各城邦国家之间同样有效,并且进一步强化了原有的社会政治结构。美国女性主义国际政治分析家、兰德公司的丽贝卡·格兰特(Rebecca Grant)认为,古代希腊的这种分工和不平等待遇对于后世的政治和哲学有深刻的影响,甚至这种男性统治的理论持续影响着20世纪的国际政治理论。在格兰特看来,"公共生活/私有领域"的分割,似乎成了男女之间天经地义的分工,而且私人领域的道德和公共领域的道德是两码事,

---

① Jean Bethke Elshtain, *Public Man, Private Woman: Women in Social and Political Thought*, Oxford: Martin Robertson, 1981, pp.142—143.

这是近代国家体系及权力政治学的一块基石。① 麦金农(Catharine A. Mackinnon)对所谓"男性国家"现象进行了严厉指责:"从女性主义者的眼光看……国家之所以表现为男性特征,是因为所谓'客观性'不过是男性统治的规则。这是一种恶性的自我循环式论证。"②由此可见,在西方悠久的思想传统中,性别歧视有着深刻的社会基础。

在当代女性主义学者看来,现实主义所推崇的普遍性和客观性存在一定问题:现实主义认识论的划分是男性化的,而且是由比女性经验更为典型的男性经验建构成的。事实上,在包括最发达的西方国家在内的世界绝大多数地方,主权国家的建立和巩固,与妇女地位和形象的扭曲、降低或固化,是两条并行不悖的发展主线。因此,女性主义的评判和权利要求意味着,几百年来主权国家体系需要进行重新思考,国际政治研究也需要重新塑造。按照女性主义的批评,国家是近代世界体系产生以来支配性别偏好、造成男女地位和作用差异的关键因素。

2. 呼吁对"政治"的基本概念重新进行评价

女性主义学者从权力政治的"局外人"的立场出发,呼吁重新审视世界政治分析范畴。他们重新思考包括家庭、婚姻等内容在内的所谓"日常生活的政治"(哈贝马斯语),重新思考种族歧视、难民问题、妇女的全球地位等"低级政治",重新思考"男性/女性""公共领域/私人领域""权力/权利""安全/和平"等范畴的意义。在许多女性主义学者看来,既然私人领域/公共领域的分裂是旧式国家思维的主要内容,那么就需要重新评价许多"政治"概念,而且"重新评价"这一学术运动涉及传统国际政治学的一系列概念和范畴。

下面以"主权""互惠性"为例,对这场"重新审视基本概念"运动做出说明。对于"主权",传统国际政治学者往往依据"权力=控制"的模式说明主权观念。基欧汉认为,女性主义对传统主权观念的批评是有道理的,因为女性主义突出强调了主权所包含的"人民性"特征。"女性主义的观点有助于

---

① Rebecca Grant, "The Sources of Gender Bias in International Relations Theory", in Rebecca Grant and Katleen Newland (eds.), *Gender and International Relations*, pp.11—13..

② Catharine A. Mackinnon, *Toward a Feminist Theory of the State*, Cambridge: Harvard University Press, 1989, p.163.

区分什么是建立在'权力=控制'观念之上的主权、什么是建立在'权力=万众一心的行动'观念之上的主权。"①对于"互惠性",传统国际政治学者(如马丁·怀特)坚持,互惠性深深植根于西方主权的概念——相互承认主权——之中。基欧汉指出,互惠性除了体现西方个人主义和利己主义的一面,也建立在义务、责任和对法律威严的尊敬之上。后者反映了人类的移情心理,即一种相互关照的伦理、一种"相互联系的自我"。女性主义思想家敏锐地注意到人际关系间的这种认同意识,而不像传统权力政治学家那样只关心利己性的权益,"因而这些思想家们表现出一种洞察力:互惠性是一个有条件的、多方面的观念"。② 由此可见,女性主义对基本概念的辨识导致一系列意义深远的认识论后果,如对战争、国际关系格局的思考发生不同以往的变化。

3. 对和平政治与国际关系之间的关系做出新的解读

多数女性主义学者认为,从本体论上讲,和平政治的说法令人怀疑。他们特别关注战争与和平问题,原因有二:第一,这一问题属于"高级政治"的研究范围,对它的批判易于击中传统思维的"心脏";第二,多数女性主义学者愿意从新马克思主义学派那里汲取社会正义思想,并且将关注社会正义和人类解放视为自己的本能反应。对于暴力革命,女性主义学者能够达成如下共识:如果暴力手段是给予受压迫、受剥削的民众更多权利所必需的话,战争就是正义的。相比较而言,对于"和平"概念的理解,女性主义学者存在很大分歧。尤其是涉及所谓"男子气概"和"尚武精神"时,女性主义学者内部的分歧表现得更为严重。一些女性主义学者认为,所谓男性气概和尚武精神,在历史上和现实中经常成为一种攻击性、侵略性的压迫力量,妇女常常成为男人战争和其他冲突的牺牲品。例如,20世纪六七十年代以后,女性主义对核战争威胁的担忧和抵制充分反映出这种见解。与此相对,另一些女性主义者对上述见解提出了指责。例如,爱尔希坦强烈主张,应该采用新的眼光重新审视妇女与战争之间的传统。在爱尔希坦看来,国家机器经常这样进行宣传:男人从事的是"正义的战争",支持男人事业的妇女具有

---

① Robert O. Keohane, "International Relations Theory: Contributions of a Feminist Standpoint", in Rebecca Grant and Katleen Newland (eds.), *Gender and International Relations*, pp.42—43.
② Ibid., p.44.

"美好的心灵"。为了抵制这种古老宣传口径对女性主义者思想的渗透,爱尔希坦提出一系列质疑,向所谓"美好心灵"的传统观念提出挑战。目前,这场争论并未结束,也没有得出答案,然而它能够充分反映出女性主义者观察问题的独特视角和理论批评的新空间。

(三) 简单评价

女性主义研究对国际政治思想造成了强烈冲击,被视为"新社会运动"的重要组成部分之一。女性主义理论批判地审视了维护特定的权力关系的历史政治观、哲学观和文化实践,有力地削弱了旧理论的统治基础,开拓了新的思维空间。

1. 主要贡献

女性主义研究有助于建立"日常生活的政治"的观念,减少或抵消权力政治学在制造思维定势方面的强大影响。女性主义批评家辛西娅·安罗(Cynthia Enloe)在《香蕉、基地和海滩:创造国际政治的女性主义意义》一书中写道:"每当一位妇女诉说政府对她的控制、她自己的期望和她的劳作时,这样一种理论便在不知不觉的创造之中。在国际政治学界,揭露对女性的排斥、对她们的控制、对她们劳动成果的剽窃,都是对这一学科的历史和现实记录的纠正,都是对一种新的学科思想和方法的发展。它潜移默化地改变着、改造着、创造着人们关于国际政治含义的界定。"[1]与此相似,另一位女性主义研究者克里斯蒂娜·西尔维斯特(Christine Sylvester)也指出:"我们必须使国际政治学的界定……比'低级政治'还要低,如家务劳动、工厂、农场、偏僻的乡间区域、国际移民的动向等等……当我们最终能够让那些处于边缘的人发出声音时,我们确实是给自己安装了一种可以与西方传统的自我中心主义相抗衡的麦克风。"[2]大部分女性主义理论一直都在试图构建或区分性别认同意识,这能够充分反映出女性主义者观察问题的独特视角和理论批评的新空间。

在谈论女性主义的贡献时,我们并不认为女性主义的崛起一定会改变

---

[1] Cynthia Enloe, *Bananas, Bases and Beaches: Making Feminist Sense of International Relations*, London: Pandora, 1989, pp. 263—266.

[2] Christine Sylvester, "The Contributions of Feminist Theory to International Relations," in Steve Smith, Ken Booth and Marysia Zalewski (eds.), *International Theory: Positivism and Beyond*, Cambridge: Cambridge University Press, 1996, pp. 263—265.

国际政治学的整体面貌,而是说它给这门学科提供了新的研究主题。哈利迪指出,"'性别与国际政治'研究途径的一个潜在贡献是,展示性别关系如何在经济、政治和家庭中被塑造,又是如何被整个社会过程改变的。因此,这一课题可能是国际政治更广阔的重新调整进程的一部分,这一进程的调整方向是:不只要研究国家之间的行为,更要分析国家与社会的互动"。① 在某种意义上,女性主义研究对传统国际政治理论的冲击所产生的深远影响,可以与国际政治经济学相提并论。

2. 存在的不足

女性主义研究中存在一些难以克服的困难和问题。一是缺乏一种总体研究。女性主义国际政治分析仍然处在初创阶段,这方面的文献无论数量还是深度都不足以与其他一些更成熟的国际政治学分支相比拟。二是"自主性与整合力之间的平衡"尚未建立。所谓"自主性",是指女性主义独立开辟的一方天地;而"整合力",是指它融会贯通整个学科领域的能力。目前,女性主义分析家明显具有前一种特征而缺少后一种能力。三是难以区分"女性与国际政治"和"性别与国际政治"之间的异同。哈利迪认为,当一些女性主义者谈论后者时,实际上她们主要说的是前者。要想真正揭示"国际政治中的性别"的全部内涵,仍然需要深入挖掘。

更有甚者,有些女性主义学者始终不渝地认为,"性别偏见"是最富有成效的研究方向:女性是轻盈而又具有"美丽心灵"的天使,善良的女性一定能够超越大男子主义的"邪恶本性"。殊不知,这种"性别绝对化"的极端主张容易产生一种"反偏见",从而导致研究人员进入一种不能自拔的认识误区:性别成为决定一切的因素,成为解决所有疑难问题的关键,起着类似于"阶级"在古典马克思主义著作中所起的作用。显然,这种具有排他性的"性别偏见"并不符合国际社会的多维现实。

3. 未来发展

女性主义的未来发展主要取决于两种主要因素:一是注重自身的理论建设,二是处理好与国际政治其他理论学派之间的对话关系。未来女性主义国际政治理论的学术魅力可能是在于自身的差异性和多样性。

---

① Fred Halliday, "Hidden from International Relations: Women and the International Arena", in Rebecca Grant and Katleen Newland (eds.), *Gender and International Relations*, p. 166.

可以预见,未来女性主义国际政治理论必将"大有可为"。世界政治在后冷战时代的巨大变革,国际政治研究的多元化发展,必将为女性主义国际政治学的崛起提供坚实的实践基础和深厚的知识准备。尤其是,社会性别分析的意义已经引起一些非女性主义学者关注,他们也开始有意识地为社会性别研究的发展提供新的素材。

与此同时,未来女性主义在国际政治学界的发展不会一帆风顺。一些根深蒂固的主流思维方式一直都在极力排斥社会性别的研究空间,甚至有学者将女性主义研究贬低为"茶余饭后的一点甜点心而已"。安妮·鲁尼恩(Anne Runyan)不由自主地感叹道:"经过十年的发展,女性主义仍然没有摆脱'无家可归'的命运。"[1]无论是女性主义的研究纲领具有很强的包容性(有学者将社会性别分析与国际政治理论的几次大辩论结合起来),还是具有一定狭隘性(一些后现代女性主义学者主张,国际政治研究应该充满"格格不入"的声音),都容易受到主流学者的指责和冲击。无论时代和国家发生怎样变化,女性主义学者完全超越主流理论制造的思维定势,绝非易事。

---

[1] Anne S. Runyan, "Still Not 'At Home' in IR: Feminist World Politics Ten Years Later", *International Politics*, Vol. 39, No. 3, 2002, p. 361.

第三编

国际政治学基本范畴

不同范式采用不同的方式来框定研究范畴,确立研究问题,诠释经验数据,具体提出有意义的因果机制。由于社会科学强调简约性,坚持范式研究的学者同时也会高度依赖简化方式,以便比较容易地将复杂的社会现象归结为简单的研究问题,比较方便地使用他们喜欢的概念和方法。

——鲁德拉·希尔、彼得·卡赞斯坦

第十一章 民族国家与民族主义

王 联

近代国际政治的肇始,源自民族国家的建立与巩固。现当代国际政治体系的形成,也植根于世界各地各个民族国家之间的密切互动而形成的复杂的关系网络。观察和研究国际政治,离不开对民族国家和民族主义的认识与了解。正是由于民族国家的不断涌现及其互动,才有了近代以来日趋复杂的国际政治体系;正是由于民族国家不同于以往历史上的各种国家形态,才催生了与此相关的民族主义、国家主权、国家利益等集体身份;正是由于民族国家体系从欧洲不断向世界各地扩散,才有了世界范围内帝国主义、殖民主义体系的兴衰更替,才有了发展中世界民族解放运动的兴起与胜利;正是由于民族国家观念和民族主义意识的深入人心,世界各地围绕民族国家展开的政治角力才会成为现当代国际政治的主体组成部分。

因此,认识和观察国际政治,必须从民族国家以及相伴而生的民族主义思潮及运动入手。

一、民族和民族国家

何谓民族国家?它与历史上的各种国家形态有何本质差异?这是理解近代以来欧洲政治乃至由欧洲扩散到全世界而形成的国际政治的出发点。

一般而言,民族国家是指18世纪以来通过资产阶级革命或民族独立与解放运动而建立起来的新型国家形态。其中,民族(nation)是构成民族国家这一概念和实体的核心单位。

毫无疑问,民族是人类社会中最基本的共同体形式,我们每个人都有自己的民族归属。然而,什么是民族?古今中外的学者和政治家们从他们生活的年代和所从事的学科性质、政策应用等不同角度和目的出发,分别给民族下了许多不同的定义,其中当数斯大林的定义在政界和学术界影响最大。1913年他在《马克思主义和民族问题》一文中提出:"民族是人们在历史上形成的一个有共同语言、共同地域、共同经济生活以及表现在共同文化上的共同心理素质的稳定的共同体。"①这一著名定义于1929年在他的另一篇文章——《民族问题和列宁主义》中又被加以重申。② 我国的辞书至今仍然沿用这一定义。围绕此定义,同时也围绕着关于民族的其他定义,在学术界展开了广泛的争论。这些争论实际上反映了不同学科、不同立场之间的交锋,反映了人们对于近现代民族和民族国家形成问题的不同理解。

英文"民族"(nation)一词最初是从拉丁字 nasci 的过去分词演化而来的,意为"出生物",后又进一步衍生为 natio,指具有同一出生地的居民团体,亦即拥有某一特定地理区域的人类集团。中世纪初期,natio villae 被用来表示村里的亲属集团。如牛津的贵族们在1258年用 natio regni Angliae 表示英格兰王国的亲属集团,以反对亨利三世的外国追随者。也有人认为,大约在1400年时,natio 就有了"领土"的含义。在1500年到法国大革命这段时间,natio 开始以 nation(nacion,nazione)的面目出现在当地的语言中,且具有了政治的含义。16世纪和17世纪,nation 一词便开始被用来描述一国之内的人民而不管其种族特征如何。波兰被瓜分和法国大革命时,nation 开始成为国家(country)的同义语,并且开始具有与"人民"(people 或 peuple)相对立的意义。总的来说,民族"意味着全部的政治组织或国家"。③

民族之所以与政治或国家、政治组织有关,是有它的现实背景的。从"民族"一词的发展演变过程可以看到,"民族"经过数世纪的演化,到法国大革命时最终成为有关政治的词汇。作为资产阶级的一种思想工具和斗争武器,民族主义对建立资产阶级的民族国家起到了至关重要的作用。在维护资产阶级的民族利益、打倒封建王权、推翻专制统治的斗争中,民族主义促进并巩固了民族国家的观念。民族、民族主义、民族自决、民主等口号都是从那时候开始的,而这些口号都有一个共同的特点,即要求个人自己管理自己,本民族自己管理本民族。在这中间,民族与民主和公民个人的关系相当密切,是由当时欧洲的政治现实决定的。因此,斯大林明确指出,"民族不是普遍的历史范畴,而是一定时代即资本主义上升时代的历史范畴"④,"世界

---

① 《斯大林全集》(第2卷),北京:人民出版社1953年版,第294页。
② 《斯大林全集》(第11卷),北京:人民出版社1955年版,第286—305页。
③ 有关民族一词含义的历史演变,参见王联:《关于民族和民族主义的理论》,载《世界民族》1999年第1期,第2—12页。
④ 《斯大林全集》(第2卷),第300页。

上有不同的民族,有一些民族是在资本主义上升时代发展起来的,当时资产阶级打破封建主义割据局面而把民族集合为一体并使它凝固起来了。这就是所谓现代民族……这种民族应该评定为资产阶级民族,例如法兰西、英吉利、北美利坚及其他类似的民族"。① 明确这一点很重要,因为所谓民族国家、民族主义的中心概念——民族,正是指现代民族这种带有明显政治色彩的民族。

因此,马克斯·韦伯在界定民族时指出:"民族是一个可以用它自己的方式充分显示它自己的感情共同体,而且一个民族是通常趋向于产生它自己的国家的共同体。"②这一观点有助于我们认清民族一词从最初仅指血统、文化意义上的个体,逐渐演化成一个与国家相关的名词,一方面有其发展的自然演进过程,另一方面也明确了近代以来以它为核心的国家,其含义与本质都跟以往国家有所不同。近代以来的民族国家,不再是历史上的帝国、王国、部落政权,而是以特定的血缘、地域和文化,经由后天的政治与社会运作而形成的政治共同体。在这一新式共同体中,国家主权至高无上,它属于全民,人民是所有权力的拥有者,统治者的合法性来自人民的授权,而非"君权神授"或是家族、血统等等的单一性继承。

与以往的国家形态相比,民族国家进一步突出了其统治疆域的完整与不可侵犯。国家主权不仅界定了统治者的权力来源,规范了它与其他国家的权力边界,而且也明确划定了不同民族国家间的地理边界。这个边界不会再像早期历史那样,随着王室联姻或最高统治者的个人意志而出现领土的随意分割或转移,理论上也不会被外来的入侵任意加以改变。

对于欧洲17世纪以来的工业革命和资产阶级大革命而言,新的民族国家要实现的首先是国家主权对内的绝对主宰与对外的完全排他。它要突破神圣罗马帝国名存实亡的大一统天下而建立属于各个不同民族的新国家,同时又要摆脱分封制度下各封建领主支离破碎的割据状态以确保国内市场的完整,因而建立一个地理与政治上统一强大的政权成为不二选择。此外,生产力的发展也要求更多具有自由之身的劳动力,因此赋予普罗大众平等

---

① 《斯大林全集》(第11卷),第288页。
② Max Weber, "The Nation", in *From Max Weber: Essays in Sociology*, trans. and ed. by H. H. Gerth and C. Wright-Mills, London: Routledge & Kegan Paul, 1948, p.179.

第十一章 民族国家与民族主义

的政治身份与地位,自然也就成了新的民族国家所标榜和追求的政治理想与目标。在此过程中,中央政府的权力越来越大,地方意识从属民族国家意志,一个日趋统一的民族实体逐渐形成。是否具有相同的血缘、地域、生活习俗变得不那么重要,而共同的文化、心理、利益感才是民族国家固化的基础,公民对个人、家庭、氏族、村社、等级、地域等等的强调,最终都让位于对民族国家的忠诚。民族的复杂与多样性在经历了语言、宗教、社会习俗和经济发展、政治集权高度密切融合后,形成民族国家的认同感与一致性,最终造就了民族国家成为现代国际政治的主要行为单位。

以民族国家为中心,我们可以更好地认识近代以来欧洲各国如何形成它们之间的政治关系,并伴随欧美列强的对外扩张而将欧洲政治带到世界其他地区,从而形成具有全球现象的国际政治。民族国家及其国家利益、国家力量、国际战略与外交政策等,一方面影响和决定了各国对外关系的走向,推动了国际政治的发展和变化,另一方面也为外界观察和判断特定国家的对外行为方式提供了可能,从而成为现代国际政治学科的核心概念之一。当人们清楚地认识和了解世界大国和地区强国的对外政策和行为方式后,就有可能判断地区乃至国际形势的未来发展态势,进而更好地认识和研究国际政治。

当代国际政治是一个行为体日益多样、多元的时代,自从17世纪欧洲打完"三十年战争"以来,民族国家便一直成为国际政治的主要行为体,始终占据着国际政治舞台的中心位置。尽管随着全球化发展的日益深化,越来越多的非国家行为体如跨国公司、非政府国际组织逐渐开始在国际政治舞台上赢得一席之地,但国家作为国际政治最基本的行为体这一角色并没有发生根本变革。因此,以民族国家为中心,仍然是观察和探索国际政治的基础和出发点。正如中国社会科学院原欧洲研究所所长陈乐民研究员指出的那样:"国际政治问题在表象上可以千变万化,但剥笋剥到最里层时,终究会发现国家的内核。国家和它所追求的现实和长远的民族利益,一直是国际政治中最活跃、最有决定意义的因素;这一点,在今天仍然是确定无疑的。"[①]

民族国家作为国际政治的主要行为体,凸显了国际政治的三类表现:

---

① 陈乐民:《黑格尔的"国家理念"和国际政治》,载《中国社会科学》1989年第3期,第146页。

(1)国家间关系,(2)国家与非国家行为体间关系,以及(3)非国家行为体之间的互动。就17世纪以来的大多数时间而言,主要体现出的是国与国之间的关系,其中起源于欧洲并不断外溢的民族主义思潮与运动,成为近代民族国家体系建立和发展的主要推动力。

二、民族主义的内涵

近代民族主义最早可以追溯到18世纪的西欧和北美。从那以后,源于法国大革命、北美独立战争和波兰被瓜分前后的民族主义思潮,便通过各种途径逐渐在整个欧洲和世界其他地区传播开来,从而在近现代欧洲政治和世界历史发展过程中发挥着举足轻重的作用。进入20世纪,民族主义运动更是给国际政治带来前所未有的巨大冲击。两次世界大战的爆发均有着强烈的民族主义色彩,战后涌现的民族独立与解放运动,以及冷战结束以来新一轮的民族主义高潮,也都极大地改变和塑造了国际政治发展的历史轨迹,无不显示民族主义在民族国家体系构建和发展演变过程中扮演的关键角色。

然而,与历史发展的清晰脉络不同,围绕民族主义内涵的争论却一直延续不断。什么是民族主义?从来就没有公认的答案。无论就其内涵还是起源乃至发展前景等,总会引起学界和世人的高度关注与争论。显然,出于不同的政治立场、观点和观察角度,以及民族主义运动本身发生、发展的差异,国际学界和社会大众没能就如何界定民族主义概念本身达成一致。被称为"民族主义共同奠基人"之一的卡尔顿·海斯(Carlton J. H. Hayes)曾断言:"对爱国主义、民族性和民族主义的属性和历史的完整且系统的研究,在任何语言中都不存在。"[①]另一位"共同奠基人"汉斯·科恩(Hans Khon)也曾说过:"民族主义在所有国家和整个历史时期是不一样的。它是一个历史现象而且取决于它所植根的不同地区的政治理念和社会结构。"[②]正因如此,尽管民族主义一词早在1774年就出现在德国哲学家赫德尔(J. G. Herder)的著作中,而且在19世纪中叶就被欧洲学界所普遍使用,但一旦涉及具体内涵及

---

① Carlton J. H. Hayes, *Essays on Nationalism*, New York:The Macmillan Company, 1928, p.2.
② Hans Khon, *Nationalism, Its Meaning and History*, Priceton, New Jersey:D. Van Nostrand company, Inc., 1955, "preface".

定义时，却还是争论不休。

其一，认为民族主义是一种思想状态。英国历史学家爱德华·卡尔指出："民族主义通常被用来表示个人、群体或一个民族内部的成员的一种意识，或者是增进民族的力量、自由或财富的一种愿望。"汉斯·科恩则给民族主义下了一个简短的定义："民族主义首先而且最重要的应被认为是一种思想状态……在这一状态中，体现了个人对民族国家的高度忠诚。"后来出版的《大不列颠百科全书》对民族主义的解释与科恩的观点相似，认为"民族主义是一种思想状态，每个人对民族国家怀有至高无上的世俗的忠诚"。

其二，认为民族主义是一种学说或原则。埃力·凯多力（Elie Kedourie）认为："民族主义是19世纪初在欧洲被发明的一种学说"；"简单地讲，这种学说坚持认为人类被自然地划分为民族，而这些民族又通过特定的可确认的特征为人们所熟知，而且政府唯一的合法形态是民族自我统治的政府。"欧内斯特·盖尔纳（Ernest Gellner）也认为："民族主义基本上是一种原则，它坚持政治的和民族的单位必须一致。"

其三，认为民族主义是一种运动。与上述观点不同的是，美国人路易斯·斯奈德（Louis L. Snyder）认为："民族主义是自法国大革命以来占据了大多数人的行动和政治思想行为的一种强劲的感情。它不是自然的，而是一种历史现象，它的出现是对特定的政治、经济和社会形式的回应。"英国人约翰·布热奥利（John Breuilly）也认为："民族主义是一种政治形态，指的是寻求和掌握国家权力的政治运动，并用民族主义为理由去证明这种行动的正当性。"伦敦政治经济学院的安东尼·史密斯（Anthony D. Smith）教授持同样的看法，他在总结前人已有的各种定义之后认为："民族主义是一种意识形态运动，目的在于为一个社会群体谋取和维持自治及个性，它们中的某些成员期望民族主义能够形成一个事实上的或潜在的民族。"

其四，认为民族主义不只具有上述某一方面的内容，它的含义应是多方面的。这种观点实际上是上述观点的综合，也就是有的学者所提出的广义的和狭义的民族主义概念。马克斯·H.玻赫姆（Max Hildebert Boeham）认为，"从广义上说，民族主义指的是在整个价值系统中将民族的个性放置于一个很高的位置（类似于爱国主义）的态度"，而"从狭义上讲，民族主义意味着在损害其他价值的情况下的一种特别过分、夸张和排外的强调民族价值的倾向,结果导致自负地过高评价自己的民族而贬损其他民族"。赫伯特·吉本斯(Herbert Adams Gibbons)的看法与玻赫姆相类似。他认为民族主义有具体和抽象之分:"具体来说,民族主义可以被看做是显示民族精神(如历史、传统和语言)的特定的方式;而抽象意义上的民族主义是制约一个民族的生活和行动的观念。"①

上述对民族主义概念的不同界定,一方面反映了民族主义本身表现形式的巨大差异,另一方面也反映了研究者对民族主义核心内涵的观察重点的不同认知。近代以来民族主义思潮的涌现与民族主义运动的发轫,几乎都是在众多有着不同的种族、语言、宗教、文化特征的人类群体的基础上展开的,因此必然带有各自不同的外在特征,但他们又努力寻求在共同的历史传统、相似的经历和对未来的共同愿景中确立新的集体身份与认同,民族主义无论是思想状态、学说原则还是真实的政治运动,都服务和服从于这一新的共同身份。法国人勒南(Ernest Renan)以高度抽象化的形式构成他的民族概念,在他的民族定义中没有任何经济的、地理的因素,有的只是所谓"一个民族是一个灵魂、一种精神原则""共同受苦、共同欢乐和共同希望""尽量发挥共同传统的愿望"等集体意识。② 在这样的民族定义下,讲德语的阿尔萨斯人由于主观的归属感而成了法兰西民族的一部分,阿尔萨斯—洛林地区也成为法兰西民族国家的一部分。③ 费舍尔(H. A. L. Fisher)也曾强调"共同"一词对理解民族主义的重要性,他说:"对民族精神的成长而言,最本质的东西是共同的历史,共同的遭遇,共同的胜利,共同的成就,共同的回忆,以及共同的愿望。"④

因此,尽管围绕民族主义的界定有许多不同看法,但它们大都包含对共同的民族情感、民族意识的强调,以及民族主义思潮与现实运动在历史发展进程中对建立民族国家的憧憬。正如卡尔顿·海斯早年的研究得出的结论

---

① 有关民族主义理论概念的争论及引文出处,参见王联主编:《世界民族主义论》,北京:北京大学出版社 2002 年版,第 15—17 页。
② Ernest Renan, *Qu'est qu'une Nation*? 1882. Quoted in John Hutchingson & Anthony D. Smith, *Nationalism*, Oxford: Oxford University Press, 1994, Section I, pp. 17—18.
③ Peter Alter, *Nationalism*, London: Edward Arnold, 1994, p. 10.
④ H. A. L. Fisher, *The Common Weal*, London, 1924, p. 195, quoted in Louis L. Snyder ed., *The Dynamics of Nationalism, Readings in Its Meaning and Development*, Princeton, New Jersey: D. Van Nostrand Company, Inc., 1964, p. 26.

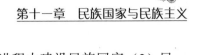

那样:(1) 民族主义是一种历史进程——在此进程中建设民族国家;(2) 民族主义一词意味着包含在实际的历史进程中的理论、原则或信念;(3) 民族主义是某种将历史进程和政治理论结合在一起的特定的政治行动;(4) 民族主义意味着对民族和民族国家的忠诚超越于其他任何对象。①

虽然海斯的观点并非无可挑剔,但总的讲,上述这四点较为全面地概括了民族主义的含义,后来的学者对民族主义所下的定义再也没有超过海斯的上述定义。

三、民族主义的兴起和发展

关于近代民族主义的起源问题,学术界的看法较为一致。一般认为,近代世界的民族主义产生于欧洲,尤以法国大革命为其形成的最主要标志。如安东尼·史密斯教授认为,18世纪是民族主义意识形态的开端,其中尤以波兰被瓜分、美国和法国革命为主要标志。② 乔治·古奇(George P. Gooch)也认为,现代民族主义是"法国大革命的产儿"。③ 在英、法、美等国的资产阶级革命的影响下,随着资本主义世界体系的建立,民族以及民族国家的观念传遍欧洲,并随着欧洲国家的殖民扩张而传播到世界的其他地区,现代民族主义由此获得了广泛的影响,具备了全球性的意义。民族主义的兴起和发展过程大致可以分为三个阶段。

(一) 民族主义在西欧的兴起和发展

伴随着新教运动的展开和王权势力的扩张,民族主义在此阶段彻底瓦解了教会势力,建立了各自的民族国家。各民族人民经历了从宗教信徒到王朝臣民到祖国公民的角色转换,经历了从盲从教皇利益到效忠王朝利益到追求国家利益(也即民族利益)的历史进程,经历了从迷信宗教神权到建立王朝、王权到确立人民主权的斗争过程,最终确立了以民族国家为基本单位的政治、经济和文化体系。这是一个创建民族国家的过程,其间反封建的积极意义毋庸赘言。

---

① Carlton J. H. Hayes, *Essays on Nationalism*, pp. 5—6.
② Anthony D. Smith, "The Resurgence of Nationalism, Myth and Memory in the Renewal of Nations," *British Journal of Sociology*, Vol. 47, No. 4, December, 1996, Note 1.
③ George P. Gooch, *Studies in Modern History*, London, 1931, p. 217, quoted in Louis L. Snyder ed., *The Dynamics of Nationalism, Readings in Its Meaning and Development*, p. 26.

(二) 民族主义扩展到欧洲的其他地区

法国大革命后的一系列对外侵略和扩张不仅反映了民族主义功能的另一面,即"争取民族的伟大,争取使每个民族有权把自己的统治扩张到相似的民族或有关的民族中去,而不管后者是否同意"①,而且自然而然地唤起了欧洲其他国家和人民的民族主义意识,一大批民族国家在欧洲应运而生。从此,欧洲的民族主义更多地带有对外侵略扩张的性质。也正是在这种狭隘的民族主义的指导下,欧洲开始了空前的殖民扩张。

以上两个阶段主要发生在19世纪,民族主义还没有明显地具有全球性的影响。

(三) 民族主义传遍全球,成为广大亚、非、拉国家反对西方列强的殖民侵略和捍卫民族独立的有力武器

这是发生在20世纪的重大历史现象。正如有的学者所指出的:"20世纪的历史实际上就是民族主义通过作用于各种超民族的意识形态而对世界格局进行重构的历史。"②在这一阶段,一方面民族主义在广大的亚、非、拉地区重新确立了它的建立民族国家和反抗外来侵略、捍卫民族独立的积极形象,推动着整个世界朝着民主、平等的方向前进;另一方面,对外扩张、排外的民族主义以及狂热地崇拜、依附本国的所谓"爱国主义",仇恨和猜疑外部世界的情绪所引发的冲突与战争,也使得整个世界动荡不已,因而民族主义所遭到的谴责和批判远远超出了它确立和巩固以民族国家为主体的国际政治体系所产生的积极意义。进入1990年代以后,以苏联、东欧社会主义国家的解体为主要标志,新一轮民族主义浪潮在全球兴起。这是在全球化的新形势下兴起的民族主义,它带有鲜明的时代特色,有人称之为新民族主义。

鉴于民族主义在各个历史发展阶段上所呈现出的不同表现形态,卡尔顿·海斯曾对民族主义进行了分类,这就是所谓的"人道主义的民族主义""雅各宾民族主义""传统的民族主义""自由主义的民族主义""整合的民族主义"以及"经济民族主义"。③海斯的这一分类法实际上将有史以来民族主

---

① 〔美〕爱·麦·伯恩斯:《当代世界政治理论》,曾炳钧译,北京:商务印书馆1990年版,第424页。
② 陈林:《论民族主义对20世纪历史的重构》,载《欧洲》1995年第5期,第15页。
③ Cf. Carlton J. H. Hayes, *The Historical Evolution of Modern Nationalism*, New York: Richard R. Smith, Inc., 1931.

义的类型作了一次梳理,使我们清晰地看到了民族主义发展和演变的过程,以致经济因素最终成了民族主义的中心内容。汉斯·科恩专以地理界线为标准,将民族主义划分为两种类型,即:西方世界的民族主义,包括英格兰、法国、荷兰、瑞士以及美国、英国自治领的民族主义;非西方世界的民族主义,包括中欧、东欧以及亚洲等地的民族主义。[①] 也有的学者跨越时空的限制,综合历史上已有的民族主义类型,认为民族主义可以划分为"压迫型的民族主义""领土收复型的民族主义""预防型的民族主义"以及"威望型的民族主义"。[②] 此外,还有族群民族主义、公民民族主义、扩张主义的民族主义、浪漫的民族主义、文化民族主义、后殖民时代的民族主义、解放的民族主义、左翼民族主义、自由的民族主义、民族保守主义、宗教民族主义、泛民族主义、离散民族主义等诸多分法。

总之,民族主义作为一种社会思潮和意识形态运动,它包含了对民族的理性认知,也蕴含着巨大的非理性的情感表达,两百多年来一直为人们所关注,也一直影响着国际社会的方方面面。我们在研究和讨论国际政治时,必须充分认识到民族主义的这一特点,力求以科学、理性的态度全面分析和对待民族主义,尤其是当前世界政治范围内的民族主义。

四、民族主义与分裂主义

自从现代民族主义诞生以来,追求建立属于自己的民族国家的政治努力一直是挑战既有国家内部政治结构的主要力量,它不断分裂已有的国家,重新改写世界政治版图中的国家边界。[③] 其原因一方面是民族主义织就了威斯特伐利亚和会以来的国际体系,另一方面则是分裂主义不断肢解国内政治秩序,从而使得民族国家的数目日渐增多,分裂主义的成功使文化族群经逐步树立了政治民族意识。在分裂主义的推动下,旧有文化族群持续追求主权独立,新的政治民族不断涌现,已有的民族主义体系得以继续扩大和

---

① Cf. Hans Khon, *The Idea of Nationalism*, New York:The Macmillan Company, 1946, pp. 18—20, 329—331.
② Max Sylvius Handman, "The Sentiment of Nationalism", *Political Science Quarterly*, Vol. 36, No. 1, 1921, pp. 104—121.
③ John O'Loughlin and Gearóid Ó Tuathail (Gerard Toal), "Accounting For Separatist Sentiment in Bosnia-Herzegovina and the North Caucasus of Russia: A Comparative Analysis of Survey Responses," *Ethnic and Racial Studies*, Vol. 32, No. 4, May 2009, p.591.

加强，世界政治日趋朝分裂的方向演进。

引起分裂主义原因有多种，民族因素是分裂主义的最常用理由，民族主义常常被分裂主义当做思想和行动的武器。分裂主义的表现形式也各具特色，在分裂的领土上建立属于某一特定族群的新政权，是分裂主义的共同目标。

因此，分裂主义常常被称作民族分裂主义，往往又与民族主义画等号。从理论上讲，二者内涵与性质根本没有交集，但从现实政治来看，分裂主义的思潮与行动却又与民族主义有着千丝万缕的联系。

一般而言，由于民族本身的文化和政治属性，使外界观察民族主义思潮及其运动时，常常忽视其主体是文化民族（即族群，ethnic group），还是政治民族（即国家，nation）。[①] 所谓民族分裂主义，准确地讲，其主体是文化民族，因此应称之为文化族群的民族主义，如同20世纪90年代初，西方世界讨论前南斯拉夫分裂时所使用的 ethno-nationalism 概念一样，尽管后来欧美各国乃至联合国都已称呼那些从前南斯拉夫独立出来的族群为民族（nation），但在当时却都无一例外地称他们为南斯拉夫境内的某一族群（ethno）。所以，只有在这一内涵上，我们才能将文化族群的民族主义简略为分裂主义，但无论从哪个方面来看，都不能称之为民族主义，后者是国家政治发展的结果。

因此，一般认为的族群民族主义在理论上不能成立，因为其主体是族群而非民族，两者显然处在不同的层次上。与其说族群民族主义是民族主义的一种表现形式，还不如说它是分裂主义更能准确反映事实的真相。但在现实政治中，分裂主义思潮、运动及其领导人，都愿意将自己打扮成民族主义者和民族主义运动，这就人为增加了理解和分析这类问题的难度，使得有关概念间的关系变得似是而非。

众所周知，民族一方面取决于共同的历史、血缘和风俗，另一方面则取决于后天集体身份的塑造和主观意识的归属。前者是静态的、文化的，与生俱来，表现在社会生活的各个领域，如汉族、藏族、锡克人、巴斯克人等概念；后者是动态的、政治的，随时改变，主要集中在社会生活的政治方面，如中华民族、美利坚民族、苏联人民等概念。由于二者属性不同，在现实政治中运

---

① 有关政治民族和文化民族的区分，参见王联：《关于民族和民族主义的理论》，载《世界民族》1999年第1期，第2—12页。

用民族这一概念时,应仔细区分其文化和政治属性,进而将它们明确区分为文化民族和政治民族。

不过,进入 20 世纪后,世界各地民族主义的风起云涌中,却夹杂了对上述政治民族的不同理解。一些文化族群开始以民族主义作为思想武器,寻求通过民族自决、民族解放斗争来为自身赢得政治地位①,亦即通过混淆民族概念的内涵,以文化族群为基础追求政治民族的新身份,把民族分裂主义(即族群民族主义)包装为 18 世纪以来的欧洲民族主义。

无疑,民族主义的基础来自政治民族的支撑,政治民族又是建立在众多文化民族共同拥戴的基础之上;而分裂主义的基础来源于族群民族主义的泛滥,其理论和现实动力均有赖于文化民族的支持。因此,民族主义的核心概念是政治民族,而分裂主义的核心概念则是文化民族。由于文化民族一方面是构成现代政治民族的组成部分,同时又可能在分裂主义中扮演关键的推动者,从而使民族主义与分裂主义直接建立了联系,无论从理论还是现实政治来看,都使得分裂主义者和分裂主义运动找到了民族主义的理论基础和思想依靠。

与其他社会科学概念一样,有关分裂主义概念的界定,尽管在文字表述上有差异,但都突出强调了分裂主义是一种政治行为,有着明确的政治目标,无论是更大程度的政治自治,还是完全的主权独立,最终的目标都是要寻求特定文化族群从现有国家(即政治民族)中分离出去。因此,在现实政治斗争中,分裂主义往往依赖某一文化族群的集体支持。正如军事科学院研究员王卫星指出的那样:"分裂主义的核心推动力,通常来自该国具有领土认同、群体认同和文化认同的某少数族群。"②唐纳德·霍尔威茨(Donald L. Horowitz)也认为:"尽管分裂主义存在国内和国际政治的关联,但就大多数分裂主义的兴起而言,最能有效解释的还是国内的民族政治。"③这就一语

---

① 有关自决(self-determination)概念与分裂主义的关系,沃克·康纳(Walker Connor)做过很好的梳理,参见:Walker Connor, "Self-Determination: The New Phase," *World Politics*, Vol. 20, No. 1, 1967, pp. 30—53, 还可参见 Tamotsu Shibutani and Kian M. Kwan, *Ethnic Stratification*, New York: Macmillan, 1965, pp. 444—45。

② 王卫星:《分裂主义是危害当今国际社会的毒瘤》,载《解放军报》2008 年 5 月 12 日第 8 版。

③ Donald L. Horowitz, "Patterns of Ethnic Separatism," *Comparative Studies in Society and History*, Vol. 23, No. 2, 1981, pp. 167—168.

点破了为什么分裂主义常被称为民族分裂主义的内在原因。① 原本是文化多元的国内政治和社会结构,在分裂主义运动中成为引发政治动荡的主因,进而在成功实现分离后以政治民族的身份进入国际体系之中,这是分裂主义的族群依托和政治目标使然。尽管分裂主义者通常都会将分裂的原因归结为经济、文化和政治等方面②,但在大多数情况下,他们都将上述矛盾和对立简化为不同族群间的对立。

分裂主义从国内到国际的演变和转型,实际上是文化民族获得政治身份的过程,分裂主义者和分裂主义运动在这一过程中大都借助民族主义的逻辑来为自己辩护。如前所述,分裂主义的基础在于文化民族。刻意混淆民族的文化和政治属性,这是分裂主义赖以存在的族群依托。正是有了文化民族的集体身份,民族主义的那套思维便被自然地嫁接到分裂主义身上,捍卫文化民族的政治自决和主权独立,成为历史上欧洲民族主义争取民主、人权和宗教自由的政治斗争在现代国际政治中的翻版。分裂主义借由文化民族与政治民族的密切关联,而直接过渡到民族主义。于是,分裂主义者及其运动便高举民族主义的旗帜,与所在国家的中央政府或主体民族展开与自身经济利益、政治权益、文化特性密切相连的政治争夺,分裂主义因为有了民族主义的外衣而具备了理论和现实的"合法性""正当性"。

民族主义与分裂主义的互动,究其根本原因,主要还是源自文化民族与政治民族的密切联系。尽管文化民族的群体意识与生俱来,但政治归属却可随着周边环境的改变而改变。因此,文化族群的民族主义从发轫到最终分裂现有国家,实际上就是文化民族演变为政治民族的过程。

就现实政治来说,文化族群的民族主义往往会首先确立自身的政治身份,要求更多自治权力;其次是瓦解其所在国家政治民族的单一特性,以便为两个(或以上)政治民族单位的理论和法律地位提供更多现实依据;第三,作为政治民族被创造的前奏,建立文化族群的领土自治通常是分裂主义必经的发展阶段;第四,一旦这种政治自治的形式获得国家(或主体民族)认可

---

① 不过,为避免产生歧义,本章还是将民族分裂主义界定为族群民族主义,或干脆称之为分裂主义。

② Katharine Boyle, Pierre Englebert, "The Primacy of Politics in Separatist Dynamics," http://www.sscnet.ucla.edu/polisci/wgape/papers/10_Englebert.pdf.

和接受,就会肢解现有政治民族单位,建立新的、主权独立的国家便成为可能。无论怎样,文化族群的民族主义由于主体身份的改变而成为不折不扣的民族主义,政治民族的集体意识初步确立,民族的文化和政治属性合二为一,旧的国家被分裂,新的民族被创造。

总之,民族主义与分裂主义虽是两个不同的概念,但却在实践中相互推动和呼应。一方面,民族主义的意识形态强化了分裂主义的政治基础。分裂主义虽然表现不同,可以是领土分裂、宗教诉求、语言差异,但都以特定民族的自决为旗号,显示民族主义的意识形态强化了分裂主义的政治基础。另一方面,分裂主义刻意塑造的集体记忆奠定了民族主义的政治认同。贝弗利·克劳福德(Beverly Crawford)指出:"当文化群体寻求特权或差别对待时,以及当经济因素(哪怕是非人为因素造成)导致被界定为文化团体的人们感到形势异常恶化时,文化认同都可能向政治认同转化。"[1]詹姆斯·费伦(James D. Fearon)也持有类似观点:"持久的国内和平不可能通过将某些'民族(nation)'编入国家就能取得,民族不是自然诞生的,民族是被创造的,部分程度上是作为对国际刺激及主要大国政策的反应。"[2]可见,分裂主义通过人为重塑集体意识,使文化民族逐步转变为政治民族,以文化民族为核心的分裂主义,最终演变为以政治民族为中心的民族主义,也就一点都不奇怪了。

总之,分裂主义的主要理论基础是民族主义,通过强化文化民族的政治身份,借助民族自决权、民主和人权等工具,推动特定族群政治意识的塑造。从实际行动上看,分裂主义往往诉诸民族对立,但导致分裂主义的实际原因多种多样,多数都与民族自决没有关联。

同时,与其把分裂主义归入思想和意识形态行列,还不如把它归入实际的行动行列。对分裂主义而言,它的核心概念是文化民族,但基本的思维逻辑却是民族主义的,唯一的目标的就是从现有政治单位(国家或政治民族)分离出去,而民族主义更多是一种思潮、情感和集体意识。后者就其自身发

---

[1] Beverly Crawford, "The Causes of Cultural Conflict: An Institutional Approach," in Beverly Crawford and Ronnie Lipschutz, eds. , *The Myth of 'Ethnic Conflict': Politics, Economics, and 'Cultural' Violence*, Berkeley: International and Area Studies, University of California, 1998, p.38.

[2] James D. Fearon, "Separatist Wars, Partition, and World Order," *Security Studies*, Vol.13, No.4, 2004, p.394.

展而言,本无分裂国家的特性及追求,但在现实政治中,分裂主义以民族主义为旗号,将个人、党派、团体和地方的利益,包装成文化民族的集体目标,混淆了民族的文化和政治属性。

文化民族追求政治身份,导致20世纪以来世界范围内分裂主义运动高涨,民族冲突烈度加大,民族国家数目激增,民族主义和分裂主义不断重塑世界政治。这一现实充分说明在民族问题上,文化与政治属性的互动是世界各国和地区民族冲突、分裂主义盛行的主要特性。

简单地说,文化民族追求政治身份,是当代世界政治中各国和各地区民族冲突的基本范式。所谓追求政治身份,实质上就是有关民族群体对其目前所在国家政治上的不认同,这种不认同所催生的则是当代困扰那些多(文化)民族的国家的分裂主义。

回顾近代以来的世界政治发展,新独立国家政治身份的认同并不取决于文化族群的民族同一性,而是取决于政治意识的一致性,但20世纪世界民族主义和分裂主义的案例又表明,在现有的民族国家体系中,认同的合法性却又大多建立在族群的同一性基础上,这使得民族主义与分裂主义的关系愈加错综复杂。文化民族经由政治组织的操弄,结合外部势力的干预,往往成为日后政治民族形成、政治身份认同的主要基础,也是当前世界范围内民族冲突频发、分裂主义甚嚣尘上的关键所在。

第十二章 无政府状态

丁韶彬

从西方国际关系理论发展的历史和逻辑来看,各主要理论流派往往不是孤立发生和发展的,大都在对其他相关流派的确认或批驳过程中确立自己的理论内容和风格。在此过程中,一些概念往往被不同理论流派加以分析、辩驳和运用,尽管通常存有争议,但却非常基础和重要,以至于无法回避,从而成为国际关系学科的核心概念。无政府状态就是这样一个概念。

无政府状态(anarchy),也称为国际无政府状态,源于霍布斯(Thomas Hobbes)"自然状态"(state of nature)假定,自 1916 年迪金森(G. Lowes Dickinson)把它引入国际关系分析,并经马丁·怀特、肯尼斯·华尔兹等人的阐述,已经成为西方主流国际关系理论争论的一个核心概念和基本假定,成为不同学派进行理论构建的基石。这种争论不仅发生在新现实主义和新自由主义之间,英国学派、建构主义乃至体现国际关系理论最新发展的"国际政治的社会演化"理论都参与其中。

本章主要考察无政府状态概念在国际关系理论中的地位,梳理无政府状态的内涵和理论脉络,评析不同流派围绕无政府状态展开的理论推演和争论,以期有助于读者更好地理解和把握这一国际关系理论的基础概念。

一、无政府状态及其理论地位

根据海伦·米尔纳(Helen Milner)的概括,无政府状态(anarchy)至少有两种含义:一是缺少秩序,即混乱和无序;二是缺少政府。[1] anarchy 一词来源于希腊词 anarkhos,意思是"没有统治者"(without a ruler)。在日常使用中,无政府状态一词常常使人产生混乱、暴力和无法无天情景的想象,常常与革命性剧变和极端的社会和政治动荡联系在一起。国际关系理论中的

---

[1] Helen Milner, "The Assumption of Anarchy in International Relations Theory: a Critique", in David A. Baldwin, ed., *Neorealism and Neoliberalism: The Contemporary Debate*, New York: Columbia University Press, 1993.

"无政府状态",一般被用来概括这样一种状况:国际政治中,没有任何国家或国家联盟能够对整个体系进行绝对的控制;国际体系中没有中央政府的存在,运行于其中的国家是主权独立的、自治的,对自己的命运负责,在其领土范围内的事务施以合法的控制和权威。[1] 阿特(Robert Art)和杰维斯(Robert Jervis)的概括较有代表性:"国际政治发生在一个没有中央统治的领域。没有什么机构凌驾于拥有权威和权力制定法律和解决争端的个体国家之上。国家可以作出承诺,订立条约,但没有什么主权权力能确保守约和惩罚背叛。这种至高无上权力的缺失,就是国际政治无政府环境所具有的含义。"[2] 简言之,无政府状态是指,相对于国内社会存在着中央政府和共同的权威,国际社会不存在中央权威,或者说,在主权国家之上不存在更高的主权。

可以确定的是,在19世纪末至"一战"前后关于战争原因与和平条件的理论分析中,(国际)无政府状态概念已经经常作为一个体系因素被提及。如特鲁布拉德(Benjamin F. Trueblood)在其1899年出版的《世界的联邦》一书中断言,随着世界国家的产生,"国际的无秩序和无政府将会一去不返"。[3] 希尔(David Jayne Hill)在1911年出版的一部讨论世界组织的著作中指出,从一种国际的观点来看,世界长期处于"温和的无政府状态"(polite anarchy),并且认为,尽管国家之间偶然达成有限的共识,分享某些外交规范,承认某些国际伦理原则,但是"从法律上说,存在着一种无政府的状况"。[4] 而美国政论家李普曼(Walter Lippman)在其1915年出版的《外交的赌注》(*The Stakes of Diplomacy*)中认为,巴尔干国家、非洲苏丹国、土耳其、中国、拉美等落后或贫弱国家是外交的首要问题,"世界政治的无政府是由于弱国的落后"。[5]

在国际关系理论发展史上,迪金森大概是最早以(国际)无政府状态为

---

[1] Martin Griffiths and Terry O'Callaghan, *International Relations: The Key Concepts*, London: Routledge, 2002, pp. 2—3.

[2] Robert Art and Robert Jervis, eds., *International Politics: Anarchy, Force, Political Economy, and Decision-Making*, 2nd edition, Boston: Little, Brown & Company 1985, p. 2.

[3] Brian C. Schmidt, *The Political Discourse of Anarchy*, Albany: State University of New York Press, 1998, p. 131.

[4] Brian C. Schmidt, *The Political Discourse of Anarchy*, p. 94.

[5] Ibid., p. 146.

第十二章 无政府状态

题分析战争起因的学者。1916 年,迪金森以《欧洲的无政府状态》(*The European Anarchy*)作为书名,这应该是 anarchy 第一次作为一部专著的标题并被赋予作为国际关系学科概念的基本内涵。迪金森宣称,只要无政府状态持续,国家间的斗争就会倾向于某种程式化的形式。他认为,对其他国家的行为和意图的相互怀疑,在国际无政府状态下会不可避免地发生,国家行为的这种特征贯穿了从马基雅维利时代到第一次世界大战爆发的整个时期。① 1926 年,他又以《国际无政府状态,1904—1914》(*International Anarchy, 1904—1914*)一著探讨大战前的国际政治关系。他认为,在所有引起战争的具体原因的背后,存在着一个使战争将要发生的总体形势,即国际无政府状态的存在。在他看来,国际无政府状态是第一次世界大战爆发的根本原因。② 在这里,国际无政府状态成为分析造成国际冲突和战争根源的一种体系层次的原因。

此后,无政府状态因为马丁·怀特、肯尼思·华尔兹以及赫德利·布尔等国际理论大师的讨论而成为国际关系理论的核心概念。马丁·怀特在 1946 年第一版《权力政治》中有"国际无政府状态"篇(在 1978 年的第二版中稍有扩展),认为战争"根本的原因在于没有国际政府,换言之,即主权国家体系的无政府状态",而无政府状态使国际政治与国内政治相区别。在后来关于国际理论的三个传统——现实主义、理性主义和革命主义——的论述中,怀特又分别以"国际无政府状态"、体现国家间制度化交往的"外交和商业""国家社会"(society of states)或"国际大家庭"(family of nations)作为三个理论传统对应的主题,并把国际无政府状态界定为这样一种状态,即认识到没有更高政治权威的多个独立的主权国家,它们的关系最终将由战争来规定。③ 在此前后,其他一些理论大师也提及国际无政府状态的问题。巴特菲尔德曾提出一个类似的概念"霍布斯恐怖状态"(situation of Hobbesian fear),认为当时的东西方军备竞赛就是由此引起的;④ 卡尔在《20 年危机(1919—1939)》中尽管提及国际无政府状态,但不同于怀特,并没有专门讨

---

① Brian C. Schmidt, *The Political Discourse of Anarchy*, p. 161.
② Ibid., p. 162.
③ Martin Wright, *International Theory: The Three Traditions*, London: Leicester University Press, 1991, p. 7.
④ Herbert Butterfield, *History and Human Relations*, London: Collins, 1951, pp. 22—23.

论;现实主义大师摩根索在 1948 年第一版《国家间政治》以及沃尔弗斯在《纷争与协作》等代表性著作中都提及无政府状态,但没有加以分析。

华尔兹第一次对战争根源作了层次分析。按照他的概括,战争根源可以归结为人性、国家和国际体系三个层次,华尔兹称之为三种意象(image)。具体而言,就是人性的自私、被误导的侵略性冲动和愚蠢,国家结构和国内弊端,以及国际体系的无政府状态。华尔兹对无政府状态的含义及其后果作了如下阐述:"由于存在许多主权国家,在它们之间不存在法律执行体系,每一个国家都根据自身理性或欲求的支配评判其不满和雄心,所以,冲突注定会发生,并且时常导致战争的爆发。为了从冲突中达到一个有利的结果,国家只能依靠自己的手段,并且这些手段的相对有效性必须受到持续的关注。"①华尔兹在这里表达了无政府状态导致国际冲突和自助的逻辑关系,这成为华尔兹后来撰写的新现实主义经典名著《国际政治理论》的理论出发点。

现实主义大体认为无政府状态是一种国际关系事实,自修昔底德时代至今没有实质的改变。正如吉尔平所言:"国际关系的根本性质被认为历经千年而未变。在无政府状态下,国际关系仍然是独立行为体之间不断重现的为争夺财富和权力而进行的斗争。"②赫德利·布尔对于现实主义把无政府状态等同于霍布斯式的自然状态进行了批评。他先是在 1961 年撰写了"国际关系中的社会和无政府状态"一文(1966 年被收入巴特菲尔德和怀特主编的《外交探索:国际政治理论文集》)③,后来又在其所著的被誉为英国学派最负盛名的代表作《无政府社会》一书中,以世界政治秩序为主题,对无政府状态下的国际社会进行了深入分析。

根据戴维·鲍德温,关于无政府状态含义、性质和后果,尤其是无政府状态在何种程度上阻碍了国际合作的前景,构成了国际关系理论第三次争

---

① Kenneth N. Waltz, *Man, the State and War: a Theoretical Analysis*, New York: Columbia University Press, 1959, p.159.
② Robert Gilpin, *War and Change in World Politics*, New York: Cambridge University Press, 1981, p.7.
③ Hedley Bull, "Society and Anarchy in International Relations", in H. Butterfield and M. Wight, eds., *Diplomatic Investigations: Essays in the Theory of International Politics*, London: Allen and Unwin, 1966, pp.35—50.

第十二章 无政府状态

论——新现实主义和新自由主义之间的理论论战的一个主题。① 不仅如此,晚近的所谓国际关系理论第四次论战中,理性主义的无政府状态假定又成为建构主义批驳的主题,无政府文化的社会建构和演进成为建构主义理论的重要内容。

总之,无政府状态是国际关系理论中的最重要假定之一,是不同学派理论构建的重要基石。西方国际关系主要理论流派间论战和对话都难以回避这一重要议题;不同理论,赋予了无政府状态不同的含义和意义。就此而论,了解这些理论流派关于无政府状态的基本观点及分歧的实质,是打开国际关系理论殿堂的一把钥匙。而就其理论来源和发展逻辑来看,这一概念经历了从现实主义的经典界定到其他理论的各种批驳和再界定的过程。

二、无政府状态假定的理论来源

国际无政府状态假定的直接理论渊源,是近代思想家的自然状态思想,这是我们理解无政府状态假定的一个切入点。

在探讨人类政治社会的起源和国家的本质时,格劳秀斯(Hugo Grotius)、斯宾诺莎(Baruch de Spinoza)、霍布斯、洛克(John Locke)、卢梭(Jean-Jacques Rousseau)等西方近代思想大师,继承和发展了古代自然法理论、社会契约论思想,提出了"自然状态"假定。与人类进入政治社会后的状态相对应,自然状态指的是国家产生之前(或者说人类进入政治社会或文明社会之前)的状态。他们的社会契约论有如下共同之处:在国家产生以前,人们生活在自然状态中并拥有与生俱来的自然权利;由于自然状态所具有的冲突性或其他缺陷,人们便在理性的昭示下相互订立契约,制定法律,建立国家。但他们对自然状态的想象不尽相同,对于自然状态的性质等问题也各有见解,依其基本性质大体可以分为三类:自然状态究竟是人人为敌的状态,自由和谐的状态,抑或介于两者之间。

把自然状态描述为战争状态的首推托马斯·霍布斯。他认为,在文明社会出现之前,人类经历了一个自然状态,一个每个人对每个人的战争状

---

① David A. Baldwin, "Neorealism, Neoliberalism, and World Politics", in David A. Baldwin, ed., *Neorealism and Neoliberalism: The Contemporary Debate*, New York: Columbia University Press, 1993.

态。至于是什么原因导致了自然状态是战争状态,霍布斯把它归于人性。他指出,有三种造成争斗的主要原因存在。第一是竞争,第二是疑惧,第三是荣誉。第一种原因使人为了求利而侵害,第二种原因使人为了求安全而侵害,第三种原因使人为了求名誉而侵害。①

与上述对人类前政治社会的状态持相反或相对观点者也不乏其人,他们以洛克、孟德斯鸠和卢梭为代表。洛克在探究政治权力的起源时提出了自然状态假定。他认为自然状态是一种完备无缺的自由和平等的状态。人们可以在自然法的范围内,按照自己认为合适的办法决定自己的行动,处理自己的财产和人身,而无须得到他人的许可或听命他人的意志;一切权力和管辖权都是相互的,没有一个人享有多于别人的权力。洛克认为,在自然状态中起支配作用的是为人人所应遵守的自然法:即人们既然都是平等和独立的,任何人就不得侵害他人的生命、健康、自由或财产;人们在保存自身的同时,也应该尽其所能保存其余的人类。② 但是洛克也发现自然状态下的一些不足:不存在组织、法院、律师、成文法和对人的奖惩。

正如汤普森(Kenneth W. Thompson)指出的,霍布斯和洛克为当代思想家提供了关于自然和人性的现成概念,现实主义者接受了霍布斯的大多数理论,而洛克则使理想主义者确认了他们关于人和国际社会的信条。③ 或如约瑟夫·奈所指出的,霍布斯和洛克关于自然状态的观点是当今国际政治思想传统——现实主义与自由主义——国际政治分析方法的哲学源头。④

还有一种自然状态观介于上述两种之间,其代表人物是格劳秀斯。施特劳斯指出,"格劳秀斯论著的核心思想是,人生来就是一个理性的社会性的动物"。⑤ 他强调人天生具有对社会生活——即按照他们的智识标准跟那些与他们自己同属一类的人过和平而又组织的生活——的欲望,而且,人也天生就具有能使其在社会生活中和平共处的能力。另外,保全自己的生命、

---

① 〔英〕霍布斯:《利维坦》,黎思复、黎廷弼译,北京:商务印书馆1986年版,第92—97页。
② 〔英〕洛克:《政府论》(下篇),叶启芳、瞿菊农译,北京:商务印书馆1997年版,第5—7页。
③ 〔美〕肯尼斯·W.汤普森:《国际思想之父》,谢峰译,北京:北京大学出版社2003年版,第99页。
④ 〔美〕约瑟夫·奈:《理解国际冲突:理论与历史》,张小明译,上海:上海人民出版社2002年版,第6页。
⑤ 〔美〕列奥·施特劳斯等主编:《政治哲学史》(上),李天然等译,石家庄:河北人民出版社1998年版,第441页。

自由和财产是人的本性,因而人也不应该侵犯他人的生命、自由和财产。同时,人也是有理性的动物。因此,在自然状态下,虽然不存在人定法和政府,但人们却能过着理性的社会生活,人的行为也受到社会道德的约束。

上述考察表明,就其性质而言,政治思想史上至少有三种不同的自然状态假定。当我们把视野转向国际政治理论时,不难发现,不同的自然状态假定相应地被演绎成不同的国际无政府状态假定。

三、传统理论流派中的无政府状态

国际无政府状态是主流国际关系理论的核心概念和基本假定之一,但各主要流派对无政府状态的理解却存在较大的差异,由此导致对国际政治现实的不同理解和相应不同的逻辑推演。(新)现实主义和新自由主义把无政府状态作为给定因素和构建理论的基石,并强调物质因素的作用,但两者对于无政府状态的性质和后果有着不同的理解;而重视观念、知识等社会和文化因素的英国学派和建构主义理论则对此提出了批评和挑战。这从它们的代表性人物的观点中不难看出。

1. 现实主义:无政府状态下的权力竞争

现实主义以国际无政府状态为逻辑起点,认为国家争夺权力的斗争是国际政治的本质,这使得其理论风格具有悲观主义和循环论的特质。

首先,无政府状态导致自助和安全困境。在无政府状态下,国家的生存有赖于发展和壮大自身实力,即自助;同样的逻辑也适用于其他国家,因此,一国出于自助而获取权力的做法会导致相关国家不安全感上升,也需要通过扩张自身权力以求自助。于是,就会出现一个国家为了保障自身安全而采取的措施,反而会降低其他国家的安全感,从而导致该国自身更加不安全的现象,这就是美国学者约翰·赫茨在1950年发表的"自由主义者的国际主义与安全困境"一文中首次提出的安全困境(security dilemma,又译为"安全两难")。约瑟夫·奈阐述了无政府状态与安全困境之间的逻辑联系:"安全困境的产生,同国际政治的基本特征,即无政府状态,或国家之上缺少一个政府,是密不可分的。在无政府状态之下,一个国家追求安全的独立行为可能导致所有的国家更不安全。如果一个国家增强其势力以确保自身的安全不受另外一个国家的侵害,那么第二个国家在看见第一个国家变得更加强大后,可能也会增强自己的实力,以防备第一个国家。这样一来,每一方增强自己的实力,以确保自身安全的独立行为,都会使得双方更不安全。"①

其次,无政府状态派生出权力政治和国际冲突。这一点与国家面临的自助系统和安全困境密切关联。没有实力则国家无以自助,没有实力国家也无以应对安全困境。米尔斯海默揭示了安全困境逻辑下国家之间的冲突关系:"'安全困境'的实质是,一个国家用来增加自己安全的测度标准常常会减少他国的安全。可见,一个国家在不威胁其他国家的安全情况下增加自己的生存机会是困难的。"②安全困境带来的是缺乏战略互信、军备竞赛、彼此畏惧,以至于爆发冲突和战争。修昔底德所谓"雅典人权力的增长引起了斯巴达人的畏惧,这使得战争不可避免",正是安全困境导致战争的典型案例。

再次,无政府状态阻碍国际合作。在新现实主义者看来,安全困境中的国家关注自己在国际政治中的权力分配中的位置,因而非常在意国际合作中的相对获益(relative gains)问题。具体而言,第一,国家常常担心,对可能的合作获益进行的分割,或许会更有利于其他国家而不是自己;第二,国家还担心,对其他国家进行合作的种种努力,以及商品贸易和劳务的交换,都会导致本国依附于他国。在格里科(Joseph M. Grieco)看来,现实主义有五个主要观点,其中三个是:国际无政府状态是塑造国家动机和行为的主要力量;无政府状态中的国家倾注于权力与安全,倾向于冲突与竞争,即使面临共同利益时也常常不易合作;国际制度仅仅是微弱地影响国际合作前景。③因此,无政府状态决定了国际合作是有限度的。

此外,无政府状态作为国际政治的结构性特征,具有持续性。华尔兹断言,独立的政治单位一开始互动,无政府体系就开始出现。而无政府体系一旦形成,无政府逻辑就要求体系中的行为体采取措施以确保自身能够在无政府体系中生存和再生(reproduce);与此同时,国际体系的无政府结构也不

---

① 〔美〕约瑟夫·奈:《理解国际冲突:理论与历史》,第36页。
② 〔美〕约翰·米尔斯海默:《大国政治的悲剧》,王义桅、唐小松译,上海:上海人民出版社2003年版,第48页。
③ Joseph M. Grieco, "Anarchy and the Limits of Cooperation: A Realist Critique of the Newest Liberal Institutionalism", *International Organization*, Vol.42, No.3, 1988,

可避免地再生和延续。①

2. 新自由主义:无政府状态下的合作

共同政府的缺位必然导致国际冲突或战争状态吗？新自由主义者给出了不同的答案。他们接受无政府状态的理论假定,但是他们也从"国家是理性的"这一基本假定出发,论证"无政府状态下的合作"的可能性,而其中的新自由制度主义尤其强调国际制度促进国际合作的功能。

新自由主义者并不否认国际社会秩序的存在,认为世界政治中缺少共同政府并不是指完全缺少组织。新自由主义认为,因为国家是理性的、自利的,在对外关系中将本国利益置于首位,所以需要国际秩序,需要合理地解决冲突,考虑以最小代价换取最大的利益。因而,相对以武力解决冲突的方式而言,理性的国家倾向于以最小的代价——协调与合作来解决冲突,实现国家利益。可见,国际社会是无政府但有秩序的,国家之间的合作才是国际关系的实质。②

但是仅有共同利益还不足以产生国际合作。国家之间在存在共同利益的情况下,还必须要有国际制度/机制减少不确定性、限制信息的不对称性,合作才能实现。这是因为,国际合作是一个不断谈判、博弈过程,其中存在一个交易成本问题。在没有合适的制度安排的情况下,由于不确定性的存在,一些相互有利的谈判协议也是不可能达成的。其中有三个特别重要的因素是协议难以达成的根源:即信息不对称,道德风险以及不负责任的行为。而国际机制可以汇聚各国政府的行为预期,提供信息沟通的渠道,减少不确定性和降低交易成本,从而有助于国际合作。③

这样,新自由主义通过国际制度这一媒介,实现了无政府状态下的国际合作,从而确立了与新现实主义不同的观点:即在国际无政府状态下,在相互依赖的背景下,理性的国家之间为维持生存以及为避免冲突带来的对自身利益的伤害,通过国际机制或国际制度的设计,可以有效地进行合作;并

---

① Barry Buzan, Charles Jones, and Richard Little, *The Logic of Anarchy: Neorealism to Structural Realism*, New York: Columbia University Press, 1993, p.132.
② 秦亚青:《国际制度与国际合作——反思新自由制度主义》,载《外交学院学报》1998年第1期,第41页。
③ 〔美〕罗伯特·基欧汉:《霸权之后》,苏长和等译,上海:上海人民出版社2001年版,第110—118页。

且在利益发生冲突时,由协调合作带来的收益大于冲突带来的利益。因此,国际关系在本质上是合作性的,而不是冲突的。

可见,新自由主义与新现实主义对无政府状态基本定义并无本质的区别,两者都认为无政府状态是指中央权威的缺失;但是对无政府状态下国际关系的本质有着不同的看法。新现实主义认为国际关系特点是冲突性的,而新自由主义则认为是合作性的。

3. 英国学派:无政府而有秩序

英国学派关于国际无政府状态的思想,典型地体现在赫德利·布尔的"无政府社会"论述中。其核心观点是,尽管国际政治领域不存在共同政府,但由于一些国际社会因素的存在,世界秩序得以维持。

布尔认为国际关系思想有三个传统:把国际政治看作为战争状态的霍布斯或现实主义传统,认为潜在的人类共同体在国际政治中起作用的康德或世界主义(universalist)传统,以及认为国际政治发生于国际社会之中的格劳秀斯或国际主义传统。按格劳秀斯主义者理解,国际政治既非国家之间利益的完全冲突,也非利益的完全一致;国家在处理与他国关系时,要受国际社会的规则和制度的约束,在这种国际社会中共存和合作。[①] 英国学派继承了格劳秀斯思想传统,整合了其他两派思想传统,形成了当代国际关系理论中独特的一派。

英国学派也被称为国际社会学派,是因为其主要研究对象是"国际社会",探讨国际社会的历史演进、属性特征,国际社会的价值观念、规则和运作机制等丰富内容。在布尔看来,"国际社会"由"国际体系"发展而来。"当一群国家意识到某些共同利益(interests)和共同价值观(values)并想象在相互关系中受到一系列共同规则(rules)的约束,参与共同制度(institutions)的运作,在此意义上形成一个社会,国际社会就出现了。"[②] 在上述国际社会概念中,四个"共同"构成了国际社会的属性,而其实质内核就是布尔所说的"秩序"。布尔还根据国际社会属性的变化和地域的扩展考察了国际社会的历史演进:从基督教国际社会(约16—17世纪)到欧洲国际社会(约

[①] Hedley Bull, *The Anarchical Society: A Study of Order in World Politics*, New York: Columbia University Press, 1977, pp. 24—27.

[②] Hedley Bull, *The Anarchical Society: A Study of Order in World Politics*, p. 13.

第十二章 无政府状态

18—19世纪)和全球国际社会(20世纪以来)。

在此基础上,布尔批判了霍布斯式无政府状态假定。他认为把国际政治中的国家与自然状态中的个人类比、把国际关系看作战争状态、认为国际无政府状态下国家之间不会形成一个社会的霍布斯式无政府逻辑具有三个缺点。一是现代国际体系并不像完全霍布斯式的自然状态。世界政府的缺失并不必然阻碍工业、贸易和生活的改善,国家也没有耗尽力量去保障安全。二是这一观点以一些关于个人之间和团体之间而不是国家之间的秩序状况的不真实前提为基础。三是忽视了两个类比物的不同。[①] 布尔认为,国际社会既有无政府状态导致的冲突与战争,也有基于共同利益而带来的合作与协调。换言之,国际关系既不是霍布斯式的冲突局面,也不是康德所说的自由联合,而是主权国家在没有共同政府情况下的合作与共处。

因此,英国学派的国际社会理论可以用以下几个关键词加以概括:国际社会、无政府、秩序。布尔用"国际社会"这一有丰富内涵的概念涵盖国际体系中随着历史发展而产生、演变和扩展的人类共同的基本利益、价值观念、基本行为规则及其运行机制等要素。既然在国际体系中国际社会已经产生并扩展至全球范围,那么国际体系中无政府状态也就不是霍布斯式现实主义所言的唯一逻辑,世界秩序也就成为国际社会的另一个重要特征。因此,国际社会虽无共同政府,但是有秩序,是"无政府社会"。

与稍后出现的新现实主义和新自由主义相比,英国学派的无政府状态思想具有自己独特的风格。首先,不同于华尔兹的国际政治结构无政府性经久不变的观点,英国学派发现了"无政府社会"不断演进的事实,用一种进化论的观点看待国际无政府状态。其次,在国际社会理论中,文化价值观念的地位远远高于物质或权力,无政府状态的影响力在文化、观念等非物质因素的演进和扩展中逐渐降低。最后,英国学派重视对国际秩序的研究,认为国际社会四大属性决定了国际秩序的存在。虽然没有至高无上的国际政府,但主权国家通过均势、国际法、外交、大国控制和战争等机制的作用,使共同的国际规则得以维护。

---

① Hedley Bull, *The Anarchical Society: A Study of Order in World Politics*, pp. 46—50.

4. 建构主义:无政府文化的演进

建构主义国际关系理论基于整体主义方法论和理念主义本体论,探讨观念结构(无政府文化)与单位(国家)之间的相互关系及其演进(进程)问题,主要包括国家施动者、国际结构和体系进程等方面的问题。作为一种体系理论,建构主义设定的体系特征是无政府文化,对无政府文化的讨论构成了建构主义的重要内容。

相对于新现实主义和新自由主义,建构主义关于无政府状态的理论具有以下三个明显的特征。

第一,无政府状态不是先验给定的,而是由国家造就的。温特强调无政府状态是国家建构的,是指无政府状态是国家之间在互动进程中建构的共有观念结构。温特认为,国家之间产生主体间意义(intersubjective meanings)的进程由发出信号、作出解释和回应这一"社会行为"开始。这些互动反复进行,就产生了自我与他者之间较为稳定的概念,也就产生了共有的观念结构。[①] 因此,"如果国家发现自己处于自助体系中,这是因为它们的实践使然。改变实践将会改变建构这一体系的主体间知识"。[②] 正是从这种强调行为体的主动性、实践性和能动性的意义上,温特得出结论:无政府状态是国家建构的。

第二,无政府状态的文化性。温特认为,权力分配并不能决定无政府体系的特点,只有观念分配才是决定性的。物质分配只有通过观念因素才起作用,体系内权力变化而观念不变化,体系性质也不会变化。

无政府状态的文化性还表现在无政府状态的多种逻辑,而不同于物质主义的单一"无政府逻辑"。现实主义的"无政府逻辑"意指国际无政府状态必然导致自助体系和国家之间的安全困境,而且这种状况经久不变。

温特以无政府状态下国际体系中的行为体的身份和利益的界定作为突破口,论证无政府状态并不一定派生出自助体系和安全困境。在他看来,行为体身份和利益并非先验给定的,而是在行为体之间的社会性互动过程中建构的,因而也是相对的,是可以改变的。在互动中,行为体之间形成关于

---

① Wendt, Alexander, "Anarchy is What States Make of It: The social construction of power politics", *International Organization*, Vol. 46, No. 2, 1992, pp. 404—405.
② Ibid., p. 407.

自我和他者的共有观念,确立了相互间的或敌或友的身份以及以此为基础的利益的界定。不同的界定会产生不同的安全体系,它们构成了一个从"竞争的"到"个体主义的",再到"合作的"安全体系连续谱。这表明无政府状态并不一定派生出单一的"自助"体系和安全模式。既然国家之间在互动过程中可能形成不同的安全体系和安全模式,而权力政治只不过是现实主义自助体系的派生物,因而权力政治也不是无政府状态的属性特征,无政府状态并不必然导致权力政治。

温特后来进一步把上述三种安全模式概化为霍布斯文化、洛克文化和康德文化,行为体之间关系分别是敌人、竞争对手和朋友,其中关键在于行为体之间的共有观念(集体观念),即温特所说的"文化"。[①] 文化构成了温特建构主义作为体系理论的体系结构之根本特征。在这种意义上,温特把无政府状态称为无政府文化(cultures of anarchy)。

第三,与新现实主义无政府结构经久不变的观点不同,温特的温和建构主义认为无政府文化是不断演进的。

温特认为无政府文化的演进是可能的。如前所述,自我与他者关系的不同和社会共同观念结构的差异可能建构三种无政府文化:国家相互定位为"敌人"角色的霍布斯文化、定位为"竞争对手"角色的洛克文化和定位为"朋友"角色的康德文化。而不同的文化(共有观念)主要是由行为体(施动者)的实践造成的,因而互动中国家是能动性的,一个国家新观念的出现可以带来新的实践,从而造就新的文化。

温特还考察了国际关系史,认为国际关系的大部分历史是以霍布斯文化为特征的,但1648年威斯特伐利亚国家体系的确立使国际政治发生了质的结构变化,国际关系更多呈现出洛克文化的特点。20世纪后期,国际体系正在经历向着康德文化的演变。

四、国际政治的社会演化理论

本节将考察中国学者唐世平关于国际政治社会演化理论及无政府状态

[①] 〔美〕亚历山大·温特:《国际政治的社会理论》,秦亚青译,上海:上海人民出版社2000年版,第198页。

的论述。①

唐世平认为既有的国际关系各大理论之间的争论之所以没有得到解决,源于这些大理论都假定系统不会随着时间的推移而发生根本性的转型,把从特定历史阶段得出的结论假定为普遍有效的结论。换言之,它们都不是真正演化的理论。而人类社会是一个演化的系统,需要通过真正的演化理论来理解。社会演化范式作为社会科学的终极范式,不仅可以理解人类社会和国际政治的转型,也可以解决这些大理论之间的争论。

1. 社会演化范式的核心内容②

社会演化范式是唐世平在借鉴生物演化论的核心机制,批判社会演化的各种错误观点(包括国际关系学中的各种演化性理论)的基础上发展起来的社会科学理论范式。如同生物演化,社会演化也遵循"变异—选择—遗传"的核心机制,但由于观念、权力、制度等人类社会特有因素的介入,社会演化比生物演化要复杂得多。大体上,我们可以从现象和范式两个维度来理解社会演化。

首先,作为现象的社会演化,可以着重从如下几方面理解。一是观念力量的介入。生物演化仅由物质力量驱动,而社会演化除了物质力量驱动,还有观念力量这一全新的根本性力量,两者共同驱动社会演化。二是社会演化中,观念的选择性表达决定了制度安排,特定的制度安排取决于特定的观念。其中,特定观念可以视为基因,而基于这种观念的制度安排可以视为表现型。三是社会演化中的突变。在社会演化中,产生新的想法、观点的杂糅和引进外来观点,可能导致观念维度的突变;而现有的社会结构及制度和文化,会有力地塑造观念的产生、选择和遗传。四是在社会演化中,社会权力构成了关键的选择力量。一方面,拥有更大权力的人更有可能决定传播和扼杀某些观念;另一方面,现有的观念,特别是那些被条文化的(codified)观念背后,往往有权力的支持,并对新的观念甚至基因的适应性产生巨大影响。五是社会演化的遗传机制。基因(如观念)和表现型(如制度、文化)都

---

① 除了特别注明,本节引文均出自唐世平:《国际政治的社会演化:从公元前 8000 年到未来》,董杰旻、朱鸣译,北京:中信出版社 2017 年版。

② 具体内容,请参阅《国际政治的社会演化:从公元前 8000 年到未来》,第一章,以及 Shiping Tang, *On Social Evolution: Phenomenon and Paradigm*, New York: Routledge, 2020.

可以通过学习等途径传给下一代。

其次是作为一种范式的社会演化。在本体论上,社会演化范式强调,人类社会是一个演化的系统,而社会演化范式是"万能酸",有机整合了各种基石性范式,从而能够充分理解人类社会的历史。在认识论上,社会演化范式对社会变迁和稳定的核心解释机制是人工变异—选择—遗传机制。

2. 国际政治的社会演化

在论述社会演化范式的核心内容之后,唐世平应用社会演化范式审视了从公元前 8000 年至今国际政治系统的两次重大转型,并利用考古学证据进行了实证分析。

一是从"天堂"到进攻性现实主义世界(公元前 8000—前 6000 年至 1648/1945 年)。[1] 大约公元前 1 万年到公元前 8000 年之前的人类早期,由于地广人稀,人类群体少有接触,且有大量唾手可得的食物资源。这时的人类社会是一个快乐而和平的伊甸园般的天堂。

但伊甸园存在着自我毁灭的机制,进攻性现实主义世界也必然来临。首先是人口增加和定居农耕为人类冲突和战争降临奠定了基础。随着人口缓慢而稳定的增长,现成的资源日趋稀缺,越来越多的群体以定居农耕的形式固定了自身活动范围,人类的领地意识得到强化,相互接触和爆发冲突的可能性以及防御的必要性都随之增加。在此过程中,群内团结和群体认同以及猎杀技能和工具也得到发展。其次,第一场战争的爆发及其扩散必然导致进攻性现实主义世界的来临。以社会演化论审视,一旦系统中有一个部落决定发动战争(随机突变),爆发了第一场战争,进攻性现实主义世界就会在战争的自我推进机制中形成。战争爆发后,战争的恐惧和知识的扩散(横向遗传),借助战争记忆、讴歌征服和灌输战士精神而形成国家,具备军事设施和军事文化的更庞大更集权的政体逐渐形成,进攻性现实主义理念通过社会化在国家和个体中代代相传(纵向遗传)。同时,长期实践中,只有进攻性现实主义国家才能在系统中生存下来(选择),成为系统中流行的观念。这样,系统在物质上和观念上都彻底转型为进攻性现实主义世界:系统中唯一可行的防御就是进攻;"征服与被征服"的进攻性现实主义逻辑逐渐

---

[1] 唐世平:《国际政治的社会演化》,第二章。

在各个文明中形成,并扩散为人类社会的主导规则。

在其后的实证分析中,唐世平根据世界6个主要的古代文明的考古发现得出结论,公元前6000—前4000年左右的新石器时代,战争在各文明降临、蔓延且趋于残忍。

二是从进攻性现实主义世界到防御性现实主义世界(1945年至今)。① 唐世平认为,进攻性现实主义世界将不可避免且不可逆转地转换到防御性现实主义的世界。在"征服与被征服"这一核心机制的作用下,系统中国家数量逐渐减少,同时国家平均规模不断扩大,防御能力不断增强,导致征服越来越困难。此外,三个辅助机制——不利于进攻性现实主义国家的选择(国家追求扩张而失败,它们将遭受胜利者的严厉惩罚)、征服越来越困难的观念的传播,以及主权观念和民族主义的兴起和扩散,与核心机制共同导致世界向防御性现实主义转变。在这个新的系统中,大多数国家将放弃通过征服来寻求安全的方式,防御战略理念成为在国家间传播的观念。这种转型始于威斯特伐利亚体系的确立,到第二次世界大战后得到了强化。防御性现实主义世界到来后,一个更为规则化的世界也随之出现。②

3. 国际政治社会演化理论中的无政府状态

同前述的传统国际关系理论一样,无政府状态这一概念也是国际政治社会演化理论的一个核心概念,国际政治的社会演化也可以理解为无政府状态的演化。国际政治社会演化理论中的无政府状态具有如下几个特点。

一是接受传统主流理论中关于无政府状态的基本假定。"从霍布斯开始,无论哪个学派的战争起源理论都至少含蓄承认了无政府——可以简单定义为政治实体间缺乏中央权威——是战争起源的许可(故而也是必要)条件。"同时,唐世平也认为,从伊甸园式的天堂到当今更为规则化的世界,无政府状态(即政治实体间缺乏中央权威)这一系统特征保持不变。

二是基于国际政治的演化理论,唐世平认为虽然无政府状态始终存在,但国际政治系统仍可发生根本性的转变,使得无政府状态表现出不同的类型。这种转变,就是从天堂到进攻性现实主义世界,再到防御性现实主义和

---

① 唐世平:《国际政治的社会演化》,第三章。
② 关于更为规则化的世界的论述,可参阅《国际政治的社会演化》第四章。其中涉及的制度变迁理论,可参阅唐世平:《制度变迁的广义理论》,沈文松译,北京:北京大学出版社2016年版。

第十二章 无政府状态

更加规则化的世界。唐世平也称它们为天堂般的无政府状态、霍布斯(或米尔斯海默)式的无政府状态以及杰维斯式的无政府状态。

正因如此,唐世平强调,在社会演化理论看来,"单是无政府状态不会导致不安全感或为自己的生存而恐惧",如早期人类历史的大部分时间,无政府状态是一个可以自由迁徙的天堂。"无政府状态本身并不导致国家走向战争、和平、对他国意图的不确定性、为生存而恐惧、罪恶或者悲剧。"这表明,单是结构决定不了什么,是系统,而不是结构(遑论无政府状态)在做选择;不存在无政府逻辑,只存在系统的逻辑。

三是国际政治的社会演化论不仅强调国际政治经历了不同类型的无政府状态——这使得社会演化理论中的无政府状态论述接近于温特对无政府状态的演进性论述,实际上,唐世平明确指出,进攻性现实主义世界和防御性现实主义世界大体上对应于温特的"霍布斯式的无政府状态"和"洛克式的无政府状态"——而且还兼用逻辑推演和实证方法充分解释了一种类型的无政府状态如何转变为另一种类型的无政府状态,这使得社会演化论比温特的建构主义对无政府状态的演进更有说服力。

第十三章 霸权与均势

吴征宇

在战后国际关系理论史上,现实主义阵营中一直存在着两条并行不悖但又无法兼容的脉流,一脉是以"均势"为核心形成的现实主义理论,另一脉则是以"霸权"为核心形成的现实主义理论。前者既包括著名的"经典现实主义"和"结构现实主义",也包括新出现的"进攻性现实主义""防御性现实主义"和"新古典现实主义";后者主要包括罗伯特·吉尔平提出的"霸权稳定论"、A. F. K. 奥根斯基(A. F. K. Organski)创立的"权力转移论"以及由乔治·莫德尔斯基(George Modelski)首创的世界政治历史"长周期理论"。[1] 除大致相同的理论假设——即国际政治的无政府状态、领土国家是现代国际关系的主要行为体、国际体系中国家的首要目标是生存、国家以理性行为来促进自己对外政策目标的实现——外,这两种理论在具体内容上几乎完全相悖。均势论认为,由于无政府状态中国家的首要目标是生存,因而在所有为生存服务的次级目标中,最重要的就是避免霸权出现,而维持国家间的权力平衡是实现这个目标的根本手段。均势论预测,国际无政府状态中的生存压力必然促使国家(尤其是体系中的主要大国)将通过增强军备和缔结同盟的手段来制衡那些对自身生存构成威胁的国家,尤其是制衡那些有可能在体系中确立霸权地位的国家。[2] 霸权论认为,历史上霸权国的出现往往带来体系稳定,因为霸权国在推进自身的利益和安全的同时,也将会创立出一整套政治和经济上的结构与规范,从而实现对无政府状态的有效治理。霸权论预测,霸权国的兴衰主要是取决于国家间的不平衡增长率,体系最不稳定的时期通常是处于衰落中的领导者即将被崛起中的挑战者赶上之时,

---

[1] Jack S. Levy, "War and Peace", in Walter Carlsnaes & Thomas Risse & Beth A. Simmons, ed., *Handbook of International Relations*, London: SAGE, 2002, p.355.

[2] Kenneth Waltz, *Theory of International Politics*, New York: McGraw-Hill, 1979, p.126; Stephen M. Walt, *The Origins of Alliances*, Ithaca, NY: Cornell University Press, 1987, p.263.

因为此时两者都具有发动预防性战争的强烈动机。① 现代国际关系理论中的霸权论和均势论虽然历来被人看做是现实主义阵营的两大核心分支,但研究者却很少真正关注过两者间的内在联系,而这点是造成两者目前在研究上难以取得突破的一个主要障碍。

一、霸权与体系稳定

霸权和霸权体系是现代国际关系理论研究者历来都予以密切关注的重点问题之一,而在此基础上形成的霸权理论主要是围绕三条主线展开的,一是霸权与体系稳定的关系(霸权稳定论)？二是霸权的发展为什么会呈现周期性现象(霸权周期论)？三是导致霸权兴衰的根源是什么(霸权兴衰论)？在现有的霸权理论中,霸权与体系稳定的关系是其中最引人注目的问题之一,目前对这个问题的研究主要集中在国际政治和国际经济这两个领域,这两种研究虽然有着不同的议程,但都是将自由国际政治经济秩序的形成归结为一个主导性国家的存在,即体系稳定只有当体系中存在一个霸权国的情况下才可能出现,而这点也正是所谓"霸权稳定论"的核心要素。就现有的霸权研究而言,美国学者罗伯特·吉尔平曾经于1981年首次提出的"霸权治理模式"是目前国际政治领域中"霸权稳定论"的最主要代表,但这个模式的主要缺陷,不仅在于对体系中霸权的标准缺乏明确界定,还在于将霸权与均势看做两种彼此绝对相排斥的秩序状态,而这点很大程度上是导致现有的霸权研究停滞不前的根源。

1. "霸权稳定论"的核心要素

在现代国际关系理论史上,"霸权稳定论"(Hegemonic Stability Theory)一词最早是罗伯特·基欧汉创造的,但它的理论基础最初则是由美国经济学家查尔斯·金德尔伯格(Charles P. Kindleberger)在其于1973年首次出版的《大萧条中的世界》一书中加以奠定的,这本著作的核心论点认为,自由国际经济秩序的创立和维持有赖于体系中一个主导性国家(霸权国)的存在。②

---

① Robert Gilpin, *War and Change in World Politics*, Cambridge:Cambridge University Press, 1981, p.28;William R. Thompson, *On Global War*, Columbia:The University of South Carolina Press, 1988, p.37.

② Charles P. Kindleberger, *The World in Depression 1929—1939*, Berkley, CA:University of California Press, 1973, p.293.

在理论上,"霸权稳定论"实际上包含了两条彼此相关联的命题:一是认为由体系中某个单一国家主导的"霸权式权力结构",对那些规则相对准确且得到很好遵守的强有力的国际制度的发展最有利;二是认为"霸权式权力结构"的衰落将可能直接导致那些与这种权力结构相对应的国际制度效力上的衰落。[①] 确切地说,现代国际关系理论中"霸权稳定论"的真正创新之处,并不在于认为一个霸权国可以将制度或秩序强加于体系中相对弱小的国家身上(这种认识早在修昔底德著作中就已经出现了),而是在于将国际公共物品的供给及集体行动难题的克服与体系中的主导性国家的行为联系在一起,并且在此基础上展示出霸权国的存在将会给体系带来的诸多益处。[②]

继金德尔伯格的论断提出后,霸权与体系稳定的关系逐渐成为现代国际关系研究的重要议题之一,所谓"霸权稳定论"则是指在此基础上形成的一整套彼此间有密切联系的理论,就现有的研究成果而言,这些研究主要集中在国际政治和国际经济两个领域。国际经济领域中的"霸权稳定论"有两大分支,即"领导理论"(Leadership Theory)和"霸权理论"(Hegemony Theory),前者主要关注国际经济体系基础设施的供给,后者则重点考察霸权国如何保持国际经济体系的开放。[③] 国际政治领域中"霸权稳定论"的代表,是罗伯特·吉尔平在其于1981年出版的《世界政治中的战争与变革》一书中首次提出的"霸权治理模式",这种模式的关注重点,是体系中霸权国相对实力上的变化与体系中政治军事冲突间的内在联系。吉尔平提出的"霸权治理模式"的核心有两点:一是他强调国际秩序并不是一种"自发现象",即一种由国际政治实体间的互动而无意中导致的结果;二是他认为国际秩序实际上是一种"强制行为"导致的结果,即只有一个主导性国家对国际事务的管理才能够给体系带来秩序。[④]

吉尔平构建的"霸权治理模式"的立论基点,在于将国际政治和国际经济看做两个享有部分自主性的"亚体系",而一种稳定的国际政治秩序是一

---

① Robert O. Keohane, *After Hegemony*, Princeton: Princeton University Press, 1984, p.31.
② Duncan Snidal, "The Limits of Hegemonic Stability Theory", *International Organization*, Vol.39, No.4, 1985, p.581.
③ David A. Lake, "Leadership, Hegemony and the International Economy", *International Studies Quarterly*, Vol.37, No.4, 1993, p.460.
④ K. Edward Spiezio, "British Hegemony and Major Power War 1815—1939", *International Studies Quarterly*, Vol.34, No.2, 1990, p.167.

个有序的国际经济关系的必要条件,也正是这种对国际政治军事的关注,使得吉尔平提出的"霸权治理模式"不同于那些完全回避了政治军事问题的"霸权稳定论"。[1] 吉尔平构建的"霸权治理模式"的核心要素在于认为,国际政治军事冲突的爆发频率与体系中霸权国的相对实力地位呈现出一种反比关系:霸权衰落开始前,霸权国的相对优势及其对现状的偏好,将阻止体系中的其他国家挑战现存国际秩序;霸权衰落开始后,霸权国虽然仍然具有维持现状的愿望,但日益恶化的权力地位将使它无法保护现存国际秩序不受破坏。[2] 吉尔平关注的国际冲突是一种处于从属地位的国家挑战"管理"国际体系的霸权国导致的必然结果,但处于从属地位的国家只有在预期的挑战收益超过挑战成本时才会这么做,因为霸权国特有的利益和实力的结合将会使其他国家断定,挑战现状的预期成本将超过挑战现状的预期收益,而正是这点使霸权体系具有了高度稳定性。[3]

2. "霸权稳定论"的主要缺陷

吉尔平在其理论模式中界定的国际冲突,主要指涉及国际体系治理原则的霸权战争,而不是体系中经常爆发的那些一般意义上的国际冲突,即霸权国力求维护的并不是一般性质的国际现状,而是要维护霸权国与挑战者间的权力现状。与其他形式的"霸权稳定论"相类似,吉尔平构建的"霸权治理模式"同样也存在有两大根本缺陷,一是这个模式对国际体系中"霸权"的具体量度缺乏明确的界定,二是这个模式实际将霸权与均势看做是两种彼此绝对相排斥的秩序状态。

在现有的霸权理论研究中,几乎所有版本的"霸权稳定论"都存在的一个共同缺陷就是对体系中霸权的标准始终缺乏明确界定,即它们对体系中霸权、准霸权和非霸权的力量分布从未提出过一个明确的量度界限。就国际政治领域中的霸权研究而言,目前对体系中霸权的量度主要是根据乔治·莫德尔斯基首创的世界政治"长周期理论"提出的标准,这种霸权(即乔治·莫德尔斯基所说的"领导者国家")实际上是以主导性经济技术领域及

---

[1] M. C. Webb & S. D. Krasner, "Hegemonic Stability Theory", *Review of International Studies*, Vol. 15, No. 1, 1989, p. 190.
[2] Robert Gilpin, *War and Change in World Politics*, p. 198.
[3] William R. Thompson, *On Global War*, p. 42.

全球性力量投送能力(尤其是海军力量)的绝对优势地位来界定的。① 与乔治·莫德尔斯基不同,吉尔平阐述的"霸权治理模式"并没有明确提出体系霸权的界定标准,尽管吉尔平主要以"领导权"来界定体系霸权,但他实际上认为物质能力是构成体系中霸权国之绝对优势地位的主要来源,而这点意味着吉尔平构建的"霸权治理模式"与国际体系中的单极结构是重合的。② 吉尔平界定的霸权有两个部分:一是绝对优势的经济实力,即霸权国不仅应该在世界经济的总量中占绝对优势的份额,而且也应当是世界经济体系中的"创新、增长、发展、信贷、投资、交换的首要来源";二是绝对优势的政治军事力量,因为经济实力既不足以也不会自动成为"霸权治理"的有效基础,一个经济上强大但政治上却弱小的国家无法成为权力等级中顶尖的霸权国。③ 吉尔平对霸权标准的讨论,不仅缺乏概念上的明确性,而且缺少可以进行实际性操作的明确量度,而这点无疑将影响到"霸权治理模式"的适用性。

与缺乏霸权量度的界定相对应,吉尔平阐述的"霸权治理模式"的另一重大缺陷,在于将霸权和均势看做两种相排斥的秩序状态。吉尔平将古典文明时期以来的世界历史划分为三个时期:一是在1648年《威斯特伐利亚和约》签订前的帝国周期阶段,二是从1648年至1815年的欧洲均势阶段,三是1815年《维也纳和约》签订后的霸权继承阶段。而造成这种趋势的根源在于现代世界中三个相互关联的趋势的发展:一是民族国家取代帝国和城邦成为世界政治主要行为体,二是现代科技基础上的持续经济增长的出现,三是全球性市场经济的形成。④ 在理论上,吉尔平明确将1648年至1815年的欧洲均势阶段看成一种帝国周期和霸权继承间的过渡阶段,他指出,"作为帝国周期及帝国对国际体系进行控制的替代品,那些占据统治地位的民族国家间相互制衡,或一国在体系中取得了凌驾它国之上的地位"。不仅如此,吉尔平对现代世界中霸权治理的范围也采用了扩张性的定义,即他将霸权描述为不仅是全球体系,而且是体系核心地区(即欧洲国家体系)的秩序

---

① George Modelski, *Long Cycles in World Politics*, Seattle: University of Washington Press, 1987, p. 10.
② Bruce Russet, "The Mysterious Case of Vanishing Hegemony", *International Organization*, Vol. 39, No. 2, 1985, p. 209.
③ Robert Gilpin, *War and Change in World Politics*, pp. 129, 144.
④ William R. Thompson, *On Global War*, p. 43.

机制,他认为,"首先在欧洲体系,然后在全球规模上,政治经济霸权的继承模式逐渐取代了作为国际关系之根本秩序原则的帝国式继承模式"。① 吉尔平对世界政治历史发展阶段的这种划分表明,他实际上是将霸权和均势看做两种彼此相排斥的秩序状态,而他对国际治理的分类方式同样也加强了这个结论,因为他始终都是将霸权和均势当成两种彼此独立且截然不同的国际秩序结构来进行处理的。

二、均势与国际秩序

在现实主义理论谱系中,与霸权相对应的概念是均势,其含义就是指体系中的大国或国家集团间的权力分布呈现出一种大致平衡,这种平衡足以能够有效地阻止其中一个特别强大且意欲要统治或支配国际体系的国家或国家集团实现其称霸野心。② 均势的理念深受18世纪启蒙思想的影响,它"反映了欧洲启蒙时代思想家们的信念,在他们看来,宇宙(包括政治领域)是按照相互制衡的理性原理运行的。理智的人做出的似乎无规则的举动,总和起来将趋于公共的善"。按照启蒙时代的思想标准,国际社会中"公共的善"主要就是指均势,因此1713年的《乌得勒支和约》和1815年的《巴黎和约》都将均势置于国际社会宪法性原则的地位。③ 均势的功能主要有两种:一是确保以主权国家为单元、以主权的独立平等为原则的国际体系的稳定和延续,二是确保体系中大多数成员国的独立与生存,即保持它们作为主权实体的根本属性。均势的目的不仅是维持体系稳定性,而且是不破坏体系构成要素的多样性,"如果目标仅仅是稳定,那么让其中一个要素破坏或压倒其他要素并取而代之便可以实现这种稳定"。④

1. 均势与国际政治

自16世纪以来,近现代国际体系及其中绝大多数成员国曾经面临的一个最大问题,是如何应对那些力图且几乎能够在整个体系中占据压倒优势的霸权觊觎国及由此产生的称霸努力。就近现代反霸斗争实践而言,其主

---

① Robert Gilpin, *War and Change in World Politics*, pp. 116, 144.
② Hedley Bull, *The Anarchical Society*, New York: Columbia University Press, 1995, p. 97.
③ Henry Kissinger, *Diplomacy*, New York: Simon & Schuster, 1994, p. 21.
④ Hans J. Morgenthau, *Politics among Nations*, New York: McGraw-Hill/Irvin, 2006, p. 181.

要思想成果是均势论,确切地说,就是由历次重大反霸斗争实践加以提示,并由其反复重演和再三确认的均势论。① 作为现实主义理论阵营的一个重要分支,均势论不止一个,而是有许多种,大多数均势论仅仅是那些还没有被一种完善的理论加以整合的假说的组合。所有版本的均势论都是以现实主义的核心假设为前提的,即国际政治无政府状态、国家是国际政治主要行为体、国家的目标是权力或安全的最大化,国家以理性的行动促进目标的实现。② 均势理论家在许多问题上虽然都无法达成一致,但他们一般都认为均势的最高目标是防止霸权,即防止体系中的某一国家聚敛起绝对优势的权力以至能主宰体系中其他国家。其他一些次级目标则同样有助于防止霸权的出现:一是维持体系中其他国家(至少是其他大国)的独立;另一个是维持体系中主要国家间权力分布上的大致均等。③

不同版本的均势论之间存在的一个主要分歧,是有关均势的生成机理,目前对这个问题大致有三种主要看法,即"自动生成论""半自动生成论"和"人工操作论"。均势的"自动生成论"主要反映在那些将均势看做是某种行为规律的各种观念中,这些观念的核心在于认为:国际体系是通过国家的自利行为而得到非正式管辖的,即使没有任何国家对均势的结局感兴趣,但所有国家扩大权力的努力也同样会导致均势的出现。④ 均势的"半自动生成论"认为,均势不是自动生成的,而是由某一国家持续地和有意地追求一种制衡战略得以维持的,这个国家通常被称为"平衡者",在整个近现代历史上,这一角色与英国在维持欧洲均势中的作用是联系在一起的。⑤ 均势的"人工操作论"认为,均势的形成是源自相关国家的持续警觉及为此做出的深思熟虑的战略选择,持这种看法的学者都是将均势看成为"艺术"而不是"科学",而且他们认为某些政治领导者能够比其他政治领导者更巧妙地将均势付诸实践。⑥ 尽管人们对均势生成机理的分歧由来已久,但如果没有持续的警觉和深思熟虑的政策选择,均势将"自动生成"的观点恐怕站不住脚,

---

① Ludwig Dehio, *Germany and World Politics in the 20th Century*, New York: W. W. Norton & Co. 1959, p.38.
② Kenneth Waltz, *Theory of International Politics*, Reading: Addison-Wesley, 1979, p.118.
③ Hedley Bull, *The Anarchical Society*, p.102.
④ Kenneth Waltz, *Theory of International Politics*, Reading: Addison-Wesley, 1979, p.119.
⑤ Inis L. Claude Jr., *Power and International Relations*, New York: Random House, 1962, p.47.
⑥ Henry Kissinger, *A World Restored*, Boston: Houghton Mifflin, 1973, p.7.

正如英尼斯·克劳德(Inis L. Claude)所说,"大多数沉迷于均势'自动生成'的学者事实上都同意,均势体系中的权力平衡是外交的产物"。①

与均势的生成机理相关,虽然几乎所有版本的均势论都是属于现实主义理论阵营,但人们在许多有关均势的论述中,尤其在古典的均势思想中,能够不同程度地发现对规范性因素重要性的强调。例如,汉斯·摩根索就特别强调"道德共识"对均势体系的合法性至关重要,保罗·施罗德(Paul W. Schroeder)也认为自律及决策者必须以更广泛的共同体利益来界定其自身利益的规范对维护均势机制运作极为关键。均势论的核心假设,就是在一个没有更高的权威来协调竞争和冲突的无政府体系中,所有国家都是以理性行为来扩大自己的权力或安全。②但许多理论家往往在此基础上又增加了一些额外的假设,以提高均势论的解释力。但这些额外前提的加入往往却限制了均势论的适用范围,即均势论的适用性仅仅被局限于几个特定的历史时期,而在这几个特定的体系中,均势论的几个核心命题几乎等于是同义重复。由于避免出现霸权是所有版本的均势论的最高目标,因此均势理论家提出了一系列可以采用的国家战略,主要包括"内部制衡"和"外部制衡"。"外部制衡"指相关国家间构建同盟以作为防御霸权国的屏障,"内部制衡"指国家对自身的军事实力及军事力量的经济基础进行建设。③

2. 均势的限制条件

目前所有版本的均势论存在的最大问题,是它们总是将均势及与此相关的命题当做一种适用于任何国际体系的普遍真理,但事实上很少有哪种理论是普遍正确的,它们都不同程度地带有各种限制条件,而正是这些条件指明了理论的解释范围,均势论也不例外。均势论是在近代以来欧洲国家体系历史经验的基础上发展起来的,其最佳案例也都来自1945年以前的欧洲,它至少包括了两个充当其限制条件的前提,即欧洲大国关系和欧洲国家体系,这两个前提都是含蓄的而不是明确的,这也是为什么许多人在讨论与均势相关的话题时往往会忽略这些前提。

均势论体现的大国倾向有两种表现形式。首先,体系的平衡是指大国

---

① Inis L. Claude Jr., *Power and International Relations*, p.49.
② Kenneth Waltz, *Theory of International Politics*, Reading: Addison-Wesley, 1979, p.120.
③ Ibid., p.168.

间的平衡,而不是一般国家间的平衡,均势理论家虽然普遍认为维持体系中国家的独立是均势的一个主要目标,但其真正的含义是指保持体系中大国的独立和完整,因为只有大国才能在一个针对霸权威胁的制衡联盟中发挥作用。其次,尽管任何国家都愿意看到一个霸权觊觎国的权力受到限制,但只有体系中的主要大国才具备这么做的实力,其他国家因为知道自己只能对结果产生微不足道的影响,而且由于自身固有的脆弱和短视,因而总是会根据具体情况来选择"制衡"或"搭车"。① 均势论的大国倾向在相关文献中随处可见,这也是现实主义理论的一个共同特点。英尼斯·克劳德就认为,均势论关注的主要是大国间竞争和冲突;肯尼斯·华尔兹也认为,任何国际政治理论必须以大国为基础,因为正是大国为所有国家界定了行动的舞台;约翰·米尔斯海默则认为,大国关系是国际关系的本质。许多尝试将均势论建立在更牢靠的"科学"基础上的学者曾经创立了许多严格的均势模型,但这些模型包括的为数不多的行为者都代表了大国。在有关两极体系和多级体系之稳定性的争论中,学者们同样也都是以大国间不爆发战争而不以一般性的不爆发战争来界定体系的相对稳定性。②

均势论的大国倾向与欧洲情结是紧密联系在一起的,至少在 1945 年以前,体系中所有大国几乎都是欧洲国家,因此均势的最佳案例也都来自 1945 年以前的欧洲历史。均势论对欧洲国家体系的关注,集中体现在几乎所有的均势论从来不是以抽象的词汇,而是以欧洲国家体系的主导地位来界定霸权的,这其中关于对历史上霸权威胁形成制衡的例证,也几乎都来自欧洲历史。③ 均势理论家喜欢谈论的,普遍是针对 16 世纪哈布斯堡王朝、针对路易十四和拿破仑的法国、针对威廉二世和希特勒的德国的制衡联盟,即使像华尔兹这种以普世词汇来界定其理论的学者,也是以这些例证来支持他的理论。对均势论而言,历史上出现的霸权威胁主要是来自 16 世纪的哈布斯堡王朝、路易十四和拿破仑的法国及威廉二世和希特勒的德国,这些国家全

---

① Jack S. Levy, "Balances and Balancing: Concepts, Propositions and Research Design" in John A. Vasquez & Colin Elman, ed., *Realism and the Balancing of Power: A New Debate*, New Jersey: Pearson Education, Inc., 2003, p.140.

② Inis L. Claude., *Power and International Relations*, p.36; Kenneth Waltz, *Theory of International Politics*, New York: McGraw-Hill, 1979, p.72.

③ Inis L. Claude Jr., *Power and International Relations*, p.47; Michael Sheehan, *The Balance of Power: History and Practice*, London: Routledge, 1996, p.115.

都是欧洲大陆国家,且它们历来关注的总是欧洲大陆的国际政治状况。均势论对欧洲大陆的关注同它另一个未阐明的假设是联系在一起的,即体系中权力或霸权的基础,乃是以大规模陆军的形式体现出来的陆上军事力量。① 恰恰是查理五世、菲利普二世、路易十四、拿破仑、威廉二世的陆上军事力量对体系中的其他国家构成了霸权威胁,并且导致了此前五个世纪中针对这些国家的制衡联盟的形成。

三、均势现实主义与霸权现实主义

现代国际关系理论中的霸权论与均势论的对立,根本上是由于两者对体系中霸权的性质及基础有着截然不同的界定造成的。均势论界定的霸权实质上是指"一个强大到足以统治体系中所有其他成员国的国家"。② 历史上曾经出现过的这类霸权分别是:查理五世和菲力二世的哈布斯堡王朝、路易十四和拿破仑的法国以及威廉二世和希特勒的德国,20世纪后期崛起的苏联也同样被看成这类霸权。所有这些国家都是大陆国家,它们一般都是以庞大的陆上军事力量为首要标志,并且以领土兼并或直接控制作为根本目标。霸权论(主要指"霸权稳定论""权力转移论""长周期理论")所界定的实际是国际政治经济意义上的霸权,即是以主导性经济技术领域及全球力量投送能力(尤其是海军力量)的绝对领先优势界定的霸权。③ 历史上的这类霸权只有三个,即荷兰、英国和美国。在现代世界历史上,这两类不同性质的霸权都曾经(甚至同时)出现过,它们活动在两种性质截然不同的体系之中,即区域性欧洲大陆体系和全球性大洋体系,而现代世界政治是围绕这两个舞台分别进行的。

1. 大洋体系与大陆体系

在现代国际关系思想史上,最早对霸权与均势两种秩序间的关系做出系统探究的,是20世纪前期德国历史学家路德维希·德约(Ludwig Dehio)。

---

① Jack S. Levy, "What Do Great Powers Balance Against and When" in T. V. Paul, James J. Writz, Michel Fortmann, ed., *Balance of Power Revisited*, Stanford: Stanford University Press, 2004, p.40.

② John J. Mearsheimer, *The Tragedy of Great Power Politics*, New York: W. W. Norton & Company, 2001, p.40.

③ George Modelski, *Long Cycles in World Politics*, p.220.

德约思想的首要创新之处,是他对全球性大洋体系和区域性欧洲大陆体系的明确划分,这种划分的实质意义在于指出了人们通常认为的现代世界政治并不是真正的世界政治,而只是一个特定的次级体系(欧洲国家体系)的区域政治。在现代历史绝大部分时间里,由于体系中的大国全都是欧洲国家,且欧洲区域体系主导了其他地区,因此现代理论家往往将从欧洲国家体系历史经验中得出的均势逻辑看做一种普遍规律,而这点恰恰是德约明确排斥的理念。① 德约展示的那种由历史上重大反霸斗争实践所确认的均势逻辑,仅仅适用于区域性大陆体系而不是全球性大洋体系,即历史上欧洲大国对霸权觊觎国的制衡倾向,针对的是以庞大的陆军力量为基础的陆上霸权,而不是那种以贸易、金融和海军力量为基础的海上霸权。德约还指出,欧洲均势与主导性海洋国家权力优势间存在着密切联系:作为一个主导性海洋国家,英国一直都是欧洲均势最雄辩的保护者,但与此同时也是其自身全球性主导地位最沉默的捍卫者,对英国来说,"欧洲均势的本身并不是最终目的,而只是英国在海洋那边的世界中绝对优势的前提"。②

有两点理由可以解释为什么均势逻辑仅仅适用于区域性大陆体系而不适用于全球性大洋体系。首先,主导性海洋强国除非在战时,一般不会维持一支强大的陆军,因而它们普遍缺少将自身意志强加于欧洲大陆强国的能力,军事力量的有效性随着距离尤其是水上距离的增加而衰减,集结或能够集结在一国边境的庞大陆军力量,可以用一种单靠经济实力和海军力量做不到的方式来威胁它国生存,但主导性海洋国家几乎根本就做不到这一点。③ 其次,主导性海洋强国与欧洲大陆强国在自身利益上也存在重大差异,主导性海洋强国总是以全球范围内的商业、金融和海军上的领先优势来界定自己的利益,因而无须对欧洲大陆国家实行政治和军事上的有效控制,主导性海洋国家虽然也有将自身意志强加于弱小国家的能力,但它们一般都通过其他方式而非赤裸裸的军事力量来做到这一点。④ 主导性海洋强国能力和利益上的独特性,并不意味着欧陆事态的发展与它们无关,历史上主

---

① Ludwig Dehio, *The Precarious Balance*, London: Chatto & Windus, 1963, p.25.
② Ibid., p.85.
③ John J. Mearsheimer, *The Tragedy of Great Power Politics*, p.135.
④ J. Gallagher & R. Robinson, "The Imperialism of Free Trade", *Economic History Review*, Vol.6, No.1, 1953, p.12.

导性海洋国家在反抗欧陆霸权过程中总是扮演关键角色,因为欧陆霸权将会使一个大陆强国获得足够的资源,从而有能力动摇主导性海洋国家在经济和海军上的领先优势,而这点正是德约关注的核心。

首先,一旦某个大陆强国取得了欧洲霸权,它将同时处于一种在洲际远程贸易领域取得霸权的绝佳位置上,因为追求欧洲区域霸权必然促使霸权觊觎国寻求对那些相邻的经济繁荣源泉的控制,这在历史上意味着寻求对低地国家的控制,这种控制不仅能带来相对财富的快速增长,而且也有望使霸权觊觎国的海洋能力获得急剧提高。① 其次,一旦某个强国取得欧洲霸权,它将同时有能力使大陆市场对主导性海洋强国完全封闭,现代历史上的欧洲霸权觊觎国(路易十四和拿破仑的法国及威廉二世和希特勒的德国)追求欧洲区域霸权的动机之一,就是建立一个自给自足的大陆经济区,而它们用以对抗主导性海洋强国的一个重要手段,是不同形式的大陆封锁体系。② 与争夺欧洲霸权的失败相对应,欧洲大陆均势同样是主导性海洋国家之领导地位的基础。在现代世界历史上,均势在阻止欧洲区域霸权的同时,并未阻止英国在经济实力和海军力量上的增长及其在海外世界的扩张,而英国历届政府在维持欧陆均势的同时,一直竭力追求全球范围的经济及海军上的领先优势。这两种政策是密切联系的,因为任何维持大陆均势的实践,都有助于主导性海洋强国保持在经济和海军上的相对安全。③

2. 霸权论与均势论的内在联系

从表面上看,由于"均势现实主义"与"霸权现实主义"分别界定的体系稳定原则(即均势与霸权)完全不同甚至相悖,因而两者间似乎毫无妥协的余地。但如果换一个角度看,这种对立很大程度上是虚假的,因为这种对立是由于两者对体系中霸权的性质及基础有着不同的界定。④ 在现代国际关系思想史上,几乎所有有关均势的论述都不是以抽象的词汇而是以欧洲国家体系的主导地位来界定霸权的,这也同样意味着,均势论揭示的那种历史上欧洲各大国对霸权觊觎国的制衡倾向,针对的乃是以庞大的陆上军事力

---

① Ludwig Dehio, *The Precarious Balance*, pp. 78, 90, 147, 174.
② Ibid., pp. 58, 75, 166, 263.
③ Michael Sheehan, *The Balance of Power: History and Practice*, p. 115.
④ Karen A. Rasler & William R. Thompson, *The Great Powers and the Global Struggle, 1490—1990*, Lexington, Kentucky: The University Press of Kentucky, 1994, p. 23.

量为基础的陆上霸权,而不是那种以贸易、金融和海军为基础的国际政治经济霸权。① 正因为均势理论家们潜意识中总是将庞大的陆上军事力量看做是体系中霸权的基础,并且以欧洲国家体系的主导地位来界定体系中霸权的性质,因而均势论关注的霸权与"霸权稳定论""权力转移论"和"长周期理论"关注的那种以贸易、金融和海军为基础的国际政治经济霸权形成了鲜明对比,这两种霸权确切地说并不属于同一种类型。由于对体系中霸权的性质及基础有着不同甚至相悖的界定,因此均势论和霸权论关注的根本不是同一个体系。

所谓"体系"只不过是研究者设计用来认识世界的一种工具,因此同一个现实世界完全可以由几种不同类型"体系"构成。完全可以想象,所谓现代国际体系乃是由两种不同类型原则主导的"体系"构成,即"均势原则"主导的区域性欧洲大陆体系和由"霸权原则"主导的全球性大洋体系。自1494至1945年,被绝大多数国际关系研究者视为当然的现代国际体系,完全可以看做由两种既相互独立但却又密切联系的体系构成的,即区域性欧洲大陆体系和全球性大洋体系,所谓的现代世界政治根本上也正是围绕这两个舞台分别进行的,这两种不同体系间的互动联系正是构成为现代国际关系的一个重要方面。② 正因为对体系中霸权的性质及基础有着不同界定,因此均势论和霸权论的主张很可能都是正确的,即区域性(欧洲)大陆体系只有在列强间实力保持大致平衡条件下才能够保持稳定,但全球性大洋体系则只有在一个主导性经济和海军强国存在的情况下(历史上出现过的这类霸权国先后是荷兰、英国和美国)才是最稳定的。③ 正因为两者关注的不是同一个体系,因而均势论和霸权论彼此间的对立,很大程度上是由于它们忽视了历史上这两种体系间(区域性大陆体系和全球性大洋体系)的互动造成的,而有关历史上两种不同体系间互动联系和因果关系的研究,可能也正是均势论和霸权论能够在理论上获得更进一步完善的有效途径。

---

① Jack S. Levy, "What Do Great Powers Balance Against and When" in T. V. Paul, James J. Writz, Michel Fortmann, ed., *Balance of Power Revisited*, p.41.

② Jack S. Levy, "War and Peace" in Walter Carlsnaes & Thomas Risse & Beth A. Simmons, eds., *Handbook of International Relations*, p.355.

③ Jack S. Levy, "The Theoretical Foundations of Paul W. Schroeder's International System", *International History Review*, Vol.16, No.4, 1994, p.730.

第十三章 霸权与均势

在现代世界历史上,区域性(欧洲)大陆体系和全球性大洋体系两者间的互动联系,很大程度上是以领导者与挑战者这两类国家间的竞争和对抗的形式得以体现出来的,这两类国家间的斗争一般都是以挑战者国家的失败而告终,现代历史上欧洲大陆均势的反复形成很大程度上正是得益于这种形式的互动,即得益于一个主导性经济及海军强国对欧洲大陆均势的不断干预。近现代国际关系史提供的证据表明,自1494年至1945年,国际体系最不稳定时期的主要特征,通常是全球层次上的权力日益分化(这点预示着全球性权力转移即将到来)与主导性区域体系中(尤其是欧洲大陆)国家权力的日益集中相互结合在一起,近现代历史上(1648年以后)爆发的历次所谓"霸权战争"确切地说都符合这一模式,其中最明显的就是路易十四战争、法国大革命与拿破仑战争以及在20世纪爆发的两次世界大战。值得注意的是,现代世界历史上区域性大陆体系和全球性大洋体系间的互动联系,很大程度上也正是盎格鲁—撒克逊民族在现代世界历史绝大部分时间里享有的世界领导地位的基础。

第十四章 国际制度

田 野

无政府状态是国际体系不同于国内体系的基本特征,但无政府状态并不意味着国际体系总是处于混乱和无序之中。[①] 在国家主权的基础上,国际体系确立和发展了调整国家间关系的各种正式或非正式的规则和机构,从而形成了国际制度(International Institutions)。随着国家间相互依赖的加深,国际制度在战后以来不断扩展和强化。以联合国、世界贸易组织(WTO)、国际货币基金组织(IMF)和世界银行为代表的多边国际制度在全球治理中发挥着不可替代的作用,欧盟、北美自由贸易区等区域性国际制度也显著地推动了区域一体化的进程。因此,对国际制度的概念化与理论化工作已经成为国际政治学(国际关系学)知识体系中不可缺少的组成部分。

一、国际制度的概念

作为国际社会组织化的重要体现,国际制度从国际关系学诞生之时起就进入其学科视野。在著名的"十四点方案"中,威尔逊提出了建立国际联盟的设想,希冀通过这样一个国际制度来维护和保卫世界和平。第二次世界大战给威尔逊理想主义以致命打击,但处于萌芽状态的国际制度研究并没有因此而趋于消弭。在联合国和国际货币基金组织、世界银行等布雷顿森林机构相继成立的背景下,战后初期的国际制度研究聚焦于正式的国际组织,国际制度也被看做国际组织的另一代名词。《国际组织》杂志于1947年创刊,在第一期上就发表了利兰·古德里奇(Leland Goodrich)的论文《从国际联盟到联合国》。古德里奇认为,任何人想要理解联合国的机构设置,理解它们如何运行,成功的条件又是什么,就必须回过头来看看过去的经

[①] Helen Milner, "The Assumption of Anarchy in International Relations Theory: A Critique", *Review of International Studies*, Vol. 17, No. 1, 1991, pp. 67—85.

验,特别是国联的经验。① 基于这一认知,古德里奇从它们与和平协议的关系、宪章、结构以及成员国的基本义务等方面比较了这两个普遍性国际组织,以此来理解"进化过程中基本元素的连续性"。② 以此为起点,一批国际关系学者相继加入联合国研究的行列,如威廉·福克斯(William Fox)、英尼斯·克劳德等。从方法论特征上,他们的研究大多同古德里奇所做的一样,基本停留在对国际组织细节的静态描述和比较上,具有法律主义、结构主义、整体主义、历史主义和规范分析的特点,因而属于旧制度主义的范畴。③

20世纪50—60年代在美国政治学界所发生的"行为主义革命"为早期国际制度研究带来了它所缺乏的方法论工具。行为主义政治学的渗透使国际制度研究开始摆脱旧制度主义的拘囿。这种从对形式或法律的静态制度分析到实际政治行为分析的研究转向,为日后国际制度研究向新制度主义的转向创造了必要的条件。"但是,这一领域仍与正式组织的研究紧密相连,而忽视了在更广泛意义上出现的规制化的或组织化的大量国家行为。"④ 20世纪70年代国际政治经济中所发生的一系列深刻变化使国际制度研究过于强调正式组织这一缺憾变得更加明显。莉萨·马丁和贝思·西蒙斯对此论述道:"对于正在崛起的新一代学者而言,重大的国际冲突——越南战争是在联合国的正式宣言之外发生的。美国在1971年单方面决定停止以美元兑换黄金,随后宣布美元浮动,在布雷顿森林体系下过去二十年可预测的货币关系崩溃了。正在兴起的石油输出国组织明显有能力颠覆关于油价和获得石油的既有安排,这种情况发生在传统的国际组织之外;消费国在随后十年的反应也同样如此。"⑤

面对"国际政治和正式组织安排之间"在现实中日益扩大的鸿沟,一些国际关系学者尝试以概念创新为起点来摆脱这一困境。1975年,约翰·鲁

---

① Leland Goodrich, "From League of Nations to United Nations", *International Organization*, Vol. 1, No. 1, 1947, p. 21.

② Ibid., p. 12.

③ B. Guy Peters, *Institutional Theory in Political Science*, London and New York: Wellington House, 1999, pp. 6—11.

④ Stephan Haggard and Beth Simmons, "Theories of International Regimes", *International Organization*, Vol. 41, No. 3, 1987, p. 491.

⑤ Lisa Martin and Beth Simmons, "Theories and Empirical Studies of International Institutions", *International Organization*, Vol. 52, No. 4, 1998, p. 736.

杰在《对技术的国际反应：概念与趋势》一文中首先提出了"国际机制"（international regimes）的概念。他认为，"已被一部分国家所接受的一系列相互期望、规则和规定、计划、组织能量和财政义务"构成了国际机制。① 1983年，斯蒂芬·克拉斯纳主编的《国际机制》一书由康奈尔大学出版社出版，国际机制理论由此走上了系统化发展的轨道。根据克拉斯纳的定义，国际机制是"隐含的或明确的原则、规范、规则和决策程序，行为体对某个特定国际关系领域的预期围绕着它们而聚合起来"。② 在1984年出版的《霸权之后：世界政治经济中的合作与纷争》一书中，罗伯特·基欧汉发展出了一套国际机制的功能理论（functional theory of international regimes），以此确立了新自由制度主义的研究纲领。以《霸权之后》为标志，新制度主义在国际关系研究的范式地位初步奠定。

作为国际关系学者提出的新名词，国际机制的概念既非国际结构那样宽阔，也非国际组织那样狭窄。正是由于这一概念的提出，国际关系中的大量制度化行为才被真正置于国际关系研究的视野之内。但是由克拉斯纳提供的权威定义也有明显的问题。一是"原则、规范、规则和决策程序"之间难以精确地区分。从内涵上看，四者具有相对确定的含义，"原则是对事实、因果关系和正确判断的信奉；规范是由权利和义务所界定的行为标准；规则是关于行动的特定规定或禁令；决策程序是作出和实施集体选择的普遍实践"。③ 但在具体的国际关系现实中，原则与规范、规范与规则都会出现相互混淆的情况。正如斯蒂芬·哈格德（Stephen Haggard）和贝思·西蒙斯所批评的："原则将逐渐变成规范，另外规范和规则是很难加以区分的。"④ 二是这一定义会导致同义反复的问题。这一定义强调了行为体期望的聚合，从而使国际机制是否存在与国际机制是否有作用的问题难以在经验研究中区分。对于隐含的机制来说，这一定义甚至带来了同义反复的问题，即用观察

---

① John Ruggie, "International Responses to Technology: Concepts and Trends", *International Organization*, Vol. 29, No. 3, 1975, p. 570.

② Stephen Krasner, "Structural Causes and Regime Consequences: Regimes as Intervening Variables", in Stephen Krasner, ed., *International Regimes*, Ithaca and London: Cornell University Press, 1983, p. 2.

③ Stephen Krasner, "Structural Causes and Regime Consequences: Regimes as Intervening Variables", p. 2.

④ Stephen Haggard and Beth Simmons, "Theories of International Regimes," p. 493.

到的行为来定义国际机制,然后再用这一机制来解释同一行为的发生。对此,哈格德和西蒙斯指出:"'隐含的机制'的观点所侧重的是行为体期望的聚合,它有助于我们对某种复合的特有行为方式进行归纳。但是这种观点所带来的问题是,国家的行为实际上在何种程度上是由规则引导的。"①

除了克拉斯纳所提供的定义所存在的上述问题外,国际机制这个术语本身的局限性也日益显现。一方面,regime 在英语中一般指的是政权,国际机制的概念因此令国际关系学之外的学者感到费解。另一方面,国际机制概念所描绘的制度化现象在更广阔的知识领域中一般被称为 Institution,无论是政治学、经济学还是社会学都概莫能外,而在 20 世纪 80 年代以后兴起的新制度主义也是以 Institution 作为其分析对象的。由于 Institution 在新制度主义中既可以指称正式的规则或组织,也可以指称非正式的制度,国际机制理论在早期兴起时对 International Institutions 仅限于正式国际组织所保有的警惕也变得多余了。随着国际关系研究中的国际机制理论逐渐汇入到了更大的新制度主义政治学的潮流之中,International Institutions 逐渐取代了 international regimes 成为主流国际关系文献使用的术语。

作为新自由制度主义的奠基人,基欧汉率先明确指出了国际制度的含义,即国际制度是"规定行为角色、限制行动并塑造预期的持久的、相互联系的正式和非正式规则"。②这一定义消除了原则、规范、规则和决策程序之间的混淆之处,从而有助于克服克拉斯纳所做定义的第一个问题。但是,这一定义并没有解决同义反复的问题。国际制度在规定行为角色、限制行动并塑造预期上的作用已经包含在基欧汉的定义中,从而使制度本身与制度的影响难以区分开来。正如西蒙斯和马丁所批评的:"这一定义难以检验制度对行动和预期的影响。"③

颇具讽刺意味的是,作为对新自由制度主义最为激烈的批判者之一,约翰·米尔斯海默在试图彻底否定国际制度的作用时却给了国际制度一个最

---

① Stephen Haggard and Beth Simmons, "Theories of International Regimes," p.494.
② Robert Keohane, *International Institutions and State Power: Essays in International Relations Theory*, Boulder: Westview Press, 1989, p.3.
③ Simmons Beth A., and Lisa L. Martin, "International Organizations and Institutions," in Walter Carlsnaes, Thomas Risse, and Beth Simmons, eds., *Handbook of International Relations*, London: Sage, 2002, p.194.

为有用的定义,即"规定国家如何彼此合作与竞争的一系列规则"。这一定义排除了那些有规律的行为模式,并将国际制度和其应该解释的行为结果很好地区分开来。西蒙斯和马丁认为:"这一较窄的定义将制度和其假定的影响区分开来并且使我们探寻规则是否影响行为。"[①]由于国际制度研究的主要议程就是分析国际制度对国家行为的影响,这一定义便于在经验基础上推进对国际制度的研究。

值得注意的是,基欧汉和米尔斯海默关于国际制度的定义都没有明确包含组织。这样的处理在概念的周延性上有其必要。因为有些非正式的制度并没有与之相联系的组织实体,而一些正式的国际组织可能包含了多种制度。但是,正式的国际组织毕竟是正式的国际制度中最为显要的一个部分。在基欧汉关于国际制度形式的划分中,正式的政府间组织或跨国的非政府组织与国际机制、国际惯例一起构成了国际制度。[②] 此外,在20世纪90年代以后,国际制度的正式化在全球和地区治理中都成为显著的发展趋势。在全球层次上,非正式的关税及贸易总协定为正式的WTO所取代,IMF在管理国际货币关系以应对国际金融危机上的作用也更加突出。在地区层次上,欧洲联盟的成立以及欧元的启动加强了超国家机构的权力,而北美自由贸易区和南方共同市场的建立则表明区域合作的正式化并非欧洲的专利。

在这种背景下,尽管国际制度一词扩大了国际组织的外延,国际制度研究却出现了向国际组织研究回归的趋势。肯尼思·阿博特(Kenneth Abbott)和邓肯·斯奈德尔在1998年发表的一篇论文中针对国际机制理论指出:"也许是反对正式组织在早期研究中统治地位的惯性使然,他们低估了国际组织作为制度的作用。"[③]他们号召国际关系学者去研究作为国际制度的正式组织,特别是国家为何通过正式国际组织而行动的问题。但这次对正式组织研究的回归并非回到战后初期对国际组织的旧制度主义研究,而是在新制度主义的旗帜下对国际组织与国家行为的因果关系的研究。有鉴于

[①] Simmons Beth A., and Lisa L. Martin, "International Organizations and Institutions," in Walter Carlsnaes, Thomas Risse, and Beth Simmons, eds., *Handbook of International Relations*, London: Sage, 2002, p.194.

[②] Robert Keohane, *International Institutions and State Power: Essays in International Relations Theory*, pp.3—4.

[③] Kenneth Abbott and Duncan Snidal, "Why States Act through Formal International Organizations", *Journal of Conflict Resolution*, Vol.42, No.1, 1998, p.7.

此,阿博特和斯奈德尔不仅呼吁"将理论带入国际组织研究",还呼吁"将国际组织带入理论"。① 新自由制度主义理论在 21 世纪初最为重要的几部文献《法律化与世界政治》《国际制度的理性设计》和《国际组织中的授权与代理》等都体现了这种对正式国际组织研究的回归。②

从近一个世纪以来的概念嬗变来看,国际制度研究从正式国际组织研究起步,最终又回到了正式国际组织,似乎整整走了一个循环。但是这种概念嬗变并不仅仅是研究对象的回归,而是理论的发展,特别是完成了从旧制度主义到新制度主义的进化。无论是在国际制度对政治行为的影响上,还是在国际制度的形式设计上,国际关系学者都已经取得了重要的理论成果。也就是说,表面上的循环的背后是实质上的进化。正如本杰明·科恩(Benjamin Cohen)所注意到的:"像回旋镖一样,这样的研究经历了一个完整的循环,回到了对组织的强调,但这并不意味着缺少知识的进步。"③下面将具体阐述自《霸权之后》出版以来国际制度理论研究中取得的主要知识进步。

二、国际制度对政治行为的影响

国际制度是否起作用和如何起作用是国际制度理论研究中的首要问题。在旧制度主义的主导下,早期国际制度研究止于对国际制度的描述,具有形式或法律的制度主义(formal/legal institutionalism)的深刻印记。与旧制度主义不同的是,新制度主义致力于探索政治制度与政治行为之间的因果关系。近四十年来,国际关系学者不仅系统探索了国际制度对国际政治行为的影响,也大致揭示了国际制度对国内政治行为的影响。基于不同的因果机制,这些研究可以分为信息模型、分配模型、适当性模型与社会学习模型四类。

---

① Kenneth Abbott and Duncan Snidal, "Why States Act through Formal International Organizations", *Journal of Conflict Resolution*, Vol. 42, No. 1, 1998, p. 6.
② Judith Goldstein, et al., *Legalization and World Politics*, Cambridge: MIT Press, 2001; Barbara Koremenos, Charles Lipson, and Duncan Snidal, *The Rational Design of International Institutions*, Cambridge: Cambridge University Press, 2004; Darren G. Hawkins, David A. Lake, eds., *Delegation and Agency in International Organizations*, Cambridge: Cambridge University Press, 2006.
③ Benjamin J. Cohen, *International Political Economy: An Intellectual History*, Princeton: Princeton University Press, 2008, p. 113.

1. 信息模型

不完全信息是行为体在彼此互动时所具有的基本特征。由于信息不完全,即使是偏好相同或相近的行为体之间也往往难以达成相互受益的合作。国际制度的信息模型(informational model)旨在说明国际制度可以作为信号传递的工具来减少行为体之间的信息不对称,从而促成它们之间的合作。在国际层次上,国际制度可以减少国家之间的信息不对称,使偏好相同或相近的国家之间更容易达成合作。在国内层次上,国际制度也可以减少国内政治行为体,比如政府与选民之间,或者立法机构与行政机构之间的信息不对称,使它们得以在偏好相同或相近的情况下达成合作。

作为新自由制度主义的奠基人,基欧汉在《霸权之后》中主要从信息的视角来论证国际机制所具有的价值。基欧汉指出,由于信息不对称、道德风险和不负责任等因素,相互有利的合作协议往往无法达成。国际机制有助于国家解决这些问题。通过提供行为标准,提供公开讨论的论坛,或者借助国际组织,国际机制可以提高可获取信息的总体质量水平。国际机制内部为管制行为体而做出的各种安排也缓解了道德风险的问题。在国际机制的背景下,各种议题之间的联系则加大了欺骗和不负责任行为的成本。这样,"国际机制可以降低不确定性从而有助于合作"。[1]

作为基欧汉的学生,莉萨·马丁进一步用信息传递的逻辑解释了国际制度在多边经济制裁中的作用。在多边经济制裁中,往往有一个国家扮演了制裁发起国的角色。这个国家为了说服其他国家与其合作,需要做出关于制裁的可信承诺。在马丁看来,国际制度有助于制裁发起国做出可信的承诺。"制度可以将不同议题联系起来,向其成员提供扩散的乃至十分具体的收益,从而有利于制裁发起国建立策略性的议题联系。一旦制度成员同意施加制裁,违背协议将会威胁到制度所提供的其他收益。同样,在制度中发出的威胁或者承诺直接关乎制裁发起国的声誉。"[2]因此,在国际制度框架内的多边制裁增加了制裁发起国的可信性,强化了其他国家参与合作的

---

[1] 〔美〕罗伯特·基欧汉:《霸权之后:世界政治经济中的合作与纷争》,苏长和等译,上海:上海世纪出版集团2001年版,第118页。

[2] Lisa L. Martin, *Coercive Cooperation: Explaining Multilateral Economic Sanction*, Princeton: Princeton University Press, 1992, p.12.

第十四章 国际制度

动机。

基欧汉的另一个学生贝思·西蒙斯则把上述逻辑从国家间关系延伸到跨国关系中。她和合作者发现,双边投资条约(Bilateral Investment Treaties,BITs)通过提高违约的事后成本,使东道国政府容易对投资者做出可信的承诺。作为向投资者发出的信号,双边投资条约不仅可以使母国投资者在东道国的管辖范围内得到更好的法律保护,更使东道国政府在吸引投资的国际竞争中获得比竞争对手更大的声誉优势。①

随着国际关系学者对国际制度研究的深入,他们发现国家通过国际制度不仅可以向国际和跨国行为体提供更多的信息,也可以向本国国内行为体提供更多的信息。安德鲁·莫劳夫奇克(Andrew Moravcsik)在考察战后欧洲人权机制的起源时发现,主要的倡导者既非大国,亦非自由民主国家的政府和跨国倡议网络,而是当时新出现的民主国家的政府。在这些国家民主政体尚未巩固的情况下,授权给国际人权机制可以"锁定"未来的政府,增强现有制度和政策的可信性。②

在具有竞争性选举的政治体系中,领导人为保持或增加其政治支持而采取各种行动,包括参与国际制度。海伦·米尔纳与爱德华·曼斯菲尔德(Edward D. Mansfield)基于信息传递的视角解释了国家领导人在民主政体下为何会从特惠贸易协定(Preferential Trade Agreement,PTA)中获得政治受益的问题。③ 他们认为政府与选民之间也面临一个信息问题,即选民并不知道政府的偏好或政府所选择的适当的贸易政策,因而无法辨别外生经济冲击和领导人机会主义行为。鉴于上述信息问题,领导人可以通过达成国际贸易协定的方式来使公众和利益集团消除疑虑。国际贸易协定代表了政府保持开放贸易机制的承诺,因此可以成为使选民和自由贸易集团确信政府采取自由贸易的工具。简单地说,"特惠贸易协定既有助于政府,也有助于选民。贸易协定能够向选民和自由贸易集团传递关于领导人的性质和活动

---

① Zachary Elkins, Andrew Guzman, and Beth A. Simmons, "Competing for Capital: The Diffusion of Bilateral Investment Treaties, 1960—2000", *International Organization*, Vol. 60, No. 4, 2006, pp. 811—846.

② Andrew Moravcsik, "The Origins of Human Rights Regimes: Democratic Delegation in Postwar Europe", *International Organization*, Vol. 54, No. 2, 2000, pp. 217—252.

③ Edward D. Mansfield, and Helen V. Milner, *Votes, Vetoes, and the Political Economy of International Trade Agreements*, Princeton: Princeton University Press, 2012.

的信息。这样的信息增加了对政治领导人的支持,有助于他们保持其权位"。①

作为马丁的学生,克里斯蒂娜·戴维斯(Christina Davis)也基于信息的视角从立法—行政关系入手解释了美国为何频繁运用 WTO 的争端解决机制。立法机构的偏好更接近于国内产业利益集团的偏好,而行政机构则对外交关系高度敏感。当政府达成了一个差强人意的国际协议时,立法机构并不知道这样的结果是外国谈判对手的对抗还是本国政府的失职造成的。如果立法机构怀疑政府实施贸易协议并提供市场准入机会的意愿,就不会授权行政机构展开国际贸易谈判。在这种情况下,WTO 的裁决作为一种承诺工具可以增强政府承诺的可信性。戴维斯由此指出:"WTO 的裁决代表了行政机构发出昂贵的信号来展示对推动市场准入的承诺。"②行政机构通过向 WTO 公开起诉贸易伙伴,对自己的行为施加了很高的成本。这种高成本的贸易战略使立法机构更容易相信行政机构实施贸易协议的承诺。

2. 分配模型

对价值的权威性分配是政治生活的核心。在任何政治体系中,权力分配都是制度的基本功能之一。一定的制度结构决定了各个行为体接近和享有权力的大小,为某些行为体设置了特权而将另一些行为体置于不利的地位,从而使前者的偏好更容易实现而后者的偏好更难以实现。国际制度的分配模型(distributional model)突出了国际制度对政治权力分配的影响,无论这种权力分配发生在国际政治领域还是国内政治领域。

作为国际机制理论的早期开拓者之一,斯蒂芬·克拉斯纳对信息模型主导国际机制分析的状况感到不满。在他看来,这种分析不可避免地模糊了权力分配问题,因为在帕累托次优以及追求绝对而非相对收益的条件下可以通过机敏而非权力、威胁和强制来达成某个结果。③在对国际通讯机制所进行的实证分析中,克拉斯纳发现信息并不比权力分配更重要。权力在

---

① Edward D. Mansfield, and Helen V. Milner, *Votes, Vetoes, and the Political Economy of International Trade Agreements*, Princeton: Princeton University Press, 2012, p. 43.

② Christina Davis, *Why Adjudicate? Enforcing Trade Rules in the WTO*, Princeton: Princeton University Press, 2012, p. 49.

③ Stephen D. Krasner, "Global Communications and National Power: Life on the Pareto Frontier", *World Politics*, Vol. 43, No. 3, 1991, p. 336.

分配性冲突中的作用至少包括三个方面：第一，权力决定行动顺序；第二，权力可以用来阐释博弈规则；第三，权力可以改变报偿矩阵。这样，国家间权力的分配极大地影响着国际机制的产生、具体问题领域机制的存在及其性质，特别是合作中的利益分配。简单地说，国际机制的性质最好由强制性权力来解释。

作为克拉斯纳的学生，劳埃德·格鲁伯（Lloyd Gruber）同样在其对国际制度的分析中突出了权力政治的重要性。但与克拉斯纳不同的是，他提出了一种新的权力行使方式——"自为其事"（go it alone）的权力。正是这种"自为其事"的权力使国际制度中出现了绝对意义上的得利者和失利者。[①]在成员国偏好不一致的情况下，得利者在失利者不合作的情况下仍然能够通过国际制度的创设实现相比于其初始状态更多的报偿，而失利者如果不加入国际制度将会导致相比于其初始状态更少的报偿，从而使失利者心甘情愿地卷入到得利者处于主导地位的国际制度中。格鲁伯认为墨西哥加入美国和加拿大主导的北美自由贸易区和意大利加入德法主导的欧洲货币体系都反映了国际制度中"自为其事"的权力。

克拉斯纳和格鲁伯的研究表明，国际制度在国际政治领域中的权力分配作用似乎对大国更为有利。有意思的是，主流的国际制度文献关于国际制度在国内政治中分配效应的讨论更多地突出了弱势群体的收益。比如戴欣媛提出国内集团可以经常运用国际制度提供的信息来动员支持和合法化目标。[②] 特别是对那些违约行为的国内受害者来说，他们的利益往往不能为本国政府所代表，而维护其利益的国内路径也非常有限。因此国际制度即使是弱的，也对他们具有重要意义。[③]比如在人权和环境领域中。由于受害者和国家的利益有时是不一致的，受害者或者非政府组织动员起来不仅改变了弱势群体的地位，也推动了政府对国际条约的遵守。

为了考察国际人权制度对国内政治的影响，贝思·西蒙斯提出了一个"遵约的国内政治理论"。简言之，"如果条约可以使具有不同权利偏好的个

---

① Lloyd Gruber, *Ruling the World: Power Politics and the Rise of Supranational Institutions*, Princeton: Princeton University Press, 2000.
② Xinyuan Dai, *International Institutions and National Policies*, Cambridge: Cambridge University Press, 2007, p.106.
③ Ibid., p.108.

人、集团或国家的某个部分获得权力,而在没有条约的情况下这些行为体将不能获得同样多的权力,那么条约就会具有因果意义"。[①] 国际人权条约不仅影响行政部门的议程设定和法院的诉讼,而且对权利要求者发动社会动员具有重要的价值。基于社会运动理论的相关文献,西蒙斯提出业已批准的条约会通过以下四种方式来增加社会运动成功的概率,从而有助于权利要求的实现:第一,条约的批准意味着政府事先做出了接受权利要求的承诺;第二,条约的批准可以扩大社会联盟的规模;第三,条约增加了联盟可以获得的无形资源;第四,条约扩展了联盟为确保其权利实现而运用的战略选择范围。[②]

与戴欣媛和西蒙斯的社会中心论不同,田野基于国家中心论的立场探讨了国际制度对国内政治中国家自主性的影响。第一,国家行为体可以通过参与国际组织和国际谈判的议程设定优势、信息优势和社会影响来克服否决者的阻碍。第二,国家行为体可以通过国际制度使其当下推动的政策具有不可逆性,从而向非国家行为体做出可信的承诺。第三,国际制度有助于国家行为体推动与自己偏好一致的国内集体行动。[③] 这样,国际制度改变了国内政治博弈的既有均衡,在这个新均衡中国家所推动的公共政策将与自己的偏好更一致。因此,国家行为体可以运用国际制度来增强对国内其他行为体的相对自主性。

3. 适当性模型

尽管在国际制度的主要功能是提供信息还是应对分配冲突上各执一词,信息模型和分配模型都是在理性行为体的假设上发展起来的。与理性主义者不同,建构主义者认为偏好并非事先给定的,而是在社会互动中形成的。根据建构主义的观点,国际制度不仅会限制行为,而且会塑造偏好和构成身份。在分析层次上,建构主义的国际制度研究很少明确地区分国际层次与国内层次。一方面,与多数有形的物质资源相比,观念和规范在跨国扩散上受到的限制往往更少。另一方面,国内社会和政治行为体的观念和身

[①] Beth A. Simmons, *Mobilizing for Human Rights: International Law in Domestic Politics*, Cambridge: Cambridge University Press, 2009, p.125.

[②] Ibid., pp.144—148.

[③] 田野:《国家的选择:国际制度、国内政治与国家自主性》,上海:上海人民出版社2014年版。

份的变化,往往是国际规范自外而内扩散的结果。这样,建构主义者很难将国际制度在国际层次上和国内层次上的作用完全分开进行研究。

建构主义主要基于两种逻辑来探讨国际制度对政治行为的影响。一为社会学制度主义者所强调的"适当性逻辑"(logic of appropriateness),在这种逻辑下,"人类行为体服从将特定身份与特定情势相联系的规则,通过评估在当前身份与选择困境和关于自我与情势的更一般概念之间的相似性来找到个人的行动机会"。① 二为哈贝马斯"交往行动理论"所阐明的"争论逻辑"(logic of arguing),这一逻辑意味着行为体的主要动力在于寻求真理和共识,因此话语的参与者可以被更好的观点(better argument)说服。② 因此,建构主义的国际制度理论可以分为适当性模型和社会学习模型两类。

基于适当性的逻辑,玛莎·芬尼莫尔提出了国际组织"传授"国际规则和规范的模型。芬尼莫尔关注的是国家之间的趋同现象,比如为什么几乎所有的国家同时创立了旨在协调科学研究的科层组织,为什么几乎所有的国家都同意重新定义发展的概念等。这种对国家之间趋同现象的研究正是社会学制度主义者传统的研究兴趣之所在。社会学制度主义把世界文化作为分析的逻辑起点。世界文化不仅能够赋予行为体和行为的实体地位,还能赋予行为体和行为以意义和合法性。作为一名政治学家,芬尼莫尔在接受上述逻辑的同时更突出了国际组织在规范扩散中的"传授"作用。国际组织是主动的"教师",为"学生"提供了明确的学习计划。③ 比如在联合国教科文组织的帮助下,许多贫穷、技术不发达、军事上不受威胁的国家在基本没有功能需求的情况下几乎同时成立了科学科层机构。④ 芬尼莫尔认为,联合国教科文组织的这种影响正是来自世界文化所赋予的适当性。

同样在社会学制度主义的视野下,达纳·艾尔(Dana Eyre)和马克·萨

---

① James G. March and Johan P. Olson, "The Institutional Dynamics of International Political Orders", *International Organization*, Vol. 52, No. 4, 1998, p. 951.

② Risse Thomas, "'Let's argue!': Communicative Action in World Politics", *International Organization*, Vol. 54, No. 1, 2000.

③ Martha Finnemore, *National Interests in International Society*, Ithaca: Cornell University Press, 1996.

④ Martha Finnemore, "International Organizations as Teachers of Norms: The United Nations Educational, Scientific, and Cutural Organization and Science Policy," *International Organization*, Vol. 47, No. 4, 1993.

奇曼(Mark Suchman)考察了常规武器扩散中规范与地位的作用。在他们看来,武器扩散并非由于技术能力与国家安全需要的吻合,而是由于军事力量及其武器所具有的高度象征性、规范性特质。① 也就是说,高技术的军事力量象征着现代性、效率与独立,因此武器扩散的动力来自将这种联系制度化的规范结构。

芬尼莫尔在和迈克尔·巴内特(Michael Barnett)合著的《为世界订立规则:全球政治中的国际组织》中进一步论证了国际组织的自主性问题。② 在他们看来,国际组织通过以下三种机制实现了自身的自主性:第一,为世界分门别类,创造行为体和各种行为的新类别,例如 IMF 对世界各国经济的分类和 UN 对冲突的分类;第二,确定社会化世界的意义,例如"二战"后联合国对安全的重新界定;第三,在全球范围内阐释和推广新的规范和原则。在上述机制的作用下,国际组织自主性行为主要产生了两种影响。一种是限制已存社会世界,改变国家动机,从而使行为体行为符合已有的规则和规范。另一种是利用其知识创造,构建新的社会实体,形成越来越多的国际共有知识和共有观念。

4. 社会学习模型

在国际关系的实践中,同一国家接受了一些规范而拒绝了另一些规范,同一规范为一些国家所接受却为另一些国家所拒绝。为什么同样面临国际组织的传授,不同国家在接受国际规则和规范上仍然存在着不可忽视的差异性呢?好比同一个老师会教出不同的学生,原因不能只从"教"的方面找,而且要从"学"的方面找。这样,一些建构主义者,特别是坚持哈贝马斯"争论逻辑"的建构主义者在探讨国际制度的作用时强调了"社会学习"(social learning)的重要性。

一般而言,学习是指对新证据、新理论或者新的行为技能的接触导致信念的变化或者对既有信念的信任程度的变化。③ 学习可以分为只涉及手段

---

① Dana Eyre and Mark Suchman, "Status, Norms, and the Proliferation of Conventional Weapons: An Institutional Theory Approach", in Peter Katzenstein, ed., *The Culture of National Security: Norms and Identity in World Politics*, New York: Columbia University Press, 1996, p. 86.

② Michael Barnett and Martha Finnemore, *Rules for the World: International Organizations in the Global Politics*, Ithaca: Cornell University Press, 2004.

③ Beth A. Simmons, Frank Dobbin, Geoffrey Garrett, "The International Diffusion of Liberalism", *International Organization*, Vol. 60, No. 4, 2006, p. 795.

变化的"简单学习"和既包括手段也包括目标变化的"复杂学习"。与理性主义者主要关注"简单学习"不同,建构主义者更为关注涉及因果关系信念的"复杂学习"。这种复杂学习超出了个体层次,是在社会规范结构下的社会互动过程。

鉴于芬尼莫尔等人在社会互动理论化方面的不足,杰弗里·切克尔提出要以说服为中心来确立社会学习的框架。切克尔提出,在以下五个条件下说服者将更容易说服其他行为体:第一,被说服者处于新的和不确定的环境中,比如当新议题出现、危机发生或者政策失败时;第二,被说服者几乎没有与说服者信息不一致的根深蒂固的先验信念;第三,说服者是被说服者业已归属的或者意欲归属的集团中的权威成员;第四,说服者言传身教、以身作则,而非训诫和压制被说服者;第五,说服者和被说服者的互动发生在较少政治化的、较大封闭性和私人性的背景中。① 这五个条件中的后三个条件刻画了说服者和被说服者互动中发生的交往和说服的过程,展现了复杂学习的社会性一面。

在更为宽泛的意义上,社会学习是社会化的一个核心环节。杰弗里·切克尔和江忆恩(Alastair Iain Johnston)具体分辨了社会化的微观机制。切克尔在《国际组织》"国际制度与欧洲的社会化"的专辑中提出了将国际制度与社会化结果联系起来的三种机制,即战略计算、角色扮演和规范说服。② 江忆恩也提出国际制度作为社会环境会触发三种社会化的微观机制,即模仿、"社会影响"(social influence)和说服。③ 江忆恩还运用这一社会化理论分析了中国参与国际制度的行为。④

三、国际制度的形式设计

制度形式的多样性是政治制度的一个核心特点,也是新制度主义致力

---

① Jeffrey T. Checkel, "Why Comply? Social Learning and European Identity Change", *International Organization*, Vol. 55, No. 3, 2001, pp. 562—563.
② Jeffrey T. Checkel, "International Institutions and Socialization in Europe: Introduction and Framework", *International Organization*, Vol. 59, No. 4, 2005, pp. 801—826.
③ Alastair Iain Johnston, "Treating International Institutions as Social Environments," *International Studies Quarterly*, Vol. 45, No. 4, 2001, pp. 487—415.
④ Alastair Iain Johnston, *Social States: China in International Institutions, 1980—2000*, Princeton: Princeton University Press, 2007.

于解释的一个核心问题。新制度主义在政治学中的旗手之一的巴里·温格斯特(Barry Weingast)甚至认为:"制度研究最有前途和最为深远的方面,涉及为何制度采用这种形式而不是那种形式的问题。"①在国际制度研究中,基欧汉的功能理论集中论述了国际制度所具有的一般性功能,并没有对国际制度形式的多样性给予足够的关注。哈格德和西蒙斯就提出批评说,国际机制的功能理论并没有解释为什么一些机制发展出正式的组织,而另一些机制却没有发展出这样的组织。②基欧汉的这一不足为其他的理性主义者所弥补。由于建构主义者主要探索国际制度的趋同现象,他们并没有发展出对国际制度多样性的关注。近四十年来,理性主义者已经基于不同的视角为国际制度的形式和设计问题提供了多种模型。

1. 博弈模型

作为博弈论路径在国际关系研究的倡导者,邓肯·斯奈德尔、肯尼思·奥耶(Kenneth Oye)、阿瑟·斯坦(Arthur Stein)、莉萨·马丁等学者认为,国家在国际关系中所面临的集体行动问题不止"囚徒困境"一种,因此必须创设不同类型的国际机制以满足不同类型的集体行动问题所提出的功能性要求。③正如马丁所言:"在不同类型的合作问题上,国家在考虑合作时会面对不同的挑战。因此,这些不同类型的合作问题也导致了关于规范和组织作用的不同预期。"④在《国家对多边主义的理性选择》一文中,马丁就将国际合作问题区分为四种类型,即协作型(collaboration)、协调型(coordination)、劝说型(suasion)和保证型(assurance)。

第一,协作型博弈。人们都熟知的"囚徒困境"就是协作型博弈。根据其报酬结构,每个参与者的优势战略都是背叛。但当每个参与者都采取背

---

① 〔美〕巴里·R. 温格斯特:"政治制度:理性选择的视角",载〔美〕罗伯特·古丁、〔美〕汉斯—迪特尔·克林格曼主编:《政治科学新手册》(上册),北京:生活·读书·新知三联书店 2006 年版,第 255 页。

② Stephan Haggard and Beth Simmons, "Theories of International Regimes", p. 508.

③ Duncan Snidal, "Coordination versus Prisoners' Dilemma: Implications for International Cooperation and Regimes", *American Political Science Review*, Vol. 79, No. 4, 1985; Kenneth Oye ed., *Cooperation Under Anarchy*, Princeton, NJ: Princeton University Press, 1986; Arthur Stein, *Why Nations Cooperate: Circumstance and Choice in International Relations*, Ithaca and London: Cornell University Press, 1990. Lisa Martin, "The Rational State Choice of Multilateralism", in John Ruggie ed., *Multilateralism Matters: The Theory and Praxis of an Institutional Form*, New York: Columbia University Press, 1993.

④ Lisa Martin, "The Rational State Choice of Multilateralism", p. 94.

第十四章 国际制度

叛战略时,均衡结果对双方和整个社会来说都不是最优的。这就产生了"个体理性与集体理性的冲突"。在协作型博弈中,既然背叛会带来即时的报酬,国家具有强烈的动机去背叛而非合作。为了促进合作的实现,需要建立正式的国际组织以发挥监督或实施协议的功能。

第二,协调型博弈。正如"情侣战"所显示的,协调型博弈有两个均衡结果,每一个都是其中一方最希望出现的。主要困境在于哪一种均衡结果能胜出。如果博弈方都坚持自己所偏好的结果,双方就达不成协议,讨价还价异常激烈。协调型博弈具有重要的分配性意义,有时会使合作性的解决方案很难达成。但一旦一种均衡结果确立了,任何一方都没有动机去背叛。在这种情况下,国家没有必要将本来稀缺的资源用于发展正式的国际组织上。[1]

第三,劝说型博弈。无论协调型博弈还是协作型博弈都体现了国家间利益的对称性。但在劝说型博弈中,博弈方 A(霸权国)比另一博弈方 B(非霸权国)拥有更大的权力。霸权国不满意自己单边行动带来的均衡结果,而偏好他者的合作。背叛可以使非霸权国获得即时的最大报酬,但如果霸权国也转而背叛,非霸权国只能得到最少的报酬。在这种情况下,能否合作将取决于霸权国的威胁或者承诺。如果在霸权国的主导下建立正式的国际组织,可能便于霸权国采取问题联系战略,从而增加威胁或者承诺的可信性。

第四,保证型博弈。"猎鹿"寓言反映了保证型博弈的报酬结构。博弈方相互合作对双方都是最优的。只要对方合作,背叛并不能够带来收益。但如果一方采取合作战略而另一方采取背叛战略,采取合作战略的一方会得到最差的收益。在这种情势下,只要增信释疑,双方都可以通过合作来实现福利的帕累托改进。因此,有效促进合作的解决方案在于增加国内体系的透明度,而没有必要建立复杂的国际制度安排。[2]

同样基于博弈论,苏长和将国际制度分为作为准则的国际制度和作为规约的国际制度。作为准则的国际制度主要是在协调的环境下产生的,而作为规约的国际制度则是在协作的背景下产生的。作为准则的国际制度本

---

[1] Lisa Martin, "The Rational State Choice of Multilateralism", p. 102.
[2] Ibid., p. 108.

身具有自我实施和执行的能力,而作为规约需要行为体将自己的权利让给更高的管理机构。苏长和强调这一划分对于理解围绕国际制度而出现的南北关系具有重要意义。作为准则的国际制度大都具有普世性的意义,发展中国家应该抱积极接受和融入的态度。作为规约的国际制度一般具有重要的价值和政治含义,发展中国家应该有选择、有步骤地接受它们。①

2. 理性设计模型

通过对博弈模型的运用,马丁和苏长和等有力地解释了国际制度形式的多样性问题。制度主义者进而认为,根据不同的集体行动问题,国家可以设计与之相适应的国际制度形式。但是这些博弈模型本身并不能够充分说明国际制度在形式上的各种差异。在更广泛地纳入国际制度形式上的差异和变化的基础上,芭芭拉·凯里迈诺斯(Barbara Koremenos)、查尔斯·利普森(Charles Lipson)和邓肯·斯奈德尔等十余位学者联合建立了一个国际制度的"理性设计工程"(Rational Design Project),其成果以专辑的形式发表于《国际组织》2001年秋季卷上。②

这一工程假设自利的国家和其他国际行为体通过制度的设计来实现其联合收益的目标。正如三位组织者所指出的:"诸多制度安排可以看作多种参与者的理性选择。当国家运用外交和会议来选择制度特点以促进其个体和集体目标时,无论是建立新制度还是修正既有的制度,这种理性都是向前看的。"③研究者确定了成员身份、领域范围、集中程度、控制和灵活性等可测的维度作为因变量,选择了实施问题、分配问题、涉入行为体的数目和不确定性的类型等因素作为自变量,据此提出了关于国际制度设计特点的16个可证伪的假说(如表14-1所示)。通过对北约东扩、战俘待遇公约、国际贸易协议中的"退出条款"、全球航空机制等多个案例的检验,这些假说成立的概率在70%左右。

---

① 苏长和:《全球公共问题与国际合作:一种制度的分析》,上海:上海人民出版社2000年版,第226—232页。
② Barbara Koremenos, Charles Lipson and Duncan Snidal, "The Rational Design of International Institutions", *International Organization*, Vol. 55, No. 4, 2001.
③ Ibid., p.766.

表 14-1　国际制度的理性设计

代号	假说
M1	实施问题越严重,限制成员身份的可能性越大
M2	偏好的不确定性越大,限制成员身份的可能性越大
M3	分配问题越严重,成员的数目越大
S1	行为体的数目越大,领域范围越大
S2	分配问题越严重,领域范围越大
S3	实施问题越严重,领域范围越大
C1	行为的不确定性越大,集中程度越高
C2	世界状态的不确定性越大,集中程度越高
C3	行为体的数目越大,集中程度越高
C4	实施问题越严重,集中程度越高
V1	行为体的数目越大,控制程度越低
V2	行为体之间权力越不均衡,控制越不对称
V3	世界状态的不确定性越大,控制程度越高
F1	世界状态的不确定性越大,灵活性越高
F2	分配问题越严重,灵活性越高
F3	行为体的数目越大,灵活性越低

资料来源:Barbara Koremenos, Charles Lipson and Duncan Snidal, "The Rational Design of International Institutions", *International Organization*, Vol. 55, No. 4, 2001, p. 797.

3. 交易成本模型

作为新制度经济学中的一个分支,以罗纳德·科斯(Ronald H. Coase)和奥利弗·威廉姆森(Oliver Eaton Williamson)为领军人物的交易成本经济学为制度多样性提供了重要的分析工具。其实,基欧汉正是在科斯定理的基础上提出了国际机制的功能理论,但并没有以此解释国际制度形式的选择问题。尽管科斯明确了交易成本在制度选择时的中心地位,但并没有为衡量交易成本的大小提供一种可操作的标准。而威廉姆森则明确提出了将不同的交易相互区别的三个维度,即资产专用性、不确定性与频率,从而将交易成本推理操作化。在威廉姆森的交易成本经济学基础上,国际关系学者解释了国际制度形式的多样性问题。

贸易自由化既可以采取单边形式,也可以采取多边或少边的形式。贝思·亚伯勒(Beth Yarbrough)和罗伯特·亚伯勒(Robert Yarbrough)所关注的核心问题是为什么贸易自由化在历史上采取了这些不同的形式。① 他们强调交易成本的作用和机会主义所导致的风险决定了贸易自由化的形式,从而把已经观察到的自由化的不同形式和它们发生的经济和政治环境联系了起来。他们提出:"资产专用投资的程度和霸权合作的可行性是机会主义的保护主义的决定因素,进而是成功自由化采用何种形式的决定因素。"② 他们以此解释了一个半世纪以来国际贸易机制的变迁。

戴维·莱克(David Lake)和卡嘉·韦伯(Katja Weber)则以交易成本理论为基础来检验国家可以获得的安全关系选择。莱克提出的关系性缔约理论(theories of relational contracting)基于一个核心的类比,就是把国家看成一个生产安全的公司。当国家决定与其他国家联合生产安全时,它必须选择一种关系来治理和其伙伴的互动,这些关系形态可以是无政府的联盟,也可以是等级制的帝国,还可以是介于两者之间的保护国和非正式帝国。莱克认为,在这些方案中所作出的选择是两个主要变量的函数:机会主义的预期成本和治理成本,前者随着关系等级制的加强而降低,而后者随着关系等级制的加强而增加。③ 莱克运用这一理论解读了 20 世纪三个关键时刻——"一战""二战"和冷战结束初期的美国对外政策。④ 卡嘉·韦伯则使用了威胁的层次和交易成本两个变量来解释国家选择的等级制安全结构,进而选择不确定性、资产专用性、技术发展和国家异质性这四个指标作为衡量交易成本大小的标准,选择国家的军事能力/军事潜力和地理毗邻性这两个指标作为衡量威胁层次的标准。⑤

无论是国际贸易机制的形式,还是国际安全关系的选择,都可以包容在

---

① Beth Yarbrough and Robert Yarbrough, "Cooperation in Liberation of International Trade: After Hegemony, What", *International Organization*, Vol. 41, No. 1, 1987; Beth Yarbrough and Robert Yarbrough, *Cooperation and Governance in International Trade: The Strategic Organizational Approach*, Princeton: Princeton University Press, 1992.

② Beth Yarbrough and Robert Yarbrough, "Cooperation in Liberation of International Trade: After Hegemony, What", p. 4.

③ David Lake, "Anarchy, Hierarchy, and the Variety of International Relations", *International Organization*, Vol. 50, No. 1, 1996, p. 2.

④ David Lake, *Entangling Relations: American Foreign Policy in Its Century*, Princeton: Princeton University Press, 1999.

⑤ Katja Weber, "Hierarchy Amidst Anarchy: A Transaction Costs Approach to International Security Cooperation", *International Studies Quarterly*, Vol. 41, No. 2, 1997; Katja Weber, *Hierarchy Amidst Anarchy: Transaction Costs and Institutional Choice*, Albany: State University of New York, 2000.

国际制度形式选择这个更一般的问题之中。田野在统一的交易成本逻辑基础上对不同领域的制度选择问题进行有机的整合。根据正式程度、集中程度和授权程度,国际制度的形式可分为非正式协议、自我实施的正式协议、一般的正式国际组织和超国家组织。与莱克对交易成本的划分不同的是,田野将国家间交易成本分为事先的缔约成本与事后的治理成本两个部分。国家间缔约成本随着制度化水平的提高而递增,而国家间治理成本随着制度化水平的提高而递减。缔约国在交易收益给定的情况下,将在国家间治理成本与国家间缔约成本之间进行权衡,选择使国家间交易成本最小化的国际制度形式。根据两类国家间交易成本的影响变量,田野进一步提出了分别涉及问题领域敏感性、国家同质性、透明度、资产专用性、不确定性和交易频率的六个假说。[①]

这样,尽管基欧汉在《霸权之后》中没有直接讨论制度多样性问题,但他在国际关系中率先使用的交易成本分析却被广泛用来分析各类国际制度的设计问题。在2009年由基欧汉的多位学生合编的文集中,迈克尔·吉利根(Michael J. Gilligan)指出:"交易成本路径的价值不仅在于告诉我们国家在一定的环境下会合作,而且使我们得以洞察合作可以采取的各种形式。"[②] 但作为目前最为系统的国际制度设计理论,国际制度的"理性设计工程"并没有采用交易成本路径来分析制度设计的问题。一方面,这一工程的因变量主要寻求解释成员范围和集中化程度,但没有寻求解释什么时候交易发生在制度内,什么时候发生在制度外。另一方面,这一工程的自变量并不符合典型的交易成本解释,比如资产专用性和交易频率都没有被纳入进来。鉴于理性设计工程的上述问题以及现有交易成本文献的分散性,吉利根号召国际关系学者回到交易成本的路径,并推进基欧汉所开辟的这一重要研究议程。

四、国际制度间关系

随着国际制度数量日益增多,国际制度之间的相互关系逐渐成为国际

---

① 田野:《国际关系中的制度选择:一种交易成本的视角》,上海:上海人民出版社2006年版,第173—175页。
② Michael J. Gilligan, The Transactions Costs Approach to International Institutions, in Helen V. Milner and Andrew Moravcsik. *Power, Interdependence and Non-State Actors in World Politics: Research Frontiers*. Princeton: Princeton University Press, 2009, p.55.

制度研究的重要问题。奥兰·扬(Oran R. Young)最早提出了制度联系的概念。① 扬将制度联系分为四种类型,即嵌入式(embedded regimes)、嵌套式(nested regimes)、集束式(clustered regimes)和交叠式(overlapping regimes)。② 上述分类为国际制度间不同关系的概念化提供了必要的基础。作为多项国际制度研究议程的倡导者和推动者,罗伯特·基欧汉在其与大卫·维克多(David G. Victor)合写的文章中将不同的国际制度间关系看作一个连续谱:一端是完全整合起来的制度,通过综合的、等级制的规则来实施;另一端是高度碎片化的一系列制度,没有可辨别的核心,制度间联系较弱甚至不存在;处于连续谱中间的是"机制复合体"(regime complex),即专门的、相对狭窄的机制,它们之间存在联系,但缺乏将它们构建成一个整体的总体结构。③ 这样,他们给出的连续谱进一步确定了不同类型制度间关系的相对位置。

综合来看,国际制度间关系主要包括制度交叠、制度嵌入、制度嵌套、制度遵从等类型。交叠中的各种制度之间是平等的,制度遵从意味着制度之间存在等级制关系,制度嵌套和制度嵌入则介于两者之间。国际制度研究文献对上述类型都有所涉及,不过大部分文献关注制度交叠,也有一些文献考察制度间的嵌入、嵌套与遵从。另外,在对各种制度间关系的近期研究中,很多学者不再限于既有制度之间的静态关系,而是从大国竞争的视角来看待新创设或转型后的国际制度带来的动态变化,从而开辟了对国际制度竞争的研究。

1. 制度交叠

在交叠式的制度间关系中,单个制度成立的目的不同,但它们事实上在功能领域等诸多方面互有交叉,从而对彼此产生了巨大的影响。很多国际制度研究者观察到,制度交叠使国际协议的实施变得更加复杂。通过引入交叠的法律规则和管辖权,国际机制复杂性降低了法律责任的清晰程度,导

---

① Oran R. Young, "Institutional Linkages in International Society: Polar Perspectives", *Global Governance*, Vol. 2, No. 1, 1996, pp. 1—24.
② [美]奥兰·扬:《世界事务中的治理》,陈玉刚、薄燕译,上海:上海人民出版社2007年版,第156—161页。
③ Robert O. Keohane and David G. Victor, "The Regime Complex for Climate Change", *Perspectives on Politics*, Vol. 9, No. 1, 2011, p. 8.

致了国际法律碎片化,这给制度的实施带来了新的扭曲。国家能够在同一议题上具有权威的不同国际制度间自主选择遵循哪些规则,进行"择地行诉"(forum shopping),使它们得以更好地实现自己的特定利益。[①] 这样,在制度交叠的情况下,国家对制度选择机会的利用破坏了国际制度原本具有的促进合作的功能。

  托马斯·格林(Thomas Gehring)和本杰明·福德(Benjamin Faude)对上述主流观点提出了不同的看法。他们认为,数个交叠制度下的成员国在"嵌套博弈"(nested games)的背景下决策,即不同场合下发生的博弈相互联系。在交叠的制度下,成员国的动机是混合的,虽然它们有了进行选择制度以达成自己狭隘利益的机会,但同时参与多个制度的成员国在其参与的关键制度所提供的公共产品上也具有共同利益。因此,当它们决定在任一制度下的行为时,会考虑其行为对交叠制度的影响,从而逐渐限制交叠制度的治理范围,促成制度之间的相互适应。即使在多个成员国之间存在根深蒂固的分配冲突的情况下,交叠制度之间的相互适应也可能逐渐产生制度间的分工。如果不同形式的处理方式的拥护者之间存在大致均衡的权力分配,就将导致永久性的制度共治模式。[②]

  交叠制度除了给成员国提供了"择地行诉"的机会外,也可能促进国际组织之间的趋同。国际组织在功能领域上或地理范围上的交叠使国际组织之间形成了紧密的联系:在功能上,活跃在同一议题领域的国际组织通常在其所处理的社会问题和所面临的政策选择方面具有共性;在地域上,活动于相同区域的国际组织在集体身份及历史经验等方面具有共性,总部区位的临近也为国际组织带来了更多非正式互动的机会。托马斯·萨默勒(Thomas Sommerer)和乔纳斯·托尔伯格(Jonas Tallber)认为,国际组织之间的紧密联系为信息、理念、模式、规范的流动提供了更大的机会,因此政策和制度的趋同在联通性强的国际组织之间更容易发生。[③]

---

  ① Karen J. Alter and Sophie Meunier, "The Politics of International Regime Complexity", *Perspectives on Politics*, Vol. 7, No. 1, 2009, p. 16.
  ② Thomas Gehring and Benjamin Faude, "A Theory of Emerging Order within Institutional Complexes: How Competition among Regulatory International Institutions Leads to Institutional Adaptation and Dvision of Labor", *The Review of International Organizations*, Vol. 9, No. 4, 2014, pp. 471—498.
  ③ Thomas Sommerer and Jonas Tallberg, "Diffusion across International Organizations: Connectivity and Convergence", *International Organization*, Vol. 73, No. 2, 2019, pp. 399—433.

2. 制度遵从

在正式的法律权威上,国际制度之间在绝大多数情况下是平等的,但在政治现实上却未必如此。泰勒·普拉特(Tyler Pratt)提出了"制度遵从"(institutional deference)的概念,即一个国际组织接受另一个国际组织对其行使权力。为了避免成员国"择地行诉"和低效的重叠管理等问题,国际组织通过制度遵从来协调规则的制定,从而在缺乏明确法律等级制的情况下缓解管辖权冲突。普拉特将制度遵从分为两类:"批准的遵从"(deference by validation)指存在书面记录的规则、规范及标准的有正式文件的遵从,而"弃权的遵从"(deference by abstention)指国际组织通过不再行使自己的管辖权而默示地承认另一个组织的权威。① 这种制度遵从揭示了国际制度之间具有非正式的等级制。

在普拉特等人研究的基础上,宋亦明提出从两个标准出发考察国际制度之间非正式的遵从:其一,信息遵从,即某一国际制度发布的报告或数据被同领域内的其他国际制度广泛关注和使用;其二,平台遵从,即某一国际制度设置的平台被同领域内的其他国际制度所青睐,并且以观察员或与会者身份加入该平台并进行信息交换。由此,如某一领域内有国际制度同时获得了信息遵从和平台遵从,那么该领域内的国际制度间关系为强等级制,其余情况均意味着国际制度间关系为弱等级制。② 宋亦明对制度遵从的概念化工作为在实证研究中更好地识别国际制度的等级制提供了便利。

3. 制度嵌入和嵌套

在国际制度间的平等性或等级制程度上,制度嵌入和嵌套在制度交叠和制度遵从之间。奥兰·扬提出的"嵌入式"制度间关系,是指特定议题的机制嵌入了更加宽泛的原则和惯例的运作之中,而后者构成了国际社会整体的深层结构。克里斯琴·勒—斯密特(Christian Reus-Smit)更明确地将国际制度分为宪法结构、基本制度和专门性机制三种层次。宪法结构通过深层宪法性价值的集合来确定合法的国家地位和正当的国家行动,如主权制度。基本制度则是国家制定的基本实践规则,以解决无政府状态下与共存

---

① Tyler Pratt, "Deference and Hierarchy in International Regime Complexes," *International Organization*, Vol. 72, No. 3, 2018, p. 570.
② 宋亦明:《制度竞争与国际制度的等级制》,载《世界经济与政治》2021年第4期,第42页。

相联系的协调和协作问题,如多边主义、国际法。专门性机制在国家间关系的特定领域中规定了基础的制度性实践,如核不扩散条约。在这三个层次构成的等级秩序中,宪法结构塑造了基本制度,基本制度又对专门性机制产生了影响。[1]

所谓"嵌套式"制度间关系,是指那些在功能领域上、地理范围上有限的具体制度安排被置于更加广泛的制度框架中。嵌套式制度涉及的问题往往是新建立的国际制度如何与现存的国际制度相互匹配。维诺德·阿格瓦尔(Vinod K. Aggarwal)从功能领域和地理范围两个维度阐释了新旧制度的匹配性,比如《棉纺织品长期安排协定》、亚太经合组织与关贸总协定之间的关系就分别反映了这两个维度上的制度嵌套。[2] 刘玮从内容和机制两个层面将嵌套性制度进一步分为实质性嵌套和名义性嵌套。内容层面涉及地区制度在核心功能和条款安排上与核心多边制度的一致性,机制层面则涉及地区制度与核心多边制度是否建立了正式、集中化的制度间联系。如果规则一致性较高,且建立了正式、集中化的制度间联系,就说明两者为实质性嵌套,反之则为名义性制度嵌套。他提出,地区制度对其所在领域治理规则的系统冲击效应越强,或者地区制度投资报偿结构的不对称性越强,越可能形成与核心多边制度的紧密嵌套安排。[3]

4. 制度竞争

随着国际权力结构的深刻变化,大国越来越多地将国际制度作为战略竞争的工具,从而使国际制度竞争成为国际制度研究的新议程。贺凯提出了"制度制衡"(institutional balancing)的概念,即国家在无政府的国际体系中,通过不同类型的制度手段来制衡直接或潜在的威胁国。他认为,相互依存程度越高,国家追求军事制衡的风险和成本也就越高,决策者出于成本效益的计算,就越有可能实行制度制衡。另外,对体系中权力配置的不同认知决定了国家将如何进行制度制衡,即是采取包容性制度制衡还是排他性制

---

[1] Christian Reus-Smit, *The Moral Purpose of the State: Culture, Social Identity, and Institutional Rationality in International Relations*, Princeton: Princeton University Press, 1999, pp.15—16.

[2] Vinod K. Aggarwal, ed., *Institutional Designs for a Complex World: Bargaining, Linkages, and Nesting*, Ithaca: Cornel University Press, 1998, pp.3—5.

[3] 刘玮:《兼容性制度竞争:双层对冲与地区制度的嵌套设计》,载《世界经济与政治》2020年第2期,第73页。

度制衡。①

茱莉娅·莫尔斯(Julia Morse)和罗伯特·基欧汉提出了"竞争性多边主义"(contested multilateralism)的概念,即行为体在对现有多边制度不满意的情况下,将注意力转移到其他多边制度或是重新建立多边制度的决策选择及其造成的制度后果。竞争性多边主义的两种类型是"机制转移"(regime shifting)和"竞争性机制建立"(competitive regime creation)。当改革者选择另一个替代的多边组织,并且利用这一新组织来挑战原有制度的规则设置或减少原有制度的权威时,就发生了机制转移。当改革者直接建立一个新多边组织来代替既有制度的时候,就称之为竞争性机制的建立。②

李巍在阐述其现实制度主义时明确提出了国际制度竞争的概念。他主张通过整合新自由制度主义和现实主义的有用内核来理解国际制度的双重属性,即国际制度既为制度成员国提供了普遍性的公共服务,又能被制度领导国"私有化"为特殊性的权力工具。在此基础上,他提出国际制度竞争力的三大指标:制度领导国的权力地位、国际制度的公共服务功能以及国际制度自身的结构合理性。③ 因此,国际制度竞争既是制度主导国之间的权力竞争,也是主导国提供公共产品的能力竞争,还是国际制度本身结构合理性的竞争。国际制度竞争的结果,既可能导向制度相容与治理改善,也可能引致制度互斥与治理失效。

总体来看,国际制度间关系成为近年来国际制度研究的新焦点。这来自两个方面的现实驱动,一是既有全球治理体系的缺陷日益显露,二是大国战略竞争加剧。无论是推动全球治理体系改革,还是应对崛起后的外部挑战,中国都有必要积极参与国际制度建设,妥善处理国际制度间关系。基于中国在创建和改革国际制度上的重要角色和独特经验,中国国际关系学者未来有望在国际制度理论创新上取得更大的进展。

---

① Kai He, *Institutional Balancing and Asia Pacific: Economic Interdependence and China's Rise*, London: Routledge, 2009, p.9.
② Julia C Morse and Robert O. Keohane, "Contested Multilateralism", *The Review of International Organizations*, Vol.9, No.4, 2014, p.392.
③ 李巍:《制度之战:战略竞争时代的中美关系》,北京:社会科学文献出版社 2017 年版,第 76 页。

第十五章 国际等级

孙学峰　华佳凡

自华尔兹(Kenneth Waltz)的《国际政治理论》出版以来,国际体系处于无政府状态这一假定逐步为国际关系学界广泛接受。[1] 一般来说,无政府状态包含缺乏秩序与缺乏共同政府两层含义。[2] 不过,随着理论研究的推进,无政府假定开始遭遇愈来愈多的质疑和挑战。一方面,国际体系并非像无政府假定所强调的那样混乱无序;[3]另一方面,无政府假定低估了目前存在的主导国秩序安排。[4] 莱克(David A. Lake)就曾强调,"二战"后等级关系依然是现代国际关系的核心特征,并没有随着欧洲殖民帝国的崩溃而消失。[5] 为此,莱克发表了题为《无政府、等级与国际关系形态》的文章,唤起了学界对于等级理论的关注。[6] 之后,莱克逐渐完善其等级理论并于2009年出版了专著《国际关系中的等级制》。[7] 此后,国际关系学界对等级理论的研究不断拓展,愈发成熟完善。本章将从国际关系中等级概念的含义入手,围

---

[1] 据统计,1979年该书出版以来,80%以上的国际关系英文著作使用无政府及相关概念超过十次以上,其影响力可见一斑。Ayşe Zarakol, "Theorising Hierarchies: An Introduction," in Ayşe Zarakol, ed., *Hierarchies in World Politics*, Cambridge: Cambridge University Press, 2017, p. 2.

[2] 〔美〕海伦·米尔纳:《国际关系理论中的无政府假设》,载秦亚青主编:《西方国际关系经典理论导论》,北京:北京大学出版社2009年版,第127—129页。

[3] 花勇:《国际等级体系的生成、功能和维持》,载《国际政治科学》2011年第3期,第134页。

[4] Meghan Mcconaughey, Paul Musgrave and Daniel H. Nexon, "Beyond Anarchy: Logics of Political Organization, Hierarchy, and International Structure," *International Theory*, Vol. 10, No. 2, 2018, p. 184.

[5] 〔美〕戴维·莱克:《国际关系中的等级制》,高婉妮译,上海:上海人民出版社2013年版,第XII页。同时还可以参考斯帕努(Maja Spanu)的观点。斯帕努认为,两次世界大战之后的去殖民化运动以及南斯拉夫解体带来的国际社会扩张(新国家批量出现),虽然号称以民族自决、主权平等为原则,但事实上仍是以等级为特征的。国际层面,强国能决定谁拥有"自决"资格,谁可以成为国际社会的新成员,并为这些新成员制定了行为规范,使这些国家按照强国的期望行动。国内层面,地位与权力在不同群体之间并非公平分配,特定群体享有更高地位,而少数群体则依旧处于边缘位置。Maja Spanu, "The Hierarchical Society: the Politics of Self-Determination and the Constitution of New States after 1919," *European Journal of International Relations*, Vol. 26, No. 2, 2020, pp. 372—396.

[6] David A. Lake, "Anarchy, Hierarchy and the Variety of International Relations," *International Organization*, Vol. 50, No. 1, 1996, pp. 1—33.

[7] David A. Lake, *Hierarchy in International Relations*, Ithaca: Cornell University Press, 2009.

绕等级形成、维持和影响等关键问题,梳理介绍等级理论的研究进展,尤其是莱克专著发表以来的发展趋势,并在此基础上提炼国际等级研究未来需要关注的重点问题。

一、等级含义

等级(hierarchy)概念进入国际关系理论研究可以追溯到20世纪50年代。在1957年出版的著作中,莫顿·卡普兰(Morton A. Kaplan)认为,等级可以成为霍布斯式无政府状态的替代方案之一。按照他的分类,等级可以分为非指令性(民主政体)与指令性(专制政体)两类。① 不难发现,卡普兰事实上将等级等同于国家政府,从而暗示国际体系是非等级制的。② 后来华尔兹对等级的理解与卡普兰基本一致,即将等级视作无政府状态的对立面,用以描述国内政治结构,其核心特征是政治单元之间因上下级关系而形成垂直结构,其中的政治单元职能各异且享有不同程度的权威。③

进入20世纪80年代,学者们逐步打破既往局限,开始用等级概念描述国家之间的关系。例如,吉尔平提出了国家间的威望等级。④ 在吉尔平看来,威望是指特定命令为特定群体遵从的可能性,其本质是其他国家对一国实力的认可。威望等级高的国家能够在不使用强制手段的情况下实现自身政策目标。因此,威望等级清晰稳定能够带来国际体系和平,而威望等级瓦解则往往意味着冲突和战争。⑤ 与吉尔平类似,伊恩·克拉克(Ian Clark)也将等级视作能力(尤其是物质能力)排序,而能力等级的差异通常会在行为

---

① Morton A. Kaplan, *System and Process in International Politics*, New York: John Wiley and Sons, 1957, p. 48.
② Nicholas Onuf and Frank F. Klink, "Anarchy, Authority, Rule," *International Studies Quarterly*, Vol. 33, No. 2, 1989, p. 166.
③〔美〕肯尼思·华尔兹:《国际政治理论》,信强译,上海:上海人民出版社2017年版,第87页。值得注意的是,这一将无政府状态与等级体系二元对立的划分方式也遭到了一些学者的批评,比如格里菲斯(Ryan D. Griffiths)与奈克逊(Daniel H. Nexon)等人试图通过引入另外的概念维度来整合两种理论。参考 Ryan D. Griffiths, "The Waltzian Ordering Principle and International Change: A Two-Dimensional Model," *European Journal of International Relations*, Vol. 24, No. 1, 2018, pp. 130—152; Dani K. Nedal and Daniel H. Nexon, "Anarchy and Authority: International Structure, the Balance of Power, and Hierarchy," *Journal of Global Security Studies*, Vol. 4, No. 2, 2019, pp. 169—189.
④ Robert Gilpin, *War and Change in World Politics*, New York: Cambridge University Press, 1981, p. 30.
⑤ Ibid., pp. 30—35.

体决策过程中得以体现。不过他也承认,他对等级的界定仅仅是一种简单排序,对无政府假定并未构成挑战。①

根据无政府假定,国际体系中不存在超国家权威,同时国家主权也不可分割。② 1996年,莱克将契约关系与等级概念联系起来,对上述两个基本判断发起了挑战。他认为,主权是可以分割的,由此国家之间就可以通过主权让渡的方式形成一种不受第三方监督的社会契约关系,即主导国向附属国提供一套有价值的政治秩序,而附属国的代价则是自愿失去部分自由。基于双方自愿签订的社会契约,主导国对附属国事实上形成了不同于法理型权威的关系型权威(relational conception of authority),具体在安全领域中主要包括联盟、保护国、非正式帝国、帝国四种形态。③

换言之,等级是人为设计的制度,以回应国际体系中的秩序难题。差不多同一时期,卡提娅·韦伯(Katja Weber)也关注到国家间的安全等级。她发现,交易成本较高时,等级结构比市场更为有效。即使在自助求安全的国际体系中,行为体也可能自愿让渡部分主权以获得必要的安全保证,而且交易成本越高,行为体愿意让渡主权就越多,国家之间的等级化程度就越高。④

21世纪以来,学者们就等级的内涵和类型等议题展开了深入的讨论。例如,约翰·霍布森(John Hobson)和贾森·沙曼(Jason Sharman)并不认可华尔兹将无政府状态和等级制对立起来的做法。他们认为,国际体系不是纯粹的无政府状态,而是在宏观无政府的状态下存在等级化的子系统,无政府状态和等级制度共存,因为行为体需要一定程度的相互依赖以及社会秩序。子系统等级的秩序是不断变化的,比如历史上曾出现过的宗教秩序、殖民秩序。⑤

通过观察历史经验,多奈利(Jack Donnelly)总结了十类国际关系等级制

---

① Ian Clark, *The Hierarchy of States: Reform and Resistance in the International Order*, New York: Cambridge University Press, 1989, pp. 2—3.
② Meghan Mcconaughey, Paul Musgrave and Daniel H. Nexon, "Beyond Anarchy," p. 184.
③ David A. Lake, "Anarchy, Hierarchy and the Variety of International Relations," p. 7.
④ Katja Weber, "Hierarchy Amidst Anarchy: A Transaction Costs Approach to International Security Cooperation," *International Studies Quarterly*, Vol. 41, No. 2, 1997, pp. 327—331.
⑤ John M. Hobsan and Jason C. Sharman, "The Enduring Place of Hierarchy in World Politics: Tracing the Social Logics of Hierarchy and Political Change," *European Journal of International Relations*, Vol. 11, No. 1, 2005, pp. 63—98.

度。不过,值得注意的是,其中只有霸权、支配、帝国是较为典型的等级体系,其余的均势、协调、多元安全共同体等类型通常并不在等级理论讨论的范围之内,但多奈利认为这些体系仍存在有限的等级。① 同时,他还强调不同等级之间可以相互转化,比如基于胁迫能力的强制性等级可以转化为基于合法权力的统制性等级。②

拉诺兹卡(Alexander Lanoszka)与麦康纳(Meghan Mcconaughey)对等级的分类也是围绕统治性与非统治性展开的。在统治性等级中,附属国不能单方面和平退出等级关系,其选择自由取决于主导国偏好。而在非统治性等级中,尽管附属国曾授权主导国可以对其实施胁迫以推进商定目标,但附属国还是有权利退出等级。③ 麦康纳等学者则借助行为逻辑划分类型的思路,提出要以契约异质性、中心自主程度以及中心与边缘的授权关系三个维度划分等级,共可分为帝国、民族国家、联邦(对称、非对称)、邦联(对称、非对称)、协调体系(对称、非对称)八类。④

概括而言,自莱克以来有关等级的界定,主要关注主权或者政治权威上的不平等,其突出特点是主导行为体与附属行为体之间存在垂直权威关系。⑤ 与此同时,国际关系文献中还存在着对等级更为广义的理解,其涉及范围泛化至行为体之间任何形式、任何要素的不平等结构或社会分层,比如

---

① Jack Donnelly, "Sovereign Inequalities and Hierarchy in Anarchy: American Power and International Society," *European Journal of International Relations*, Vol. 12, No. 2, 2006, pp. 139—170.

② Jack Donnelly, "Rethinking Political Structures: From 'Ordering Principles' to 'Vertical Differentiation'—and Beyond," *International Theory*, Vol. 1, No. 1, 2009, p. 63.

③ Alexander Lanoszka, "Beyond Consent and Coercion: Using Republican Political Theory to Understand International Hierarchies," *International Theory*, Vol. 5, No. 3, 2013, pp. 382—383.

④ Meghan Mcconaughey, Paul Musgrave and Daniel H. Nexon, "Beyond Anarchy: Logics of Political Organization, Hierarchy, and International Structure," *International Theory*, Vol. 10, No. 2, 2018, pp. 196—197.

⑤ 还可以参考伊肯伯里(G. John Ikenberry)的定义:"等级体系是体系中拥有权力和权威的单元与其他功能存在差异单元之间形成的有序关系……各国按照明确界定的上下级位置以垂直方式整合起来。" G. John Ikenberry, *Liberal Leviathan: The Origins, Crisis, and Transformation of the American World Order*, Princeton, NJ: Princeton University Press, 2011, p. 56. 一般而言,等级理论关注的行为体主要集中在国家,但近年来也出现了向非国家行为体延伸的趋势,具体可参见:Tyler Pratt, "Deference and Hierarchy in International Regime Complexes," *International Organization*, Vol. 72, No. 3, 2018, pp. 561—590; Sarah S. Stroup and Wendy H. Wong, "Leading Authority as Hierarchy among INGOs", in Ayşe Zarakol, ed., *Hierarchies in World Politics*, pp. 175—197; Janice Bially Mattern and Ayşe Zarakol, "Hierarchies in World Politics," *International Organization*, Vol. 70, No. 3, 2016, pp. 623—654;宋亦明:《制度竞争与国际制度的等级制》,载《世界经济与政治》2021 年第 4 期,第 33—60 页。

声望、性别、种族等,其理论倾向更偏向于社会学领域的等级定义。不过,无论狭义还是广义定义,其共通之处在于都承认等级是由垂直分层行为体构成的体系结构,这也是界定等级含义的最大公约数。①

二、等级形成

莱克认为,主导国与附属国等级关系的形成源于权衡或交易逻辑。② 主导国的核心利益是建立其主导的国际秩序,而附属国则更希望维持国内稳定,同时获得较为安全的国际环境。利益诉求的互补性为双方达成契约奠定了基础,即主导国与附属国分别让渡部分利益以换取自身更为重视或关注的利益,进而在确保自身收益大于成本的前提下实现共赢。

换言之,在莱克看来,等级是促进合作和利益交换的制度形式。主导国与附属国之所以选择等级安排,是利益权衡后的理性选择。③ 遵循制度路径的其他学者也都认为行为体选择等级是受到了积极后果的激励进而达成契约的产物。但是,就激励的具体内容和权力强制的作用,学者们的看法并不相同,例如,坚持结构视角的学者就认为等级关系形成的关键在于既有结构的约束。

(一) 强制与激励

伊肯伯里部分同意莱克有关等级形成的观点,但提出以统制(command)或一致认可(consensus)为基础均能形成等级关系,具体形式包括:基于统制的帝国主义等级关系、基于一致认可的自由主义等级关系以及混合帝国主义与自由主义特征的自由霸权等级关系。其中,帝国凌驾于规则之上,无须遵从自身设立的规则,这势必超越了一致认可的秩序逻辑;自由霸权秩序则

---

① Janice Bially Mattern and Ayşe Zarakol, "Hierarchies in world politics," *International Organization*, Vol. 70, No. 3, 2016, p. 625.
② Janice B. Mattern and Ayşe Zarakol, "Hierarchies in World Politics," p. 634.
③ 布克凡克斯(Bukovanksy)虽承认等级是理性选择的结果,但他认为这一选择并非由单个国家做出,而是由整个国际社会做出的选择。历史上国际社会不断寻求着解决全球问题的方法,在经历了无政府状态、主权平等、等级制度等多种尝试之后,等级制度脱颖而出成为国际社会的最终选择。Ayşe Zarakol, "Theorising Hierarchies: An Introduction," p. 5.

既是支配与服从的等级关系,同时也建立了相互协商的规则制度。①

巴纳特(Michael Barnett)则发现,关系型权威并不一定是自愿的,比如家长制(paternalism)等级关系。在巴纳特看来,家长制维系的也是关系型权威,但权威关系的形成并非基于自愿契约,其原因在于弱势方事实上既没有表达自己意志的机会,也没有反对的权力资本。强势方不但可以单方面帮助弱势方定义其利益,还可以宣称因其无法维护自身最佳利益而需要自己干预弱势方的政策,以便帮助其实现自身的利益。② 也就是说,虽然契约内容体现为双方的利益交换,但是缔结方式由双方共同选择转变为了单方意愿,自愿契约也转变为了强制契约。与统治(domination)体制不同的是,家长制等级下强势方的行为动力主要源自其对其他行为体的关心,而统治体制则完全基于统治者自身利益的考量。③ 不过,依靠动机区分等级类型会导致具体操作缺乏客观标准,进而影响类型划分的说服力。比如,巴纳特将殖民主义作为家长制等级关系的主要表现形式之一④,显然难以令人信服。

莱克等学者认为,等级形成的激励因素主要是安全、经济等现实物质利益。例如,在分析美国自由主义国际秩序时,伊肯伯里就提出,美国自由霸权秩序的基础在于权力支配与自由主义治理原则。具体而言,美国为其他国家提供安全保护等公共产品,其他国家则接受并认可美国的主导地位。⑤而康灿雄(David C. Kang)等学者则基于东亚历史经验提出社会文化因素同样能够激励等级关系的形成。

康灿雄发现,在古代中国主导的周边体系中,中国与西北游牧民族的关系难以维持稳定,但与东亚和东南亚国家的关系较为稳定。他认为,造成这一差异的原因在于古代中国在东亚的主导地位主要源于其他行为体对中国文化成就和社会制度的认可,而非中国的军事或经济实力所致。中国向东

---

① 参见 G. John Ikenberry, *Liberal Leviathan: The Origins, Crisis, and Transformation of the American World Order*, Princeton: Princeton University Press, 2011。根据主导国对附属国内部事务的干涉程度,杰克·多奈尔(Jack Donnelly)将等级关系分为帝国、支配、霸权,其中霸权主导国干涉程度最弱,仅能干涉附属国外部事务,而帝国干涉能力最强,可随意干涉附属国内政。花勇:《国际等级体系的生成、功能和维持》,第134—136页。

② Michael Barnett, "Hierarchy and Paternalism," in Ayşe Zarakol, ed., *Hierarchies in World Politics*, pp. 66—67.

③ Ibid., pp. 69—75.

④ Ibid., p. 66.

⑤ G. John Ikenberry, *Liberal Leviathan*, pp. 5—6.

亚国家提供了一整套文化思想、社会制度、行为规范乃至话语体系,进而构成了儒家文化圈,塑造了较为稳定的朝贡体系。换言之,古代东亚的等级体系主要源于文化社会方面的利益交换而非现实物质因素。①

值得注意的是,等级关系形成过程中的利益交换并非是经济学意义上的市场契约。通常,在市场交易中,双方的地位都是平等的;在等级体系中,即使契约内容体现出某种平等,但事实上双方的地位并不平等。沙曼(J. C. Sharman)曾做过一个非常形象的比喻:"如果我因为你支付了100美元而为你洗车,那么这是一个市场交易、一个双方都同意的利益交换,而不是等级关系。如果我因为你是一位贵族而为你洗车,而且承认你处于更高的社会地位,那么这就是一种等级关系。"②

由此引发的问题是,附属国如何能够判断其收益大于成本。遵循理性选择逻辑的学者计算附属国成本时往往只考虑这些国家让渡的权力,并未包含让渡权力的机会成本。也就是说,对于附属国而言,等级关系带来的总成本既包括让渡的权力,还包括如果不让渡权力所带来的潜在收益。一旦考虑机会成本问题,附属国就必须经过初次利益交换实践后才能获得相关信息,从而判断自身在等级关系中是否收益大于成本。

通过考察美国与多米尼加、日本之间等级关系的形成,我们发现,等级关系初期都是以强制主导、干预而非关系型权威形式存在的。③ 只有因主导国不认真履行、不愿履行甚至回避履行保护义务时,附属国才会转而寻求原主导国的帮助,进而逐步形成关系型权威。也就是说,当缺乏成本收益信息时,附属国并不会主动让渡权力给主导国,等级关系的建立只能依靠强制,而前期的强制更是后期形成关系型权威的必要条件。历史学家班伯克(Jane Burbank)与库珀(Frederick Cooper)就曾指出,帝国征服之初,暴力与胁迫必

---

① David C. Kang, "Hierarchy and Legitimacy in International Systems: The Tribute System in Early Modern East Asia," *Security Studies*, Vol. 19, No. 4, 2010, pp. 591—593; David C. Kang, "Hierarchy, Balancing, and Empirical Puzzles in Asian International Relations," *International Security*, Vol. 28, No. 3, 2008, p. 169. 基恩有关欧盟的研究也揭示,共享文化使得欧盟构建出"独特的身份与生存方式",欧盟通过向其成员或追随者提供这一身份来塑造其权力的合法性。Edward Keene, "Social Status, Social Closure and the Idea of Europe as a 'Normative Power'," *European Journal of International Relations*, Vol. 19, No. 4, 2013, p. 950.

② J. C. Sharman, "Hierarchy in an Age of Equality: Micro-States and Dependencies," in Ayşe Zarakol, ed., *Hierarchies in World Politics*, p. 140.

③ [美]戴维·莱克:《国际关系中的等级制》,第114页。

不可少,但是之后就不用再基于此进行统治了。①

(二) 结构约束

与莱克等学者将等级关系视为人为设计的制度不同,受女性主义、批判理论影响较深的学者则将等级关系视为一种深层结构,强调等级关系必然处于一个或多个更广义的结构之中,并受到结构的影响。尽管结构视角仍然关注国家等行为体,但这些行为体已由塑造等级关系的主体转变为等级关系塑造的对象。近年来,愈来愈多的学者开始注意到结构等级关系的重要性,包括确立制度等级关系理论的莱克也开始关注结构因素的影响。例如在讨论国际法中的不干涉原则时,他就提出既有的种族不平等结构在一定程度上破坏了不干涉原则,从而影响了国际社会中行为体的反应。②

结构等级关系理论认为,行为体角色在等级关系中的位置不仅是激励后做出选择的结果,而且受到更广义结构的影响,如性别、文化差异等。这些更广义的结构塑造了行为体的身份、角色、兴趣或期望,进而确立了行为体的等级地位。波略特(Vincent Pouliot)认为社会结构分层较之成本效益计算以及法律规范对行为体更具有吸引力,其原因在于在既往博弈中行为体会获得利益,从而产生位置感,使其在构建狭义等级关系时更倾向于重现广义社会结构。③ 对于这些行为体而言,选择等级关系是因为它们已经形成了自我认知和自身位置感,认为自身应当领导或者从属某些行为体。例如,全球金融危机之后希腊被贴上"欧猪国家"的标签,这一标签不断强化其他欧盟国家对希腊的负面认知,导致希腊在欧盟等级体系之中的位置不断下滑。④ 换言之,行为体是先形成等级观念,进而在现实中构建等级关系。

吴翠玲(Evelyn Goh)也认为,等级关系的合法性源于集体观念而非理性选择。⑤ 等级的形成有赖于集体观念形成的社会过程,包括社会身份形成过程(构建大国身份并进行排序)以及社会等级服从模式。也就是说,正是这

---

① G. John Ikenberry, *Liberal Leviathan*, p. 34.
② David A. Lake, "Laws and Norms in the Making of International Hierarchies," p. 42.
③ Vincent Pouliot, "Against Authority: The Heavy Weight of International Hierarchy," in Ayşe Zarakol, ed., *Hierarchies in World Politics*, pp. 113—134.
④ Rebecca Adler-Nissen, "Are We 'Lazy Greeks' or 'Nazi Germans'? Negotiating International Hierarchies in the Euro Crisis," in Ayşe Zarakol, ed., *Hierarchies in World Politics*, pp. 198—200.
⑤ Evelyn Goh, "Hierarchy and the Role of the United States in the East Asian Security Order," *International Relations of the Asia-Pacific*, Vol. 8, No. 3, 2008, p. 357.

第十五章　国际等级

些集体观念的形成塑造了等级关系。① 铃木胜吾(Shogo Suzuki)也认为,行为体选择等级关系是源于其获得认可的愿望,或者说被集体接纳有助于行为体形成道德与观念上的优越感。② 例如,日本足利幕府曾一度寻求明朝政府的授权或者认可,并强调日本必须成为明朝朝贡体系的一部分,这样才能避免成为东亚的"孤儿"。③

秉承女性主义视角的舍贝里(Laura Sjoberg)则认为,等级关系源于性别差异。无论是生物学还是社会文化意义上的性别差异,都会赋予行为体不同的性别角色,使其处于不同的等级。具体而言,男性化的行为体往往在等级关系中处于较高位置,女性化的行为体则往往处于从属位置。④ 这种认知会逐渐成为国际社会的某种共识,进而影响行为体的自我认知,使其不断深化性别身份认同。换言之,性别特征差异会塑造位置和权力上的差异,进而构建起等级关系。⑤ 在舍贝里看来,性别结构视角有助于我们更为准确地理解国际社会中存在的等级现象。⑥

除了性别因素,文化也是学者们主要关注的结构因素。从宗教与民族动员视角出发,菲利普斯(Andrew Phillips)解释了近现代早期东亚地区等级制的形成。⑦ 他认为,宗教和种族差异塑造了社会文化中的等级关系,而这些等级关系则构成了帝国分而治之的统治基础。帝国统治阶级通过强化不同行为体之间的分裂关系的手段来维持帝国等级体制的稳定。与此同时,帝国往往也会通过选择当地精英阶层作为代理人,并以此建立一套完善的精英代理制度的方式来维持帝国等级制的稳定,比如英国在充分利用印度

---

① Evelyn Goh, "Hierarchy and the Role of the United States in the East Asian Security Order," *International Relations of the Asia-Pacific*, Vol. 8, No. 3, 2008, pp. 357—358.

② Shogo Suzuki, "'Delinquent Gangs' in the International System Hierarchy," in Ayşe Zarakol, ed., *Hierarchies in World Politics*, p. 220.

③ Kawazoe Shoji, "Japan and East Asia," in Kozo Yamamura, ed., *The Cambridge History of Japan*, Cambridge: Cambridge University Press, 1990, p. 437.

④ Laura Sjoberg, "Revealing International Hierarchy through Gender Lenses," in Ayşe Zarakol, ed., *Hierarchies in World Politics*, pp. 99—102.

⑤ Ibid.

⑥ Ibid., pp. 111—112. 与此同时,性别等级也会受到外部因素的影响,比如战争、政权更替等事件就有可能使性别等级向更平等的方向发展。Webster Kaitlyn, Torres Priscilla and Chen Chong, "Ethnic and Gender Hierarchies in the Crucible of War," *International Studies Quarterly*, Vol. 64, No. 3, 2020, pp. 710—722.

⑦ Andrew Phillips, "Civilizing Missions and the Rise of International Hierarchies in Early Modern Asia," *Millennium*, Vol. 42, No. 3, 2014, pp. 697—717.

种姓制度的同时,还特别重视通过扶持当地的高种姓作为自己的代理人这种方式来协助自己统治印度。①

需要注意的是,遵循制度路径的康灿雄等学者虽然也强调社会文化因素,但并不支持等级形成是由观念驱动的这一观点。在他们看来,观念的形成是等级关系形成或瓦解的结果而非原因,即行为体能够清晰意识到社会或文化利益并做出选择,而这些选择塑造了其后来的观念。例如,甲午战争前后,日本国内的对华舆论经历了从仰慕到蔑视的转变,最终经过侵略战争固定为一种"蔑华观"。② 而结构等级理论则强调等级观念先于等级关系存在,是原因而非结果,而且行为体往往无法清晰意识到其选择等级关系源于观念驱动。我们认为,从长时段历史来看,两种理论路径某种程度上是可以兼容的,即等级关系最初可能有赖于利益交换,而等级关系的形成构建了行为体的观念和自我认知,进而又作为前提条件影响到了此后等级关系的维持。

三、等级维持

莱克认为,依托关系型权威建立的等级关系,其延续与维持有赖于规范和实践两个层面。在规范层面,等级是一种合法权威,主要依靠法律与规范加以塑造和固化,或者说法律和规范是等级契约的具体体现。法律由权威制定,规定了权威所能够享受的权利及其承担的责任与义务。通过解决集体问题和改善所有行为体的福利,法律可以给予其他行为体接受并维持等级的正面激励,进而强化权威的合法性。规范则是尚未法律化但可以为行为体所接受的制度,或者说是行为体之间交流的语言。通过界定权威的范围(即明确合法和不合法之间的界限与标准),规范可以防止权威滥用权力以强化其合法性,从而确保其他行为体拥有制衡权威的手段,防止权威单方面撕毁契约现象的发生。换言之,法律与规范从正反两个方面构成了等级

---

① Andrew Phillips, "Making Empires: Hierarchy, Conquest and Customization," in Ayşe Zarakol, ed., *Hierarchies in World Politics*, pp. 57—60.
② 王美平:《甲午战争前后日本对华观的变迁——以报刊舆论为中心》,载《历史研究》2012 年第 1 期,第 143—161 页。

延续的制度基础。①

在实践层面,由于主导国与附属国所达成的契约不受第三方监督,因此执行就成为等级延续的关键,这对于附属国而言尤为重要。莱克认为,束缚主导国滥用权威,促使其遵守契约,主要源于两个因素。第一,附属国拥有退出选择,尤其是在两极或多极格局之下,附属国随时可以寻求其他大国的帮助。当然,其前提是改换门庭所付出的代价要小于因主导国滥用权威而受到的损失。第二,主导国可能面临双重负反馈,即一旦违背承诺滥用权威,主导国同时会受到国际与国内压力,结果导致信用丧失,观众成本上升。相反,遵守契约则会赢得信用,吸引更多国家依附,获得更多国内选民支持。现实中,主导国往往通过加入多边机制、遵守多边决议等行为来释放恪守承诺的信号。②

对于附属国而言,除了服从主导国合法权威之外,还要通过"象征性膜拜"显示主导国权威的合法性,即向其他附属国表明其对主导国的支持,进而阻止其他国家挑战主导国权威。莱克将之称为非暴力不合作的反面,具体行为包括但不限于领导人在特定时间段内访问主导国、支持国际机构总部设在主导国等。③ 更为典型的例子是,在"二战"爆发后但美国尚未参战之前,没有一个拉丁美洲国家向德国宣战。然而,当美国参战后,几乎所有拉美国家在几天之内就对德国正式宣战。④

莱克从规范与实践两个层面分析了维持等级关系的逻辑,同时特别强调法律和规范等正式制度安排所发挥的作用。其他学者的后续研究则发现非正式制度安排也可以维持等级关系。更为重要的是,无论是正式还是非正式制度安排或是主导国的战略选择,其发挥作用的基础都在于主导国实力地位与合法性的有机融合,两者缺失任何一项都会破坏等级关系的稳定与延续。

(一) 超越正式制度

麦克唐纳(Paul K. MacDonald)等学者认为,维持等级关系可以不依赖

---

① David A. Lake, "Laws and Norms in the Making of International Hierarchies," in Ayşe Zarakol, ed., *Hierarchies in World Politics*, pp. 18—23.
② 〔美〕戴维·莱克:《国际关系中的等级制》,第 119—126 页。
③ 同上书,第 162—165 页。
④ David A. Lake, "Hierarchy and International Relations," p. 11.

于法律、规范或其他正式程序。借助关系网络理论,他们发现行为体更倾向于通过精心操控与非正式实践来维持等级关系。例如,美国可以通过施压等非正式行为确保国际组织能够反映其利益偏好。[1] 不过,从本质上讲,这些做法依然是通过设计好的制度维持等级关系,只不过是通过非正式程序推进而已。

马斯格雷夫(Paul Musgrave)等学者则仿照莱克有关附属国"象征性膜拜"的概念,提出了主导国通过"象征性投资"维持等级关系的观点。如果仅从物质角度来看,郑和七下西洋与阿波罗登月计划都是巨大的资源浪费,所以背后必有其他动因。为此,他们提出郑和七下西洋是为了向周边国家宣示明朝统治阶层的合法性(永乐皇帝系篡位者),而阿波罗登月计划则是美国政府向国内民众和盟友展示自身先进的科学技术,以确保其在等级体系中领导地位的合法性。换言之,主导国在一些领域进行代价昂贵且直接回报甚微的"象征性投资",其目的在于通过宣示自身地位或行为的合法性来维持自己在等级关系体制中的主导地位及其合法性。[2]

麦凯(Joseph Mackay)同样强调了合法性在等级关系维持中的功能。他认为较之其他社会控制手段,合法性是等级关系维持手段中成本较低的一类。从普遍性—竞争性以及内部—外部创生两个维度,[3]他提出了四类合法性叙事策略(见表15-1)。主导国通常会使用相应的叙事策略证明其地位的合法性,并要求附属国响应乃至使用相同的叙事,附属国则可以借用主导国叙事促使其做出部分让步,为维持等级主导地位合法性付出相应成本,也可以拒绝主导国在合法化叙事中的角色,借此抵制主导国的合法化叙事。[4] 历史上,清朝就在中原、西藏、蒙古等不同地区分别借用了适合当地的合法性

---

[1] Paul K. MacDonald, "Embedded Authority: A Relational Network Approach to Hierarchy in World Politics," *Review of International Study*, Vol. 44, No. 1, 2018, pp. 128—150.

[2] Paul Musgrave and Daniel H. Nexon, "Defending Hierarchy from the Moon to the Indian Ocean: Symbolic Capital and Political Dominance in Early Modern China and the Cold War," *International Organization*, Vol. 72, No. 3, 2018, pp. 591—626.

[3] 普遍性是指主导国认为自身合法性独一无二且至高无上,享有无限制权力;竞争性则是指承认存在同级别的其他合法行为体。内部创生指主导国从自身内部文化、制度出发寻找合法性基础;外部创生则是指从其他行为体借用主张来证明自身合法性。

[4] Joseph Mackay, "Legitimation Strategies in International Hierarchies," *International Studies Quarterly*, Vol. 63, No. 3, 2019, pp. 717—718.

叙事,成功维系了自身统治。①

表 15-1　合法性叙事策略

	普遍性	竞争性
内部创生	罗马、唐朝、明朝	欧洲殖民帝国
外部创生	蒙古帝国、清朝	奥斯曼帝国、日本

资料来源:Joseph Mackay, "Legitimation Strategies in International Hierarchies," *International Studies Quarterly*, Vol. 63, No. 3, 2019, p. 719。

也有学者分析了军事力量在等级关系维持过程中的作用,比如库勒(Alex Cooley)分析了军事基地部署对于美国维持等级关系的作用。在他看来,军事基地不仅是等级关系形成的标志,同时也反映了等级关系的依赖性。附属国对军事基地的不同态度事实上反映了其在等级体系中所处的位置。此外,库勒还发现,由军事基地网络维持的等级关系有时会受到更加广义的等级关系的影响。例如,"二战"结束之后,去殖民化运动的发展使得主权原则和规范进一步强化,一些接受美国军事基地的国家中随之出现了要收回基地的声音。为了避免侵犯主权的嫌疑,美国在构建海外军事基地网络方面开始转向更隐蔽的方式。近年来,美国逐步减少其海外军事基地的驻扎人员,转而大量使用无人机来承担日常工作与军事行动,借此缓解东道国民众对美国军事基地的负面情绪。②

艾伦(Michael A. Allen)等学者则将主导国在附属国周边国家的军事部署也纳入考量因素之中。他们将主导国在附属国的军事部署称为内部等级关系的表现,将主导国在附属国周边的军事部署称为外部等级关系的表现,部署军事力量越强则等级化程度越高(参见表 15-2)。通常,主导国如果仅仅在附属国拥有强大的军事部署而在该区域里缺乏军事力量存在,附属国并不愿意让渡过多的权力,因为其周边的这些国家的安全威胁感较弱。但是,如果主导国在附属国周边区域内拥有大量军事部署,那么附属国就会感受到来自邻国的安全压力。在这种情况下,主导国就会成为该区域事务事

---

① Andrew Phillips, "Contesting the Confucian peace: Civilization, Barbarism and International Hierarchy in East Asia," *European Journal of International Relations*, Vol. 24, No. 4, 2018, pp. 743—750.
② Alex Cooley, "Command and Control? Hierarchy and the International Politics of Foreign Military Bases," in Ayşe Zarakol, ed., *Hierarchies in World Politics*, pp. 154—174.

实上的仲裁者,附属国为了寻求庇护而不得不让渡大量权力,①从而更有助于等级关系的稳定和延续。

表 15-2　附属国让渡权力的预期

外部等级		内部等级	
		弱	强
	弱	无	中等
	强	无/少量	大量

资料来源:Michael A. Allen, Michael E. Flynn and Julie VanDusky-Alle, "Regions of Hierarchy and Security: US Troop Deployments, Spatial Relations, and Defense Burdens," *International Interactions*, Vol. 43, No. 3, 2017, p. 402。

(二) 实力融合权威

等级关系得以维持通常有赖于认可和强制机制的组合作用。② 通过考察元明时期中国的东亚等级体系,孟维瞻发现,儒家礼制一方面能够明确附属国义务、规训附属国,同时也可以防止主导国滥用权力。不过,一旦中国出现内乱,权力强制缺失,等级体系立刻就会崩溃。因此,维持等级关系,权力与文化缺一不可。③ 事实上,这些发现与吉尔平(Robert Gilpin)有关霸权秩序的讨论非常相似。吉尔平认为,对于霸权秩序的维持而言,霸权国意识形态或者地位诉求形成的凝聚力不可或缺,而霸权秩序的凝聚力最终仍然要以现实力量为基础。④

由此可见,主导国物质力量与合法性是决定等级关系延续与否的关键因素。这一逻辑不但适用于等级关系的维持,同时也有助于我们理解等级关系的弱化与瓦解。通过对清朝中晚期朝贡体系衰落过程的研究,周方银等学者发现影响体系成员行为的因素包括物质与观念两个方面。⑤ 在物质

---

① Michael A. Allen, Michael E. Flynn and Julie VanDusky-Alle, "Regions of Hierarchy and Security: US Troop Deployments, Spatial Relations, and Defense Burdens," *International Interactions*, Vol. 43, No. 3, 2017, pp. 397—401.
② Alexander Lanoszka, "Beyond Consent and Coercion: Using Republican Political Theory to Understand International Hierarchies," *International Theory*, Vol. 5, No. 3, 2013, pp. 382—383.
③ 孟维瞻:《古代东亚等级制的生成条件》,载《国际政治科学》2016 年第 3 期,第 91—124 页。
④ G. John Ikenberry, *Liberal Leviathan*, p. 49.
⑤ 周方银:《清朝外交变化动因:观念还是物质》,载《国际政治科学》2006 年第 2 期,第 61—65 页。

因素方面,周方银认为等级衰落的根源在于主导国物质实力优势瓦解,力量结构对比发生根本性变化。吉尔平此前也从经济学角度提出,等级维持的边际成本会不断提高,最终导致主导国无力维系。① 在观念因素方面,周方银认为行为体观念的变化会塑造行为体偏好与行为。塑造等级关系的核心规范如无法顺应历史发展趋势,那么主导国权威就会丧失合法性,比如殖民体系的瓦解就源自于其所代表的观念被主权原则所替代。为此,沙曼等人强调,主导国权威去合法化是等级衰落的关键因素。②

刘若楠对上述两种观点进行有效整合后提出了解释等级体系从稳定走向瓦解的具体理论框架。她发现,等级体系稳定有赖于主导国实力优势以及合法性权威两个因素,其中任何一个因素发生变化都会影响等级关系是否能够有效维持与延续。因此,等级关系从稳定走向瓦解可能经历两种路径(见表15-3)。

表15-3 主导国与等级体系的衰落路径

		主导国的实力优势	
		存在	不存在
主导国的合法性权威	强	等级体系稳定期	等级体系衰落期
	弱	等级体系衰落期	等级体系瓦解期

资料来源:刘若楠:《地区等级体系衰落的路径分析》,载《世界经济与政治》2014年第12期,第129页。

在实力衰落路径下,主导国实力优势地位先于权威消失(或衰落速度快于后者),如硬实力被等级体系外崛起国所超越。在这种情况下,即使主导国对从属国还具有一定权威,但已无力向附属国提供安全保护。附属国转向自助或寻求新的安全保护都会使得既有等级体系不可避免地走向衰落,比较典型的例子就是清中期之后朝贡体系的衰落。当时中国的实力地位逐

---

① 参见〔美〕罗伯特·吉尔平:《世界政治中的战争与变革》,杜建平、宋新宁译,上海:上海人民出版社2007年版。
② John M. Hobson and J. C. Sharman, "The Enduring Place of Hierarchy in World Politics: Tracing the Social Logics of Hierarchy and Political Change," *European Journal of International Relations*, Vol. 11, No.1, 2005, pp. 91—92.

渐被外来殖民大国所超越,东亚朝贡体系也随之走向瓦解。①

在合法性权威丧失路径中,等级体系中主导国的实力优势依然存在,但其对附属国的合法性权威已明显下降,附属国脱离主导国自助或者寻找其他替代性安全保护的动机逐步增强。为此,主导国会更为坚决地采取强制手段维持自己主导的等级体系。在此背景下,等级关系随之会呈现出更为明显的控制与被控制、强迫与被强迫的特征,等级体系因此走向衰弱甚至瓦解。冷战时期苏联和东欧社会主义阵营的瓦解就是典型例证。②

漆海霞等学者对明朝朝贡秩序的研究也发现,越南的安南王虽认同儒家文化,但对明朝权威的政治认同较弱,在内部经历篡位后更加担心明朝军事干涉,结果导致双方爆发军事冲突,彼此间的朝贡关系也随之终结。另一方面,政治上高度认同明朝权威的朝鲜则与明朝的朝贡关系一直非常稳定,③因为明朝带头遵守儒家规范是体系内朝贡国文化认同转化为认同明朝领导地位的关键。④ 这一点上他们的研究与刘若楠的发现具有相似之处,即在特别强调主导国自身行为对其等级主导地位合法性的破坏作用的同时,⑤忽略了等级外部结构变化对其合法性的弱化和挑战。

四、等级影响

在等级形成和维持的理论探索中,等级关系是研究关注的结果或因变量。随着等级理论研究的推进,学者们开始关注等级关系对其他国际关系现象的影响,如附属国的战略选择、地区和平与稳定等。换言之,按照影响对象范围,这些将等级关系处理成原因或自变量的研究可分为两类:等级关系的内部影响和外部影响。

(一) 内部影响

等级关系的内部影响包括两种类型。一是直接影响,即等级契约对主

---

① 刘若楠:《地区等级体系衰落的路径分析》,载《世界经济与政治》2014年第12期,第129、132—133页。
② 同上注,第130、133—135页。
③ 漆海霞、曾绍毓、李鋆:《合法性与政治认同:明朝朝贡秩序稳定的原因》,载《战略决策研究》2019年第1期,第14—22页。
④ 同上注,第26页。
⑤ 莱克也持类似观点,具体参见 David A. Lake, "Legitimating Power: The Domestic Politics of U.S. International Hierarchy," *International Security*, Vol. 38, No. 2, 2013, pp. 74—111.

导国、附属国以及双方关系直接产生的影响,比如附属国接受主导国的权威等。二是间接影响,即超越等级契约而由等级关系带来的衍生影响,例如,莱克发现,凡是附属于美国的国家均减少了本国的军费开支。不过,相对于非盟国附属国,北约盟国则相对增加了军费开支,其原因在于主导国可以利用正式同盟结构弱化附属国的搭便车行为。此外,统计分析还表明,美国在地区内特定国家的驻军不但可以导致该国降低军费开支水平,而且可以对同一地区的其他国家产生类似效果,就好像美国也在这些国家驻军一样。[1]

附属国的安全依赖意味着这些国家面临军事危机时需要美国提供援助,否则美国的战略信誉将会受损。不过,美国提供有效安全保护往往会促使附属国表现出更强的侵略性,或借由主导国的安全保护向竞争对手提出更多、更强硬的要求。为了规避此类"道德风险",主导国会对附属国的政策倾向采取一定的控制,尽力维持等级关系所在区域的和平。[2]刘若楠的研究表明,冷战后美国往往通过劝说和象征性惩罚等措施,将亚太盟国(附属国)的对外政策约束在其设定的行为边界中,以防止这些国家的行为不会长期、全面或严重偏离美国的战略利益轨道。[3]

更为重要的是,学者们发现等级关系有助于维持所在地区的和平稳定。例如,在梳理地区研究相关文献时,沃尔吉(Thomas J. Volgy)等学者发现,区域内主导权力的存在与区域内冲突的减少呈显著相关关系,其原因在于主导国家对区域内其他成员产生了威慑,从而更有助于维持国家之间的和平。[4]康灿雄也发现,古代东亚地区中国王朝的没落往往导致周边国家冲突的增加,其原因就在于中央政权无暇他顾,因为其注意力已经转移到内部。但是,随着中国国内秩序的恢复,周边国家之间的冲突就会趋于减少甚至消

---

[1] David A. Lake, "Hierarchy and International Relations: Theory and Evidence," pp. 8—9.
[2] Ibid., p. 9. 还可参见 Sun Xuefeng, "Rethinking East Asian Regional Order and China's Rise," *Japanese Journal of Political Science*, Vol. 14, No. 1, 2013, pp. 9—30。
[3] 刘若楠:《美国权威如何塑造亚太盟国的对外战略》,载《当代亚太》2015年第4期,第55—75页。
[4] Thomas J. Volgy and Paul Bezerra, "The Case for Comparative Regional Analysis in International Politics," *International Studies Review*, Vol. 19, No. 3, 2017, pp. 471—472.

失,宋明时期就是较为典型的例证。①

麦克唐纳(Patrick J. McDonald)等学者从等级关系出发对"民主和平论"提出了批评。在他们看来,民主国家间的和平源于主导国的实力威慑。一方面,主导国倾向于推动附属国接受其政治制度;另一方面,附属国也有意愿接受主导国的政治模式。因此,虽然民主体制与和平呈现出一定的相关性,但两者之间并不存在因果关系,事实上两者都是等级关系的产物。② 不过,也有学者指出,从古代东亚国际关系的实践看,即使附属国政治体制与区域和平都是等级关系的产物,也不能完全否认国内制度与区域和平之间存在着某种联系的事实。③

为此,凯利(Robert E. Kelly)提出了"儒家和平论"(Confucian peace),试图解释以中国王朝为中心的古代东亚等级体系为何维持了几个世纪的总体和平,其间中国既没有推行"远洋帝国主义"式的对外扩张,也没有陷入由宗教矛盾引发的战争冲突。④ 在凯利看来,儒家文化之所以能够维持地区和平,主要原因有两点。一是儒家文化为东亚地区创造了共享的伦理规范与话语体系,其他国家均认同儒家规范并接受各自在该体系中所处的位置。⑤

---

① David C. Kang, "Hierarchy, Balancing, and Empirical Puzzles in Asian International Relations," pp.169—172. 不过,邓恩(Tim Dunn)认为这些积极影响仅限于等级内部,对于外部体系等级关系反而会成为紧张与冲突的来源。邓恩认为,"9·11"事件之后美国在全球范围内强力推进反恐,并采取了先发制人的战略态势。新的帝国权威随之开始出现,即美国可能并不反对所有国际规则,但保有随时反对的权力,特别是在重大问题上,美国试图将其他国家纳入其等级体系,保持中立逐步会成为奢望。在邓恩看来,当时美国等级体系恰恰成为国际社会动荡与紧张的来源。Tim Dunne, "Society and Hierarchy in International Relations," *International Relations*, Vol. 17, No. 3, 2003, pp. 315—317.

② Patrick J. McDonald, "Great Powers, Hierarchy, and Endogenous Regimes: Rethinking the Domestic Causes of Peace," *International Organization*, Vol. 69, No. 3, 2015, pp. 558—560.

③ 周方银、李源晋:《实力、观念与不对称关系的稳定性》,载《当代亚太》2014 年第 4 期,第 34—35 页。

④ Robert E. Kelly, "A 'Confucian Long Peace' in Pre-Western East Asia?," *European Journal of International Relations*, Vol.18, No.3, 2011, p. 408. 儒家和平论是文化和平论的一种。在文化和平论的理论框架中,一类文化能否维持和平取决于两点,即特定文化是否为区域内国家集体接受成为共同文化以及特定文化是否带有反战因素。参见 Robert E. Kelly, "A 'Confucian Long Peace' in Pre-Western East Asia?," p. 411。

⑤ 康灿雄同样认为,朝贡体系附属国对自身位置以及整体等级的认同是维持等级稳定与和平的基础。例如中越关系中,越南通过一系列机构设置和制度规范明确承认其与中国的不平等关系,中越之间的和平状态也因此得以长期维持。越南并不担心来自中国的安全威胁,而是更担心来自其西南方向的外部威胁和国内的不稳定局势。David C. Kang, Dat X. Nguyen, Ronan Tse-min Fu and Meredith Shaw, "War, Rebellion, and Intervention under Hierarchy: Vietnam—China Relations, 1365 to 1841," *Journal of Conflict Resolution*, Vol. 63, No. 4, 2019, pp. 914—918。

二是儒家文化天然反战,而在儒家文化基础上构建的地区体系是一种"父权秩序"而非国家间的竞争关系。在这一秩序下,儒家文化既禁止日本、朝鲜等国家反叛作为家长的中国,也禁止中国随意欺凌其他国家。① 典型反例是莫卧儿王朝的南亚等级体系,由于体系文化缺乏反战属性,其等级内部仍旧频繁爆发战争。②

在新近的研究中,萨维奇(Jesse Dillon Savage)指出,除了双边等级,还应当关注以共享为特征的等级关系,即在同一议题领域内多个主导国对特定附属国享有权威。共享等级关系的形成有赖于行为体共同的信念期望,同时在经济议题中更可能实现。研究发现,相比于排他性等级关系,这类共享的等级关系在一些情况下更能有效规避冲突风险。③

需要指出的是,上述有关等级影响的研究都以等级存在为前提。不过,一些研究表明,等级对行为体的影响在其瓦解之后依然存在。例如,东亚朝贡体系瓦解之后,地区体系转变为以主权平等为特征的威斯特伐利亚式体系。尽管日本、韩国等国家早已适应了这一变化,但朝贡体系的等级、地位等概念依旧印刻在东亚国家的行为模式中。例如,20世纪70年代之后,日本每期外交蓝皮书都会关注日本当前的地位。④ 换言之,旧的等级虽然瓦解了,但其价值规范可能依旧发挥影响。

(二) 外部影响

内部影响是当前等级关系影响研究的重点。不过,这些等级关系并未覆盖全部国际体系。例如,沙曼认为,尽管对于大多数国家而言,无论是保障生存安全还是支撑自身尚不完备的经济体系,等级关系都是较为合适的选择,但目前国际社会仍然是联合国框架下的主权平等体系,其中等级关系只是零星或局部现象,更谈不上整体的等级社会现象。⑤ 在此背景下,探索

---

① Robert E. Kelly, "A 'Confucian Long Peace' in Pre-Western East Asia?," pp. 412—413.
② Manjeet S. Pardesi, "Region, System, and Order: The Mughal Empire in Islamicate Asia," *Security Studies*, Vol. 26, No. 2, 2017, pp. 270—272.
③ Jesse Dillon Savage, "Common-Pool Hierarchy: Explaining the Emergence of Cooperative Hierarchies," *International Studies Quarterly*, 2021, pp. 1—12. Published Online, https://doi.org/10.1093/isq/sqab020.
④ David C. Kang, "International Order in Historical East Asia: Tribute and Hierarchy beyond Sinocentrism and Eurocentrism," *International Organization*, Vol. 71, No. 1, 2020, pp. 84—90.
⑤ J. C. Sharman, "Hierarchy in an Age of Equality," pp. 137—153.

等级体系对外部行为体的影响逐步进入了学者们的研究议程。

学者们关注到两个或多个区域等级体系会相互作用,进而影响地区秩序。例如,19—20世纪暹罗地区朝贡体系、曼陀罗体系与殖民体系三个区域性体系的相互碰撞,最终是殖民体系瓦解了其他两大体系,这一过程和结果对地区秩序的影响延续至今。① 新近研究则发现,不同等级体系之间相互影响的方式,主要包括竞争性羞辱、"竞争性出价"(outbidding)②以及等级合作等形式。一般来说,如果威胁主要来自竞争对手,等级体系主导国更倾向于采取竞争策略,削弱竞争对手的等级合法性;如果威胁来自自身附属国,主导国则更倾向于推进合作。这方面的典型案例就是冷战时期美苏两国在核扩散问题上由竞争转向合作。③

既有的初步研究还发现,等级体系具有较强的"容错率",能够为霸权国与崛起国的矛盾提供可行的解决方案,从而将引发的国际体系危机内化为体系内的权威危机,通过等级内部权威再分配的方式避免既有等级体系崩溃。伊肯伯里认为,中美竞争就是自由主义霸权秩序下的权威争夺,即使中国取代美国成为霸权国也并不意味着自由主义霸权秩序的终结。④ 这一分析对中美经济竞争可能具有一定适用性,毕竟中国经济已经融入了美国等西方发达国家建立并主导的国际经济体系。但是,就分析中美战略安全竞争而言,其理论适用性面临的最大挑战就是中国不但没有融入美国主导的安全等级体系,而且与美国东亚安全等级体系的竞争态势日益凸显。⑤ 因此,如何准确描述和解释既有美国安全等级体系对中国崛起进程和中美竞争的影响,将是十分重要的理论课题。

从制度等级的思路出发,莱克认为,中国如果采取塑造等级关系而非主导关系的战略将有助于争取美国对中国崛起的支持和理解,进而弱化中美

---

① 吕振纲:《朝贡体系、曼陀罗体系与殖民体系的碰撞——以1909年以前的暹罗曼谷王朝为中心的考察》,载《东南亚研究》2017年第5期,第21—35页。

② "竞争性出价"指提供更多有形或无形的收益,以体现自身等级体系较之对手更加优越,维持其主导地位的合法性,为此主导国不惜采取代价高昂的行动,如冷战时期美苏之间的太空竞赛。不难发现,这一观念与前文提及的"象征性投资"较为类似。

③ Jeff D. Colgan and Nicholas L. Miller, "Rival Hierarchies and the Origins of Nuclear Technology Sharing," *International Studies Quarterly*, Vol. 63, No. 2, 2019, pp. 311—313.

④ G. John Ikenberry, *Liberal Leviathan*, pp. 3—4.

⑤ Sun Xuefeng, "United States Leadership in East Asia and China's State-by-state Approach to Regional Security," *Chinese Political Science Review*, Vol. 3, No. 1, 2018, pp. 100—114.

之间的战略竞争。① 不过,莱克这一思路面临的挑战是如何解释冷战初期苏联建立等级关系的努力为什么没有缓解美苏竞争,与之相伴随的反而是美苏冷战。更为重要的是,美苏建立等级关系的努力几乎同步,而中国若尝试建立等级关系,首先要面对的是已运行了大半个世纪的美国安全等级体系,美国及其等级体系将如何反应以及这些战略举措将对中国崛起进程和东亚安全秩序产生哪些影响。目前的等级理论并没有在这些方面提出令人信服的分析和解释。②

美国安全等级体系与中国的竞争与合作也将对等级体系内外的其他国家产生影响。既有的初步研究认为,美国及其安全等级体系的实力和规范优势弱化了中美竞争,使得中美之间通过战略对冲而非制衡展开竞争。因此,东亚国家和相关国家尚不必选边站队,而采取对冲战略成为普遍趋势。在这一背景下,冷战后东亚地区逐渐形成了以战略对冲为核心特征的安全秩序。③ 即使美国等级体系内的国家也希望通过与中国开展更深入的合作来谋求经济利益。④

在这一过程中,国内精英的政治合法性需求会影响相关国家的战略选择。具体而言,如果一国国内民众更关注安全,就会倾向于能提供安全保护的国家;如果更关注经济繁荣,则会倾向于能够提供巨大经济利益的国家。⑤ 不过,由于相关经验事实尚未发生(如美国等级体系终结)或没有历史先例

---

① David A. Lake, "Domination, Authority, and the Forms of Chinese Power," *Chinese Journal of International Politics*, Vol. 10, No. 3, 2017, p. 382.

② 有学者提出,由于创建全新的等级体系阻力巨大,中国正尝试在美国主导的体系内推动改革,进而提高自身在等级体系内的地位,具体措施包括促进共同治理原则、建立或强化国际组织、培育以中国为中心的跨国精英网络。参见 Dani K. Nedal and Daniel H. Nexon, "Anarchy and Authority: International Structure, the Balance of Power, and Hierarchy," pp. 184—185。不过,这些研究同样没有从理论上清晰说明这一进程中既有等级体系对中国的约束及其作用机制。

③ 孙学峰、刘若楠、欧阳筱萌:《等级视角下的美国单极体系走向》,第 80—103 页;刘若楠、孙学峰:《局部等级视角下的东亚安全秩序和中美战略竞争》,载《东北亚论坛》2021 年第 1 期,第 43—61 页。

④ Michael Mastanduno, "Order and Change in World Politics: The Financial Crisis and the Breakdown of the US-China Grand Bargain," in G. John Ikenberry, ed., *Power, Order, and Change in World Politics*, Cambridge: Cambridge University Press, 2014, pp. 190—191.

⑤ 刘若楠:《东南亚国家战略对冲的动因(1997—2015)》,第 23、27 页。有关欧债危机中德国表现的研究发现,德国国内舆论反对是改变德国国家自身定位与责任认知的重要因素。参见 Christina J. Schneider and Branislav L. Slantchev, "The Domestic Politics of International Cooperation: Germany and the European Debt Crisis," *International Organization*, Vol. 72, No. 1, 2018, pp. 1—31.

(单极体系同时包含主权国家组成的等级体系),这类课题的研究设计往往面临着较为重要的挑战,因为它既没有严格检验美国(或其他)等级体系是否会对中国(或其他大国)崛起的进程产生不同影响,也没有严格检验美国等级体系实力和/或权威强弱变化是否会对中国(或其他大国)崛起的进程产生不同影响。因此,这类研究后续改进和深化的空间都非常大。

五、结论

自 2009 年莱克著作《国际关系中的等级制》出版以来,等级理论的研究视角逐步拓展,理论积累日益深化,成为近年来取得较为明显进展的国际关系中层理论。在莱克之前,等级研究仅仅局限于通过暴力、胁迫构建起来的统治关系,主要用来描述行为体在规模、地位、权威等方面的差异。[①] 以莱克为代表的制度等级理论,将等级关系拓展为基于同意的社会契约,是当事方互动共建的制度安排,以缓解国际体系中的秩序难题,而战略(安全或经济)或文化激励则是社会契约形成和维持的关键所在。与制度路径不同,结构等级理论特别强调等级关系源于既有结构(包括性别结构、文化结构等)而非人为设计,等级观念先于等级关系存在,等级关系的形成和维持源于观念驱动。与此同时,学者们还开始尝试将等级关系由因变量转化为自变量,探索等级关系的内部和外部影响,特别是等级关系的外部影响逐渐成为等级研究的前沿问题。

尽管过去十年等级理论研究取得了一些进步,但学者们的理论探索主要依赖于主权国家的实践,特别是"二战"后美国建立和维持等级体系的实践经验,从而制约了等级理论研究的普遍性和说服力,未来的等级理论研究应充分关注新主体、新领域。[②] 主体上,对美国之外的等级经验予以关注,比如中国古代朝贡体系、冷战时期苏联等级体系等,比较不同等级体系异同,[③] 拓展等级理论研究的经验范围和理论视野。领域上,可以关注数字技术等新兴议题,探究数字时代给既有等级体系带来的变化,主要包括美国在新兴

[①] J. C. Sharman, "Hierarchy in an Age of Equality," p. 141.
[②] 有关未来研究方向的详细讨论,可参见华佳凡、孙学峰:《国际关系等级理论的发展趋势》,第 63—66 页。
[③] 可以参考邝云峰对中美等级体系的比较。邝云峰:《美国的朝贡体系》,载《国际政治科学》2013 年第 4 期,第 36—88 页。

领域(如数字技术、网络空间、供应链等领域)内复现其传统等级体系的努力,以及其他国家的政策选择及其动因等。①

在这些研究进程中,中国学者应当也有能力做出更大的学术贡献。一方面,民族复兴进程的推进需要中国学者不断探索有效缓解崛起困境的合适路径。深入理解大国构建等级权威的历史经验,②将有助于中国确立适应外部环境的战略选择,有助于把物质实力转化为地区乃至全球权威,特别是在新兴的数字领域(如数字经济、数据安全、数字技术规范等)提升权威,进而顺利实现民族复兴目标。另一方面,中国学者可以借助中国古代塑造地区权威的思想和实践,通过等级体系比较研究等科学方法,为中国国际关系理论的创新和发展做出更大的学术贡献。

---

① 参考 Yan Xuetong, "Bipolar Rivalry in the Early Digital Age," *Chinese Journal of International Politics*, Vol. 13, No. 3, 2020, p. 314; David A. Lake, "Whither the Liberal International Order? Authority, Hierarchy, and Institutional Change," *Ethics & International Affairs*, Vol. 34, No. 4, 2020, pp. 461—471; 孙学峰、张希坤:《美国盟国华为5G政策的政治逻辑》,载《世界经济与政治》2021年第6期,第110—137页。

② 中国学者的最新尝试参见 Yan Xuetong, *Leadership and the Rise of Great Powers*, Princeton: Princeton University Press, 2019。

第十六章 跨国行为体

辛 平

在当今世界政治的舞台上,除数目有限且较少变动的民族国家外,还活跃着数量极为庞大且增长迅速的其他类型之国际行为体,被国际政治研究者们提及的大体有:政府间国际组织、跨国公司、非政府间国际组织(包括公益性的非政府间国际组织、知识共同体、跨国宗教组织、国际政党组织、国际行业组织、海外侨民共同体)、跨国社会运动(包括跨国持不同政见者运动)、跨国倡议网络、跨政府联盟、民族解放运动、分离主义组织、游击组织、跨国恐怖主义组织、跨国犯罪组织以及某些个人。

国际政治学者通常将这些行为体统称为"非国家行为体"。随着全球化的推进,非国家行为体类型中的大多数,在总体数目和个体规模上呈现出持续增长之势,在参与世界政治的深度和广度上也显示出不断拓展之态。非国家行为体与国家的关系,已成为解读当今民族国家和国际政治的不可或缺的视角。从整体上看,对非国家行为体的研究已成为国际政治研究的重要组成部分,对于整个学科的发展有着举足轻重的作用。

但是,在这些"非国家行为体"最初被纳入国际政治研究议程时,它们或其中的一部分曾被赋予另一种整体性称谓:"跨国组织"或"跨国行为体"。值得注意的是,在非国家行为体这一概念被频频使用时,跨国行为体的概念并没有湮没于历史尘埃之中,而是被常常使用、延续至今。与其有相同前缀的概念如"跨国关系""跨国政治",在很多研究中经常被用于描述不同于传统国家间关系、国家间政治的对应存在。在全球治理成为时尚且重大的研究议题时,"跨国治理"又渐成为一些学者审视全球治理的视角。

当今在全球范围内,作为一种重要的现象或情境的跨国关系、跨国政治、跨国治理,都是围绕着跨国行为体开展运行的。回溯对跨国行为体的界定、寻找其特有的概念价值和总结跨国行为体研究的历程概况,有利于促进非国家行为体研究的发展,从而有助于对世界政治的理解、阐释和预测。

第十六章 跨国行为体

一、跨国行为体的多样界定

在已有的国际政治著作中,"跨国行为体"这个概念的内涵和外延界定存在着较大差异,学者们在其与"非国家行为体"之间的概念从属关系未形成一致观点。除被视为"非国家行为体"的同义语外,还有以下有关"跨国行为体"的界定。

1. 1959 年阿诺德·沃尔弗斯(Arnold Wolfers)在《世界政治中的行为体》一文中对"国际或跨国行为体"的说明:"梵蒂冈、阿拉伯—美国石油公司和其他许多非国家实体有时也能够影响国际事件的进程。当这些发生时,它们就成为国际领域的行为体和民族国家的竞争者。它们作为国际或跨国行为体运行的能力也许可以追溯至如下事实:即人们把他们自己的身份认同和利益所在与法人团体联系起来,而不是国家。"①

2. 1971 年罗伯特·基欧汉和约瑟夫·奈在《国际组织》杂志"跨国关系与世界政治"专辑中对"跨国组织"和"跨国行为体"的相关描述②:"一个行为体的位置可以归类为以下三种之一:政府的,政府间的和非政府的。……我们也考虑在几个国家常规运行之非政府的组织的活动。……多国商业企业、国际工会秘书处、全球宗教组织和活动范围广泛的基金会,按照我们的定义,都是跨国组织。"③国际非政府组织也被认为是跨国组织。④ 政府间国际组织、政府和政府间国际组织的构成部门、跨政府联盟都不被视为跨国

---

① Arnold Wolfers, "The Actors in World Politics", in Arnold Wolfers, ed., *Discord and Collaboration: Essays on international Politics*, Baltimore, Md: Johns Hopkins Press,1962, p. 23. 转引自 Joseph S. Nye and Robert O. Keohane, "Transnational Relations and World Politics: An Introduction", *International Organization*, Vol. XXV, No. 3, Summer, 1971, p. 330. 奈和基欧汉在注释中指出该文此前曾被收入 1959 年《国际关系中的理论》一书, Arnold Wolfers, "The Actors in World Politics", in William T. R. Fox, ed., *Theoretical Aspects of International Relations*, Notre Dame, Ind: University of Notre Dame Press, 1959.

② 该专辑同年作为专著出版:Robert O. Keohane and Joseph S. Nye, eds., *Transnational Relations and World Politics*, Cambridge, MA: Harvard University Press, 1971.

③ Joseph S. Nye and Robert O. Keohane, "Transnational Relations and World Politics: An Introduction", pp. 332—336.

④ Ibid., pp. 338—339.

组织。① "只要跨国组织运用如经济抵制、劫机、驱逐出教会这样的技巧,以实现改变其他行为者行为之目的,它就是在进行政治活动。例如,国际石油公司,采取行动以保持产油国政治稳定,根据这一定义,就是跨国政治行为者。"②

3. 1973 年塞缪尔·亨廷顿(Samuel P. Huntington)在《世界政治中的跨国组织》一文中对典型"跨国组织"的描绘。他开篇列举了 12 个典型的跨国组织——安纳康达公司、美国战略空军司令部、国际卫星通信组织、联合利华公司、大通曼哈顿银行、福特基金会、美国国际开发署、天主教会、沃尔特·汤普逊公司、美国中央情报局、法国航空公司、世界银行,然后指出:"这 12 家组织具有三大共同点:第一,每一个都是规模相当巨大的等级化组织,有中央控制的官僚机构;第二,每一个都发挥着一系列相对有限的专业化功能和某种意义上的技术功能——收集情报、投入资金、发送消息、促进销售、生产铜、运送炸弹、拯救灵魂;第三,每个组织发挥职能时都跨越一条或更多国际边界,而且只要有可能,就相对忽视这些边界。它们被简称为跨国组织,所从事的活动被称为跨国运作。"③

4. 1979 年 J. 马丁·罗切斯特(J. Martin Rochester)在《国际关系中的范式争论:寻找理论的数据》一文中对"跨国"的阐释:"'跨国'这一术语被不同作者以不同方式使用,作者在此用它指代有如下特点之行为体:有跨越国家边界的组织关系,不是明确的由中央政府决策者指导,例如政府间国际组织和国际非政府组织。近来引起关注的这种类型中的另一类是跨政府行为体,即一个国家官僚机构的成员与另一个国家官僚机构对应者的联盟,这些人没有得到上级的批准。跨国和跨政府有着概念上的不同,当运用'跨政府'时,我们放宽了现实主义关于国家作为统一行为体的假设;当运用'跨

---

① 世界政治中的主体有作为行动单元的国家、政府的构成部分、作为行动单元的国际组织政府、政府间国际组织的构成部分、作为行动单元的跨国组织、跨国组织的构成部分。政府和政府间国际组织的构成部分,而非政府间联盟,被认为是行为主体。参见 Joseph S. Nye and Robert O. Keohane, "Transnational Relations and World Politics: A Conclusion", p. 732.

② Joseph S. Nye and Robert O. Keohane, "Transnational Relations and World Politics: An Introduction", p. 345.

③ Samuel P. Huntington, "Transnational Organizations in World Politics", *World Politics*, Vol. 25, No. 3, Apr., 1973, p. 333.

国'时,我们放宽了国家是唯一行为体的假设。"①

5. 1994年理查德·曼斯巴赫(Richard Mansbach)在《走向世界政治的新概念化》一文中对"跨国非政府组织"的说明:"非国家行为体可以归纳为以下几种形态:政府间组织,跨国非政府组织,有直接国际联系的国内民间组织,能大致自主地在国际舞台上活动的'国际'个人。例如,作为政府间组织的北约、关贸总协定、世界卫生组织和英联邦;作为跨国非政府组织的法塔赫、英荷壳牌石油公司、国际红十字会和大赦国际;作为有直接联系的国内民间组织的犹太人防御协会、美国援外合作社、福特基金会和爱尔兰共和军。"②

6. 1995年和2002年托马斯·瑞斯对跨国行为主体的说明。在1995年《跨国关系的回归:非国家行为体、国内结构和国际制度》一书中,瑞斯对跨国行为主体的阐述没有包括政府间国际组织,"本书集中考虑两种类型的行为体——基本上由工具性的、主要是经济利益所推动的跨国行为体和促进原则、思想、知识的跨国行为体,前者包括跨国公司,后者的范围从国际非政府组织、人权领域、和平运动和武器控制、中央银行家的跨国联盟,到政府官员的跨政府网络"。③ 在2002年《跨国行为体与世界政治》一文中瑞斯指出:"这一章并没有处理普遍意义上的跨国关系,明确集中于有具体目标的跨国组织和行为体,这一简化仍然包括范围广泛的有规律的跨国关系,从交换物质/思想的非正式网络,到国际非政府组织和大型组织如跨国公司。"④

7. 1995年霍尔斯蒂(K. J. Holsti)在《国际政治:一个分析的框架》对"非领土性跨国组织"的界定:"非国家行为体分为三类:政府间组织、领土性非国家行为体、非领土性跨国组织。领土性非国家行为体,指目的带有领土

---

① J. Martin Rochester, "The Paradigm Debate in International Relations: Data in Search of Theory", Forest L. Grieves, ed., *Transnationalism in World Politics and Business*, New York: Pergamon Press, 1979, p. 16.

② Richard Mansbach, et al., "Towards A New Conceptualization of Global Politics", in Phil Williams, Donald M. Goldstain, and Jay M. Shafitz, eds., *Classic Readings of International Relations*, Belmont, Calif.: Wadsworth Publishing Co., 1994, pp. 157—163.

③ Thomas Risse-Kappen, "Bringing Transnational Relations Back In: Introduction", in Thomas Risse-Kappen, ed., *Bringing Transnational Relations Back in: Non-States Actors, Domestic Structures and International Institutions*, Cambridge: Cambridge University Press, 1995, pp. 8—9.

④ Thomas Risse, "Transnational Actors and World Politics", in Walter Carlsnaes, Thomas Risse and Beth A. Simmos, eds., *Handbook of International Relations*, London: Sage Publications, 2002, p. 255.

性，或至少部分地可以用领土来定义的非国家行为体，其中在政治上最重要的，就是旨在建立独立国家的民族解放运动和分离主义组织。非领土性跨国组织的特征在于：同时在一些而非单一国家进行有组织的活动，其目的并非限于某一块领土内的利益；其组成部分，大体上是非政治性的。"①

8. 2001 年达芬尼·若斯兰（Daphné Josselin）和威廉姆·华莱士（William Wallace）在《世界政治中的非国家行为体：一个框架》一文对"非国家行为体"的界定与"跨国行为体"极为相似："对非国家行为体的界定包括如下组织：在很大程度上或者完全自治于中央政府的资金和控制；源出于市民社会，或市场经济，或在国家控制和指导之外的政治推动力；运行于或参与到越过两个或更多国家疆界的网络——因而致力于联系政治体系、经济和社会的'跨国'关系；以这样的方式影响一国或更多国家、国际制度的政治结果——有意的或准有意的，通过谋求它们的首要目标或它们行动的一个方面。"②

9. 2001 年彼得·威利茨（Peter Willetts）在《世界政治中的跨国行为体与国际组织》一文中对"跨国行为体"的说明："跨国行为体是来自一个国家并与另一个国家的任何一个行为体或国际组织有关系的非政府行为体。它不包括政府机构和官僚，分为有合法性地位的行为体和不具合法性地位的行为体：前者如跨国公司、政党、单一国家的非政府组织；后者如犯罪集团，处于合法与不合法交叉点的游击队和解放运动。"③

10. 2010 年乔纳斯·塔尔贝格（Jonas Tallberg）和克里斯·琼森（Christer Jönsson）在《跨国行为体对国际制度的参与：在哪里，为什么，及什么样的结果？》一文中对跨国行为体的限定："本书中的跨国行为体是指大范围内的那些跨越国界运行的私人行为体。跨国行为体既包括非营利行为体如非政府组织、倡议网络、社会运动、政党协会、慈善基金和工会（有时被指称为市

---

① K. J. Holsti, *International politics: A Framework for Analysis*, 7th Edition, Englewood Cliff, N. J.: Prentice-Hall, 1995, pp.60—61.

② William Wallace and Daphné Josselin, "Non-State Actors in World Politics: A Framework", in Daphné Josselin and William Wallace, eds., *Non-State Actors in World Politics*, New York: Palgrave, 2001, pp.3—4.

③ Peter Willetts, "Transnational Actors and International Organizations in Global Politics", in John Baylis and Steve Smith, eds., *The Globalization of World Politics: An Introduction to International Relations*, 2nd edition, Oxford: University Press, 2001, pp.358—359, 376.

民社会行为体),也包括营利行为体如多国公司和企业协会。"①

二、探寻"跨国"概念的专有价值

如果把"跨国行为体"作为非国家行为体的同义语使用,这个概念本身除丰富的语言表达外,就没有多大的理论价值。一些研究者的确是这样使用跨国行为体的概念,但这样做并不利于对非国家行为体的再次分类。在非国家行为体这个大类中,如果实质上只有"非国家行为体"这个大类概念和文章开篇列举的那些小类型概念,不利于人们认识和理解非国家行为体,因为"将有着非常不同的结构、不同的资源和不同的影响政治方式之行为体放进一个单一类别,是令人迷惑的"②。在"跨国公司等类型"之上对"非国家行为体"再进行分类,有利于对非国家行为体的认知,"跨国行为体"正好可以成为这样的分类概念。

前文列举的"跨国行为体"概念外延之间的异同非常鲜明。"异"主要表现在:对政府间国际组织、跨政府联盟和民族解放运动等是否视为跨国行为体存有不同看法;"同"主要表现在:跨国行为体都包括跨国公司,基本上也都包括国际非政府组织,大都在比非国家行为体更小的覆盖范围上使用跨国行为体的概念。

"非国家"是指不具备国家行为体的四大特征——人口、领土、政府和主权。在很多以跨国行为体为研究主题的论著中,"跨国"比"非国家"有着更为丰富的内涵,作者们使用"跨国"一词时,强调的不仅仅是越过国家边界,还有另外一层更为重要的意思,即强调独立于国家控制。后面这一层意思里的"国家"指的不是作为公民共同体之国家,而是作为权力组织与公民、市民社会相对应之"国家",即"国家—社会"二元对立中的国家,更具体一点说,是中央政府。只有在权力组织的意义上使用国家概念,使国家有一个对立面,才可能谈到国家的控制问题,有独立于国家控制的行为存在。"在国际法上或当国家(state)指整个国家时(country),就没有什么承认跨国行为

---

① Jonas Tallberg and Christer Jönsson, "Transnational Actor Participation in International Institutions: Where, Why, and with What Consequences?", in Christer Jönsson and Jonas Tallberg, eds., *Transnational Actors in Global Governance*, New York: Palgrave Macmillan, 2010, p.4.

② Peter Willetts, "Transnational Actors and International Organizations in Global Politics", p.358.

主体的必要了。"①跨国行为主体中的"跨国"这一术语还隐含着超越作为权力组织形式的国家的意义,而这也正是一些学者提出"领土性非国家行为体"与"非领土性跨国组织"概念的原因。民族解放运动虽然不是国家,但是它并不想超越作为权力组织形式的国家,拥有国家的权力组织形式是它们的诉求所在。

通过比较跨国公司、非政府国际组织这两类公认的跨国行为体在利益追求上与民族国家、政府间国际组织在利益追求上的不同,及它们彼此之间的相同之处,能够找出前述列举学者在这两类行为体上达成共识的原因,从而更好地理解跨国行为体概念的独特价值。

国家利益的首要谋求者和受益者基本上是具有该国国籍的人。国家利益构成是综合性的,但是拥有一定的领土并进行有效控制是核心内容。实现国家利益的活动和利益目标并不都局限于本国领土内,但对大多数国家来说,与跨越国界的活动相比,国内活动仍居于不容置疑的核心地位。作为行使属地管辖权的权力组织,政府是国家利益的阐述者,实现国家利益的指挥者。国家利益具有鲜明的"领土性"和"政府性"。

政府间国际组织与主权国家之间的关系,被包括在传统的国家间关系范围内。政府间国际组织在某种程度上具有了自身利益,但其所追求的主要是赋予该组织行动以合法性的国家间共同利益。这种对共同利益的追求,由各国政府和该组织的官僚实现,而该组织官僚的国籍并不是被完全忽视的因素。"政府间国际组织经常会投入大量的努力来确保他们是以地理为中心的,无论在名义上还是实际上;我们只需注意一下在联合国里不发达国家为确保秘书处的'公平的地理分配'而做出持续不断的努力,就可以发现这一点。"②国家间共同利益的受益者是成员国公民。政府间国际组织所谋求利益的内容有单一的,也有综合的,但不包括领土统治,谋求利益的活动必然会跨越国界,受制于各国政府的讨价还价。"国际组织要求国家间的一致,对国际组织的限制在很大程度上是内部的,源于在国家之间达成一致

---

① Peter Willetts, "Transnational Actors and International Organizations in Global Politics", p. 360.
② Joseph S. Nye and Robert O. Keohane, "Transnational Relations and World Politics: An Introduction", p. 336.

的需要。国际组织体现了国家原则。"①这些使得政府间国际组织对利益的谋求带有间接的领土性和明显的政府性。

跨国公司和非政府国际组织这两类公认的跨国行为体,追求的是自身所设定的、为组织内成员所自愿认同的利益。它们的成员都是私人或私团体,或以其为主。它们利益的谋求者和受益者不是以国界、国籍为标准来划分的某一类人,而是另外的非领土性之标准划分的某类人。它们追求的利益不包括对领土、政权的谋求,内容相对较为单一,更多是在经济社会领域。它们的利益目标分布于两个国家以上,实现利益的活动必须跨越国界,跨越国界的活动对行为体具有重大意义,这是其所以为"跨国"或"国际"的必要条件。这种利益是在一定组织形式下谋求的,谋求这些利益的成员之间进行了一定的角色和任务的分配,形成有规律的交往体系,成员对组织有一定的认同和忠诚,有一种"我们"的意识。这两类跨国行为体与政府不具有组织体系上的附属或隶属关系,在组织体系上独立于政府。从组织关系上讲,政府上没有直接控制该组织活动的权力。这两类跨国行为体虽然也会同政府形成密切的关系,但同组织上受制于政府的政府间国际组织相比有所不同。在它们遵守法律规范的情况下,国家政府一般不能直接干预其活动。"跨国组织要求的是进入国家。对跨国组织的限制通常是外在的,源于它在不同国家内取得运作权威的需要。跨国组织试图无视国家原则。"②这两类跨国行为体在谋求利益时,体现了很低的领土性和很高的超越政府性。

从利益的追求者和受益者、利益的内容,实现利益的地理空间要求和组织要求来看,与民族国家政府和政府间国际组织相比,跨国公司和非政府国际组织具有鲜明的共同之处。如果把这些共同之处作为内涵要求,可以这样界定跨国行为体:跨国行为主体是由两个国家以上的私人或私团体组成的、在组织关系上独立于国家政府的国际行为体,其所追求的利益内容不包括取得国家政权和领土,但利益的实现要跨越国界,利益的谋求者和受益者分布在两个国家以上。

---

① William Clinton Olson, ed., *The Theory and Practice of International Relations*, 8th Edition, New Jersey: Prentice Hall, 1991, p.44.

② Ibid., p.46.

依照谋求利益的特性,以完满的领土性、政府性的国家为一端,以极低的领土性、较高的超越政府性的跨国行为体为另一端,其他很多国际行为体都处在这一连续体或光谱上的某个位置上。民族解放运动有建立国家政权的期望,体现出了极高的领土性和极低的超越政府性,分离主义组织也是如此,地方自治团体也具有与之相近的特点,这些非国家行为体可以被称为"领土性非国家行为体"。跨政府联盟和政府间国际组织在谋求利益时,虽然不谋求领土控制,但与政府在组织上的密切关系,从而具有较高的政府性,是"政府性非国家行为体"。

"'跨国'(trans)这一前缀有着拉丁起源,意味着'跨越过''超越'或'站在对立面'。'跨国'这一术语被使用的方式反映了这些含义:它指跨越过国家边界、超越已有模式和能够被视为国家中心观替代者的行为体、互动和流通。总之,跨国现象总是被理解成处于意味着某种正统之事物的对立面:跨国 vs. 国际。"[1]当这样的跨国含义被反映在对跨国行为体的界定当中之时,跨国行为体的独特概念价值必然得以凸显。

以利益追求上的共同之处界定的跨国行为体,在行为体特性上站在了传统国家的对立面。在以正/负的领土性和政府性界定的连续区间内,同政府性非国家行为体、领土性非国家行为体相比,跨国行为体距离国家最远,其发展繁荣最能代表国际体系行为体生态构成的大转变,显示国际体系的长远变化。如此定义的跨国行为体概念可鲜明昭示当今的"世界政治"与传统的"国际政治"之不同。

三、跨国行为体研究的崛起、衰落与大繁荣

从20世纪60年代末至今,国际政治学者对跨国行为体研究的曲折发展历程充分显示了实践对学术研究的决定性作用。

1. 迅速崛起与范式之争(20世纪60年代末—20世纪80年代初)

在这一时期,首先是自由主义学派探讨跨国关系或跨国行为体的论著

---

[1] Christer Jönsson, "Capturing the Transnational: A Conceptual History", in Christer Jönsson and Jonas Tallberg, eds., *Transnational Actors in Global Governance*, pp.39—40.

接连问世。① 其中，罗伯特·基欧汉和奈的《跨国关系与世界政治》专辑是第一部里程碑式著作，该著指出"跨国关系与国家间体系的互动效果对于理解当代世界政治具有核心重要性"。② 两人的《权力与相互依赖》构筑了跨国行为体在其中发挥重要作用的"复合相互依赖"模型，是跨国行为体研究早期理论化的重要尝试。

这些自由主义学者认为，传统范式（不同标签有"国际政治""国家中心观""台球模型"）从来没有完全反映现实，尤其不足以理解当下事件。他们提议囊括相对较新且更为复杂现象之替代范式（不同标签有"世界政治""世界政策过程""蛛网""复合相互依赖"和"复合生成物"），其主要假设是"次国家的和跨国行为体被视为与国家完全不同且自主的行为体，三类行为体在影响和权威上不存在等级组织模式"。③

曼斯巴赫和罗西瑙（James N. Rosenau）等人主张以"社会主导范式"取代"国家中心范式"。基欧汉和奈的观点则相对温和得多，他们"不否认政府依然是博弈中最重要的行为者"④，而且"不认为……复合相互依赖模型忠实

---

① 从 1968 年到 1982 年的著作有：John W. Burton, *System, States, Diplomacy, and Rules*, Cambridge: Cambridge University Press, 1968; James N. Rosenau, ed., *Linkage Politics: Essays on the Convergence of National and International System*, New York: Free Press, 1969; Robert O. Keohane and Joseph S. Nye, eds., *Transnational Relations and World Politics*; George Modelski, *Principles of World Politics*, New York: The Free Press, 1972; Seyom Brown, *New Forces in World Politics*, Washington: Brookings Institution, 1974; J. W. Burton, et al., *The Study of World Society: A London Perspective*, Pittsburgh: International Studies Association, 1974; Annette Baker Fox, Alfred O. Hero Jr., and Joseph S. Nye, Jr., eds. *Canada and United States: Transnational and Transgovernmental Relations*, New York: Columbia University Press, 1976; Richard W. Mansbach, Yale H. Ferguson, and Donald E. Lampert, *The Web of World Politics. Non-State Actors in the Global System*, Englewood Cliffs, NJ: Prentice Hall, 1976; Edward L. Morse, *Modernization and the Transformation of International Relations*, New York: Free Press, 1976; Robert O. Keohane and Joseph S. Nye, Jr., *Power and Interdependence*, Boston: Little, Brown and Co., 1977; Harold Jacobson, *Networks of Interdependence. International Organizations and the Global Political System*, New York: Knopf, 1979; James N. Rosenau, *The Study of Global Interdependence: Essays on the Transnationalization of World Affairs*, London: Frances Printer, 1980; Peter Willets, ed., *Pressure Groups in Global System: The Transnational Relations of Issue-Oriented Non-Governmental Organizations*, New York: St. Martin's Press, 1982。
② Joseph S. Nye and Robert O. Keohane, "Transnational Relations and World Politics: An Introduction", p. 331。
③ 参见 J. Martin Rochester, "The Paradigm Debate in International Relations: Data in Search of Theory", p. 4。
④ Joseph S. Nye and Robert O. Keohane: "Transnational Relations and World Politics: An Introduction", p. 342。

地反映了世界政治现实。相反,它与现实主义模型都是理想型……有时现实主义假设是适当的或大体合适,但是复合相互依赖常常会更好地描绘现实"。①

自20世纪70年代末期起,涉及国家与非国家行为体的关系时,"国家"获得了越来越多的重视,代表性著作有以国家为中心的现实主义者斯蒂芬·克拉斯纳的《捍卫国家利益:原材料投资与美国的外交政策》②和彼得·卡赞斯坦编著的《权力与富裕之间:发达工业国家的对外经济政策》。③ 克拉斯纳指出,自主性的国家利益在原材料对外政策方面发挥着长期作用,当问题涉及国家重要地缘政治利益和意识形态问题时,强势公司不能够界定美国的国家利益。结构现实主义者肯尼思·华尔兹旗帜鲜明地维护了"国家中心观"范式的主导地位。"非国家行为体的重要性和跨国活动范围的广泛性是显著的。但不能由此导出这样的结论:它们使得国际政治的国家中心观过时了。"④

跨国关系和跨国行为体获得国际政治学者关注的首要原因,是20世纪60年代晚期到70年代早期世界形势所发生的巨大变化。"学术界的理论趋势总是受到外部世界的极大影响。……20世纪60年代到70年代初的一系列事件暂时颠覆了现实主义理论的统治地位。"⑤美苏对峙出现缓和的局面,国际安全威胁减少;布雷顿森林体系解体,阿拉伯石油危机爆发,经济问题似乎更为重要;跨国学生运动引发了反文化运动,包括人权与环境运动;不发达国家呼吁建立国际经济新秩序。⑥ 在"政治、军事、经济权力之间功能性关系进行史无前例的分割"后,连摩根索也表示,"我们时代的技术革命已经使得政治组织的民族国家原则过时,就如同蒸汽机的第一次近代产业革命

---

① Robert O. Keohane and Joseph S. Nye, Jr., *Power and Interdependence*, p. 24.
② Stephen Krasner, *Defending the National Interest: Raw Materials Investment and US Foreign Policy*, Princeton, NJ: Princeton University Press, 1978.
③ Peter Katzenstein, ed., *Between Power and Plenty: Foreign Economic Policies of Advanced Industrial States*, Madision: University of Wisconsin Press, 1978.
④ Kenneth N. Waltz, *Theory of International Politics*, New York: Random House, 1979, p. 94.
⑤ 〔美〕约瑟夫·奈:《国际关系:理论与实践的相关性》,王栋、姜鑫译,载《国际政治研究》2009年第3期,第109页。
⑥ 参见 M. J. Peterson, "Transnational Activity, International Society and World Politics", *Millennium*, Vol. 21, No. 3, 1992, p. 371; W. DeMars, *NGOs and Transnational Networks*, London and Ann Arbor, MI: Pluto Press, 2005, p. 35;〔美〕约瑟夫·奈:《国际关系:理论与实践的相关性》,第110页。

对封建主义所做的那样"。①

其他社会科学理论也给世界政治的"社会主导观"提供了支持。在 20 世纪五六十年代,社会科学领域主流的理论和研究议程很少提到国家,民族国家被视为过时的概念。② 自由多元主义理论、权力精英理论、工具马克思主义和国家垄断资本主义理论的共同点是或多或少地在理论上去国家化,把政府行为体仅视为社会利益集团、精英或统治阶级的传送带。③ "这一时期国际关系研究中对国家主导观的批评,与自由主义者和马克思主义者在政治理论和比较政治学中对国家概念更为广泛的批评相一致。"④

到 20 世纪 70 年代末期,"社会主导范式"的研究虽然已取得可观的进展,但并未动摇传统研究范式的深厚根基。"1977 年国际研究协会年会大约 30% 的小组会议致力于界定'非国家'现象,而 1978 年年会的主题则是'新兴的跨国世界——个人、团体和国家之殿堂'。但是学术杂志并没有像会议项目这样时尚,除几家专门性杂志如《国际组织》外,传统范式都持续居于主导地位。"⑤

2. 论战失败与研究枯萎(20 世纪 80 年代初—20 世纪 90 年代初)

范式之争以自由主义者的失败告一段落。在 1984 年出版的《霸权之后:世界政治经济中的合作与冲突》⑥中,跨国行为体研究的重要倡议者基欧汉接受了将国家看做主要行为体的假设。随着 20 世纪 80 年代新现实主义与新自由主义论辩的展开,原本可能发生的大规模理论性论战被缩减至相当狭窄的范围内——国家中心观的理性主义国际关系模型内部——的分

---

① Hans J. Morgenthau, "The New Diplomacy of Movement", *Encounter*, Vo.l 43, No.2, 1974, pp.56—57.

② 参见 Theda Skocpol, "Bringing the State Back In: Strategies of Analysis in Current Research", in Peter B. Evans, Dietrich Rueschemeyer, and Theda Skocpol, eds., *Bringing the State Back In*, Cambridge: Cambridge University Press, 1985, p.4.

③ 参见 Thomas Risse-Kappen, "Bringing Transnational Relations Back In: Introduction", p.17.

④ Ibid.

⑤ J. Martin Rochester, "The Paradigm Debate in International Relations: Data in Search of Theory", p.17.

⑥ Robert Keohane, *After Hegemony: Cooperation and Discord in the World Political Economy*, New Jersey: Princeton University Press, 1984.

歧。① 在冷战结束前的十年中,除对跨国公司的研究外,其他的跨国关系和跨国行为体研究都凋零了。

首先,世界形势发生转变。"美苏缓和的终结、苏联入侵阿富汗、里根当选美国总统,使得20世纪80年代的小冷战时期重又充斥着对安全议程的关注。对核战争恐惧剧增,世界范围大规模示威要求冻结核武器。各大基金会加大了对安全研究及和平研究项目的资助,学术期刊也寻求有关安全而非国际政治经济研究的文章。"②在这种情况下,研究跨国行为体的动力剧跌。

其次,社会科学研究上实现了"国家回归"。1968年内特尔(J. P. Nettl)的《作为一个概念变量的国家》③和亨廷顿的《变革社会中的政治秩序》④,标志着社会科学领域对"国家"兴趣的重新开始。这种对"国家的兴趣"在70年代中期开始成为一种潮流,至80年代中期成为主流。⑤ 1985年,西达·斯考克波(Theda Skocpol)在《找回国家——当前的战略分析》中指出:"作为一种对特定领土和人民主张控制权的组织,国家可能会确立并追求一些并非仅仅是反应社会集团、阶级或社会之需求或利益的目标,这就是通常所说的国家自主性。"⑥国家自主性进入政治研究的核心范畴,为国家中心观范式提供有利的理论环境。

此外,前一阶段的自由主义跨国行为体研究自身的三点局限也不利于这一阶段研究的发展。

---

① 参见 Miles Kahler, "Inventing International Relations: International Relations Theory After 1945", in Michael W. Doyle and G. John. Ikenberry, eds, *New Thinking in International Relations Theory*, ed. Boulder, CO: Westview, 1997, p.38。
② 〔美〕约瑟夫·奈:《国际关系:理论与实践的相关性》,第110页。
③ J. P. Nettl, "The State as a Conceptual Variable", *World Politics*, Vol. 20, No. 4, 1968, pp.559—592.
④ Samuel Huntington, *Political Order and Changing Societies*, New Haven, Conn.,: Yale University Press, 1968.
⑤ 参见 Charles Tilly, *The Formation of National States in Europe*, Princeton, NJ: Princeton University Press, 1975; Theda Skocpol, *States and Social Revolutions: A Comparative Analysis of France, Russia and China*, Cambridge: Cambridge University Press, 1979; Eric A. Nordlinger, *On the Autonomy of the Democratic State*, Cambridge: Cambridge University Press, 1981; Peter B. Evans, Dietrich Rueschemeyer, and Theda Skocpol, eds., *Bringing the State Back In*, Cambridge: Cambridge University Press, 1985。
⑥ Theda Skocpol, "Bringing the State Back In: Strategies of Analysis in Current Research", in Peter B. Evans, Dietrich Raeschemeyer, and Theda Skocpol, eds., *Bring the State Back In*, p.9.

第一,跨国关系的概念界定较为粗略,阻碍有效研究议程的形成。"对该议题的早期争论没能清晰地界定概念,因此没能产生太多经验研究……如果以一种如此宽泛的方式使用概念,研究跨国关系的政策影响事实上就变得不可能。"①

第二,核心议题设定失误,错置了不利于自身发展的论证目标。"要证明跨国关系在世界政治中至关重要,最有趣的问题不是国际关系是由国家主导还是由社会主导。"②"政府在允许或阻止跨国互动上的核心作用,是国家中心范式在早期争论中获胜的理由之一。以这样一种方式框定议题错失了目标。首先政府控制行为体之能力本身是国内结构的功能。其次,即使政府在为跨国活动授权方面至关重要,但这些活动的效果仍可能具有重要意义。"③

第三,缺乏与具体经验研究相联系的理论建构,研究者的范式主张得不到证明或检验,研究议程缺乏指引。"在大多数情况下,现代主义者提出的用来证明他们主张的,都是聚焦于特定议题领域的孤立案例研究,辅以孤立的统计数字试图证明非国家行为体在世界政治中日益增长的重要性。"④但是这种论证方法面临如下挑战:"对每一个以数据证明了传统上认知的民族国家不再是国际体系唯一或首要之行为体的分析者来说,都会有以数据表明相反情况的另一位研究者存在。"⑤即使相互依赖理论也被认为并非是一个综合性理论模型,相互依赖的概念仅能产生"印象派描述",而非严谨的经验研究。⑥ 在不能以理论对其进行整合提炼的情况下,由大量孤立性个案和数字组成的跨国行为体数据只是一个大杂烩,无法提供任何超越自身的代表意义。因此,"那些倾向于当代范式的学者似乎没有表现出任何明确的规

---

① Thomas Risse-Kappen, "Bringing Transnational Relations Back In: Introduction", pp. 7—8.
② Ibid., p. 14.
③ Ibid., p. 25.
④ J. Martin Rochester, "The Paradigm Debate in International Relations: Data in Search of Theory", p. 6.
⑤ Ibid.
⑥ Volker Ritt-berger, ed., *Theorien der internationalen Beziehungen*, Opladen: Westdeuscher Verlag, 1990. 转引自 Thomas Risse-Kappen, ed., *Bringing Transnational Relations back In: Non-states actors, Domestic Structures and International Institutions*, p. 8。

范性的或方法论上的说服力"。①

对此，华尔兹认为，"他们没有建立明确理论是相当正常的，因为只有当非国家行为体发展到足以与大国相匹敌或超越大国而不只是几个小国之时，否认国家中心作用的理论才会有需要"。②

3. 议程复苏与成果大繁荣(20世纪90年代至今)

冷战结束后，以跨国行为体为研究议题的论著迅即涌现。③ 其中标志性著作是1995年托马斯·瑞斯编著的《跨国关系的回归：非国家行为体、国内结构和国际制度》。该著选择了与早期争议不同的研究议题："早期的观点引发了世界政治'国家中心观'和'社会主导观'的论战。我们认为，仔细研究国家间的世界如何与跨国关系的'社会世界'互动，反而会更富有成果。"④该著指出国内结构与国际制度调和了跨国行为体的政策影响，以一种新视角看待跨国行为体对世界政治的影响，旗帜鲜明地复兴了此前萎缩的跨国关系研究。

在这一新时期，跨国行为体研究不仅数量和规模远超崛起时期，在研究议程设置和研究方法上也有极大的提高。有关跨国行为体研究的理论化努力——如"国内结构、国际力量"⑤、国际制度、全球治理等——都促使研究议

---

① J. Martin Rochester, "The Paradigm Debate in International Relations: Data in Search of Theory", p.5.

② Kenneth N. Waltz, *Theory of International Politics*, p.95.

③ 以1992—1994为例，参见 Peter Haas, ed., Knowledge, Power, and International Policy Coordination, *Special Issue of International Organization*, Vol.46, No.1, 1992; Beau Grosscup, "Global Terrorism in the Post-Iran-Contra Era: Debunking Myth and Facing Realities", *International Studies*, Vol.29, No.1, 1992; M. J. Peterson, "Transnational Activity, International Society and World Politics", *Millennium*, Vol.21, No.3, 1992, pp.371—88; Samuel Huntington, "The Clash of Civilizations?", *Foreign Affairs*, Vol.72, No.3, 1993, pp.22—49; Kathrny Sikkink, "Human Rights, Principled Issue-Networks, and Sovereignty in Latin American", *International Organization*, Vol.47, No.3, 1993; Young Kim, John Boli and George M. Thomas, "World Culture and International Nongovernmental Organizations", paper presented at the Annual Meetings of the American Sociological Association, Miami Beach, 1993; Jackie Smith, "The Globalization of Social Movements: The Transnational Social Movement Sector, 1983—1993", paper presented at the Annual Meetings of the American Sociological Association, Los Angeles, August 5—9, 1994.

④ Thomas Risse-Kappen, "Bringing Transnational Relations back In: Introduction", p.4.

⑤ 参见 Peter B. Evans, Harold K. Jacobson and Robert D. Putnam, eds., *Double Edged Diplomacy: International Bargaining and Domestic Politics*, Berkeley: University of California Press, 1993; Thomas Risse-Kappen, ed., *Bringing Transnational Relations back In: Non-states Actors*; Robert Keohane and Helen Milner, eds., *Internationalization and Domestic Politics*, Cambridge: Cambridge University Press, 1996, p.4.

程不断深入,随之产生大量的具体个案研究,这些经验研究不再呈散沙状,而是围绕着理论聚合在一起。除了持续产生大量的具体个案研究外,量化的方法也开始被使用,跨领域、大规模的比较也开始出现。① 新发展时期研究类型的多元化,使跨国行为体研究在理论、方法和数据上有了更明智的搭配,有利于为国家对外政策和世界政治提供更多洞见。

自20世纪90年代中期起,全球治理日益成为国际政治研究的重点。涉及跨国行为体的全球治理论著大量涌现,构成了全球治理研究的核心组成部分。跨国行为体研究在全球治理的研究框架下蓬勃发展。这方面的代表作及其观点请参见本书的第十七章"全球治理"。

在跨国行为体研究大繁荣的过程中,世界政治的范式之争已不再是重点,在一定程度上被超越,但新自由主义者认为,随着跨国行为体作用的增加,他们的范式更有竞争力。海伦·米尔纳更直接地表示了对新自由主义范式的乐观:"随着非国家行为体如跨国公司、非政府间国际组织和国际机构之重要性的日益增长,全球化已经使得居于主导地位的竞争范式——新现实主义——对国际关系的解释力弱化,新自由主义范式的重要性则被提高。"②

跨国行为体对国家主权行使有约束作用成为共识,其与国家的合作关系受到同样甚或更多关注,更有新视角出现,例如"非国家行为体不是传统国家地位不可控衰落的结果,而是用功能视角可解释的转型国家的架构"③。合法跨国行为体与国家在全球治理之中的关系被归总为四类:"政策专家、服务提供者、遵守监督者和利益相关者代表"④。在全球治理的框架下,跨国行为体研究的问题更为具体:其如何影响国家和国家政策、国际组织和国际制度、国际关系和国际议程,凭借的资源、条件,所采用的策略和作用的效

---

① 参见 Christer Jönsson and Jonas Tallberg, eds., *Transnational Actors in Global Governance*。

② Helen V. Milner, "Power, Interdependence, and Nonstate Actors in World Politics: Research Frontiers", in Helen V. Milner, Andrew Moravcsik, eds., *Power, Interdependence, and Nonstate Actors in World Politics*, p. 3.

③ Gunnar Folke Schuppert, "The Changing Role of the State Reflected in the Growing Importance of Non-State Actors", in Gunnar Folke Schuppert, ed., *Global Governance and the Role of Non-State Actors*, Baden-Baden: Nomos, 2006. p. 236.

④ Jonas Tallberg and Christer Jönsson, "Transnational Actor Participation in International Institutions: Where, Why, and with What Consequences?", in Christer Jönsson and Jonas Tallbery, eds., *Transnational Actors in Global Governance*, p. 1.

果,以及跨国行为体彼此间互动等。跨国行为体参与全球治理的问题领域、动因、结果被系统地加以探寻,尤其是跨国行为体参与全球治理的规范性影响如民主化等问题,颇受关注。①

"今天,所有试图根据结构极化对后冷战时代进行描述的努力,都必须考虑军事单极性、国家间经济关系上的多极性以及跨国层面上权力分配的无序性。对理论来说,现实是无可逃避的。"②虽然民族国家依旧是世界政治中最重要的行为体,但今时今日无疑是各类跨国行为体及其研究者们的大时代。

---

① 参见 Christer Jönsson and Jonas Tallberg, eds., *Transnational Actors in Global Governance*; Magdalena Bexell, Jonas Tallberg and Anders Uhlin, "Democracy in Global Governance: The Promises and Pitfalls of Transnational Actors", *Global Governance*, Vol. 16, No. 1, 2010, pp. 59—79。

② 〔美〕约瑟夫·奈:《国际关系:理论与实践的相关性》,第111页。

第十七章 全球治理

刘贞晔

随着国家间经济与社会联系的日益紧密和国际政治经济格局的调整，全球治理的问题正在日益引起全社会的关注，全球治理已经不是一种单纯的国际政治理论，而是目前人类社会应对全球性问题挑战的一个紧迫的实践问题。全球治理究竟为何？谁来承担全球治理要务？全球治理主要聚焦于哪些领域？全球治理面临哪些挑战？其最终又向何处发展？这一系列问题都需要身处全球大变革时代的我们深刻思考。

一、全球治理的要义

全球治理的界定有很多，主要是因为全球治理包含了多层次的行为体以及多层次的社会层级，上至全球层面的全球气候变化，下至地域偏僻的乡村生态环境维护，可以说全球治理的内涵无限广泛，因而不同的人从不同的角度都能够赋予全球治理以不同的内容。

至目前为止，国际学术界最广为接受的全球治理概念是全球治理委员会所提出的解释。该委员会于1995年发表了著名的《我们的全球伙伴关系》报告，在报告中将治理的含义解释为"各种各样的个人、团体——公共的或个人的——处理其共同事务的总和。这是一个持续的过程，通过这一过程，各种相互冲突和不同的利益可望得到调和，并采取合作行动。这个过程包括授予公认的团体或权力机关强制执行的权力，以及达成得到人民或团体同意或者认为符合他们的利益的协议"。① 全球治理委员会的解释最大程度上包含了全球治理的多重内涵：行为体多层次，议题没有特定界限，行为体通过协调各自行动来共同处理共同事务。

---

① 〔瑞典〕英瓦尔·卡尔松、〔圭〕什里达特·兰法尔主编：《天涯成比邻：全球治理委员会的报告》，赵仲强译，北京：中国对外翻译出版公司1995年版，第2页。全球治理委员会是由前联邦德国总理勃兰特倡议，于1992年成立的由国际知名人士组成的国际非政府组织，由瑞典前首相卡尔松和圭亚那前外长兰法尔共同担任主席，该组织致力于建立更有效的国际安全和治理体系。

尽管这一概念涵盖广泛，但是仍有很多学者从多种角度出发对全球治理给出自己的解释。

创建治理理论体系的著名美国学者詹姆斯·罗西瑙特别强调了国际机制、规则在治理概念内涵中的重要地位，他指出，"治理，指的是导引社会体系实现目标的机制，一个非常适合理解世界上旧有边界日渐模糊、新身份司空见惯、政治思考面向全球的概念"①，"全球治理可设想为包括通过控制、追求目标以产生跨国影响的各级人类活动——从家庭到国际组织——的规则系统，甚至包括被卷入更加相互依赖的急剧增加的世界网络中的大量规则系统"。② 罗西瑙还通过与传统政治学中的"统治"一词的概念比较，深刻地阐述了"治理"概念所具有的新内涵，他指出，"与统治相比，治理是一种内涵更为丰富的现象。它既包括政府机制，同时也包括非正式、非政府的机制，随着治理范围的扩大，各色人等和各类组织得以借助这些机制满足各自的需要并实现各自的愿望"。③

英国研究全球化理论的著名学者戴维·赫尔德（Davi Held）在其影响广泛的《全球大变革》一书指出，"全球治理不仅意味着正式的制度和组织——国家机构、政府间合作等——制定（或不制定）和维持管理世界秩序的规则和规范，而且意味着所有的其他组织和压力团体——从多国公司、跨国社会运动到众多的非政府组织——都追求对跨国规则和权威体系产生影响的目标和对象"。④ 英国另一位全球治理研究的著名学者托尼·麦克格鲁（Anthony McGrew）则把全球治理定位为多层全球治理，并认为，"多层全球治理指的是，从地方到全球的多层面中公共权威与私人机构之间一种逐渐演进的（正式与非正式）政治合作体系，其目的是通过制定和实施全球的或跨国的规范、原则、计划和政策来实现共同的目标和解决共同的问题"。⑤

---

① 〔美〕詹姆斯·N. 罗西瑙:《面向本体论的全球治理》，载俞可平主编:《全球化：全球治理》，北京：社会科学文献出版社2003年版，第64页。
② 俞可平主编:《治理与善治》，北京：社会科学文献出版社2000年版，第265页。
③ 〔美〕詹姆斯·N. 罗西瑙主编:《没有政府的治理》，张胜军等译，南昌：江西人民出版社2001年版，第5页。
④ 〔英〕戴维·赫尔德等:《全球大变革》，杨雪冬等译，北京：社会科学文献出版社2001年版，第70页。
⑤ 〔英〕托尼·麦克格鲁:《走向真正的全球治理》，载俞可平主编:《全球化：全球治理》，第151页。

第十七章 全球治理

法国学者辛西娅·休伊特·德·阿尔坎塔拉(Cynthia Hewitt de Alcntara)指出,治理"是在众多不同利益共同发挥作用的领域建立一致或取得认同,以便实施某项计划",而治理一旦被运用于全球化和跨国组织领域,则出现全球治理,其目的是通过制度创新,把国内外社会各阶层的个人和机构联系起来以处理全球性问题。① 德国研究欧洲治理的著名学者贝阿特·科勒—科赫(Beate Kohler-Koch)认为,治理越来越被理解为"公私行为体之间任务与责任的共享",被认为是"持续不断的相互作用过程中社会、政治和行政管理行为体的指导性努力"。②

中国研究全球化与全球治理理论的重要学者蔡拓认为,全球治理是指在全球化时代受到全球化与全球性问题影响的人们,以全人类共同利益和全球意识为主要思维方式,就共同面临的公共事务进行多元行为体平等对话、协商合作、共同管理公共事务而达成的原则、制度、规范和决策程序等。其中行为主体由政府转向非政府,政治模式由领土政治转向非领土政治等是其重要特征。③ 中国全球治理研究的开拓者俞可平认为,"全球治理是各国政府、国际组织、各国公民为最大限度地增加共同利益而进行的民主协商与合作,其核心内容应当是健全和发展一整套维护全人类安全、和平、发展、福利、平等和人权的新的国际政治经济秩序,包括处理国际政治经济问题的全球规则和制度"。④

综合学界的各种认识,全球治理可以被界定为是指在全球化与全球性问题的发展日益复杂的时代,人们通过建立和运用规则、机制、规范和制度等途径和手段,处理跨国共同事务和解决全球问题的方式。全球治理同时也是一种处理跨国共同事务和解决全球问题的持续进程,卷入其中的行为体多种多样,既包括民族国家、政府部门和次政府部门,也包括从基层民众、社区组织到跨国机构和公司以及跨国政府组织和非政府组织等多种行为体。

---

① 〔法〕辛西娅·休伊特·德·阿尔坎塔拉:《"治理"概念的运用与滥用》,载俞可平主编:《治理与善治》,第 16—17、26—27 页。
② 俞可平主编:《全球化:全球治理》,第 311 页。
③ 蔡拓:《全球治理的中国视角与实践》,载《中国社会科学》2004 年第 1 期,第 95—96 页。
④ 俞可平:《全球治理引论》,载《马克思主义与现实》2002 年第 1 期,第 20—32 页。

二、全球治理的主要特征

关于全球治理的主要特征,实际上指涉全球治理内涵的根本属性,这种根本属性是一事物区别于他事物的本质规定。概括说来,全球治理的特征大致包含以下几个方面。

其一,全球治理打破了政府对公共事务治理的垄断,公共事务治理领域出现了非政府治理的崛起。

治理在政治学里常常被看作是政府与非政府组织、公共部门与私人部门的行为体为共同事务而展开多元协商与合作的公共行动体系。格里·斯托克(Gerry Stoker)指出,"治理意味着一系列来自政府但又不限于政府的社会公共机构和行为者。它对传统的国家和政府权威提出挑战,政府并不是国家唯一的权力中心"。罗伯特·里奇(Robert Leach)认为,治理既涉及官方的公共权威的行使,"也涉及在公共领域内活动的准公共行动者、自愿部门、社区组织甚至是私营部门"。[①]

传统上对公共事务的管理是由政府主导甚至是垄断,它通过强制性权力分配社会资源,政府对国际公共事务的管理则主要表现为外交,特别是以参与诸多政府间国际组织的方式,表达利益要求和对国际事务的看法。显而易见,在这种经典的公共事务管理制度中,政府不仅独揽大权,而且几乎是唯一的政治权威的拥有者和体现者。但是全球治理打破了政府对公共事务管理的垄断,许多非政府的行为体,如国际非政府组织、跨国社会运动、全球公民网络、跨国公司等以多种方式、途径参与公共事务的管理,同政府分享公共权力和政治权威。在这方面已有不少有说服力的例子,如国际清算标准委员会确立了全球的清算规则。国际标准化组织在全球促进标准化工作的开展,已制定13736条国际标准,其中包括著名的 ISO9000 质量管理体系认证和 ISO14000 环境管理体系认证。多数国家的航海法是在伦敦的国际航海组织草拟的,航空安全法是在蒙特利尔的国际航空组织完成的。而地球之友、绿色和平组织、大赦国际等组织在环境、人权等领域的作为更是广为人知。甚至在传统的安全领域,非政府组织也表现出积极参与的趋向,

---

① Robert Leach and Janie Percy Smith, *Local Governance in Britain*, New York: Palgrave, 2001, p.75.

并作出了实际的贡献。像1997年禁止地雷条约的签订，就是由近1000个非政府组织组成的国际禁雷运动所推动的，其领导人因此而获得1997年诺贝尔和平奖。这些个案表明，由于人类社会生活的日益复杂，联系的日益紧密，涉及范围的日益扩大，政府对公共事务的管理，无论在体制、方式还是能力上都表现出局限性，所以，非政府治理的崛起是必然趋势。

其二，公共事务治理中的公共权力由国家转向社会。

公共事务治理中的公共权力，应主要是指基于社会共同体同意或者某种形式的认可，由公共事务治理的主体掌握并实施的以管理公共事务、增进公共利益为目的的权威性力量。公共权力从属性上来说具有以下运作特征：第一，主体的多样性。在从传统社会向现代社会转变过程中，公共事务管理主体的多元化成为其中一项显著的变革程序。随着政府与社会、政府与市场关系的调整，政府不再独立性地、垄断性地承担提供公共产品和公共服务的责任，而是通过各种治理机制与非政府行为体共同分享公共权力，共同分担管理责任。第二，公共权力的公共性与公共事务治理过程的公共性不可分割。① 这主要体现为公共权力运行主体的公共性，公共权力运行价值观的公共性，公共权力治理对象的公共性以及公共权力运行目标即利益的公共性。第三，公共权力的基本职能是对公共事务的管理。第四，公共权力以提供公共物品为其最终的产出结果。公共事务治理中的公共权力问题实质上指涉政治学领域中的一个根本性问题，即国家与社会的关系。国家脱胎于社会，是社会发展到一定阶段的产物。尽管在历史的演变中，两者的关系因地域、发展阶段、历史传统等因素的影响而表现出多样性，但总的来讲，自国家产生以来，代表并行使公共权力的国家，相对社会而言始终处于主导地位。近代民族国家体制的确立虽然伴随着公民社会的发育和发展，但国家在公共事务治理中对公共权力的支配地位从未在根本上被动摇。20世纪90年代兴起的全球治理则对国家在人类社会生活中的绝对主宰地位提出真正的挑战。国际非政府组织、跨国社会运动、全球公民网络、全球公共领域以及跨国公司，都是区别于国家的社会活动领域和社会力量。所以，当公共事务的管理从政府转向非政府时，实际上意味着公共权力从国家向

---

① 王乐夫、陈干全：《公共管理的公共性及其与社会性之异同析》，载《中国行政管理》2002年第6期，第13页。

社会的部分转移。

其三，全球治理打破了领土政治的束缚，拓展了新的权威空间。

全球治理的兴起在政治领域打破了民族国家的领土局限的束缚，将全球治理的权威拓展到非领土政治领域，这表现为大量不受领土政治束缚的非国家行为体的迅速出现以及跨国性活动的剧增。对于这种超越领土政治局限的全球治理现象，英国著名全球化研究者戴维·赫尔德将其界定为"功能性政治空间"的呈现。他举例说："电信规制领域代表了一种超越国家界限的功能性政治空间的存在；它清楚地表明，在这种情况下，政治共同体自身的意义不仅仅局限于领土逻辑，还存在于一个由多种利益组成的跨国共同体。"①罗西瑙也指出，国家只是权威的众多来源之一，当代人类社会已出现了区别于国家权威的新"权威空间"。非政府组织、非国家行为体、无主权行为体、议题网络、政策协调网、社会运动、全球公民社会、跨国联盟、跨国游说团体和知识共同体等术语就是用来描述新"权威空间"，勾勒非领土政治画面的。这表明，"权威空间并不一定与根据领土划分的空间相一致，而是具有相当大的灵活性"。②

其四，全球治理是多元行为体就共同事务展开的网络化协商与合作。

凯特（D. Kettle）指出："治理是政府与社会力量通过面对面合作方式组成的网状管理系统。"③这说明治理不同于传统的等级制管理方式，而是强调扁平化的网络管理方式，其中多元行为体就共同关心的事务而进行平等的协商、对话与合作。

全球治理从其行为体构成以及权力运行的属性上就不同于传统的政府管理。传统的政府管理建立在强制性、等级性的政治理念基础之上，强调的是自上而下的单向度权力运行规则。而全球治理则体现了一种全新的权力关系和管理规则，体现了多元治理主体间的平等性、协商性与合作关系的特征。一方面，在不同的治理领域，各种行为体具有不同的优势，各行为体间只有通过开展协商与合作才能发挥各自的优势以推进全球治理进程。另一

---

① 〔英〕戴维·赫尔德等：《全球大变革》，第 86 页。
② 〔美〕詹姆斯·罗西瑙：《面向本体论的全球治理》，载俞可平主编《全球化：全球治理》，第 63 页。
③ D. Kettle, *Sharing Power, Public Governance and Private Markets*, Washington, D. C.: Brookings institution, 1993.

方面,全球治理是全球化、网络化时代的产物,这个时代导致了世界日益紧密的相互依存,导致了事物生成和发展的非直线性,以及事件因果链条的复杂性和多向性。这个总体的特征决定了社会结构的网络性,从而要求公共事务的管理进行相应的变革。"全球治理恰恰以网络化管理回应了时代的需要,它以多元权力主体的并立,多重权威的并行、多向度权力运作的制度框架,展示了网络化管理的基本风貌"。①

其五,国际机制是全球治理最重要的治理渠道和载体。

全球治理是否有效,取决于这一持续过程是否建立在合理的制度安排下。全球治理本质上是在多元行为体选择达成的规范体系下运行,需要建立一种实现人类普遍价值的规则体系。皮埃尔·德·塞纳克伦斯(Pierre de Sennakrens)认为,治理是由多数协议形成的一种规范系统。罗西瑙则指出:"众多的治理体系正在全球层次上发挥作用,而且它们建立在根深蒂固的信仰、惯例与制度之上,尽管易受变化影响,它们仍为世界政治中的合作和整体利益奠定了基础。"②全球治理就是一种包括政府间机制同时也包含非正式、非政府间机制的全球规则体系和全球机制。

进入21世纪以来,全球治理发展出现了一些新的趋势和特征。例如在发展领域千年发展目标和2030可持续发展目标的制定过程中,国家发挥了更为显著的作用,在2015年巴黎气候变化协定的制定过程中,世界主要大国也发挥了关键作用。在全球治理进程中,国家治理能力日益成为国内冲突、移民难民、消除贫困与饥饿等重要议题领域治理的关键因素。但是,这些变化只是在特定治理议题领域突出了国家行为体的治理角色,并没有从根本上改变全球治理的上述基本特征。

三、全球治理的主要行为体

在很大程度上来说,全球治理既是人类社会积极应对全球性问题挑战的需要,也是全球化与相互依赖在全球扩展导致人类必须面对的全球公共事务日益增多的需要。全球化和全球问题的发展在20世纪后半期以前所未

---

① 蔡拓:《全球治理的中国视角与实践》,第98页。
② 〔美〕詹姆斯·N.罗西瑙:《世界政治中的治理、秩序和变革》,载〔美〕詹姆斯·N.罗西瑙主编:《没有政府的治理》,第28页。

有的广度和深度将地球上各个地方的人们联系起来,从而也使得以全球治理为重要责任的国际体系,进一步扩展为一种涵盖国家与非国家行为体,并在地域上扩展至世界每个角落的全球治理体系。全球治理体系包含了主权国家行为体、超国家或跨国家行为体以及次国家行为体,体现为一种多层复合结构的特征。与传统的国家间政治不同,全球治理体系中行为体间的关系具有以下几个方面的新特征。一是与传统国际体系中国家行为体完全垄断政治权威不同,全球治理中的国家行为体所拥有的政治权威明显下降,而新的多元政治权威中心正成为国家权威的有力的竞争者——超国家或跨国家行为体乃至次国家行为体。二是全球治理的复合结构使得国家行为体在政策制定和行为的自主性上受到很大制约,国家已处于复杂的全球规范和机制网络之中,面临更多的国际约束。三是在众多全球治理议题中,国家行为体的治理权威面临着非国家行为体的竞争与分享。四是在全球治理中,国家行为体通过军事手段影响国际社会的价值分配的作用在下降。[①] 全球体系中各种类型的行为体间的合作治理、权威和权力分享而非对抗成为全球公共事务治理的常态。

(一) 全球治理中的国家行为体

在传统的国际关系理论中,国家行为体常常被现实主义学者看做是唯一重要的行为体。但是,随着全球性相互依存的加强和全球治理中各种非国家行为体的增多,处理全球公共事务的政治权威日益被国际政府间组织、跨国公司、非政府组织等非国家行为体所分享,推动着全球治理呈现出一系列新的特征。

首先是全球治理中多元行为体的参与使得全球公共事务的治理由过去的单一国家权力中心朝着合作、互惠、利益多元和权利多元的方向发展。

其次是多种治理行为体的参与导致全球治理权威的多元化。自20世纪中期以来,全球性问题日益增多,全球性相互依赖的发展日益加强,全球治理也在向深度发展,像联合国、WTO、IMF、世界银行等国际组织,以及跨国公司、非政府组织等纷纷参与到全球治理中来并扮演着重要角色。这些非国家行为体在国际体系中不断地提出新的议题,如环境、气候变化、人权、人道

[①]〔日〕星野昭吉:《全球化时代的世界政治——世界政治的行为主体与结构》,刘小林、梁云祥译,北京:社会科学文献出版社2004年版,第50页。

主义议题,制定新的规范,拓展出像环境治理、人道主义治理的新的治理领域,参与和分享着原属国家所垄断的权威。

再次,国家行为体间的合作治理日渐成为全球治理最重要甚至是最关键的内容。在当今全球相互依赖与大国竞争并存的国际体系中,全球性相互依赖和全球性问题导致的国家行为体的敏感性和脆弱性在增强,无论是在全球问题领域还是在全球金融危机的治理领域,国家行为体特别是主要大国间的合作治理而非冲突对抗成为当今国际政治和全球治理得以顺利发展的关键保障。

复次,在当今全球治理进程中,国际制度和规范的网络越来越稠密,并日益得到国家行为体的广泛承认和遵循。比如,在国际贸易领域,尽管近年来世界第一大经济体美国不断采取极端的单边主义和保护主义政策挑战WTO的权威性,但是世界其他主要经济体依然坚定地站在多边主义立场,坚决维护WTO的权威;在国际安全领域,单极超强的美国在伊拉克的军事行动中,由于没能得到联合国的授权和认可,其行动的合法性受到了国际社会广泛的批评和抵制。在环境、人道主义、军备控制和反恐等领域,各种国际制度与规范的数量及其得到国家行为体认可和遵守的广泛程度就更为突出了。

最后,国家行为体在全球治理中的权威尽管受到侵蚀,但是国家行为体在稳定世界经济、治理全球经济危机、维护和推进世界和平等领域仍然在发挥着其他行为体所无法相比拟的重要作用。

(二) 全球治理中的超国家机构

全球治理中的超国家机构主要由各种跨国行为体构成,其中在全球治理中扮演核心角色和发挥显著作用的是各种国际多边机构,如联合国机构和其他国际政府间组织。

随着全球化的深入发展和全球性问题与危机的日趋严重,世界政治中超出主权国家治理能力的国际公共事务越来越多。在这种形势下,国际多边机构无论在数量上还是在职能上都获得了巨大的发展,其在全球治理中的地位和作用也越来越突出。具体说来,国际多边机构在全球治理中地位的凸显和作用的扩大主要表现在以下几个方面。

首先,经济全球化的发展和世界相互依存程度的日益增强,加大了国际社会对国际多边机构处理共同事务的要求。随着经济全球化的发展,国家间经济活动的交互频率和规模朝着超高速度和超大规模的方向发展,国家之间需要在政策和行动上更多的协调和制度规则,"就满足有关协调、谈判以及把国际相互依存关系制度化的需求而言,国际组织是天然的候选者"。①例如在经济和贸易领域中,国际社会需要国际多边机构制定统一的规则来维持国家间的经济秩序,国家间经济贸易、投资、信贷汇率制度的发展及其正常运作离开了世贸组织、世界银行、国际货币基金组织等全球性多边组织的存在是不可想象的。

其次,全球性问题日趋严重加大了对国际多边机构处理国家间共同事务的需求。全球性问题指当代国际社会面临的一系列超越国家和地区界限,关乎整个人类生存与发展的严峻问题,诸如大规模杀伤性武器扩散、环境保护、消除贫困、控制国际犯罪、应对大规模传染性疾病、控制人口、基本人权的保护、金融动荡、能源危机、粮食危机、资源短缺、海洋利用与宇宙开发、禁毒、难民等,这些问题毫无例外地超出了单个国家治理能力的范围,需要国际多边机构制定统一规则和政策以及协调国家间的行动。正如美国学者贝涅特(A. Le Roy Bennett)所说:"如果除了主权国家以外,没有一种具有权力或手段以做出或实施能够影响大多数国家决定的机构,那么世界上许多问题都不能得到有效的处理。"②

再次,为适应全球化时代国家对处理越来越多、越来越复杂的公共事务的需求,国际多边机构在各种议题领域和治理功能上向纵深扩展。一方面国际公共事务中越来越多的国际制度和机构的出现,大大强化了国际多边机构的治理功能。以20世纪90年代建立的国际司法机构为例,在海洋法方面,成立了国际海洋法法庭;在审理国际犯罪方面,继前南斯拉夫国际刑事法庭和卢旺达国际刑事法庭之后,联合国《国际刑事法院罗马规约》于1998年7月通过,2002年国际刑事法院正式成立。可持续发展委员会的成立加强了对各国实施《21世纪议程》的监督,联合国人权高级专员的创立以及今

---

① 〔法〕让—马克·柯伊考:《国际组织与国际合法性:制约、问题与可能性》,刘兆成译,载《国际社会科学杂志》2002年第4期,第21—33页。
② A. Le Roy Bennett, *International Organization: Principles and Issues.* New Jersey: Prentice Hall, 1995, p.4.

天的人权理事会强化了对各国贯彻国际人权法的监督和审查。尽管各种国际法及法律监督机构的约束效力仍然还无法与国内法律相比,但与历史上的国际多边组织相比,其制定的法律制度及其对国家执行国际法的约束与监督力度都已大大加强。另一方面,全球治理的繁重责任也促使国际多边机构的在治理中的职权日益扩大。例如全球经济治理产生了这样的需求:克服由主权国家疆界划分对国家间贸易、投资、资本流动等所造成的障碍,通过协调国内政策使各国从经济交换中获得利益最大化。这反过来推动了以规则为基础、职能范围更广泛的国际组织的发展,国际多边机构日益在许多方面行使某种政府性管理职能,世贸组织取代关贸总协定便是一个例证。成立于"二战"结束之初的关贸总协定(GATT),实质上是一个非正式的国际组织,进入20世纪80年代以后它已不能适应经济全球化迅速发展的需要。《乌拉圭回合最后文件》和《建立世贸组织的马拉喀什协议》的签署,对GATT的职权进行了大幅度的扩充,不但其核心贸易机构得以加强,而且增加了涉及服务贸易、与贸易有关的知识产权和技术标准等规则。这些规则通常一向被视为国内法的管辖范围,不在过去的 GATT 规制之列。

复次,随着职能的扩张,国际多边机构对主权国家内部治理产生了不可忽视的影响。比如受20世纪90年代金融危机的影响,国际货币基金组织和世界银行被赋予这样的职能:确保所有成员国经济实行"深刻有力的结构改革",以纠正其国内金融系统的软弱状态,保证增长并降低贫困。戴维什·卡普尔(D. Kapur)具体描述了国际金融机构的这种扩张之举,计算了作为贷款条件的"执行标准"数目的增加情况:以25个国家为例,1980年代有6条到10条标准,1990年代则有大约26条标准。卡普尔还指出,贷款和有关项目所包含的"目标"数量也增加了,有关国家现在被要求采取一系列政府改革的措施,如在更大范围内动员、改革、加强或提升政府的职能。① 同时,在过去的20年中,国际经济机构的职能权限扩展到了诸多项目和政策,影响到更广大的人口、群体和组织。比如国际货币基金组织和世界银行对借贷国的条件限制包括了对国内管理和经济决策的体制架构方面的要求。

---

① D. Kapur, "Expansive Agendas and Weak Instruments: Governance Related Conditionalities of the International Financial Institutions", *Journal of Policy Reform* 2001. 转引自联合国开发计划署:《2002年人类发展报告:在破裂的世界中深化民主》,北京:中国财政经济出版社2002年版,第105页。

世界贸易组织成立,创建了新的一套约束成员国的条款,深入(并且还在继续深入)到国内立法的许多领域。国际经济组织如今处理的是国内政府以往的分内之事,换句话说,国际范围的决策和政策越来越影响到一国内部的组织和人群。以往受政策影响的人们可以要求国内政府对其政策负责,但在今天,他们"必须面向拍板决策的国际机构"。①

最后,国际多边机构所展现出来的公共权威在全球治理中具有不可替代的地位和作用。在全球治理进程中,虽然主导性国家及私人参与者在全球治理中各自显示了自身的作用与力量,但这无法消除人们对其权威公共性和形式合法性的疑问。在全球治理中逐渐形成的国际规则和规范,只有在公共权威机构的护持下才具有生存下去的可能性。尽管国际多边机构有这样或那样的缺点,但它们毕竟扶持、阐释和强化了关于国际合法性的公共话语规范。而在此方面任何代表国家利益之一己"私利"的国家及其他行为者都难以满足这种要求。②

(三) 全球治理中的全球公民社会

在关于全球公民社会的治理角色的关注中,人们常常强调其在倡导议题、专家技术、监督公约的执行等方面的作用,好像仅仅是在为政府拾遗补漏。事实上,全球公民社会在全球治理中的作用具有完全不同的画面:

首先是全球公民社会在全球体系中的结构性作用绝不仅仅是为国家政府拾遗补阙,而是具有一种"抵制国家"和"治理国家"的意蕴。全球反核议题的治理运动、全球反酷刑治理运动以及关于全球人道主义治理议题的《国际刑事法院罗马规约》运动等,都反映了一种抵制和纠正国家治理的负外部性的全球治理内涵。

其次是全球公民社会的治理功能并不从属于国家治理,而是一种社会治理。全球治理通常被视为一种跨国家或超国家的政策协调与合作,最终被落实为一种国家政策或行为。而全球公民社会的治理则更多的是深入到社会内部,落实为一种社会的治理与变革。如在人道救助、灾后重建、公民社会培训、脱贫与发展等领域的全球公民社会治理活动就体现为社会自我

---

① 〔英〕耐革尔·伍兹、〔英〕安瑞塔·纳利卡:《治理与责任的限度:世贸组织、国际货币基金组织与世界银行》,祝东力译,载《国际社会科学杂志》2002年第4期,第69—81页。
② 〔法〕让—马克·柯伊考:《国际组织与国际合法性:制约、问题与可能性》,第21—33页。

治理的内涵。

最后是全球公民社会在全球体系中的治理功能相较于国家治理、跨国家和超国家治理具有特定的治理优势。例如在全球人权与人道主义议题领域,国家政府自身就可能是一个治理的问题源,一方面国家的治理往往体现为消极意愿甚至是问题制造者,另一方面国家间或超国家治理进程又往往被阻隔在干涉主权的争议之中。而全球公民社会的非主权的治理则极大地减少了这种麻烦。这是因为,在全球层面的国家与社会关系中,国家政府与全球公民社会之间主权管辖的对应性断裂了,国家面对全球公民社会运动及其力量并没有主权管辖权,全球层面的非政府组织和公民社会运动也不服从任何主权权威;但是反过来,它们则在全球治理中不断地推动新的国际规范和价值理念的产生,进而国家主权不断地受到越来越稠密的规则约束,从而更有力地推动了治理进程取得进展。

四、全球治理存在的问题及发展态势

自2008年以来,全球金融危机的爆发更使得国际社会所面临的全球性风险急剧加大,再加上近年来世界经济第一大国美国与第二大国中国之间的大国竞争加剧,现有全球治理的模式和机制开始面临着一系列新的问题与挑战。全球治理在新的形势下出现了新的发展趋势。

(一)全球治理面临的新问题

近年来,随着中美贸易战的爆发以及大国竞争态势日趋明显,全球化发展出现停滞乃至倒退的说法不断被人提起,甚至成为很多学者的重要判断。但是,全球化作为一种由跨国经贸联系和技术发展所推动的社会现象,并不会被个别国家的单边主义和保护主义政策彻底打断。相反,在很多领域,全球化仍然是当代世界不以人的意志为转移的客观进程和发展趋势。进入21世纪以来,人类社会所面对的全球性问题与全球性风险呈现出日趋严峻的趋向,国际合作也日益受到大国竞争的巨大冲击,全球治理面临着越来越多的新挑战,从而使得全球治理的难度也大幅提升。[1]

---

[1] 参见吴志成、王天韵:《全球化背景下全球治理面临的新挑战》,载《南开大学学报》2011年第2期,第43页。

首先,国际社会面临的全球风险和治理难度持续性地加大。

当前全球化趋势日益加剧,全球性危机日趋严峻,这些危机与挑战已经日益超出单个国家的应对能力,从而使得我们身陷一种所谓的"风险社会"。① 在全球范围内,不但全球金融危机之后全球化出现退潮,原来存在但被快速增长的现实与预期掩盖的经济发展不平衡、不平等等社会矛盾也日益凸显,国际金融危机的后果开始溢出经济和金融领域,向社会和政治领域蔓延,全球气候变化治理的减排任务依然异常艰巨,实现在 21 世纪内将温室气体导致的地球表面温度提升控制在 1.5 ℃ 范围内的目标岌岌可危。在未来的一段时期内,全球治理的难度必将持续性地加大。

其次,全球治理机制持续地面临着"合法性危机"。

现存的全球治理机制开始出现危机的萌芽,可以追溯到冷战结束以及 1997—1998 年的亚洲金融危机。冷战刚刚结束时,美国成为全球唯一霸权国,可以运用其强大的经济、政治和军事实力维护自身和盟友的安全,按照美国的意志打造世界秩序,推行美式民主制度和自由市场经济。但事与愿违的是,美国越想通过强力推销其制度,就越是遭到反弹甚至反抗。"9·11"恐怖袭击以一种极端的形式,对美国例外主义发起了挑衅。亚洲金融危机爆发之后,IMF 治理或其背后"华盛顿共识"的神话备受质疑,促成了亚洲和其他地区发展中国家的觉醒。到 2007—2008 年美国金融危机爆发之后,全球治理机制出现了严重的"合法性危机"。2011 年 1 月,联合国秘书处根据大会 65/94 号决议向成员国散发了一份说明,要求各成员国就全球经济治理与发展提出自己的观点。包括中国、美国、法国、埃及、沙特阿拉伯、墨西哥以及欧盟在内的 19 个经济体已经表达了自己的立场。联合国秘书处根据各国的意见,汇总形成了一份关于国际经济治理的报告。从这份报告来看,现有的国际贸易、金融、发展援助秩序都不能完全满足各国的公正、公平、包容、稳定等方面的需求。② 特朗普政府时期,由于美国撤销对 WTO 上诉机构的支持,WTO 上诉机制陷于瘫痪,世界主要经济体在关于国际贸易机制改革问题上难以达成统一立场,一些关键的全球治理机制面临着持续的

---

① 〔德〕乌尔里希·贝克:《风险社会》,何博闻译,南京:译林出版社 2004 年版,第 4 页。
② UN Secretariat, *Views Provided by Member States on Global Economic Governance and Development*, http://www.un.org/esa/ffd/economicgovernance/.

合法性危机。

再次,全球治理面临着一系列"参与赤字"和"责任赤字"。

全球治理需要多元行为体的集体行动和参与,从某种程度上来说,全球治理就是多元行为体合作提供公共产品以解决全球性问题领域集体行动的困境问题。就集体行动的困境来说,一方面集体行动实现的首要条件是利益相关方愿意以协调而不是冲突的方式解决相关问题,同时合作应有利益相关方能够参与进来的通道;另一方面,只有克服了集体行动困境,公共物品的供给才会成为可能,如果利益相关方不能或者不愿供给充分的公共物品,反而采取"搭便车"的行为,那么集体行动就会由于公共物品的供给缺乏而导致失败。①

由上述集体行动困境克服的条件来说,全球治理面临的最主要的困境就是"参与的赤字"和"责任的赤字"。就参与赤字来说,现有的全球治理结构极为不合理,广大发展中国家几乎没有什么发言权和参与的渠道。以主要经济治理机制为例,国际货币基金组织、世界银行都存在较为严重的代表性问题,更毋庸说西方发达国家的排他性俱乐部七国集团了。国际货币基金组织虽然拥有187个成员,但发达国家牢牢地控制着该组织的领导权和决策权。就责任赤字来说,参与到治理中来的各行为体都倾向于采取搭便车的策略而不是搭建集体行动的平台来应对所面临全球危机问题。②

最后,大国竞争给全球治理合作带来了巨大的不确定性。一方面,全球治理的许多关键性领域如气候变化、大规模杀伤性武器控制和地区冲突等,迫切需要大国间加强合作与协调,但是另一方面,大国间却又陷入国际体系结构性变革的战略竞争之中。尽管世界主要大国对全球治理合作具有共同需求,但是大国间的战略竞争对全球治理的大国合作带来了难以估计的挫伤性影响,由此给全球治理合作带来了巨大的不确定性。

(二)全球治理发展的新态势

随着全球化进程的不断加深和解决全球问题危机感的不断加剧,全球

---

① 〔美〕罗伯特·基欧汉:《霸权之后:世界政治经济中的合作与纷争》,苏长和、信强、何曜译,上海:上海人民出版社2006年版,第51—55页;〔美〕曼瑟尔·奥尔森:《集体行动的逻辑》,陈郁等译,上海:上海人民出版社/上海三联书店1995年版,第8—14页。

② 〔英〕戴维·赫尔德:《驯服全球化》,童新耕译,上海:上海世纪出版集团2005年版,第125页。

治理在应对一系列新挑战面前也呈现出发展的新态势。

一是新兴大国力量登上全球治理舞台，并开始发挥巨大的影响。21世纪国际体系结构最重大的变化就是以中国为代表的新兴大国强力崛起。全球治理的主要制度平台从G7到G20的转变，深刻地反映了曾经被边缘化的行为体开始在世界舞台上扮演关键角色，新兴大国的崛起及其对全球治理体系的参与从根本上改变着全球治理格局。美国学者约瑟夫·奈曾在《权力的未来》一书中深刻地指出，21世纪的国际政治正在经历着两大权力转移，其中新兴国家的崛起就是最重要的权力转移。[1] 这种转移在全球性问题治理中的标志性转变就是2009年以来G20和BRICS峰会开始分别成为全球金融治理和新兴大国以群体形式参与全球治理的最重要的平台。如今，新兴大国已无可争议地走上了全球经济治理舞台的中央，并开始发挥巨大影响。从短期看，新兴大国参与全球治理的意愿空前增强，虽然暂时还难以推翻西方大国在全球治理中的主导地位，但从中长期来看，新兴大国的持续性崛起以及对全球治理的深度参与，不但引发了国际体系结构和全球治理结构的深刻变化，而且在国际金融、贸易、能源、环境等领域也必然深刻地影响和塑造着全球治理进程。世界能源需求结构中新兴市场国家的崛起，世界经济和贸易领域中"金砖国家"和一大批新兴国家的群体性崛起，全球气候变化领域中"基础四国"（BASIC）的出现，都深刻地塑造和改变着全球治理秩序。

二是全球治理机制的变革和完善成为全球治理向前推进的重要动力和路径。在当今的全球治理中，对全球治理机制合法性的质疑存在于几乎所有的治理机制之中，如世界贸易组织、国际货币基金组织，这些机构在全球治理中行使着某些国家政府的治理职能，但是从代表性和责任性的角度来说，它们却并没有获得各国人民的授权，全球治理机制面临着代表性与合法性的不足。同时全球治理体系中新兴大国的崛起以及全球治理所面临的各种挑战的出现，也都迫切地呼唤全球治理机制的变革。当今时代，G20机制的创建、金砖国家机制的产生、IMF和世界银行等国际金融体系的改革以及中国倡导和推动的"一带一路"等，都反映了全球治理机制的变革趋势。

---

[1] Joseph S. Nye: *The Future of Power*, Press Release, Harvard Kennedy School, Belfer Center for Science and International Affairs, January 31, 2011.

三是全球公共物品供给成为全球治理的核心内容。全球治理在实质上是处于国际体系中的行为体为解决共同面临的问题而共同采取的合作行动。但是处于国际体系中的各行为体,由于受制于国际体系的无政府状态的约束,往往倾向于采取"搭便车"战略,由此导致全球公共物品的供给严重不足。在国际关系现实中,由主要国家主动承担国际责任,增加供给以缓解全球公共物品供给不足的困境,就成为当今促进国际合作、推动全球治理实现的重要途径。① 根据联合国秘书长题为《执行联合国千年宣言的行进图》的报告,在全球公共领域,需要集中供给10类公共物品:基本人权、对国家主权的尊重、全球公共卫生、全球安全、全球和平、跨越国界的通信与运输体系、协调跨国界的制度基础设施、知识的集中管理、全球公地的集中管理、多边谈判国际论坛的有效性。② 因此,从更广泛的参与者、更完善的供给机制等角度去探索全球公共物品的供给也是全球治理路径中重要的组成部分。

四是全球治理将在大国竞争与合作的曲折中继续向前发展。一方面,随着新兴大国崛起进程的加快,国际体系的结构效应将进一步加剧大国间的竞争,进而给全球治理的大国合作带来障碍。另一方面,疫情中的经济发展、国际金融体系的稳定、大规模杀伤性武器控制、严峻的全球碳减排任务和新冠疫情控制等迫切需要大国间的合作。这种大国间既竞争又合作的国际政治现实,决定了全球治理在未来较长一段时期内呈现为在曲折中向前发展的趋势。

---

① 蔡拓、杨昊:《国际公共物品的供给:中国的选择与实践》,载《世界经济与政治》2012年第10期,第95页。

② Report of the Secretary-General, "*Road Map Towards the Implementation of the United Nations Millennuium Declaration*", Sept. 6th, 2001. 文件编号:A/56/326。

第四编

国际政治学研究方法

> 我们的目标是通过一个共通的推论逻辑将通常所说的"定性研究"和"定量研究"联系在一起。这两种研究模式的差异是显而易见的,某些时候甚至会相互冲突。但是在我们看来,它们之间的差异仅仅体现在研究风格及具体研究方法的差别上。其实,这两种研究框架的逻辑都是相同的。
>
> ——加里·金、罗伯特·基欧汉、悉尼·维巴

第十八章 历 史 方 法

李隽旸

以历史学方法对国际关系进行研究,既是一种古老的智识追求,也是一项不衰的科学事业。时殷弘指出,基于"智识兴趣"的历史研究,力图探究作为个体的主观选择与偶然性以及作为整体的客观规律与必然性之间的复杂关系,其最高主题可以用司马迁所说的"究天人之际"来概括。① 冷战史家约翰·刘易斯·加迪斯(John Lewis Gaddis)指出,高度容纳个性特征与时间维度同时能够很好完成"解释"与"预测"任务的传统历史学方法,完全有资格成为"过程科学"的一种(相对于"结构科学")。②

本章首先通过回顾来确定历史方法相对于哲学、文学和社会科学方法的定位,理解使用历史学方法进行国际关系研究是一种智识追求和一项科学事业;其次,通过简要介绍与分析,说明作为一种研究手段的历史方法在史料分类、处理和呈现上的技术与逻辑;最后,简要概括以历史学方法进行国际关系研究的杰出典范。

一、历史方法的方法论定位

使用历史方法研究国际关系,首先需要正视历史方法的地位。历史(或历史学方法、历史学)是艺术,也是科学。历史学方法的特殊地位需要对比哲学与文学、对比社会科学以获得确定。相对于追求普遍性的文学(诗歌)与哲学,历史是追溯个性及其起源、动能的探究;相对于强调结构及功能的社会科学,历史是以过程为核心、以叙述为手段、争取靠近事实和真理的科学方法。

然而,在很多时候,不使用历史方法的人不能正确认识历史,从事历史

---

① 时殷弘:《历史研究的若干基本问题》,载《史学月刊》2001年第6期,第11页。
② John Lewis Gaddis, "History, Science, and the Study of International Relations", in Ngaire Woods, eds., *Explaining International Relations Since 1945*, New York: Oxford University Press, 1996. p.38.

第十八章 历史方法

研究的学者也可能在同行与其他学科同行的质疑声中对"历史是否艺术""历史是否科学"产生怀疑。故此,"为历史一辩"很有必要。

(一)相对于哲学与文学的定位

历史,作为一种智识追求,脱胎于哲理沉思和文学叙述。古希腊哲学家恩培多克勒(Empedokles)和巴门尼德(Parmenides)处理并研究个体,强调个体相对于社会整体的优越性。① 与此同时,西方"历史之父"希罗多德(Herodotus)则开始从写作神与人的世系家谱(genealogy)和地理风物的众散文家那里继承并发展了一种有别于史诗肃剧的艺术形式或者说文学体裁——历史学。② 从希罗多德开始,史家的叙述范围被严格限定于"人"本身:人的个体与整体,人的主观选择与命定遭遇。同时,也是从希罗多德开始,对于政治机体之间的和平与战争——国际关系——的智识兴趣,一直是史家的关注之一。

然而,作为一种智识追求,历史始终受到哲学和诗歌(文学)的怀疑。历史研究不是针对普遍性与整体性的探究,它对于个性及其来源与轨迹的强调和追问,是否有助于人之为人所进行的那种"究天人之际"的智识求索?伯罗奔尼撒战争史学者唐纳德·卡根(Donald Kagan)在为历史进行辩护时声称:"历史学家所进行的一系列努力……(是为了)尽可能充分并尽可能公正地考证证据,以此为依据进行理性思考,保存记忆,为将来可能处于类似情境之中的人增进经验、智慧与判断能力。"历史学家的这番努力,对于理解现在深有教益,也足以使得"珂历奥(Clio,执掌史书的缪斯女神)这人文学科之女皇勉强略高于其缪斯诸女伴,包括文学和哲学在内"。③ 历史对个性的探究、认识、追求,构成了人类认识自身最初、最质朴、也是最坚实的基石;而人类认识自身的必要,则肯定是历史研究的根本目的及根本功用之一。④

---

① K. H. Waters, *Herodotus the Historian: His problems, Methods and Originality*, London & Sydney: Croom Helm, 1985, p.20.

② 关于希罗多德的文体学目的,参见 K. H. Waters, p.13。关于希罗多德与散文家的关系,参见林国华:《历史:没有灵魂的书写?——西欧史撰浮光掠影》,载《中文自学指导》2004年第1期,第54页。

③ Donald Kagan, "In Defense of History: the 34th Jefferson Lecture in the Humanities", National Endowment for the Humanities, http://www.neh.gov/about/awards/jefferson-lecture/donald-kagan-lecture (visited September 9, 2014).

④ 时殷弘:《历史研究的若干基本问题》,第11页。

(二) 相对于社会科学的定位

晚近以来,除了向哲学与诗歌捍卫历史学方法的恰当地位之外,还需要向"科学主义"方法特别是结构—功能路向的社会科学方法来捍卫历史学方法的地位。

在新兴的国际关系学科为历史学研究方法进行辩护并非徒劳无功。国际关系学科的历史很短,学科史学家们将"20年危机"及其所带来的焦虑和问题意识视为国际关系学科诞生的基石。但与此同时,国际关系学科所关注的问题——战争、和平、国家、外交——又是如此之古老。一方面,作为政治科学之分支,国际关系学科与现代学科分类体系下的政治科学具有天然的亲缘关系。另一方面,作为探讨古老问题的新兴学科,使用最新、最时髦的方法来探究古老的问题,似乎是对国际关系研究大有助益的先进发展。历史学方法,有时与墨守成规、随意剪裁、意识形态成了近义词,历史学教育也不再时髦,甚至很难得到应有的尊敬。

针对科学主义方法来捍卫历史学方法的学者有冷战史权威约翰·加迪斯。加迪斯诘难的,正是理论家们无法预见冷战的终结这一事实,这一事实与理论家们乐于鼓吹的预测能力反差极大。① 根据加迪斯的分析,侵入政治科学乃至国际关系研究的"科学主义"方法中的三大路向——行为主义、结构主义、演进主义——都没有能够意识到冷战的终结。②

作为一种研究方法,好的历史学研究有助于接近过去发生过的事情的真相,也有助于未来的决策家在类似情境下拥有更加清醒的认识、更加丰富的经验,做出的更好政策。考虑到历史学方法在"解释"过去和"预测"未来方面的合格功用③,就不难发现,历史学方法与上述诸种路向的科学主义方法相比,并没有在这两方面更不合格、更不称职,因而,历史学方法与上述诸种路向的科学主义方法相比,完全应当具备一种合理的地位。

好的历史善于"解释"过去。德国学者列奥波德·冯·兰克(Leopold

---

① John Lewis Gaddis, "International Relations Theory and the End of the Cold War", *International Security*, Vol. 17, No. 3, 1992/1993, pp. 12—17.
② Ibid.
③ 加迪斯指出,这是任何科学都不可缺少的要素。John Gaddis, "History, Science, and the Study of International Relations", p. 33.

von Ranke)首先提出,历史不仅是科学,还是科学女王。① 因为兰克首先洞察到,"历史研究是理解真相的方法之一"。② 兰克时代人文精神和批判精神的深入发展,连同兰克所确立的史料研判分析原则一起,在现代学科分立运动中为历史学及其学科、方法开辟了新的道路,赋予了历史学方法妥善还原并保存过去的科学地位。

好的历史善于"预测"未来。以外交史和战争史为雏形的国际关系史,在很大程度上皆为政治史。历史与政治的关系,正如兰克所说,历史面向过去,而政治面向未来③;而过去和未来的关系,则正如加迪斯指出,任何科学的功用都必须包括面向过去的"解释"和面向未来的"预测"。④ 可以说,政治史正如双面门神雅努斯(Janus),它既承担了保存记忆的任务,又不得不担起面向尚未发生之事提供建议的任务;同时面向过去与未来,是政治史的天然面貌。怀着求真精神保存下来的历史研究,对未来政治与决策的影响,正契合了历史研究在智识追求之外的重要目的:经世致用。⑤

二、历史研究的实施方法与研究过程

在中国现有的学科体系中,国际关系学科的学生所受的是法学门类的政治学教育,偏于理论分析与逻辑推演。在现有的国际关系学科体系中,历史学方法是多少受到忽视的一个方面。因此,历史学家的专门技术与特定技艺值得国际关系学科的学生深入学习。

(一)史料分类与研判

对于使用历史学方法的研究者而言——无论从事的是何种主题的研究,当然也包括主题为国际关系的研究——处理史料这一任务,具有头等重要性。可以说,兰克首先确立了何谓合格的史料、何谓恰当的挑选标准和遴选方法,后来的历史学家进一步发展、丰富、完善了这些标准和方法。

---

① 〔德〕列奥波德·冯·兰克著,〔美〕罗格·文斯编:《世界历史的秘密:关于历史艺术与历史科学的著作选》,易兰译,上海:复旦大学出版社2012年版,第2页。
② 转引自〔美〕罗格·文斯:"导言",载〔德〕兰克:《世界历史的秘密》,第10页。
③ 〔德〕兰克:《世界历史的秘密》,第152页。
④ John Gaddis, "History, Science, and the Study of International Relations", p.33.
⑤ 时殷弘:《历史研究的若干基本问题》,第10—11页。

在当代中国的国际关系史学界的一篇纲领性技术指导文献中①,时殷弘将国际关系史料大致分为:(1) 未刊与已刊档案史料;(2) 官方史与公开文件;(3) 回忆录、书信、日记、新闻报道等同时代史料;以及(4) 二手研究材料。②

已刊档案史料相对容易获得,相对可靠,就此而言,已刊档案史料是最好的研究原材料。但是,已刊档案史料或许经由其他学者梳理并研习多次,再依据其进行具有独创性的研究就比较困难。因此,需要极力强调未刊档案史料的重大意义。许多杰出的历史研究就是因其所倚重的史料具有高度原创性而显得出类拔萃。例如,兰克在写作《教皇史》时,使他的该项研究出类拔萃的重要依据之一,就是他获得并使用了仅有的福斯卡里尼公爵(the Doge Marco Foscarini)手稿和尤金亲王(Prince Eugene)手稿。③ 但是,获得未刊史料的机会并不容易:宗教、财力、研究者自身的眼界、见识乃至机遇,都可能成为获取史料过程中的明灯,也都可能成为其中的荫蔽。在过去,宗教因素可能是一个障碍:作为路德教徒的兰克能够进入罗马并使用其馆藏档案,他自己都感到欣喜若狂④;在今天,由于国际关系研究必须涉及不同国家,如何争取学术旅行机会、如何争取在研究对象国常驻并获取研究资助及档案研修机会,是研究者的必修功课。

官方史与公开文件的作用毋庸置疑。需要指出的是,在当代中国外交史研究中,特别是在国际关系院系的学生中,有一种专门依靠官方史与公开文件进行文本研究的风气,值得商榷。一般而言,使用历史学方法对国际关系进行研究,统领研究过程的应当是研究者的具体问题,包括该问题涉及的现实关怀与智识追求。研究者应当依据这个问题收集所有可能的史料,绝不应该局限于官方史与公开文件。即便研究主题局限于某一政府,也不应当将史料范围收窄到只包含官方史与公开文件;更加丰富的史料文献种类,不仅可以为互相研判提供证据,更可以多方面多维度展现同一事件,为精确描述并作出结论提供更加客观的基础。

---

① 时殷弘:《国际关系史料基本分类与主要类别史料例解》,载《国际政治研究》2005 年第 3 期,第 110—123 页。
② 同上书,第 111 页。
③ 〔德〕兰克:《世界历史的秘密》,第 83 页。
④ 同上书,第 85 页。

第十八章 历史方法

包括回忆录、书信、日记、新闻报道等在内的其他当代史料,也是第一手资料,种类繁多,角度丰富,可利用价值高,同时,其研判难度也是最大的。在研判此类史料特别是那些当事者直接记叙经验事实的作品时,必须对这些人自己的记忆能力、写作动机、述实能力保持一定的怀疑和批判精神①,在此基础上加以研判。

在历史学研究中,因为可信度的缘故,二手材料具有天生的劣等地位。但是,对于并非专事历史学科、头等学术任务是国际关系研究的学者而言,收集、整理、梳理某一具体问题的学术争论,从而准确、恰当、充分认识该问题,使之成为进一步联系其他问题展开分析的坚实基础,就尤为重要。对于专门从事国际关系研究的学者来说,如果有能力做第一手史料的收集、研判、分析工作,当然再好不过;如果不具备足够能力进行第一手史料的相关工作,那么,专业历史学家所做的前期工作——围绕这些问题所产生的基本结论和真知灼见,特别是那些已经得到同行认可的——绝对是应当好好利用的基石。对于这两种国际关系学家来说,他们自身通过国际关系问题意识而组织整合具体问题方面并加以联系、对比、比较、分析、推演、结论的能力,都是他们做出合格学术研究进而有学术贡献的关键。

(二)史料处理:理论、逻辑与技术

基于具体问题的史料——无论是由专业历史学家完成,还是由擅长史料研判的国际关系研究者完成——如何进入国际关系研究过程?史料如何产生结论?事实如何连接理论?处理史料的第二步,就是运用理论定焦与框架、逻辑推导与演绎,将史料作为问题的直接和间接证据。这一史料优先于结论的研究路向,无疑是遵循"论从史出"原则的。

1. 直接证据:提出问题、调整理论、解释历史

通过组织有序问题、校验理论框架来检查、比较理论预设与历史事实之间的差距,将史料作为问题与理论的直接证据,依据该比较的结果来证实或证伪预设与理论,进而创造性地构造基于史实的结论,甚或进一步发展理论,是处理史料最直接的方法,也是连接事实与理论的核心步骤所在。

试图做到直接从史实中发展出问题序列而丝毫不受研究者个人预设、

---

① 时殷弘:《国际关系史料基本分类与主要类别史料例解》,第121页。

倾向、偏好的影响，必定是令人绝望的。塑造问题序列的能力仰赖于对国际关系历史的全盘思考、对国际关系理论的基本掌握以及对具体事实及其可能含义的问题意识。研究者提出的问题序列需要经过史实的校验，而问题本身就是假设和观念。

因此，如果不能完全避免研究者先入为主的预设影响的话，作为连接事实与理论的核心步骤，在将史料作为直接证据去校验并试图调整、更新理论的这一处理过程中，就需要极力避免夸大或错置理论的作用。不止一位历史学家说过，理论是提出问题的指引，而非问题的既成答案。[①] 在以事实为先的研究议程中，史料经由问题检验、理论重塑，其含义得到解释。

2. 间接证据：反事实推理与虚构史分析

除了使用直接证据之外，还可以使用有限直接证据和反事实推理（counterfactual reasoning）、虚构史分析（counterfactual history），来拓展间接证据，不断检验史实、校验结论。

较之于直接证据，反事实推理及间接证据的可信度一直受到一定争议。因此，作为靠近史实的证据手段之一，作为间接证据的构成部件，有学者强调，必须将反事实推理过程严格置于规则、理性以及因果分析的基础之上[②]，以便区分毫无事实依据的纯粹想象，破坏研究整体的客观与理性。换言之，如果能够遵循严格的求证规则，极力拓展未发生事实的有限度可能，反事实推理有助于补充研究者对史料的理解，也有助于研究者在处理史料之后得出结论。

一方面，反事实推理和虚构史分析可以帮助研究者评价历史事件。在回答"为什么要使用反事实推理来（进行历史研究和）写作"这一问题时，卡根说："在我看来，只要是意欲写作一部历史而不仅仅是写一部编年志的话，那就必须讨论'可能会发生什么'这样一个问题。……必须是将已经发生了什么与'若非如此，在同样的情境下可能会发生什么'相比较、相判断，我们

---

① 关于理论是提问者而不是回答者，参见 Marc Trachtenberg, "Chapter Two: Diplomatic History and International Relations Theory", in Marc Trachtenberg, *The Craft of the International History: A Guide to Method*, Princeton: Princeton University Press, 2006, p. 32；以及黄宗智：《连接经验与理论：建立中国的现代学术》，载《开放时代》2007 年第 4 期，第 21 页。

② Martin Bunzl, "Counterfactual History: A User's Guide", *The American Historical Review*, Vol. 109, No. 3, 2004, p. 845.

第十八章　历史方法

才可以断定（已经做出的）这样一个行动/策略是好是坏，是明智还是愚蠢。"① 必须强调的是，与已经做出的行动/策略进行比较的，只能是在当时的同样情境下可能出现的其他行动/策略，而不应当是漫无边际的庞大策略谱系、无所不包但根本未必能在当时的历史情境下出现的行动/策略可能。将可能的行动/策略选择扩展到无限大的范围内，研究者很可能无法公允地对待历史人物及历史事件。只有基于第一类比较——在已经发生的行动/策略与相同情境下可能发生但没有发生的行动/策略进行比较——我们才能公允地评价历史上曾经有过的那些行动/策略。因此，作为历史学家、作为使用历史方法研究国际关系议题的学者，我们在走向研究结论的过程中，在详尽的事实考订之后，需要面对的是反事实推理的挑战。

另一方面，反事实推理在国际关系的历史研究中还可以起到另一重重要作用，那就是理解历史情境。拓展未发生史实的有限度的可能，意味着获取、搜集、描述、体会已发生史实的可能替代路径。就一个简单偏颇的例子来说，兰克对君主政治在某种程度上的赞许态度，其反面并非反对民主政治——这太现代了。那么，如果兰克对此不持赞许态度，他可能对什么样的政体形式持赞许态度？在兰克时代，其他选择可能包括天主教及其神圣帝国政治，但是作为路德教徒，兰克不大可能支持天主教及其神圣帝国政治的宗教方面和政治方面。② 通过反事实推理所展示的多种但有限的行动/策略可能的组合，历史情境得到了规制和凸显，也得到了更准确更充分的理解。

理解历史情境具有深刻意义。首先，了解昔日人们的处境令今人的视野更加开阔，我们接近人类历史中那些"亘古不变之物"、那些普遍和一般规则的可能性被扩大了。其次，我们对人类过去的处境了解得越多，也就越能够凭借这些过去的历史想象尚未发生或我们本来不太了解的事情。换言之，理解历史情境，提高了我们的想象力，从而提高我们遭遇不确定性、遭遇未曾经历之事务时的本领。正因为我们的视野更加宽阔，想象力更加丰富，我们通过历史研究所展示出来的机理、动能、教益、教训，才具有真正的启示

---

① Donald Kagan, *The Fall of the Athenian Empire*, Ithaca, New York: Cornell University Press, "Preface", p. viii.
② 兰克是路德教教徒，出生于路德的故乡萨克森维厄。参见〔美〕罗格·文斯："导言"，载〔德〕兰克：《世界历史的秘密》，第 5 页。

性。用卡根的话来说,理解过去的情境"使我们的情绪起伏,使我们的心灵警觉冷静,使我们成为更加深刻的个人和更加明智的公民"。①

(三) 呈现:叙述与写作

研判并处理史料之后,形成国际关系史学术作品的最后一步是写作及其控制。与别的学科有微妙区别的是,"叙述"对于历史学方法来说,具有双重功用。一方面,与其他学科一样,叙述与写作是研究过程的最后步骤,负责呈现并说明研究过程及研究结果。另一方面,与其他学科不一样的是,叙述与写作也是历史学方法作为一种研究方法的核心要素之一。加迪斯指出,叙述之于历史学,其作用正如模型之于自然科学——叙述本身实为最精妙复杂的一种模型。②

因为对叙述的倚重,历史学方法常常被诟病"不客观"。这是因为,叙述和写作是一种极为个性化的学术实践:对于同一组材料、同一个结论,不仅不同人笔下会有不同的呈现,甚至同一个人在不同的情境下写作也会给出不同的叙述。这种可变性、多变性甚或必变性,真的必然是"不客观的"吗?

加迪斯提出的"叙述—模型"学说提示研究者,叙述本身如果能够被处理得客观、质朴、顺畅的话,是一种能够呈现过程、还原解释的研究方法。历史学方法所倚重的叙述,不仅不是"不客观"的,还是极为包容因而可能更加客观的。这是因为,对于史料证据中无处不在的个性特征、系统摩擦以及时间变迁因素③,叙述和写作本身足以容纳所有这些因素。而无法容纳这些要素的任何方法,都不足以还原事实,因而也就难称"客观"。

除此之外,叙述与写作的变化性,给历史学方法带来更深刻和更丰富的可能。对此,加迪斯指出:"叙事、类比、矛盾、讽刺、知觉、想象力,还有——并非最不重要的,风格。"④风格富于感染力,易于影响读者和人心,因而也是危险的。所以,必须选择一种朴素、深远、客观的风格,也必须通过这种风格来营造一种鼓励探索、鼓励思考、鼓励质疑的读者心境,完成富于教养意义

---

① Donald Kagan, "In Defense of History".
② John Gaddis, "History, Science, and the Study of International Relations", p.42.
③ 加迪斯反复说明,结构—功能主义路向的社会科学无法容纳这三个因素,而以生物学、地理学和历史学本身为代表的历史科学是可以做到这一点的。参见 John Gaddis, "History, Science, and the Study of International Relations"全文。
④ John Gaddis, "International Relations Theory and the End of the Cold War", p.58.

第十八章 历史方法

的历史写作。正是因为运用了一切可能运用的手法和工具,"叙述"作为一种复杂、多变、柔软、精妙的分析模型所蕴含的功用可能才是不可低估的。

三、方法勘误:理论、技术与史料的辩证关系

如前所述,国际关系史研究是连接理论与历史的研究,因此正确处理理论与历史的关系至关重要。研究者在研究中应力求避免"以论带史"。

第一,在宏观层面上,理论与历史的关系,多少表现在"以论带史"和"论从史出"两类宣言的争论之中。过去,老一辈的党史家李新指出,"以论带史"当然有其道理,但更适用于常见于报刊的政论文章,而绝非能够产生好的历史学问的正确方法①。晚近,国际关系学科在中国兴起以来,理论与历史的两分使得青年学生以及相当数量的研究者愿意为种种舶来品理论寻找例证,并谓之理论与历史相结合的研究。然而,将理论与历史并置、不分先后适用于逻辑与研究中的做法,既非好的理论研究,又非合格的历史学研究。

理论在国际关系史研究中的功用,在于"启示、定焦、梳理、总结、升华",在于"连贯运用现成理论"或"理论性的创造式宏观思考"。② 具体来说,对于史实来说,理论是第二位的、后发的,是应当被用做镜子来审视和反思史实本身的。理论的"定焦"作用十分重要。简而言之,历史与理论的关系,正如著名历史学家黄宗智教授指出的,连接理论与历史的研究,意味着"学习理论的目的……是提出问题"③,而非将理论作为答案。

第二,在具体操作过程与实施技术层面上,理论与历史的关系并不意味着假设与证据的断然隔绝,或是在使用顺序上的根本隔离。要做到"论从史出",并不意味着完全排除理论、思路、灵感对证据收集、研判、分析的引领和指导作用。必须严格区分"以论带史"和"研究者主观干扰"④,过分紧张这类干扰毫无益处。事实上,在任何科学研究中,证据收集与假设演变几乎都是同时开始,并且不断相互作用、相互调整、相互影响。⑤ 兰克也早就指出,

---

① 李新:《史与论》,载《历史研究》1984年第4期,第3—4页。
② 时殷弘:《事实与理论:国际关系史研究的理论化问题》,载《世界经济与政治》2003年第4期,第14、15页。
③ 黄宗智:《连接经验与理论:建立中国的现代学术》,第21页。
④ 研究者主观回馈干扰问题在所有科学中都存在。参见 John Gaddis, "History, Science, and the Study of International Relations", p.44。
⑤ Ibid.

"史料批判之后,就需要凭借直觉"。① 只要不存在主观故意的"削足适履",微观技术层面上证据与灵感的这种互相影响和互相作用是可以接受的。

在此需要特别强调的是,"以论带史"极易引起的问题之一,就是处理史料时"削足适履"。无视、剪裁乃至篡改史料而没有充分依据,是科研方法上的严重问题,挑战的是历史作为科学的客观性与科学性。研究者戴上了主观的透镜,就很难再能还原事实,更不用说以此为基础进行深入的客观判断与理性思考了。

细究产生"削足适履"现象的主观以及客观原因,存在以下两种可能。一方面,以理论为优先、以史实为支撑补充材料的研究和写作顺序,极可能引致对史料的不适当裁剪,这是研究者或许可以主观避免的。无论是伏尔泰曾经说过的"历史就是活人对死人玩的一系列花样"②,还是那种类似科学家消灭证据、篡改实验的做法,都是这种方法错误的主观成因所造成的。另一方面,并非只有"以论带史"可能引致这种后果。面对纷繁、复杂、巨量的原始材料时不可避免的惊恐、惰性、慌乱,都可能在自觉与不自知之间引起研究者的这一错误行为。这是研究者很难完全避免的。

因此,使用历史学方法对国际关系进行研究,必须避免过度追求简洁漂亮的理论线条,必须高度容忍并尽可能纳入个性特征、系统摩擦、时间维度,必须接受并致力于制造具有深厚事实依据因而无可推翻但除此之外可以说是相当"脆弱"而有限的结论。

四、历史方法的评判标准

历史学方法有原则、有规矩,好像是一门手艺。因此,力图模仿最佳学问,特别是理解这些杰出研究所处的智识背景以及它们在此种背景中所开创的崭新方面,是深刻理解其杰出之处并获得这门技艺的不二法门。

(一)修昔底德对希罗多德:主题的选择,历史学家的牺牲与责任

古希腊史家修昔底德为后人树立了一种典范,一种对战争与和平问题进行原因性探究的最佳榜样。一方面,后人基本认同,修昔底德记录并探索战争的激情必定是来自于其不远的前辈希罗多德——据说,他少年时期听

---

① 〔德〕兰克:《世界历史的秘密》,第 10 页。
② 转引自 Donald Kagan, "In Defense of History"。

到希罗多德朗诵战争史作品时激动不已。另一方面,今人也基本认同,修昔底德对希罗多德人类学式和全景式的写作存在批评:"也许,我的叙述不那么悦耳;……但是,那些愿意清楚了解过去的人,和那些将来有一天也许要面对相同或类似情境的人,会断定我的作品是有用的,那我就满足了。这部作品写出来,不是要成为赢取奖项的竞赛作品,而是要成为垂诸永远的财富。"①如果注意到赢取奖项这样对古典时代希腊人而言的城邦荣誉的话,可以说,修昔底德的政治史转向,与其说是一种面向伟大的创举,不如说在当时是一种基于更高智识追求的个人牺牲。

卡根指出,精确记录过去而不选择重大话题者,并非历史学家。什么是最重大的主题?"政治,政体,外交,战争,还有伟大的书籍与思想。"②史学理论的发展将许多并不重要的议题逐渐带入了研究的范畴,但是真正重大的事情仍然没有失去其光彩:关乎最多人良善生活的事体及其决策,也就是国际政治、国务家技艺(statecraft),仍然不失为最为重要的"人间事务"(human affairs)之一。时殷弘指出:"国际关系史研究所以有独特的重大价值,(正)是因为国际政治有其作为历史一大基本动因的固有的、独立的意义。"③这一重大智识追求与现实关切复兴于"二十年危机"所带来的焦虑与问题意识,从而促进了当代国际关系学科的诞生。

(二) 兰克对文艺复兴史家:史料研判方法革命

兰克为作为科学的严肃探究的历史学奠定了基础,这与其史料研判方法革命是分不开的。在《宗教改革时期的德国史》导言中,兰克说,"我们编写近代史时……完全不必理会那些依据与原始资料相距甚远的材料而写成的著作,因为那些著作依据的材料不是当事人的记叙,不是真正原始、未经篡改的第一手档案材料"④。没有兰克所开创的对第一手史料的批判性研判和使用,历史学就不会成为一项严肃的科学研究工作⑤,不会成为一项专门的职业与科学。

回忆兰克方法革新的背景具有相当的启发性。《拉丁与条顿民族史》后

---

① Thucydides, i. 1.
② Donald Kagan, "in Defense of History".
③ 时殷弘:《关于国际关系的历史理解》,载《世界经济与政治》2005 年第 10 期,第 22 页。
④ 〔德〕兰克:《宗教改革时期的德国史》导言",载〔德〕兰克:《世界历史的秘密》,第 97 页。
⑤ 〔美〕罗格·文斯:"导言",载〔德〕兰克:《世界历史的秘密》,第 37 页。

记揭露了兰克发现第一手史料之头等重要性的根本原因:兰克所读到的文艺复兴诸史家,包括大名鼎鼎的马基雅维利和圭恰迪尼(Francesco Guicciardini),其史著的可信性与来源实在是不堪推敲与细考。① 这种时代风气并没有随着兰克史学的出现而完全消失。甚至,兰克对第一手档案资料的强调与研判这样堪称求是与科学基础的态度,不久后遭到阿克顿、海涅(Heinrich Heine)等人的尖刻嘲讽。② 显然,更晚近的历史学家比当时的历史学家更能从容地使用兰克史学方法,也更加感激兰克的方法革新。

在兰克时代之前,"真相"并不是历史写作(historiography)中最为重要的方面。古代史家的开篇之言往往声称,自己更加在意是否能够成为"垂诸永远"的宝贵财富。究其根本智识精神而言,国际关系学科与古代最伟大的史家是一致的——国际关系学科极为倚重研究者的远见卓识与问题关怀,因此,历经国际关系学科训练的学者往往并不缺乏这些才能。然而,就兰克及其史学能够提醒今天的国际关系学者,特别是愿意以历史学方法从事国际关系研究的学者而言,如何摒弃或多或少的"理论傲慢",尽可能地面向史实,这一点再怎么强调,也不为过。

五、小结

作为一项智识追求和一项科学事业,使用历史学方法对国际关系进行研究,要求学者既具有深刻的全局眼光,又具备一般历史学家基本具备的史料研判、使用、分析等"求真"能力。这是一项极为苛求完备、极为艰辛困难的工作。因此,选择以历史研究方法来探究国际关系,绝不意味着轻松、懒惰、速成。相反,纷繁复杂的历史遗存会不断挑战试图躲入整洁理论空洞的研究者。历史学家可能无法呈现简洁美妙的答案,他们历经艰险收获的至多只是脆弱的结论、复杂的事实。但是,既然手中握着脆弱但谨慎的结论、复杂但准确的事实,历史学家因此与真相并不遥远。

---

① 〔美〕罗格·文斯:"导言",载〔德〕兰克:《世界历史的秘密》,第11页。
② 同上书,第36—37页。

第十九章 定性方法

成晓河

与其他门类的社会科学一样,国际政治的研究方法也可以粗线条地划分为定性与定量两种。尽管在具体的研究工作中,越来越多的学者更喜欢把两种方法结合起来,但只沿用定性研究方法的学者也是大有人在。与定量研究相较,定性研究是最古老、最常用且最受诟病的研究方法。

所谓最古老,就是早在文字出现之前,人们就已经开始思考、探讨最基本的哲学问题,如人为什么存在、人的意识从哪里来、人与宇宙之间的关系等等。人们对这些基本的哲学问题的探索实际就是用定性研究的方法。长久以来,人们就用这种古老的研究方法研究哲学以及哲学以外的其他学科。自然科学在摆脱宗教的桎梏后,量化研究方法开始逐步走进社会科学学科并在20世纪中叶成为西方社会科学的所谓主流研究方法。

所谓最常用是指定性研究方法起源于人文学科,发展于社会科学,并在以量化研究见长的自然科学学科中占有不可或缺的一席之地,从而成为最广泛应用的也是最常用的研究方法。即便是量化研究方法,也不能完全脱离定性研究的方法。所以定性研究是跨学科的最普遍最常用的研究方法。

所谓最受诟病,就是因为这种研究方法的门槛比较低,无论是学者、苦行僧、算命先生还是心智尚未成熟的中小学生都可以用定性研究的方法对自己感兴趣的事物进行思辨并推导出自认为有说服力的结论。由于门槛低,人们用定性研究方法对同一事物的观察和研究比较随意,得出的结论可能大相径庭甚至相互矛盾。与量化研究方法相较,定性研究虽然也需要数据,但数据不是必需,没有数据的支撑,学者也可以进行研究。定性研究方法虽然也讲求研究章法步骤,但研究人员也可以随意而为干自己想干的事;定性研究方法虽然也主张其结论令人信服,但也可以容忍其结论无须或无法得到验证。因此,由于使用上的主观性和随意性,这个最古老最常用的研究方法不得不接受来自方方面面的指责。

本章将就定性研究方法的定义、特点特征、优劣短长以及发展趋势进行探讨。

一、定性研究方法的定义

在探讨定性研究方法的定义前需要区分定性研究与定性研究方法。顾名思义,定性研究使用的方法就是定性研究法。定性研究方法有诸多不同的定义。查理·瑞根(Charles C. Ragin)和他的同事把"定性"定义为对某些具体特征或特征的某些具体构造存在与否的兴趣,而对具体特征或特征的具体构造的探求是通过系统的多案例比较方法实现的。[1]无独有偶,杰克·列维(Jack Levy)在探讨国际关系定性研究方法时虽然强调,"我们不能把定性研究方法与案例研究方法等同起来",但他也坚持认为,"国际关系领域中有关定性研究方法的文献核心从实证的角度关注比较和案例研究方法"。[2] 他对定性研究的探讨完全演变成对案例概念、案例研究的种类与目的以及比较与案例研究的贡献与不足的系统性分析。

加里·尚克(Garry Shank)把定性研究定义为一种为获取意义而进行的一种系统的、经验的探究形式。他所谓的"系统"是指"有计划的、有顺序的、公开的"的研究,这种研究遵循定性研究的同行们所同意的规则;他所谓"经验"是指这种形式的探究是根基于经验世界之中;而所谓"为获取意义而进行的探究"是指研究者尝试着理解别人是如何使他们的经验变得易于理解和富有意义。[3]显然,尚克的定义强调了定性研究应遵循的"计划、有序、公开"的原则,尝试着赋予定性研究严谨的色彩。诺曼·邓津(Norman K. Denzin)和他的同事给出的一般性定义为:"一种将观察者置于现实世界之中的情景性活动。它由一系列解释性、使世界可感知的身体实践活动所构成。这些实践活动转换着世界。它们将世界转变为一系列的陈述,包括实地笔记、访谈、谈话、照片、记录和自我的备忘录。"[4]这个定义在突出研究者与研

---

[1] Charles C. Ragin, Dirk Berg-Schlosser, Gisele de Meur, "Political Methodology: Qualitative Methods", in Robert Goodin & Hans-Dieter Klingemann, eds., *New Handbook of Political Science*, New York: Oxford University Press, 1998, p.750.

[2] Jack S. Levy, "Qualitative Methods in International Relations", in Frank P. Harvey & Michael Brecher, eds., *Evaluating Methodology in International Studies*, Ann Arbor: The Michigan of University Press, 2004, p.132.

[3] Garry Shank, *Qualitative Research: A Personal Skills Approach*, New Jersey: Merril Prentice Hall, 2005, p.5.

[4] 〔美〕诺曼·K.邓津、〔美〕伊冯娜·S.林肯:《定性研究:方法论基础》(第1卷),风笑天等译,重庆:重庆大学出版社2007年版,第4页。

究对象周边情景互动的同时,把研究者对这种互动的表述看成是定性研究的最终结果。与前面表述的定义不同,邓津罗列的不同形式的陈述暗含了定性研究方法的不同具体做法。

中国学者对定性研究方法的定义大多是舶来品。陈向明曾给出一个较为全面的定义,即:"质的研究是以研究者本人作为研究工具,在自然情境下采用多种资料搜集方法对社会现象进行整体性探究,使用归纳法分析资料和形成理论,通过与研究对象互动对其行为和意义构建获得解释性理解的一种活动。"[1]陈向明的定义把定性研究的方法说得一清二楚,用她自己的话来说,这个定义包含了研究环境、研究者的角色、搜集资料的方法、结论的形成方式、季节的视角以及研究者与被研究者的关系。虽然陈向明强调这个定义是对质的研究"方法"本身的定义,但落脚点不是定性研究"方法",而是"一种活动",即研究。

《辞海》把定性研究方法解释为"剖析事务性质的一种研究方法。其着眼点在于对事物的表象进行全面的、深入细致的考察和分析,进而揭示出决定这一事物运动、变化和发展的内在规律。定性的过程是理论探索、历史研究与现状调查相结合的过程"。[2] 显然,这种在中国广为流传的定义包含三个基本的要素:第一,定性研究是一种研究事物性质的一种研究方法;第二,这一研究方法有其目的性,是为了揭示研究对象的某种规律;第三,定性研究方法不是静止的,而是一种动态的过程。不可否认,《辞海》的定义较为宽泛,但却有无所不包的嫌疑。

上述的定义要么过于烦琐,要么就过于晦涩,本章将定性研究方法定义为一种主要依靠研究者自身分析判断能力、不需要或较少需要依靠数学测量和表达的、以探究事物本质特点及其变化规律为目的的研究方法。

二、定性研究方法的基本特征

在对定性研究方法的定义有一个基本的了解后,有必要厘清定性研究方法的基本特征。萨拉·特雷西(Sarah Tracy)曾总结了定性研究方法的

---

[1] 陈向明:《质的研究方法与社会科学研究》,北京:教育科学出版社2000年版,第12页。
[2] 《辞海》(缩影珍藏本),上海:上海辞书出版社1999年版,第1223页。

三个核心概念:自我反思(self-reflexivity)、语境(context)和重描述(thick description)。① 根据特雷西的定义,自我反思是指研究者过去的经历、观点和角色对研究者自己与研究场景的相互作用与解释的影响。换句话说,个人的背景、价值观和信仰对研究者从事研究的方式、方法有着重要的影响,因为定性研究者的头脑和身体本身就是研究工具,研究者利用这些工具,通过观察、参与和访谈来搜集、吸收、筛选信息并解释世界。② 特雷西所强调的"语境"是指研究者把自己沉浸在一个研究场景,调查研究这样场景中的某种特殊情况并从中推导出相关的主张和理论。"重描述"与背景直接关联,任何主张和理论都不能脱离浓重的背景描述。通过对任一行为发生的背景和环境的描述,研究者可以破译这一行为的具体意义。毋庸置疑,特雷西的三核心概念概括了定性研究的主要特征。

与自我反思相关联,定性研究方法对研究者的直觉、经验,判断和分析能力有着较为密切的关系。敏锐的直觉是研究者所应该具备的先天的基本素养之一,有助于研究者在面临众多繁杂的问题时发现最重要的问题,在众多材料中有效地遴选出最有价值的部分,在总结归纳研究成果时能够得出恰如其分的结论。经验对定性研究者而言不可或缺。经验是对过去研究的积累和总结,包括成功的经验和失败的教训。一般而言,一个有经验的研究者相较于初来乍到的新手,更熟稔各式各样的研究套路,更有目的地进行材料的搜集和整理,更加自信于结论的归纳和总结。有着敏锐的直觉和丰富的经验,研究者在对事物性质的分析和判断方面就容易更胜一筹。这种直觉、经验、判断力等要素构成了我们常说的"才"。早在唐朝,刘知几就在以定性研究方法见长的史学研究方面提出了"才、学、识"三个核心的概念。③ 对刘知几而言,作为一个好的史官,必须"才、学、识"兼有,否则"夫有学无才,犹愚贾操金,不能殖货;有才无学,犹巧匠无楩柟斧斤"。④ 刘知几提出了"史家三长"的鲜明观点,这一观点成为后人治史的圭臬。钱穆先生对"史

---

① Sarah J. Tracy, *Qualitative Research Methods: Collecting Evidence, Crafting Analysis, Communicating Impact*, West Sussex: Wiley-Blackwell, 2013, p..233.
② Ibid., pp.234—236.
③ 《旧唐书·列传第五十二刘子玄》,载《二十四史全译·旧唐书第四册》,北京:汉语大词典出版社 2004 年版,第 2620 页。
④ 《新唐书·列传第五十七刘子玄》,载《二十四史全译·新唐书第六册》,第 3140 页。

第十九章 定性方法

才、史识"有了更加明晰的定义。对钱穆而言,"史才"就是"贵能分析,又贵能综合",而"史识"就是"须能见其全,能见其大,能见其远,能见其深,能见人所不见处。这样的见识即是史识"。①

研究者与研究语境的交互影响是定性研究的另一个特点。这种交互影响来自几个方面。第一,定性研究无论是已经发生的过去还是需要观察调研的现实,都需要研究者进行某种方式的接触。研究人员在历史研究过程中,虽然不能直击事件或问询事件的当事人,但研究者在研究历史事件应设身处地考虑事件发生的情景;在资料的整理和筛选过程中,研究人员必须发挥自己的能动性;研究人员在对历史事件的研究过程中,也会受到事件的影响,影响的程度因人而异,有的影响之大,可以颠覆研究者原先对事件先入为主的成见。对现实世界的研究,人与情景的交互影响更加直接和显著,主要源于定性研究的具体方法。第二,一些定性研究的具体方法要求研究者"沉浸"(immerse)研究对象的语境中,通过实地观察、访谈、问卷等方式获取相关信息。这些基本的获取方式就要求研究者与研究的环境、研究对象进行交流,其交流的过程就是相互影响、相互作用的过程。尽管在获取信息过程中,为体现研究的科学性,研究人员或多或少会为自己与研究情景和研究对象设立一定的规定,如在访谈中获取被访谈者的许可、耐心听取、鼓励被访谈者自由地交流等等,以限制访谈者对周边情景以及研究对象的影响,但依赖直接的接触方式获取信息的定性研究人员无法避免与研究环境以及被研究者之间的相互影响。

重描述已是定性研究方法公认的特点之一。与量化研究用数学语言言简意赅地阐述事物之间的因果关系大不相同,定性研究用自然语言来描述事物的本质特质及其发展变化的规律。②无论是活跃在社会科学还是在社会科学中的子学科国际关系学者,他们肩负的重要使命之一就是如实客观地描述观察的对象并把观察的结果描述出来。描述是研究者把研究的过程和结果用文字的方式呈现给读者。即便是以数学语言见长的定量研究也要进

---

① 钱穆:《中国历史研究法·第一讲如何研究通史六》,北京:三联书店,第 12 页。
② 自然语言就是我们日常说话所用的语言,见 Michael Nicholson, "Formal Methods in International Relations," in Frank P. Harvey & Michael Brecher, eds., *Evaluating Methodology in International Studies*, p.24。

行必不可少的描述。定性研究的重描述主要"重"在如下几个方面。第一,由于很少甚至不涉及数字,定性研究的成果往往从头到尾都采用描述的方法体现出来。第二,由于使用自然的语言,研究者可以更加从容地描述从宏观到微观诸多层面的现象及其本质。第三,定性研究人员既可以惜字如金,简单扼要地描述自己的研究成果,也可把成果洋洋洒洒娓娓道来。他们有着伸缩自如的描述空间。

除此之外,与定量研究方法相较,定性研究方法的使用主要寻求探究现象而不是证实对现象的假设;在分析的目标上,定性研究方法描述事物的变异、描述和解释事物之间的关系并能深入地描述个体的经历;获取的数据的形式不是数值而是文本。

三、定性研究方法的优势

与其基本特征相关联,定性研究方法在一些方面和领域有着较为明显的优势。

首先,与只有少数人才懂的定量研究方法不同,定性研究方法的门槛不高,适合更多的研究者。社会科学研究大致经历如下程序:学者提出一个有意义的研究问题,在问题的驱动下仔细地设计调查纲要;根据纲要诚实地搜集数据,严谨地分析搜集到的数据,小心地做出总结和撰写报告并予以发表。总之,从头到尾,学者必须严于自律,反复检查,避免偏见和疏忽大意。尽管对一个好定性研究要求甚高,能够善始善终做到这些要求的学者微乎其微,但只要接受过系统的训练,只要用心和用功,一般学者还是能够掌握定性研究的基本方法。阎学通和孙学峰在《国际关系研究实用方法》一书中曾指出了定性分析方法的三个步骤:(1)确定判断一个事件或事物性质的标准;(2)观察所研究对象的特征;(3)判断研究对象所具有的特征是否与性质判断的标准相符。[①] 对大多数的定性研究者而言,走完这三个步骤并不太困难,尽管走好并不容易。对绝大多数由于种种原因没有接受过系统数学训练的学者,完全可以采用定性研究方法进行自己的科研探索。实际上,在国际关系领域,无论是国别研究还是区域研究,都有众多研究人员仍沿用传

---

① 阎学通、孙学峰:《国际关系研究实用方法》,北京:人民出版社2001年版,第116页。

第十九章 定性方法

统的定性研究方法并取得了丰硕的成果。

其次,在理论滞后、概念模糊的研究领域,定性研究方法能够发挥更大的作用。[1]定性与定量研究是社会科学的两种基本的研究方法。定量研究方法对清晰的概念和成熟的理论的要求较高甚至到了挑剔的程度,但定性研究方法却无须面对这种苛刻的要求。有理论指导下的定性研究当然值得庆幸,但没有理论指导的定性研究相当普遍。理论始于定性研究。实际上,众多定性研究除了要证实或证伪现有的国际关系理论外,一部分是为了归纳出新的假设。在国际关系研究领域,新的问题层出不穷。中美在网络安全上的争论是新近的一例。由于网络安全及其基本特点特征尚处于探索阶段,因此对这一新的问题采用定性研究的方法是比较可行与可靠的。

再次,定性研究方法在传统的量化研究方法无法应对的研究问题上可大显身手。[2]与自然科学不同,社会科学是关于人类社会现象的学科,因此诸多社会现象由于其复杂性、主观性以及难以验证性等特点,研究人员不能像自然科学家那样对研究对象采用量化研究的方法加以研究。作为社会科学的子学科,国际关系领域也存在着大量的研究问题是无法用量化研究方法应对的。例如,国际政治秩序的性质如何?对这样的问题,使用定量研究方法是难以回答的。只有像赫德利·布尔这样的学者,通过对历史探讨、个人的观察和思辨以及对研究成果的大量采纳,得出国际政治无政府状态的基本判断。[3] 同样,国际政治中正义与非正义战争这样抽象的问题涉及人类道德,在用定量方法难以深入研究的情况下,同样也要采用定性研究方法。

最后,采用定量研究方法的研究,一旦完成研究设计、变量与自变量之间的关系确立,研究就会按部就班地进行。即便要对原有的关系式或模型进行修正,也往往是在某一阶段的研究告一段落之后才能重新评估并进行调整。与定量研究较为僵硬的方法不同,定性研究方法较为灵活变通。当原有的定性研究方法走不通的时候,研究人员可以马上中止;当遇到新问题时需要采用新的方法时,研究人员也可迅速付诸行动;研究人员可根据被研

---

[1] Charles C. Ragin, Dirk Berg-Schlosser, Gisele de Meur, "Political Methodology: Qualitative Methods", Robert Goodin & Hans-Dieter Klingemann, eds., *New Handbook of Political Science*, p.750.
[2] Ibid.
[3] See Hedley Bull, *The Anarchical Society: A Study of Order in World Politics*, New York: Columbia University Press, 1977.

究者回答问题的情况调整后续问题的顺序或内容。除了灵活性外,定性研究方法研究问题中涉及"人"的方面有着较强的解读能力,如矛盾的行为、信仰、意见、情感以及个人之间的关系。① 除此之外,定性研究方法对一些无形因素有着较强的敏感性,如社会规范、社会经济地位、性别、少数民族、宗教以及文字符号所包含的社会意义。

所谓定性研究方法的优势是相对的。在用定量研究方法难以发挥作用的领域和问题上,定性研究可以发挥其不可替代的作用。

四、定性研究方法的局限

与量化研究相较,最古老的、最常用的定性研究方法也有自己的不足。杰克·列维在谈到定性研究方法的问题时就曾提到,"由于缺少科学的严谨性,定性研究给人留下了高度主观、倾向于以事实迎合理论论证、无法复制以及基本上无法证伪的印象"。②

1. 科学性的缺乏

在社会科学研究当中,不同的学者对研究方法的科学性有着不同甚至相反的标准。传统的观点主张凡能被证实抑或证伪的观点才是科学的。加里·金(Gary King)和罗伯特·基欧汉等人给予了一套科学的标准。第一,目标是推理。作为科学研究关键性的标志就是要实现通过推理得出超越搜集到的特定的观察所能得出的结论。③ 第二,程序公开。公开研究及其方法,其可靠性才能得到评估其结果才能被复制。第三,结论不确定。推理是一个不完美的过程,从不确定的数据完美地得出确定的结论显然不可能。因此,不确定性是所有有关这个世界的研究和知识的核心特点。第四,内容是方法。"科学"的内容首先是方法与规则,而不是研究对象,因为我们可以使用这些方法去研究差不多任何事情。④ 显然,对大多数受过基本训练的定

---

① Natasha Mack, Cynthia Woodsong, Kathleen M. MacQueen, Greg Guest & EmilyNamey, *Qualitative Research Methods: A Date Collector's Field Guide*, Research Triangle Park, North Carolina: Family Health International, 2005, p. 1.
② Jack Levy, "Qualitative Methods in International Relations", in Frank P. Harvey & Michael Brecher, eds., *Evaluating Methodohgy in International Studies*, p. 131.
③ Gary King, Robert O. Keohane, Sidney Verba, *Designing Social Inquiry: Scientific Interference in Qualitative Research*, Princeton, New Jersey: Princeton University Press, 1994, pp. 7—8.
④ Ibid., pp. 7—9.

性研究者而言,采用符合加里·金和罗伯特·基欧汉罗列的这四条科学标准的方法并不难,只要他们公开自己的研究和方法,通过归纳推导出超越观察对象更大范围现象的本质和特征,并避免把研究的定论看做是放之四海而皆准的终极真理。

与量化方法相比,定性研究方法的科学性要逊色一些。首先,定性研究中鱼龙混杂,没有受过系统严格训练以及受过训练但方法自觉较弱的定性研究者,他们的研究自然不太科学。其次,即使定性研究者在其研究中制定并公开了研究方法的步骤与规则,并循规蹈矩,但其研究也难以赢得"科学"研究的称号,主要原因在于他们很少在研究方法上达成共识,即使他们共同耕耘在一个狭小的领域。再次,定性研究法的逻辑推理大都建立在归纳的基础之上,对一些学者而言,有限不能证明无限,归纳法是从有限事例的研究当中得出的结论推广到无限的同类事物,这种推理是不科学的。理论不能通过有限的、个别的经验事实来证实。①

2. 信度与效度的缺失

信度(reliability)是指对相同的研究对象采用相同的方法进行重复测量所得结果的一致性程度,彰显方法的可靠性、一致性和稳定性。效度(validity)是指测量工具或手段能够准备测量所需测量的事物的程度。由于一般的定性研究不涉及测量的问题,所以效度与定性研究没有关联,但信度是否能够衡量定性研究的质量却见仁见智。卡洛琳·斯腾巴卡(Caroline Stenbacka)就曾提出,"在定性研究中,信度是一个使人误解的概念。如果以信度作为衡量定性研究的一个标准,那么结果是定性研究不是好研究"。②有学者主张用可信性(Credibility)、中立性(Neutrality)或可确认性(Confirmability)、一致性(Consistency)或依赖性(Dependability)等概念代替信度与效度来衡量定性研究质量的标准。③尽管学者们对提高定性研究方法有着各式各样的主张,但正如杰克·列维所说:"大多数定性研究是独特的,无法概括出普遍性

---

① 〔英〕卡尔·波普尔:《科学发现的逻辑》,查汝强、邱仁宗、万木春译,杭州:中国美术学院出版社2008年版。

② Caroline Stenbacka, "Qualitative Research Requires Quality Concepts of its Own", *Management Decision*, Vol.39, Iss.7, 2001, p.552.

③ Yvonna S. Lincoln & Egon Guba, *Naturalistic Inquiry*, Beverly Hills, CA: Sage Publications, 1985, pp.300—301.

规律,探究历史的具体细节而不是理论的发展,并对推理的逻辑和普遍性问题很不在意。"① 对列维而言,独特性的探究目的是描述、理解和解释个别的事件或者受时间和空间限制的一系列事件,而普遍规律性探究的目的是生成一种变量之间的关系,并尽可能构建如同定律一样的有关于社会行为的主张。②

五、定性研究方法四问题

与定量研究方法相较,定性研究方法需要在四个方面加倍小心。

1. 价值中立

社会科学研究当中是否需要保持价值中立是一个充满争议的问题。传统的德国兰克史学主张历史研究"据事直书",不做"价值判断"。国际关系研究领域崇尚实证主义研究方法的研究者当中,很多也主张事实与价值判断的分离。但爱德华·卡尔却认为,历史研究的客观性(objectivity)这一概念"令人误解并引发疑问","任何通过确立一个历史之外并独立于历史的绝对价值标准来判断历史事件的尝试都是非历史的"。③ 卡尔认为,历史是现在与过去之间的对话,这种对话需通过历史学家才能进行,但史家无论是解释过去还是对重大和相关事件的选择都有较强的主观倾向,因而绝对的历史客观性是不存在。赫德利·布尔明确指出,任何研究都源自于某种道义与政治上的假设。重要的不是把附有价值判断的假设排除出政治的学术研究,而是让这些假设经受调查和批评。④ 这种强调价值不能中立的观点在中国的"文革"时期达到了顶峰,在《人民日报》一篇对唐代刘知几的批判文章中,作者明确提出,"历史科学从来就是为一定的阶级和一定的政治路线服务的","我们要建立为无产阶级政治服务的历史科学,必须用马克思主义占领整个史学阵地,把史学从历史学家的课堂上和书本里解放出来;必须彻底

---

① Jack Levy, "Qualitative Methods in International Relations", in Frank P. Harvey & Michael Brecher, eds., *Evaluating Methodohgy in International Studies*, p.131.

② Jack S. Levy, "Explaining Events and Testing Theories: History, Political Science, and the Analysis of International Relations", in Colin Elman and MirianmFendius Elman, eds., *Bridges and Boundaries*, Cambridge: MIT Press, 2001, pp.39—83.

③ R.W. Davies, *Edward Carr: What Is History*, Second Edition, Lundon: Penguin Books, 1987, p.119.

④ Hedley Bull, *A Study of Order in World Politics*, 1977, p. xv.

批判儒家反动的唯心史观,把颠倒了的历史再颠倒过来"。①

显然,在采用定性研究方法的研究中,无论是研究课题的选定、材料的搜集和整理,还是研究结论的总结,都含有较强的主观性,因此无法排除"价值"对研究的影响。重要的是,研究人员有必要把其价值判断公布于众并接受外界的评价。

2. 案例选择偏见

案例研究方法是定性研究的主要研究方法之一。尽管案例研究方法在帮助研究人员解释历史事件、验证假设甚至推导新的理论方面有着不可或缺的作用,但这种方法的不足也一样不可忽视。在定性研究中,案例选择偏见就是指"研究者以因变量为依据而选择的案例只代表了相关案例库的删简(truncated)的样品"。②简而言之,就是出于某种目的在研究中挑选案例。对安德鲁·贝内特(Andrew Bennett)而言,最危险的案例选择偏见是确认偏见,即研究人员只选择那种案例——其因变量和自变量的变化符合自己中意的研究假设,对那种与自己的理论相矛盾的案例则视而不见。③此外,贝内特还指出了几种选择偏见,包括:案例选择(1)建立在变量的极端价值之上;(2)建立在证据的可得性上;(3)案例"内在"的历史意义之上。这些形势的案例选择偏见所产生的后果,要么顾此失彼,强调一些条件的同时却把其他条件排除,要么过度概括。④

为减少甚至避免案例选择偏见,研究人员有必要抛弃功利上的考量,公开自己案例选择的标准。

3. 研究道德

毋庸置疑,无论从事什么样的研究工作,研究人员都应该有较高的道德水准,但由于定性研究的主观性相对较强的原因,定性研究人员的道德水准应更高。中国学者对这个问题关注得比较早。清朝史学家章学诚在他的

---

① 中国历史博物馆通史部大批判组:《史学为政治斗争服务——唐代刘知几的〈史通〉对儒家反动史学的批判》,《人民日报》1975 年 2 月 2 日。

② David Collier & James Mahaoney, "Insights and Pitfalls: Selection Bias in Qualitative Research", *World Politics*, Vol. 49, No. 1, 1996, p. 60.

③ Andrew Bennett, "Case Study Methods: Design, Use, and Comparative Advantages", in Detlef F. Sprinz and Yael Wolinsky-Nahmias, eds., *Models, Numbers, And Cases: Methods for Studying International Relations*, Ann Arbor: University of Michgan Press, 2001, p. 40.

④ Ibid., pp. 40—41.

《文史通义》中就提出了"史德"这个概念。尽管后人对这一概念解读大不相同①,但本章更愿意把它看做是研究史学所应遵循的道德标准和行为规则。钱穆就明确指出:"所谓德,也只是一种心智修养,即从上面所讲之才与识来。要能不抱偏见,不作武断,不凭主观,不求速达。这些心理修养便成了史德。"②

对今天的学者而言,好的史德不仅仅在于不抄袭别人的成果、不篡改调查结果、不杜撰子虚乌有的原始材料、撰写符合规范的论文、未经允许不擅自录音、未经调查对象的同意不公布调研结果,还在于坚守追求真理、虚怀若谷、挑战权威、淡泊名利、合作交流等原则。

4. 与定量研究方法的关系

定量与定性研究方法是社会科学研究的两个最基本的方法,它们不是天敌。在加里·金和罗伯特·基欧汉眼中,"定性与定量研究的分歧主要体现在类型(style)和具体技术手段(specific technique)","在类型上,定量研究使用数字和统计方法,定性研究倾向于关注一个或小量案例,采用密集面谈或对历史资料深度分析的方法,对研究方法随意但却在意于对某一事件或事物进行全面或综合的描述"。③ 二者根本的逻辑推理是一样的。

在具体的科学研究中,有的领域和问题适合于采用定量研究方法,有的却有利于定性研究方法大行其道。从目的上来说,采用定量研究方法是为了更加精确地对事物定性。从发展趋势看,纯粹的定性虽然仍有一席之地,当会有越来越多的定性研究者在未来借用定量研究方法并走向与定量研究相结合的道路。

---

① 有关"史德"的讨论,见张益国:《章学诚"史德"说新解》,载《学术月刊》2007年第12期,第140—148页。
② 钱穆:《中国历史研究法》,第12—13页。
③ Gary King, Robert O. Keohane, Sidney Verba, *Designing Social Inquiry: Scientific Interference in Qualitative Research*, p.4.

第二十章 案例方法

李少军

在国际关系研究中,案例研究法是运用最普遍的方法之一。这种方法使用广泛,人们往往以为它"简单易行",实际上,正如研究案例法的重要代表人物罗伯特·殷(Robert K. Yin)所指出的,案例研究是最难实施的研究方法之一,迄今并未形成常规作业流程。正因为如此,这种方法也始终备受争议。长期以来,一些人认为案例研究法是社会科学研究中最不科学和最不可靠的方法,主要理由是这种研究与定量分析相比,缺少精确性、客观性和严谨性。① 鉴于这种情况,对案例研究方法的基本含义、操作要点、主要功能和局限性做进一步的探讨是非常必要的。

一、什么是案例研究?

案例研究,顾名思义,就是以个案(一个或多个)为对象的研究。这种方法尽管在科研中被广泛使用,但它最早出现却是在教学当中。

在19世纪80年代,哈佛大学法学院院长兰德尔(Christopher Langdell)首创了让法学专业的学生接触司法案例的学习方式。他认为,学生通过学习现实的法庭审判,可以比单纯阅读法律文本得到更多的知识。到了20世纪早期,几乎每一所美国的法学院都接受了这种做法。此后,这种方法又为医学教育所采用。在20世纪60年代,很多医学院校都引进了案例教学以补充课堂的学习。② 在法学和医学教育中案例法最早得到发展,大概与这两个领域的研究对象的特点直接相关。司法案例与医学病例的存在,构成了案例研究方法发展的适宜土壤。时至今日,案例法在这些领域的教学中仍居重要地位。在其他领域,诸如管理领域,案例法也成了一种重要的教学手段。

在研究领域,人们认为案例法的最早使用是在欧洲,特别是法国。在美

---

① 〔美〕罗伯特·K.殷:《案例研究:设计与方法》,周海涛等译,重庆:重庆大学出版社2004年版,"英文版前言"第11页,正文第64页。
② http://www.nwlink.com/~donclark/hrd/history/case.html.

国，这种方法的使用开始于 20 世纪初，其突出代表是芝加哥大学社会学系。① 在政治学领域，最早的案例研究是 1948 年在哈佛大学出现的，其标志是出现了一个在政治学领域指导案例法运用的委员会。② 其后，这种方法在政治学领域的各个学科——包括国际关系研究——得到了广泛运用。

然而，尽管这种方法在社会科学研究中得到普遍认可，但学界对这种方法的含义与运用却始终存在不同认识。有学者曾编辑了一本题为"什么是案例?"的著作，但却不能给出清晰的答案。③ 在国际关系领域，正如利维所指出的，尽管案例法得到了广泛运用，但学者们对于如何界定案例或案例研究却没有一致意见。④ 显然，对于这种方法的含义，学界还有必要作进一步的学理性探讨。

讨论"案例研究"的含义，首先需要搞清楚什么是"案例"（case）。按照英文词典的相关解释，"案例"的释义包括没有特指的一般情况、事例，如"实际存在或发生的事实"，也包括有特指的事实，如"需要调查的情形""支持结论或判断的证据"等。⑤ 从学术研究的角度看，案例研究中的"案例"应该是特指的情况或事例，即研究者感兴趣的一类事件（a class of events）中的一个实例（an instance）。⑥ 在国际关系研究中，它们可以是行为体，也可以是行为体的互动及互动所造成的事态、现状和过程等。研究者对这样的实例感兴趣，不是因为它们具有共性，而是因为它们具有个性。作为观察、描述和解释的对象，事实被选为案例研究中的"案例"，是因为具有一些人们认为是新的或与众不同的东西，例如不能为现有理论所解释，或者与现有理论的解释

---

① Winston Tellis, "Introduction to Case Study", *The Qualitative Report*, Vol. 3, No. 2, 1997, http://www.nova.edu/ssss/QR/QR3-2/tellis1.html.

② David E. McNabb, *Research Methods for Political Sciences*, New York: M. E. Sharpe, 2004, p. 357.

③ Charles C. Ragin and Howard S. Becker, *What is a Case?: Exploring the Foundations of Social Inquiry*, Cambridge/New York: Cambridge University Press, 1992.

④ Jack S. Levy, "Qualitative Methods in International Relations", in Frank P. Harvey and Michael Brecher, eds., *Evaluating Methodology in International Studies*, Ann Arbor: The University of Michigan Press, 2002, p. 133.

⑤ Merriam-Webster, *Webster's Ninth New Collegiate Dictionary*, Springfield, MA: Merriam-Webster Inc., Publisher, p. 211.

⑥ Andrew Bennett, "Case Study Methods: Design, Use, and Comparative Advantages", in Detlef F. Sprinz and Yael Wolinsky-Nahmias, eds., *Models, Numbers, and Cases: Methods for Studying International Relations*, Ann Arbor: The University of Michigan Press, 2003, pp. 20—21.

第二十章 案例方法

相悖。对于研究者来说，把没有特性的事实拿来做案例研究，不可能有创新的意义。

事实被研究者选为案例，需要经历挑选的过程。在这里，我们需要在概念上把"案例"与统计分析中的"样本"(sample)相区分。虽然有一种观点认为案例研究的对象就是样本，即"有待详细检查的一类现象中的单个样本"①，但实际上这两者从方法论的角度讲有不同意义。

在统计调查中，当研究者面对无法做全面调查的对象时，往往采用抽样的方法，从作为对象的总体(population)中选择一定的实例作为样本进行分析。这种样本的产生是随机的，目的是使之能反映总体的特征，例如进行人口调查或农业产量评估时，选取样本就是为了得出有关总体的情况。在进行这样的项目时，尽管研究者都有明确的主观目的和理论指导，但确定调查方向与范围后，在选取样本时却需要尽可能地遵循客观性原则，进行随机抽取。研究者都清楚，如果按照主观偏好选取样本，调查结果就会严重失真。

在案例研究中，"案例"的选择却是经由不同的途径。研究者所确定的案例，都不是随机抽取的结果，而是基于主观意图特意挑选出来的。他们之所以作这样的挑选，是因为他们要研究的是特定结果发生的条件以及结果在这些条件下发生的机制，而不是这些条件和它们的结果出现的频度。② 为了达到这样的目的，研究者必须对案例本身及其前后联系作深入分析。基于这样的研究宗旨，把统计分析中所采用的随机抽取样本的做法应用于案例研究是不适当的，是达不到预定目的的。③

由于案例的选择与主观意图有关，因此研究者对案例的观察往往被认为是有理论负载的。研究者的理论观点将决定他们在无数构成历史插曲的事件中如何进行选择与研究。从这个角度来看，案例的出现是有理论外衣的，它们的存在不能独立于学者研究特定问题的分析框架。作为一种分析性的建成物(construction)，它们是被构造出来的而不是被找到的。④

---

① Abercrombie, N., Hill, S., & Turner, B. S., *Dictionary of Sociology*, Harmondsworth, UK: Penguin, 1984, p. 34.
② Andrew Bennett, "Case Study Methods: Design, Use, and Comparative Advantages", p. 43.
③ Gary King, Robert Keohane, and Sidney Verba, *Designing Social Inquiry: Scientific Inference in Qualitative Research*, Princeton, NJ: Princeton University Press, 1994, pp. 124—127.
④ Jack S. Levy, "Qualitative Methods in International Relations", pp. 133—134.

举例来说，人们对伊拉克战争进行观察，可以有不同的目的与方式。尽管对这场战争本身进行研究也可称为"案例"研究，但更适当的做法是以这场战争为案例进行问题研究，例如研究不对称冲突，研究美国实力的变化，研究美国与伊斯兰世界的关系，或是研究美国的中东政策等。对研究者来说，无论作何种研究，都需要对案例进行适当的界定和加工。

按照贝内特的看法，案例并不是历史事件本身，而是观察者选定进行分析的历史事件的一个得到很好界定的方面——这就如同裁缝做衣服所用的布是经过裁剪的一样。进行这种界定，出发点是研究者的目的。那些主要兴趣在于理解和诠释一个特定历史事件的人，可能就没有多少兴趣去建立或检验比较一般的理论命题。他们或许倾向于按照一组受到时空限制的事件来界定案例。对这样的学者来说，第一次世界大战或冷战都是需要解释的案例。与这样的研究旨趣不同，兴趣在于建立或验证理论命题的学者，则不会把第一次世界大战本身看做是案例，他们可能会把大战中某些得到理论界定的方面视为某种代表了更广泛现象的案例，诸如有关威慑、均势、权力转移、战争终止等现象的事实。①

由于案例研究是对研究对象的特定方面或因素进行研究，因此对案例的观察也与对样本的观察不同。对统计研究者来说，观察样本是不需要考虑其生成和存在环境的，只有把这类因素忽略掉，大样本的统计才能进行。在统计研究者的眼中，样本相对其研究假定，是大体同质的东西。他们所关注的只是它们就某个变量或假设而言的数量变化。相反，案例研究者对特定事实的观察却不能脱离其生成和存在环境。因为他们所要研究的就是案例本身，而要解释案例的属性、现状、过程与机制，不搞清楚与其相关的方方面面，就不可能得出相应的结论。正如罗伯特·殷所强调的，由于案例研究者相信事件的前后联系与研究对象之间存在高度关联，因此特意把事件的前后联系纳入研究范围之内。② 比较这两者可以看出，探讨共性的统计分析需要忽略掉事实的个性，而研究个性的案例研究则需要结合其场景作深入分析。这一点体现了案例研究与统计分析在质上的不同。

对案例和样本的研究宗旨的不同，决定两者在量的规定性上也有明显

---

① Jack S. Levy, "Qualitative Methods in International Relations", p. 134.
② 〔美〕罗伯特·K. 殷:《案例研究:设计与方法》,第16页。

区别。统计分析作为对研究对象总体的研究,需要作尽可能大的样本分析,在某些情况下甚至要对总体作全面调查,这样才能确立比较有说服力的推论基础。与之相反,案例研究所针对的则是少量事实甚至单一事实。尽管一些案例研究者反对只选用单个案例,强调运用多个案例更有说服力,但案例研究的设计无论多么复杂,都不会以追求案例的广泛性和大样本为宗旨。研究者选择少量事实,目的是为了进行更精细、更深入的分析,这样才能清楚地理解该实例的特殊性在哪里,知道它为什么会在现实中发生,并且理解在未来的研究中进行更广泛观察时需要特别关注的重要因素与方面。①

总之,案例研究是一种典型的质的分析而不是量的分析。进行案例研究,直接目的就是联系环境说明事实或事实某一方面的属性、过程与发生机理。从这一视角看待案例研究,我们可以提出这样的界定:案例研究是研究者基于特定目的,选择少数甚至单一事例或事例的某一方面,联系其发生条件与环境而进行深入分析与解释的方法。

二、案例研究的不同类别与做法

研究者进行案例研究,有不同的做法。对案例研究进行分类,利普哈特(A. Lijphart)在20世纪70年代提出的观点至今仍然屡被引用。他的分类是基于研究的功能或目的,包括与理论无关的(atheoretical)、诠释的(interpretive)、产生假设的(hypothesis-generating)、理论确证的(theory-confirming)和反常案例研究(deviant case studies)等。② 利普哈特所作的分类,实际上可归纳为非理论性案例研究与理论性案例研究两大类。他所划分的前两类大体上属于非理论性研究,后三类则属于理论性研究。

人们进行非理论性案例研究,一个主要目的是对特定事件进行历史性解释(historical explanation)。这种解释是要说明产生特定历史结果的事件的影响。③ 按照利维的说法,与理论无关的案例研究是指传统的单一案例研究。这种研究主要是描述性的,目标是理解和诠释,而不是广义的理论概

---

① Bent Flyvbjerg, "Five Misunderstandings about Case Study Research", pp. 219—245.
② A. Lijphart, "Comparative Politics and the Comparative Method", *American Political Science Review*, Vol. 65, No. 3, p. 691.
③ Andrew Bennett, "Case Study Methods: Design, Use, and Comparative Advantages", p. 21.

括。这种分析的通常做法是描述一个历史插曲的整体画面和所有联系。由于这种研究对于问题具有整体取向,类似于历史研究,因此不符合某些人对案例的这样一种理解,即案例是代表较宽泛的一类现象的事例。①

在这里需要注意的是,非理论性案例研究并非不涉及理论,而是不以建立或探索理论为宗旨。这种研究作为对单一事例的解释(诠释),肯定会用到理论。即使研究者没有明确的或成体系的理论,也会以自己的某种研究成见作为对事件解释的指导。按照贝内特的解释,诠释性案例研究(interpretive case studies),是指用理论变量提供有关特定案例的历史性诠释。这种研究的旨趣是要表明,在该案例的特定情况下,结果正是人们所期待的。②

进行理论性案例研究,人们的基本宗旨可以说有两个,一是为了检验理论,二是为了发展理论。对现存理论进行检验,是为了说明现存理论能够解释历史进程与结果,遵循的是确认的逻辑(logic of confirmation);对理论进行发展,目的是发现现存理论不能解释的方面并提出新的假设,遵循的是发现的逻辑(logic of discovery)。③ 就这两个方面来讲,案例研究可以产生假设,也可以检验假设。

用案例法对理论进行检验,可以进行证实,也可以进行证伪。由于案例研究所选用的事例通常不具有代表总体的属性,因此用少数甚至一个案例证实解释一般性规律的理论往往被认为没有说服力。在这种情况下,有学者特别强调了案例研究在波普尔(Karl Popper)称之为"证伪"(falsification)的检验模式中的重要作用,即案例可以作为检验推论的"黑天鹅"。④ 进行证伪,研究者不需要进行大样本分析,有时只需要一个实例就行了。研究者可以用案例研究表明,某变量不是一个结果的必要或充分条件,或者一个理论不适合它看起来最有可能加以解释的案例。⑤

用案例法对理论进行发展,涉及不同的说法。贝内特所讲的启发性案例研究(heuristic case studies)和反常案例研究(deviant case studies),都属性

---

① Jack S. Levy, "Qualitative Methods in International Relations", pp. 135, 154.
② Andrew Bennett, "Case Study Methods: Design, Use, and Comparative Advantages", p. 22.
③ Ibid., p. 21.
④ Bent Flyvbjerg, "Five Misunderstandings about Case Study Research", p. 6.
⑤ Andrew Bennett, "Case Study Methods: Design, Use, and Comparative Advantages", pp. 19—20.

第二十章 案例方法

这一类。其中前者是指通过提出新假设来发展现存理论,后者是指在结果不符合预料,或者现存理论不能提供较好解释的情况下,通过确定新的或漏掉的变量来发展理论。① 对于这一类研究,罗伯特·殷称之为探索性案例研究。②

进行探索性案例研究,研究者通常是在现有理论解释力不够,或是没有适当理论可以作出解释的情况下进行的。由于这种研究是旨在为新理论的形成作铺垫,因此往往需要确立新的视角,提出新的假设和观点。这种研究如果取得成功,就能够修正已有理论,或是发展出新的理论。在进行实证研究的过程中,有时研究者会面对难以确定变量的挑战,在这种情况下,也可以通过案例研究,试探性地确定变量并提出研究假设。例如,研究者研究一体化对冲突和平解决的影响、联合国维和成功的原因、行为体参与国际合作的激励因素等,都可以首先进行案例研究。这种研究有先导的性质,研究者在对案例做详细考察的过程中,可以找出需要关注的因素,并确定哪些因素是事件进程中的变量并据以提出自己的研究假设。通常,这类研究具有较强的开拓性与创新性,但要取得成功也具有较大的难度与挑战性。

研究者进行案例研究,从涉及案例的数量来讲,可以分为单一案例研究和多案例研究。在做法上,进行单一案例研究主要是进行案例内分析;进行多案例研究,则包括比较的含义。实际上,即使是进行单一案例研究,人们通常也会与其他案例进行含蓄的比较。③

进行单一案例研究,罗伯特·殷认为有下述几种情况:(1) 对一种广为接受的理论进行批驳或检验,可以判定某个理论是否正确,是否存在更恰当的理论;(2) 对某一极端案例或独一无二的案例进行分析;(3) 研究有代表性的典型案例;(4) 研究启示性案例;(5) 研究纵向性案例,即对两个或多个不同时间点的同一案例进行研究,揭示该案例如何随着时间的变化而变化。④

对于单一案例进行内部分析,研究者通常会采取三种途径,即过程追踪(process tracing)、相合性检验(congruence testing)和反事实分析(counterfactual analysis)。

---

① Andrew Bennett, "Case Study Methods: Design, Use, and Comparative Advantages", p.22.
② 〔美〕罗伯特·K.殷:《案例研究:设计与方法》,第14页。
③ Andrew Bennett, "Case Study: Method and Analysis", in Neil J. Smelser and Paul B. Baltes, eds., *International Encyclopedia of the Social and Behavioral Sciences*, New York: Pergamon, 2004. 转引自 Frank P. Harvey and Michael Brecher, eds., *Evaluating Methodology in International Studies*, p.133.
④ 〔美〕罗伯特·K.殷:《案例研究:设计与方法》,第44—47页。

进行过程追踪,研究者的主要关注点是:在假设的原因与观察到的结果之间,干预变量是否按照理论的预测在起作用。在这种研究中,人们需要观察的是假设的因果机制的可观察的含义在一个事例中的运作,就像侦探在一个犯罪行为中寻找嫌疑犯和与之相联系的线索一样。这种研究的目标,是确定哪一种可能的解释与这个从假设的原因到观察的后果之间的证据链条相一致。这种研究要求对一个案例作连续和完全的解释。如果在观察中发现有一个重要步骤与预测不合,那么就需要对假设进行调整。

进行相合性检验,研究者的旨趣是基于对案例自变量值的考量,检验所推测的因变量值与案例的实际结果是否相合。

反事实分析的做法是颠倒标准的推论模式。例如,检验这样的论断,即"在一个特定案例中,X对Y是必不可少的",可以提出一个逻辑对等的反事实,即"如果在该案例中没有X,那么Y就不会发生"。[①] 如果这个反事实被经验证明可以成立,那么原有论断就得到了检验。

对于两个或两个以上的案例进行研究,基于探求变量间关系的目的,可以采用穆勒(Mill)所提出的求同法(Method of Agreement)与求异法(Method of Difference)。运用求同法对比表20-1中的案例1和案例2,可以发现,两个案例的因变量(结果)相同,都为Y,自变量(原因)各列有不同的因素,但有一个共同的因素A,在这种情况下就可以推论A是导致Y的原因。运用求异法对比案例1与案例2,可以发现,两个案例在其他自变量因素相同的情况下,A变成~A,因变量Y就变成了~Y。从这种对应的变化中,也可以推断出A就是导致Y的原因。在这里,运用求异法类似于进行变量控制的实验,即让其他条件都相同,只考察一个变化的条件,由此推论其结果变化的原因。[②]

表20-1　求同法与求异法

	求同法			求异法	
	自变量	因变量		自变量	因变量
案例1	A B C D E	Y	案例1	A B C D E	Y
案例2	A F G H I	Y	案例2	~A B C D E	~Y

---

① Andrew Bennett, "Case Study Methods: Design, Use, and Comparative Advantages", pp.22—26.
② Ibid., pp.30—31.

第二十章 案例方法

运用求同法与求异法进行推理,从形式上来看是合乎逻辑的。不过,正如有学者指出的,这些方法的运用需要有三个条件:(1)因果关系所涉及的条件,相对特定结果而言,要么是必要条件,要么是充分条件;(2)所有对因果关系做出贡献的变量都必须得到确认并包括在分析之中;(3)案例所展现的全部具有逻辑的和社会可能性的路径都可以进行研究。① 从国际关系研究的现实情况来看,要满足所有这些条件是不容易的。至少,人们要穷尽所有变量就是困难的事。如果研究者只能就部分变量进行这样的分析,那显然是没有意义的。

对于多案例研究,罗伯特·殷认为可以借鉴多元实验法中的复制法则(replication logic)。在多元实验中,学者取得某项重大发现之后,会重复第二次、第三次乃至更多的相同实验以进行验证。有些实验可能一模一样地重复前次的所有条件,另一些实验可能改变某些关键性的条件,以考察是否会发生所预料的变化。只有通过这种复制性实验(检验),原有的实验结果才能被认为是真实的,有继续研究的价值。进行多案例研究,原理与此相同。研究者仔细挑选每一个案例,目的要么是通过不改变条件的逐项复制(literal replication),得到相同结果;要么是通过改变某些条件的差别复制(theoretical replication),得到与前一次不同的预知结果。

殷认为,人们从事多案例研究可以进行合理的配置,运用一些案例进行逐项复制,运用另一些案例进行差别复制。如果所有得到的结果都与事前提出的理论假设相符,那么这种多案例研究就能较有说服力地证明最初提出的理论假设。如果在案例之间出现矛盾的结果,那么就应对最初的理论假设进行修改,然后再用几个案例对修改后的假设进行检验。在整个复制过程中,最重要的是要有合适的理论框架,以指明在哪些条件下某一特定现象可能出现(逐项复制),或者在哪些条件下某一特定现象不可能出现(差别复制)。如果该理论框架取得成功,那么它就能成为推广研究成果的载体。②

案例研究存在不同的做法与类别,表明这种方法具有多元的形式与功能,可以适用于不同的研究目的与任务。研究者在操作中需要根据不同的情况进行适当的判断与选择。

---

① Andrew Bennett, "Case Study Methods: Design, Use, and Comparative Advantages," p. 32.
② 〔美〕罗伯特·K. 殷:《案例研究:设计与方法》,第 52—53 页。

三、案例研究的设计与应用

进行案例研究,需要进行研究设计。

1. 明确研究宗旨与拟解决的问题

进行案例研究不是要讲故事,不是进行单纯的叙述,而是要以案例分析为工具达到一定的论证目的。这种研究本质上是一个发现与论证的过程。对研究者来说,选择案例研究法,首先需要明确自己的研究宗旨,即要发现什么,或者要论证什么。例如,通过案例分析,发现新的变量关系,提出新假设;选择一个或多个案例对所提出的假设进行检验;或者用案例解释拟论证的观点。研究者确定了研究宗旨,对案例的叙述和分析才有方向,才能达到发现与论证的目的。

2. 恰当选择案例

确定研究宗旨之后,研究者就需要进行案例选择与信息收集。

研究者选择案例,不能信手拈来,也不能运用抽样方法,而要根据研究问题进行挑选。研究者进行个案解释,所选择的应该是包含有值得注意的因果机制或是与现有理论解释不符的事例。这样的案例可以作单一案例研究,也可以用来提出假设。研究者要对理论命题或研究假设进行验证,所选择的应该是典型的且与研究问题密切相关的事例,即要么是与假设相合的事例(予以证实),要么是与之不合的事例(予以证伪)。在这里,案例中变量关系明显是需要考虑的重要因素。对研究者来说,罗列一堆事例未必有研究意义,而找到一个"关键事例"就可能使问题迎刃而解。①

选定案例之后,研究者还需要解决数据与信息收集问题。在一个案例中,总是包含有多种信息或数据。特别是一些较大的案例,往往包含纵向的多个阶段和横向的多个方面,包括定性的资料,也包括定量的资料。对研究者来说,进行信息和数据收集不应刻意限定范围。正如罗伯特·殷所指出的,案例研究可以基于定性材料,也可以基于定量材料,或者同时采用定性材料与定量材料。②

---

① 可参阅王崇德:《社会科学研究方法要论》,上海:学林出版社1990年版,第91—92页。
② [美]罗伯特·K.殷:《案例研究:设计与方法》,周海涛等译,重庆:重庆大学出版社2004年版,第17页。

第二十章 案例方法

研究者选择案例和收集资料,通常需要根据自己的研究目的与问题进行加工。这里所说的"加工",不应成为"篡改",而应是"节选"和确定重点。由于研究者需要选择事实的某些方面作为研究对象,因此对资料的收集也需要根据研究问题确定最具价值与意义的部分。

这里还需要强调的是,尽管选择案例与收集信息是根据研究问题,但在实际操作过程中,研究者往往需要根据分析出的结论对最初的问题进行调整。由于提出问题是在研究之前,因此在研究中有可能发现最初提出的问题并非完全恰当。在这种情况下,研究者可能需要在研究中对问题的表述进行修正,这样才能使研究框架更为合理。

3. 对案例进行分析

对案例进行分析,需要进行适当的描述。这种描述,一方面需要遵循客观性原则,再现事实的本来面目;另一方面需要根据研究目的与问题,突出特定的方面或要素。在此过程中,研究者需要用分析的方法,观察与解释各个构成要素。进行分析的目的,是要有所发现。有了发现,才能完成随后所要进行的解释或检验。

在对案例进行分析时,研究者可以运用不同的具体方法,例如可以进行定性分析和定量分析,也可以进行文本分析。事实上,只有在研究中适宜地选择并结合不同的方法,才能更好地达到论证的目的。

我们可以看一个案例研究的实例:费丽莫在《国际社会中的国家利益》一书中,运用案例法证明了国际组织对国家利益的建构,揭示了规范对国家行为的影响。她的研究表明,各国建立科学科层组织,是因为联合国教科文组织把有关现代国家的必要组成部分的知识传授给了国家;各国接受人道主义原则,是因为红十字国际委员会把战争的适当行为准则传授给了国家;贫困问题在国际机构、学术文献和国家发展计划中受到广泛关注,是因为麦克纳马拉领导下的世界银行为国家重新界定了发展的含义。费丽莫通过对三个案例的分析,论证了所提出的核心命题,即国际组织能够改变国家对利益的认知,从而改变国家的行为。

在对案例的具体分析中,费丽莫运用了不同的研究方法。例如,对教科文组织的案例使用了定量方法,而对另两个案例则使用了定性方法。另外,作者在提出自己的观点并进行验证之前先对此前的观点提出质疑,也是值得注意的,这样做可以清楚地表明自己的研究具有创新性。①

四、对案例研究法的评估

案例研究作为一种方法,其长处与局限都是显而易见的。从长处来讲,案例研究可以对单一案例作出历史性解释,可以通过确定新的变量和假设,进行因果机制与相关关系的推论。在特定情况下,它亦能发挥验证假设的作用,进行证实或证伪。从局限性来讲,案例研究不适合需要用大样本进行分析的问题。由于研究者所确定的少数乃至单一案例不是随机选择的,不是也不可能是反映一般性的总体的代表,因此通常得不出具有普遍性的结论。人们在做超出案例本身的推论时,必须小心地指出他们所寻求的只是可能的概括,其意义只能应用于与所研究案例相类似的情况。在对理论进行检验时,也需要意识到,通过少数乃至单个案例检验的理论,可能需要比较罕见的前提条件,而且解释范围也比较有限。②

案例研究法所具有的局限性,导致它受到了各种批评。最常见的批评,就是案例研究容易导致选择偏见(selection bias)③,因而无益于理论研究。有学者(Bent Flyvbjerg)把对案例研究的批评演绎成了五个命题:(1)一般的、理论的知识比具体的、实践的知识更有价值;(2)人们不能在个别案例的基础上进行概括,因此案例研究不能对科学发展做出贡献;(3)案例研究对于提出假设最有用,而其他方法对于检验假设和理论建设更合适;(4)案例研究包含对于证实的偏见,即存在一种确认研究者预先想法的倾向;(5)基于特定的案例研究的基础,难以概述和发展一般性的命题和理论。④

从对案例研究的批评来看,争议不在于这种个案解释是否有用,而在于这种个案解释是否具有普遍意义,即是否适用于理论概括。按照批评意见的逻辑,案例研究是属于个别或点的研究,而理论概括则需要一般或面的研究。针对这种批评,要评估案例研究的学术地位,特别是对理论研究的意

---

① 参阅〔美〕玛莎·费丽莫:《国际社会中的国家利益》,袁正清译,杭州:浙江人民出版社2001年版。
② 〔美〕斯蒂芬·范埃弗拉:《政治学研究方法指南》,陈琪译,北京:北京大学出版社2006年版,第51页。
③ 例如可见 C. Achen and D. Snidal, "Rational Deterrence Theory and Comparative Case Studies", *World Politics*, Vol.41, No.2, 1989, pp.143—69。
④ Bent Flyvbjerg, "Five Misunderstandings about Case Study Research", p.221.

义,我们需要从哲学角度弄清楚国际关系研究中的点与面或者说个别与一般的关系。

从人的认识来说,对面的观察与对点的观察总是分不开的。人们往往先认识具体的和个别的事物,然后才能有抽象的和一般的概括。例如,研究者有了对国家、国际组织的具体了解,才能在抽象的意义上理解"国际行为体"的概念。从这个角度讲,没有对点的认识,就没有对面的认识。对点的认识构成了对面的认识的联结点。

在国际关系研究中,案例研究就起着这样一种联结点的作用。案例研究能够为揭示变量和因果关系提出重要启示,就是这种作用的体现。范·埃弗拉认为,通过案例研究来推断或检验自变量是如何引起因变量变化的解释,比大样本统计分析要容易得多。① 对案例研究的这种由点到面的作用,人们似乎争议不大。一本社会学词典对于案例研究的界定就反映了这种认识:案例研究是对于一类现象的单个样本的详细检查。虽然它不能提供较宽泛类别的可靠信息,但它在调查的初级阶段可能有用,因为它提供的假设可以用较大数量的案例加以系统的检验。② 也许,我们可以把这一点说得更肯定一些,即案例研究提供了通往理论概括的门径和基点。

按照实证研究的理想情况,基于个案分析得出的假设,必须经由大样本(随机抽样)的检验,才能被认为得到了具有普遍意义的证实。然而,经验观察告诉我们,在国际关系研究中进行"大样本"检验是受限制的。

第一,许多重大的国际关系事实数量很少,甚至只有一个。世界大战有过两次。核武器的使用、冷战、古巴导弹危机等都只有一次。这些具有重大研究价值的事实,就整体而言都不能作统计分析。影响世界格局的霸权国与挑战国的互动,发生的次数多一些,但也谈不上是"大样本"。

第二,能做统计的大数量事实,诸如战争、恐怖事件等,本身都存在极大的差异性。这些事实作为个案,都是独一无二的和不可重复的。作为人的行为的产物,它们都有特定的意图背景、历史联系和社会环境,都居于纷繁复杂的因果链条之中。在这种复杂情况下进行大样本检验,一个重要条件,

---

① 〔美〕斯蒂芬·范埃弗拉:《政治学研究方法指南》,第51—52页。
② Abercrombie, N., Hill, S., & Turner, B. S., *Dictionary of Sociology*, Harmondsworth, UK: Penguin, 1984, p.34.

就是要能做到对变量进行控制。研究者必须确保自己所要考察的变量对所有样本都具有同等的重要性，忽略掉其他因素后事实的属性不受影响。然而，这一点事实上很难做到。在存在差异的情况下对变量进行统计，即使发现相关性，也可能发生错误，因为一些相同的结果是由一些未知的因素引起的。

在国际关系研究中，由于人们往往是在信息不完整和存在许多未知变量的情况下进行操作，因此对大样本进行变量控制存在难以克服的困难。实际上，即使人们能够成功地进行大样本分析，科学哲学传统中的"归纳问题"也依然存在。说得确切些，为确证"凡天鹅皆白"的假设，人们即使随机地发现一千只白天鹅，也不能肯定第一千零一只还是白天鹅。①

鉴于以上问题，要推进国际关系的理论研究，人们需要对普遍性的探求和"大样本"的量的规定性有更适当的理解。在这里，我们必须承认国际关系研究与社会学、经济学研究在对象的特征上有较大不同，在探求普遍性规律上有更多的困难。迄今为止，国际关系学科没有得出多少可得到广泛认可的规律就反映了这一点。由于人们在很多时候不具备进行大样本研究的条件，因此对于可能得到的研究样本的大小和所拟探求的普遍化程度需要持一种相对的态度。如果硬性地认为只有通过足够大的样本检验才算科学验证，那国际关系研究就很难进行。

从研究实践来讲，人们判断自己的方法是否合适，只能根据自己的研究目的和对象条件。在有条件的时候，做理论研究当然应尽可能寻求更具普遍意义的途径，样本越大越好。但条件受到限制时，运用个案进行检验，特别是前述的"复制"途径，也不失为好的方法。有时，即使只用一个案例进行检验，也可以有重要作用，即用一个"最适合的案例"（most-likely case）证明假设不成立，或是用一个"最不适合的案例"（least-likely case）证明假设成立。②

与其他研究方法相比，案例研究可以揭示更多方面的信息。正如利维所指出的，一个案例通常包括对同一个变量的多种观察。实际上，案例研究

---

① 关于"归纳问题"（即休谟问题）的讨论，可参阅陈波：《休谟问题和金岳霖的回答——兼论归纳的实践必然性和归纳逻辑的重建》，载《中国社会科学》2001年第3期，第35—46页。
② Jack S. Levy, "Qualitative Methods in International Relations," pp. 143—144.

的主要战略之一,就是在一个既定的案例中,发掘出假设的尽可能多的可检验的含义。① 就国际关系研究的复杂对象而言,这一点尤为重要。作为一种侧重关注对象特殊性的探索,案例研究不会像统计分析那样忽略事实的差异性。这对于解释国际互动中的"例外"现象是有益的。

当然,在我们运用案例法进行研究时,也应时刻记住,这种研究本质上解释的仍然是特殊性而不是普遍性。因此,我们不能简单地把个案研究中得出的东西说成具有普遍意义,必须讲清楚它的适用范围,讲清它的相对性、局限性和场景条件。

鉴于案例法与其他实证方法都有长处与短处,因此在国际关系研究中最好把不同的方法结合起来。在研究中,方法是没有等级高下之分的,只要选择适当,都可以达到研究的目的。② 就案例研究与大样本统计这两种方法而言,尽管我们在概念上作了特别的区分,但在实际操作中可能无须刻意对立起来。在研究中人们所选择的对象究竟属于"少数案例"还是"多数样本",在量的规定性上可能全在于使用者的界定。由于在国际关系研究中人们选用的实例在很多时候并不很多,可以做全面的统计与分析,因此研究者往往需要对数据既进行个案研究,也进行统计分析。这种综合案例研究与定量研究的方法,也许会成为国际关系实证研究中较具适应性的途径之一。

---

① Jack S. Levy, "Qualitative Methods in International Relations," p. 154.
② 〔美〕罗伯特·K. 殷:《案例研究:设计与方法》,第 4—5 页。

第二十一章　过程追踪法

曲　博

因果机制(causal mechanism)和因果影响(causal effect)是因果推理(causal inference)的两种基本形式。因果影响主要是通过变量间的共变性(covariation)来确定,而因果机制则主要利用深度的案例分析,尤其是过程追踪法(process tracing)来加以识别。在国际关系研究中,强调因果影响,也就是变量间的共变性一直占据主导地位,但是从20世纪90年代以来,因果机制的重要性逐步被承认,与此相应,作为辨识和理解因果机制的过程追踪法也得到了很大发展。

过程追踪法是定性研究的重要工具。本章在区分因果影响和因果机制两种不同的因果推理形式基础上,总结因果机制和过程追踪法得以发展的原因,强调因果机制和过程追踪法对于理解国际关系现象的重要性,探讨过程追踪法如何促进对因果机制的分析,并利用具体的研究范例讨论运用过程追踪法的有效研究设计。过程追踪法可以帮助理解因果关系的复杂性,分析重大而又稀少的事件,识别因果机制,也就是原因产生影响的过程。过程追踪法的这些特点都将丰富和深化我们对国际关系现实的认识。

一、因果影响与因果机制

大样本(larg-N)的统计回归方法是通过变量间的共变性(covariation)或者相关性(correlations)来认识现实世界中一般模式和因果影响的重要方法。[①] 自从社会科学研究的行为主义革命之后,加上计算机技术的迅速发展,统计回归方法在社会科学研究中逐渐占据了主导地位,逐步从经济学领域扩展到了社会学、政治学以及国际关系研究中。以美国的国际关系和政治学研究为例,回归分析方法的重要性和合理性都压倒了传统的定性研究

---

① Charles Ragin, *Constructing Social Research*, Thousand Oaks: Pine Forge Press, 1994, p.33, pp. 131—153.

第二十一章 过程追踪法

方法,无论是在期刊发表的论文数量,还是博士生的方法论课程设置上,定量分析技术受到普遍重视。① 相比较而言,定性研究方法的效度和科学性受到质疑,主要期刊上的定性研究文章的比例明显下降,而且在博士研究生培养上也少有此类课程。② 定量研究的支持者批评定性研究过于个人化、难以重复和公开检验、关注特定历史解释、缺少一般性概括等。③ 但是,定性研究方法的支持者则强调在学术史上(尤其是20世纪70年代之前)诸多开创性的经典、仍被反复引用并被视为学术思想源泉的著作,多是定性研究方法的作品,这些作品或是对单一案例的深入剖析,或是驾驭宏观历史趋势的大理论(grand theory),或是对概念与现象的重新界定与解释。④

正是在这种对定性研究方法有效性的信念下,其支持者强调定性研究方法在认识现实世界和因果推理过程中不可替代的作用。20世纪90年代以来,以案例研究为主的定性研究方法⑤在国际关系和政治学的研究中再度兴盛起来。定性研究方法的复兴主要建立在两个重要的前提之下。第一,

---

① 在美国的国际关系和政治学研究中,定量研究方法已经大行其道,而在中国的国际关系研究中,仍然是定性研究方法占据主流,无论是在期刊上发表的文章,还是博士论文,多数仍然运用定性研究方法。但是在一些学者的推动下,在观念上,研究者似乎普遍承认定量研究方法在科学性或准确性上更占优势。参见阎学通:《国际关系研究中使用科学方法的意义》,载《世界经济与政治》2004年第1期,第16页。阎学通是支持和推动定量分析的代表,而李少军则强调多种研究手段的综合运用,在他的《国际关系学研究方法》(北京:中国社会科学出版社2008年版)一书中,把定量分析和案例研究、形式模型以及诠释法并列起来,强调这四种方法同样重要,都是认识国际关系现象的科学方法。

② Andrew Bennett, Aharon Barth, and Kenneth Rutherford, "Do We Preach What We Practice? Survey of Methods in Political Science Journals and Curricula," *PS: Political Science and Politics*, Vol. 36, No. 2, 2003, p. 37.

③ Jack Levy, "Qualitative Methods in International Relations," in Michael Brecher and Frank Harvey, eds., *Millennial Reflections on International Studies*, Ann Arbor: The University of Michigan Press, 2002, p. 432; John Gerring, *Case Study Research: Principles and Practices*, New York: Cambridge University Press, 2007, p. 6.

④ Larry Bartels, "Some Unfulfilled Promises of Quantitative Imperialism," in Henry Brady and David Collier, eds., *Rethinking Social Inquiry: Diverse Tools, Shared Standards*, Lanham: Rowman & Littlefield Publishers, INC., 2004, p. 70; Ronald Rogowski, "The Role of Theory and Anomaly in Social-Scientific Inference," *The American Political Science Review*, Vol. 89, No. 2, 1995, pp. 467—470.

⑤ 定性研究并不等同于案例研究,但是在国际关系研究中,案例研究是主要的定性研究形式,被认为是同定量研究相对的重要研究方法。在本文中,两者并未区分使用。

定性研究与定量研究尽管研究风格不同,但是其根本的推理逻辑是相同的。① 第二,除了变量间的共变性的因果影响之外,因果机制也是因果推理的重要方面。② 具体而言,加里·金(Gary King)等人在其著作《社会科学研究》中明确地指出定性研究和定量研究只是风格不同,但推理逻辑是相同的。两者并无优劣之别,定性研究和定量研究都可以是系统的和科学的,即使历史研究也可以是分析性的。③ 他们的《社会科学研究》在整个社会科学研究领域都产生了重要影响,尽管仍然争论不断,但是定性研究的合理性和科学性得到了肯定。在科学哲学传统中,一直强调基于变量间共变性的因果影响,而对变量间如何发生作用缺乏重视,因此主要以相关性分析及定量技术作为因果推理的基础。但是近二十年来,科学哲学研究开始强调因果机制的重要性,认识到因果机制是因果推理的另一基础,通过因果机制能够弥补因果影响推理的不足。④ 在这种认识的基础上,因果机制的本体论地位得以确定,也就是说,承认原因如何发生影响的过程或机制是确实存在的,也是科学研究应当认识的。在这两个基本认识的前提下,定性研究方法自身也逐步成熟,在案例选择、案例设计以及案例比较上能够有意识地克服

---

① Gary King, Robert Keohane, and Sidney Verba, *Designing Social Inquiry: Scientific Inference in Qualitative Research*, Princeton: Princeton University Press, 1994, pp. 3—9。尽管定性研究方法的支持者不认同这个共同的逻辑就是定量研究的逻辑(参见 Henry Brady and David Collier, eds., *Rethinking Social Inquiry: Diverse Tools, Shared Standards*, 2007),但是都承认科学推理应当具有共同的标准。

② Zeev Maoz, "Case Study Methodology in International Studies: From Storytelling to Hypothesis Testing," in Michael Brecher and Frank Harvey, eds., *Millennial Reflections on International Studies*, p. 456; Henry Brady, "Models of Causal Inference: Going beyond the Neyman-Rubin-Holland Theory," Paper prepared for the Midwest Political Science Association Annual Meetings, Chicago, Illinois, March 30, 2003; Andrew Bennett and Colin Elman, "Qualitative Research: Recent Development in Case Study Methods," *Annual Review of Political Science*, Vol. 9, 2006, pp. 455—458.

③ Gary King, Robert Keohane, and Sidney Verba, *Designing Social Inquiry: Scientific Inference in Qualitative Research*, pp. 3—7.

④ David Dessler, "Beyond Correlations: Toward a Causal Theory of War," *International Studies Quarterly*, Vol. 35, No. 3, 1991, pp. 337—355; James Mahoney, "Beyond Correlational Analysis: Recent Innovations in Theory and Method," *Sociological Forum*, Vol. 16, No. 3, 2001, pp. 575—593; Charles Tilly, "Mechanisms in Political Processes," *Annual Review of Political Science*, Vol. 4, 2001, pp. 21—41; Andrew Sayer, *Method in Social Science: A Realist Approach*, London: Hutchinson, 1984. 在这一点上,《社会科学研究》的作者加里·金等有不同看法,他们更强调因果影响,即共变性的根本性,认为因果机制不过是理解因果影响的一种方式,即使没有因果机制,因果关系就足以发挥作用;但是如果没有因果影响,就无法认识因果机制。在他们看来,因果机制只是方法上的技巧,是理解因果关系的操作性过程。参见 Gary King, Robert Keohane, and Sidney Verba, *Designing Social Inquiry: Scientific Inference in Qualitative Research*, p. 86。

第二十一章 过程追踪法

"选择偏见""决定论倾向"等问题,具体分析技术逐渐成熟,[①]推理的效度得以增强。定性研究方法的实践者因此强调在因果推理的重要方面,定性研究方法是不可取代的,尤其是在认识因果机制方面,深度的小样本案例研究具有明显的优势。

对因果性的界定及如何确定因果关系存在不同的理解,不同的研究方法可以解决不同的因果问题。亨利·布雷迪(Henry Brady)区分了理解因果关系的四种路径[②]:新休谟式的规律(neo-Humean regularity)路径、反事实推理(counterfactual)、控制性试验(manipulation)路径以及因果机制与能力(mechanisms and capacities)路径。新休谟式的规律路径强调通过不变的联系和相关性来理解因果;反事实推理则通过现实世界与可能世界之间的比较来确定什么原因导致了特定结果;控制性试验是通过对解释变量的控制,来识别解释变量与被解释变量之间的关系;而因果机制路径强调的是把原因和结果联系起来的中间过程。布雷迪以吸烟和肺癌之间的关系为例,描述了这四种路径的差别及不同作用。新休谟式的规律路径要求发现吸烟与肺癌之间的相关性联系,然后通过反事实推理和控制性试验进一步验证这种相关性的可靠性,最后还要提供一种因果机制的解释,分析吸烟所引致的生理过程,从而确定为什么吸烟会导致肺癌的发生或者发生概率的提高。大卫·辛格(David J. Singer)有类似的看法,他认为科学知识具有不同的层次:第一个层次是存在的(existential),也就是对数据和事实的搜集与整理;第二个层次是相关性的(correlational),关注不同数据或事实之间的共变性;第三个层次是解释的(explanatory),用来给出共变关系发生的原因。[③]

反事实推理和控制性试验是确定因果关系的两种技术,因此,根本上而言,存在两种基本的因果推理形式:因果影响和因果机制。因果影响是指由

[①] David Collier, "The Comparative Method: Two Decades of Change," in Ada Finifter, ed., *Political Science: The State of the Discipline*, Washington, D.C.: American Political Science Association, 1993, pp. 8—11.

[②] Henry Brady, "Models of Causal Inference: Going beyond the Neyman-Rubin-Holland Theory," pp. 3—6; Andrew Bennett and Colin Elman, "Qualitative Research: Recent Development in Case Study Methods," pp. 456—458.

[③] David J. Singer, "Conflict Research, Political Action, and Epistemology," in Ted Gurr, ed., *Handbook of Political Conflict*, New York: Free Press, 1980, pp. 490—499.

于解释变量值的变化所造成的系统观测(结果)的变化,①简单地说,就是指解释变量和被解释变量之间的共变性。因果影响主要是建立在大样本的相关性分析的基础上。这种对因果性和因果关系的理解只强调变量间的共变性,认为原因造成结果的过程并不重要。在这种观点看来,理论的主要功能在于预测,而不在于能否提出有说服力的过程解释,因此即使在不知道原因如何导致结果的情况下,仍然可以利用因果影响做出理论预测。②但相关性并不是总能建立起因果关系,在很多情况下,变量间的相关性可能是没有原因的。只考虑因果影响,有可能造成虚假的因果关系或者倒果为因的现象。因此,变量间的因果关系不能仅考虑相关性,还需要考虑变量的事件顺序(原因总是先于结果的)和因果机制(将变量连接起来的作用过程)。相关性、事件顺序以及因果机制是确定因果关系的三要素。③ 因果机制是从原因发生作用的过程来界定和认识因果联系。好的理论或命题不仅应当能够证明变量间存在系统的共变性,而且应当具有反映原因和结果之间作用过程的因果故事,好的理论不仅是一组变量间关系的假设,而且应当详细描述变量间相互影响的过程。④ 斯图尔特·格伦南(Stuart Glennan)更是认为两个事件当且仅当存在某种机制将其联系在一起时,两个事件才存在因果关系,因果机制的识别是区分真假因果关系的重要方法。⑤ 举例而言,民主和平论的研究进展过程就反映出因果机制的重要性。民主和平论的基本观点认为民主国家之间不会发生或者很少发生战争,如果通过大样本的定量分析能够发现民主制度与武力冲突之间的相关性或者共变性,这只是说明了民主

---

① Gary King, Robert Keohane, and Sidney Verba, *Designing Social Inquiry: Scientific Inference in Qualitative Research*, pp. 81—82.

② 这种观点在统计学或实证经济学中尤为流行,可参见 Frederick Croxton, Dudley Cowden, and Sidney Klein, *Applied General Statistics*, London: Pitman, 1968; Milton Friedman, "The Methodology of Positive Economics," in Milton Friedman, *Essays in Positive Economics*, Chicago: University of Chicago Press, 1953, pp. 3—4。

③ David Hackett Fischer, *Historians' Fallacies: Toward a Logic of Historical Thought*, New York: Harper Torch books, 1970, pp. 167—169.

④ Zeev Maoz, "Case Study Methodology in International Studies: From Storytelling to Hypothesis Testing," p. 456; Charles Tilly, "Means and Ends of Comparison in Macrosociology," *Comparative Social Research*, Vol. 16, 1997, pp. 43—53; Alexander George and Andrew Bennett, *Case Studies and Theory Development in the Social Science*, Cambridge: MIT Press, 2005, p. 208.

⑤ Stuart Glennan, "Mechanisms and the Nature of Causation," *Erkenntnis*, Vol. 44, No. 1, 1996, p. 64.

与和平两个变量间的因果影响。为了使理论更为可信和具有说服力,必须要能够提出解释这种相关性或者共变性的机制。因此,学者们从民主制度的特征和过程来解释为什么民主国家间较少发生战争,提出了民主制约、经济利益以及承诺可信性等机制,来进一步解释这种共变性。① 因果影响和因果机制是好的理论的两个重要组成部分。

因果机制强调的是原因导致结果的过程。因果机制存在多种定义,② 较为代表性的观点将因果机制定义为"不可观测的最终的物质的、社会的或者心理的过程,通过这些过程,具有因果能力的行为体在特定背景或条件下,将能力、信息或者问题作用于其他行为体"。③ 这个定义强调的是因果机制的不可直接观测性、作用过程的多样性以及行为体的能动方面。简单地讲,因果机制就是原因发挥影响造成结果的过程,是将解释变量和被解释变量联系起来的合理方式。因果机制就是通过时间序列上的关键事件、过程或者决策将假设的原因和结果联系起来,辨识和确定因果机制的过程不仅能够证实假设,而且还可以剔除竞争的假设或者理论。因果机制不仅是对原因与结果间关系的分析性解释,而且可以提出一般性的机制。比如,在某些研究中所强调的学习或者竞争过程、制度转换和制度分层等,不仅是某些案例中的特定过程,而且具有一般性的过程,可以运用到对其他事件因果机制的研究中。④

理解因果影响和因果机制需要不同的研究方法。定量分析是确定变量间共变性的有效方法,而侧重时间维度的过程追踪法则是理解因果机制的有力工具。

二、过程追踪法及其作用

过程追踪法是在研究个人决策的认知过程中发展起来的。对决策认知

---

① Mariam Fendius-Ellman, ed., Paths to Peace: Is Democracy the Answers? Cambridge: MIT Press, 1997.
② James Mahoney, "Beyond Correlational Analysis: Recent Innovations in Theory and Method," pp. 575—593.
③ Alexander George and Andrew Bennett, *Case Studies and Theory Development in the Social Science*, p. 137.
④ 参见 Paul Pierson, *Politics in Time*, *History*, *Institutions*, *and Social Analysis*, Princeton: Princeton University Press, 2004; Kathleen Thelen, *How Institutions Evolve: The Political Economy of Skills in Germany*, *Britain*, *the United States*, *and Japan*, New York: Cambridge University Press, 2004.

过程的研究主要有两种模型：结构模型和过程模型。① 其中过程模型试图发现信息输入和结果输出之间的中间过程，过程追踪法继承了这一传统，是理解原因和结果之间中间步骤的方法。最初，过程追踪法并不是一种严格的方法类别，也没有共同的标准或程序，其名称主要是描述性的，强调按时间次序对案例的深度分析阐述。过程追踪法存在不同的名称，如"起源解释"（a genetic explanation）、"次序解释"（a sequential explanation）、"连续事件模式"（the model of the continuous series）、"因果解释链"（a chain of causal explanations）或者"阐释性解释"（narrative explanations）等。② 当因果机制的重要性和合理性得到确认之后，过程追踪法才成为一种相对独立的研究方法，其功能和作用得到认可，研究过程和设计也更为成熟，在国际关系研究中也被更为有效地运用。

早期过程追踪法的定义是同决策过程尤其是同观念对政策制定的影响联系在一起的。过程追踪法是通过单一案例来评估因果过程的方法，"研究和解释各种初始条件转化为结果的决策过程"。③ 在这种定义下，过程追踪法是寻求建立行为体信念对决策影响的过程。④ 更为一般地讲，过程追踪法也被界定为"尝试确定中间因果过程——因果链与因果机制——的方法，确定自变量和因变量结果之间因果过程的方法"。⑤ 其特征是"运用不同类型的证据来证明单一推理——包括不同分析层次的零碎证据"。⑥ 过程追踪法就是从研究问题和假设出发，系统地考察所选择的证据。过程追踪法既可以更好地作出描述性推论，也可以检验、评估因果关系。

---

① Kevin Ford, Neal Schmitt, Susan Schechtman, Brian Hults, and Mary Doherty, "Process Tracing Methods: Contributions, Problems, and Neglected Research Questions," *Organizational Behavior and Human Decision Processes*, Vol. 43, No. 1, 1989, pp. 75—117.

② Alexander George and Andrew Bennett, *Case Studies and Theory Development in the Social Science*, p. 226.

③ Alexander George and Timothy McKeown, "Case Studies and Theories of Organizational Decision-Making," in Robert Coulam and Richard Smith, eds., *Advances in Information Processing in Organizations*, Vol. 2, Greenwich: JAI Press, 1985, p. 35.

④ Alexander George, "The Causal Nexus between Cognitive Beliefs and Decision-Making Behavior: The 'Operational Code' Belief System," in Lawrence Falkowski, ed., *Psychological Models in International Politics*, Boulder: Westview Press, 1979, pp. 95—124.

⑤ Alexander George and Andrew Bennett, *Case Studies and Theory Development in the Social Science*, p. 206.

⑥ John Gerring, *Case Study Research: Principles and Practices*, p. 173.

第二十一章　过程追踪法

一般而言,在定性研究中,过程追踪法能够发挥多种作用,包括:(1)确定新的政治或社会现象,并系统描述;(2)检测既有的解释性假设,发现新的假设,并检验因果关系;(3)提出因果机制的解释;(4)作为一种替代回归分析的方法,解决相互因果、虚假因果或者选择偏见的问题。[1] 过程追踪法的主要目的是理解原因与结果之间的中间过程,是利用对过程的历史阐述来验证理论或者假设的中间变量与互动。在国际关系研究中,过程追踪法可以发挥如下作用。

第一,过程追踪法既可以用来检验假设,也可以用来发展理论与提出新的假设。利用过程追踪法来检验理论的方法逻辑是,如果某项理论能够被证实,那么该理论所预测的原因导致结果的过程应该可以被证实。以威慑理论为例,过程追踪法关注的是威慑理论所预测的中间过程是否存在以及是否同现实相符。威慑理论强调以武力对抗武力,认为当维持现状国家面对一个扩张国家时,必须通过有效的武力威慑才能避免战争。为了证明威慑理论,在选定的案例中,我们应当会观察到如下的中间过程:存在一个扩张性国家,并且试图采取扩张性政策;存在一个维持现状的国家,并且意识到对方的扩张性意图;维持现状国家为了应对对手的扩张性尝试,采取了相应的威慑手段;这些威慑手段被扩张性国家所意识到,并且因为对方的威慑而改变了自身政策。[2] 如果能够通过事件过程的追踪和深入的案例阐释发现这些相应的步骤,在这些案例中,威慑理论可以通过检验,其假设是可信的。

过程追踪法在检验理论的同时,也可帮助剔除竞争的解释,限缩解释变量的范围。比如,对维持现状国家和扩张性国家间没有发生战争的解释,除了威慑理论之外,可能还存在强调经济联系、国内政治制度或者国际结构的竞争性解释,而如果过程追踪法在案例中不能发现完全与可靠的中间过程,则可以排除这些竞争性解释。而且,通过过程追踪法也能够剔除伪因果关系,尤其是可以对定量分析所确定的变量间的相关性做出是否为因果关系

---

[1] David Collier, "Understanding Process Tracing," *PS: Political Science & Politics*, Vol. 44, Issue 4, 2011, pp. 823—830.
[2] Zeev Maoz, "Case Study Methodology in International Studies: From Storytelling to Hypothesis Testing," p. 464—466.

的判定。比如，当肯尼迪总统遇刺身亡之后，有人提出凡是在尾数为0的年份当选的总统，大都会在任上死亡。而意大利的经济史学家竟认为资本主义容易产生长脑袋的人，而头长的人更适合商业活动。① 这些说法都错误地将相关性当成了因果关系，而过程追踪法则可以通过对因果机制的讨论，帮助避免这种伪因果关系。

过程追踪法也可以用来提出新的假设。如果在事件的时间顺序上，理论所预测的现象同现实不完全符合，或者发现了不同于理论预测的中间过程以及被忽视的要素，研究者就需要修正理论，甚至从根本上否定原有假设，而提出新的理论。

第二，过程追踪法有助于理解因果关系的复杂性。在现实世界中，尤其是在国际关系研究中，那些意义重大而又极少发生的事件，其因果关系非常复杂，难以用两个或几个变量的线性相关来解释，也不能完全排除解释变量之间的相互作用以及行为体的主观性。因此，有学者强调过程追踪法才是正确的方法论方向，是理解现实世界多重互动影响的合适方法，我们所面临的世界已经很难再用两个或几个原因变量来解释结果了。② 在国际关系的研究中，原因到结果的过程的复杂性主要体现在变量间的相互影响、行为体间的战略互动、对行动的预期、行为体的学习与发展能力以及路径依赖等。只有通过少数案例的深入分析，借助过程追踪法的阐释，才能有助于理解现实世界是如何运作的。从这个意义上讲，过程追踪法是重建因果关系的方法。

比如，西达·斯考切波(Theda Skocpol)对革命的研究就展现出过程追踪法对复杂因果关系认识的优势。她强调三方面的因素导致了法国革命，包括农业社会的落后性、国际压力以及国家自主性。具体而言，这三类原因可以细化为37个要素或者步骤，这些要素之间又相互作用，最终才导致了法国

---

① David Hackett Fischer, *Historians' Fallacies: Toward a Logic of Historical Thought*, pp. 167—169.
② Peter Hall, "Aligning Ontology and Methodology in Comparative Politics," 转引自 AlexanderGeorge and Andrew Bennett, *Case Studies and Theory Development in the Social Science*, p. 206。

大革命的爆发。① 比如,法国的财政困难是由经济增长的失败、同英国竞争的失利、战争中战败以及国家难以获得贷款等四方面原因共同造成的。而国家财政改革失败的原因在于统治阶级的反对及其具有阻碍改革的能力。过程追踪法能够反映出原因发挥作用的复杂过程,考察不同要素之间的相互作用和影响。

第三,过程追踪法能够帮助解释没有发生的事件(non-event 或 non-behavior),某些假设强调因为某种原因而导致特定行为没有发生,而过程追踪法对验证这样的假设具有优势。② 比如,民主和平论的基本主张认为民主国家之间很少发生战争,威慑理论则强调因为威慑战略的成功运用才使得古巴导弹危机得以相对和平解决(并未导致美苏之间爆发战争)。这两种理论都主张因特定的原因而使战争得以避免。因为没有发生的事件或者行为要比已经发生的事件或行为更难以观测,所以对这类假设进行验证的时候,常常会选择过程追踪法的研究设计。在检验和评估这类因某种特定原因而导致事件或行为没有发生的假设时,过程追踪法具有相当的解释能力和理论优势。首先选择具有代表性或者关键性的案例,然后通过时间序列上的事件重建,以探究原因和结果之间的联系和作用过程。比如,为检验民主和平论,我们可以选择两个处于冲突并极有可能爆发战争的国家为案例,然后讨论民主制度是如何使得两国避免战争的,从而证明民主制度在制约战争上确实发挥作用。

第四,过程追踪法可以将异因同果或者说殊途同归(equifinality)纳入考虑。③ 在不同的案例中,原因发挥作用造成结果的过程或者机制可能不同,而通过过程追踪法则可以发现并且分析这种不同的作用方式。理解变量之间相互作用的过程和机制同理解变量间的共变性同样重要。对过程和机制的认识可以加深对条件与结果之间作用过程的分析。仍然以斯考切波的

---

① 〔美〕西达·斯考切波:《国家与社会革命:对法国、俄国和中国的比较分析》,何俊志、王学东译,上海:上海人民出版社2007年版。詹姆斯·马哈尼(James Mahoney)细化了三个主要导致革命的原因,并画图标示 37 个要素之间的作用关系,转引自 John Gerring, *Case Study Research: Principles and Practices*, pp. 174—175。

② Zeev Maoz, "Case Study Methodology in International Studies: From Storytelling to Hypothesis Testing," pp. 457—464。

③ Alexander George and Andrew Bennett, *Case Studies and Theory Development in the Social Science*, pp. 207—215。

《国家与社会革命》为例,作者强调在法国、俄国和中国这三场革命中,外部力量引发的危机与结构性条件及趋势相互强化,造成了危机的结合点:(1)旧制度下中央集权的国家机器丧失了能力;(2)下层阶级,尤其是农民的普遍反叛;(3)动员大众的革命领导人竭力巩固革命性国家权力。① 但是这三个条件在法国、俄国和中国的具体反映并不完全一致,造成了这三个国家革命过程和结果的差异。这三国在社会革命的原因上存在差异,各国的政治危机条件和农民起义条件并不相同,因此社会改造的进程也不相同。② 因为不同的初始条件,这些国家的社会革命后果也不尽相同。③ 斯考切波研究的重要贡献之一就是解释了法、俄、中三国革命发生的不同进程。

过程追踪法是通过时序性的重要的现象观察来证明理论假设的。从可观察证据或者现象对理论成立的必要性和充分性来看,我们可以将重要证据或现象分为四类:既不充分也不必要、必要不充分、充分不必要、既充分又必要。这四类证据也被称为四种检验:风向检验(straw in the wind tests);环形检验(hoop tests);冒烟的手枪检验(smoking gun tests);双重决定检验(doubly decisive tests)。④ 风向检验证据是结果发生的既非必要也非充分条件,但是如果观察到此类现象,能够一定程度上肯定假设的重要性。环形检验证据是指导致结果发生的必要非充分条件,如果观察到此类现象,能够肯定假设重要性,但是不会证明假设。冒烟的手枪检验证据是充分非必要条件,如果观察到此类现象,能够证明假设,但是只是会降低竞争假设的可能性,不会完全排除竞争假设。双重决定检验是指导致结果发生的充分必要现象,如果观察到此类现象,既能够证明假设,也能够排除竞争假设。过程追踪法很大程度上是描述性的、时序性的,研究者既要从理论出发推导出可能观察到的关键现象,也要考虑观察到的现象是导致结果的什么条件。确定观察到的证据的类型能够帮助确定假设通过检验的可能性(见表21-1)。

---

① 〔美〕西达·斯考切波:《国家与社会革命:对法国、俄国和中国的比较分析》,第42—43页。
② 同上书,第185—187页。
③ 同上书,第330—332页。
④ Andrew Bennett, "Process Tracing and Causal Inference," in H. E. Brady and David Collier, eds., *Rethinking Social Inquiry: Diverse Tools, Shared Standards*. 2010, pp. 207—219; David Collier, "Understanding Process Tracing," pp. 823—830; Stephen Van Evera, *Guide to Methods for Students of Political Science*, Ithaca NY: Cornell University Press, 1997.

表 21-1　过程追踪与因果推论①

		确定因果推论的充分条件	
		不是	是
确定因果推论的必要条件	不是	1. 风向检验 通过:肯定假设的相关性,但是不能证明假设 不通过:假设不能被排除,但是会被一定程度上削弱 对竞争假设的影响 通过:一定程度上削弱竞争假设 不通过:一定程度上加强竞争假设	3. 冒烟的手枪检验 通过:证明假设 不通过:假设不能被排除,但是会被削弱 对竞争假设的影响 通过:大幅削弱竞争假设 不通过:某种程度上加强竞争假设
	是	2. 环形检验 通过:确定假设的重要性,但是不能证明假设 不通过:剔除假设 对竞争假设的影响 通过:某种程度削弱竞争假设 不通过:某种程度上加强竞争假设	4. 双重决定检验 通过:证实假设并排除其他假设 不通过:排除假设 对竞争假设的影响 通过:排除竞争假设 不通过:很大程度上加强竞争假设

三、过程追踪法的运用

过程追踪法与历史解释具有相似之处,都是按照时间顺序将事件可能的因果过程加以重建,以此理解变量间的作用机制。但是因为过程追踪法和历史解释的研究目的不同,两者仍然存在差别。历史研究倾向于对特定事件的解释,寻求的是对事件本身的理解,而过程追踪法是倾向于一般性的解释,寻求的是对一类事件的概括性认识。② 因此,好的过程追踪法不仅能够还原历史过程,而且可以帮助做出理论总结。在国际关系研究中,过程追踪法遵循适当的原则可以有助于实现上述目的。

---

① David Collier, "Understanding Process Tracing," pp. 823—830.
② Jack Levy, "Explaining Events and Developing Theories: History, Political Science, and the Analysis of International Relations," in Colin Elman and Miriam Rlman, eds. , *Bridges and Boundaries: Historians, Political Scientists, and the Study of International Relations*, Cambridge: The MIT Press, 2001, pp.39—49; Andrew Bennett and Alexander George, "Case Studies and Process Tracing in History and Political Science," in Colin Elman and Miriam Rlman, eds. , *Bridges and Boundaries: Historians, Political Scientists, and the Study of International Relations*, pp.137—145.

第一,理论指引下的过程追踪(theory-guided process-tracing)。国际关系和历史学对案例有不同的界定,对历史学而言,一般按照时间和空间的条件选择案例,而对国际关系而言,则是根据假设和变量来界定案例。比如,第二次世界大战或者冷战都可以成为历史研究的案例,但是在国际关系研究中,案例是根据变量或者概念来界定的,因此国际关系研究的案例往往是关于战争的案例或者是关于威慑的案例。因为国际关系研究中的过程追踪法承担着理论验证的任务,因此应当在理论假设的指导下,设计过程追踪研究。比如海伦·米尔纳(Helen Milner)在《利益、制度与信息》一书中,就利用过程追踪法来证明国内政治对国际合作的影响。[1] 她强调四项国内政治因素对国际合作的影响:国内偏好结构、作为信息提供者的利益集团、国内制度以及制度变动。在后面的案例研究中,她就以这四个因素为架构,利用过程追踪法考察国内偏好结构、利益集团作用、制度程序以及制度变动等方面与国际合作的关系,从而较为可信地证明了国内政治对国际合作的影响。

第二,要在理论指引的基础上,根据假设推出尽可能多的可供观察的中间步骤。小样本的案例研究面临的最大问题就是所谓的选择偏见问题,因为样本数目少,难以做出可信度高的因果推理,解决的方法之一就是从理论假设中尽可能多地推出可观测的因素。[2] 如果假设认为民主制度是因为承诺的可信性而导致了民主国家间较少发生战争,那么案例研究设计可以围绕承诺可信性、武力运用以及决策过程来推出更多可观察的数据,比如,民主政府的承诺是否更为可靠(同过去相比、同非民主国家相比)、国家是否会因为对方运用武力的坚定性而采取温和路线、决策者政策偏好是否变化等。通过这些手段,可以充分发挥过程追踪法的优势来检验理论。比如,邝云峰(Yuen Foong Khong)对越南战争决策的研究就是运用过程追踪法的范例。[3] 他的主要目的是分析历史经验对美国1965年两次对越决策的影响:2月的空袭决策和7月的出兵决策。邝云峰试图解释朝鲜战争、慕尼黑决策以及奠

---

[1] Helen Milner, *Interests, Institutions, and Information: Domestic Politics and International Relations*, Princeton: Princeton University Press, 1997.

[2] Gary King, Robert Keohane, and Sidney Verba, *Designing Social Inquiry: Scientific Inference in Qualitative Research*, pp.208—223.

[3] Yuen Foong Khong, *Analogies at War: Korea, Munich, Dien Bien Phu, and the Vietnam Decisions of 1965*, Princeton: Princeton University Press, 1992.

边府战役中,哪种历史经验让约翰逊总统做出了出兵越南的决定。为了检验其假设,邝云峰在《战争类比》一书中做了明确而有意识的过程追踪的研究设计。首先,为了证明历史类比对美国的越南决策产生了重要作用,需要通过对历史文献的整理与分析,发现在决策过程中,某个历史类比被反复强调,从而保证该历史类比确实存在于决策者的信念之中。其次,要讨论该类比如何影响决策者对越南问题的分析,并同其他历史经验相比较。最后,要能够确定三个历史类比的支持者和反对者以及该类比如何影响了决策者对情势的评估与选择的范围。在讨论某个具体的经验教训的影响时,不仅要看该类比是否常被提及,而且要看实际的政策选择是否同该历史经验的逻辑一致。① 该书尽可能地去发现可以从理论中推出的观察,从而可信地将历史教训与实际的政策选择联系起来。

第三,过程追踪法与其他研究方法的结合。过程追踪法同其他研究方法并不是相互竞争的关系,而是互补的关系。不同的研究方法解决不同的研究问题,因此在研究中应该综合运用不同的研究方法。过程追踪法既可以同案例研究的一致方法(congruence methods)一起使用,也可以同定量研究方法共用。一致方法是小样本案例研究确定因果关系的重要手段,是控制比较的替代方式,具体操作为首先选定自变量的值,然后根据假设得出结果的值,以此同现实相比,如果两者一致,则因果关系就很可能存在。邝云峰的《战争类比》就是将过程追踪与一致方法相结合的代表。过程追踪法也可同定量研究相结合,补充定量研究对因果机制分析的不足。莉萨·马丁(Lisa Martin)的《强制性合作》是代表性著作。②

四、结论

因果影响和因果机制是因果推理的两种基本形式,两者同样重要。在国际关系研究中,通过定量分析确定的共变性能够界定变量间的因果影响,但是如果没有相应的因果机制,则会削弱以共变性为基础的因果关系。近

---

① Yuen Foong Khong, *Analogies at War: Korea, Munich, Dien Bien Phu, and the Vietnam Decisions of 1965*, pp. 64—68.

② Lisa Martin, *Coercive Cooperation: Explaining Multilateral Economic Sanctions*, Princeton: Princeton University Press, 1992.

二十年来，因果机制对因果推理的重要性已经得到承认，对因果机制的研究也在增加。过程追踪法是发现和分析因果机制的重要手段。在国际关系研究中，过程追踪法的效率和可信度建立在明确的理论命题以及清楚的推理过程的基础上。运用过程追踪法要有明确的假设和对因果过程的明确预估，这样才能在对比理论预测和现实一致性的基础上确定因果关系。理论假设越明确，相应因果过程的假设越细致，对因果关系的检验就会越成功。

过程追踪法与定量分析是互补的两种方法，两种方法解决不同的因果推理问题。定量分析是要确定变量间的共变性，而过程追踪法则是发现变量发生作用的机制。深度的案例分析与大样本的定量研究的结合能够加强因果推理的信度。

第二十二章 定量方法

韩冬临

本章将介绍不同的定量研究方法,并举例说明如何开展理论导向的量化国际政治研究。定量研究方法不仅是国际政治研究中普遍采用的方法,还是当代社会科学的核心方法,因此学习定量研究方法具有重要的意义。

定量研究方法的核心内容之一是统计学,而统计学自身是一门专业学科。对从事国际政治定量研究的人来说,掌握统计学的基础知识非常必要。此外,现有的定量研究方法日新月异,当今发表在国际政治顶级刊物上的论文所使用的各种数量方法不断借鉴计量经济学、心理学、生物统计学甚至数理统计学的方法。最近大数据的发展,又为定量研究方法提供了新的武器。但是,这些方法只是研究国际政治的工具,其本身并不能取代国际政治理论,也无法取代进行国际政治研究的研究设计。并且,定量研究也存在局限性。各种统计方法本身都包含一定的假设条件,而现实的数据往往难以全面满足这些条件。此外,统计数据的可靠性、抽样方法、缺失数据等问题都是定量研究所面临的挑战。

在具体研究中,变量的不同测量方法必须采用不同的统计方法进行估算。如果因变量为定距测量,一般采用相关分析和线性回归等方法进行估算。如果因变量为定类或者定序测量,一般采用逻辑斯蒂回归等方法进行估算。如果因变量包含时间维度,则要考虑采用事件史分析或者面板数据分析方法进行研究。本章无法面面俱到详细分析每一种方法,将集中介绍4种不同的方法——相关分析、线性回归分析、逻辑思蒂回归和事件历史分析,并辅以在《美国政治学评论》或《美国政治学杂志》中发表的知名学者的优秀学术论文作为实例进行解释。在本章的最后会简单介绍其他的进阶定量研究方法,并介绍相关的论文供进一步学习参考。

一、相关分析

发现两个变量之间存在相关(或者关联)是分析因果关系的第一步。因此相关分析是对两个变量进行的简单定量分析。相关分析一般讨论相关的强度和相关的方向,也就是正相关还是负相关。两个变量之间若存在线性关系,则称为线性相关。通过适当的变量变换,线性相关可转换为非线性相关,例如曲线相关。

对于两个定距水平测量的变量,皮尔逊相关系数(Pearson Correlation)可以分析这两个变量之间相关的强度和方向,一般用 r 来表示。如果是线性相关,r 体现了线性相关的强度,其中 $-1 \leq r \leq 1$,当 r = ±1 时,表示两个变量之间存在完美的正或者负的线性关联。r = 0 时表示变量间的关系中没有线性增加或线性减少的趋势。

然而,皮尔逊相关系数只能分析两个定距水平的相关关系。对于两个定序数据的测量,可以采用斯皮尔曼(Spearman)等级相关系数,古德曼(Goodman)和克鲁斯凯(Kruskal)的 γ 可以用来进行分析。此外,对定类—定序变量和定类—定类变量可以采用列联系数、克雷默(Cramér)的 V 系数以及 λ 系数进行分析。当然,相关关系并不等于因果关系,因此在实际应用中,单纯依靠相关分析进行研究的定量分析文章非常少。

劳伦斯·雅各布斯和本杰明·佩奇在 2005 年《美国政治学评论》上发表的《谁影响美国的外交政策?》一文在开展回归分析之前,采用相关分析进行简单的二元关系分析。[①] 该文的数据来自芝加哥外交关系委员会在 1974 年到 2002 年期间赞助的一项研究,研究的对象主要分为两类,一类是美国普通公众,另一类是美国"外交政策领袖",包括政策制定者(行政部门的政府官员、众议院、参议院)、重要的利益集团(商人和劳工)以及专家学者(教育工作者和外交政策研究智库)。

文章中因变量计算方法为:在某一研究中政策制定者支持或反对某一政策的比例(即在所有政策制定者或者行政部门,众议院和参议院子机构中所占的比例)。作者认为,测量得到的百分比可以反映大多政策制定者在一些政策的立场。例如,对国外援助支持的比例可以表明他们对援助的需要程度。文中自变量以同样的方式得到:在与政策制定者面临同样的问题时,公众、商人、劳工和专家学者对这一问题持支持或反对立场的比例。

[①] Lawrence R. Jacobs & Benjamin I. Page, "Who Influences U. S. Foreign Policy?", *American Political Science Review*, Vol. 99, No. 1, 2005, pp. 107—123.

文章二元相关分析的思路是总的外交政策和不同人群的偏好的相关分析。不同的人群包括之前提到的"外交政策领袖",如商人、劳工、教育者、外交政策研究智库、媒体的编辑和记者、与外交政策相关的特殊利益团体,以及宗教官员。相关分析结果显示外交政策和不同人群的偏好具有显著的正相关。例如,"政策制定者"的偏好与媒体($r = 0.94$)、商人($r = 0.91$)、外交政策研究智库($r = .90$)的偏好都显示了非常强烈的相关关系,并且在 0.01 的显著性水平上显著。这样的结果为之后的多元回归分析提供了指南。

二、线性回归

线性回归是社会科学定量研究方法中最基本、应用最为广泛的一种数据分析技术。线性回归可以:(1)通过检验统计上独立的假设,来探讨变量之间是否有关联;(2)用关联的相关量度研究它们关联的强度;(3)估算用自变量预测因变量的回归方程。[①] 一般地,一元线性回归模型可以表示为

$$y_i = \alpha + \beta x_i + \varepsilon_i$$

其中 y_i 表示第 i 名个体在因变量 Y(也称为被解释变量、结果变量)上的取值,y_i 是不确定的,服从随机分布。x_i 表示第 i 名个体在自变量 X(也称为解释变量或原因变量)上的取值。α、β 为参数,或称回归系数。ε_i 被称为随机误差项(或随机扰动项)。在回归模型中,它是不确定的,服从随机分布。根据上式,在确定 α、β 的情况下,给定一个 x 值,我们就能得到一个确定的 y 值。

为了估计总体回归方程中的 α、β,一般采用最小二乘法(ordinary least squares,OLS)进行估算。估算的总体思路是选择回归系数的估计量 $\hat{\alpha}$、$\hat{\beta}$,使得残差 e_i 尽可能地小。

上述的分析只讨论了两个变量之间的关系,因此又被称为二元模型。二元回归函数可以扩展为多元回归函数。如果有 $p-1$ 个变量,则变成

$$y_i = \alpha + \beta_1 x_{i1} + \beta_2 x_{i2} + \ldots + \beta_k x_{ik} + \cdots + \beta_{(p-1)} x_{i(p-1)} + \varepsilon_i$$

多元回归中,与每个自变量有关的系数称为回归系数,用来解释各自变量对因变量的影响,表示在其他自变量保持不变时,增加或减少一个单位时

[①] 〔美〕阿伦·艾格瑞斯蒂,〔美〕巴巴拉·芬蕾:《社会科学统计方法》,朱红兵等译,北京:电子工业出版社,第 250 页。

Y 的平均变化量。一般来说也需要计算并且报告每个自变量系数的标准误，t 统计量表示在控制了模型所有其他变量后各个系数的显著性。

当因变量有多个决定因素时，需要分析哪个因素的影响最大。但是在一般的回归方程中，我们不能直接比较每个自变量对应的系数，因为它们具有不同的度量单位。通常的做法是计算标准化回归系数。标准化回归系数无单位，用来比较各自变量对因变量的影响大小，其数值越大，反映该自变量对因变量的影响越大。但是一般来说，非标准化回归系数要更好，因为它提供了更多关于数据的信息，并且可以直接反映基于实际单位的自变量对因变量的效应。当然，回归分析中到底使用非标准化系数还是标准化系数主要取决于所需要回答的研究问题。

在一般的线性回归中，通常利用判定系数 R^2 作为拟合优度的度量指标，也就是判断该直线与样本各观测点之间的接近程度。R^2 的取值范围是 $[0,1]$，判定系数越接近 1，表明直线拟合得越好，模型的解释力越强。在应用过程中发现，如果在模型中增加一个解释变量，R^2 往往增大。因此，修正判定系数（AdjustedR^2）将残差平方和与总离差平方和分别除以各自的自由度，以剔除变量个数对拟合优度的影响。多数计算机程序在报告判定系数的同时，也会报告修正判定系数。

线性回归中还有多重共线性的问题，指一些自变量之间存在较强的线性关系，这样的情况有可能使通过最小二乘法建立回归方程失效，引起回归系数的标准误变得很大且不稳定，回归方程不稳定，增加或减少某几个观察值，可能导致系数发生很大的变化等一系列问题。判断多重共线性常用的指标是方差膨胀因子（VIF），一般认为单个变量 VIF 系数大于 10，或者平均大于 1 即存在多重共线性问题。解决的方法包括剔除某个造成共线性的自变量，重建回归方程，合并自变量，采用逐步回归方法。

《谁影响美国的外交政策？》一文在进行二元相关分析之后，就采用了最小二乘法的线性回归。回归结果见表 22-1。

表 22-1 汇报的是非标准的普通最小二乘法的回归系数。模型总体的修正判定系数在 0.72—0.88 之间，表示模型具有较好的拟合性。其中模型 1 是纯粹的截面分析，在特定时间内，同时调查政策制定者的政治偏好和商人、专家、劳工和普通公众的政治偏好。模型以政策制定者的政治偏好为因

表 22-1 政府官员外交政策偏好影响因素的分析

变量	政策制定者	众议院	参议院	政府
常数	0.375 (1.09)	-0.067 (1.16)	2.986 (1.72)	0.304 (1.40)
公众	0.03 (0.04)	0.10* (0.04)	0.03 (0.06)	-0.08 (0.05)
商人	0.52** (0.04)	0.43** (0.05)	0.43** (0.07)	0.71** (0.06)
劳工	0.16** (0.04)	0.19** (0.05)	0.21** (0.07)	0.04 (0.05)
专家	0.30** (0.05)	0.28** (0.05)	0.31** (0.07)	0.31** (0.06)
Adjusted R^2	0.88	0.86	0.72	0.82
观测值	482	482	482	482
F-显著性	842.65**	716.25**	308.67**	559.12**
自由度	481	481	481	481

注:以上条目是通过最小二乘法得到的非标准化系数(括号内是标准误),因变量是对问题持特定立场的政府官员的比例,自变量是在同一时期对同一问题持相同立场的以上群体成员的比例。

**$p<0.01$ 和 *$p<0.05$(双尾检验)

来源:Lawrence R. Jacobs & Benjamin I. Page, "Who Influences U.S. Foreign Policy?," *American Political Science Review* Vol.99, No.1, 2005, p114.

变量,以同时期普通公众的政治偏好和之前提到"外交政策领袖"的群体作为自变量。回归分析结果显示,商人的系数(0.52)和专家学者系数较高(0.30)并且显示统计的显著性。而劳工则处于次要地位,其系数较低,公众的系数几乎为零,统计学中它在5%的显著性的水平上作用也不显著。由于文章采用非标准的系数,因此可以直接进行计算,如果商人对外交政策的支持增加10%,则所有外交政策决策者的支持比例大约会增加5%。因此,商人的态度对美国外交政策有重要影响。根据实证的结果,作者甚至认为,"公众弱小的影响力会使得民主学说的信徒失望。国家利益与其他利益竞争,商业利益通常会胜利"。

三、逻辑斯蒂回归

虽然线性回归在定量研究中有着非常广泛的应用,但是它也存在许多的限制。比如,线性回归要求因变量为定距变量,然而,现实生活中,因变量是往往是定序或者分类变量,比如战争与和平,民主与非民主,支持与反对。本节介绍分类变量中的一种变量——二分变量的回归方法。二分变量的编码方式一般用1和0表示。

二分变量作为因变量,其分布已经违反了线性回归的假设,因此不能采用线性回归分析中的最小二乘法进行估算,而必须采用逻辑斯蒂回归模型(logistic regression model),并且采用最大似然估计方法来对模型参数进行估计。如果1表示成功,0表示失败,逻辑斯蒂回归模型转换可以理解为成功对失败的发生比率(odds)的对数。成功的总体比例也可以表示为一个随机选择的被试对象的概率$P(y=1)$,该概率是根据解释变量值的变化而变化的。两者关系是由下面的公式描述的:

$$\log\left(\frac{P(y=1)}{1-P(y=1)}\right) = \alpha + \beta x$$

比值$P(y=1)/[1-P(y=1)]$等于概率(比数)。例如,当$P(y=1)=0.75$时,概率等于$0.75/0.25=3.0$,其含义是成功可能是失败的3倍。该公式使用的是概率的对数,$\log[P(y=1)/(1-P(y=1))]$,其成为逻辑斯蒂转换(logistic transformation)。模型书写为

$$\text{logit}[P(y=1)] = \alpha + \beta x$$

该模型成为逻辑斯蒂回归模型。逻辑斯蒂回归无法用传统的R^2来进行模型评价,一般的评价指标有皮尔逊χ^2、模型χ^2统计量、对数似然比(log-likelihood ratio)统计量。从数学上讲,逻辑斯蒂回归的解释与多元线性回归分析中回归系数的解释并无不同:β表示x改变一个单位时,logit(P)的平均变化量,也就是成功与失败的概率之比的对数变化值。

上述的分析只讨论了二分变量的逻辑斯蒂回归,在现实国际政治的研究中,如果因变量是定序变量(例如,WTO争端解决机制的效力,有效、一般、无效),一般采用次序逻辑斯蒂回归(ordered logistic regression),如果因变量是两个以上类别的分类变量,则采用多项逻辑斯蒂回归(multinomial logistic regression)。其中的机理和解释更加复杂,在此不予展开。此外,二分因变量的模型也可以通过Probit模型进行估算。逻辑斯蒂回归模型和Probit模型具有相似的形状,但是逻辑斯蒂回归模型在处理罕见事件或在预测的概率接近0或者1时更加敏感。除此之外,两个模型几乎总是会得到相似的结论。

与逻辑斯蒂回归密切相关的两种定量分析技术是对数线性分析和列联

表分析。列联表一般用来分析分类变量,依据两个变量的取值将所研究的个案进行分类。对数线性分析是对列联表中存在某些特定关系做推论的一项分析技术。对数线性分析可以评估从依照样本数据建立的列联表中观测到的关系是否有可能也存在于总体中,而且提供了描述这些关系的方法。与逻辑斯蒂回归不同的是,对数线性模型中没有解释变量,而是用行列因子的效应参数来表示两者的关系。此外,对数线性模型关心的是各个变量之间的关联,而逻辑斯蒂回归描述的是因变量怎样依赖于一组自变量。

詹姆斯·费伦和戴维·莱廷在 2003 年《美国政治学评论》发表的《族群,叛乱和内战》一文采用的就是二分逻辑斯蒂回归模型。[1] 文章分析世界范围内的国内暴力冲突,特别是分析族群和宗教对立对国内暴力冲突的影响。文章采用 1945 年至 1999 年的数据,涵盖 161 个在 1990 年人口超过 50 万的国家。其中自变量为国家—年份,变量编码为"1"表示该年冲突发生,只要该冲突中有至少 1000 人死亡。将其余年份编码为"0"。研究的数据表明,根据作者的定义,这段时间一共有 127 场内战,占全部 6610 个样本中的 1.92%。

表 22-2 为内战爆发原因的逻辑斯蒂回归分析的结果。其中模型 1 为基准模型,包括人均国民收入(以 1985 美元为标准)等一系列自变量。逻辑斯蒂回归结果表明,人均国民收入在模型中显示了显著性。根据模型 1,低于 1000 美元的人均国民收入意味着平均每年有 41% 的概率发生内战。将其他变量控制在平均值,收入比例为 10% 的国家在 10 年中有 18% 的概率发生内战,相较之下,中等收入国家概率为 11%,90% 收入国家概率为 1%(各自为 573 美元、1995 美元、9505 美元)。在非洲、中东和亚洲主要的前殖民地中,人均国民收入低于 1000 美元的国家每年有 34% 的概率爆发内战。此外,人口、新国家、山区和政治不稳定等变量在模型中具有显著性。而民主与公民自由、不平等、族群和宗教分化、非相邻国土等变量在模型中没有显著性。

模型 2 关注于"族群战争",即因变量"族群的"或部分"族群的"的战争的发生。模型中收入仍然具有显著性,族群分化(fractionalization)的系数几乎不改变。这对于族群多样性的其他表达方式同样适用。

---

[1] James D. Fearon and David D. Laitin, "Ethnicity, Insurgency, and Civil War", *The American Political Science Review*, Vol. 97, No. 1, 2003, pp. 75—90.

表 22-2　内战爆发原因的逻辑斯蒂回归分析,1945—1999

	(1) 内战	(2) "族群"战争	(3) 内战	(4) 内战 (包括帝国)	(5) 内战 (COW)
之前战争	-0.954** (0.314)	-0.849* (0.388)	-0.916** (0.312)	-0.688** (0.264)	-0.551 (0.374)
人均收入[a,b]	-0.344*** (0.072)	-0.379*** (0.100)	-0.318*** (0.071)	-0.305*** (0.063)	-0.309*** (0.079)
Log(人数)[a,b]	0.263*** (0.073)	0.389*** (0.110)	0.272*** (0.074)	0.267*** (0.069)	0.223*** (0.079)
Log(%山地面积)[a,b]	0.219*** (0.085)	0.120 (0.106)	0.199* (0.085)	0.192* (0.082)	0.418*** (0.103)
非相邻国土	0.443 (0.274)	0.481 (0.398)	0.426 (0.272)	0.798** (0.241)	-0.171 (0.328)
石油出口国	0.858*** (0.279)	0.809* (0.352)	0.751** (0.278)	0.548* (0.262)	1.269*** (0.297)
新国家	1.709*** (0.339)	1.777*** (0.415)	1.658*** (0.342)	1.523*** (0.332)	1.147** (0.413)
不稳定[a]	0.618** (0.235)	0.385 (0.316)	0.513* (0.242)	0.548* (0.225)	0.584* (0.268)
民主[a,c]	0.021 (0.017)	0.013 (0.022)			
族群分化	0.166 (0.373)	0.146 (0.584)	0.164 (0.368)	0.490 (0.345)	-0.119 (0.396)
宗教分化	0.285 (0.509)	1.533* (0.724)	0.326 (0.506)	1.176* (0.563)	
专制政体[a]			0.521* (0.237)		0.597* (0.261)
民主[a,d]			0.127 (0.304)		0.219 (0.354)
常数	-6.731*** (0.736)	-8.450*** (1.092)	-7.019*** (0.751)	-6.801*** (0.681)	-7.503*** (0.854)
N	6327	5186	6327	6360	5378

注:在内战开始的年份因变量记为编码"1",其他年份则为"0"。括号里为标准误差。估算使用的软件是 Stata 7.0。 $*p<0.05$;$**p<0.01$;$***p<0.001$
 a. 滞后一年
 b. 1000 为单位
 c. 政体 IV:从 -10 到 -10
 d. 二分变量
 来源:James D. Fearon and David D. Laitin, "Ethnicity, Insurgency, and Civil War", *The American Political Science Review*, Vol.97, No.1, 2003, p.84.

模型3对政治制度进行了更加细致的区分,包括采用普沃斯基等人的二分法的措施(适用于1950至1991年),或者"自由之家"的分类方法。但是结果仍然显示民主不具备显著性。新国家、山区、政治不稳定和石油输出等变量在模型中仍然有显著性。如果分析模型3为基础,化石能源占出口至少三分之一的国家的内战概率会加倍。"中等国家"10年内的内战可能性为10%,然而同样的石油出口国内战可能性上升为21%。对于"中等国家",在独立前两年的概率为11%。

模型4与模型1基本一致,剔除了民主和宗教结构的变量(宗教变量由于殖民地和宗主国的宗教相似性而难以测定),但是加入了殖民地反对帝国的战争。结果显示,非邻接国家的内战发生率为2.2倍,其他变量不变。但是族群多样性仍然没有在5%的水平上有显著性,因此即使模型加入反殖民战争的变量估计,有关种族多样性直接导致国家倾向于内战的证据仍然是单薄的。模型5则采用了COW项目的数据,重新进行了逻辑斯蒂回归的估算,结果与之前的分析基本一致。

因此,该文认为包括贫穷、大规模人口和内部不稳定在内的国家能力的衰弱是预测国家发生内战危险显著性的因素,而族群和宗教多样性、经济不平等、民主和公共自由缺乏、对少数宗教和语言族群的歧视并不是预测内战显著性的因素。因此,国家面临发生内战的危险的因素不是它们的种族或宗教特征,而是有利于叛乱的条件,包括贫困和较低的国家能力,同时政治不稳定、崎岖的地形和人口众多也有利于叛军招募。

四、事件历史模型

有些研究的因变量的目标是观察它直到某种事件发生为止有多长时间。使用一组解释变量构建随时间变迁事件发生的模型称为事件历史分析(event history analysis),有时候又被称为生存分析(survival analysis)。因此,研究和认识这些事件及其产生的原因的最佳方法是收集描述这些事件的数据,并且研究事件发生的原因。事件历史模型中自变量是描述其变化的一些解释性变量,因变量是风险率(hazard rate),也称风险概率。它描述了所观察的平均每一个体所发生该事件的概率,通常用h表示。令$h(t)$表示时间上t的风险率,风险率和一组解释变量的标准形式是

$$\mathrm{Log}h(t) = \alpha(t) + \beta_1 x_1 + \beta_2 x_2 \cdots + \beta_k x_k$$

β_1 是固定其他预测变量后，x_1 改变一个单位值时风险率对数的变化量。

当然，数据中往往会出现这样的情况：直到研究观察期结束时，研究的事件也没有发生。数据也可能包含截尾（censored）的观测值，指所观察的个体在观察的时期内并没有发生变化，但因其他原因而退出观察，或直到观察结束时仍未发生变化，但因研究停止而被中断的个体状态。忽略截尾数据在参数估计中可能会产生严重的偏差。

事件历史模型有多种分析的方法，一类为离散型的，另一类为连续型的。这两类方法又分别可分为参数或非参数的方法。非参数方法是通过对事件随时间的分布作出可能的假设，参数方法则是用诸如指数分布、威布尔分布、Gompertz 分布等来假设事件之间的关系和事件随时间变化的关系。联系这两种方法的一个重要的桥梁是可以描述半参数或部分参数的 Cox 比例风险模型。

《美国政治学杂志》2015 年发表的加迪斯·凯利和贝恩·西蒙斯的《被数字化的政治：国际关系中作为社会压力的指标》一文采用了 Cox 比例风险模型。[1] 该文是最早提供关于国际关系中社会压力的绩效指标的跨国系统分析的文章之一，并且发现绩效指标是一种在全球范围内都在变得越来越普遍的社会压力形式，且会改变国家的行为。

该文首先认为，美国在抵制人口贩运中扮演了重要的角色。2000 年美国颁布的《人口贩运受害者保护法》赋予美国国务院在全球范围内推行任何抵制人口贩运的政策并监测评估其他国家行为的权力。因此，美国国务院发布一年一度的《人口贩运报告》（Trafficking in Persons [TIP] Report）。从 2004 年起，这份评估已经和美国的对外援助相联系。因此，人口贩运报告和评估被认为对被评估国家施加了一定的社会影响。

该文的因变量是各国国内法律中人口贩运的非法化。因为这是一个单向的事件，在数据集中每个国家只发生一次，因此，需要用 Cox 比例风险模型来分析各种因素是怎样影响一个还没有将人口贩运非法化的国家这样做的可能性。数据的范围涵盖 2000 年到 2011 年。

---

[1] Judith G. Kelley and Beth A. Simmons, "Politics by Number: Indicators as Social Pressure in International Relations", *American Journal of Political Science*, Vol. 59, No. 1, 2015, pp. 55—70.

解释变量包含一系列变量来测量社会压力。"在报告中"是一个二分变量，表明了一个国家是不是在《人口贩运报告》中被评估并且因此获得"审查"。"层"表明了对一个国家在报告中的评估：是在第一、第二还是在第三层中，或者是在"观察名单"上。根据美国国务院《人口贩运报告》的定义，第一层表明国家反对人口贩运的表现最好，第三层则表示最差。从2004年开始，《人口贩运报告》增加了"观察名单"，通常被认为是2.5层。根据定义，列入"观察名单"和"第三层"的国家被认为具有严重的人口贩运问题。

因此，不同的"层"也反映了国家"羞愧"的程度。第一层的国家因为其表现优良而被表扬。"羞愧"是另外一个二元指标，被定义为一个国家是否被写在第三层或在"观察名单"上。"第一次降级"也是一个指标，表明一个国家在一年之内被第一次评估为在第三层（不是第一次被写在观察名单上）或在"观察名单"上。此外，为了分析美国援助的影响，变量包含"美国的援助"和"美国援助在GDP中的份额"，"目标国家和美国的贸易在GDP中所占份额"也被使用。

表22-3采用Cox模型分析了各国贩运人口的非法化，并且发现支持社会压力的假设。首先，"被列入报告"在各个模型中都显著。模型3.1显示了人口贩运事件发生率的变量在预测非法化中并不重要。模型3.2和3.3展示了与不在报告中的国家相比，被包含在内的国家在任何一年中都有3.6到3.9倍更可能将人口贩运非法化。此外，模型也控制了其他因素，包括在国会中女性所占席位、公民的自由、国家的刑事定罪区域密度和国家是否认可2000年人口贩运协议。这些控制变量都在模型中显示显著。模型3.3同时显示美国的援助本身对于这一结果并没有多少影响。因此模型3.4详细分析了报告是如何与美国的援助互相联系，将美国援助和"被列入报告"进行交互作用，但是其p值有0.103，因此，"被列入报告"也许会放大美国有效运用援助的可能性。总的来说，文章认为美国关于人口贩运的审查和监测说明世界上各个国家对于监测都很敏感，对它们的排名也很敏感。

表22-3　Cox 模型分析人口贩运非法化,风险比

	模型3.1	模型3.2	模型3.3	模型3.4	模型3.5
在报告中	5.706***	3.609***	3.897***	2.208*	3.437***
	(3.387)	(1.218)	(1.289)	(1.052)	(1.205)
议会中女性比例	1.019**	1.020**	1.016**	1.015**	1.016**
	(0.008)	(0.008)	(0.007)	(0.007)	(0.008)
公民自由	0.888	0.900	0.867**	0.864**	0.843***
	(0.080)	(0.083)	(0.053)	(0.053)	(0.049)
地区犯罪密度	4.576***	3.110**	4.048***	4.399***	4.453***
	(2.486)	(1.601)	(1.886)	(2.095)	(2.053)
2000 TIP 协议批准	1.872**	1.787**	1.927***	1.888***	1.810***
	(0.460)	(0.442)	(0.438)	(0.432)	(0.398)
信息缺失($t-2$)	1.192	1.154	1.192**	1.202**	1.212**
	(0.143)	(0.115)	(0.091)	(0.093)	(0.093)
源国家人口贩卖强度	0.956				
	(0.085)				
中转国家人口贩卖强度	1.146				
	(0.123)				
目的地国家人口贩卖强度	0.946				
	(0.104)				
总人口(记录)		0.951			
		(0.076)			
非政府组织密度		1.116			
		(0.082)			
人均 GDP(取对数)		1.105			
		(0.119)			
腐败		1.008			
		(0.203)			
美国援助(取对数)			0.978	0.937**	
			(0.015)	(0.029)	
美国援助 * 在报告中				1.057	
				(0.036)	
美国援助占国民生产总值比重					0.988
					(0.012)
美国援助占 GDP 的比重 * 在报告中					1.012
					(0.013)
观测值	1,251	1,307	1,392	1,392	1,373

(续表)

	模型3.1	模型3.2	模型3.3	模型3.4	模型3.5
Log	-400.5	-433.6	-467.4	-466.3	-457.7
个案	144	157	160	160	158
失败	95	99	107	107	105

$***p<0.01, **p<0.05, *p<0.1$

注：括号内为稳健标准误。所有的解释变量都滞后一期除非注明。除了模型3.1,所有的模型都符合风险比假设的正确性。

来源：Judith G. Kelley and Beth A. Simmons, Politics by Number: Indicators as Social Pressure in International Relations, *American Journal of Political Science*, Vol. 59, No. 1, 2015, pp. 55—70.

五、其他定量研究方法

介绍完以上四种主要方法后，本章最后再简要介绍几种应用较为广泛的方法。

1. 工具变量

工具变量(instrumental variable estimation)常常用来处理内生性问题。如果可以找到一个变量(Z),它与影响结果(Y)的未观测变量(u)无关,与模型中被认为和未观测变量相关的变量(X)相关,在控制了观测和未观测变量的作用后与结果变量无关,那么Z可以用作X的一个工具变量以获得X对Y效应的相对无偏估计。工具变量同时可以用来分析因果顺序不清或者互为因果的模型。

工具变量估算的难点是往往很难找到好的工具变量,而不好的工具变量经常带来比不用工具变量更加糟糕的估算结果。出现随机解释变量且与随机误差项相关时,OLS估计量是有偏的。工具变量在国际政治经济研究中有重要运用,例如蒂姆·布斯和海伦·米尔纳2008年发表的《流向发展中国家外商直接投资的政治：通过国际贸易协定增加外商直接投资?》就采用了工具变量的方法进行估算。[1]

---

[1] Tim Büthe & Helen v. Milner, "The Politics of Foreign Direct Investment into Developing Countries: Increasing FDI through International Trade Agreements?", *American Journal of Political Science*, Vol. 52, No. 4, 2008, pp. 741—762.

2. 结构方程

结构方程模型(structural equation modeling, SEM)是基于变量的协方差来分析变量之间的关系,可以分析设计潜变量的复杂关系。它能够同时处理多个变量,容许自变量和因变量含有测量误差,同时估计因子结构和因子关系,容许更大弹性的测量模型,估计整个模型的拟合程度。

结构方程模型一般由两部分组成。第一部分是测量模型(measurement model),它类似因子分析,由观测变量派生出一组不可观测因子。测量模型详细说明可观测变量与一组不可观测的因素,即潜变量有怎么样的关系。第二个部分是结构模型(structural model)。结构模型是用回归模型来具体说明变量之间的因果关系。结构方程模型在国际政治中也有广泛应用,例如琼·霍尔维茨和马克·佩夫雷在1987年发表的《外交政策态度的结构如何?一个层次模型》采用了结构方程模型。[1] 史天健、吕捷和约翰·阿尔德里奇在2011年发表的《中国城市居民中美国的双重形象以及媒体环境》也采用了结构方程模型。[2]

3. 多层线性模型

社会科学研究中,个人的表现和行为方式总是受到其社会环境的影响。个体与环境之间的互动关系决定了研究中所用数据的多层结构。分层数据最初始于在教育学研究的研究。例如,对学生成绩的研究可以测试每个学生在一系列测验中每次测验的成绩,学生嵌套在学校内。模型可以分析一个学生的特征效应(如以往测验的成绩)和学生所在学校的特征效应。分层模型包含单元的不同层。正如刚刚提到的例子,该模型包含预测学生的期望响应变量项和预测学校内的期望响应变量项。层1是指对学生层的测度,层2是指在学校层上的测度。这种有分层结构的模型成为多层模型(multi-level model)。

国际政治研究中常常要考虑环境的因素。最典型的是个人一定是生活在主权国家里,因此进行估算的时候可以考虑个人与国家两个层级进行分

---

[1] Jon Hurwitz and Mark Peffley, "How Are Foreign Policy Attitudes Structured? A Hierarchical Model", *The American Political Science Review*, Vol. 81, No. 4, 1987, pp. 1099—1120.

[2] Tianjian Shi, Jie Lü and John Aldrich, "Bifurcated Images of the U. S. in Urban China and the Impact of Media Environment", *Political Communication*, Vol. 28, No. 3, 2011, pp. 57—376.

析,但是普通的最小二乘法回归无法胜任多层次分析的任务。因此,必须采用多层次模型进行计算。索尔特 2008 年发表的《经济不平等与民主政治参与》一文①、安德森和辛格 2008 年发表的《敏感的左派和无动于衷的右派:多层次模型以及在欧洲的不平等、意识形态和合法性》都采用了多层次模型。②

4. 面板数据分析

因果关系成立的必要条件之一就是现象的发生存在先后的顺序,也就是原因应该先于结果。截面数据通常不包含时间的先后顺序,因此,有的研究选择在不同时间点对同一样本进行重复观测。这样的数据被称为面板数据或追踪数据。面板数据分析方法是最近几十年来发展起来的新的统计方法。面板数据能够提供更多的信息、更多的变化、更少的共线性、更多的自由度和更高的估算效率,因此在国际政治研究特别是国际政治经济研究中不断被采用。例如,米尔纳和廷利 2011 年发表的《谁支持国际经济交往?美国外交经济政策的来源》③以及舍弗和斯劳特 2004 年发表的《经济不安全与生产全球化》,都采用了面板数据分析。④

5. 大数据分析

伴随着信息技术的发展,数据科学,特别是大数据正在引发社会科学研究方法的变革,并且成为政治科学研究的新趋势。大数据具有常见的容量大、类型多、时效性高、准确性高等特征。这类数据超越了普通定量研究数据量,从而产生了新的大数据分析技术,包括相关的人工智能、仿真模拟、网络分析等一系列与大数据发展密切相关的研究。

大数据的兴起为国际政治研究方法的发展提供了新的工具。例如,随着人工智能的发展,计算机能够从大量的数据中学习到相关的规律和逻辑,然后利用学习到的规律进行预测。因此,国际政治研究关注的抗争、冲突、

---

① Frederick Solt, "Economic Inequality and Democratic Political Engagement", *American Journal of Political Science*, Volume 52, Issue 1, 2008, pp. 48—60.

② Christopher J. Anderson and Matthew Singer, "The sensitive left and the impervious right: multi-level models and the politics of inequality, ideology, and legitimacy in Europe", *Comparative Political Studies* Vol. 41, No. 4—5, 2008, pp. 564—99.

③ Helen V. Milner and Dustin H. Tingley, "Who Supports Global Economic Engagement? The Sources of Preferences in American Foreign Economic Policy", *International Organization*, Vol. 65, No. 1, 2011, pp. 37—68.

④ Kenneth Scheve and Matthew J. Slaughter, "Economic Insecurity and the Globalization of Production", *American Journal of Political Science*, Vol. 48, No. 4, 2004, pp. 662—74.

战争等一些未知的风险都可以通过海量数据的分析展开预测,从而实现未雨绸缪。例如,在冲突研究中,托马斯·沙德福(Thomas Chadefaux)利用新闻报道建立每周风险指数,分析自1900年以来的内战和国家间战争。根据他的研究,新闻报道数量的变化可以有效地提高冲突预测的准确率。[①]

六、小结

国际政治定量研究内容丰富,方法多样,有志于从事定量研究的学生需要阅读和学习专业性更强的各种方法。由于篇幅的限制,本章讨论的定量方法只局限于统计方法,对大数据分析也只能初步展开,没有对实验研究方法展开讨论,但是实验方法的结果分析仍然离不开定量研究方法。总之,国际政治的研究不仅要学习定量方法,而且需要思考如何进行研究设计,将定量方法运用到具体的研究中去,从而实现用定量方法来检验国际政治的命题。

---

① Thomas Chadefaux, "Early Warning Signals for War in the News", *Journal of Peace Research*, Vol. 51, No. 1, 2014, pp. 5—18.

第二十三章 博 弈 论

漆海霞

形式模型(formal model)方法是指应用数学对某个国际关系问题建立模型进行分析的方法。数学方法能够提供简洁的语言来描述问题的关键要素,是发展理论的有力推理工具。在国际关系领域,由于大量的形式模型方法采用的是博弈论模型,因此形式模型方法主要指博弈论。博弈论主要是分析两个或多个行为体的互动,根据固定的规则预测它们的行为,可以较好地模拟国际关系战略决策,因此博弈论受到国际关系学者的偏爱。根据博弈的轮次,一般可以分为静态博弈和动态博弈,其中动态博弈又可以分为有限多轮博弈和无限多轮博弈,不同博弈的结论各异,因此不同学派可以从各种博弈中找到支持其观点的模型。例如现实主义者从囚徒困境中发现合作的困难[1],而新自由主义者从无限多轮囚徒博弈中找到合作的可能。[2] 下面将展开分析。

一、静态博弈

博弈的实质是对冲突与合作的决策分析,通过分析决策者在不同博弈模型下的选择进而预测他们的行为。而在国际关系领域,战争与和平是永恒的话题,因此我们可以看到大量研究应用博弈模型对国际关系进行分析。博弈模型包括三个要素:参与人(player)、策略(strategy)和支付(payoff)。因此,博弈就是关于谁采取什么行动得到什么的模型。从博弈模型的表述方法看,包括两种:一种是标准式,即数字矩阵,多用于静态博弈。另一种是扩展式,即树形图,多用于动态博弈。

1. 第一次世界大战与囚徒困境

第一次世界大战是历史的悲剧,然而从事后看,"一战"的爆发并非当时

---

[1] 〔美〕约瑟夫·格里科:《无政府状态和合作的限度:对最近自由制度主义的现实主义评论》,载〔美〕鲍德温主编:《新现实主义和新自由主义》,肖欢容译,杭州:浙江人民出版社2001年版,第115—139页。

[2] 〔美〕罗伯特·阿克塞尔罗德、〔美〕罗伯特·基欧汉:《无政府状态下的战略和制度合作》,载〔美〕鲍德温主编:《新现实主义和新自由主义》,第85—114页。

各国决策者的本意。从德国"一战"前的战略看,德国皇帝威廉二世希望与英国联盟,从而避免法国的复仇,然而从结局看,显然这一战略非常失败,英国不仅没有成为德国的盟友,反而视德国为敌。

德国外交失败的关键因素之一是德国大力发展海军及其导致的英国的恐惧与遏制。自从马汉(Alfred Thayer Mahan)开创海权论以来,其思想为各国决策者所欣赏。例如,在1894年马汉访问南安普敦时受到了非常隆重的接待,接见马汉的不仅有英国女王维多利亚,还有她的两个外孙德国皇帝威廉二世和威尔士亲王(即后来的英国国王爱德华七世)。其中威廉二世可以说是马汉的发烧友,深受海权论影响。

在海权论影响下,德国大力发展海军,1898年通过《海军法》。1901年至1913年,海军军费开支占德国所有开支的90%。其中1897年至1900年海军军费的增长速度为14%左右,陆军军费增长速度为2%左右。然而,当时的英国世界霸权的根基就是海权,英国依靠强大的海军控制全球的殖民地,因此,一旦德国大力发展海军,必然招致英国的遏制。早在1889年,英国通过《海军防卫法案》,要求皇家海军至少应等于任何其他两强的海军力量。1900年,英国海军情报机构断定,在未来战争中,德国将是英国最可能的对手。1904年,英国海军为对德战争制定了战略计划,英德陷入海军军备竞赛。在英德海军竞赛中,双方之所以骑虎难下,关键是因为两国陷入了安全困境。

国际关系学者常常应用囚徒困境来分析安全困境。图23-1是囚徒困境博弈,其中,每个方框左边表示的是囚徒A的支付,右边表示的是囚徒B的支付。我们可以看出,在囚徒困境下,两个囚徒难以实现合作。这就为我们理解"一战"前的英德关系提供了可行的视角。

		囚徒B	
		坦白	抵赖
囚徒A	坦白	−8, −8	0, −10
	抵赖	−10, 0	−1, −1

图23-1 第一个囚徒困境博弈

2. 如何建立静态博弈模型

前文我们谈到博弈模型的三要素时说了参与人和策略的两个要素,但是对于支付并没有进行详细分析,而是留待此处。

关于囚徒困境,我们可以发现,在不同的书中,囚徒困境并不相同。例如图23-1和图23-2都是囚徒困境①,但是我们看到支付并不相同,在图23-1中,如果两个囚徒都坦白,双方支付均为-8,而在图23-2中双方支付则为-1。如果一方坦白另一方抵赖,坦白的一方在图23-1中的支付为0,而在图23-2中的支付为10。抵赖的一方在图23-1中和图23-2中的支付均为-10。如果双方都抵赖,则图23-1中双方的支付均为-1,而图23-2中双方的收益均为9。为何两个有如此差异的博弈都叫做囚徒困境呢?

		囚徒B	
		坦白	抵赖
囚徒A	坦白	-1, -1	10, -10
	抵赖	-10, 10	9, 9

图 23-2　第二个囚徒困境博弈

事实上,如果我们只比较具体数值的大小,则很难看出端倪。但是若从策略的角度看,我们可以发现,对于每个囚徒,都有四个策略组合:A = 对方抵赖,自己坦白;B = 对方坦白,自己坦白;C = 对方抵赖,自己抵赖;D = 对方坦白,自己抵赖。根据表23-1,我们可以发现,从基数的角度看,两个囚徒困境博弈的支付具体数值都有不同。但是如果从序数的角度看,我们可以看到,两个囚徒困境博弈中支付的序数排序都是相同的。在采用策略 A 即对方抵赖而自己坦白,所得支付最高,排序为第1。在采用策略 C 即对方抵赖而自己也抵赖时,所得支付其次,排序为第2。在采用策略 B 即对方坦白而自己也坦白时,所得支付较差,排序为第3。在采用策略 D 即对方坦白而自己抵赖时,所得支付最差,排序为第4。因此我们可以看到,只要符合这种排序,就是囚徒困境博弈。因此,图23-3是按照序数排序的囚徒困境博弈。

---

① 其中,图23-1"第一个囚徒困境博弈"源自张维迎:《博弈论与信息经济学》,上海:格致出版社2004年版,第15页。图23-2"第二个囚徒困境博弈"来自〔美〕查尔斯·利普森:《经济和安全事务领域的合作》,载〔美〕鲍德温主编:《新现实主义和新自由主义》,第66页。

表 23-1　两个囚徒困境博弈的支付和排序

策略	第一个囚徒困境博弈中的支付	第二个囚徒困境博弈中的支付	第一个囚徒困境博弈中的支付的序数排序	第二个囚徒困境博弈中的支付的序数排序
A(对方抵赖,自己坦白)	0	10	第 1	第 1
B(对方坦白,自己坦白)	−8	−1	第 3	第 3
C(对方抵赖,自己抵赖)	−1	9	第 2	第 2
D(对方坦白,自己抵赖)	−10	−10	第 4	第 4

囚徒B

	坦白	抵赖
囚徒A 坦白	第3，第3	第1，第4
囚徒A 抵赖	第4，第1	第2，第2

图 23-3　按照序数排序的囚徒困境博弈

在弄清楚了支付的序数排序这一特点以后,我们在建立博弈模型时应该如何确定支付呢？在此赋值不仅需要考虑排序,还需要根据具体情况加以斟酌。下面将结合案例进行具体分析。第一次世界大战前,第一时间将大炮等重型武装运送至战场是取胜的关键。因此,在萨拉热窝事件后,法国和德国必须决策是否尽快调拨大炮,双方共有以下策略：对方调拨大炮自己也调拨大炮,对方调拨大炮而自己不调拨大炮,对方不调拨大炮而自己调拨大炮,对方不调拨大炮而自己也不调拨大炮。首先从排序的角度看,如果对方不调拨大炮而自己调拨大炮,则己方获得战争先机,更有可能获胜,应该排序第 1。如果对方不调拨大炮而自己也不调拨大炮,则战争有可能可以避免,排序第 2。如果对方调拨大炮自己也调拨大炮,则战争爆发,双方都没有获得先机,排序第 3。如果对方调拨大炮而自己不调拨大炮,则对方获得先机,己方处于被动挨打的局面,排序最后。从理论上说,我们可以按照排序进行任意赋值,但是从习惯上讲,我们常常认为不发生战争的情况是维持现状,则没有变化,往往赋值为 0。在确定根据这个习惯赋值的支付后,我们可以按照排序确定其他策略的支付。如果对方不调拨大炮而自己调拨大炮，则主动一方占据先机，更容易获胜，我们可以确定其收益为1。如果对方调拨大炮自己也调拨大炮，则战争爆发，双方都没有获得先机，同时双方都必须付出战争成本，因此可以赋值 –10。如果对方调拨大炮而自己不调拨大炮，则己方非常被动，甚至可能战败，可以赋值 –11。

		德国	
		调拨	不调拨
法国	调拨	–10, –10	1, –11
	不调拨	–11, 1	0, 0

图 23-4　"一战"前的德法博弈

如果我们把图 23-4 中的博弈按照序数排列，可以得出图 23-5 "按照序数排列的'一战'前的德法博弈"。若将图 23-5 与图 23-3 "按照序数排序的囚徒困境博弈"比较，我们可以发现这两个博弈的排序是一致的，因此我们可以说，在第一次世界大战之前，德国与法国在战前的决策陷入了囚徒困境中。

		德国	
		调拨	不调拨
法国	调拨	第3，第3	第1，第4
	不调拨	第4，第1	第2，第2

图 23-5　按照序数排列的"一战"前的德法博弈

3. 博弈求解

对于博弈，曾经有以下几种解法。首先是占优策略均衡，亦即不论其他参与人选择什么战略，他的最优战略是唯一的。其次是剔除劣势策略均衡，其思路是：若参与人有劣势策略，将之剔除，构成新的博弈，再继续剔除，直至只剩一个唯一的策略组合。再次是最大最小值（maxmin），即在自己所得的各种最小收益中，寻找最大的一种情况。最后是最小最大值（minmax），即在对方所得的各种最大收益中，寻找最小的一种情况。

自从纳什计算出纳什均衡以后，纳什均衡取代了以上各种均衡，成为分析静态博弈的最重要均衡。从含义上看，纳什均衡是一种策略组合，使得每个参与人的策略是对其他参与人策略的最优反应。

图23-6是对囚徒困境求纳什均衡解。首先,我们可以分析囚徒A的行为。如果囚徒B选择坦白,则囚徒A的最优选择是坦白,因为此时坦白得到-8,大于抵赖所得到的-10,为方便计算,我们可以在-8下面画一横线。如果囚徒B选择抵赖,则囚徒A的最优选择是坦白,此时坦白所得的0大于抵赖所得的-1,我们也在0下面画一横线。其次,我们可以分析囚徒B的行为。如果囚徒A选择坦白,此时囚徒B的最优选择是坦白,因为坦白所得的-8大于抵赖所得的-10,我们在-8下画一横线。如果囚徒A选择抵赖,此时囚徒B的最优选择是坦白,因为坦白所得的0大于抵赖所得的-1,我们在0下面画一横线。因此从图23-6来看,我们可以发现,(坦白,坦白)是囚徒A和囚徒B选择的针对对方策略的最优反应的最后结果,亦即(坦白,坦白)是纳什均衡解。可见,在囚徒困境下,尽管大家都知道(抵赖,抵赖)对双方都好,但是无法达到这一结果,最终的结果是双方都坦白。

图23-6　囚徒困境博弈的纳什均衡解

二、有限多轮博弈

从含义上看,动态博弈与静态博弈的区别主要有以下三点。首先,行动有先后顺序。其次,在动态博弈中,先行动者的选择影响后行动者的选择空间。第三,在动态博弈中,后行动者可以观察到先行动者做了什么选择。在动态博弈中,每个参与人的思考方式就像下棋一样,考虑的问题是:如果我如此选择,对方将如何应对?给定他的应对,什么是我的最优选择?

1. 动态博弈

由于动态博弈与静态博弈有重大差别,因此在表述方式上就不能采用静态博弈所用的矩阵,而是采用扩展式(也称博弈树)来进行表述。在博弈树中,主要包括以下三部分:首先是节点(nodes),包括决策节点和终点节其次是枝（branches），每一枝代表一个行动。最后是信息集（information sets），每个参与人在决策节点选择行动时，需要有关信息，对此前博弈过程的一个全部而明确的认识就构成了一个信息集。在动态博弈中，每个行为者的策略是指在博弈开始之前规定出每一个决策点上的选择。回顾我们前面所学的囚徒困境这一静态博弈，如果将之变成动态博弈，则如下图。

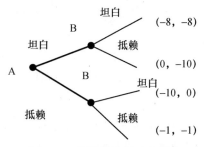

图 23-7　囚徒困境的动态博弈

在图 23-7 中，需要注意的概念是"子博弈"，由原博弈中某个决策点（信息集）开始的部分构成一个子博弈。在囚徒困境的动态博弈中，存在两个子博弈，一个是当 A 坦白时，B 选择坦白还是抵赖。另一个是当 A 抵赖时，B 选择坦白或抵赖。

如果我们考虑性别战的话，也可以将静态博弈中的性别战博弈转化成动态博弈。图 23-8 是性别战的静态博弈，在此博弈中，存在两个均衡解，即双方都选择爬山或者都选择看海。如果我们假设在此博弈中，一方先选择而另一方后选择，则成为动态博弈。

		B	
		山	海
A	山	<u>2</u>, <u>3</u>	0, 0
	海	0, 0	<u>3</u>, <u>2</u>

图 23-8　性别战的静态博弈

如果图 23-8 的性别战变成动态博弈，假设 A 先在爬山和看海这两个选项中进行选择，在观察到 A 的行为后，B 再在爬山和看海这两个选择中选择，则我们得到图 23-9"性别战的动态博弈"。在图 23-9 中，存在两个子博弈，一个是当 A 选择爬山时，B 面临两个选择：爬山或者看海。第二个是当 A

看海时，B 选择爬山或者是看海。

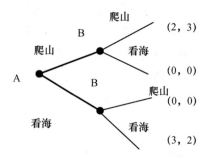

图 23-9　性别战的动态博弈

2. 逆向归纳法

在性别战的静态博弈中，存在两个均衡解，即双方都爬山或者双方都看海。那么，如果从静态博弈变成动态博弈，均衡解是否会发生变化？在此，我们需要对动态博弈求解。动态博弈的均衡解称为序贯均衡，常用的求解方法是逆向归纳法。

逆向归纳法（backwards induction）是从动态博弈的最后一个子博弈开始分析，逐步向前倒推以求解动态博弈。具体求解过程见图 23-10。第一步是分析终点节上参与人的最优选择，通过比较不同选择下的收益寻找收益更好的行为，在图 23-9 中就是先分析 B 的选择。第二步就是分析终点节前一个节上参与人的最优选择，在图 23-9 中就是分析 A 的最优选择。第三步是继续分析之前一个节上的参与人的最优选择，然后依次类推，一直分析到起点上的参与人的最优选择，最后将从起点到终点节的所有参与人的选择路径确定，从而得到序贯均衡解。

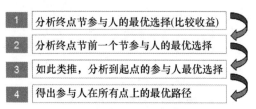

图 23-10　逆向归纳法的流程

根据逆向归纳法，我们可以对图 23-9 性别战的动态博弈进行分析。首先，我们分析 B 的选择，当 A 选择爬山时，B 选择爬山获得 3，选择看海获得 0，所以 B 会选择爬山。当 A 选择看海时，B 选择爬山获得 0，选择看海获得

2,则 B 会选择看海。其次,我们分析第一轮 A 的选择,当 A 选择爬山时,由于 A 知道此时 B 在第二轮必然会选择爬山,因此 A 选择爬山获得 2,若 A 选择看海,由于 B 在第二轮必然会选择看海,因此 A 选择看海获得 3,3 大于 2,所以 A 在第一轮会选择看海。因此这一博弈的序贯均衡是 A 选择看海,B 也选择看海。这与性别战的静态博弈中存在两个纳什均衡的情况不同,我们可以发现,在性别战的动态博弈中,A 具有先动优势,序贯均衡中 A 的收益大于 B。

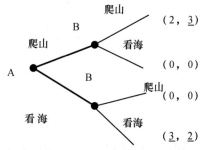

图 23-11　性别战动态博弈的均衡解

如果我们根据逆向归纳法求解图 23-7 的囚徒困境动态博弈,那么其序贯均衡解是什么呢？同样运用逆向归纳法,我们就可以找到答案。在图 23-7 中,首先我们需要分析最后一轮 B 的选择。当 A 选择坦白时,B 选择坦白获得 -8,选择抵赖获得 -10,显然 B 会选择坦白。当 A 选择抵赖时,B 选择坦白获得 0,选择抵赖获得 -1,可见 B 会选择坦白。其次,我们需要分析此前一轮 A 的选择,若 A 选择坦白,此时 B 必然会坦白,导致 A 只能得到 -8。若 A 选择抵赖,此时 B 必然会选择坦白,则 A 获得 -10,由于 -8 大于 -10,因此 A 在第一轮会选择坦白。囚徒困境动态博弈的序贯均衡就是 A 选择坦白,B 也选择坦白。以上过程体现在图 23-12 中。

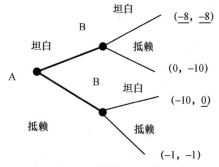

图 23-12　囚徒困境动态博弈的序贯均衡

三、无限多轮博弈

愚公移山是我们耳熟能详的故事,在《列子·汤问篇》中,对这一故事进行了详细的描述。愚公居住在大山中,生活很不方便,因此率领子孙搬山。愚公的行为受到智叟的嘲笑,智叟认为愚公年老体弱,根本不可能搬山。然而愚公作了一个很震撼的回答,说就算自己死了,但自己还有子孙,而山不会有变化,因此最终可以铲平高山。这番话不仅说服了智叟,也震慑住了山神。山神见愚公如此有毅力,早晚会铲平高山,因此上天告知天帝。天帝受了感动,派神仙帮助愚公把高山搬走。

1. 无限多轮博弈的模型

我们可以根据前文所学的静态博弈对愚公移山建立一个博弈模型。博弈的双方是愚公和山神,双方都有两个选择,移山或者等待。假设愚公移山一次需要花费的成本为10,山神一次将山全搬走的成本为100,因为愚公移山一次,只能搬走高山的部分泥土,而山神则是将山全搬走,因此显然山神付出的成本更大。而若愚公不移山,愚公家门口的山阻碍交通,给愚公带来不便,这种成本是交通成本,只需爬山,并不需要挖山并将泥土运走,所以成本小于愚公移山一次的成本,我们可以认为成本为2。

		山神 移山	山神 等待
愚公	移山	−10, −100	−10, 0
愚公	等待	0, −100	−2, 0

图 23-13 愚公移山的静态博弈

在图 23-13 中,我们对愚公移山的故事建立了静态博弈。可以看出,若我们按照纳什均衡对之求解的话,则当愚公选择移山的时候,山神会选择等待,当愚公选择等待时,山神仍会选择等待。当山神选择移山时,愚公会选择等待,当山神选择等待时,愚公仍会选择等待。因此,纳什均衡结果就是(等待,等待)。而这个结果恰恰是智叟所建议的,可见智叟的方案在静态博弈中是均衡结果,但是为何愚公没有听智叟的话,反而能够得到相对更好的结果呢?其原因在于,愚公移山的故事体现了无限多轮博弈的本质。

事实上,愚公移山并没有无限多轮持续下去,但是为何这个故事体现了无限多轮博弈的精髓？愚公带领大家移山所持续的时间不会超过数年,"寒暑易节,始一反焉"。也就是说,事实上博弈没有无限持续下去。但是关键在于愚公所说的话。在智叟笑话他时,他说道:"虽我之死,有子存焉;子又生孙,孙又生子;子又有子,子又有孙。子子孙孙,无穷匮也。而山不加增,何苦而不平?"这番话使山神极度恐惧,"操蛇之神闻之,惧其不已也,告之于帝"。由于愚公成功地使山神相信博弈会无限进行下去,因此山神通过对未来前景的预期而选择当前的最佳行为。任何事情都不可能无限持续,博弈亦然。因此,只要博弈双方认为博弈会无限继续下去,那么这个博弈就是无限多轮博弈。

正如愚公移山的静态博弈与无限多轮博弈有不同解一样,在无限多轮博弈下,博弈双方的选择可能与静态博弈的选择不同,一些难以实现合作的静态博弈若变为无限多轮博弈,则双方可能实现合作。阿克塞尔罗德利用计算机模拟,发现如果两个囚徒实施针锋相对的策略,双方可能实现合作。① 这一发现对于国际关系理论具有突破意义。现实主义学者往往借鉴囚徒困境分析国际无政府状态下安全困境的冲突本质,对此,自由制度主义者很难反驳,因为即使将囚徒困境博弈从静态博弈变成有限多轮博弈,囚徒双方依然会选择相互背叛。但是阿克塞尔罗德的新发现可以有力支持新自由制度主义的观点,在无限多轮博弈中,囚徒双方可以实现合作,这一发现使学者们突破了安全困境的悲观荫翳,可以致力于寻找在无政府状态下如何使各国合作的制度保障。

2. 子博弈完美

无限多轮博弈具有以下特征:首先,前一阶段的博弈不改变后一阶段的结构;其次,所有参与人都可以观察到博弈过去的历史;最后,参与人的总支付是所有阶段博弈支付的贴现值之和。

(1) 贴现因子

为了理解无限多轮博弈,我们有必要解释"贴现因子"这一概念。我们知道,同样一个东西,在未来的价值与现在的价值是不同的,在此,我们可以用存款来表示。存款的利息 r 就是贴现率。若存款利息为 5%,则三年后的

---

① 〔美〕阿克塞尔罗德、〔美〕基欧汉:《无政府状态下的战略和制度合作》,载〔美〕鲍德温主编:《新现实主义和新自由主义》,第 103 页。

10000元相当于现在的多少钱？我们可以假设所求的值为 X。

$$X(1+5\%)^3 = 10000$$

得
$$X = 8638.38$$

这表明,当前的 8638.38 元钱,相当于三年后的 10000 元,而利息 5% 就是贴现率 r。

以上是通过生活中的小案例对贴现率加以解释,在博弈中,我们遇到的往往不是金钱问题,而是各种支付。一般来说,1 是单位数值,在多轮博弈中,若下一阶段获得的支付为 1,则相当于现在的价值为 $1/(1+r)$。我们可以将下一阶段得到 1 的现值设为 δ,在此现值是指未来收益在当前的价值,计算如下。

$$\delta(1+r) = 1$$

可得
$$\delta = \frac{1}{(1+r)}$$

δ 代表相当于未来一阶段价值为 1 的现值,我们可以称 δ 为贴现因子。若我们要计算下一阶段价值为 2 的现值,则可得其现值为 2δ,若要得到下一阶段价值为 3 的现值,则为 3δ,若要使下一阶段所得的价值为 π,则其现值为 $\pi\delta$。以上都是计算未来一个阶段某价值的现值,若我们要计算未来两个阶段得到收益为 x 的现值,则其现值为 $\delta^2\pi$。

前文讨论了贴现因子这一核心概念,下面将结合具体博弈模型探讨如何找出无限多轮博弈的子博弈完美均衡。图 23-14 是前文中多次讨论过的囚徒困境博弈。

		囚徒B	
		坦白	抵赖
囚徒A	坦白	−8, −8	0, −10
	抵赖	−10, 0	−1, −1

图 23-14　囚徒困境博弈

图 23-14 是囚徒困境的静态博弈,在静态博弈中,每个囚徒的策略是固定的。而若囚徒困境无限进行下去,变成无限多轮博弈,则策略会发生变化,每个参与人有多个可以选择的战略,如:1. 总是坦白的策略,即不论过去

究竟发生了什么,参与人总是选择不合作;2. 总是抵赖的策略,即不论过去究竟发生了什么,参与人总是选择合作;3. 合作—不合作交替进行的策略,即参与人一会儿选择合作,一会儿又选择不合作;4. 针锋相对策略,即参与人每次都选择与对方前一阶段行动相同的行为;5. 冷酷策略,即一旦对方背叛,参与人将永不原谅,此后一直选择不合作。以上只是简要介绍无限多轮博弈中的策略,限于篇幅,其他一些策略在此暂不赘述。

在此,我们有必要介绍著名的无名氏定理(Folk Theorem),这一定理指出,在无限次重复博弈中,如果参与人对未来足够重视(δ足够大),那么,任何程度的合作都可以通过一个特定的子博弈精炼纳什均衡得到。此处,"合作程度"是指整个博弈中合作出现的频率。根据无名氏定理,我们可以发现,若囚徒困境为无限多轮重复博弈,则可以实现合作。但是采用不同的策略,合作的程度不同。那么,冷酷策略与针锋相对策略何者更有利于合作呢?

(2) 冷酷策略下的合作条件

冷酷策略(grim trigger)是指若参与人有一次不合作,另一参与人将永久报复,选择不合作。在囚徒困境中,若双方都采用冷酷策略,且囚徒 B 在第一轮选择合作,那么囚徒 A 究竟是会选择合作还是背叛呢?我们从第一轮开始分析,在此,囚徒 B 选择合作,即抵赖。此时囚徒 A 有两个选择,即一直合作或者在某一轮背叛。

首先,我们可以分析囚徒 A 选择一直合作的情况。在第一轮囚徒 A 选择抵赖且囚徒 B 也选择抵赖,此时,双方的收益为(-1,-1)。由于囚徒 B 采用冷酷策略,因此在第二轮囚徒 B 也会选择抵赖,而囚徒 A 选择一直合作,因此在第二轮两个囚徒都选择抵赖,收益为(-1,-1)。在第三轮,两个囚徒也是共同抵赖,获得(-1,-1)。依此逻辑,在未来的无限多轮中,双方都会选择抵赖,获得(-1,-1)。在博弈中,由于未来并没有发生,因此我们只能根据囚徒的策略推断未来的收益,而从当前看,这些未来的收益并没有变成真正的收益,我们只能得到这些未来收益的现值,即未来收益相当于现在的多少收益。因此对于未来第二轮的收益 -1,囚徒 A 在当前只能得到现值(-1)·δ,对于未来第三轮的收益 -1,囚徒 A 当前获得的现值为(-1)·δ^2,依此类推,对于未来第 n 轮的收益 -1,囚徒 A 获得的现值为(-1)·δ^{n-1}。

根据等比数列求和，我们可以得到囚徒 A 选择一直合作所获得的总期望收益为下式，由于在无限多轮博弈中 n 为无穷大，而 $0<\delta<1$，所以根据等比数列求和公式，我们可以得到如下结果：

A 一直合作的总期望收益

$$= -1 + (-1) \times \delta + (-1) \times \delta^2 + \cdots + (-1) \times \delta^{n-1} + \cdots = \frac{-1}{1-\delta}$$

其次，我们分析囚徒 A 在某轮背叛的情况。为了简化分析，我们可以讨论囚徒 A 在第一轮背叛的情况。在第一轮，当囚徒 B 选择合作时，囚徒 A 选择背叛，此时囚徒 A 获得收益为 0。在此后各轮，由于囚徒 B 采用冷酷策略，因此在第一轮遭受到背叛后，囚徒 B 在未来各轮都会选择坦白，在此情况下，由于囚徒 A 也采用冷酷策略，且囚徒 A 选择坦白的收益大于选择抵赖的收益，因此在第一轮之后的各轮，囚徒 A 和囚徒 B 的选择是（坦白，坦白），囚徒 A 在第一轮之后的各轮获得的收益为 -8。由于未来并没有真正发生，因此我们必须将这些未来收益转化为现值。在第一轮，囚徒 A 获得 0；在第二轮，囚徒 A 在未来得到 -8，这相当于现在的 $(-8) \cdot \delta$；在第三轮，囚徒 A 的未来收益仍是 -8，其现值为 $(-8) \cdot \delta^2$。依此类推，在未来第 n 轮囚徒 A 的收益为 -8，相当于现值为 $(-8) \cdot \delta^{n-1}$。因此，囚徒 A 在第一轮背叛所获得的总期望收益为下式，其中 n 为无穷大，$0<\delta<1$，据等比数列求和公式，我们得到如下结果：

A 第一轮背叛的总期望收益

$$= 0 + (-8) \times \delta + (-8) \times \delta^2 + \cdots + (-8) \times \delta^{n-1} + \cdots = \frac{(-8) \times \delta}{1-\delta}$$

表 23-2　两囚徒选择冷酷策略时囚徒 A 的收益

	囚徒 A 选择一直合作的收益	囚徒 A 选择一直合作收益的贴现值	囚徒 A 第 1 轮背叛的收益	囚徒 A 第 1 轮背叛的收益的贴现值
第 1 轮	-1	-1	0	0
第 2 轮	-1	$(-1) \cdot \delta$	-8	$(-8) \cdot \delta$
第 3 轮	-1	$(-1) \cdot \delta^2$	-8	$(-8) \cdot \delta^2$
…	…	…	…	…
第 n 轮	-1	$(-1) \cdot \delta^{n-1}$	-8	$(-8) \cdot \delta^{n-1}$
…	…	…	…	…

在分析完囚徒 A 不同选择下的收益后,我们回到最初的问题,在无限多轮囚徒困境中,若两个囚徒均采用冷酷策略且囚徒 B 在第一轮选择合作,那么囚徒 A 究竟是会选择合作还是背叛呢?若要囚徒 A 选择合作,就必须使其合作所得收益大于背叛所得收益,因此我们可以得到下式:

$$\frac{-1}{1-\delta} \geq \frac{(-8) \times \delta}{1-\delta}$$

得

$$\delta \geq \frac{1}{8}$$

因此,当囚徒 A 的贴现因子 $\delta \geq 1/8$ 时,若双方都采用冷酷策略并且囚徒 B 没有首先选择招认,则囚徒 A 也不会首先招认。

(3) 针锋相对策略下的合作条件

前文分析了在无限多轮囚徒困境中双方采用冷酷策略时合作的条件。下面将分析针锋相对策略。针锋相对策略(Tit-for-tat)实质上就是模仿策略,若对方上一轮合作,则己方选择合作,若对方上一轮背叛,则己方这一轮也选择背叛。若在无限多轮囚徒困境博弈中双方都采用针锋相对策略,且囚徒 B 在第一轮选择合作。此时囚徒 A 有两个选择:在第一轮合作或者在第一轮背叛。

首先,若囚徒 A 选择在第一轮合作,亦即在第一轮两个囚徒的选择是(抵赖,抵赖),此时双方的收益为(-1, -1)。在第二轮,由于双方都采用针锋相对策略,因此囚徒 A 选择囚徒 B 在第一轮的行为,即抵赖,囚徒 B 在第二轮也选择囚徒 A 在第一轮的行为,也是抵赖,因此在第二轮,两个囚徒都选择抵赖,获得的收益都为 -1。此后各轮均是如此,两个囚徒均选择(抵赖,抵赖),收益为(-1, -1)。由于未来的行为并没有发生,因此囚徒 A 在未来第二轮获得的 -1 相当于现在的 $(-1) \cdot \delta$,囚徒 A 在未来第三轮获得的收益为 -1,其现值是 $(-1) \cdot \delta^2$。据此,当两个囚徒都选择针锋相对策略时,囚徒 A 在第一轮选择合作的总期望收益为下式:

A 第一轮合作的总期望收益

$$= -1 + (-1) \times \delta + (-1) \times \delta^2 + \cdots + (-1) \times \delta^{n-1} + \cdots = \frac{-1}{1-\delta}$$

其次,若囚徒 A 在第一轮选择背叛,亦即在第一轮囚徒 A、B 的选择是(坦白,抵赖),则囚徒 A 获得的收益为 0,囚徒 B 获得的收益为 -10。由于第一轮囚徒 A 背叛,因此在第二轮囚徒 B 也选择背叛,而囚徒 A 在第二轮则采取囚徒 B 第一轮的行为,选择合作。因此第二轮囚徒 A、B 的选择是(抵赖,坦白)。囚徒 A 获得 -10,囚徒 B 获得 0。按照针锋相对的逻辑,第三轮囚徒 A、B 的选择是(坦白,抵赖),双方获得(0,-10)。第四轮囚徒 A、B 的选择是(抵赖,坦白),双方获得(-10,0)。鉴于未来的事情并未发生,因此我们需要将未来的收益转化为现值。因此,在第二轮,囚徒 A 获得的收益为 -10,相当于现值(-10)·δ,在第三轮,囚徒 A 获得收益为 0,其现值是 $0·\delta^2$,结果仍是 0。因此,当两个囚徒都选择针锋相对策略时,囚徒 A 在第一轮就背叛所获得的总期望收益为下式。下式可以分为两个等比数列,一个等比数列为 0,0,0…,另一个等比数列是 $(-10)·\delta,(-10)·\delta^3,…(-10)·\delta^{n-1}$。因此我们可以应用等比数列求和公式得到下式:

A 第一轮背叛的总期望收益 $= 0 + (-10)\times\delta + 0 + (-10)\times\delta^3 + \cdots + 0 + (-10)\times\delta^{n-1} + \cdots = \dfrac{0}{1-\delta^2} + \dfrac{(-10)\times\delta}{1-\delta^2} = \dfrac{(-10)\times\delta}{1-\delta^2}$

表 23-3　两囚徒选择针锋相对策略时囚徒 A 的收益

	囚徒 A 第 1 轮合作的收益	囚徒 A 第 1 轮合作收益的贴现值	囚徒 A 第 1 轮背叛的收益	囚徒 A 第 1 轮背叛的收益的贴现值
第 1 轮	-1	-1	0	0
第 2 轮	-1	$(-1)·\delta$	-10	$(-10)·\delta$
第 3 轮	-1	$(-1)·\delta^2$	0	0
…	…	…	…	…
第 n 轮	-1	$(-1)·\delta^{n-1}$	0(当 n 为奇数)或者 -10(当 n 为偶数)	0(当 n 为奇数)或者 $(-10)·\delta^{n-1}$(当 n 为偶数)
…	…	…	…	…

前文已经分析了囚徒 A 不同选择下的收益,那么在无限多轮囚徒困境中,若两个囚徒均采用针锋相对策略且囚徒 B 在第一轮选择合作时,囚徒 A 究竟在什么条件下会选择合作?根据前文的计算,若要囚徒 A 选择合作,就必须使其合作所得收益大于背叛所得收益,因此我们可以得到下式:

$$\dfrac{-1}{1-\delta} \geq \dfrac{(-10)\times\delta}{1-\delta^2}$$

得 $$\delta \geq \dfrac{1}{9}$$

因此，当囚徒 A 的贴现因子 $\delta \geq 1/9$ 时，若双方都采取针锋相对策略且囚徒 B 没有首先选择招认，则囚徒 A 也不会首先招认。

最后，我们比较一下不同策略下囚徒 A 的合作空间。在双方采取冷酷策略时，囚徒 A 合作的条件是 $\delta \geq 1/8$，在双方采取针锋相对策略时，囚徒 A 合作的条件是 $\delta \geq 1/9$，可见，双方采用针锋相对策略比双方采用冷酷策略更有利于合作。

四、小结

"工欲善其事，必先利其器"。在国际关系学界，研究方法是重要的工具，对于不同的研究问题，研究者采用合适的方法会获得事半功倍的效果。

博弈模型方法的优势是逻辑严谨，论证有力。正如邓肯·斯奈德尔所说，数学提供了描述某一问题关键因素的精确语言、扩展理论逻辑的有力推演机制和增强我们对世界理解的重要方式。① 应用博弈模型的优势是可以找出行为动机，发现具体策略行为的原因，可以通过改变、放松或者增加某一条件或前提而得出不同结果。②

但是形式模型方法也有其不足，由于形式模型方法过于依赖数学逻辑，往往缺乏经验支撑③，而且其优势在某种程度上也是其劣势，在形式模型中可以通过改变、放松某一条件而得出不同结果，亦即一旦改变个别因素，则结论可能完全不同。这样的话，形式模型的结论往往取决于其假设。

我们会发现，不同方法各有短长，我们在进行研究时"要让思想和研究问题主导研究方法，而不应让研究方法支配思想和研究问题"。④ 所有研究方法都是工具和手段，研究者应根据具体的研究问题选择适当的方法。

---

① Duncan Snidal, "Formal Models of International Politics", in Detlef F. Sprinz and Yael Wolinsky-Nahmias, eds., *Models, Numbers, and Cases: Methods for Studying International Relations*, Ann Arbor: University of Michigan Press, 2002, p. 227.

② Bruce Bueno de mesquite, "Accomplishments and Limitations of a Game-theoretic Approach to International Relations", in Michael Brecher and Frank P. Harvey, eds., *Millennial Reflections on International Studies*, Ann Arbor: University of Michigan Press, 2002, pp. 374—391.

③ Duncan Snidal, "Rational Choice and International Relations", in Water Carlsnaes, Thomas Risse and Beth. A. Simmons, eds., *Handbook of International Relations*, London: Sage Publications, 2001, pp. 73—94.

④ 秦亚青：《国际关系的定量研究与事件分析方法——评〈国家双边关系的定量衡量〉》，载《中国社会科学》2005 年第 1 期，第 137 页。

第五编

国际政治学学科前沿

> 在我们这个时代,研究国际关系就等于探求人类的生存之道。假设人类文明在今后三十年内毁灭,其原因将不是饥馑或瘟疫,而是外交政策和国际关系。我们有办法对付饥荒和瘟疫,但迄今为止,在我们自己制造出来的武器所具有的威力面前,以及在民族国家的行为举止方面,我们却一筹莫展,无以为计。
>
> ——卡尔·多伊奇

第二十四章　国际安全研究

左希迎

国际安全是国际政治学科最为核心的研究领域之一,可以将其称为学科的基石领域。这一领域在美国学术界称为国际安全研究,在英国学术界则一般称为战略研究。

顾名思义,国际安全主要研究国家之间的安全议题,旨在探讨战争、冲突与和平的原因以及国家在冲突中的行为模式。狭义上,国际安全研究聚焦于国家之间的安全问题。广义上,一些国家与准政府组织或者准政府组织之间的安全议题,以及单个国家的安全议题,仍然可以视为国际安全的研究范畴。有些安全议题属于非传统国际安全范畴,以能源安全、环境安全和公共卫生安全为代表,目前这些议题的重要性也在上升,如何归类这些议题可以根据研究的具体情况而定。

国际政治学科脱胎于历史学科,作为其核心领域的国际安全在近百年内逐渐成熟,在诸多议题上卓有建树。在"二战"之前,国际安全研究已经在战争与冲突、权力与威望、集体安全等领域成果斐然。冷战期间,国际安全研究进入了一个相对繁荣的时期,在一些议题上发展出一系列重要的理论,成为国际关系理论争论的焦点。这一时期,国际安全研究有两个显著特点。其一,议题导向和理论导向共存,理论导向的研究占据主流地位,大理论的创新非常突出。其二,从方法论上来看,经过行为主义的洗礼,实证主义研究方法被大多数学者接受。这一趋势一直持续到冷战结束后,并对当下的研究方法有深远的影响。需要指出的是,国际安全研究在某些议题上与现实主义国际关系理论有高度的契合性,但是国际安全是一个研究领域,并不单单属于某一理论流派,不同的理论流派都可以有自己的视角和理论。

进入21世纪后,国际安全研究的大理论创新逐渐放缓,理论发展进入了一个间歇期。在此背景下,国际安全的研究取向发生了转变,出现了三个新趋势:第一,议题导向的研究逐渐成为主流,重大国际安全议题成为研究的重点;第二,中层理论和微观理论成为目前理论创新的生长点;第三,研究方法更加精细,定性研究和定量研究进入了一个新阶段,一项研究中同时使用定性方法和定量方法成为常态。那么,近年来国际安全研究主要关注哪些核心议题?有哪些代表性的理论和观点?近年来国际政治发生了重大的变化,一些新社会事实和新学术研究纷纷出现,本章对以上问题进行全面介绍和系统论述。

一、大国战略竞争

大国权力斗争是国际安全研究中经久不衰的议题。近年来,大国之间的权力斗争愈加凸显,地缘政治和意识形态重新成为塑造大国互动的关键因素。在此趋势下,中美、美俄和中印等大国之间的对抗性上升。尤其是美国特朗普政府将中国再次界定为竞争对手以后,中美战略竞争已经成为国际安全研究的热门领域。总体而言,对中美战略竞争的研究主要集中在下述四个主题。

第一,美国对华政策的转变过程。中美建交以来,尤其是冷战结束以后,美国对华采取的是接触政策,即鼓励中国融入美国主导的国际秩序,鼓励中国在经济上越来越市场化、政治上越来越民主化、军事上越来越透明化,以此来塑造中国。然而,美国的外交战略在奥巴马政府后期出现重大变化,尤其是特朗普政府将中国再次界定为战略竞争对手后,中美关系发生了根本性变化。[①] 对于美国对华政策演变的过程,西方学术界更加关注实力对比变化和中国认知的变化,考察作为崛起国的中国为何越来越强势。中国学术界给予美国更多的关注,考察美国对华政策变化的内在机理,尤其是美国领导人如何评估外部威胁,进而调整其国家安全战略。[②]

第二,中美战略竞争的基本形态。当前的中美战略竞争具有传统大国竞争的很多特点,同时出现了一些新趋势。学术研究主要聚焦于中美战略竞争的三种主要形态。一是贸易战,即美国如何将关税作为打压中国的手段,使用贸易战迫使中国作出让步。二是科技战,即考察美国在高科技领域的竞争战略。有学者研究了经济相互依赖并未阻止两国关系恶化的情境,

---

[①] Evan S. Medeiros, "The Changing Fundamentals of US-China Relations," *The Washington Quarterly*, Vol. 42, No. 3, 2019, pp. 93—119.

[②] 左希迎:《美国国家安全战略的转变》,北京:中国社会科学出版社2020年版。

反而有"武器化"的趋势。① 黄琪轩研究了大国战略竞争与美国对华技术政策的变迁,认为世界政治领导国的对外技术政策很大程度上源于应对大国战略竞争的需要。② 在这一研究议题中,美国对中国高科技企业尤其是华为的打压成为学术界研究的关键点。③ 三是叙事战,即中美两国在一系列重要问题上展开了激烈的舆论斗争。④ 尤其是在经贸领域和新冠肺炎疫情问题上,中美针对事实本身和话语权进行了激烈的博弈,两国意识形态冲突的烈度急剧上升。

第三,中美战略竞争的行为模式。当下,美国在与中国竞争时采取了多种手段。针对美国对中国高科技公司的打压,中国学术界从法律基础、决策过程和行为方式等方面对美国进行"长臂管辖"进行了深入的研究。与此同时,研究崛起中大国的"修正主义"也是近来西方学术研究的重点,一些研究关注大国的"灰色地带"战略,特别是在南海问题上尤为具有代表性。还有一些学者考察大国战略竞争的艺术,哈尔·布兰兹(Hal Brands)就认为,当下美国并没有很好地应对大国竞争,因为美国已经忘记了长期竞争这门战略艺术,已经无法利用战略资源实现长期战略目标。⑤ 其中,布兰兹对战略竞争中非对称性和成本曲线的强调值得关注。

第四,中美战略竞争的未来前景。对于大国战略竞争回归后世界的走向问题,学术界也有各种讨论。总体而言,有三种代表性的分析和预测。一是未来中美之间有出现新冷战的风险,能否避免"新冷战"成为学术研究的焦点话题。⑥ 与之相关的是一个理论命题,即中美两国能否跨过"修昔底德

---

① Henry Farrell and Abraham L. Newman, "Weaponized Interdependence: How Global Economic Networks Shape State Coercion," *International Security*, Vol. 44, No. 1, 2019, pp. 42—79.

② 黄琪轩:《大国战略竞争与美国对华技术政策变迁》,载《外交评论》2020 年第 3 期,第 94—120 页。

③ 李巍、李玙译:《解析美国对华为的"战争":跨国供应链的政治经济学》,载《当代亚太》2021 年第 1 期,第 4—45 页。

④ Adam Breuer and Alastair Iain Johnston, "Memes, Narratives and the Emergent US-China Security Dilemma," *Cambridge Review of International Affairs*, Vol. 32, No. 4, 2019, pp. 429—55; Peter Gries and Yiming Jing, "Are the US and China Fated to Fight? How Narratives of Power Transition Shape Great Power War or Peace," *Cambridge Review of International Affairs*, Vol. 32, No. 4, 2019, pp. 456—82.

⑤ Hal Brands, "The Lost Art of Long-Term Competition," *The Washington Quarterly*, Vol. 41, No. 4, 2019, pp. 31—51.

⑥ Minghao Zhao, "Perspectives on US-China Strategic Competition," *The Chinese Journal of International Politics*, Vol. 12, No. 3, 2019, pp. 371—394.

陷阱",是否会必然走向军事对抗。对此,不少学者将当前中美战略竞争的现实与美苏冷战的历史进行类比。① 二是中美两国在经济上是否会脱钩这一问题,学术界主要考察贸易战后中美试图重建稳定、安全的产业链的行为,以及将中国排挤出美国主导的经济体系的后果。三是研究中美意识形态的冲突,考察中美两国在社会制度与价值观念的根本性差异,分析两国意识形态对外交政策的影响。

二、军备与武力使用

军备与武力使用是传统国际安全研究最为核心的领域之一。最初的研究主要关注常规军备与武力使用,核武器出现以后,对核军备和核战略的关注更为凸显。因此,我们可以通过常规军备和核军备两个方面来考察最新的研究。

常规军事安全涵盖的议题很广泛,涉及军事制度、军事技术和武力使用等多个层面。

第一,在军事制度上,近几年的研究主要集中在中美两国,这有两个方面的原因。一方面,中美战略竞争日趋激烈,两国都处于军事变革中,对制度变革的研究往往能产生新的观点和理论,尤其是2015年中国国防和军队改革,成为过去一段时间学术界研究的重点。另一方面,中美两国的军事变革影响巨大,直接关系到亚太地区的稳定。在研究领域上,主要关注中国的军事制度改革、党军关系与各军事部门对外交政策的影响,以及美国应对大国战略竞争时的制度调整。

第二,军事技术创新及其影响也是当前国际安全研究的重要议题。进入21世纪后,信息化技术飞速发展,计算机技术、电子通信技术和精确制导技术等推动战争进入信息化时代,由此产生了"反介入""多域战""分布式杀伤"和"一体化威慑"等一系列新概念和新理论,这成为国际安全研究的重要领域。特别需要关注的是,中国军事变革加速进行,中国军事技术不断取得突破。航空母舰、新型战斗机、新型潜艇、新型军舰、新型导弹服役,以及中国的"反介入"和"区域拒止"战略,已经导致美国针锋相对地发展新军事

---

① Michael McFaul, "Cold War Lessons and Fallacies for US-China Relations Today," *The Washington Quarterly*, Vol. 43, No. 4, 2021, pp. 7—39.

技术和作战理论,中美两国在军事基础创新上的竞争是当前研究的热点问题。① 很多学者关注到技术变化提升了中国对美国的威慑能力,并导致美国对华威慑战略的出现转变。② 另外,日本和印度等大国的军事技术创新及其对地区安全产生的影响也值得关注。

第三,在武力使用上则主要有三类研究。第一类关注动态兵力运用和作战模式,尤其是关注空中力量、航空母舰、反舰导弹和核潜艇等的使用,以及考察无人机、超高音速武器、人工智能与现代战争的关系,逐渐成为当前研究大国战争的重要内容。这一类研究较为微观,它们既关注武力使用的战术层面,也关注其对战略层面的影响,契合了当前大国战争重新回归的历史背景。③ 第二类则从宏观上考察一个国家如何使用武力,这包括强制外交和威慑等概念,这类研究多从理论和历史两个层面考察国家使用武力决策过程中的实力、承诺、决心和信誉等因素的作用。戴尔·卡普兰(Dale C. Copeland)就认为,关于战争的系统理论仍然适用于现代的战争。④ 傅泰林考察了1949年以来中国的积极防御战略。⑤ 在这一时期,对领导人在危机和冲突中的行为模式分析,也成为重要的学术增长点。⑥ 第三类关注武装冲突如何塑造了国内政治和社会,例如冲突与女性赋权之间的关系,⑦已经成为国际安全研究中的重要领域。

核问题研究则是另一个不可或缺的领域。在冷战那种高烈度对抗的时代,对核问题的研究在理论上取得了高度的成就,时至今日仍未被超越。纵

---

① 胡波:《中美在西太平洋的军事竞争与战略平衡》,载《世界经济与政治》2014年第5期,第64—84页。
② Eric Heginbotham and Jacob L. Heim, "Deterring without Dominance: Discouraging Chinese Adventurism under Austerity," *The Washington Quarterly*, Vol. 38, No. 1, 2015, pp. 185—199.
③ Andrew F. Krepinevich, *Protracted Great-Power War: A Preliminary Assessment*, Washington, D. C.: Center for a New American Security, 2020.
④ Dale C. Copeland, "Systemic Theory and the Future of Great Power War and Peace," in Alexandra Checiu and William C. Wohlforth eds., *The Oxford Handbook of International Security*, Oxford: Oxford University Press, 2018, pp. 211—226.
⑤ M. Taylor Fravel, *Active Defense: China's Military Strategy since 1949*, Princeton: N. J.: Princeton University Press, 2019.
⑥ Michael C. Horowitz and Matthew Fuhrmann, "Studying Leaders and Military Conflict: Conceptual Framework and Research Agenda," *Journal of Conflict Resolution*, Vol. 62, No. 10, 2018, pp. 2072—2086.
⑦ Kaitlyn Webster, Chong Chen and Kyle Beardsley, "Conflict, Peace, and the Evolution of Women's Empowerment," *International Organization*, Vol. 73, No. 2, 2019, pp. 255—289.

观最新的研究,理论色彩较为淡薄,多聚焦于当前尚未解决的议题和正在浮现的新挑战。近年来对核问题的研究,主要关注以下四个方面。

一是研究朝鲜和伊朗等少数几个国家的核问题,这既有对朝鲜成功发展核武器的案例研究,也有应该如何与伊朗这种尚未获得核武器的国家进行互动的研究。通过考察少数国家掌握核武器的过程,研究其研制核武器的行为模式,在此基础上把握这些国家的核政策。在过去一段时间,对使用核武器进行核讹诈和核强制的研究,尤其是对在危机中如何进行谈判博弈成为研究的重点。①

二是研究核扩散。21 世纪以来,核扩散研究主要有三类。(1)研究有核国家是否向恐怖主义组织扩散核武器。恐怖主义兴起,如何控制核扩散是核问题研究的重心,这既是人类世界面临的艰巨难题,也是应该极力杜绝的危险。学术研究认为,有核国家不会向恐怖分子扩散核武器。(2)有核国家是否向其他国家提供核帮助。对有核国家来说,它们可能基于自身的战略考虑,向其他国家提供核援助。换言之,当两国拥有共同的敌人时,有核国家更可能向无核国家提供核援助。有研究就认为,在不同的技术发展门槛下,一些国家会利用核潜伏来实施强制外交,从而换取对手的让步。②(3)研究延伸威慑与核不扩散之间的关系,尤其是美国和盟友之间建立起来的一系列确保机制。③

三是研究中国的核战略。作为战略研究的塔尖,核战略代表着人类理性在战略研究领域所到达的高度。冷战时期核战略研究水平达到了相当的高度,迫使当前的国际安全研究关注一些正在发生变化的新领域,特别是中美核能力及其战略互动。④ 根据研究,中国的核政策总体是稳定的,但也有一些微妙而缓慢的调整,包括逐步增加核政策透明度,做了一些有限的努力

---

① Dodd S. Sechser and Matthew Fuhrmann, *Nuclear Weapons and Coercive Diplomacy*, Cambridge: Cambridge University Press, 2017.
② Tristan A. Volpe, "Atomic Leverage: Compellence with Nuclear Latency," *Security Studies*, Vol. 26, No. 3, 2017, pp. 517—544.
③ 江天骄:《同盟安全与防扩散:美国延伸威慑的可信度及其确保机制》,北京:时事出版社 2020 年版。
④ Wu Riqiang, "Living with Uncertainty: Modeling China's Nuclear Survivability," *International Security*, Vol. 44, No. 4, 2020, pp. 84—118.

提升较小规模核力量的生存能力,以确保中国核威慑能力的可信性和可靠性。① 除此之外,学术界也密切关注中美战略竞争背景下中国的选择,即中国未来是否增加核武器,以提高对美国的核威慑能力。

四是研究当前军控体系的崩溃。冷战时期,美苏两国通过一系列军备控制条约来处理两国的核关系,并构建了一个军控体系,帮助全球维持了长期的战略稳定。然而,美国在过去二十年频繁"退群",相继在 2002 年退出《反导条约》、2019 年退出《中导条约》、2020 年退出《开放天空条约》,全球军备控制体系趋于走向终结。② 未来如何重塑全球军控体系,如何管控大国之间在核问题上的激烈竞争,这是当前学术界的研究重点。

三、非传统安全

21 世纪以来,有两个非传统安全议程成为学术界研究的重中之重:一个是"9·11"事件之后的恐怖主义与反恐战争研究,另一个是新冠肺炎暴发以来的全球公共卫生安全研究。

恐怖主义研究在国际安全研究领域长期处于边缘地位,但是"9·11"事件改变了这一局面,加之美国反恐战争对国际政治带来的深远影响,这一议题迅速成为热点研究领域。过去二十年,对恐怖主义和反恐战争的研究可谓汗牛充栋,这些研究的重点在于探索恐怖主义的原因和行为模式,并找出其解决之道。

"9·11"事件冲击了既有的观念,面对这一古老而新鲜的事物,普通人心中第一反应是一系列疑问:恐怖主义是什么?为什么会发生恐怖主义?其行为模式是什么?而这些问题,也是学术界研究的焦点。首先,针对恐怖主义产生的根源,学术界进行了全方位的研究。在经济上,关注贫困、教育对恐怖主义产生的作用,探讨恐怖主义的经济根源;在政治上,探讨政治体制对恐怖主义产生的影响,集中关注国家治理体系、政治自由和民主政体对恐怖主义的影响;在文化上,更多地注意到极端思想与恐怖主义之间的密切联系。其次,对恐怖主义的组织形式进行细致入微的研究。学术界不仅关注恐怖主义静态的组织形式,而且注重探究恐怖主义组织的动态。马

---

① 樊吉社:《中国核政策的基本逻辑与前景》,载《外交评论》2018 年第 5 期,第 1—20 页。
② Linton E. Brooks, "The End of Arms Control?" *Daedalus*, Vol. 149, No. 2, 2020, pp.84—100.

克·萨格曼(Marc Sageman)就认为,在新的时代背景下,恐怖主义作为一种社会运动,其严密的社会网络成为其影响国际事务的重要组织保证,正是社会网络鼓励相互疏远的年轻人加入圣战组织。① 再次,更加注重研究恐怖分子的心理和行为。恐怖分子一般通过绑架、劫持、爆炸和自杀式恐怖袭击等行为实现其政治目的,其背后的行为动机和行为模式成为研究的关键。罗伯特·佩普(Robert Pape)通过研究就指出,自杀式恐怖主义与极端宗教关系不大,它们的自杀式恐怖主义行为有自己的战略逻辑,即试图迫使西方民主国家从其领土上撤军。② 在这一点上,西方民主国家很脆弱,往往能让恐怖分子达成目的。

研究恐怖主义正如有病求医,经世致用的学术诉求较为明显,因此研究议程也符合这一轨迹。在知晓恐怖主义是什么之后,学术界进一步的问题是怎么办。这首先要从大战略上回答这一问题,因此对美国在恐怖主义时代的大战略讨论较多,这些讨论整体上倾向于对美国大战略调整进行探讨,理论色彩较浓厚。随着美国发动了阿富汗战争和伊拉克战争以及战争的深入,研究更加贴近战争中的难题。由于反恐战争本质上是一种非常规战争,③因此美国在战争中到底应该采取何种战略,学术界有争论。一种观点认为反恐战争可以通过常规战争手段实现目标,这一观点主张通过强有力的军事行动,打击恐怖主义,通过军事行动解决问题。另一种观点则被称为反叛乱理论,即反恐战争应该通过反叛乱战略完成。对反叛乱理论来说,反叛乱行动既强调斩首行动这类具体的战术,也强调空中力量和特种部队的现代化作战方式④,更有政治、经济、社会等非军事手段。

新冠肺炎暴发以来,全球公共卫生安全受到前所未有的关注。对于新冠肺炎病毒对世界的影响,学术界存在两种截然不同的观点。一种观点认为,新冠肺炎作为一场全球大流行病,引发了全球危机,并推动全球权力结

---

① Marc Sageman, *Understanding Terror Networks*, Philadelphia, P. A.: University of Pennsylvania Press, 2004.
② Robert Pape, *Dying to Win: The Strategic Logic of Suicide Terrorism*, New York: The Random House, 2005.
③ 左希迎:《非常规战争与战争形态的演变》,载《世界经济与政治》2020 年第 3 期,第 78—101 页。
④ Bryan C. Price, "Targeting Top Terrorists: How Leadership Decapitation Contributes to Counterterrorism", *International Security*, Vol. 36, No. 4, 2012, pp. 9—46.

构重新洗牌,根本上改变了全球政治秩序。另一种观点认为,几个世纪以来,经济和医疗的发展削弱了流行病的地缘政治影响,新冠肺炎病毒不会对世界政治产生变革性影响。①

然而,归纳学术界已有研究可以发现,新冠肺炎疫情与大国战略竞争已然汇合,两股交汇的历史性力量至少在三个方面改变了或加速了国际格局的变化。一是加剧了中国与美国之间的意识形态斗争,并由此引发了大规模的叙事之战。二是加剧了各国之间的政治不信任,进一步恶化了本已恶化的大国关系,凸显了地缘政治的持久性和大国权力斗争的残酷性。三是加剧了不同经济体之间的脱钩,促使各国追求产业链的安全性和稳定性,追求核心技术的独立性。不过,完整评估新冠肺炎疫情对国际政治的深刻影响,尚有待于学术界未来的深入研究。

四、地区安全架构

区域问题在国际安全研究中占据重要位置,针对这些区域或议题会形成特定的地区安全机制,这些地区安全机制对于地区安全起着关键作用。总体来看,以往对地区安全机制的理论研究主要集中在欧盟和北约。然而,当前欧盟和北约已经发展到相对成熟的阶段,学术界在其安全议题上缺少理论突破。当前讨论北约转型应对中国崛起,这尚有待于观察。过去一段时间的研究主要集中在东盟及其"印太"和"四国机制"等新概念和新机制。

与之相比,针对东盟和"东盟+3"等亚太地区安全机制的研究更具开拓性,这有两方面的原因。其一,东南亚有很多不同于欧洲的特质,东盟的形成是中小国家主导的,呈现出"小马拉大车"的特征,这与大国主导的欧洲一体化迥然不同。其二,在亚太地区,大国纷争与地区一体化并行,能持续不断地产生重要安全议题,可以为理论生产提供基本条件。基于此,对亚太地区安全机制的研究,成为中外学者的重点。以东盟为例,早期的研究也从地区实力结构、国际制度和观念的角度展开,这与对欧盟的研究相似。但21世纪以后,对东盟的研究逐渐有所突破。视东盟国家推动地区安全合作为一个社会化过程,这一研究路径深刻影响了后来的研究取向。

---

① 对于新冠肺炎病毒对国际秩序的影响,《国际组织》杂志专门组织了一期增刊讨论这一问题,参见 *International Organization*, Vol. 74, Supplement, December 2020.

在此基础上,中国学者也在理论上做出了有益的探索。他们研究社会化的路径,试图提出一种"过程建构主义",考察东亚地区小国吸引大国参与渐进式社会化的过程,探讨这一过程中权力社会化、催生集体认同进而生成合作的规范。以魏玲为代表,她的创新主要集中在两个领域。一是地区文化转型的过程,特别是地区大国的国内进程和地区大国与其他国家的互动过程两个部分。在她看来,考察地区大国国内政治、经济和社会进程对大国行为的影响,分析地区大国与其他国家之间的不对称互动,这有利于解答东亚地区实现互相认同与合作的谜题。二是第二轨道进程与规范结构、共同体建设之间的内在联系,通过考察第二轨道中非正式网络对地区合作的作用,在理论上拓展了建构主义理论。① 总体而言,在建构主义理论的范式下,中国学者做出了不少理论创新,值得肯定。

然而,安全仍然是东北亚、东南亚和中亚等地区的核心议题,建构主义可以发展出漂亮的理论,却难以解决现实中的众多安全难题。在过去一段时间,对地区安全架构的研究更多是议题导向的,具体而言集中在三个领域。第一是亚太安全架构建设的既有经验及其问题。其中,对上海合作组织的研究较为深入,从组织制度到议题建设,从中俄竞争到域外力量,从组织扩员到冲突协调,都有深入的探讨。第二是亚太安全架构存在问题的原因。对亚太安全架构建设存在的问题,多从亚太地区的大国权力博弈出发,探讨由此导致的后果。例如,或者缺乏大国的领导,或者议题泛滥,或者制度过剩,最终造成亚太地区安全机制无效。也有学者关注到美国亚太联盟体系的发展趋势,尤其是美国联盟政策调整对亚太安全架构的影响,这涉及美国亚太联盟体系的转型问题。② 第三是探讨亚太安全架构当前的现状和未来的趋势。当前学术界对亚太安全架构的讨论,一般集中在新出现的地缘政治概念和地区安全机制,尤其是对"印太"概念的构建,③以及对"四国机制"的讨论。事实上,这涉及美国在这一地区的战略困境,即现有地区安全

---

① 魏玲:《规范、网络化与地区主义:第二轨道进程研究》,上海:上海人民出版社2010年版。
② Yasuhiro Izumikawa, "Network Connections and the Emergence of the Hub-and-Spokes Alliance System in East Asia," *International Security*, Vol. 45, No. 2, 2020, pp. 7—50;左希迎:《美国亚太联盟体系会走向瓦解吗》,载《世界经济与政治》2019年第10期,第48—73页;刘丰:《联盟与国际秩序》,载《当代美国评论》2019年第3期,第3—19页。
③ 林民旺:《"印太"的构建与亚洲地缘政治的张力》,载《外交评论》2018年第1期,第16—35页。

架构无法应对中国崛起,因此急于调整亚太联盟体系内的存量,寻求亚太联盟体系外的增量。与之密切相关,亚太地区相关国家的行为模式,即是靠近美国还是支持中国,也成为过去一段时期的研究热点。随着中美战略竞争日趋激烈,中国参与地区安全治理的程度越来越深,地区安全架构问题的重要性只会越来越高。由此带来的一系列研究问题,有可能是国际安全研究的知识增长点。

五、群体冲突及其管理

领土争端和族群冲突是普遍存在的现象,可以将其笼统称为在国际政治中的群体冲突。从议题上来看,领土争端、族群冲突都与政治实体的生存与安全密切相关,因而关注度比较高。21世纪以来,受到多种因素的影响,领土争端和族群冲突逐渐凸显,成为国际安全研究中难以忽视的领域。

对领土的争夺是国际政治中的古老话题,这一议题的普遍存在决定了其重要性。对土地控制的对抗不仅来自人类社会对稀缺资源的争夺,也是权力政治的体现。但需要指出的是,领土争端也有时代性。换言之,在绝大多数发达国家中,领土争端多已解决;而在一些后发展国家中,这一问题更为突出。特别是在亚非拉地区,历史遗留问题较多,领土争端的形势严峻。过去二十年,学术界对领土争端的研究主要集中在两个方面。一方面是领土争端升级的原因。领土争端为什么会产生?为什么会升级?对这一问题的回答,以往学术界的研究要么考察领导人的个性,要么考察国内危机,认为一国升级领土争端是由于国内存在政治经济危机,为了转移国内矛盾和视线而升级领土争端。一些学者关注权力转移对领土争端升级的影响,即国家在领土争端中讨价还价能力下降时,可能更容易通过武力手段解决领土争端,由此导致领土争端升级。也有学者探讨民主国家对于领土争端发生和升级的影响,但是这一路径进入了民主和平论的窠臼无法自拔,影响了其解释力。当前,更具有突破性的研究则集中关注政体安全的影响。傅泰林(M. Taylor Fravel)就认为,内部威胁使得政体安全受到威胁,并导致国家倾向于在领土争端中妥协和让步。[1] 这些研究具有很大的创新性。另一方

---

[1] M. Taylor Fravel, *Strong Borders, Secure Nation: Cooperation and Conflict in China's Territorial Disputes*, Princeton, N. J.: Princeton University Press, 2008.

面是领土争端中的行为方式。随着近年来领土争端的升温,各国在领土争端中的行为选择备受瞩目。总体来看,学术界主要关注各国的战略选择——或是关注国家选择谈判并妥协,或是关注国家使用武力进行强制,①或是关注国家通过战略动员来提升自身应对领土争端的能力。总体来看,当前这一领域的研究水平在逐步提升,研究也更加细致扎实。

纵观国际社会,族群冲突作为顽疾同样严峻,长时间难以克服。在科索沃、车臣、加沙、库尔德等地区,族群冲突反复上演。族群之间的不满、仇恨、恐惧和敌视造就了一系列国际安全问题,族群冲突日益凸显,人道主义灾难层出不穷,恐怖主义屡屡不绝。鉴于族群冲突凸显,近年来国际和国内学术界对这一问题的关注日益增加。事实上,早在20世纪,唐纳德·霍洛维茨(Donald L. Horowitz)等学者就做出了突出的研究。近年来,族群冲突研究主要有三种路径。第一种关注族群的心理,主要讨论族群之间的不满、仇恨、恐惧、历史记忆等情绪性心理因素对族群冲突的影响。如果置于国际安全研究的范畴,则可以将之归为情绪与国际安全的研究。第二种是理性主义的路径。其代表性研究认为,当前的内战主要是20世纪五六十年代以来持久冲突积累的结果,各国之所以会产生叛乱和农村地区的游击战,是因为特定形式的军事斗争可以与不同政治议程嵌套在一起。② 第三种关注族群冲突的机制,着重分析各种因素和驱动力对族群冲突的影响。例如,唐世平、熊易寒和李辉通过过程追踪法和定量研究法进行研究,结果发现石油很少是引起族群冲突的深层次原因,石油的族群地理分布才是关键因素。③ 综上,当前针对族群冲突出现了一些新研究,有利于拓展我们的理论思路。加之中国国内族群关系面临严峻挑战,关于族群冲突的研究亟须加强。

当然,国际冲突不仅仅包含领土争端和族群冲突,其他类型的国际冲突上文已经有所涉猎,因此不再赘述。一般来说,有冲突相应也会有危机管理。在国际安全研究中,危机管理也是重要的研究领域。在族群冲突上和

---

① Oriana Skylar Mastro and Arzan Tarapore, "Countering Chinese Coercion: The Case of Doklam," *War on the Rocks*, August 29, 2017, https://warontherocks.com/2017/08/countering-chinese-coercion-the-case-of-doklam/.

② James D. Fearon and David D. Laitin, "Ethnicity, Insurgency, and Civil War", *The American Political Science Review*, Vol. 97, No. 1, 2003, pp. 75—90.

③ Shiping Tang, Yihan Xiong, and Hui Li, "Does Oil Cause Ethnic War? Comparing Evidence from Process-tracing with Quantitative Results," *Security Studies*, Vol. 26, No. 3, 2017, pp. 359—390.

领土争端上,相关方之间也会建立危机管理机制,接受各国的斡旋和协调。因此,在国际冲突中如何建立危机管理机制,进而控制危机的烈度,这是学术界过去二十年的重要研究工作。

总之,国际安全研究是一个议题庞杂的领域,一些经典议题长期存在,在新的时期会出现新特征,重新焕发出学术生命力,上文简述的议题就属此列。一般来说,这些议题重要而持久。与之相对,国际政治的变迁会催生一系列新议题,例如网络安全、能源安全、公共卫生安全、粮食安全、环境安全以及人的安全,这些议题也很重要,也非常值得研究。当前,世界正面临百年未有之大变局,国际政治现实变化非常迅速,重大事件和意外事件频发。学术研究呈现出的特点是快,更多的是对社会事实的总结和提炼,知识沉淀和理论化程度相对不高。不可忽视的是,当前国际安全研究有一个最突出的特征,即中国问题和中国因素凸显。在中国快速崛起的时代,中国崛起引起国际体系的巨变,并导致了众多亟待解决的重要安全问题,这些问题必定成为国际安全研究领域理论创新的重要基础。对中国国际关系学者来说,这是一个学术研究的大时代,也是一个千载难逢的历史机遇。中国学者可以在这一领域耕耘、开拓,创造出更多的新理论,为国际安全研究的知识生产添砖加瓦。

第二十五章　国际政治经济学

李　巍　刘　玮

国际政治经济学(International Political Economy, IPE)是国际关系学发展到一定阶段所形成的一个分支学科。它产生于20世纪60年代末70年代初,从产生伊始便存在三个不同的学术群:以罗伯特·基欧汉和罗伯特·吉尔平为代表的"美国学派",由于该派学者主要以《国际组织》(International Organization, IO)作为其核心的学术研究平台,故又被称为国际政治经济学的"IO学派";以苏珊·斯特兰奇(Susan Strange)为代表的"英国学派"(亦称欧洲学派),主要以《国际政治经济学评论》和《新政治经济学》为学术阵地;以及以西方发达国家和发展中国家的部分左派学者为中坚力量的"新马克思主义学派"。其中,由于"IO学派"是建立在西方主流国际关系理论和新古典经济学的"学术肩膀"之上,它对IPE的产生和发展起了最为重要的推动作用,影响也最为深远,因而被认为是IPE最主流的学术派别,是学术话语霸权的持有者。

国际政治经济学的出现将国际关系研究分为国际安全研究和国际政治经济学两个分支领域。但它作为交叉学科的性质表现得越来越明显,首先实现了国际政治与国际经济的交叉,继而又实现了国际政治经济与国内政治经济的交叉。

一、国际政治经济学的诞生及范式之争

西方传统的国际关系学几乎是国际安全研究的同义语,特别是爱德华·卡尔开启并经汉斯·摩根索全面阐述的现实主义学术传统更是加剧了这种趋势,在安全优先的原则下,包括经济在内的其他力量都被置于国际关系的从属地位。[1] 这体现了在当时的时代背景下,国际关系本质上就是国际

---

[1] Edward H. Carr, *The Twenty Years' Crisis, 1919—1939: An Introduction to the Study of International Relations*, New York: Harper & Row, 1939; Hans J. Morgenthau, *Politics Among Nations: The Struggle for Power and Peace*, New York: Knopf, 1948.

政治关系的基本特征。同一时期的国际经济学也远未关注到国际政治行为对国际经济的重要影响。除了阿尔伯特·赫希曼(Albert Hirschman)对德国通过贸易在中东欧建立势力范围的研究和雅各布·瓦伊纳(Jacob Viner)对货币与金融领域的财富与权力互动的讨论等少数例外,国际经济学对政治现象和政治变量并未进行太多的深入探讨。① 但是,到了20世纪60年代后期至70年代中期,世界格局的变化和社会科学的发展为国际关系和国际经济的研究人员开辟了新的天地。布雷顿森林体系的瓦解,美、日、欧的经济竞争,先后两次石油危机,资本主义世界的"经济滞胀"等一系列与传统国际安全事务不同的议题开始引导国际关系的变化,来自不同学科的一些年轻学者牢牢抓住了这个机会,推动了国际政治经济学作为国际关系学一个新的分支学科的产生。②

经济学者最早发现了大西洋两岸之间国际经济相互依存程度的提高③,这一新的历史事实促使部分国际政治学者开始关注日渐加深的经济纽带所造成的政治影响,他们提出了与当时国际关系研究中占主导地位的、以国家为中心和以权力政治为根基的现实主义理论截然不同的跨国关系的研究范式。他们最初的研究成果是以1971年《国际组织》杂志的一辑特刊面世,被认为是唱响了国际政治经济学"IO学派"的序曲。④ 跨国关系理论揭开了国际关系学术光谱上第三次大辩论的序幕,同时它赋予了跨国公司等经济行为体以重要意义,被认为是国际政治经济学的第一个理论成果。⑤ 不仅如此,它宣告了国际政治经济学作为国际关系学中一个新的研究领域的正式

---

① Albert O. Hirschman, *National Power and the Structure of Foreign Trade*, Berkeley: University of California Press, 1945; Jacob Viner, "Power Versus Plenty as Objectives of Foreign Policy in the Seventeenth and Eighteenth Centuries", *World Politics*, Vol. 1, No. 1, 1948, pp. 1—29.

② Helen Milner, "Reflections on the Field of International Political Economy", in Michael Brecher and Frank P. Harvey, eds., *Millennial Reflections on International Studies*, Ann Arbor: University of Michigan Press, 2002, pp. 623—636.

③ Richard Cooper, *The Economics of Interdependence: Economic Policy in the Atlantic Community*, N. Y.: McGraw-Hill, 1968.

④ Robert O. Keohane & Joseph Nye, eds., *Transnational Relations and World Politics*, Cambridge, M. A.: Harvard University Press, 1972; Fred C. Bergsten and Lawrence B. Krause, *World Politics and International Economics*, Washington, D. C.: Brookings Institution, 1975.

⑤ Peter J. Katzenstein, Robert O. Keohane, and Stephen D. Krasner, "International Organization and the Study of World Politics", in Peter J. Katzenstein, Robert O. Keohane, and Stephen D. Krasner, eds., *Exploration and Contestation in the Study of World Politics*, Cambridge: MIT Press, 1999, p. 7.

诞生,实现了国际关系研究对象从单纯的安全事务向经济事务的转移,也即从传统的"高级政治"向"低级政治"的转移。但是,跨国关系理论从总体上显得比较粗糙,缺乏可操作的变量关系,与其说它是一个理论模型,不如说只是一些零散的新见解。IPE 作为一门学科是从 20 世纪 70 年代中期开始伴随着国际关系学界的另外两场影响更加深远的大辩论而走向成熟。① 一场是现实主义者和制度主义者围绕美国霸权的衰落是否会导致国际经济体系开放性的终结而展开;另一场是国家主义者和自由主义者关于国家与市场在经济相互依赖的新时代谁更占优势的辩论。虽然这两场辩论从总体上可以相互区分,但是它们在逻辑上具有相当紧密的联系,一些学者同时参与了这两场辩论。

就在自由主义者提出了跨国关系理论,从而对现实主义发出了最初的挑战之后,另一批同样关注经济力量的现实主义者却更加强调国际权力结构如何影响全球市场体系,即无政府状态的民族国家体系如何约束了生产要素的跨国流动。20 世纪 70 年代初期,美国霸权的衰落引发了一场激烈的辩论。现实主义者认为,国际政治体系中霸权结构的崩溃将带来全球自由市场秩序的终结,从而诞生了颇有影响的霸权稳定论。该理论认为,对于一个霸权国来说,开放的经济体系是获得自我利益的最佳途径,而衰落的霸权将无力维持国际经济体系的开放。② 霸权稳定论提出了可以操作的变量,并明确建立了因果假设关系,是国际政治经济学中最富有成效的理论成果。但是现实主义的霸权稳定论刺激了反对派的兴起。反对者认为,国际制度的存在使得美国霸权衰落之后自由主义国际经济体系仍然能够得到维持,

---

① 国际政治经济学公认的第一部教材出版于 1977 年,参见 Joan E. Spero, *The Politics of International Economic Relations*, New York: St. Martin's, 1977。但是直到 20 世纪 80 年代中期,IPE 的课程才在美国大学政治学系得到制度化的设置。

② Charles Kindleberger, *The World in Depression, 1929—1939*, Berkeley: University of California Press 1973; Stephen Krasner, "State Power and the Structure of International Trade", *World Politics*, Vol. 28, No. 3, 1976, pp. 317—343. Charles Kindleberger, "Dominance and Leadership in the international economy: Exploitation, Public Goods, and Free Rides", *International Studies Quarterly* Vol. 25, No. 2, 1981, pp. 242—254; Robert Gilpin, *U. S Power and the Multinational Corporation: The Political Economy of Foreign Direct Investment*, New York: Basic Books, 1975. 系统性的梳理可参见:G. John Ikenberry and Daniel Nexon, "Hegemony Studies 3.0: The Dynamics of Hegemonic Orders", *Security Studies*, Vol. 28, No. 3, 2019, pp. 401—412.

从而诞生了国际政治经济学中的另一主流学派：自由制度主义。① 从此，围绕国际制度有效性的争论便成为国际关系研究中的一个重要议题，也是对国际政治经济学的发展产生了重大影响的范式之争。② 现实主义认为，国际政治体系中的权力分布控制着国际市场的发展方向，而国际制度学派认为，国际制度可以缓解国际政治体系中的无政府状态，抑制权力结构的影响力。

几乎与此同时，另一场围绕国家与市场实力消长的辩论也在进行。"市场的逻辑是在最有效率、最有利可图的地方开展经济活动，而国家的逻辑是通过控制经济要素的流动，以便增加本国的权力和经济福利"③，国家逻辑与市场逻辑之间的矛盾运动是 IPE 研究的理论起点。它探讨国际经济体系与国际政治体系如何相互发生作用，并为此诞生了"IO 学派"下另外两个相互对立的流派：自由主义和国家主义（也称现实主义）。

自由主义经济学家罗伯特·库珀（Richard Cooper）和雷蒙德·弗农（Raymond Vernon）认为，20 世纪六七十年代正在兴起的经济相互依赖使得传统的主权观念正在变得不合时宜，国家权力日益屈服于世界市场的运作规律。④ 以罗伯特·基欧汉、约瑟夫·奈、爱德华·莫斯（Edward Morse）等为代表的国际政治学者受其影响，强调世界市场的兴起正在削弱国家的力量，从而导致了传统的以权力政治为核心内容的民族国家体系正在发生一场深

---

① Robert O. Keohane, *After Hegemony: Cooperation and Discord in the World Political Economy*, Princeton, N. J. : Princeton University Press, 1984; Robert O. Keohane, ed. , *International Institutions and State Power: Essays in International Relations Theory*, Boulder, C. O. : Westview Press, 1989; Robert Axelrod, *The Evolution of Cooperation*, New York: Basic Books, 1984; Kenneth Oye, ed, *Cooperation under Anarchy*, Princeton, N. J. : Princeton University Press, 1986.

② 这场辩论最初主要体现在 Stephen D. Krasner, ed. , *International Regimes*, Ithaca, Cornell University Press, 1983;此后体现在 David A. Baldwin, ed. , *Neorealism and Neoliberalism: The Contemporary Debate*, New York: Columbia University Press, 1993。进入 20 世纪 90 年代，国际制度仍然是 IPE 的重要议题，吸引了众多国际政治经济学家的参与。

③ 〔美〕罗伯特·吉尔平：《全球政治经济学》，杨宇光等译，上海：上海人民出版社 2013 年版，第 73 页。

④ Richard Cooper, *The Economics of Interdependence: Economic Policy in the Atlantic Community*; Raymond Vernon, *Sovereignty at Bay*, New York: Basic Books, 1971.

刻的变革。① 因此,自由主义者强调关注日益相互依赖的国际经济体系如何推动国际政治体系的性质发生变化。②

面对自由主义声势浩大的学术浪潮,以罗伯特·吉尔平和斯蒂芬·克拉斯纳为代表的国家主义者起而反击,他们分别通过实证研究,依然强调主权国家在世界市场中的自主行为,认为全球市场的扩张并没有削弱国家的力量,对自由主义进行了强烈的批判,进而催生了国际政治经济学中的国家主义理论。③ 国家主义者认为,国际政治经济学主要考察国际政治结构如何影响经济要素的流动,主权国家体系控制和管理着全球市场。后来,这场争论到20世纪90年代则演变为全球化与国家主权的争论。④

总之,在20世纪七八十年代,现实主义和制度主义、国家主义和自由主义的争论共同推动了 IPE 作为国际关系学的一个新的学科分支的产生和成熟,实现了之前两个相互分离的领域——国际经济和国际政治——在学科上的相互交叉。参与这场辩论的学者后来被称为"第一代 IPE 学者"。⑤ 这一代学者背景比较杂,既有经济学家也有政治学家,体现了 IPE 草创期学术源头的多元性。但这些学者在论战中不仅贡献了 IPE 最早的学术成果,提出了

---

① Robert O. Keohane & Joseph S. Nye, *Power and Interdependence: World Politics in Transition*, Boston: Little, Brown and Company, 1977; Edward Morse, *Modernization and the Transformation of International Relations*, New York: Free Press, 1976. 值得一提的是罗伯特·基欧汉和约瑟夫·奈的复合相互依赖理论从总体上承认并论证了经济相互依赖对传统的国际政治体系的改造,但是他们又通过"敏感性"和"脆弱性"两个概念承认权力结构本身的重要意义,从而与正统的经济自由主义拉开了距离,从这个意义上说,基欧汉和奈具有浓厚的现实主义色彩。

② 整个20世纪70年代,美国学术界充满了对相互依赖现象的探讨,其他作品参见 Richard N. Cooper, "Economic Interdependence and Foreign Policy in the Seventies", *World Politics*, Vol. 24, No. 2, 1972, pp. 159—181; Peter J. Katzenstein, "International Interdependence: Some Long-Term Trends and Recent Changes", *International Organization*, Vol. 29, No. 4, 1975, pp. 1021—1034; Richard N. Rosecrance, et al., "Whither Interdependence?", *International Organization*, Vol. 31, No. 3, 1977; Richard N. Roscrance and Arthur Stein, "Interdependence: Myth or Reality?", *World Politics*, Vol. 26, No. 1, 1973, pp. 1—27。

③ Robert Gilpin, *U. S. Power and the Multinational Corporation: The Political Economy of Foreign Direct Investment*; Steven D. Krasner, *Defending the National Interests: Raw Materials, Investments, and U. S. Foreign Policy*, Princeton: Princeton University Press, 1978.

④ 两种相互对立的观点分别参见 Kenich Ohmae, *The Borderless World: Power and Strategy in the Interlinked Economy*, New York: Harper Company, 1990; Linda Weiss, *The Myth of the Powerless State*, Ithaca, N. Y.: Cornell University Press, 1998。

⑤ 参见王正毅:《超越"吉尔平"式的国际政治经济学——1990年代以来 IPE 及其在中国的发展》,载《国际政治研究》2006年第2期,第26页。

IPE 最基础的理论流派,而且奠定了整个 IPE 的基本研究框架和研究范围。①

但是,早期国际政治经济学的两场辩论——无论是现实主义者对国际经济体系开放性的分析,还是国际制度学派关于霸权后合作的论争,抑或是国家主义者和自由主义者围绕市场与国家关系的论战——都有意识地将国家视为核心行为体,探讨国家之间的政治经济互动关系,国家与国内政治被当做"黑箱"(black box),国家内部的决策过程以及国内政治特点等单元层面的因素被认为无足轻重,而是基于"国家为基本单元"的假定,着重于体系层面的分析。这使得经典自由主义传统下,一些有关非国家行为体参与国际进程以及国内行为体影响国家对外经济政策行为的早期研究在 IPE 中被有意或无意地忽略了。

所以,早期的国际政治经济学没有创造一个很好的囊括国内政治经济的理论,无法说明国际政治经济体系如何塑造国内政治经济结构的变化,也无法说明国内政治经济结构的变化如何对国际政治经济体系发生影响。这种对跨层次问题的解释乏力,推动了国际政治经济学在 20 世纪 90 年代出现了新的学术"蜕变"。

二、国际政治经济学的新发展:开放经济政治学

早期的范式辩论框定了作为一个分支学科和交叉学科的 IPE 的基本研究范畴,即探讨国际体系层次上国家与市场、权力与财富的互动关系。经过二十年的发展,国际政治经济学的宏观范式辩论从 20 世纪 90 年代开始进入了一个相对低潮,学者们在一些基本的理论模型、研究方法、分析框架以及重要问题上都达成了共识。② 国际政治经济学作为国际关系学一个主要的分支领域的地位,得到了完全的确立。但随着 20 世纪 90 年代国际关系学出现了"建构主义的转向"③,国际政治经济学的发展也来到了一个新的十字路

---

① 美国学者本杰明·科恩从这一代学者中列出了七名主要代表,论述了他们对 IPE 发展的贡献,参见 Benjamin J. Cohen, *International Political Economy: An Intellectual History*, N. J.: Princeton University Press, 2008。

② Jeffry Frieden & Lisa L. Martin, "International Political Economy: The state of the sub-discipline", in Ira Katznelson and Helen Milner, eds., *Political Science: The State of the Discipline*, New York: Norton, 2002, p. 120.

③ Jeffrey T. Checkel, "The Constructivist Turn in International Relations Theory", *World Politics*, Vol. 50, No. 2, 1998, pp. 324—348.

口。一部分学者受此影响,开始放弃理性主义和物质主义的假定,强调观念在国际政治经济中作为一个独立影响变量的意义,试图在国际政治经济学中开创出与现实主义和制度主义、国家主义和自由主义并立的建构主义学派;①而绝大部分学者依然坚持理性主义的根本路径,强调行为体的自私性是国际经济活动的基石,但是它们对于传统的范式辩论已然丧失了兴趣,转而进行精细的议题研究。② 其中,打开国家这个"黑箱",进行国际和国内的跨层次研究,成为这一新的学术浪潮中最核心的趋势。③

国际政治经济学的第一代学者在开创这一学科分支时,虽然没有将国内政治包含在理论框架之中,但却从来没有否认国内政治的重要意义。④ 随着全球化浪潮的到来,本属于各国内部的经济管理事务,越来越多地暴露到外部世界面前,商品、货币和资本频繁的跨国流动,极大地约束着国内政策的调整,影响着国内政治结构的变迁。与此同时,国际政治学者也开始意识到国内政治经济特别是大国的国内政治经济能够对整个国际政治经济体系构成重要影响,并积极向比较政治经济学(Comparative Political Economy,CPE)进行借鉴。

---

① 国际政治经济学建构主义的代表性作品参见:Rawi Abdelal, M. Blyth, and C. Parsons, eds., *Constructing the International Economy*, Ithaca, N. Y.: Cornell University Press, 2010; Rawi Abdelal, *Capital Rules: The Construction of Global Finance*, Cambridge, M. A.: Harvard University Press, 2007; L. Seabrooke, *The Social Sources of Financial Power: Domestic Legitimacy and International Financial Orders*, Ithaca, N. Y.: Cornell University Press, 2005; Michael Barnett & Martha Finnemore, *Rules for the World: International Organizations in Global Politics*, Ithaca, N. Y.: Cornell University Press, 2004; Mark Blyth, *Great Transformations: Economic Ideas and Institutional Change in the Twentieth Century*, New York: Cambridge University Press, 2002; Jeffrey Chwieroth, "Neoliberal Ecnomists and Capital Account Liberalization in Emerging Markets", *International Organization*, Vol. 61, No. 2, 2007, pp. 443—463; Timothy Sinclair, *The New Masters of Capitalism: American Bond Rating Agencies and the Politics of Creditworthiness*, Ithaca, N. Y.: Cornell University Press, 2005; Kathleen R. McNamara, *The Currency of Ideas: Monetary Politics in the European Union*, Ithaca, New York: Cornell University Press, 1998。

② 根据相关统计,从1980年到2006年,建构主义在IPE作品中多数时间里没有超过20%,在90年代确实存在一个上升趋势,但即便是在最高峰的1993年,建构主义的IPE作品也没超过25%,此后比例呈下降趋势,到2006年,建构主义IPE作品的比例降低到10%以下,参见Daniel Maliniak and Michael J. Tierney, "The American School of IPE", *Review of International Political Economy*, Vol. 16, No. 1, 2009, pp.23—24。

③ 李巍、王勇:《国际关系研究层次的回落》,载《国际政治科学》2006年第3期,第116—118页;李巍:《层次回落与比较政治学的回归》,载《世界经济与政治》2008年第7期,第52—56页。

④ Peter J. Katzenstein, Robert O. Keohane, and Stephen D. Krasner, "International Organization and the Study of World Politics", in Peter J. Katzenstein, Robert O. Keohane, and Stephen D. Krasner, eds., *Exploration and Contestation in the Study of World Polities*, p.30.

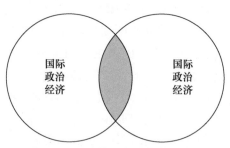

图 25-1　国际体系相互依赖程度低

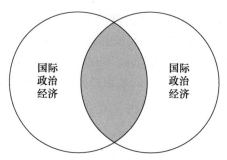

图 25-2　国际体系相互依赖程度高

除了经验世界的现实原因之外,国际政治经济学自身的演进逻辑也推动了国内变量在国际研究中的回归。越来越多的 IPE 学者从注重宏观理论(macrotheory)或元理论(metatheory)的构建逐渐转向更加专门的议题研究,密切关注经验事实。① 在 20 世纪 90 年代,第二代 IPE 学者全面登上学术舞台。② 国际政治经济学被划分为几个不同的更加精细的研究议题,如国际贸易的政治经济学、国际金融的政治经济学、跨国投资的政治经济学、国际发

---

① 中国学者王正毅注意到并分析了这种趋势,参见王正毅:《超越"吉尔平"式的国际政治经济学——1990 年代以来 IPE 及其在中国的发展》,第 30—31 页。此外,莱斯大学方松英副教授也向笔者指出,在 20 世纪 90 年代以后的美国国际政治经济学界,研究"主义"(ism)的学者越来越少,而研究特定议题(issue)的学者越来越多。

② 笔者所定义的这一代 IPE 学者均在 20 世纪 70 年代中后期至 20 世纪 90 年代初获得博士学位。代表人物主要有约瑟夫·格里科、朱迪斯·戈尔斯坦、戴维·莱克(David A. Lake)、杰弗里·弗莱登、约翰·伊肯伯里、海伦·米尔纳、爱德华·曼斯菲尔德、迈克尔·马斯坦杜诺(Michael Mastanduno)、珍妮·高娃(Joanne Gowa)、莉萨·马丁、贝斯·西蒙斯、安德鲁·莫劳夫奇克等。他们很多是第一代学者的学生,从博士研究生阶段就开始从事 IPE 方向的研究,不像第一代学者,是通过实现学术转型来研究 IPE,"IO 学派"的共同体建立也是在他们这一代得以完成。他们是如今活跃在学术舞台上最知名的一批学者,是美国各个大学 IPE 项目的学术带头人。

展的政治经济学、国际制裁/援助的政治经济学、国际能源和环境的政治经济学、移民的政治经济学等。① 与国际政治经济学的第一代学者致力于对整个宏观的国际政治经济体系运动给出自己的回答不同,新一代学者进入到细微的议题研究之中,宏观范式的争论虽然告一段落,但是范式指导下的议题研究却带来了 20 世纪 90 年代国际政治经济学的新一轮繁荣。②

宏观理论建构意味着必须进行大胆的假定,对经验事实进行必要的分割,从而容易形成学科的藩篱;而经验议题研究,需要兼收并蓄,寻找一切可以解释该议题的变量因素,这也就意味着必须穿越特定的学科界限。与 IPE 在 20 世纪七八十年代假定国家是一元的、理性的、自主的行为体不同的是,IPE 在 20 世纪 90 年代开始放宽这一经典假定,打开国家这个"黑箱",关注除国家之外的其他行为体在参与决策的过程中,由于利益的差别以及不同国家制度结构的差异而导致的国际政治经济体系的变动。

在新一轮全球化运动开始兴起的国际背景之下,国内事务与国际事务越来越复杂地交融在一起,国家与社会的行为与变化都不再是孤立于其他国家,越来越多的 CPE 作品在对不同国家进行比较分析的同时,开始将国际体系置于国内政治经济比较的视野之下,从而进一步加强了 IPE 与 CPE 的亲缘关系。从 20 世纪 80 年代开始,由比较政治学者卡赞斯坦、罗高斯基(Ronald Rogowski)和古勒维奇(Peter Gourevitch)开启、国际政治学者基欧汉等又极力倡导的跨越国际—国内的研究路径引起学界的广泛关注,在 20 世纪 90 年代成为"IO 学派"的一个极富生机和活力的研究热点,并且推动了 IPE 逐渐向全球政治经济学(Global Political Economy, GPE)的转变。

强调国际—国内的跨层次研究也是 IPE 与传统的安全研究在研究方法上的一个典型不同,因为相比于国际安全关系,国际经济互动与国内社会的特殊利益直接而紧密地联系在一起,从而激发社会行为体在国际经济互动与国家对外经济决策中发挥重要作用;而安全作为一种纯粹的公共产品几乎完全由国家垄断控制,因此国际安全问题的研究者通常依然愿意坚持国

---

① 上述领域最具代表性的研究可参见:Jeffry A. Frieden, David A. Lake, and J. Lawrence Broz, eds., *International Political Economy Perspectives on Global Power and Wealth*, New York: W. W. Norton & Company, 2017.

② Benjamin J. Cohen, *International Political Economy: An Intellectual History*, pp.170—171。

家一元的假定,而在理论建构中避免涉足国内政治。

在这种跨层次的政治经济学分析方法下,国际政治经济学的研究逐渐形成了两条研究线索,一条是研究国际经济体系对国内政治结构的影响,是为"由外到里"的线索;① 另一条是研究国内政治结构对国际经济体系的影响,是为"由里到外"的线索。② "由外到里"的线索兴盛于冷战结束后的全球化高潮时期,这些研究特别关注新兴国家和转型国家在国内制度建设和制度转型的过程中如何受到国际体系的塑造。而"由里到外"的线索一般是经由国家的对外经济政策这一环节,故而发展成为蔚为大观的国家对外经济政策的政治学。

从事这两项工作并作出重要贡献的既有比较政治经济学者也有国际政治经济学者,他们活跃在国际政治经济与国内政治经济的交叉地带,并在20世纪90年代逐渐开创了国际政治经济学研究的新天地。③ 这些研究始终被两个根本问题驱动着。第一,国家为何、在何时以及如何开放它们的边界,允许商品、服务、资本和人员的自由流动? 即内政治如何影响了国家的开放程度。在这个问题中,经济开放是因变量,而国内政治是自变量。第二,国家融入国际经济如何影响了个体、产业、地域之间的利益分配,进而影响

---

① Peter Gourevitch, "The Second Image Reversed: The International Sources of Domestic Politics", *International Organization*, Vol. 32, No. 4, 1978, pp. 881—912; Ronald Rogowski, *Commerce and Coalitions: How Trade Effects Domestic Political Alignments*, Princeton: Princeton University Press 1989; Thomas Risse-Kappen, ed., *Bringing Transnational Relations Back In: Non-State Actors, Domestic Structure and International Institutions*, Cambridge: Cambridge University Press, 1995;〔美〕罗伯特·基欧汉、〔美〕海伦·米尔纳:《国际化与国内政治》,姜鹏、董素华译,北京:北京大学出版社 2003 年版; Michael J. Hiscox, *International Trade and Political Conflict: Commerce, Coalitions and Mobility*, N. J.: Princeton University Press, 2001.

② Peter Katzenstein, ed., *Between Power and Plenty: Foreign Economic Policies of Advanced Industrial States*, Madison: University of Wisconsin Press, 1978; Peter Gourevitch, *Politics in Hard Times: Comparative Responses to International Economic Crises*, Ithaca, N. Y.: Cornell University Press, 1986; G. John Ikenberry, David A. Lake, and Michael Mastanduno, eds., *The State and American Foreign Economic Policy*, Cornell University Press, 1988; Joanne Gowa, *Closing the Gold Window: Domestic Politics and the End of Bretton Woods*, Ithaca: Cornell University Press, 1983; Beth A. Simmons, *Who Adjusts? Domestic Source of Foreign Economic Policy During the Interwar Years*, Princeton, N. J.: Princeton University Press, 1994.

③ 越来越多的国际政治经济学教科书都使用"全球政治经济学"作为书名,代表性的参见 Theodore H. Cohn, *Global Political Economy: Theory and Practice*, New York: Addison Wesley Longman, Inc., 2002; Ronen Palan, *Global Political Economy: Contemporary Theories*, London: Routledge, 2000; Andrew Walter and Gautam Sen, *Analyzing the Global Political Economy*, Princeton: Princeton University Press, 2009; John Ravenhill, ed., *Global Political Economy*, New York: Oxford University Press, 2017.

了国内政治竞争？在这个问题中,国内政治是因变量,而国家在国际经济中的位置是自变量。①

但无论是"从国内到国际"还是"从国际到国内",都只停留在单向层面。从 20 世纪 80 年代中期开始,一些学者开始更加大胆地开拓国际与国内互动的研究路径,这种研究路径淡化了"国际"与"国内"谁是第一动力的问题,强调两者的相互影响,因果链条也更加复杂。

海伦·米尔纳是其中一个主要的代表人物。她将 20 世纪 70 年代的国际经济体系与 20 世纪 20 年代的国际经济体系进行了比较分析,认为这两个时代都是经济霸权缺失而导致经济混乱的时代,但两者的一个主要不同就是前者的经济相互依赖程度要大大高于后者,越来越多的经济体能从稳定的高度相互依赖的国际经济体系中获得收益,从而导致了 20 世纪 70 年代的国际经济体系并没有像 20 世纪 20 年代那样走向贸易保护主义。② 在米尔纳的研究中,国际经济体系的变化导致了国内经济结构的变化,这又进一步导致了国家贸易政策的变化,继而又影响了国际经济体系。

同样是研究贸易议题,迈克尔·吉利根通过研究美国的个案认为,国际层次的互惠贸易谈判能够动员国内的出口商克服集体行动的困境,采取更加积极的政策游说行动,从而使得互惠的自由贸易政策比单边的自由贸易政策更容易推行。③ 与米尔纳强调静态的国际体系环境不同,吉利根强调的国家互动策略的选择对国内政治结构的影响,进而又导致了贸易政策的成败。在他的研究中,国际互动影响了国内特定行为体的政治意愿,而不只是改变了作为一元行为体的国家的意愿。

建立在"双层博弈"基础上的"双层外交理论"同时考察影响政府外交决策的国际与国内双重力量,成为考察国际与国内力量之间的互动关系、连通

---

① David A. Lake, "International Political Economy: A Maturing Interdiscipline", in B. Weingast and D. Wittman, eds., *The Oxford Handbook of Political Economy*, New York: Oxford University Press, 2006, p.758.
② Helen V. Milner, *Resisting Protectionism: Global Industries and the Politics of International Trade*, Princeton, N.J.: Princeton University Press, 1988.
③ Michael J. Gilligan, *Empowering Exporters: Reciprocity, Delegation, and Collective Action in American Trade Policy*, Ann Arbor: The University of Michigan Press, 1997.

国际关系和国内政治进行跨学科整合的理论成果之一。①

表 25-1　致力于国际—国内跨层次研究的代表性学者

比较政治学者	国际关系学者
彼得·卡赞斯坦	罗伯特·基欧汉
查尔斯·蒂利	海伦·米尔纳
彼得·霍尔	珍妮·高娃
罗伯特·普特南	贝思·西门斯
彼得·古勒维奇	莉萨·马丁
罗纳德·罗戈斯基	迈克尔·西斯考克斯

在上述研究的推动下,国际—国内跨层次的研究路径成为 20 世纪 90 年代以来国际政治经济学最主要的研究路径。这批学者努力将 IPE 和 CPE 整合到一个共同的框架中,强调打开国家这个"黑箱",将国内政治纳入国际经济体系的分析中,或者将国际经济环境纳入国内政治的分析中,形成了全球层面的政治经济学,又称为开放经济政治学(Open Economy Politics, OPE)研究路径。② 所谓开放经济政治学就是指在经济全球化的背景下,政治已经不再具有国际政治和国内政治的明显区分,它被基欧汉称为是"新的国际政治经济学"(New IPE)。③

开放经济政治学是针对 20 世纪 90 年代以来国际政治经济学发展的基本趋势在学科概念上的最新归纳和总结。它接纳了新古典经济学的很多基本假定,但同时在其分析中更加公开地融入了政治变量。开放经济政治学以公司、产业或者生产要素为分析单元,分析它们在国际经济中由于经济政策的调整而导致了利益变化,制度(包括国际制度和国内制度)如何汇总了它们的利益,行为体在国内和国际不同层次的谈判和战略互动如何导致了

---

① Robert D. Putnam, "Diplomacy and Domestic Politics: The Logic of Two-Level Games", *International Organization*, Vol. 42, No. 3, 1988, pp: 427—460; Peter B. Evans, et al., eds., *Double-Edged Diplomacy*, Berkeley: University of California Press, 1993. 不仅在国际政治经济学领域,就是在传统坚持国际体系分析的安全领域,跨层次分析也成为一种新的学术"时髦",参见许田波:《战争与国家的形成》,徐进译,上海:上海人民出版社 2009 年版。

② 这个词的最初来源,参见 Robert. H. Bates, *Open-Economy Politics: The Political Economy of the World Coffee Trade*, Princeton, N. J.: Princeton University, 1997。

③ Robert O. Keohane, "The Old IPE and the New", *Review of International Political Economy*, Vol. 16, No. 1, 2009, pp. 34—46.

利益的分配。因此,在这个新的学科概念下,利益和制度是其最根本的两个研究变量,而行为体的多元化是这两个变量发生变化的根本性的背景舞台。

首先,在全球化推动下,国际政治经济体系中出现了多元行为体。这是 OEP 与传统的以国家为主要分析单位的"旧的"IPE 的重要区别,国家不再被视为一元和自主行为的"黑箱",国家(nation)被分解为国家政权(state)和国内社会(society)的综合,而国家政权又被视为一些机构的制度性组合。当关于国家的假定被放宽,也就意味着新的 OEP 赋予了社会私人行为体以重要的意义,同时,一些既不属于国家行为体也不属于国内私人行为体的跨国行为体,如 NGO、跨国公司、跨国运动、跨国宗教组织等,也成为 OEP 的重要分析单位。

其次,利益是驱动行为体产生政治行为的根本动力,社会私人行为体的利益是 OEP 的基石。"旧的"IPE 更多地关注国家利益是国际经济体系变迁的推动力,在很大程度上忽略了国家利益的微观基础,即国家利益来自何方。简言之,OEP 认为政治就是利益受损者和受益者之间的游戏,而受损者和受益者的主体不仅仅是以国家为单位的。因此,OEP 分析的重要步骤就是要确定不同行为体的利益及其偏好,譬如借助经济学中的李嘉图—维纳模型、赫克歇尔—俄林模型或假定偏好的方式来确定利益。[1]

再次,制度对相互冲突的社会利益和国家利益进行汇总,它决定了行为体之间的谈判规则。在弱制度的环境下,比如国际体系或者"失败国家"中,强制力在很大程度上决定了政治后果;在强制度的环境下,比如运行良好的国内政治体系中,既定的规则和程序决定了长期的战略互动。"旧的"IPE 只关注国际层次上的制度如何约束了国家间的互动,而"新的"OEP 把制度分析的触角深入到国家内部,它不仅强调国家在国际体系层次上的利益表现是来自于国内社会行为体,而且将国内政治制度视为国内社会利益传达到国家政权层面的中介因素,甚至在特定的时空背景下,发挥着相当独立的影

---

[1] Helen V. Milner, *Interests, Institutions, and Information: Domestic Politics and International Relations*, Princeton: Princeton University Press, 1997; Jeffry A. Frieden, "Actors and Preferences in International Relations", in David A. Lake and Robert Powell, eds., *Strategic Choice and International Relations*, Princeton: Princeton University Press, 1999, pp. 39—76.

响。① 可以说，OEP 将利益与制度作为两个核心的变量，进而构建起了以"2×2 模式"（国际与国内、利益与制度）为新特质的国际政治经济学分析框架。②

最后，当国内制度将国内社会利益汇总成国家利益之时，国家将运用政策工具努力在国际体系中推动这种利益的实现，而这又必须经过国家之间的战略互动。因此，国际谈判便是 OEP 的最后一步。而在这个过程中，国际制度跟国内制度一样开始发挥构造和约束国家利益的作用。对于国际谈判，OEP 主要关注两类问题的研究：其一是国际制度如何影响讨价还价的过程和结果，以及如何通过制度设计来满足成员国提出的目标要求；其二是研究合作收益的讨价还价过程，即合作分配问题。③

总之，在一个经济全球化不断深入的时代里，IPE 和 CPE 分别朝各自的领域不断拓展，因为市场天然要求穿透国界，没有脱离国内政治经济的 IPE，也没有脱离国际政治经济的 CPE，同时那些跨越国界的全球行为体（Global actors）（此前被称为跨国行为体）在世界政治经济中的地位日益显现，全球公民社会正在逐渐形成，国际行为体的多样化，使得国家间关系已经不能涵盖世界正在发生的新变化④。正如约翰·鲁杰所说，"对它们的研究不再属于 IPE，也自然不属于 CPE"⑤，因此，创建一种囊括国际国内、综合 IPE 与 CPE 的 OEP 成为学术发展的共同趋向。⑥

---

① David Lake, "International Political Economy: An Emerging Interdiscipline", in B. Weingast and D. Wittman, eds., *The Oxford Handbook of Political Economy*, pp.765—766.

② Lisa Martin, "International Political Economy: From Paradigmatic Debates to Productive Disagreement", in Michael Brecher and Frank P. Harvey, eds., *Millennial Reflections on International Studies*, Ann Arbor: University of Michigan Press, 2002, p.654.

③ 王正毅：《国际政治经济学 50 年：现实变革、议题设定与理论创新》，载《国际观察》2021 年第 1 期，第 55 页。

④ 相关论述参见 Anne-Marie Slaughter, *A New World Order*, Princeton, N. J.: Princeton University Press, 2004; John G. Ruggie, "Reconstituting the Public Domain: Issues, Actors, and Practices", *European Journal of International Relations*, Vol. 10, No. 4, 2005, pp.499—531。

⑤ 基欧汉与鲁杰的私下讨论，参见 Robert O. Keohane, "The Old IPE and the New", p.41.

⑥ 就连自我宣称是国家主义者的罗伯特·吉尔平在其 2001 年的著作里也开始承认以前对国内因素强调不够，书名使用"全球政治经济学"，而不是"国际政治经济学"。〔美〕罗伯特·吉尔平：《全球政治经济学》，杨宇光等译，上海：上海人民出版社 2013 年版，第 1 页。

三、金融危机后的国际政治经济学:反思与超越

犹如20世纪70年代的经济混乱构成了当时国际经济关系的一个分水岭并促成了国际政治经济学产生一样,2008年全球金融危机的爆发构成了国际经济关系的一个新的分水岭,并推动国际政治经济学的反思与超越。

在全球金融危机之前,本杰明·科恩(Benjamin J. Cohen)就引发了国际政治经济学英国学派和美国学派的论战。[1] 金融危机之后,全球国际政治经济学共同体兴起了对美国开放经济政治学主导的 IPE 研究的反思(尤其以最近编著的《国际政治经济学:过去、现在和未来的辩论》和《国际政治经济学手册:全球对话的国际政治经济学》为代表)[2],一些超越传统研究纲领的成果也日益显现。

利益是 OEP 分析框架中最核心的概念。根据新古典经济学推导出国内社会行为体的利益,使得 OEP 的理论起点建立在合理演绎的基础之上。这被视为 OEP 的重要创新。[3] 但是,简单化地引入新古典经济学来界定利益,使得开放经济政治学忽视了行为体偏好的复杂性,进而影响了对全球经济与国内政治互动的理解。[4] 因此,学者们开始重新审视开放经济政治学的利益学说。[5]

第一,开放经济政治学根据经济政策的分配效应界定个体的政策偏好,忽视了行为体的信息和认知因素对于偏好形成的影响。引入新古典经济学理论推导个体偏好的前提假设是社会行为体处于信息完全和知识充足的情

---

[1] Benjamin J. Cohen, "The Transatlantic Divide: Why Are American and British IPE So Different?", *Review of International Political Economy*, Vol. 14, No. 2, 2007, pp. 197—219.

[2] Nicola. Phillips and Catherine Weaver, eds., *International Political Economy: Debating the Past, Present and Future*, New York: Routledge, 2010; Blyth, Mark, ed., *Routledge Handbook of International Political Economy (IPE): IPE as A Global Conversation*, New York: Routledge, 2009. John Ravenhill, ed., *Global Political Economy*, New York: Oxford University Press, 2017; Thomas Oatley, *International Political Economy*, New York: Routledge, 2019.

[3] David A. Lake, "Open Economy Politics: A Critical Review", *The Review of International Organizations*, Vol. 4, No. 3, 2009, p. 226.

[4] Jonathan Crystal, "What Do Producers Want? On the Origins of Societal Policy Preferences", *European Journal of International Relations*, Vol. 9, No. 3, 2003, p. 408.

[5] 最具代表性的讨论和反思详见《国际政治经济学评论》(*Review of International Political Economy*)2009年第1期特刊中的11篇论文和该刊2017年第4期反思"开放经济"的4篇论文。

况下,并能够理性地判断出经济政策对自身利益的影响。姑且不论经济学界对于宏观经济政策的效果很难达成共识①,在现实生活中,无论是作为市场主体的企业还是政治体系中的选民,面对经济政策的复杂性和专业化,往往很难确切地判定自身利益。只有在利益重大且明确可见的情况下,从自我利益的角度解释公众态度才比较可取。② 而国际政治经济议题往往比较复杂,因果链条很长且个人分配效应不明显。对美国贸易政策偏好的研究发现,确定自身对贸易政策的偏好所需信息的代价本身就是高昂的,调查显示超过30%的样本对于贸易政策的偏好是"不知情的",尤其是低技术劳工、穷人和妇女对于贸易保护对自身的影响知之甚少。③ 对国际金融政策的研究也发现,国内金融部门并没有按照开放经济政治学所推断的那样根据自身在全球经济中的资产配置确定政策偏好,一些社会行为体对替代性政策并没有明确的偏好,甚至持有相反的政策偏好。④ 因此,迈克尔·布劳恩(Michael Braun)等学者就建议引入认知科学、行为经济学和经济社会学来更加细致地界定行为体的偏好。⑤

第二,开放经济政治学仅从物质主义的视角界定个体偏好,限制了利益的范围。界定行为体利益偏好的方法有三种,假设、理论推演和实证观察。开放经济政治学引入新古典经济学理论,依据社会行为体在国际分工中的位置推断政策偏好。这种方法直接将界定社会行为体利益的复杂任务交给了经济学者,丧失了政治学理解利益的独特视角和学科优势。

政治学家脱离政治制度和环境而直接从利润最大化的经济模型中推导政策偏好,就像经济学家忽略预算线或者相对价格而只考虑无差异曲线对

---

① Jonathan Kirshner, ed., *Monetary Orders: Ambiguous Economics, Ubiquitous Politics*, Ithace, NY: Cornell University Press, 2003.
② Jack Citrin and Donald Philip Green, "The Self-Interest Motive in American Public Opinion", *Research in Micropolitics*, Vol. 3, No. 1, 1990, p. 28.
③ Bruce Blonigen, "New Evidence on the Formation of Trade Policy Preferences", No. w14627. National Bureau of Economic Research, 2008, p. 5.
④ Kathleen R. McNamara, *The Currency of Ideas: Monetary Politics in the European Union*, Ithaca: Cornell University Press, 1998; Nicolas Jabko, *Playing the Market: A Political Strategy for Uniting Europe, 1985—2005*, Ithaca: Cornell University Press, 2006; Rawi Abdelal, "Writing the Rules of Global Finance: France, Europe, and Capital Liberalization", *Review of International Political Economy*, Vol. 13, No. 1, 2006, pp. 1—27.
⑤ Juan Díez Medrano and Michael Braun, "Uninformed Citizens and Support for Free Trade", *Review of International Political Economy*, Vol. 19, No. 3, 2012, pp. 448—476.

消费者行为的影响一样不切实际。① 现实政治中的利益确实要更加复杂,个体对政策的态度并不只受到自身物质利益的影响,而是在社会互动中和一定的规范、理念背景下产生的。② 学者们开始通过实证观察的方法检验开放经济政治学的偏好假说。爱德华·曼斯菲尔德等人通过对美国公民贸易政策态度的两次全国调查和统计分析,发现"赫克歇尔—俄林"模型和"李嘉图—维纳"模型的经验支持非常有限。美国公民对于贸易对美国整体经济的影响的认知比个人物质利益对贸易偏好的影响要大。③同时,戴维·贝尔斯(David H. Bearce)等人对国际货币政策偏好的假说进行检验,也发现传统的部门偏好模型受到爱国情感和选民对于不同政策权衡的了解程度影响很大。④ 教育和社会情感因素对行为体偏好的影响也开始受到关注。最新研究发现高等教育所传授的经济理念和信息对于选民形成对贸易自由化和全球化的偏好非常关键。⑤ 同时,民族主义与国际主义⑥、宗教⑦和性别⑧差异等社会情感对于选民的政策偏好影响很大。

第三,开放经济政治学通过国际分工地位界定国内行为体利益,将国际市场力量狭隘地定义为外生于政治过程的价格和信号传导机制,忽视了国

---

① Jonathan Crystal, "What Do Producers Want? On the Origins of Societal Policy Preferences", p. 419.

② David A. Lake, "Open Economy Politics: A Critical Review", p. 231.

③ Edward D. Mansfield and Diana C. Mutz, "Support for Free Trade: Self-Interest, Sociotropic Politics, and Out-Group Anxiety", *International Organization*, Vol. 63, No. 3, 2009, pp. 425—57.

④ David H. Bearce, Kim-Lee Tuxhorn, "Are Monetary Policy Preferences Egocentric? Evidence from Two American Surveys and an Experiment", Prepared for IPES 2013 at the Claremont Graduate School, October 2013.

⑤ Jens Hainmueller and Michael J. Hiscox, "Learning to Love Globalization: Education and Individual Attitudes Toward International Trade", *International Organization*, Vol. 60, No. 2, 2006, pp. 469—498; Robert Urbatsch, "A Referendum on Trade Theory: Voting on Free Trade in Costa Rica", *International Organization*, Vol. 67, No. 1, 2013, pp. 197—214.

⑥ Michael M. Bechtel, Jens Hainmueller, and Yotam Margalit, "Preferences for International Redistribution: The Divide over the Eurozone Bailouts", *American Journal of Political Science*, Forthcoming, 2014, pp. 1—22; Amber Curtis, Joseph Jupille, and David Leblang. "Iceland on the Rocks: The Mass Political Economy of Sovereign Debt Resettlement", *International Organization*, Vol. 68, No. 3, 2014, pp. 721—740.

⑦ Kenneth Scheve and David Stasavage, "Religion and Preferences for Social Insurance", *Quarterly Journal of Political Science*, Vol. 1, No. 3, 2006, pp. 255—286.

⑧ Brian Burgoon and Michael J. Hiscox, "The Mysterious Case of Female Protectionism: Gender Bias in Attitudes Toward International Trade", Presented at the Annual Meeting of the American Political Science Association, Philadelphia, PA, 2004.

际市场权力和国家政治力量对于国际市场价格的塑造。斯特兰奇就曾论述美国在国际市场中的结构性权力对于美国维持全球霸权地位的作用。① 国际经济学理论通常建立在"小国"假设的基础上,即任何一个单元内部的生产和消费与全球总量相比都足够小,因而包括政策在内的所有行动都不会对世界价格产生明显的影响。② 这一假设源自以市场中的产业或产品为分析单位的微观经济学理论。但是,国际经济体系中国家的数量和等级与市场中的企业不同,拥有庞大生产规模和消费能力的大国可能会出于自身经济或政治目的扭曲国际价格。因此,国际价格事实上内生于政治,而不是政治的外生变量,国际价格本身就是政治策略和操纵的产物。③ 全球经济体系中处于主导地位的国家和跨国公司能够采取战略性行为对国际市场施加影响。

开放经济政治学借鉴比较政治学的研究成果,将国内制度作为利益汇聚和整合的渠道引入对外经济政策的解释框架。同时,在国际层面,开放经济政治学探究国际制度如何影响国家间的战略互动及其结果,尤其是国家如何通过国际制度增强其承诺可信度。开放经济政治学对于制度在全球经济中的作用的理解也受到一些批评。

第一,开放经济政治学的制度学说建立在理性制度主义的基础上,将制度的功用狭隘地界定为折射和改变利益汇聚④,忽视了制度通过身份塑造改变行为体偏好的作用。制度背景不仅会影响行为体的战略手段,而且会影响行为体的目标。社会行为体在权衡不同政策目标时,往往需要考虑组织成本和集体行动的问题。⑤ 开放经济政治学的制度变量主要拘泥于选区制、否决权的数量、选举制度、委托—代理问题和民主与透明度,对于制度和社会的互动以及资本主义多样性等包涵更复杂的国家—社会关系的国内政治

---

① Susan Strange, *States and Markets*, London: Bloomsbury Publishing, 1998.
② 〔美〕戴维·A. 莱克:《开放经济的政治学:一个新兴的交叉学科》,载《世界经济与政治》2009 年第 8 期,第 55 页。
③ 同上,第 56 页。
④ Geoffrey Garrett and Peter Lange, "Internationalization, Institutions and Political Change", in Robert O. Keohane and Helen V. Milner eds., *Internationalization and Domestic Politics*, New York: Cambridge University Press. 1996, pp.48—75.
⑤ Kathlleen R. McNamara, "Of Intellectual Monocultures and the Study of IPE", *Review of International Political Economy*, Vol.16, No.1, 2009, pp.72—84.

结构缺乏关注。①

第二,开放经济政治学的分析框架建立在政治多元主义理论的基础上,将政治理解为社会偏好输入和国家政策输出的过程。这无疑忽视了政府机构的官僚利益和国家自主性对于对外经济政策的影响。尤其是对于广大发展中和转型国家来说,国家主义或官僚政治可能比多元主义更能解释对外经济政策的形成。② 如何拓展已有制度分析对发展中和转型国家国内政治与全球经济的互动进行研究是未来研究的方向。

第三,开放经济政治学将国际制度作为国家战略互动中传递信号和确保承诺可信的机制进行研究,过于注重国际制度增进国际合作的功用,而忽视了国际制度的权力面孔。例如,IMF 的救助贷款往往反映了美国的商业银行和地缘政治的利益。③ 国际制度的权力特性使得国家和非国家行为体会努力提升自身对国际制度的影响力。对于国家和私人行为体如何通过国际组织实现自身利益、影响国际组织决策还需要系统的研究。除了正式制度之外,还需要集中研究国际组织内部的网络政治、议题联系和私下交易这些非正式制度。

2008 年金融危机以来,国际政治经济学学术共同体开始正视 OEP 利益—制度分析框架所面临的理论和现实挑战,超越开放经济政治学日益封闭和简化主义的学术研究倾向,以问题意识为导向,通过多元的视角和方法推动对国际政治经济学的学术探索。

学者们对于开放经济政治学的最大诟病是其不能对于现实世界的重大变化和问题作出回应。目前学术界主要从两个方向拓展国际政治经济学的研究议题。一方面,国际政治经济学的研究必须反映现实世界的重大变化和新的问题,另一方面国际政治经济学的研究对象是全球政治经济学现象,

---

① 彼得·卡赞斯坦将资本主义多样性的研究引入 IPE,但后来发展起来的开放经济政治学的分析框架显然无法容纳这种历史制度主义的研究路径。彼得·哈尔仍继承着这一研究传统。参见 Peter Katzenstein ed. *Bettwen Power and Plenty*:*Foreign Economics Policies of Advanced Industrial States*;Peter Katzenstein,*Small States in World Markets*:*Industrial Policy in Europe*,Ithaca,N. Y.:Cornell University Press,1985;Peter Hall and David Soskice,*Varieties of Capitalism*:*The Institution Foundations of Comparative Advantage*,New York:Oxford University Press,2001.

② 曲博:《危机下的抉择:国内政治与汇率制度选择》,上海:上海人民出版社 2012 年版;田野:《国家的选择——国际制度、国内政治与国家自主性》,上海:上海人民出版社 2014 年版。

③ Thomas Oatley and Jason Yackee,"American Interests and IMF Lending",*International Politics*,Vol. 41,No. 3,*2004*,pp. 415—429.

必须对于全球治理事务和跨地区的研究给予更多的关注,而不仅仅是拘泥于发达国家的对外经济政策。

此次全球金融危机之后,学术界对于主流国际政治经济学研究的问题缺失进行了充分的讨论。问题导向型的研究应该勇于面对复杂的全球政治经济现象,专注于识别、描述和解释全球政治经济中重要的经验和疑惑。罗伯特·基欧汉在《旧国际政治经济学与新国际政治经济学》一文中提出,目前美国主流的开放经济政治学研究缺乏对全球重大变化的关注。① 全球金融危机使得国际经济体系中的重大问题暴露在人们面前。例如,源于美国的以过度信贷为特征的全球金融体制、缺乏制衡机制和替代方案的由美元主导的国际货币体系以及全球贸易和发展的不平衡与全球金融危机的爆发直接相关,却一直被开放经济政治学研究所忽视。

人们对全球金融体制的反思使国际金融监管改革成为全球公共政策的核心,也成为国际政治经济学研究的重要方向。埃里克·赫雷纳(Eric Helleiner)发文呼吁加强对全球金融监管改革的研究。他提出应该对国际监管的弱化问题、非正式监管的聚合、监管碎片化以及合作性监管和监管权下放进行更多的探索。超越盎格鲁—撒克逊文化制度背景,对不同国家、不同时期的金融监管体制进行比较研究也是未来研究的方向。② 金融危机引起了公共监管机构和私人市场行为体的分工变化,公—私互动和监管俘获在监管体制中的作用也值得进一步研究。③

学界对美元主导的国际货币体系的反思,使得货币政治研究成为国际政治经济学发展最迅速的研究领域。全球金融危机为 IPE 学者提供了重新审视美国在国际货币和金融体系中的主导地位及其成因的机会,学者们对

---

① 基欧汉列出了目前全球政治经济中的五个重大问题:(1) 东亚和其他新兴经济体的真正崛起;(2) 中国成为国际贸易和金融领域的重要玩家;(3) 金融和能源市场的波动更为极端;(4) 真正的全球行为体在世界政治中已至关重要;(5) 电子技术成为全球通信的基础,从根本上影响着全球政治经济事务。Robert O. Keohane, "The Old IPE and the New," pp. 34—46.

② Eric Helleiner and Stefano Pagliari, "The End of an Era in International Financial Regulation? A Postcrisis Research Agenda", *International Organization*, Vol. 65, No. 1, 2011, pp. 169—200.

③ Stefano Pagliari, "Who Governs Finance? The Shifting Public-Private Divide in the Regulation of Derivatives, Rating Agencies and Hedge Funds", *European Law Journal*, Vol. 18, No. 1, 2012, pp. 44—61.

于私人金融业扩张①、美国房地产市场②和美元的脆弱性③对美国金融力量的影响进行了广泛分析。

全球经济失衡成为金融危机后最富争议的话题。经济学家对于当前国际货币体系同布雷顿森林体系的关系④、美国经常账户赤字的持续性⑤和美国与东亚国家国内经济模式对全球经济失衡的影响⑥等进行了深入讨论。然而,国际政治经济学对全球经济失衡的政治基础的分析刚刚起步。国际政治经济学对于中美如何对双边贸易不平衡和中国庞大的外汇储备的紧张关系进行管理⑦,以及国际经济调整和再平衡的国内政治经济根源⑧进行了开创性研究。

新兴经济体崛起及其引起的全球治理转型和国际经济秩序变迁也成为重要的研究课题。全球金融危机之后,G20 兴起并替代 G8 成为主要的宏观经济协调平台,新兴经济体对国际经济治理改革的推动,促使学者们开始思考政治权力和经济理念如何相互作用,影响全球金融秩序。⑨ 伍兹(Ngaire

---

① Martijn Konings,"The Institutional Foundations of US Structural Power in International Finance:From the Re-emergence of Global Finance to the Monetarist Turn", *Review of International Political Economy*, Vol.15, No.1, 2007, pp.35—61.

② Herman M. Schwartz, *Subprime Nation: American Power, Global Capital, and the Housing Bubble*, New York: Columbia University Press, 2009.

③ Jonathan, Kirshner, "Dollar Primacy and American Power: What's at Stake?", *Review of International Political Economy*, Vol.15, No.3, 2008, pp.418—438.

④ Michael P. Dooley, David Folkerts-Landau, and Peter Garber, "The Revived Bretton Woods System", *International Journal of Finance & Economics*, Vol.9, No.4, 2004, pp.307—313; Barry Eichengreen, "Global Imbalances and the Lessons of Bretton Woods," *Economie Internationale*, Vol.4, 2004, pp.39—50; Morris Goldstein and Nicholas R. Lardy, "China's Role in the Revived Bretton Woods System: A Case of Mistaken Identity", PIIE *Working Paper*, No.05-2, 2005; Michael Dooley, David Folkerts-Landau, and Peter Garber, "Bretton Woods II still Defines the International Monetary System", *Pacific Economic Review*, Vol.14, No.3, 2009, pp.297—311.

⑤ Maurice Obstfeld and Kenneth Rogoff, "The Unsustainable US Current Account Position Revisited", in Richard H. Clarida, ed., *G7 Current Account Imbalances: Sustainability and Adjustment*, Chicago: University of Chicago Press, 2007, pp.339—376.

⑥ Chinn D. Menzie and Hiro Ito, "Global Current Account Imbalances: American Fiscal Policy versus East Asian Savings", *Review of International Economics*, Vol.16, No.3, 2008, pp.479—498.

⑦ Paul Bowles and Baotai Wang, "The Rocky Road Ahead: China, the US and the Future of the Dollar", *Review of International Political Economy*, Vol.15, No.3, 2008, pp.335—353.

⑧ Jeffry Frieden, "The Political Economy of Adjustment and Rebalancing", *Journal of International Money and Finance*, Vol.52, April, 2015, pp.4—14.

⑨ Daniel W. Drezner and Kathleen R. McNamara, "International Political Economy, Global Financial Orders and the 2008 Financial Crisis", *Perspectives on Politics*, Vol.11, No.1, 2013, pp.155—166.

Woods)探讨了金融危机后金砖国家等新兴经济体的崛起对多边主义全球治理的影响。① 沙织坚田(Saori N. Katada)等人还对于新兴经济体的金融外交进行了理论化的努力。② 同时,公—私互动关系在全球经济治理中的作用在金融危机后开始得到重视。在国际技术标准和金融监管领域,私人企业在行业自我监管和形成一致标准中起着重要作用。③ 而主权财富基金的兴起,也使学者们对于全球经济中的主权金融机构给予更多的关注。④

特别值得注意的是,作为最重要的新兴经济体,中国在近年来受到了国际政治经济学界前所未有的关注。基欧汉曾批评国际政治经济学学界长期忽视中国崛起的重要影响,并将其作为下一阶段国际政治经济学的五大研究议题之一。⑤ 此后关于中国的国际政治经济学研究明显增加,这些研究一方面试图阐释中国特定的政治经济行为及其动因、影响,另一方面则力求梳理和介绍中国的国际政治经济学研究。譬如《国际政治经济学评论》在2013年第6期刊发了"中国的国际政治经济学"特刊,涉及中国国有企业所主导的商业合作⑥、中国对外直接投资的影响⑦、中国参与国际组织的行为⑧、中

---

① Ngaire Woods,"Global Governance After the Financial Crisis: A New Multilateralism or the Last Gasp of the Great Powers?", *Global Policy*, Vol. 1, No. 1, 2010, pp. 51—63.

② Leslie Elliott Armijo and Saori N. Katada, "Theorizing the Financial Statecraft of Emerging Powers", *New Political Economy*, Vol. 20, No. 1, 2015, pp. 42—62.

③ Stefano Pagliari and Kevin L. Young, "Leveraged Interests: Financial Industry Power and the Role of Private Sector Coalitions", *Review of International Political Economy*, Vol. 21, No. 3, 2014, pp. 575—610;Tim Büthe and Walter Mattli, *The New Global Rulers: The Privatization of Regulation in the World Economy*, Princeton: Princeton University Press, 2011.

④ Daniel W. Drezner, "Sovereign Wealth Funds and the (In) Security of Global Finance", *Journal of International Affairs*, Vol. 62, No. 1, 2008, pp. 115—130; Eric Helleiner, "The Geopolitics of Sovereign Wealth Funds: An Introduction", *Geopolitics*, Vol. 14. No. 2, 2009, pp. 300—304; Benjamin J. Cohen, "Sovereign Wealth Funds and National Security: the Great Tradeoff", *International Affairs*, Vol. 85, No. 4, 2009, pp. 713—731.

⑤ Robert O. Keohane, "The Old IPE and the New", *Review of International Political Economy*, Vol. 16, No. 1, 2009, p. 40.

⑥ Jonas Meckling, Bo Kong and Tanvi Madan, "Oil and state capitalism:government-firm coopetition in China and India", *Review of International Political Economy*, Vol. 22, No. 6, 2015, pp. 1159—1187; Lee Jones and Yizheng Zou, "Rethinking the Role of State-owned Enterprises in China's Rise", *New Political Economy*, Vol. 22, No. 6, 2017, pp. 743—760.

⑦ Adam William Chalmers and Susanna Theresia Mocker, "The End of Exceptionalism? Explaining Chinese National Oil Companies' Overseas Investments", *Review of International Political Economy*, Vol. 24, No. 1, 2017, pp. 119—143.

⑧ Matthew Louis Bishop and Zhang Xiaotong, "Why is China a Reluctant Leader of the World Trade Organization?", *New Political Economy*, Vol. 25, No. 5, 2020, pp. 755—772.

国清洁能源转型①、中国的全球经济领导力②、中国对经济权术(Economic Statecraft)的应用等议题。③ 可以说,中国正迅速成为国际政治经济学的核心研究对象。

进行实质意义上的跨地区研究是国际政治经济学议题拓展的另一个方向。《国际政治经济学评论》在2010年12月的专刊关注各地区不同类型国家在国际政治经济关系上的差异性,试图拓展全球范围的研究议题(超越传统的主要对OECD国家对外经济政策的研究),平衡不同国家的声音,通过实证案例中的"多样性",克服学术研究中的偏见。科恩等人就以东亚国家的经验为基础,探究了全球经济中权力的变革。④

开放经济政治学以个体主义、物质主义和理性主义的假设为理论基础,从国内政治出发解释国家对外经济政策和国际合作。这种单一研究范式限制了学术研究的视野,很多学者都批评这种学术单一文化,呼吁理论范式上的多元主义和学术研究的折中主义。⑤

首先,开放经济政治学过分倚重国内政治研究路径,忽视了宏观进程和国际层面的解释视角。罗伯特·基欧汉提出,目前的主流IPE研究中,I越来越受到淡化或压制,IPE逐渐被CPE甚至是PE取代。⑥ IPE需要第三股学术潮流的转变,即应该更多地将国际宏观过程因素纳入国内政治主导的国际政治经济学研究。这些宏观过程意味着体系内或体系行为体关系中的因果机制和力量,这些机制可以是政治的(例如讨价还价、强制),也可以是经济的(如经济传染、网络外部性),或者是观念的(例如扩散、学习)。⑦ 开

---

① Wei Shen and Lei Xie, "The Political Economy for Low-carbon Energy Transition in China: Towards a New Policy Paradigm?", *New Political Economy*, Vol. 23, No. 4, 2018, pp. 407—421.

② J. Lawrence Broz, Zhiwen Zhang and Gaoyang Wang, "Explaining Foreign Support for China's Global Economic Leadership", *International Organization*, Vol. 74, No. 3, 2020, pp. 417—452.

③ Sung Eun Kim and Yotam Margalit, "Tariffs As Electoral Weapons The Political Geography of the US—China Trade War", *International Organization*, Vol. 75, No. 1, 2021, pp. 1—38; David A. Baldwin, *Economic Statecraft*, Princeton: Princeton University Press, 2020, pp. 391—433.

④ Benjamin J. Cohen, Eric M. P. Chiu, *Power in a Changing World Economy: the Experience of East Asia*, New York: Routledge, 2013.

⑤ Peter J. Katzenstein, "Mid-Atlantic: Sitting on the Knife's Sharp Edge", *Review of International Political Economy*, Vol. 16, No. 1, 2009, pp. 122—135; Kathleen R. McNamara, "Of Intellectual Monocultures and the Study of IPE", *Review of International Political Economy*, Vol. 16, No. 1, 2009, pp. 72—84.

⑥ Robert O. Keohane, "The Old IPE and the New", p. 39.

⑦ Thomas. Oatley, "The Reductionist Gamble: Open Economy Politics in the Global Economy", *International Organization*, Vol. 65, No. 2, 2011, pp. 311—341.

放经济政治学将全球政治经济分解为一些子系统(国内政治体系)进行单独处理,认为国家的经济政策是在相互独立的情况下作出的①,偏离了政府生存于一个复杂的社会系统之中的事实。全球化使得国际谈判和战略互动、经济传染、网络外部性、知识和政策的扩散这些机制的作用增强。一些研究也正在呼应这一研究趋势,例如西蒙斯等学者开始应用政策扩散理论来关注系统层面的因果机制②,迈尔斯·凯勒(Miles Kahler)和托马斯·奥特利(Thomas Oatley)分别将网络理论应用到全球治理和国际金融结构的研究中。③ 同时,一批被称为新相互依存视角④的研究开始讨论跨国互动如何影响国内制度和全球政治。⑤

其次,开放经济政治学研究中,政治学传统的政治和权力要素在日益下降。IPE 应该回答拉斯韦尔(Harold D. Lasswell)对政治进行界定时的经典问题——谁在什么时候如何得到什么,即分配问题应该是研究的中心问题。利益—制度的分析框架忽视了全球经济体系在国家间的分配效应,因此对于国际政治中普遍存在的利益冲突和权力运用关注不足。乔纳森·科什纳(Jonathan Kirshner)认为 IPE 正在演变成 IpE,即在国际政治经济学研究中,政治的概念在萎缩或者逐渐缺失,这正是 IPE 第一次危机的再现。⑥ IPE 作

---

① Beth A. Simmons, Dobbin, F. and Geoffrey Garrett, "The Institutional Diffusion of Liberalism", *International Organization*, Vol. 60, No. 4, 2006, pp. 781—810; Thomas Oatley, "The Reductionist Gamble: Open Economy Politics in the Global Economy", pp. 313—314.

② Beth A. Simmons, and Zachary Elkins, "The Globalization of Liberalization: Policy Diffusion in the International Political Economy", *American Political Science Review*, Vol. 98, No. 1, 2004, pp. 171—189.

③ Miles Kahler, ed., *Networked Politics: Agency, Power, and Governance*, Ithaca: Cornell University Press, 2009; Thomas Oatley, et al, "The Political Economy of Global Finance: a Network Model", *Perspectives on Politics*, Vol. 11, No. 1, 2013, pp. 133—153.

④ Henry Farrell and Abraham L. Newman, "Domestic Institutions Beyond the Nation-State: Charting the New Interdependence Approach", *World Politics*, Vol. 66, No. 2, 2014, pp. 331—363.

⑤ Tim Büthe and Walter Mattli, *The New Global Rulers: The Privatization of Regulation in the World Economy*; Elliot Posner, *The Origin of Europe's New Stock Markets*, Cambridge MA: Harvard University Press, 2009.

⑥ 20 世纪 60 年代,美国国内对于从政治经济学的视角分析国际经济事务仍旧受到政治正确的限制。因此,罗伯特·吉尔平也曾经被贴上马克思主义的标签。苏珊·斯特兰奇于 1970 年发表《国际经济学和国际关系:一个相互忽视的案例》一文,呼吁将国际关系引入对国际经济事务的探讨。Susan Strange, "International Economics and International Relations: A Case of Mutual Neglect", *International Affairs*, Vol. 46, No. 12, 1970; Jonathan Kirshner, "The Second Crisis in IPE theory", in Nicola. Phillips and Catherine Weaver, eds., *International Political Economy: Debating the Past, Present and Future*, p. 204.

为一个学科是建立在将 IR 带入 IE,将政治权力和市场力量的互动纳入一个统一的分析框架的基础之上的,而开放经济政治学正在远离这一传统。对权力与国家利益的追求和战争的关切以及集体和非经济目标等如何影响国际经济秩序,仍然值得进一步探索。① 朱迪思·戈德斯坦等人编著的《回到基础:当代世界中的国家权力》就重新回到对国家权力在全球政治经济中作用的探讨。②

最后,观念因素在国际市场中的作用一直被开放经济政治学忽视。古典政治经济学和经济社会学对于社会因素对经济实践的影响有着深厚的研究传统。但是,美国主流的开放经济政治学以物质理性主义为基础,对于经济理念、市场不确定性和文化因素在全球经济中的作用持排斥态度。学者们开始采用建构主义的视角研究国际政治经济现象。马克·布莱斯(Mark Blyth)等学者编著的《建构国际经济学》试图将国际政治经济学中零散的观念研究理论化,发展出建构主义的国际经济学。③ 探讨观念在全球经济中的作用的实证研究也开始涌现,例如经济理念对于 IMF 借贷行为的影响④、资本

---

① 处于开放经济政治学群体之外的一些学者对于地缘政治对国际经济的影响进行了深入探讨。参见 Jonathan Kirshner, *Currency and Coercion: The Political Economy of International Monetary Power*, Princeton, NJ: Princeton University Press, 1997; Jonathan Kirshner, ed., *Monetary Orders: Ambiguous Economics, Ubiquitous Politics*, Ithaca, N.Y.: Cornell University Press, 2003; Benjamin J. Cohen, *The Geography of Money*, Ithaca, NY: Cornell University Press, 1998; Daniel W. Drezner, "Bad Debts: Assessing China's Financial Influence in Great Power Politics", *International Security*, Vol. 34, No. 2, 2009, pp. 7—45; Francis J. Gavin, *Gold, Dollars, and Power: the Politics of International Monetary Relations, 1958—1971*, Chapel Hill, NC: The University of North Carolina Press, 2004; Eric Helleiner and Jonathan Kirshner, eds., *The Great Wall of Money: Politics and Power in China's International Monetary Relations*, Ithaca: Cornell University Press, 2014; 李巍:《货币竞争的政治基础》,载《外交评论》2011 年第 3 期,第 44—61 页;李巍:《东亚经济地区主义的终结? 制度过剩与经济整合的困境》,载《当代亚太》2011 年第 4 期,第 5—35 页;宋国友:《中美金融关系研究》,北京:时事出版社 2013 年版。

② Martha Finnemore and Judith Goldstein, eds., *Back to Basics: State Power in a Contemporary World*, London: Oxford University Press, 2013.

③ Rawi Abdelal, Mark Blyth and Craig Parsons, eds., *Constructing the International Economy*, Ithaca, NY: Cornell University Press, 2010.

④ Jeffrey M. Chwieroth, "Testing and Measuring the Role of Ideas: The Case of Neoliberalism in the International Monetary Fund", *International Studies Quarterly*, Vol. 51, No. 1, 2007, pp. 5—30; Stephen C. Nelson, "Playing Favorites: How Shared Beliefs Shape the IMF's Lending Decisions", *International Organization*, Vol. 68, No. 2, 2014, pp. 297—328; Jeffrey M. Chwieroth, "Professional Ties that Bind: How Normative Orientations Shape IMF Conditionality", *Review of International Political Economy*, Vol. 22, No. 4, 2014, pp. 757—787.

流动管理规范的变迁①、全球金融市场中风险和信号识别的理念基础。②

开放经济政治学严格遵循科学方法的要求,以建构具有系统经验支撑的内在一致的理论为目标。通过大样本对建构的中层理论进行统计检验是开放经济政治学采取的主要方法。开放经济政治学在降低理论复杂性的同时,确保了理论的实证基础。

但是,开放经济政治学也因此付出了代价。对定量研究方法的偏爱,使得研究方法成为问题选择的尺度,研究偏离了学术探索目的。科什纳认为IPE研究沉醉于圈内的方法论主义,学术探索本身成为技术性方法的婢女。③同时,学者应该不断审视是否有更好的替代解释,而不是拘泥于已有的分析框架。2011年《国际组织》杂志编委路易斯·保利(Louis Pauly)也呼吁国际政治经济学界用问题导向取代方法导向的研究。④

对定量研究方法的偏爱不仅会限制研究问题的选择,还会影响学术探索的深入。定量研究无法适用于对于因果机制的探究。⑤ 而案例研究、档案、访谈、调查问卷、实验和文本分析等形式多样的研究方法为我们解释个别重大事件和数据不充分的重要问题以及探究因果机制提供了另外的路径。研究方法的多元化是现实世界复杂性对学术探索的要求。正如玛莎·芬尼莫尔所言,我们不仅要力求建构内在一致的通则性规律,而且需要探索相关的因果机制。这些因果机制虽然经常不完美,但是有用的,我们可

---

① Jeffrey M. Chwieroth and Timothy J. Sinclair, "How You Stand Depends on How We See: International Capital Mobility as Social Fact", *Review of International Political Economy*, Vol. 20, No. 3, 2013, pp. 457—485; Jeffrey M Chwieroth, "Managing and Transforming Policy Stigmas in International Finance: Emerging Markets and Controlling Capital Inflows After the Crisis", *Review of International Political Economy*, Vol. 22, No. 1, 2014, pp. 44—76.

② Peter J. Katzenstein and Stephen C. Nelson, "Reading the Right Signals and Reading the Signals Right: IPE and the Financial Crisis of 2008", *Review of International Political Economy*, Vol. 20, No. 5, 2013, pp. 1101—1131; Peter J. Katzenstein and Stephen C. Nelson, "Uncertainty, Risk, and the Crisis of 2008", *International Organization*, Vol. 68, No. 2, 2014, pp. 361—92.

③ Jonathan Kirshner, "The Second Crisis in IPE theory", in Nicola Phillips and Catherine Weaver, eds. , *International Political Economy: Debating the Past, Present and Future*, p. 207.

④ 2011年11月,路易斯·保利在北京大学国际关系学院的演说中呼吁IPE研究应该从方法导向转向问题导向。

⑤ Henry E. Brady and David Collier, eds. ,*Rethinking Social Inquiry: Diverse Tools, Shared Standards*, 2nd Edition, Lanham: Roman and Littlefield, 2010.

以判断在何种条件和范围这些机制可以发挥作用。① 开放经济政治学内部开始采用新的研究方法去探索已有研究忽视的问题。一些学者打破从古典经济学理论推导行为体偏好的传统方法,通过调查问卷和实验的研究方法,深入分析作为政治行为微观基础的个体偏好。而且,这些方法还被用于检验已有假说内部的因果链条。②

从范式之争演进到开放经济政治学,国际政治经济学已经成为一门成熟的交叉学科。开放经济政治学理论建立在严谨演绎和实证检验的基础上,使得国际政治经济学的学术积累成为可能。金融危机之后,学者们努力反思和超越开放经济政治学,试图为探索全球经济中复杂的新问题提供开放的视角和多元的方法。这些努力无法形成独立于开放经济政治学的知识框架,但是却能够修正开放经济政治学研究的单一性和封闭性,推动国际政治经济学更深入地研究国际和国内层面日益复杂的政治经济互动。

---

① Henry Farrell and Martha Finnemore, "Ontology, Methodology, and Causation in the American School of International Political Economy", *Review of International Political Economy*, Vol. 16, No. 1, 2009, p. 66.

② Nathan M. Jensen, Bumba Mukherjee, and William T. Bernhard, "Introduction: Survey and Experimental Research in International Political Economy", *International Interactions*, Vol. 40, No. 3, 2014; Thomas B. Pepinsky, "Surveys, Experiments, and the Landscape of International Political Economy", *International Interactions*, Vol. 40, No. 3, 2014; Dustin Tingley, "Survey Research in International Political Economy: Motivations, Designs, Methods", *International Interactions*, Vol. 40, No. 3, 2014.

第二十六章　国际政治心理学

尹继武

国际政治心理学是运用政治心理学的理论与方法,分析国际政治、外交决策问题的一门交叉性学科。自从"二战"结束前后,美国政治心理学、对外政策分析学者亚历山大·乔治(Alexander George)等人开始进行领导人人格的精神分析,此后的研究聚焦于领导人的人格、认知与情感等基本命题,进而应用于外交决策、国际冲突、民族主义、恐怖主义等诸多议题领域。[①] "二战"后,受心理学中认知革命的影响,国际政治心理学的主流逐步走向认知偏差研究,当今以罗伯特·杰维斯(Robert Jervis)为代表的认知研究流派成为国际政治心理学研究中广受学术界认可的主流路径。[②] 从理论与方法来源来看,国际政治心理学的研究受到心理学研究、国际政治研究的影响,早期定性案例分析成为主流,而冷战结束后,随着定量与实验研究在政治学与国际政治研究中的普及,当下的方法选择越来越走向混合方法。此外,国际政治心理学的研究对象,受国际政治事件的主导,较多的研究问题均与当下美国或相关大国最为关注的国际政治问题相关,比如冷战时期美苏的核威慑问题、大国战争、冷战后的恐怖主义问题等。

基于此,经典的国际政治心理学研究,聚焦于领导人的人格与认知等传统心理学变量,以外交决策作为核心命题,契合美国外交及美苏核威慑等冷战时期的战略环境,探讨领导人政治心理的国际政治影响。随着冷战后国际政治世界的巨大变化,以及政治心理学的理论与方法的更新,当前国际政治心理学研究已出现了一系列理论进展,体现为经典命题的深化、研究议题的扩散、微观战略心理命题的拓展,以及研究方法的演进和不同地区经验的

[①] 关于国际政治心理学的经典研究及其代表性著述,参阅张清敏:《国际政治心理学流派评析》,载《国际政治科学》2008年第4期,第71—101页;尹继武:《国际政治心理学的知识谱系》,载《世界经济与政治》2011年第4期,第48—78页;尹继武:《国际政治心理学研究的新进展:基本评估》,载《国外理论动态》2015年第1期,第27—36页。

[②] 〔美〕罗伯特·杰维斯:《国际政治中的知觉与错误知觉》,秦亚青译,上海:上海人民出版社2015年版。

重视等。① 因此，本章基于冷战后国际政治心理学研究路径、脉络的辨析，对国际政治心理学理论研究进行系统介绍，提炼当前国际政治心理学的研究前沿以及方法特色，以为未来的发展方向提供一种探索性的思考。

一、领导人政治心理学：人格、认知与情感

国际政治心理学的传统与主流分析对象就是国家领导人，相对于主流国际关系研究均将分析单元聚焦于国际体系、国际制度和国家而言，微观理论一直呼吁有必要将领导人带回国际政治研究。② "二战"结束以来，随着欧美国际关系学界逐步开展领导人的政治心理学研究，早期的经典研究形成了三种流派。人格分析流派聚焦于领导人的人格特质与结构的分析，或使用精神分析，或运用定量文本内容分析③。"二战"后领导人政治心理学的认知偏差研究，成为国际政治心理学早期研究的主流范式，杰维斯是认知流派的主要代表学者，也是最具开创性的集大成者。④ 这体现为他关于错误知觉的经典研究，以及外交信号投射的开创性研究。⑤ 在领导人情感与情绪的早期研究中，多认为情绪是理性的一种损害因素，无助于领导人外交决策中的正确判断、认知与决策。随着冷战后国际格局以及战略对抗的重大变化，国际政治心理学关于领导人政治心理的研究，在继承传统的人格、认知与情感分析的基础上，在此三个领域都有较为系统的前沿探索。

第一，领导人的人格分析。乔治夫妇关于威尔逊总统的人格精神分析

---

① 欧美学界关于国际政治心理学研究最新进展的综述，参阅：Joshua D. Kertzer and Dustin Tingley, "Political Psychology in International Relations: Beyond the Paradigms," *Annual Review of Political Science*, Vol. 21, 2018. pp. 319—339.

② Daniel L. Byman and Kenneth M. Paullack, "Let's Now Praise Great Men: Bringing the Statesman Back in," *International Security*, Vol. 25, No. 4, 2001, pp. 107—146.

③ Jerrold M. Post, *The Psychological Assessment of Political Leaders: with Profiles of Saddam Hussein and Bill Clinton*, Ann Arbor: University of Michigan Press, 2003.

④ 杰维斯的个人学术历程回顾，参见：Thierry Balzacq and Robert Jervis, "Logics of Mind and International System: A Journey with Robert Jervis," *Review of International Studies*, Vol. 30, No. 4, 2004, pp. 559—582; Nicholas Wheeler, "Interview with Robert Jervis," *International Relations*, Vol. 28, No. 4, 2014, pp. 479—504; Robert Jervis, "Politics and Political Science," *Annual Review of Political Science*, Vol. 21, 2018, pp. 1—19.

⑤ 〔美〕罗伯特·杰维斯：《国际政治中的知觉与错误知觉》，秦亚青译，上海：上海人民出版社2015年版。〔美〕罗伯特·杰维斯：《信号与欺骗——国际关系中的形象逻辑》，徐进译，北京：中央编译出版社2017年版。

奠定了这一传统的经典研究方法标准。① 从理论来源来看,精神分析学说的引入此后并未成为领导人政治心理分析的主流。国际舞台上领导人数量增长不多,研究对象数量少以及不可接触性等,都使领导人人格分析并未成为国际政治心理学研究的前沿与主流。尽管如此,政治领导人研究仍有所推进,体现为冷战期间,在理论探讨上,弗莱德·格林斯坦(Fred I. Greenstein)从行为体必需和行为必需等角度论证领导人及其人格特质是否重要②,而关于领导人的人格分析相关的方法,尤其是定量的内容文本分析技术,在玛格丽特·赫尔曼(Margaret G. Herrman)等学者推动下得以系统化运用③。冷战结束后,在较为极端的冷战核威慑的巨大结构压力消解后,领导人个人性因素的作用得到了提升,相关研究进展体现在以下几方面。

其一,研究对象的扩散。经典的领导人人格分析,主要聚焦的领导人大体为两类:一类是美国总统,有单个案例的人格分析,也有系统性的总统性格类型学分析④;另一类则为其他一些国家有着较为独特的个性、对相关国家发展起着重要影响作用的国家领导人或民族领袖,经典研究对印度甘地、德国希特勒的性格与人格探析较多。⑤ 冷战结束后,领导人人格的关注对象,一方面聚焦于美国等国的国家领导人,比如克林顿、奥巴马、特朗普和拜登等成为重点人物,尤其是特朗普的独特人格特质引发了关于美国总统人格分析的热潮。相关研究聚焦于特朗普的超级自恋性格特质,以及不羁善变的核心特质等维度,进而分析其人格特质对于团队决策、官僚文化以及对外政策的影响。⑥ 其他一些较为重要的国家领导人,比如日本首相安倍晋三、德国总理默克尔、土耳其领导人埃尔多安、菲律宾总统杜特尔特等受到

---

① 〔美〕亚历山大·乔治、朱丽叶·乔治:《总统人格:伍德罗·威尔逊的精神分析》,张清敏译,北京:中央编译出版社 2014 年版。
② Fred I. Greenstein, *Personality and Politics: Problems of Evidence, Inference, and Conceptualization*, Princeton: Princeton University Press, 1987.
③ Margaret G. Herrman and Thomas W. Milburn eds., *A Psychological Examination of Political Leaders*, New York: Free Press, 1977.
④ 〔美〕詹姆斯·巴伯:《总统的性格》,赵广成译,北京:中国人民大学出版社 2015 年版。
⑤ 〔美〕埃里克·埃里克森:《甘地的真理——好战的非暴力起源》,吕文江译,北京:中央编译出版社 2010 年版。〔美〕沃尔特·兰格:《希特勒的心态——战时秘密报告》,北京:中央编译出版社 2011 年版。
⑥ 尹继武、郑建君、李宏洲:《特朗普的政治人格特质及其政策偏好分析》,载《现代国际关系》2017 年第 2 期,第 15—22 页。

较多关注。① 在全球政治走向民粹主义时,强人政治受到国际政治研究的重新关注。另外,由于冷战后恐怖主义的兴起,特别是"9·11"恐怖袭击事件对于美国国家安全以及全球战略格局的重大影响,关于本—拉登等国际恐怖主义组织领导人人格特质的分析,也成为当下领导人人格分析的重要对象之一。②

其二,研究方法的多元。早期关于领导人人格特质的分析,主要运用精神分析学说以及相关定性分析的框架,偏向于从领导人的言行中提炼出相关的性格特点。随着人格心理学方法以及领导人人格分析方法的创新,一些定量的分析方法受到推广。赫尔曼等早期学者结合政治情境,提炼了领导人人格特质分析的相关维度,比如加入了权力、控制感、信任感、群体偏见等特质维度,将社会层面的人格特质结构进行了政治特质转换,进而基于相关的全球领导人数据库建设,提炼了人格特质分析的"远距离文本分析"方法,这一方法受到政治心理学界的普遍认可。③ 近期,美国心理学家运用精神分析的深层心理和动机剖析,提炼了特朗普的主要性格特点,即超级自恋④,但主流的领导人人格特质测试仍是运用文本内容分析,或采用专家测试方法。比如,美国心理学家关于特朗普、拜登等人的人格特质的文本内容测试受到广泛关注,即通过系统搜集美国主流媒体关于特朗普、拜登等人的报道,进行精神诊断的编码测试,从而得出相关领导人的核心人格特质得分,结合相关政策、言行进行行为预期。⑤ 尹继武等人通过美国问题专家的系统化问卷测试,也提炼了特朗普的五个人格特质维度,指出不羁善变是其

---

① 比如关于安倍的人格特质分析,参见:张勇:《韬晦之"鹰":安倍晋三人格特质与对外政策偏好》,载《外交评论》2017年第6期,第105—131页。

② Jerrold M. Post, *Narcissism and Politics: Dreams of Glory*, Cambridge: Cambridge University Press, 2014. Jerrold M. Post, *The Mind of Terrorist: The Psychology of Terrorism From the IRA to al-Qaeda*, New York: St Martin's Press, 2007.

③ Margaret Hermann, "Assessing the Personalities of Members of the Soviet Politburo," *Personality and Social Psychology Bulletin*, Vol. 6, No. 3, 1980, pp. 332—352. Margaret Hermann, "Assessing Leadership Style: A Trait Analysis," https://socialscience.net/docs/LTA.pdf.

④ Dan P. McAdams, *The Strange Case of Donald J. Trump: A Psychological Reckoning*, Oxford: Oxford University Press, 2020.

⑤ Aubrey Immelman, "The Leadership Style of U.S. President Donald J. Trump," *Working Paper*, No. 1, January, 2017, https://digitalcommons.csbsju.edu/psychology_pubs/107/. Anne Marie Griebie and Aubrey Immelman, "The Political Personality of 2020 Democratic Presidential Nominee Joe Biden," *Working Paper*, No. 1, August, 2020, https://digitalcommons.csbsju.edu/psychology_pubs/130/.

最核心特质,而拜登的最大性格特点是对于环境压力的敏感性和脆弱性。①

其三,研究主题的变化。传统上,领导人人格的分析集中于"是什么"的描述性层面,即:所研究的领导人到底是一个什么样的人？最大的性格特质是什么？进一步,国际政治分析必须揭示出相关领导人性格特质发挥作用的条件与机制,比如领导人在权力结构中的位置,对于外交事务的兴趣程度,是否存在可以重塑环境的条件,等等。冷战后的领导人人格研究进展,一方面在传统的人格稳定性基础上,有研究侧重于领导人人格的变化性,即在什么情况下,领导人的人格特质会发生变化,尤其是产生负面的决策、政治后果。这些条件包括时间变化、权力位置的拥有等,对于领导人的时间观、权力主导性、决策的理性等均产生重要影响。② 另一方面,领导人的人格特质在于差异性,因此,在传统的五大人格等经典人格的维度基础上,当前有研究聚焦于提炼在战略决策情境中领导人人格特质的差异性及其国际战略后果,比如领导人的"自我控制"(self-monitoring)信念的差异,会使不同领导人对于外部的声誉压力的追求与敏感性不同。③

第二,领导人的认知分析。以杰维斯为代表的认知学派,在经典研究中重点探究在有限理性的前提下领导人的认知局限及其偏差,并讨论了其可能的形成机制与来源。国际政治认知偏差研究重点考察领导人在认知能力、信息有限、压力决策、时间紧迫等内外因素限制下可能产生的错误知觉,如杰维斯总结的"统一性知觉"、过高估计自己的影响、愿望思维、认知失调等。④ 杰维斯深受认知革命的影响,侧重探讨认知偏差形成的认知机制,即已有认知结构形成的信念与预期,会让领导人形成思维定势、认知结构,从而领导人看到的就是预期看到的,领导人的认知受到自身的信念与预期的影响,体现出强化既有认知、忽视新信息合理性的认知相符特性。后续的讨论,很多聚焦于杰维斯所总结的认知偏差在美苏冷战起源、战争历史类比等

---

① 尹继武、郑建君、李宏洲:《特朗普的政治人格特质及其政策偏好分析》;李宏洲、尹继武:《拜登的人格特质及决策特点》,载《现代国际关系》2021年第2期,第11—22页。

② Juliet Kaapo, "New Directions for Leader Personality Research: Breaking Bad Foreign Policy," in *International Affairs*, Vol. 97, No. 2, 2021, pp. 423—441.

③ Keren Yarhi-Milo, *Who Fights for Reputation: The Psychology of Leaders in International Conflict*, Cambridge: Cambridge University Press, 2018.

④ 〔美〕罗伯特·杰维斯:《国际政治中的知觉与错误知觉》。Robert Jervis, *How Statesmen Think: The Psychology of International Politics*, Princeton: Princeton University Press, 2017.

重大决策中的作用。①

其一,新的认知偏差及其来源。冷战结束后,随着认知革命在心理学中的深入,杰维斯早期的认知偏差类型及其形成机制探究已不能满足新时期知识创新以及解释新事实的需要。因此,新时期认知偏差研究的进展体现为探究在有限理性的限定下领导人认知偏差的新类型及其外交决策与国际政治后果。这些认知偏差类型,代表性的有借鉴行为经济学中的重要行为心理学成果,以前景理论为代表的相关认知心理学最新成果,在国际危机、战争决策等国际政治研究中受到重视。前景理论的相关决策心理,比如损失规避、冒险心理、禀赋效应等,在领导人决策中体现较为明显,相关研究聚焦于美国对希特勒德国的战争决策变化、中国抗美援朝战争决策等案例。②在此基础上,人类决策的两种系统,即理性系统和直觉系统也得到关注,在多元启发决策理论中有较好的应用。③此外,受中国战略文化及中国传统文化心理的启发,相关研究探讨中国在处理争端、解决双边关系矛盾中所出现的一种新型错误知觉类型——单边默契,这是一种基于各自不同理解和预期下的错误知觉,即一种虚幻的默契。④这种错误知觉在中国处理边界问题等相关国际争端中体现较为明显。

其二,认知偏差的理性功能。自从杰维斯确立了国际政治认知偏差分析的基本范式之后,关于错误知觉的战略功能便是以其负面的效应为主,即领导人的错误知觉会使两个原本没有战争意图的国家,因错误知觉而走向战争的结局。这也是防御性现实主义所强调的安全困境现象。从研究逻辑来看,认知偏差的负面战略决策后果是主流,从经验现象来看,领导人的错误知觉更多的是产生了错误的战略判断与决策,从而引发非本意的冲突,但

---

① Deborah W. Larson, *The Origins of Containment: A Psychological Explanation*, Princeton: Princeton University Press, 1985. Yuen Foong Khong, *Analogies at War: Korea, Munich, Dien Bien Phu, and the Vietnam Decisions of 1965*, Princeton: Princeton University Press, 1992.

② Rose Mcdermott, *Risk-taking in International Politics: Prospect Theory in American Foreign Policy*, Ann Arbor: The University Press of Michigan, 1998. 林民旺:《选择战争——基于损失规避的战争决策理论》,北京:世界知识出版社2010年版。

③ 韩召颖、赵倩:《国际危机中的领导人决策行为分析——基于多元启发理论视角》,载《国际政治科学》2017年第4期,第1—27页。

④ 尹继武:《单边默契、信号表达与中国的战略选择》,载《世界经济与政治》2014年第9期,第4—33页。尹继武:《共识的国际战略效应:一项理论性探讨》,载《国际安全研究》2016年第1期,第33—55页。

是仍有部分学者关注认知偏差所可能具有的理性功能,从而形成认知偏差的适应性功能的分析视角。比如,在特定条件与问题领域,错误知觉与国际合作有着一定的相关性,如果行为体彼此将对方的非合作信号、意愿忽视,有可能会产生一种"美丽的"错误知觉而形成的合作。① 如果领导人形成了一种关于战争、博弈等"积极的幻觉",很可能会对领导人的战争中止、形成合作等意愿产生促进作用。② 如果领导人在特定问题上形成了虚假的单边默契,至少在短时期内,将会激发领导人达成短期内合作的愿望,从而促进双边关系的进展,将争议问题搁置一边。③ 综上,关于认知偏差的战略理性功能及其作用机制研究,成为领导人认知分析的理论进展的重要内容,相关案例也多为安全与战略决策领域的案例。

第三,领导人的情感分析。领导人情感分析的第一阶段,强调领导人的理性与决策会受到自身情绪与情感的错误干扰,从而做出错误的判断与决策。这是受到理性选择理论关于理性人的假定以及关于情感与情绪无益于理性的观点的影响。因此,在早期关于情感与情绪的讨论中,更多是将领导人自身的情感作为有限理性的一种来源,或者是"受驱动的推理"(motivated reasoning)的背后原因和机制。④ 理查德·勒博(Richard Ned Lebow)关于国际危机的经典研究中⑤,总结了领导人自身的情感、政治需求以及愿望对于错误知觉的形成有着重要的驱动作用,比如在中印边界战争中,尼赫鲁对中国战略决心的低估即是受此影响,他自身的民族主义情感、政治需求和文化荣耀感等都是重要的推动因素。

其一,作为战略工具的情感。领导人的情感与情绪对于其政治需求与

---

① Eric Grynaviski, "Necessary Illusions: Misperception, Cooperation, and the Anti-Ballistic Missile Treaty," *Security Studies*, Vol. 19, No. 3, 2010, pp. 376—406.

② Dominic D. P. Johnson, *Overconfidence and War: The Havoc and Glory of Positive Illusions*, Cambridge, MA: Harvard University Press, 2004.

③ 尹继武:《单边默契、权力非对称与中印边界战争的起源》,载《当代亚太》2016 年第 5 期,第 33—65 页。尹继武:《"单边默契"与中美战略合作的演进》,载《美国研究》2017 年第 2 期,第 28—49 页。尹继武:《中国南海安全战略思维:内涵、演变与建构》,载《国际安全研究》2017 年第 4 期,第 33—61 页。

④ Irving L. Janis and Leon Mann, *Decision. Making: A Psychological Analysis of Conflict, Choice, and Commitment*, New York: Free Press, 1977.

⑤ 〔美〕理查德·内德·勒博:《和平与战争之间——国际危机的性质》,赵景芳译,北京:北京大学出版社 2018 年版。

判断会产生扭曲作用,在一定意义上,情绪与情感是需求产生的内在驱动力,需求与偏好是可变化的和可塑造的。这种研究路径仍是将领导人的情绪与情感视为一种干扰与非理性要素,而冷战结束后,国际政治心理学界越来越强调与突出领导人或国家的情感与情绪实际上能够发挥理性的战略功能,因此,情绪与情感的理性战略研究成为新近领导人政治情感分析的主流。

在理性主义的逻辑下,外交的目标在于投射印象、传递意图、改变对方的政策和行为,因此,领导人和国家会综合运用各种外交工具与手段实现战略目标。① 与传统的政治、经济、军事等手段相比,情感外交的手段是通过领导人和国家的情感表演,达到传递相关战略信息的目的,这些战略信息包括战略决心、敏感性、战略意图等重要的国家间博弈信息。而理性选择理论则强调,作为理性行为体的国家难以确定彼此的信息、意图和偏好,因为理性国家的战略欺骗产生信息不对称②。但事实上并非如此,一方面,即使国家面对信息对称的情境,仍会产生错误知觉,另一方面国家需要通过情感的表演来表达相关的战略信息,从而博弈双方形成在特定议题上的战略敏感性、原则底线的共识。郝拓德(Todd Hall)的研究遵循此种理性主义的逻辑,强调在特定议题上,领导人和国家会通过愤怒情感、内疚情感、同情情感的表演,通过情感外交塑造情感的共同氛围,形成在特定战略议题上的信息认识与偏好互动。③ 进而,遵循理性主义的路径,有相关研究突出国家可能利用民族主义情感,以此作为国家处理外交争端的谈判工具。与此相反,也有学者持情感本体论世界观,认为特定的民族主义与社会认同情感,是相关国家领导人和社会民众构建"我们是谁"这种民族和国家认同的重要因素。④

其二,作为理性必要的情感。上述将领导人或社会的情感作为一种外交策略与工具,仍是一种工具理性的体现。进一步,由于情感的认知神经科

---

① 〔美〕罗伯特·杰维斯:《信号与欺骗——国际关系中的形象逻辑》。

② James D. Fearon, "Rationalists Explanations for War," *International Organization*, Vol. 49, No. 3, 1995, pp. 379—414.

③ Todd H. Hall, *Emotional Diplomacy: Official Emotions in International Stages*, Ithaca: Cornell University Press, 2015.

④ Jessica Chen Weiss, *Powerful Patriots: Nationalist Protest in China's Foreign Relations*, Oxford: Oxford University Press, 2014. Peter H. Gries, *China's New Nationalism: Pride, Politics, and Diplomacy*, California: University of California Press, 2004.

学的进展,国际政治心理学界逐步接受了情感对于理性具有重要的重构作用的观点。西方哲学的传统将情感与情绪看作是理性的对立面,即使是情感外交的理性策略路径,也是基于工具理性的基础。然而,情感与情绪作为人类基本的心理体验,与人的理性能力与价值密不可分。这种认识的突破,主要来源于国际顶尖的情感神经科学家的实验及其观察。[①] 以安东尼奥·达马西奥(Antonio G. Damasio)为代表的神经科学家在临床观察中发现,如果一个病人由于生理病变,丧失了相关的情绪与情感能力,这是一种符合"理想类型"的"理性人"的自然实验场景。然而,在医学观察中,他发现如果病人丧失了情绪与情感能力,其理性决策能力受到极大的伤害,简单的日常决策会陷入无穷无尽的成本效应分析,而社会规范与伦理的遵循也会受到影响。基于此,情感神经科学家提出了重构情感与情绪的理性基础的命题,这为国际政治和外交决策中重新思考情感的理性价值带来了基础性的理论支持。

受此影响,关于领导人情感与情绪的理性本质分析成为近年来国际政治心理学界关于情感研究的前沿。[②] 比如,受认知与情感神经科学相关研究的启发,如镜像神经元的发现,重新揭示了人际信任、共情中面对面交流机制的重要性,相关学者探究了面对面外交对于领导人建立初步信任感、发出昂贵成本的信号(比如签订约束双方的协定)的重要性。面对面外交是领导人之间领会意图、建立信任的重要渠道,而情感的神经科学相关研究为此提供了微观的心理学机制。[③] 另外,建立于情感的进化理性基础上,也可以重新探讨一些传统的情感类型对于人际、国际关系的重要适应性功能,比如恐惧对于国家的生存是重要的[④]恐惧作为一种负面情感,虽然会对领导人的理性决策产生负面作用,但对于领导人及国家的生存却能发挥重要的理性

[①] 〔美〕安东尼奥·达马西奥:《笛卡尔的错误——情绪、推理和大脑》,殷云露译,北京:北京联合出版公司 2018 年版。

[②] Rose Mcdermott, "The Feeling of Rationality: The Meaning of Neuroscientific Advances for Political Science," *Perspectives on Politics*, Vol. 2, No. 4, 2004, pp. 691—706.

[③] Todd Hall, Keren Yarhi-Milo, "The Personal Touch: Leaders' Impressions, Costly Signaling, and Assessments of Sincerity in International Affairs," *International Studies Quarterly*, Vol. 56, No. 3, 2012, pp. 560—573. Marcus Holmes, *Face-to-Face Diplomacy: Social Neuroscience and International Relations*, Cambridge: Cambridge University Press, 2018.

[④] Shiping Tang, "Fear in International Politics: Two Positions," *International Studies Review*, Vol. 10, No. 3, 2008, pp. 451—471.

适用性价值,而信任也有重要的适应性价值,是国际合作、领导人之间的友谊建设的重要渠道。①

二、战略互动的政治心理学:微观命题的深化

国际政治心理学的应用领域集中于国际安全和外交决策等高级政治领域,所以,传统上领导人的政治心理学研究大多为外交决策与国际冲突研究。冷战结束后,关于恐怖主义等非传统安全研究兴起,政治心理学的研究也转移到新的议题分析当中,包括新近的大国战略竞争、新冠疫情等非传统安全议题。但除了外交决策之外,政治心理学的理论研究更多聚焦于战略互动,比如行为体之间的战略互动过程,包括信息传递、意图辨析、偏好塑造、承诺策略、声誉逻辑等环节。② 基于此,冷战结束以来的国际政治心理学,在战略互动研究领域的外交信号、战略心理等命题上深入推进了理论与经验研究。③

第一,外交信号的理论研究。④ 外交是国家间的利益谈判与问题解决的过程,除了外交制度、文化等宏观研究之外,关于外交信号的传递逻辑,成为政治心理学与外交研究结合的重点方向之一。自从杰维斯开创性的理性主义研究之后,外交信号的理论研究遵循两种基本的路径,即理性主义和社会心理学路径。

理性主义的外交信号研究,在詹姆斯·费伦(James D. Fearon)的系统性推进后,开始占据外交信号传递的可信性的核心解释逻辑。⑤ 在理性主义者

---

① Earl Gammon, "Affective Neuroscience, Emotional Regulation, and International Relations," *International Theory*, Vol. 12, No. 2, 2012, pp. 189—219. Jacek Kugler and Paul J. Zak, "Trust, Cooperation, and Conflict: Neuropolitics and International Relations," in Steven A. Yetiv and Patrick James eds., *Advancing Interdisciplinary Approaches to International Relations*, New York: Palgrave Macmillan, Cham., 2017, pp. 83—114.

② David A. Lake and Robert Powell eds.. *Strategic Choice and International Relations*, Princeton: Princeton University Press, 1999.

③ Emilie M. Hafner-Burton, Stephan Haggard, David A. Lake & David G. Victor, "The Behavioral Revolution and International Relations," *International Organization*, Vol. 71, No. S1, 2017, pp. s1—s31.

④ Robert Trager, "The Diplomacy of War and Peace," *Annual Review of Political Science*, Vol. 19, 2016, pp. 205—228. Christer Jonsson, "Diplomacy, Communication, and Signaling," in Paul Sharp et. al. eds., *The SAGE Handbook of Diplomacy*, New York: Sage, 2016, pp. 79—91.

⑤ James D. Fearon, "Signaling Foreign Policy Interests: Tying Hands versus Sinking Costs," *Journal of Conflict Resolution*, Vol. 41, No. 1, 1997, pp. 68—90.

看来,外交信号的可信性在于其所承载的代价或者成本的展现,这种成本必须具有不可逆性,或者体现为如果违反的话,会带来较大的代价。成本信号或昂贵信号,成为理性主义者观察外交信号可信的重要基础,其成本来源于两种方式,正如费伦所总结的:其一是自我约束的"自缚手脚",其二是不断投入的沉没成本。经验分析中,观众成本往往成为领导人确立外交信号可信性的成本方式之一,尤其是在民主政治国家。① 依据杰维斯的分析逻辑,凡是国家或领导人做出的声明或行动,都是国家的外交信号,其可信来源于其内在是否真实反映了行为体所传递的能力、意图等属性,因此更为符合行为体标志(index)的外交言行,更具有可信性,比如领导人自身的个性特征、国家的重大战略投入、私密场合的信息等都成为可信性更高的信号。②

与理性主义的逻辑相反,社会心理学路径的学者关于外交信号可信性的分析逻辑,着重强调一些并非传统昂贵成本的信号表达方式、信号载体等,认为这些也能达到增强可信性的目的。这些非昂贵成本的信号确立方式很多,典型的如面对面外交、内部协调与协商、隐蔽行动等。比如,面对面外交在传统的外交方式中并不受重视,因为其具有的欺骗性、内在的秘密外交等方式,导致面对面外交更容易被看作是一种廉价外交方式。然而,郝拓德等学者的研究表明,面对面外交实际上能够确立领导人之间的初步情感联系和信任,正是这些信任情感,使得领导人对于彼此的意图尤其是合作意图有着较为确定性的把握,从而能够从各自的合作利益出发,签订具有较高代价的合作协议。③ 在关于中国合作信号的研究中,有人提出,即使中国对美的合作信号由于其自身的内在昂贵成本等并不突出,有较多的话语与外部声明的信号,但是中国的话语以及中美之间关于合作意图的私下协商,也具有相应的成本与代价,因为面临着较大的内部不同声音的压力。④ 此外,

---

① Kai Quek, "Four Costly Signaling Mechanisms," *American Political Science Review*, Vol. 115, No. 2, 2021, pp. 537—549.
② 〔美〕罗伯特·杰维斯:《信号与欺骗——国际关系中的形象逻辑》。
③ Todd Hall, Keren Yarhi-Milo, "The Personal Touch: Leaders' Impressions, Costly Signaling, and Assessments of Sincerity in International Affairs," *International Studies Quarterly*, Vol. 56, No. 3, 2012, pp. 560—573. Marcus Holmes, *Face-to-Face Diplomacy: Social Neuroscience and International Relations*, Cambridge: Cambridge University Press, 2018.
④ Brandon K. Yoder, Kurt Taylor Gaubatz & Rachel A. Schutte, "Political Groups, Coordination Costs and Credible Communication in the Shadow of Power," *Political Science Quarterly*, Vol. 134, No. 3, 2019, pp. 507—536.

秘密行动虽然是国家实施的特定战略行为,具有不可公开性,因此理论上更多将其看作是一种内部的干涉或者战略信息的表达,但也能够传递可信的外交信号,因为它具有军事行动的代价。①

第二,战略心理的微观研究。谢林在早期就对战略互动进行过较为系统化的理论论述,他从博弈论的简单数理逻辑出发,讨论了冷战期间的大国核威慑等战略互动的行为逻辑。② 但将政治心理学应用于战略互动的微观逻辑,从而切入不同的战略心理专题,比如战略决心、声誉、信任、承诺、意图、偏好、风险决策等命题,则是近年国际政治心理学理论研究的重要特点。这些微观层次的战略心理命题的理论研究,深化了当下战略研究的心理学的微观视角,同时也跟理性主义的战略互动研究有着较好的契合,因为战略互动的主流研究路径实际上是上述命题在博弈论等形式模型基础上的理性主义研究。

战略决心成为近些年国际政治心理学的重点理论研究命题,相关研究重点提炼了领导人判断、观察与知觉对手决心的基本理论依据,比如理性主义的成本代价论、声誉论的过去行为论、基于实力基础的物质主义论等,也有研究从决心声明的解读入手,系统地批判了传统的行为论、声誉论的不足,指出领导人观察对手的决心声明是否可信,重要的一点在于对手是否有坚决贯彻执行相关外交行动的能力,这种能力既有客观的国家军事与战略能力,也有决心兑现是否能克服国内的否决者的压力等。③ 也有相关研究探究了关于决心的认知偏差所造成的冲突效应,这种建立于低估冲突决心的认知偏差,与传统的错误知觉理论以及理性主义冲突起源论均有所不同,而且如果把战略决心看作是一种自变量的话,那么战略决心是动态和演变的,受到外部环境和领导人自身的人格特质的影响。④

自从乔纳森·默瑟(Jonathan Mercer)开创性地探究了声誉形成的悖论之后,关于战略与安全研究中的声誉逻辑讨论,已形成了诸多的理论流派,

---

① Keren Yarhi-Milo and Austin Carson, "Covert Communication: The Intelligibility and Credibility of Signaling in Secret," *Security Studies*, Vol. 26, No. 1, 2017, pp. 124—156.
② 〔美〕托马斯·谢林:《冲突的战略》,王永雄译,北京:华夏出版社2019年版。
③ Roseanne W. McManus, *Statements of Resolve: Achieving Coercive Credibility in International Conflict*, Cambridge: Cambridge University Press, 2017.
④ 尹继武:《私有信息、外交沟通与中美危机升级》,载《世界经济与政治》2020年第8期,第71—99页。

比如过去行为论、行为体的执行能力论等。① 声誉的形成逻辑中,乐观主义者坚持认为从行为记录塑造、增强声誉兑现的能力及其执行的决心,都可以保持较好的声誉记录。但悲观主义者则认为,领导人或国家追求盟友的声誉很可能都是徒劳的,只会增加国家间的冲突。关于声誉形成的动力与来源问题,不同学者的看法存有差异,比如唐世平坚持结构主义的解释,认为国际无政府状态的国际政治本质,造成了国家间关于彼此意图的不确定性,从而国家间声誉的形成和维系是艰难的。② 微观论者则从领导人内在特质的差异出发,比如不同领导人对于"自我控制"信念的程度不同,从而会造成不同领导人对于外部声誉的敏感性不同。③ 此外,声誉对于国际合作也有促进作用,国家会依据不同的观察视角与线索,来评估对方行为体是否具有相关国际合作的声誉记录,从而影响到国际合作中关于对方意图确定性的判断,这在国际经济合作中表现较为明显。④

上述战略心理的专题化研究深入,实际上反映了国际政治心理学的重要特点,即其理论聚焦点在于决心、声誉的可信性及其机制,分野在于理性主义的成本代价论以及社会心理学的认知或情感捷径论。具体到承诺可信问题上,领导人或行为体对于彼此的战略决心以及声誉的判断,是基于对于对手的决心、威慑等积极或消极信号承诺是否可信的判断。进一步,防御性现实主义着重强调战略再保证(reassurance)对于彼此意图可信的确立是十分重要的,化解防御性现实主义国家间的安全困境问题,成为战略互动过程中的一种核心机制,其背后不同理论的假定及其逻辑存在差异。⑤

第三,战略文化的特质研究。战略文化作为反映一国特定的战略思维及其策略方式的集合,既与相关领导人的人格与认知风格研究相关,同时也结合了国家的战略决策实践分析。战略文化的传统研究聚焦于美苏等大国

---

① Jonathan Mercer, *Reputation in International Politics*, Ithaca: Cornell University Press, 1996.
② Shiping Tang, "Reputation, Cult of Reputation, and International Conflict," *Security Studies*, Vol. 14, No. 1, 2005, pp. 34—62.
③ Keren Yarhi-Milo, *Who Fights for Reputation: The Psychology of Leaders in International Conflict*, Cambridge: Cambridge University Press, 2018.
④ Michael Tomz, *Reputation and International Cooperation: Sovereign Debt across Three Centuries*, Princeton: Princeton University Press, 2007.
⑤ 唐世平:《我们时代的安全战略理论——防御性现实主义》,林民旺、刘丰、尹继武译,北京:北京大学出版社2016年版。尹继武:《国际安全困境的缓解逻辑——一项理论比较分析》,载《教学与研究》2021年第1期,第101—112页。

的战略竞争议题,分析苏联领导人的操作码(operational code)以及大国关于攻防的战略思维及其手段选择,进一步形成了进攻性还是防御性的战略文化的争辩。① 近年来,关于中国战略文化与思维的实证研究,体现了国际政治心理学介入战略的宏观思维层面的努力,同时也彰显了中国外交及其文化、政治经验的适用性。

冷战期间,关于中国战略文化及其与武力使用的关系的讨论,成为西方中国外交研究中政治心理学路径的核心问题,大多路径持中国进攻性战略文化的分析,而中国文化路径的学者提炼出中国较为独特的文明型国家形态,以及中国外交中面子、等级秩序、天下秩序等世界观想象。② 冷战结束后,中国战略文化的研究进入了更为实证化的阶段,并形成了进攻性与防御性战略思维的争辩。一方面,江忆恩(Alastair Iain Johnston)的研究具有相应代表性,他在《文化现实主义》一著中系统论证了中国的"未雨绸缪"式的战略思维,从中国古代的兵法典籍以及战略实践中,提炼出中国倾向于进攻性的现实主义战略文化。③ 与此相对,王元纲在吸取新现实主义理论的基础上,同样基于明代等相关的战略实践分析,认为中国在权力对比、实力对比中的优势与劣势位置,决定了中国是否采取武力等进攻性战略手段,这是一种实力地位决定的战略思维。④ 另一方面,关于中国防御性的战略文化研究也得到较多研究的支持,典型的如冯惠云等人运用政治心理学中的操作码分析,较为系统地描绘了以毛泽东等人为代表的中国领导人的战略思维世界观,在国家领导人的文本内容分析的基础上,认为中国国家领导人如毛泽东等人都体现出较为强烈的防御性战略文化特质。⑤ 冯惠云等人还对中国其他一些国家领导人的操作码进行了系统性文本内容剖析,指出了中国领

---

① Jack L. Snyder, *The Soviet Strategic Culture: Implications for Limited Nuclear Operations*, Santa Monica, CA: Rand, 1977. https://www.rand.org/content/dam/rand/pubs/reports/2005/R2154.pdf.

② Chih-yu Shih, *The Spirits of Chinese Foreign Policy: A Psychocultural View*, London: Palgrave Macmillan, 1990. Lucian W. Pye, *Spirit of Chinese Politics*, Cambridge, MA: Cambridge University Press, 1992.

③ 〔加〕江忆恩:《文化现实主义:中国历史上的战略文化与大战略》,朱中博译,北京:人民出版社2015年版。

④ Yuan-kang Wang, *Harmonious and War: Confucian Culture and Chinese Power Politics*, New York: Columbia University Press, 2011.

⑤ Huiyun Feng, *Chinese Strategic Culture and Foreign Policy Decision-making: Confucianism, Leadership and War*, New York: Routledge, 2007.

导人的战略文化的防御性特质。①

为了超越上述关于防御性还是进攻性的战略思维的传统争辩,有研究在综合中国传统政治文化特质、综合归纳中华人民共和国成立以来在领土边界争端问题的思维模式的基础上,提炼出中国处理相关领土等主权争端时的"搁置"思维,实际上是一种在无法形成真正共识的情况下,追求单边默契与共识的特定战略思维:单边默契战略思维。② 这在中国处理与印度边界问题、中美建交中关于台湾问题的处理、中国南海议题处理、中日建交时关于争议的处理等问题上表现明显,而且单边默契有理性的和习惯的两种基本类型,短期能够促进国家间合作,解决分歧,但长期会激化矛盾、产生冲突。③ 战略思维的提炼,与问题解决、决策风格以及文化习惯等特质相关,对于理解特定国家的战略决策以及国际冲突等议题有着重要的启发,也是政治心理学应用于中国对外关系研究的体现。

在理解中国的战略思维方面,也有研究将分析单位聚焦于特定的领导人层面,比如分析中国不同代际领导人的人格特点,辨析第一代和第二代领导人在外交事务兴趣、信息开放性等方面的差异,从而辨析其对待国际社会的不同态度。④ 进而,中国国家领导人的认知风格、类比思维等也体现得较为明显,这使得中国对外关系中领导人的决策、认知风格具有较强的文化特性。⑤ 另外,在宏观思维层面,文化特质成为理解中国的国家形式、对外关系的决策方式、中国的国际关系及其秩序观的基础,基于心理人类学的视角,中国的国际关系观有着自身的文化理性,有别于西方的国家理性特质,比如

---

① Feng Huiyun, "Is China a Revisionist Power?" *The Chinese Journal of International Politics*, Vol. 2, No. 3, 2009, pp. 313—334.
② 尹继武:《单边默契、信号表达与中国的战略选择》,载《世界经济与政治》2014 年第 9 期,第 4—33 页。尹继武:《共识的国际战略效应:一项理论性探讨》,载《国际安全研究》2016 年第 1 期,第 33—55 页。
③ 尹继武:《单边默契、权力非对称与中印边界战争的起源》,载《当代亚太》2016 年第 5 期,第 33—65 页。尹继武:《"单边默契"与中美战略合作的演进》,载《美国研究》2017 年第 2 期,第 28—49 页。尹继武:《中国南海安全战略思维:内涵、演变与建构》,载《国际安全研究》2017 年第 4 期,第 33—61 页。
④ 张清敏:《领导人人格特点与中国外交研究》,载《世界经济与政治》2014 年第 6 期,第 93—119 页。
⑤ 张清敏:《隐喻、问题表征与毛泽东的对外政策》,载《国际政治研究》2011 年第 2 期,第 81—100 页;张清敏、潘丽君:《类比、认知与毛泽东的对外政策》,载《世界经济与政治》2010 年第 11 期,第 54—72 页。

中国文明型国家的形式、集体主义式的理性以及天下秩序观等。①

三、冷战后国际政治心理学研究进展的特性

冷战结束以来的国际政治心理学研究,其研究进展体现在上述的领导人人格、认知和情感三个层次,同时在战略研究领域有着较为重要的应用;从理论和方法特点来看,相比于冷战时期的经典研究,在研究单元、研究议题、研究方法和文化特性等方面都有着显著的特性。

第一,研究单元的更新。冷战时期的国际政治心理学研究,开创了领导人政治心理学的研究单元,同时结合冷战时期最为重要的核威慑、大国战略决策、国际危机等议题。冷战结束后,国际政治心理学的研究单元仍然聚焦于最为传统的领导人的政治心理层次,在上述人格、认知和情感三个层次继续推进理论问题和知识创新,并结合最新的领导人案例,体现出三个重要特点。其一,领导人的心理重要性得到加强。与经典时期聚焦于宏观的人格、认知和情感要素不同,当前关于领导人的政治心理学研究结合了理性主义的分析单元,比如领导人的偏好、信息、风险意识、决策方式、意图理解等更为微观的命题,这在最近的《国际组织》(IO)专刊中体现明显。② 其二,战略互动与决策的命题是集中的议题。这也与理性主义关于战略互动的研究命题相结合,在理性主义的战略互动研究命题中,理性国家关于相互私有信息的传递及其解读,成为理性战略博弈的基本预设,与此形成理论逻辑争辩的是,政治心理学探究在这一理性国家预设以及战略信息理性传递过程中的不确定性和非决定性,而相关案例聚焦于传统的大国战略竞争以及新时期的中美等大国关系。③ 其三,外交的重要性得以凸显。外交及其沟通心理学成为当下国际政治心理学聚焦的中观和微观层次,既与领导人的人格、认知与情感要素相关,同时也结合了外交信号的表达及其可信性分析。外交信号、外交谈判等议题表明国际政治心理学脱离传统的外交决策、国家间关系

---

① 尚会鹏、游国龙:《心理文化学:许烺光学说的研究与应用》,台北:南天书局2010年版。
② Emilie M. Hafner-Burton, Stephan Haggard, David A. Lake & David G. Victor, "The Behavioral Revolution and International Relations," *International Organization*, Vol. 71, No. S1, 2017, pp. s1—s31.
③ 尹继武:《战略心理与国际政治》,北京:北京大学出版社2016年版。

分析,走向外交行为的实质性分析。①

第二,研究议题的时代特性。作为一门实践性的学科,国际政治心理学的研究对象始终与当下最重要的国际政治问题相关。传统国际政治心理学主要聚焦于大国外交决策、国际冲突等议题,随着冷战后国际战略格局的变迁,国际政治心理学的研究议题的时代特性表现明显。结合最新的国际社会新现象,相关热点研究议题不断成为政治心理学介入的分析对象。比如,冷战后不断出现的民族主义分离运动、国际战争与干预等,2001年美国遭受"9·11"恐怖袭击等非传统安全问题、地区战略热点等,都成为重要的分析议题,随着大国权力转移的加速,中美在战略竞争过程中的意图信号等议题也受到关注。②

第三,研究方法的多元化特性。冷战时期的国际政治心理学研究,研究方法较多体现了传统特性,比如外交史案例、领导人案例等。在领导人人格特质分析中,赫尔曼等学者也系统开展了文本内容分析。在主流的认知学派研究中,关于错误知觉及其对于领导人外交决策的影响,采用的仍是定性判断及其案例分析方式。③ 但冷战结束后,研究方法的多元与混合是一种重要的趋势,尤其是在领导人心理变量的测试以及心理因素如何产生影响的因果关系判断中,定量的回归分析、实验研究、文本内容分析等是重要的科学实证方法与技术。在领导人的人格特质、政策偏好等内隐变量的测试与度量过程中,相关的人格心理学、偏好测定的技术与方法不可或缺,在特朗普等领导人的政治心理研究中运用较为广泛,操作码在测试领导人的认知风格与人格特征时是政治心理学界广泛运用的方法。进而,由于领导人的不可接触性,相关领导人政治心理及其作用逻辑的推论,要么来自历史经验

---

① Dan Hart and Asaf Siniver, "The Meaning of Diplomacy," *International Negotiation*, Vol. 26, No. 2, 2021, pp. 159—183. 熊炜:《外交谈判》,北京:北京大学出版社2014年版。

② 近期基于大国战略竞争中的意图、决心信号解读研究,参见:Kyle Haynes & Brandon Yoder, "Offsetting Uncertainty: Reassurance with Two-Sided Incomplete Information," *American Journal of Political Science*, Vol. 64, No. 1, 2020, pp. 38—51;尹继武:《中国在中美经贸摩擦中的战略决心信号表达》,载《外交评论》2020年第5期,第1—24页。

③ Alexander L. George and Andrew Bennett, *Case Studies and Theory Development in the Social Sciences*, Cambridge, MA: MIT Press, 2005. Chaim D. Kaufmann, "Out of the Lab and into the Archives: A Method for Testing Psychological Explanations of Political Decision Making," *International Studies Quarterly*, Vol. 38, No. 4, 1994, pp. 557—586.

的案例观察,要么来自室内实验归纳,因此,实验方法在提炼领导人的行为心理与决策偏好及其规律时运用较为广泛。① 总之,当前的国际政治心理学在研究方法的取向上已走向多元与混合方法的阶段,在前沿性的研究著作中往往包括了传统的案例分析以及新近的定量与实验等技术方法。②

第四,政治心理的文化特性受到关注。③ 冷战时期的国际政治心理学经典研究,案例经验与文化特性大多为西方中心主义或美国中心主义。领导人的案例以及外交决策案例,主要为美国国家领导人及其外交决策,体现出浓厚的西方中心主义的文化特性。由于人性在一定程度上具有跨文化性,所以经典国际政治心理学的理论与命题实际上具有较高程度的普适性,尤其体现为,领导人的人格特质分析维度与技术、认知偏差的基本类型以及情感的基本类型及其战略效用等是有跨文化规律性的。然而,随着全球国际关系概念及其学科构建的倡导,以及中国外交经验、中国政治心理要素的融入,关于政治心理的文化特性及其在外交与国际关系中的体现受到日益广泛的重视。

这种文化特性体现为两个层次。其一是理论假定层面,即文化要素的纳入,改变了基于西方经验与文化中心主义的有限理性假定。④ 有限理性的来源,传统上并不包括文化差异的要素。然而,心理的文化特性的纳入,彰显了文化理性、习惯理性的特质,从而使得理性的逻辑具有文化情境。在此假定之下,不同国家领导人的行为逻辑未必遵循统一的经济理性及有限理性逻辑,而是具有相应的跨文化差异特点。其二是在经验层面,国家的领导人及其对外政策、行为体现出相应的文化差异性。比如,在有限理性的假定下,西方理性国家的行为逻辑在于"成本—效用"分析,而有限理性强调目标的理性和程序上的有限理性,在文化理性的假定下,非西方国家及其领导人

---

① Rose Mcdermott, "Experimental Methods in Political Science," *Annual Review of Political Science*, Vol. 5, No. 1, 2002, pp. 31—61.
② 最新出版的著作中都是综合使用了多元方法,比如:Keren Yarhi-Milo, *Who Fights for Reputation: The Psychology of Leaders in International Conflict*, Cambridge: Cambridge University Press, 2018.
③ 当前欧美国际政治心理学界关于文化差异的讨论并非主流,但在中国学者以及全球国际关系、对外关系研究中,文化差异对于政治心理的丰富作用的研究较多。Leonie Huddy, David O. Sears, and Jack S. Levy eds., *The Oxford Handbook of Political Psychology (2 ed.)*, Oxford: Oxford University Press, 2013.
④ 尚会鹏:《人、文明体与国家间关系》,载《国际政治研究》2013 年第 4 期,第 3—20 页。

的行为逻辑,实际上并非是以"成本—效用"作为行为逻辑,而可能是其他的文化特质要素,比如面子、情感表演、自我投射、政治需求以及关系平衡等。① 这些文化理性逻辑与传统的经济人有限理性逻辑,有一致之处,也有差异之处。总之,非西方经验的纳入,使得领导人、国家政治心理的类型及其政治作用逻辑更为丰富,在现实中也突破了西方中心主义式的理性限定。

四、小结

综上,国际政治心理学在经历冷战时期的经典与传统研究阶段之后,冷战后的理论与经验研究进一步进入成熟发展阶段,这直接表现为研究议题的细致与深化,从探究政治心理要素对国际关系影响的定性判断,到提炼进一步的影响机制与条件作用。在领导人的人格、认知与情感研究路径中,都探究了新的案例、新的政治心理类型以及新的作用机制。同时,在研究议题上也结合了传统的安全与战略研究,以及新时期新出现的各种非传统安全问题、新的国际关系现象等。综合来说,随着学科研究的细化以及中层和微观研究的深入,在领导人政治心理学初创时期的奠基性作品及学者已难以出现,更多的是相关细化议题、理论研究的深入的微观实证研究及其代表。

国际政治心理学的研究具有较强的理论特性,即探究研究者通常所见的国际事实背后的政治心理规律及其逻辑,研究事实只是表层,而且理论概念及方法具有较强的跨学科特性以及内隐变量特性。这种微观的政治心理逻辑的分析,对于充实与弥补国际关系研究的宏观层次及不可接触性是十分必要的,也是理解国际政治中人性的必需。② 当然,基于与现实经验问题的密切联系,国际政治心理学的研究具有十分重要的现实意义。比如,关于领导人的政治心理探究是外交工作的基础性环节,是维护国家利益的重要手段。同时,对于外交决策心理、战略互动心理以及国际冲突的心理基础的讨论,对于提高决策质量、增强战略能力、化解国际冲突也具有重要的理论

---

① Chiung-Chiu Huang and Chih-yu Shih, *Harmonious Intervention: China's Quest for Relational Security*, New York: Routledge, 2016.
② Robert Powell, "Research Bets and Behavioral IR," *International Organization*, Vol. 71, No. S1, 2017, pp. S265—S277.

与现实意义。

在国际政治心理学的研究进展中,非西方的政治心理变量以及相关案例越来越受到重视。随着中国在世界舞台上的重要性日益突出,以及中美战略竞争加剧,中国外交中的领导人政治心理学以及战略心理分析,成为未来国际政治心理学的研究议题、理论创新以及政策分析的重要方向之一。①

---

① 国际政治心理学学科发展综述以及中国研究的方向,进一步参阅:尹继武、王海媚:《中国国际政治心理学理论与实践研究的进展与问题——尹继武教授访谈》,载《国际政治研究》2017 年第 4 期,第 137—155 页;游国龙、刘曦:《21 世纪以来心理文化学与国际关系研究的进展与问题——游国龙教授访谈》,载《国际政治研究》2020 年第 6 期,第 133—154 页。

第二十七章 国际关系中的国际法

莫盛凯 陈兆源

国际法是"以法律形式表现出来的"国际关系,所谓国际法律关系本身并不是一种单独的国际关系,任何受到国际法调整的国际关系,都是国际法律关系。① 因此,从逻辑上讲,国际关系是国际法的基础。所谓"法之理在于法之外",从国际关系学科出发的跨学科研究更多能回答的是有关国际法的法理问题。但在学科的发展史上,国际法学却是国际关系学的学科之母。20世纪以前,有关国家间关系的思考和论述是在国际法的框架下展开的。② 即便在1919年国际关系作为一门学科独立出来以后,对国际法的研究也主导了初创的国际关系学。③ 第二次世界大战爆发以及爱德华·卡尔对于理想主义乌托邦的猛烈批判,使得国际联盟及其相关的国际法研究声名狼藉。战后的国际关系研究一直贬抑国际法的存在,直到1979年系统倾向的结构主义成为绝对主流,国际法终于在国际关系理论研究的"华尔兹化"(Waltznization)中不仅"销声"而且"匿迹"了,"结构现实主义没有给国际法留下任何空间"④。当然,对"国际法"的这种"放逐"并没有持续多久,有关

---

① 王铁崖:《国际法引论》,北京:北京大学出版社1998年版,第2页;张乃根:《国际法原理》,北京:中国政法大学出版社2002年版,第21页。
② Martin Wight, "Why Is There No International Theory?" *International Relations*, Vol. 2, No. 1, 1960, p. 36. 至于国际关系作为一门学科独立以后两门学科间的关系,克拉斯纳认为是经历了"始合、后分、再合"的三阶段,徐崇利则认为应是"始合、趋离、后分、再合"的四阶段论。参见 Stephen Krasner, "International Law and International Relations: Together, Apart, Together?" *Chicago Journal of International Law*, Vol. 1, No. 1, 2000, pp. 94—98;徐崇利:《国际关系理论与国际法学之跨学科研究:历史与现状》,载《世界经济与政治》2010年第11期,第90—110页。
③ 也有学者认为国际关系学科并非诞生于1919年,而是诞生于20世纪30、40年代英美国际法学界"现实主义阵营"与其他"实证主义阵营"的决裂。尽管对于国际关系学科的诞生时间有异议,但就国际关系脱胎于国际法学科的观点并没有异见。参见〔加拿大〕迈克尔·拜尔斯:《国际法》,载〔澳〕克里斯蒂安·罗伊—密特、〔英〕邓肯·斯尼达尔编:《牛津国际关系手册》,方芳等译,南京:译林出版社2019年版,第666页。
④ Anne-Marie Slaughter Burley, "International Law and International Relations Theory: A Dual Agenda," *American Journal of International Law*, Vol. 87, No. 2, 1993, p. 217.

第二十七章 国际关系中的国际法

国际法的研究改头换面在"国际机制""国际制度"的名义下不自觉地重出江湖。① 21世纪初,越来越多的美国国际关系学者"捅破了这层窗户纸"②。

一、国际法的本体论:在国际层面复制罗马法

国际法本质上是一种具有法律属性的国际规则,是一种特殊的国际制度,是对部分国际制度法律化的结果。国际法不是从来就有的,单纯规则或管理体系的存在并不是国际法,作为一种具有法律属性的国际制度(成体系的国际规则)的国际法是近代欧洲文明的产物。近代国际社会之所以把国际法当作自己的一个制度,只是偶然的历史结果,它是从原先的一元体系,即西方基督教世界演变来的,而且在这个体系中,法律观念——体现在罗马法、神权法、教会法以及自然法之中——占据显著的地位。③ 英国著名国际法学家罗伯特·菲利莫尔爵士(Sir Robert Phillimore)就宣称,"在有助于正确和全面知晓国际法学的事务中,罗马法可以说是最具有价值的,真从历史角度来说的话,罗马法乃是国际法学的基础"。④ 不仅"国际法"这个词本身是从罗马法语汇中借用而来,是对万民法(jus gentium)的一个字面翻译,罗马法律技术对于国际法的影响也非常明显——在所有可能的地方,国际法学家们都试图通过援引罗马法的原著来支持他们的教义,实际上这些渊源中并没有提到国际法,因此他们依靠罗马法关于私人所有权的规则来建构领土主权的规则,用关于私人合同的规则来为条约说明理由,用关于委托的规则来说明外交使节的功能等。⑤ 总结起来就是,国际政治关系是国际政治化的民事关系,是对罗马法在另一个层面上的复制,国际法调整的国际政治关系属于公法范畴,但它所适用的原则却完全是私法性质的,即将国家视为

---

① Anne-Marie Slaughter Burley, "International Law and International Relations Theory: A Dual Agenda," *American Journal of International Law*, Vol. 87, No. 2, 1993, p. 206.

② 最早呼吁打破学科藩篱的是法律学者肯尼斯·阿伯特,此后不少国际法学者开始关注国际关系研究,但直到2000年第3期《国际组织》(*International Organization*)专刊出版,国际关系学者才开始做出正式的回应。参见 Kenneth Abbott, "Modern International Relations Theory: A Prospectus for International Lawyers," *Yale Journal of International Law*, Vol. 14, No. 2, 1989, pp. 335—411.

③ 〔英〕赫德利·布尔:《无政府社会:世界政治秩序研究》,张小明译,上海:上海人民出版社2015年版,第122页。

④ 〔美〕阿瑟·努斯鲍姆:《简明国际法史》,张小平译,北京:法律出版社2011年版,第43—44页。

⑤ 同上书,第14—15页。

国际关系中的"个人"。① 因此,国际法是在国际制度中选择性地模仿引入罗马法技术使之以法律逻辑运行的一种拟制法。

这一法律复制过程始于17世纪,摆脱了中世纪教权独大的欧洲国家在结束战争的《威斯特伐利亚和约》中选择将布丹(Jean Bodin)和格劳秀斯(Hugo Grotius)论证的主权学说作为构建世俗新秩序的核心安排。由于实在国际法的稀缺,早期国际法基本由私人学说构成,欧洲思想界花了大约两个半世纪才建立起一种与自然法相对应的成熟的法律体系。② 直到19世纪,国际法更多的是学说上的问题而非国家实践,只是到了19世纪下半叶,我们今天所知的国际法才开始初现端倪。③ 20世纪早期,国际法作为一种专业开始成型,随着国际法教育在各大法学院的普及和专业性学术组织的成熟,大量受过专业训练的国际法律人才开始向公职领域特别是各国外交部门渗透,外交乃至国际关系的"法律化"进程开始大大提速,海牙会议上外交"法律化"成为这一进程的显著标志。第一次世界大战通过对传统贵族精英掌控外交部门的毁灭性打击,进一步打开了新兴资产阶级主要是律师主导法律机构的职业化、专业化进程的大门。④ 换言之,这是一个在没有了统治者(主权者)的横向平行社会复制基于国内纵向等级社会的法律经验的历史过程。"法律是政治社会创造的"⑤,国际法因而是一种拟制法,"是一个严格的技术用语"⑥,它企图移植国内法的法律技术来提升部分国际制度的稳定性和可预期性,从而确保无政府状态的国际社会基本有序运行。国际法通过明确地界定可允许的国家行为,使争端各方清楚地了解自身权利的界限,是使各国决策者的观点趋于集中的机制。⑦ 毕竟在某种程度上,问题如果可以

---

① 张乃根:《国际法原理》,第18页。

② Stephen Hall, "The Persistent Spectre: Natural Law, International Order and the Limits of Legal Positivism," *European Journal of International Law*, Vol. 12, No. 2, 2001, p.270. 也正因为此,"各国权威最高之公法学家学说"成为国际常设法院和国际法院明文承认的法律渊源之一,但随着协定国际法日益发展以及软法概念的兴起,这一辅助性渊源将越来越不可能得到适用。

③ 〔美〕阿瑟·努斯鲍姆:《简明国际法史》,第2页。

④ 〔美〕玛莎·芬尼莫尔:《干涉的目的:武力使用信念的变化》,袁正清等译,上海:上海人民出版社2009年版,第25—26、41—42页。

⑤ 〔英〕爱德华·卡尔:《二十年危机(1919—1939):国际关系研究导论》,秦亚青译,北京:商务印书馆2021年版,第229—232页。

⑥ 转引自王铁崖:《国际法引论》,第19页。

⑦ 〔美〕熊玠:《无政府状态与世界秩序》,余逊达、张铁军译,杭州:浙江人民出版社2001年版,第91页。

通过法律途径处理,公开的、危险的政治争吵就可以得到掩盖;那种认为国际法对国际秩序的主要贡献在于它限制了国家行为的观点显然是错误的,国家固然不愿因为无视法律而损害声誉,但更多时候它们是出于自身的利益才制定和遵守国际法。① 这种从拟制法角度的理解,更有助于解释晚近以来国际法覆盖范围的扩大,与国际制度研究中的"法律化"②无缝衔接,也有助于领会路易斯·亨金(Louis Henkin)有关"在各国的关系中,文明的进展可以认为是从武力到外交,从外交到法律的运动"③之论断。

制度研究者在制度"法律化"研究中提出的功能性价值、国内政治行为体的偏好与动机以及对于法治作为一种国际规范的信仰这三类归因,只是解释了为何会有从制度化到法律化的递进,却无法解释这种递进为何必须以法律属性而非其他属性规则的方式呈现。④ 随之而来的问题就是,欧洲在近代主权者构成的国际社会形成过程中为何选择将一部分国际制度法律化以构造国际法?或者说为什么要赋予这部分制度以法律属性而非实证道德等其他规则属性?从理论上讲,国际法所具有的这些功能也可能通过其他方式得以实现,一组道义规则或者超自然规则也可能确立国际社会观念的核心地位、阐明基本的共处规则、提供保证协议得到遵守的手段,历史上的某些国际社会——古希腊的城邦国家体系、亚历山大以后的希腊王国体系、古印度的国家体系——都没有国际法制度。⑤ 毕竟从最终缺乏更高权威的强制力来说,执行国际法未必比国际道德、国际礼仪、宗教规则更为有力。⑥

要回答这些问题,除了考虑欧洲的罗马时代留下的发达的法律思想与

---

① 〔英〕爱德华·卡尔:《二十年危机(1919—1939):国际关系研究导论》,"第十二章 国际争端的司法解决",第248—265页;〔美〕玛莎·芬尼莫尔:《干涉的目的:武力使用信念的变化》,第37页;〔英〕赫德利·布尔:《无政府社会:世界政治秩序研究(第四版)》,第121页。

② Kenneth W. Abbott et. al. , "The Concept of Legalization," *International Organization*, Vol. 54, No. 3, 2000, pp. 401—419.

③ 转引自王铁崖:《国际法引论》,第3页。

④ Judith Goldstein et al. , "Introduction: Legalization and World Politics", in Judith Goldstein, Miles Kahler, Robert Keohane and Anne-Marie Slaughter, eds. , *Legalization and World Politics*, Cambridge: The MIT Press, 2001, pp. 12—13.

⑤ 〔英〕赫德利·布尔:《无政府社会:世界政治秩序研究》,第121—122页。

⑥ 这一点在国际法的几大法系中就可以看到,古代中华法系的特征就在于以礼入法、礼法难分,而伊斯兰法系更是教法特征明显。

实践传统以外,还必须回答法律规则较之其他规则的特性。从技术上讲,法律规则不同于其他规则,具有形式性、明确性、稳定性、微观指导性、可操作性、确定性、可诉性、合逻辑性、合体系性、可预测性等基本特征。当然这些特征并非一开始都具有,而是在较长的历史演变过程中逐渐完善的,但归结起来,最重要的就是稳定性和可预期性,其他特征最终服务于法律的稳定性和可预期性。随着国际法体系的结构化、程式化,这些特征从内容和形式上保证了这部分制度从制定、适用、解读、裁决到执行上的稳定性和可预测性。从法律实体角度看,协定国际法是国家间谈判讨价还价艰难过程的结果,习惯国际法作为一种法律渊源存在,使得国际法规则较之其他规则更具有难以摆脱的稳定和预期优势。从法律程序的角度看,20世纪以后逐步建立起来的各类国际司法机构使得国际法在可诉性、操作性和严肃性上也向着拟制国内法大大迈出一步。当然,任何规则都不可能排斥变迁,而作为拟制法的国际法特别强调整个法律体系的逻辑一致性,使得任何单项国际法规则的变迁还必须考虑与其他现有规则的相容性,只有与其他强有力的规范相匹配的规范才更有可能具有说服力并塑造行为。在法律过程运作的范围内,这种逻辑一致性要求被扩大化,因为法律需要这种逻辑适应的简要说明来支持其主张,进而推动国际法的变动。[①] 因而,即便从动态变化的角度,国际法依然是最具稳定延续性的一种规则,进而最能满足国家在无政府状态的国际社会对稳定性和可预期性的功能需求。

二、国际法的方法论:制度研究的法理价值

国际法是以法律技术拟制处理了的国际制度,法理规范与国际制度的运作紧密相联,"但法律主要是规定性的,强调编纂和调整国家行为的规则,至于为何是这些规则而不是其他规则或国家遵守与否,都是法律之外的问题"。[②] 这些法理规范的形成以及它们对行为的影响方式造就了某种行为规律,这恰恰也是政治学家寻求解释的对象,理解这些问题必须将法学研究与

[①] 〔美〕玛莎·芬尼莫尔:《干涉的目的:武力使用信念的变化》,第69—71页。
[②] 〔美〕玛莎·费利莫:《国际社会中的国家利益》,袁正清译,杭州:浙江人民出版社2001年版,第166页。

国际关系研究结合起来。① 因此,国际制度的研究在逻辑上有助于解答许多国际法的法理问题。

国际法本体的认知可分为自然法和实证法两大传统。② 自然法传统对应的是建构主义的"适当性逻辑"(logic of appropriateness),也即主体将依照身份、道德等适当性规范行事;实证法传统对应的是理性主义的"预期结果逻辑"(logic of expected consequences),也即将行为视为经理性计算的可预见的结果。③ 表面上看,实证法传统强调国家同意而非理性,自然法传统则强调理性、道德价值等内容,但实际上,理性主义的"预期结果逻辑"强调国家在给定利益和偏好下基于成本—收益算计的同意在国际法起源、接受、扩散中的作用。这与实证法强调的国家同意并无冲突,此处的"理性"是指国家同意这一国家行为背后的"工具理性"。而建构主义的"适当性逻辑"强调观念、认同等因素对于国家理解利益、形成偏好的作用,进而以此对于国家是否接受或遵守国际法的国家行为作出法理解释。这里的观念、认同等因素正是政治哲学、法学理论上强调的"自然理性""道德价值"等观念思辨因素,是对国家在国际规范层面上如何互动的社会学解释。

(一)理性主义制度研究的法理价值

在国际层面,政治家和外交官是主要的立法者。④ 理性主义,无论是新现实主义还是新自由主义,其分析国际关系的出发点是承认国际层次相对于国内层次的无政府状态属性。国际法的起源是为了解决国家间合作中的各种问题,并规范某些难以避免的冲突。因此,理性主义进路秉持的是一种功能主义的国际法观。国际法之所以起源并发展,是由于它具有某些特定的功能,并能为国际关系行为体带来好处。

理性主义进路不可避免地使其对国际法的讨论格外强调制度的形式设计及其影响,这种理性设计的目的便是为了实现预期的功能性,以解决国际关系中由交易成本、信息不对称、搭便车、道德风险等招致的合作难题,对以

---

① Martha Finnemore and Kathryn Sikkinnk, "International Norms Dynamics and Political Change," *International Organization*, Vol. 52, No. 4, 1998, p. 916.
② 何志鹏:《国际法的哲学之维:内涵、功能与路径》,载《法学家》2010 年第 6 期,第 128 页。
③ James G. March and Johan P. Olsen, "The Institutional Dynamics of International Orders," *International Organization*, Vol. 52, No. 4, 1998, pp. 949—954.
④ 〔加拿大〕迈克尔·拜尔斯:《国际法》,第 665 页。

国家为主的国际关系行为体进行协调,以改善福利水平。国际关系中这类特殊形式的制度化也被称为法律化,主要指国际制度拥有的义务性、精确性和授权性等一系列特点。[1] 尽管国际法具有一定程度的自主性,但在设计阶段,议题领域、行为体权力对比、谈判经验、国内政治等仍会是重要的影响因素,决定了具体国际法中的治理结构。

在议题领域,其本身的敏感程度、分配效应和范围等会影响法律化的程度。例如,由于旨在解决不同的现实问题,国际投资和国际贸易领域的争端解决机制存在明显差异。[2] 国家在面对农产品贸易自由化时往往更为谨慎,因而不得不采取议题联系策略来促进一项国际法的达成。[3] 在某些国家间存在明显分配问题的领域,如环境保护,很难使不同国家均对法律所确认的分配标准满意。[4] 在多边谈判中随着议题范围的扩大,集体行动的难度通常也变得更大。[5] 在行为体权力对比上,不同的权力对比意味着相对议价能力的区别。行为体权力与博弈中的行动次序和报偿结构密切相关,这部分导致了法律化过程中的分配效应和制度的非中性[6],甚至使国际制度成为主导国实现某些私利的工具。[7] 在谈判经验上,理性行为体会将之前合作所获得的信息运用到今后的制度设计中,重新认识此前的制度并塑造国家行为体

---

[1] Kenneth W. Abbott et al., "The Concept of Legalization," p. 401.

[2] Ralph Ossa, Robert W. Staiger, and Alan O. Sykes, "Dispute in International Investment and Trade," *NBER Working Paper*, No. 27012, 2020.

[3] Christina L. Davis, "International Institutions and Issue Linkage: Building Support for Agricultural Trade Liberalization," *American Political Science Review*, Vol. 98, No. 1, 2004, pp. 153—169.

[4] Ronald B. Mitchell and Patricia M. Keilbach, "Situation Structure and Institutional Design: Reciprocity, Coercion, and Exchange," *International Organization*, Vol. 55, No. 4, 2001, pp. 891—917.

[5] Barbara Koremenos, Charles Lipson and Duncan Snidal, "Rational Design: Looking Back to Move Forward," *International Organization*, Vol. 55, No. 4, 2001, p. 1058.

[6] Stephen Krasner, "Global Communications and National Power: Life on the Pareto Frontier," *World Politics*, Vol. 43, No. 3, 1991, pp. 336—366; Andrew T. Guzman and Beth A. Simmons, "To Settle or Empanel? An Enpirical Analysis of Litigation and Settlement at the World Trade Organization," *Journal of Legal Studies*, Vol. 31, No. 1, 2002, pp. 205—235; James Smith, "Inequality in International Trade? Developing Countries and Institutional Change in WTO Dispute Settlement," *Review of International Political Economy*, Vol. 11, No. 3, 2004, pp. 542—573; Eric A. Posner and Miguel F. P. de Figueiredo, "Is the International Court of Justice Biased?" *Journal of Legal Studies*, Vol. 34, No. 2, 2005, pp. 599—630; Thomas Sattler and Thomas Bernauer, "Gravitation or Discrimination? Determinants of Litigation in the World Trade Organization," *European Journal of Political Research*, Vol. 50, No. 2, 2010, pp. 143—167.

[7] 李巍:《国际秩序转型与现实制度主义理论的生成》,载《外交评论》2016年第1期,第43—47页;庞珣、何梽焜:《霸权与制度:美国如何操控地区开发银行》,载《世界经济与政治》2015年第9期,第4—30页。

之后参与设计相关国际制度的策略。① 在国内政治上,国际制度的法律化被视为是一种双重博弈(two-level games),一国的领导人不仅需要与他国领导人进行协商,而且需要与本国和他国的国内社会行为体讨价还价。② 法律化的制度设计有助于政府解决国内的承诺、分配和动员等问题③,获得国际或国内层面的收益。

可见,法律化是高度政治性的,无论从其设计还是谈判来看。不过尽管政治会影响其内容,法律仍是由其结构和形式所定义的。④这些法律化的制度一旦被签署和实施,它们便成为国际关系中的"弗兰肯斯坦"⑤(Franken-

---

① Simon Wüthrich and Manfred Elsig, "Challenged in Geneva: WTO Litigation Experience and the Design of Preferential Trade Agreements," *Business & Politics*, forthcoming; Alexander Thompson, Tomer Broude, and Yoram Z. Haftel, "Once Bitten, Twice Shy? Investment Disputes, State Sovereignty, and Change in Treaty Design," *International Organization*, Vol. 73, No. 4, 2019, pp. 859—880; Lauge N. Skovgaard Poulsen and Emma Aisbett, "When the Claim Hits: Bilateral Investment Treaties and Bounded Rational Learning," *World Politics*, Vol. 65, No. 2, 2013, pp. 273—313; Barbara Koremenos, "Institutionalism and International Law," in Jeffrey L. Dunoff and Mark A. Pollack, eds., *Interdisciplinary Perspectives on International Law and International Relations: The State of the Art*, Cambridge University Press, 2013, pp. 65—66.

② Robert D. Putnam, "Diplomacy and Domestic Politics: The Logic of Two-level Games," *International Organization*, Vol. 42, No. 3, 1988, pp. 427—460; Andrew Moravcsik, "Liberal Theories of International Law," in Jeffrey L. Dunoff and Mark A. Pollack, eds., *Interdisciplinary Perspectives on International Law and International Relations: The State of the Art*, p. 92.

③ Miles Kahler, "Conclusion: The Causes and Consequences of Legalization," *International Organization*, Vol. 54, No. 3, 2000, pp. 662—672;田野:《国际制度对国内政治的影响机制——来自理性选择制度主义的解释》,载《世界经济与政治》2011 年第 1 期,第 5—24 页;田野:《贸易自由化、国内否决者与国际贸易体系的法律化——美国贸易政治的国际逻辑》,载《世界经济与政治》2013 年第 6 期,第 47—76 页;陈兆源、田野、韩冬临:《双边投资协定中争端解决机制的形式选择——基于 1982—2013 年中国签订双边投资协定的定量研究》,载《世界经济与政治》2015 年第 3 期,第 122—148 页。

④ Kenneth W. Abbott and Duncan Snidal, "Law, Legalization, and Politics: An Agenda for the Next Generation of IL/IR Scholars," in Jeffrey L. Dunoff and Mark A. Pollack, eds., *Interdisciplinary Perspectives on International Law and International Relations: The State of the Art*, p. 35;甚至法律的消亡也与其结构和形式密切相关,近来对国际组织消亡的研究颇多地论证了此观点,参见 Mette Eilstrup-Sangiovanni, "What Kills International Organisations? When and Why International Organisations Terminate," *European Journal of International Relations*, Vol. 27, No. 1, 2021, pp. 281—310; Maria Josepha Debre and Hylke Dijkstra, "Institutional Design for a Post-liberal Order: Why Some International Organizations Live Longer than Others," *European Journal of International Relations*, Vol. 27, No. 1, 2021, pp. 311—339.

⑤ 著名科幻小说《弗兰肯斯坦——现代普罗米修斯的故事》中由人类创造却又超出人类控制的科学怪人角色,此处用来比喻国际组织。参见 Daniel L. Nielson and Michael J. Tierney, "Delegation to International Organization: Agency Theory and World Bank Environmental Reform," *International Organization*, Vol. 57, No. 2, 2003, p. 244; Michael N. Barnett and Martha Finnemore, "The Politics, Power, and Pathologies of International Organizations," *International Organization*, Vol. 53, No. 4, 1999, pp. 699—732。

steins)——由国家创造,却又不完全受其控制。在这一意义上,法律有能力维持其与政治的相对独立性。如此一来,法律的实施过程也格外重要。① 其中主要面临的是法律的遵约(compliance)②、解释(interpretation)和授权(delegation)等问题。尽管国家总倾向于加入愿意遵守的制度,从而使缔约和遵约两者之间存在较大的相关性③,而正是缔约成本与遵约/治理成本间距的伸缩性决定了法律化程度在从软法到硬法之间谱系上的最终落定。④ 国际关系和国际法学者还是发展出了一套较为成熟的理论机制来理解遵约,其中较有代表性的是安德鲁·古兹曼(Andrew T. Guzman)的"3Rs"框架:声誉(reputation)、互惠(reciprocity)、报复(retaliation)。⑤ 由于国际制度可被理解为是一种不完全契约,即使正式制度也不例外⑥,故遵约过程必然涉及对条约的解释⑦,且需要主权国家授权给相应国际制度中的第三方加以协调⑧。

综上,理性主义进路的制度研究认为国际法起源于国际关系行为体为促进合作、调节冲突而产生的功能性需要。基于这种需要,国家作为主要的

---

① James D. Fearon, "Bargaining, Enforcement, and International Cooperation," *International Organization*, Vol. 65, No. 2, 1998, pp. 269—305.

② 需要注意的是,遵约并不是非黑即白的二分法,而是在连续谱上的一种程度。参见史明涛:《国家正向和反向参与国际制度:一个国际—国内制度互动的解释》,载《国际观察》2009 年第 2 期,第 60 页。

③ 不过随着环境和行为体在利益界定上发生的变化,缔约国拒绝遵约甚至退出的情形同样引起了学界关注。如 Italo Colantone and Piero Stanig, "Global Competition and Brexit," *American Political Science Review*, Vol. 112, No. 2, 2018, pp. 201—218; 温尧:《退出的政治:美国制度收缩的逻辑》,载《当代亚太》2019 年第 1 期,第 4—37 页;任琳:《"退出外交"与全球治理秩序———一种制度现实主义的分析》,载《国际政治科学》2019 年第 1 期,第 84—115 页;杨双梅:《制度地位、"退出外交"与美国的国际制度选择》,载《外交评论》2020 年第 4 期,第 95—123 页。

④ 田野:《国际关系中的制度选择:一种交易成本的视角》,上海:上海人民出版社 2006 年版;田野:《国际制度的形式选择:一个基于国家间交易成本的模型》,载《经济研究》2005 年第 7 期,第 96—108 页。

⑤ Andrew T. Guzman, *How International Law Works: A Rational Choice Theory*, Oxford: Oxford University Press, 2008, pp. 33—48.

⑥ Barbara Koremenos, "What's Left out and Why? Informal Provisions in Formal International Law," *Review of International Organizations*, Vol. 8, No. 2, 2013, pp. 137—162.

⑦ Joost Pauwelyn and Manfred Elsig, "The Politics of Treaty Interpretation: Variations and Explanations across International Tribunals," in Jeffrey L. Dunoff and Mark A. Pollack, eds., *Interdisciplinary Perspectives on International Law and International Relations: The State of the Art*, pp. 445—473.

⑧ Barbara Koremenos and Timm Betz, "The Design of Dispute Settlement Procedures in International Agreements," in Jeffrey L. Dunoff and Mark A. Pollack, eds., *Interdisciplinary Perspectives on International Law and International Relations: The State of the Art*, pp. 371—393; B. Peter Rosendorff, "Stability and Rigidity: Politics and Design of the WTO's Dispute Settlement Procedure," *American Political Science Review*, Vol. 99, No. 3, 2005, pp. 389—400.

国际关系行为体,通过与其他国家行为体以及国内和他国的社会集团就不同议题领域议价,来进行制度的理性设计。所设计的法律一经签署便得以实施,具有一定的自主性,并能对行为体产生某种约束。随着法律的实施、国家实力和利益界定的变化,国际法也会随之出现变迁的动力,并成为新一轮制度博弈和制度设计的开始。①

(二)建构主义制度研究的法理价值

自然法传统强调法律先于经验的性质,其法理之核心归于观念与规范。在国际关系中,行为体的行为机制不仅仅是理性主义分析的那样以利益为基础,建构主义和规范性的渠道同样表现得十分突出。② 与理性主义的"预期结果逻辑"相竞争,建构主义的"适当性逻辑"为理解国际法提供了来自自然法传统的另一种进路。"把国际关系视为一个体系的思路,与把国际关系视为一个社会的思路,是大不一样的。"③若是认为存在某种意义上的国际社会,那就必然包含着规则、规范和制度,存在着某种社会秩序。④ 建构主义接受了国际社会的思想,并对理性主义坚持的国际无政府状态作了进一步批判。⑤ 建构主义者认为,行为体的理性和自利性偏好并不是外生给定的,而是内生于具体的社会互动之中。

克里斯蒂安·勒—斯密特(Christian Reus-Smit)作为建构主义的代表人物之一,将国际政治和国际法的互构(mutual construction)作为分析的起始命题。在他看来,国际关系行为体表现得好像存在一个确实的"法律王国"一般,这个王国以先前存在的一套规范和实践的正当性为特征,以抵消对权力和私利的原始追求。⑥ 法律规范便不再是功能性的设计,其存在本身便是现

---

① 朱杰进:《崛起国改革国际制度的路径选择》,载《世界经济与政治》2020年第6期,第75—105页;陈拯:《改制与建制之间:国际制度竞争的策略选择》,载《世界经济与政治》2020年第4期,第81—109页。
② Kenneth W. Abbott and Duncan Snidal, "Law, Legalization, and Politics: An Agenda for the Next Generation of IL/IR Scholars," p. 34.
③ 〔英〕巴里·布赞:《英国学派及其当下发展》,载《国际政治研究》2007年第2期,第103页。
④ 〔英〕赫德利·布尔:《无政府社会:世界政治中的秩序研究》,第10—16页。
⑤ Alexander Wendt, "Anarchy is what States Make of it: The Social Construction of Power Politics," *International Organization*, Vol. 46, No. 2, 1992, pp. 391—425.
⑥ Christian Reus-Smit, "The Politics of International Law," in Christian Reus-Smit ed., *The Politics of International Law*, Cambridge: Cambridge University Press, 2004, pp. 37—38.

代国际社会的合法性来源。因此,由于理性行为体并不占有作为逻辑起点的位置,建构主义进路便很少讨论国际法的起源和设计问题。①

在建构主义者看来,施动者和社会结构是互构的②,因此理性行为体要实现其所设计的国际法的功能性,除物质层面的设计之外,还需要社会化(socialization)的过程。好比仅指定纸作为货币是不够的,物质特征对于功能性的产生是不充分的,还必须要有对这些功能持续的集体接纳(collective acceptance)和认可,使其成为社会事实。③ 建构主义所擅长的,便是从社会化等社会机制来说明国际法确实重要,从而解释国际关系行为体加入国际制度的机制,以及国际制度的扩散和地方化(localization)。

社会化是国际规范和国际制度影响国家行为的重要机制,但其内部并未统一。如在瑞安·古德曼(Ryan Goodman)和德里克·金克斯(Derek Jinks)的"国家社会化"(state socialization)框架下,主要包括说服、强制和文化适应(acculturation)三大机制。④ 在杰弗里·契克尔(Jeffrey T. Checkel)的分析中,则包括战略计算、角色扮演、道德说服三个机制。⑤ 在江忆恩(Alastair Iain Johnston)分析国际制度改变中国行为的社会化机制中,则是模仿、说服和社会影响。⑥ 同样,社会化本身也是一个互构的过程,不仅存在同构,也存在重构,即当地行为体主动将外来的观念和规范进行改造,以适应

---

① 很少并不意味着没有,徐进的研究就发现,战争法的起源就是源于国家间关于暴力共享信念的价值突变,而后才有规范扩散的问题。参见徐进:《暴力的限度:战争法的国际政治分析》,北京:中国社会科学出版社 2012 年版。

② Anthony Giddens, *The Constitution of Society: Outline of the Theory of Structuration*, Cambridge: Polity Press, 1984.

③ John R. Searle, *The Construction of Social Reality*, New York: The Free Press, 1995, p.45.

④ Ryan Goodman and Derek Jinks, "How to Influence States: Socialization and International Human Rights Law," *Duke Law Journal*, Vol.54, No.3, 2004, pp.621—703; Ryan Goodman and Derek Jinks, "International Law and State Socialization: Conceptual, Empirical, and Normative Challenges," *Duke Law Journal*, Vol.54, No.4, 2005, pp.983—998.

⑤ Jeffrey T. Checkel, "Why Comply? Social Learning and European Identity Change," *International Organization*, Vol.55, No.3, 2001, pp.553—588; Jeffrey T. Checkel, "International Institutions and Socialization in Europe: Introduction and Framework," *International Organization*, Vol.59, No.4, 2005, pp.801—826.

⑥ Alastair Iain Johnston, *Social States: China in International Institutions, 1980—2000*, Princeton: Princeton University Press, 2008.

当地的信念和实践。① 当然,在这些过程中,国家行为体并非唯一,非国家行为体如国际组织、跨国公司、非政府组织(NGOs)等也会促进规范的扩散和遵守。② 例如,芬尼莫尔等就关注组织趋同模型和国际组织作为自主的权威官僚机构对于科技、发展、金融、人权等特定领域国际规范扩散及其法律化进程的教化和推动作用,辛金克基于跨国倡议网络的"飞回镖效应"模型。③

可以看出,建构主义将国际法从制度设计的焦点上转移,重点关注设计者如何被其所设计出来的制度所塑造。④ 在建构主义语境下,法律的自主性和能动性更强,法律的目标便是塑造和评价行为,而不仅仅是解释和预测行为。由于强调国际法所代表的价值,建构主义进路能更好地理解国际法的扩散、内化及其能动性,似乎也能更好地理解国际法的变迁。在实施过程中,法律规范会被行为体进行再建构,进而产生新的社会环境,并成为新一轮身份建构和社会化的开始。

与国际法研究中存在的对自然法与实在法进行折中的格劳秀斯派类似,制度研究学者也越来越发现"预期结果逻辑"与"适当性逻辑"在行为者战略性运用时出现的"战略性社会建构"⑤中互补大于竞争。例如,有限理性和实践理论有着共同的基本假定,即行为体如何处理信息和作出决定取决于它们在社会空间和历史时间中的位置。⑥ 针对特定问题的分析有时更需

---

① Amitav Acharya, "How Ideas Spread: Whose Norms Matter? Norm Localization and Institutional Change in Asian Regionalism," *International Organization*, Vol. 58, No. 2, 2004, pp. 239—275;袁正清、李志永、主父笑飞:《中国与国际人权规范重塑》,载《中国社会科学》2016年第7期,第189—203页;魏玲:《本土实践与地区秩序:东盟、中国与印太构建》,载《南洋问题研究》2020年第2期,第1—14页。

② Jutta Brunnée and Stephen J. Toope, "Constructivism and International Law," pp. 131—132;丁韶彬:《社会化视角下世界银行与中国的关系》,载《教学与研究》2008年第9期,第66—72页;刘贞晔:《中国参与联合国禁止酷刑规范的制度分析》,载《教学与研究》2008年第9期,第52—58页。

③ 〔美〕迈克尔·巴尼特、〔美〕玛莎·芬尼莫尔:《为世界定规则:全球政治中的国际组织》,上海:上海人民出版社2009年版;〔美〕费丽莫:《国际社会中的国家利益》;〔美〕凯克、〔美〕辛金克:《超越国界的活动家:国际政治中的倡议网络》,韩召颖等译,北京:北京大学出版社2005年版;Thomas Risse, Stephen Ropp and Kathryn Sikkink, eds., *The Power of Human Rights*, International Norms and Domestic Change, Cambridge: Cambridge University Press, 1999.

④ Alexander Wendt, "Driving with the Rearview Mirror: On the Rational Science of Institutional Design," *International Organization*, Vol. 55, No. 4, 2001, pp. 1019—1049.

⑤ Martha Finnemore and Kathryn Sikkinnk, "International Norms Dynamics and Political Change", pp. 888—889.

⑥ Quentin Bruneau, "Converging Paths: Bounded Rationality, Practice Theory and the Study of Change in Historic International Relations," *International Theory*, forthcoming.

要对两者的折中与融合。①

当然,尽管国际法规范源于国际政治的发展过程,理解这一过程有助于理解规范何以成法,为何有些规范成功了而有些则失败了,但这并不是说理解了国际制度理论就可以完全理解国际法,毕竟作为一种拟制法,其间还有一个从制度化到法律化的拟制化过程。规范的创立并不是一个简单的政治过程,而是一个政治法律过程,国际法规范只有在存在政治意愿并且其过程是按照国际法原则进行的情况下才能产生。② 正如芬尼莫尔和都彭(Stephen J. Toope)对"法律化"理论不足的批评所言,义务性、精确性、授权性仅仅是形式特征,离开了"合法性"标准,不从法律程序、方法论、制度以及产生合法性的过程来看待的话,已有的三个要素将缺乏理论上的一致性。③ 国际制度的研究仍然需要结合国际法的研究,才能全面理解并呈现国际法发展的动态历史。

三、国际法的认识论:从过去到未来

奥本海曾言,"欲着眼国际法之将来,必须先知道国际法的过去和现在"。④ 尽管有关国际法史的论著不似其他学科丰硕,却也并不贫乏⑤。主要问题在于:一方面,有关国际法史的著作往往写成了国际关系史,成了叙述国家之间关系的历史,对政治、外交的描述超过了对于法律原则、规则和制度的聚焦;另一方面,把密切相关的国际法与国际法学说史混合论述成为有关著作的共同选择,但正如王铁崖所说,"19 世纪以后,国际法学说与国际法

---

① 〔美〕鲁德拉·希尔、〔美〕彼得·卡赞斯坦:《超越范式:世界政治研究中的分析折中主义》,秦亚青、季玲译,上海:上海人民出版社 2013 年版;田野:《建构主义视角下的国际制度与国内政治:进展与问题》,载《教学与研究》2013 年第 2 期,第 59—60 页。
② 曾令良、余敏友主编:《全球化时代的国际法——基础、结构与挑战》,武汉:武汉大学出版社 2005 年版,第 31 页。
③ Martha Finnemore and Stephen J. Toope, "Alternatives to 'Legalization': Richer Views of Law and Politics", *International Organization*, Vol. 55, No. 3, 2001, p.745.
④ 刘达人、袁国钦:《国际法发达史》,北京:中国方正出版社 2006 年版,第 2 页。
⑤ 主要有〔英〕劳特派特修订:《奥本海国际法》(上卷 第一分册),王铁崖、陈体强译,北京:商务印书馆 1989 年版,"第二章 国际法的发展和国际法学";王铁崖:《国际法引论》,"第七章 国际法史""第八章 国际法学说史";刘达人、袁国钦:《国际法发达史》;李家善:《国际法学史新论》,北京:法律出版社 1987 年版;陶樾:《现代国际法史论》,北京大学出版社 2012 年版;〔美〕阿瑟·努斯鲍姆:《简明国际法史》,张小平译,北京:法律出版社 2011 年版;〔苏〕费尔德曼、〔苏〕巴斯金:《国际法史》,黄道秀等译,北京:法律出版社 1992 年版;杨泽伟:《宏观国际法史》,武汉:武汉大学出版社 2001 年版;杨泽伟:《国际法史论》,北京:高等教育出版社 2011 年版。

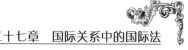

第二十七章 国际关系中的国际法

史的分离逐渐明显,将国际法史与国际法学说史分别加以论说,即将国际法史限于国际法本身的发展,而不包括学说的发展,似乎是比较合适的"。①

(一) 从区域法到全球法

从三十年战争到拿破仑战争,以主权制度为核心的国际法制度在欧洲范围内首先确立。1806年神圣罗马帝国解体,帝国末代皇帝向作为主权国家的奥地利的君主身份转换,标志着"在法律理论上处于帝国之下的各国王和自由市,在法理上都成了主权者和国际法中的完全人格体"。② 南美风起云涌的独立运动把"拉美国家"率先带入欧洲国际法体系。1856年奥斯曼土耳其被接纳为国际社会成员,适用国际法规则,国际法开始突破欧洲属性。最有意义的是这种以欧洲国际法制度支撑的条约法律体系对以中国为中心的传统东亚朝贡体系的彻底替代。天下朝贡制度是中国传统世界秩序的组织形式,近代以来围绕礼仪产生的争执背后反映的是两种世界秩序的尖锐对立。③ 中国,乃至整个非西方世界,是在西方坚船利炮的物质优势下被迫接受和学习以民族主权国家为基石的国际法秩序的。

主权作为一种法律规范取得了压倒性地位,所有国家要想在这一秩序下生存,就必须按照主权规范重构自身的身份和认同,在这一改造的历史进程中出现了国家的类型学。"法理主权"与"经验主权"间的契合度,在现代国家中形成了欧洲、拉美等"已构建国家"、中日韩等传统朝贡体系下的"再构建国家"以及撒哈拉以南非洲的"构建中国家"之间的国家类型学。④ 其中国家构建不成功导致的"法理主权"与"经验主权"相背离形成的"国家失败"现象,在一个以主权为基石的国际法秩序中造成了从安全到人道主义等诸多方面的问题,成为困扰当代国际秩序和国际法的重要"历史遗留问

---

① 王铁崖:《国际法引论》,第254—255页。
② 〔美〕阿瑟·努斯鲍姆:《简明国际法史》,第142页。
③ 参见颜丽媛:《国际礼法观:清代中国的朝贡与条约》,载《南大法学》2021年第1期,第85—100页;李育民:《晚清中外条约关系与朝贡关系的主要区别》,载《历史研究》2018年第5期,第53—70页。
④ 刘德斌:《国家类型的划分——拓展国际安全研究的一种思路》,载《国际政治研究》2012年第1期,第19—20页;刘德斌:《世界的重塑:从"帝国"到"民族国家"》,载《外交评论》2019年第6期,第11—24页。

题"。①

(二) 从战争法到和平法

战争是传统国际法保障的国家固有权利。国际法诞生之前,对战争的限制来自宗教和道德规则。规范战争的实在国际法直到1856年《巴黎海战宣言》才开始出现。1864年《改善战地陆军伤者境遇之日内瓦公约》形成了旨在保护没有参加或已退出战斗军事人员的"日内瓦法"(Law of Geneva),与两次海牙会议构筑的旨在规范交战各方如何行为的"海牙法"(Law of Hague)一道,使国际法的战争法基本成型。② 1928年的《非战公约》开始了战争在国际法上的非法化进程。

战争在《联合国宪章》中遭到彻底否定,除了反击侵略的"自卫"和集体安全行动以外的所有军事活动都被禁绝。战后国际法除了继续完善限制战争的"日内瓦法"和"海牙法"外,最鲜明的特点就是从战争法到和平法的根本性转变。由此带来的就是对于国际法上传统"自卫权"的挑战。所有发动战争的国家都号称是在"自卫",甚至是一种遭受侵略之前的"先发制人"。特别是"9·11"以后,小布什政府宣称,基于恐怖主义威胁的新特点和大规模杀伤性武器的严重后果,美国要求拥有"先发制人"的"预先性自卫权",从而激化了战后国际法领域长期存在的巨大争议。③ 而国家失败带来的国内冲突蔓延,也使得一些邻国开始通过对安全威胁的重新定义来重新认识"自卫权"的构成要件。④ 各国试图为自身行为赋予"自卫"内涵的努力表明了国际法以及其从战争法转向和平法的真实限制所在。

(三) 从实体法到程序法

传统国际法由界定各国权利与义务的实体规范组成,并不要求和平解决争端,因此也就没有实体法与程序法的区分,和平解决争端实际上是个程

---

① 参见 Robert Jackson and Carl Rosberg, "Why Africa's Weak States Persisit: The Empirical and the Juridical in Statehood," *World Politics*, Vol. 35, No. 1, 1982, pp. 1—24; Gerald Helman and Steven Ratner, "Saving Failed States," *Foreign Policy*, No. 89, 1992—1993, pp. 3—20.

② 有关组成战争法的"日内瓦法"与"海牙法"可参见徐进:《暴力的限度:战争法的国际政治分析》,第1—2页。

③ 参见戴轶、吕彬:《试析预先性自卫的法律管制》,载《国际资料信息》2012年第1期,第19—24页。

④ 参见孙德刚:《先发制人战略的实施动因分析——基于西亚非洲地区的实证研究》,载《外交评论》2009年第5期,第95—105页。

序问题。① 海牙和会上仲裁制度的恢复,特别是多边仲裁制度的建立,是现代国际司法制度的开端。以两次海牙和会为标志的程序法发展的第一阶段的主要成就是使其成为针对国家财务违约的传统武力索债模式的替代,从而有助于消除近代史上产生战争纠纷的一大根源。②

程序法发展的第二阶段以两次大战后分别成立的两个国际性法院为标志。相较于古老仲裁制度的恢复,在国家间模仿国内社会建立国际法院,使国际法规则可操作化,是国际法司法化进程中更具深远意义的一步。法律手段解决不了政治问题,但政治问题的解决往往求助于法律途径。在某种程度上,问题如果可以通过法律途径处理,公开的、危险的政治争吵就可以得到掩盖。③ 最严重的规范冲突只有通过政治手段解决,但大量低层次的日常冲突是通过律师和法律解决的。在双方都有意愿解决僵局、意图摆脱争端时,第三方国际司法机构的存在为缓解大众政治时代困扰各方的高昂观众成本提供了台阶。

"二战"后程序法的发展可以概括为两个方面的进步。一是以监督和执行条约为职责的国际组织飞速成长,各个功能领域的专门性国际组织建立,国际社会的组织化程度空前提高;二是各种地区性争端解决机构普遍建立出现的多层化补充丰富了国家间的程序选择。这一以第三方机构建立为核心内容的实体法向程序法的空前发展,引出了对"国际法不成体系"④的碎片化和法律冲突等新问题的关注。

(四) 从共处法到合作法

传统国际法以规范和限制国家间管辖权的冲突从而保障共处为主旨,并不要求国家间的合作,即便从最广义的合作来理解,也是一种消极的规避冲突式的合作,战争被允许按规则进行。现代国际法的发展越来越趋向于要求和强制国家间的积极合作,以进一步维护国家之上的共同利益,这就是

---

① 江国青:《略论国际法实施机制与程序法制度的发展》,载《法学评论》2004年第1期,第86页;〔美〕熊玠:《无政府状态与世界秩序》,第91页。
② 参见〔美〕玛莎·芬尼莫尔:《干涉的目的:武力使用信念的变化》,"第二章 主权国家违约与军事干涉",第24—53页。
③ 〔美〕玛莎·芬尼莫尔:《干涉的目的:武力使用信念的变化》,第37页。
④ 关于"国际法不成体系"问题,参见联大国际法委员会第五十四届会议工作报告:《国际法不成体系:国际法的多样化和扩展引起的困难》,2002年,文件号:A/CN.4/529;古祖雪:《现代国际法的多样化、碎片化与有序化》,载《法学研究》2007年第1期,第135—147页。

国际法从共处法到合作法的变化。"在19世纪的国际体系中,合作的国际法在自由贸易和争端的和平解决两个领域取得了很大的进展"①,但准确地讲,国际法从共处迈向合作是战后联合国时代的新现象,尽管对于国际合作是否已成为一项国际法基本原则,仍存在巨大争议。

从反思大危机中各国自行其是的经济政策导致的灾难性国际政治后果中建立的布雷顿森林体系和关贸总协定制度,到20世纪70年代以来在环境等领域的合作扩展,再到冷战后围绕解决全球性问题中责任分配与协调的全球治理概念与平台的大范围出现,都是这一趋势的体现。国际经济法、国际环境法的诞生及成为国际法新的热门领域,就是国际法从共处法向合作法发展的产物。作为国际法从共处转向合作进程的法律产物就是"软法"概念的出现及其大量应用。② "软法"概念在国际环境法中诞生。随着合作需求急剧提升,完全依赖程序冗长的严格协商立法已无法满足需求或反映瞬息万变的政治经济情势,在争议较大且又面临情势高度变动性的环境和经济领域,国际环境法等得到最广泛和密集的应用,但在本身被指责为"弱法"的国际法中进一步区分出"软法"和"硬法",使其成为有关国际法前沿争论的重要部分。

(五) 从任意法到强行法

传统国际法由于缺少强制执行机制被指责是"任意法"。"强行法"概念来自罗马法"私人协议不得改变公法"的理念。这一"从自然法学派中生长出来的法律流溢物,在欧洲通常被称为是国际领域的公共秩序"③,由联合国国际法委员会在起草《条约法公约》时引入现代国际法。公共利益是强行法的保护对象,但究竟哪些构成强行法,以及它与国际法基本原则之间的关系,一直处于争论中。④ 一般来说,《联合国宪章》《国际法原则宣言》等重要文件里的原则性规定是主要的渊源。

全面禁绝除自卫和集体安全以外私人武力的使用是战后国际法最大的特点。《联合国宪章》要求,在维持国际和平及安全之必要范围内,应保证非

---

① Wolfgang Friedmann, *The Changing Structure of International Law*, NY: Columbia University Press, 1964, p.104.
② 有关"软法"定义、判定标准与法律意义的介绍可参见万霞:《国际法中的"软法"现象探析》,载《外交评论》2005年第2期,第94—99页。
③ 〔美〕熊玠:《无政府状态与世界秩序》,第239页。
④ 参见何志鹏:《漂浮的国际强行法》,载《当代法学》2018年第6期,第106—122页。

会员国遵守,这明显超出了"条约对第三方既无损也无益"的传统习惯;而103条要求成员国依《联合国宪章》义务的优先性进一步保证了"禁武"原则的强制性。此外,《宪章》最初仅要求成员国帮助托管非自治人民发展自治,并未要求独立,但"二战"后"非殖民化"运动在美苏争霸竞夺民心舆论的斗争中愈演愈烈,《给予殖民地国家和人民独立的宣言》事实上修正了《宪章》,使托管和殖民地命运不可遏制地指向最终独立。①

萨达姆在冷战结束之际对科威特的吞并同时触犯了"禁武"和"反殖"的强行法规范,使得安理会在美国主导下借机创造性地发展了授权使用武力机制,并成为对《宪章》第43条停摆的替代。② 随着冷战后"集体安全制度的扩散"③,越来越多可以具有强行法性质的规范内容可能通过"安全"概念的扩大进入集体安全程序,有关安理会决议是否具有造法性质以及规制和完善授权使用武力机制的研究成为国际法的新问题。④

(六) 从国家间法到人类法

传统国际法的效力以到达主权国家为限,个人即便享有特定的实体权利,也不具有国际法上的程序性权利。在"二战"后的现代国际法中,人本化在各个部门领域成为越来越明显的发展趋势。⑤ 特别是其中国家责任法的发展和人权法的出现,使得国际法直接适用到了个人,并在某些情况下使个人直接与国际法机构发生了联系,这一进程在人权的旗帜下以赋权与追责两条线共同推进着。⑥

出于对"二战"期间德日等国粗暴侵犯人权的反思,《联合国宪章》第一

---

① 〔美〕熊玠:《无政府状态与世界秩序》,第165—169页。
② 有关安理会授权使用武力的国际法问题,参见:戴轶、李文彬:《试论安理会授权使用武力的法律规制》,载《现代国际关系》2008年第4期,第36—42页;李鸣:《联合国安理会授权使用武力问题探究》,载《法学评论》2002年第3期,第66—73页。
③ Basak Cali ed., *International Law for International Relations*, New York: Oxford University Press, 2010, p.225.
④ 王虎华、蒋圣力:《联合国安理会决议造法的国际法思考》,载《时代法学》2015年第12期,第99—105页;王虎华、肖贝敏:《再论联合国安理会决议的国际法性质》,载《政法论丛》2018年第6期,第43—57页;张华:《反思国际法上的"司法造法"问题》,载《当代法学》2019年第2期,第137—149页。
⑤ 参见曾令良:《现代国际法的人本化发展趋势》,载《中国社会科学》2007年第1期,第89—103页。
⑥ 国际法上的个人责任与国家责任拥有共同的渊源,是通过颠覆传统国际责任集体性的方式衍生出来的。参见李将:《国际法上个人责任的法理:制度渊源与价值关联》,载《国际法研究》2021年第2期,第100—114页。

次将人权写入了普遍性的国际多边文件。① 联合国主导下形成了从政治权利到社会、经济、文化权利,从难民、妇女、儿童到种族、宗教的国际人权法体系,并为此建立了全面的监督和保障机构。特别是"保护的责任"被2005年世界首脑会议部分接受形成的新规范,为冷战后饱受争议的人道主义干预提供了法律依据,但从利比亚的实践来看,尽管安理会授权的形式解决了是否可以干预的问题,但北约在执行中的行为激起了有关"保护中的责任"的新争论。②

《凡尔赛和约》曾试图追究战争发起国领导人的战争责任,但碍于荷兰拒绝引渡威廉二世和彼时欧洲国际形势的变化而作罢。"二战"后两大军事法庭实现了战争入罪的国际法宏愿。③ 冷战结束后,安理会先后设立国际刑事法庭追究在南斯拉夫和卢旺达大屠杀中犯有战争、种族灭绝等严重违反国际人道法罪行的政治、军事领袖的法律责任。1998年6月,联合国罗马外交会议决定建立的国际刑事法院不仅有追究成员国公务和军事人员战争、种族灭绝、侵略和危害人类罪的强制性普遍管辖权,而且破天荒地赋予了个人、非政府组织提出控告的程序性权利,更使争论空前激化。④

---

① 梁云祥:《国际关系与国际法》,北京:北京大学出版社2012年版,第199页。
② 联大决议尽管不能成为国际法的独立渊源,但有着重要的证据价值,特别如世界首脑会议。参见《2005年世界首脑会议成果》,2005年9月16日联大决议,文件号:A/RES/60/1,第27页;《保护过程中的责任:制定和推广一个概念的各项要素》,文件号:A/66/551—S/2011/701;阮宗泽:《负责任的保护:建立更安全的世界》,载《国际问题研究》2012年第3期,第9—22页。
③ 参见朱文奇:《东京审判与追究侵略之罪责》,载《中国法学》2015年第4期,第5—24页;黄肇炯、唐雪莲:《纽伦堡、东京审判与国际刑法》,载《法学家》1996年第5期,第3—8页。
④ 参见曾令良:《国际法发展的历史性突破——〈国际刑事法院规约〉述评》,载《中国社会科学》1999年第2期,第141—152页。

第六编

国际政治学经典著作、代表学者、学术期刊与学术团体

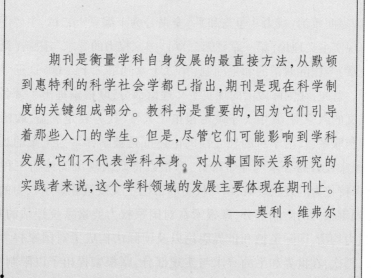

期刊是衡量学科自身发展的最直接方法,从默顿到惠特利的科学社会学都已指出,期刊是现在科学制度的关键组成部分。教科书是重要的,因为它们引导着那些入门的学生。但是,尽管它们可能影响到学科发展,它们不代表学科本身。对从事国际关系研究的实践者来说,这个学科领域的发展主要体现在期刊上。

——奥利·维弗尔

第二十八章 国际政治学经典著作

刘 乐 曾亚勇 莫盛凯 编

"二战"以后,国际政治学学科进入了快速发展时期,公开出版的著作以几何级数量增长。《牛津国际关系手册》对诸多理论学派和研究议题进行了系统的回顾和评估,但没有明确归纳代表性的学术著作。我们以普林斯顿大学、芝加哥大学等世界一流大学博士综合考试专业文献目录为依据,并兼顾学派、领域与地区国别的适当平衡,在本章中简要介绍以下十种国际政治学经典著作。

一、《国家间政治:权力斗争与和平》

《国家间政治:权力斗争与和平》一书由汉斯·摩根索所著,并于1948年首次出版。2005 年,肯尼思·汤普森(Kenneth W. Thompson)和戴维·克林顿(W. David Clinton)修订了该著的第 7 版,由麦格劳希尔出版集团出版发行。

《国家间政治:权力斗争与和平》全书分为十编三十二章,主要围绕国际政治的现实主义理论(第一章到第二章)、国家权力的寻求与限制(第三章到第十九章)与国际政治的和平问题(第二十章到第三十二章)这三个核心问题展开。首先,在国际政治的现实主义理论部分,摩根索提出了著名的政治现实主义的六原则,其中关于政治根植于人性、权力界定利益、政治与道德的区别与联系、政治学科的独立性的论述都是被学界奉为圭臬的观点。其次,在国家权力的寻求与斗争部分,摩根索将政治现象简约为三种政治模式,即保持权力的现状政策、增加权力的帝国主义政策和显示权力的威望政策;在国家权力的限制部分,摩根索在对国家权力要素系统评估的基础上,认为权力均衡、国际道德和世界舆论以及国际法构成了对国家权力的主要限制。再次,在世界和平的寻求与实现部分,摩根索提出了以限制求和平、以转变求和平和以调节求和平的三种思路;第一种以国际裁军、集体安全、国际司法、和平变更、国际政府等为组成部分;第二种则以实现世界国家和世界共同体为主要内容;第三种则诉诸外交的复兴和希望,即外交的九项规则,具体包括四项基本规则和妥协的五项先决条件。

在该著中,摩根索明确提出了四个核心观点:第一,权力界定利益,国家所追求的利益是否在国家实力范围之内正是衡量外交政策合理与否的标准;第二,国家最高的集体道德是审慎,不考虑政治后果的所谓道义原则和行动才是不道德的行为;第三,权力均衡这种系统的稳定状态可以借由分治、补偿、军备竞赛、联盟和平衡等策略实现,但这些制约因素也存在严重缺陷,即均势有时未能防止战争,反而需要战争来维持均势;第四,为了寻求普遍和平,就需要恢复传统外交,通过国际和解建立国际共同体,并在此基础上建立一个有中央政府的世界国家,从而实现世界和平。

在国际关系学科发展的历史中,摩根索以这部著作一举奠定了自己的学科地位,被称为现实主义的集大成者以及古典现实主义的领军人物。

二、《国际政治理论》

《国际政治理论》一书由肯尼思·华尔兹所著,1979年由麦格劳希尔出版集团出版发行。

《国际政治理论》全书共分为九章,第一章主要阐释了理论的本质及其与规律的区别与联系;第二章到第四章则在批判还原主义方法的基础上,提出了系统方法与理论;第五、六章讨论了政治结构的产生和作用;第七章到第九章则在三种不同的国际系统条件下,对国际政治的结构理论进行检验。

在该著中,华尔兹主要做出了两方面的突出贡献。

首先,他革新了理论研究的方法路径。一方面,华尔兹认为诸如人性等无法观察和检验的先验因素不能作为理论演绎的逻辑起点,因此他摒弃了从行为体动机和心理层次进行研究的传统方法;另一方面,华尔兹认为从交往和互动层面来解释行为结果的行为主义本质上还是通过研究各组成部分来理解整体的还原主义方法,因此也不可取。在此基础上,华尔兹摒弃实证研究的归纳推理而采取演绎推理,通过运用系统方法来对传统主义和实证主义进行批判式超越,独树一帜地确立了理论研究的体系路径,从而将国际关系研究从外交政策的单元层次上升到国际政治理论的体系层次。

其次,他创立了结构性现实主义的理论流派。华尔兹认为系统理论的两个关键要素是系统的结构和互动单元,而结构的定义有三个重要组成部分:第一,结构根据系统的排列原则来界定;第二,结构根据不同单元的特定功能来界定;第三,结构根据单元间的能力分配来界定。按照这一定义,国际政治体系具有以下结构特征:第一,主权国家间的无政府状态;第二,行为体之间最小限度的功能差异;第三,国家间的能力分配。在既定结构稳定的条件下,它会通过社会化和竞争这两种机制来促使单元的属性和行为具有相似性。据此,华尔兹认为在国际无政府状态结构下的单元互动会呈现三种关系特征:其一,国际体系的结构变化主要是由各单位实力对比变化造成的,即大国数量的变化;其二,出于相对收益分配的权衡和对产生依附关系的担心,这种结构会限制国家间的合作;其三,在这种结构下,均势会自动生成,而两极结构则具有最大的稳定性。正是由于这种在结构框架下对权力关系的讨论,华尔兹的理论被人们称为结构性现实主义。

由于华尔兹的这些研究突破和理论创见,《国际政治理论》被称为国际关系理论的扛鼎之作,是迄今为止在国际关系学界影响最大、引用率最高的著作。

三、《权力与相互依赖》

《权力与相互依赖》由罗伯特·基欧汉和约瑟夫·奈合著,于1977年首次出版。2012年,两位作者完成了该著第4版的修订,并由培生教育出版集团出版发行。

《权力与相互依赖》全书共分为六编十章,主要分为理解复合相互依赖(第一章至第二章,第八章)、国际机制变迁的解释模式和案例检验(第三章至第七章)、探究在信息技术变革的相互依赖时代的全球主义治理(第九章至第十章)这三大部分展开。该著的主要贡献包括相互依赖概念的提出和国际机制变迁的解释模式两个方面。

第一,基欧汉和奈对相互依赖做了系统的概念分析和理论探讨。首先,世界政治中的相互依赖是指"国家之间或不同国家的行为体之间以相互影响为特征的情形"。其次,敏感性和脆弱性是关于权力在相互依赖中作用的重要概念。就依赖的代价而言,敏感性指的是"在试图改变局面而做出变化之前受外部强加代价影响的程度",脆弱性则指"行为体因外部事件(甚至是在政策发生变化之后)强加的代价而遭受损失的程度"。再次,复合相互依赖具有三个基本特征:各社会之间的多渠道联系;国家间关系的议题没有明确或固定的等级之分;军事力量起着次要作用。

第二,基欧汉和奈对国际机制的变迁提出了新的解释模式,并进行了实证检验。首先,两位作者将国际机制定义为对相互依赖关系产生影响的一系列控制性安排。其次,他们论述并比较了关于国际机制变迁的四种基本的解释模式:经济进程模式、总体权力结构模式、问题结构模式和国际组织模式。再次,在此基础上,分别进行了海洋政治和货币政治的议题领域以及加美关系和澳美关系的双边关系的模式分析和案例检验。

《权力与相互依赖》一书用相互依赖的理论将现实主义和自由主义结合起来,为新自由制度主义的出现奠定了理论整合的基础。它的问世标志着美国自由主义国际关系学派挑战新现实主义理论主导地位的开始,是国际关系学派新现实主义与新自由主义"二新"并立的先声。其后,新现实主义和新自由制度主义之间从激烈论战到理论通约的"新新合流"也肇始于此。

四、《霸权之后:世界政治经济中的合作与纷争》

20世纪70年代末,随着越战的失败和布雷顿森林体系的解体,美国的全球霸权似乎呈现出衰退趋势。同时,各国的相互依赖程度依然在加深,世界仍然需要合作。那么,美国是否真的衰落了?如果是,没有强有力的霸权提供保障,作为合作载体的国际机制是否还能正常运行?罗伯特·基欧汉在《霸权之后:世界政治经济中的合作与纷争》一书中从制度经济学的视角回答了这些问题。该著1984年由普林斯顿大学出版社出版。

该著在第一部分指出,国家间合作不仅仅需要共同利益,还需要机制的存在。国家间的利益不和谐并不否定共同利益的存在,在此基础上,国际机制能够帮助实现合作。霸权国家的存在并不是合作关系出现的必要或者充分条件。国际机制建立以后,合作并不必然需要一个霸权领导者的存在。

该著第二部分说明了国际机制为什么能够帮助实现合作。该著采用理性选择模型的分析工具,论证了只要是在共同利益前提和多重博弈条件下,无论国家间利益和谐或是冲突,都有可能实现合作。国际机制能够汇聚各国政府的行为预期,提供信息沟通的渠道,改善信息的质量和减少信息的不对称性,降低交易成本,赋予行动和政策的合法性,改变行为者的利益偏好,协调和调整各国政府的政策和行动,减少不确定性等。基于上述功能,国际机制能够促进合作的实现。

该著在第三部分回到实践,指出美国霸权与合作是互补的。因为美国根据自己的利益建立国家间合作的机制,这种机制也能使其伙伴获取特定利益。国际机制建立之后,各国对合作的需求反过来加强了机制的延续性,也同时反哺了美国的霸权。所以美国的霸权是不完全衰落。

《霸权之后》是新自由制度主义的开山之作,也是罗伯特·基欧汉最重要的代表作。

五、《国际政治的社会理论》

《国际政治的社会理论》由亚历山大·温特所著,于1999年由剑桥大学出版社出版发行。全书共分为八章,第一、二章介绍了国际政治的四种社会理论,提出了基于科学实在论的国家理论问题的社会学研究方向。第三、四章建立了弱式物质主义的理论范式,将观念因素带回国际关系的分析中,通过分析结构的两个层次(微观、宏观)和两个作用(因果和建构),将作为共有知识和自我实现预言的文化引入到国际关系的分析中。第五章讨论了国家的本体地位和施动结构,分析了个体或团体、类属、角色和集体这四种国家身份,引出对国家利益分析的建构主义视角。第六章讨论了霍布斯、洛克和康德这三种无政府文化,并以强制、算计和信仰的类别来区分每种无政府文化内化的程度。第七章通过分析身份形成的两种逻辑(自然选择、文化选择),并以相互依存、共同命运、同质性和自我约束为主变量,探讨了身份进化的因果机制。第八章回顾全书,明确了理念主义在国际关系研究中反思价值和研究意义。

温特在该著中的学术贡献是开创性和里程碑式的,主要表现在以下四个方面。第一,在学术对话上,该著是国际关系学界沟通主流理性主义与非主流反思主义的重要尝试;第二,在学派创立上,该著以国际规范和身份认同为核心研究纲领,提出了国际政治的社会理论,明确了建构主义的理念主义本体论基础、整体主义的方法论基础和科学实在论的认识论基础,确立了这一研究主张在国际关系研究中的学术地位;第三,在研究假定上,该著提出了施动者和结构互相建构的基本论断,并进一步强调了"无政府状态是国家造就的"这一社会建构特征,从而为社会互动角度的国际关系研究奠定了坚实的理论基础;第四,在研究议程设定上,该著认为主体间互动建构社会意义,强调国家利益的社会建构,由此提出三种不同的无政府状态,并通过对身份演化的分析讨论了这三种体系文化的变迁,为国际关系研究创立了丰富的研究议程。

《国际政治的社会理论》一书奠定了温特在国际关系研究中的学术地位,标志着他正式成为建构主义研究的领军人物。由此,以建构主义与新现实主义和新自由主义之间的辩论为标志,国际关系学界也产生了继从理想主义到现实主义、科学行为主义挑战传统主义、新自由主义与新现实主义鼎立三次学理大论战以来的新的学术争鸣。

六、《国际政治中的知觉和错误知觉》

20世纪70年代中期,国际关系学科对于国家行为的研究主要集中于宏观和中观层次,即国际体系、国际结构、国家利益、国内集团等要素对国家行为的影响,而较少有人提及微观层次——决策者个人的心理认知。罗伯特·杰维斯认为,在国家行为的影响因素中,决策者和决策执行人对客观世界的认识具有重要地位。基于此,杰维斯在1976年出版了《国际政治中的知觉和错误知觉》一著,力图从认知心理学的角度探究国家行为的微观动因。

该著第一部分指出,对知觉的研究是决策研究的一个方面,是层次分析法中微观层面的研究。当时的国际关系理论并没有很好地理解国际交往中的知觉过程。第二部分首先分析了错误知觉产生的若干原因,包括认知相符、诱发定势和历史包袱等,接着讨论了决策者的原有认知和心理倾向是如何被造就的,并简要分析了原有认知的转变过程和机制。第三部分讨论了国际关系中四种常见的错误知觉:首先是一国倾向于认为其他国家比自己更加团结一致并精于算计,以至于一些无意偶然的事件会被视为精心谋划的行动;其次是一国倾向于将好事归功于自己,将坏事归结于他人,从而在互动中彼此加深了敌意;再次是愿望思维,即一国倾向于避开自己不愿看到的消息,接收自己想要发生的事情的信息,比如无视战争的信号,侥幸期待和平;最后是认知失调,即一国会不断寻找理由自圆其说,合理化自己的行为,也就是通过不断的正反馈达到认知相符。

最后,该著提出了一些非常实用的忠告,希望决策者能够意识到人的认知局限性。国家决策者应警惕错误知觉,注意换位思考,多了解世界其他国家的国内政治和社会进程,避免"以己度人",最终减少由错误知觉造成的不幸的国家间冲突和战争。

《国际政治中的知觉和错误知觉》一书开创了国际政治心理学的先河,是国际政治微观研究的代表性著作之一,代表着国际关系理论与心理学理论的经典融贯。

七、《世界政治中的战争与变革》

罗伯特·吉尔平的《世界政治中的战争与变革》一书1981年由剑桥大学出版社出版,是国际政治经济学中的霸权稳定理论扩展到国际安全领域的奠基性著作,也是国际关系中探讨权力周期性的广义权力转移理论的经典文献。

全书共六章。第一章对国际政治变革相关的概念作了界定,引入了经济学中的边际收益、边际成本等分析概念,在此基础上提出了解释国家行为变化和体系变迁的五个理论假设,以及变革的三种类型。在第二章到第五章,吉尔平以成本—收益分析为核心,论证了提出的五个理论假设。在第六章,为了论证国际关系的基本性质千年来未发生变化,吉尔平重点考察了核革命、国家间经济高度相互依存、全球社会及伴生的全球性问题的出现这三个标志着当代国际关系本质变化的方面,得出了"当今世界国际关系的基本问题仍是对国家之间权力发展不平衡的后果进行和平调整"的结论。

吉尔平体系变革理论的核心在于他提出的五个假设：(1) 如果没有国家认为变革体系是有利可图的，那么这种体系就是稳定的，也即处于均衡状态；(2) 如果预期收益大于预期成本，也即存在获取纯收益的可能，一国就将力图变革这种国际体系；(3) 一国将通过领土、政治和经济扩张的方法来谋求体系变革，直到进一步变革所付出的成本等于或大于边际收益时才会停止；(4) 一旦达到进一步变革和扩张在边际成本和收益上的均衡，为维持现状所付出的经济成本的增长会趋向于快于支撑现状所具备的经济能力的增长；(5) 如果体系失衡得不到解决，那么体系变革就会发生，一种反映新的权力分配的新平衡将被建立起来。以此为动力，吉尔平进而揭示了千百年来霸权存在的"扩张—平衡—衰落—新的扩张—新的平衡—新的衰落"的周期。

该著将由查尔斯·金德尔伯格率先提出的"霸权稳定论"从国际经济金融领域拓展到了政治军事领域，并广泛使用了经济学中的成本—收益分析、报酬递减规律、寡头垄断理论和政治经济发展不平衡规律来进行国际政治分析，将长期人为割裂的权力与财富的分析结合了起来。在有关"霸权稳定论"的"有霸则稳，无霸则乱，霸主必衰"的经典三段论中，吉尔平不同于金德尔伯格和史蒂芬·克拉斯纳的主要理论贡献在于他雄辩地论证了"霸主必衰"的历史宿命。全书浓重的循环论史观和对战争难以避免的警惕与悲观无疑是其难以抹去的现实主义色彩的重要体现。

八、《大国政治的悲剧》

约翰·米尔斯海默的代表作《大国政治的悲剧》由诺顿出版公司于2001年首次出版，2014年推出修订版。该著首创的进攻性现实主义理论是米尔斯海默思想的精华，也是其在国际关系理论上的主要贡献。自20世纪90年代初冷战结束以来，国际关系学界像舆论界一样弥漫着普遍的乐观情绪，认为国际政治的性质发生了根本变化，大国合作而非权力竞逐将是21世纪大国政治的主旋律，国际或地区问题上以自由主义为代表的各种非现实主义理论大行其道。米尔斯海默的这部力作不仅是其在欧洲地区秩序和安全领域为现实主义辩护的延续，还将这种抗辩上升到了宏观的理论层面，以简约而系统的理论形式将现实主义思想发挥到了极致,以告诫人们"现实世界仍旧是一个现实主义的世界"。

全书共十章,主要探讨了"什么是权力和实力"、"国家为何要争夺权力和霸权"、"国家如何实现权力最大化"三个核心问题。第一章导论旨在确立进攻性现实主义的理论地位,通过将摩根索的理论概括为"人性现实主义",将华尔兹的理论定性为"防御性现实主义",米尔斯海默为自己的理论在现实主义的理论家族中找到了位置。第二章是全书的核心,通过国际无政府状态、大国具备进攻性军事力量、意图不可确定、生存的首要目标地位和理性行为体假定五个相互紧密关联且不可分割的基本假定,米尔斯海默回答了国家为何要争夺权力、夺取霸权。第三、四章集中通过将权力区分为潜在权力和军事权力,呈现了米尔斯海默以军事权力尤其是地面力量定义的权力观。第五章探讨了战争、讹诈、诱捕、坐观血腥厮杀、制衡和推诿五种国家实现权力最大化的"生存战略"。第六章到第九章是对理论的历史检验。第十章在第一版中是在论证进攻性现实主义在冷战后时代的继续适用性以及对欧亚大陆两端的未来预期,随着中国崛起从预期日渐成为现实,在修订版中第十章被替换为在进攻性现实主义理论下对中国和平崛起之不可能性的分析。

由于米尔斯海默出于理论建构的需要完全抽象掉了传统理论所重视却又难以测量的意图因素,从科学规范的角度讲,长期以来的诸多批判一直不得要领。迄今较有力度的批判,从内部来说来自于乔纳森·科什纳从理论假定出发抓住的米尔斯海默对于生存(survival)与安全(security)概念的有意或无意的混淆以及他对于应然的成为霸权(being a hegemony)与实然的寻求霸权(bid for hegemony)的不加区分这两大因素导致的理论自洽问题,以及唐世平基于其社会演化理论从理论适用的外部时代性角度给予的批驳。当然,现实主义阵营内对于米尔斯海默的极端理论推演亦是颇有微词,或许如华尔兹所言,没有任何形容词修饰的现实主义才是最好的。

九、《二十年危机(1919—1939):国际关系研究导论》

两次世界大战之间的理想主义思潮和英法的绥靖主义政策是第二次世界爆发的重要原因之一。"二战"爆发前夕,英国历史学家爱德华·卡尔出版了《二十年危机(1919—1939):国际关系研究导论》,前瞻性地讨论了理想主义思潮的根源及其影响,为现实主义思想在国际政治学科中的发展开拓了道路。

该著第一部分讨论了国际政治学的起源及其状态,第二部分阐述了乌托邦主义的产生背景和特征。乌托邦主义的背景是18世纪的理性道德主义,特征是利益和谐论。乌托邦主义者坚持认为,个人追求自我利益的同时,也就帮助了社会利益的实现;而促进社会利益的同时,也就促进了个人利益的实现。这种早已过时的利益和谐论在第一次世界大战后被改头换面为国际利益和谐论,成为集体安全和国际联盟的基础。该著站在现实主义的立场对利益和谐论和国际理想主义进行了有力的批评,指出它们不过是特权阶级的道德武器。该著同时也指出了现实主义的局限性:彻底的现实主义将政治视为无限延绵的过程,这使人没有动力,也就缺乏感召力;只承认历史的整个客观发展过程,拒绝接受对历史过程的道德评判。该著认为,合理的政治思想必须包含乌托邦和现实两个方面的因素。

该著在第三部分讨论了政治、权力和道德的关系。道德和权力是政治中必不可少的因素,不能将道德与政治决然分开。国际政治中权力是第一要素,可以分为三类:军事力量,经济力量,支配舆论的力量。而道德,由于在个人道德和集体道德之间存在着某种冲突——从社会角度看,最高的道德理想是公正;从个人角度看,最高的道德理想是无私——所以它警告,将纯粹无私的个人道德学说用来处理群体关系的努力将以失败告终。该著第四部分讨论了法律和变革的关系。

该著的基本结论是,在建立世界联邦或者国际联盟这些美妙的摩天大厦之前,我们应该开创超越国家的道德标准。这种道德的开创只有具有强大权力的国家才能胜任。只有在人的思想方面取得进展,后面的实践才可能成功。

十、《无政府社会：世界政治秩序研究》

赫德利·布尔的《无政府社会：世界政治秩序研究》一书 1977 年由麦克米伦出版社首次出版。该著是国际关系理论英国学派的集大成者，是英国学派最负盛名的代表作。战后英国从霸权地位跌落，英国国际关系研究的主导议题也从权力政治逐步转向基于对帝国霸权历史反思基础上的国际秩序研究。经过几代人的开拓，英国的国际关系研究围绕"国际社会"这一核心理论概念展开的努力被后人赋予"英国学派"之名。布尔正是其中承上启下的关键人物，《无政府社会》作为英国学派思想理论走向成熟的标志，既是布尔思想的集中呈现，也是英年早逝的他留下的唯一一部专著。

该著共十四章，分为三个部分，分别旨在回答"什么是世界政治秩序"、"当代主权国家体系的秩序如何维系"和"主权国家体系是否仍是通往世界秩序的可行道路"三个问题。在第一部分的四章里，布尔分别讨论了世界政治秩序的概念、世界政治中的秩序、秩序何以维持以及世界政治中的正义及其与秩序的关系问题。布尔雄辩地展示，国际体系仅仅是国家间存在互动的客观现实，只有在此基础上具有了共同利益和归属感才能形成国际社会，国际秩序仅仅是世界秩序的一种当代形式，无政府并不代表没有秩序，世界政治中的正义具有复杂多义性，秩序尽管并不总是优于正义，却是实现其他价值的条件。在第二部分的第五章到第九章，布尔分别阐述了均势、国际法、外交、战争和大国五种管理主权国家体系中秩序的基本手段，在后世英国学派眼中这些才是构成国际社会的首要制度，而美国自由主义注重的国际制度、国际组织等不过是次要的甚至虚假的制度。在第三部分的第十章到第十三章，布尔探讨了当代国家体系的几种替代形式，并逐一分析了"有体系但无社会""有国家但没体系""世界政府""新中世纪主义""世界政府体系"五种可能形式，并展望了在国家体系仍将存续的前提下以"大国一致""全球中央集权""地区主义"和马克思主义革命四种模式对国家体系加以改造、修正的可能。

英国学派饱受争议的一点集中在作为核心概念的"国际社会"所体现的西方中心主义色彩，布尔在书中将马丁·怀特由共同文化与价值观定义的

"国际社会"概念替换为由共同利益观和归属感纽带来界定,在一定程度上减轻了这一色彩。此外,布尔对于国际体系和国际社会的严格区分,有助于进一步提炼和凸显英国学派的核心理论问题。他对于无政府与国际社会、秩序相容性的分析,既解决了怀特思想的内在矛盾,又为英国学派在其开创的格劳秀斯主义思想传统下的发展开辟了空间。当然,正如美国同行基于跨大西洋两岸在学科认识论、方法论差异基础上所提出的批评所言,全书概念过多且因果逻辑不明晰,使人需要仔细品读以领悟其中的启发性价值。

第二十九章　国际政治学代表学者、学术期刊与学术团体

莫盛凯　编

一门学科的兴盛和成熟离不开众多优秀学者富有创造性的智识贡献和相互争鸣,专业学术期刊的出现为这种争鸣和交锋提供了重要的平台,而学术共同体的制度化结社存在则更进一步密切和便利了学者们的相互接触与交流。因而,完整地了解并把握一门学科的过去、现状和未来,除了应掌握其系统成熟的知识体系,还需要关注其中的代表学者、学术期刊和学术团体。

一、国际政治学代表学者

研究是由人来推进的,也主要靠人来继承发展。国际政治学作为一门学科,无论是其基本范畴的提炼,理论流派的创立,研究方法的运用,还是前沿讨论的推进,都主要得益于一批研究者创造性的知识贡献和长期不懈的辛勤耕耘。以下介绍国际政治学十五位代表学者。需要说明的是,任何代表人物式的列举都难免挂一漏万,以下十五人的选取是兼顾平衡性的结果。

1. 爱德华·卡尔(Edward Hallett Carr)

爱德华·卡尔(1892—1982),英国著名历史学家、国际关系理论家,现实主义理论的奠基人。1911 年进入剑桥大学三一学院学习,1916—1936 在英国外交部任职,1936 年辞职后受聘威尔士大学伍德罗·威尔逊国际政治学教授。1953 年受聘牛津大学巴利奥学院,1955 年回到剑桥大学三一学院任高级研究员,1956 年当选英国学术院院士。卡尔早期作品主要是人物传记,最出名的是他在 1950—1971 年间陆续出版的十四卷本的《苏俄史》和在 1961 年的《历史是什么?》一书中对史学理论的探讨。此外他的主要著作有:《和平条约以来的国际关系》(1937)、《二十年危机(1919—1939):国际关系研究导论》(1939,1946 年修订版)、《不列颠:从凡尔赛和约到大战爆发的对

外政策研究》(1939)、《和平的条件》(1942)、《苏联对西方世界的影响》(1946)。

2. 巴里·布赞(Barry Buzan)

巴里·布赞,英国、加拿大双重国籍,1946年生于伦敦,1954年举家移民加拿大,1973年于伦敦政治经济学院取得博士学位,现为伦敦政治经济学院荣休教授,1998年被选为英国学术院院士,是当代国际关系特别是安全研究方面的泰斗,哥本哈根学派和英国学派的领军人物。主要研究领域为国际社会、国际安全、世界历史、地区安全、英国学派等。他著述甚丰,主要代表作有:《人、国家与恐惧:国际关系中的国家安全难题》(1983,1991年修订第二版)、《无政府的逻辑:从新现实主义到结构现实主义》(1993,与查尔斯·琼斯、理查德·利特尔合著)、《世界历史中的国际体系:现代国际关系的缔造》(2000,与理查德·利特尔合著)、《地区与强权:国际安全的结构》(2003,与奥利·维夫合著)、《美国与诸大国:21世纪的世界政治》(2004)、《国际关系英国学派导论:社会的方法》(2014)、《全球大转型:历史、现代性与国际关系的缔造》(2015,与乔治·劳森合著)。

3. 彼得·卡赞斯坦(Peter Katzenstein)

彼得·卡赞斯坦,1945年生于德国汉堡,1973年获哈佛大学博士学位,此后长期任教于康奈尔大学,现为该校沃尔特·卡朋特国际关系教授。他1987年被选入美国人文与科学院、2009年被选入美国哲学会并于2008—2009年间任美国政治学会主席。卡赞斯坦的研究涉及比较政治和国际关系两大领域,是国际关系研究的杂家,被认为是国际关系研究的建构主义者及新自由制度主义者。他的主要著作有:《世界市场中的小国:欧洲的工业政策》(1985,现已更新至第五版)、《国家安全的文化:世界政治中的规范与认同》(1996)、《地区构成的世界:美国霸权下的亚洲和欧洲》(2005)、《世界政治中的反美主义》(2007,与罗伯特·基欧汉合编)、《世界政治中的文明:多元与多维的视角》(2010)、《超越范式:世界政治中的分析折中主义》(2010,与鲁德拉·希尔合著)。

4. 汉斯·摩根索(Hans J. Morgenthau)

汉斯·摩根索(1904—1980),美国著名政治学家、国际关系理论现实主义学派大师,也是国际法学中"权力政治学派"的缔造者,对国际关系理论和国际法学研究做出了里程碑式的贡献,所著《国家间政治》是现实主义的经典著作。他出生于德国科堡的犹太家庭,1923—1927 年间先后在柏林大学、法兰克福大学和慕尼黑大学攻读哲学、文学和法律,在瑞士日内瓦的国际问题研究生院学习和研究国际政治。纳粹在德国掌权后,他于 1937 年辗转到美国,先后供职于布鲁克林学院(1937—1939)、堪萨斯州立大学(1939—1943)、芝加哥大学(1943—1973)、纽约城市大学(1973—1975)和设在纽约的社会研究所(1975—1980)。他于 1943 年加入美国国籍,在冷战早期乔治·凯南主政国务院政策规划司时曾任美国国务院顾问,后来在肯尼迪—约翰逊时期再度出任顾问一职,但因反对和批评越南战争被解职。他的主要著作有:《国家间政治:权力斗争与和平》(1948)、《捍卫国家利益》(1951)、《美国政治的目标》(1960)、《美国与越南战争》(1965)、《真理与权力》(1970)、《科学:仆人还是主人?》(1972)。

5. 赫德利·布尔(Hedley Bull)

赫德利·布尔(1932—1985),生于澳大利亚悉尼,曾在悉尼大学学习历史和哲学,在牛津大学学习政治学;在伦敦政治经济学院、澳大利亚国立大学和牛津大学任教,去世时是牛津大学蒙塔古·伯顿国际关系教授。布尔是国际关系英国学派的主要代表人物之一。其主要著作有《无政府社会:世界政治秩序研究》(1977)、《国际社会的扩展》(1984,与亚当·沃森合编)。其中《无政府社会》一书对无政府状态下秩序的探究,对国际社会和国际体系的区分,对世界政治中秩序与正义关系的探讨,是布尔理论思想精髓的集中体现。该著被视为是国际关系领域的主要文献和英国学派的核心文本。

6. 卡尔·多伊奇(Karl Deutsch)

卡尔·多伊奇(1912—1992),著名的社会学家、政治学家,生于捷克斯洛伐克布拉格,1938 年获捷克查理大学政治学博士学位,1951 年获哈佛大学博士学位。他于 1948 年加入美国国籍,曾任教于麻省理工大学(1943—1956)、耶鲁大学(1956—1967),此后任哈佛大学斯坦菲尔德国际和平教授直至去世。其研究领域主要包括战争与和平、民族主义、合作与沟通。他把控制论、系统论、信息论以及定量研究的方法引入政治学研究中,成为 20 世纪60年代行为主义的主要代表人物。他的主要理论贡献是从科学行为主义的视角系统地提出了"科学行为主义三论"的一体化理论、沟通理论和博弈论,以及提出了诸如"安全共同体"这样的新概念。其主要著作有:《政治共同体与北大西洋地区:历史经验中的国际组织》(1957,与伯勒尔等合著)、《政府的神经:政治沟通与控制的模型》(1963)、《国际关系分析》(1968)、《民族主义及其替代》(1969)、《政治与政府:人民如何决定他们的命运》(1970)、《政治学的数学研究方法》(1973)、《数学政治分析》(1976)。

7. 肯尼思·华尔兹(Kenneth N. Waltz)

肯尼思·华尔兹(1924—2013),1944—1946 年间参加"二战",1951—1952 年以中尉身份参加朝鲜战争,1954 年获哥伦比亚大学博士学位,此后先后任教于哥伦比亚大学(1953—1957)、斯沃斯莫尔学院(1957—1966)、布兰德斯大学(1966—1971)、伯克利加州大学(1971—1994),在 1994 年退休后又于 1997 年回到哥伦比亚大学任兼职教授及该校战争与和平研究所高级研究员。华尔兹是当代国际关系理论研究领域划时代的大师级人物,在国家行为的层次分析和体系层次分析上做出了开创性的贡献,是"人—国家—体系"三个意象层次分析法和体系理论的创立者,被视为新现实主义/结构现实主义的代表人物。他的主要著作有:《人、国家与战争:一种理论分析》(1959)、《对外政策与民主政治:美英的经验》(1967)、《国际政治理论》(1979)、《武力使用:军事权力与国际政治》(1983,与罗伯特·阿特合著)、《核武器的扩散:一场新的辩论》(1995)、《现实主义与国际政治》(2008)。

8. 雷蒙·阿隆(Raymond Aron)

雷蒙·阿隆(1905—1983),生于法国巴黎,1924—1928 年间就读于巴黎高等师范学院哲学专业,1930 年获历史哲学博士学位。"二战"期间在法国空军服役,1940—1944 年间流亡英国伦敦,参加"自由法国"运动并主编《自由法国》杂志。战后在巴黎高等师范学院和巴黎政治学院教授社会学,1955—1968 年间任教于索邦大学,1970 年后任教于法兰西学院。他在社会学、历史学、政治学和国际关系学科领域都卓有建树,在国际关系领域最著名的是 1962 年出版的《和平与战争:国际关系理论》。该书分为政治学理论、社会、历史和人类行为学四大部分,1966 年被译成英文在美国出版,是冷战年代美英以外欧洲大陆国际关系研究的集大成者。他的其他主要著作有:《知识分子的鸦片》(1955)、《回忆录》(1983)。

9. 罗伯特·基欧汉(Robert O. Keohane)

罗伯特·基欧汉,1941年生,1966年获哈佛大学博士学位。他先后在斯沃斯莫尔学院(1965—1973)、斯坦福大学(1973—1981)、布兰德斯大学(1981—1985)、哈佛大学(1985—1996)、杜克大学(1996—2005)任教,现为普林斯顿大学伍德罗·威尔逊公共与国际事务学院国际事务教授。他的学术生涯起源于对现实主义范式的质疑,发展于对新现实主义范式的批判,成就于新自由制度主义范式的构建,辉煌于其所创立的新自由制度主义与新现实主义比肩主导地位之确立,发展于对以建构主义为代表的反思主义理论的吸收和借鉴。代表性著作有:《跨国关系与世界政治》(1972年,与约瑟夫·奈合编)、《权力与相互依赖:转型中的世界政治》(1977,与约瑟夫·奈合著)、《霸权之后:世界政治经济中的合作与纷争》(1984)、《新现实主义及其批评者》(1986)、《国际制度与国家权力:国际关系理论论文集》(1989)、《观念与外交政策:信念、制度与政治变迁》(1993,与加迪斯·戈德斯坦合编)、《设计社会调查:定性研究的科学推理》(1994,与加里·金、悉尼·维巴合著)、《国际化与国内政治》(1996,与海伦·米尔纳合编)、《局部全球化世界中的权力与治理》(2002)、《世界政治中的反美主义》(2007,与彼得·卡赞斯坦共同编著)。其中《霸权之后》一书是国际关系研究领域引用率最高的著作之一。

10. 罗伯特·吉尔平(Robert G. Gilpin)

罗伯特·吉尔平(1930—2018),生于美国佛蒙特州伯灵顿,1954—1957年在美国海军服役,1960年获伯克利加州大学博士学位,1960—1961年在哈佛大学从事博士后研究,1962年加盟普林斯顿大学并于1967年获得教职,是该校德怀特·艾森豪威尔国际事务教授。他是著名的现实主义国际关系理论家、国际政治经济学的奠基人之一、霸权稳定论的代表人物。他擅长于权力、财富与安全间关系的研究,IPE、霸权稳定论、体系变革论是他的三大主要理论贡献。他的主要著作有:《美国科学家与核武器政策》(1962)、《跨国公司与美国霸权》(1975)、《世界政治中的战争与变革》(1981)、《国际关系政治经济学》(1987)、《全球资本主义的挑战》(2000)、《全球政治经济学：理解国际经济秩序》(2001)。

11. 罗伯特·杰维斯(Robert Jervis)

罗伯特·杰维斯,1940年生于美国纽约,1967年获伯克利加州大学政治学博士学位。此后先后执教于哈佛大学(1968—1974)、洛杉矶加州大学(1974—1980),1980年起加盟哥伦比亚大学,现为哥伦比亚大学阿德莱·史蒂文森国际政治学教授。他的研究领域集中在相互关联的三个部分,即战略性互动(包括核威慑和无政府条件下的合作)、国际政治中的知觉与错误知觉、复杂系统效应和非本意结果。其主要著作有:《国际关系中的印象逻辑》(1970,1989年再版)、《国际政治中的知觉与错误知觉》(1976)、《核革命的意义》(1989)、《系统效应:政治与社会生活中的复杂性》(1997)、《新时代的美国对外政策》(2005)、《情报为何失灵:伊朗革命与伊拉克战争的教训》(2010)。

12. 亚历山大·温特(Alexander Wendt)

亚历山大·温特,1958年出生于联邦德国美因茨,1989年获明尼苏达大学博士学位。他先后执教于耶鲁大学(1989—1997)、达特茅斯学院(1997—1999)、芝加哥大学(1999—2004),2004年起加盟俄亥俄州立大学,现为该校拉尔夫·梅尔尚国际安全教授、政治学教授。温特是国际关系主流建构主义最重要的代表人物,代表作《国际政治的社会理论》(1999)于2006年被国际研究协会评为本领域过去十年里的最佳图书。他近来转向了探求量子物理对社会科学研究的可能启示和论证世界国家的不可避免性两项研究,《量子思维与社会科学:实现物理学与社会科学本体论的统一》(2015)是其这方面的最新成果。

13. 伊曼纽尔·沃勒斯坦(Immanuel Wallerstein)

伊曼纽尔·沃勒斯坦(1930—2019),生于美国纽约,在哥伦比亚大学社会学系获学士、硕士和博士学位,1951—1953年曾在美国陆军服役;先后任教于哥伦比亚大学(1958—1971)、加拿大麦吉尔大学(1971—1976)、纽约州立大学宾汉姆顿分校(1976—1999),在1976—2005年兼任纽约州立大学费尔南德·布罗代尔经济、历史体系和文明研究中心主任;在从纽约州立大学荣休以后又在 2000 年起担任耶鲁社会学系高级研究员。他是新马克思主义的重要代表人物和世界体系理论的主要创立者。其主要著作有:《现代世界体系(第一卷):16 世纪资本主义农业和欧洲世界经济的起源》(1974)、《资本主义世界经济》(1979)、《现代世界体系(第二卷):重商主义与欧洲世界经济的巩固(1600—1750)》(1980)、《世界体系分析:理论与方法》(1982,与特伦斯·霍普金斯等)、《历史资本主义》(1983)、《世界经济的政治学:国家、运动与文明》(1984)、《现代世界体系(第三卷):资本主义世界经济的第二轮大扩张》(1989)、《历史资本主义与资本主义文明》(1995)、《我们所知世界的终结:21 世纪的社会科学》(1999)、《美利坚权力的衰落:混乱世界中的美国》(2003)、《世界体系分析导论》(2004)、《欧洲普世主义:权力的修辞》(2006)、《现代世界体系(第四卷):自由主义中间派的胜利(1789—1914)》(2011)、《不确定的世界:变化时代中的世界体系分析》(2013,与查尔斯·李马特等)。

14. 约翰·米尔斯海默(John J. Mearsheimer)

约翰·米尔斯海默,1947 年生于美国纽约,1964 年入伍参军,1970 年于西点军校毕业后在美国空军服役五年,1981 年获康奈尔大学政府学博士学位。曾在布鲁金斯学会和哈佛大学工作,1982 年起执教于芝加哥大学,现为该校温德尔·哈里森杰出贡献教授、国际安全政策项目联合主任。他是进攻性现实主义理论的创立者和主要代表人物。他的主要研究领域为国际关系理论、国际安全、巴以冲突、民族主义和中国崛起,主要著作有:《常规威慑》(1983)、《核威慑:伦理与策略》(1985,与拉塞尔·哈定等共同主编)、《利德尔·哈特与历史的分量》(1988)、《大国政治的悲剧》(2001,2014 年再版)、《以色列游说集团与美国对外政策》(2007,与斯蒂芬·沃尔特合著)、《领导人为何撒谎:国际政治中谎言的真相》(2011)、《大幻想:自由主义之梦与国际观念》(2018)。

15. 詹姆斯·费伦(James Fearon)

詹姆斯·费伦,1992 年获伯克利加州大学政治学博士学位,1991 至 1998 年间任教于芝加哥大学,1998 年加盟斯坦福大学,现为该校人文与科学学院西达与弗朗西斯·格巴尔教授。费伦以其对内战、国际谈判、战争无效性难题和观众成本的研究而闻名,是当代最具影响、最有活力和建树的新一代国际关系学者。他的主要研究领域包括武装冲突与政治暴力,以及民主理论和民主对对外政策的影响。他发表大量学术论文,但尚无专著出版,影响较大的代表性论文有:《政治科学中的反事实与假设检验》(1991,《世界政治》)、《国内政治的观众与国际争端的升级》(1994,《美国政治学评论》)、《战争的理性主义解释》(1995,《国际组织》)、《解释族群间合作》(1996,与戴维·莱廷合著,《美国政治学评论》)、《族群性、叛乱与内战》(2003,与戴维·莱廷合著,《美国政治学评论》)。

二、国际政治学主要学术期刊

学术期刊是展示特定领域最新研究成果的平台,也是学术共同体成员讨论问题、交流观点、砥砺思想的重要依托。当代国际政治学作为一门诞生于英国、兴盛于美国,有着强烈"美国重心"色彩的社会科学,体现在学术期刊上,就是英美世界主办的英文学术刊物的巨大学术影响力和其学科引领地位。当然,近年来中国的巨大进步也显而易见。

1.《国际组织》(International Organization)

《国际组织》由联合国世界和平理事会的理事们于1946年春天决定创办,1947年2月出版第一期,季刊,现由国际组织基金会主办,是一份涵盖国际事务所有领域的顶尖杂志,由剑桥大学出版社出版。在1968年以前的20年里所刊文章比较注重描述分析,关注新生国际组织的形成与运作,不太注重理论运用和假设检验。20世纪60年代起,文章风格发生明显变化,开启世界政治的理论化进程,刊发了大量有关欧洲一体化的重大研究成果,对传统现实主义提出挑战,提出经济相互依赖中的政治因素的概念,开辟了国际政治经济学研究的新理论空间。在20世纪80年代新现实主义与新自由制度主义围绕国际机制展开的理论大辩论和80年代末、90年代前半期建构主义的兴起引发的理性主义与建构主义的理论大辩论中,《国际组织》都发挥了重要的平台作用,在研究议程设置和理论化程度方面的影响绵延至今。一本杂志开辟了一个新的研究子领域、推动了两次大的学科理论大辩论,使《国际组织》成为国际关系研究领域当之无愧的头号权威刊物。刊物力图发表国际政治和经济关系领域最好和最具创造性的学术论文,特别青睐在广义上促进了总体知识或经验提升与完善的论文;尽管也会刊登一些旨在就当前世界问题提出解决方法的文章,但更注重那些同时应用理论观点和发现或是解决了学术上存在普遍争论的论文。主题范围有外交政策、国际关系、国际与比较政治经济学、安全政策、环境争端与解决、地区一体化、联盟范式与战争、谈判与冲突解决、经济发展等。

2.《国际安全》(*International Security*)

《国际安全》创刊于 1976 年,季刊,由美国哈佛大学科学与国际事务贝尔福中心编辑,麻省理工学院出版社出版。该刊是国际安全事务研究领域领先的学术季刊。该刊致力于通过反映不同观点和多样化专业背景的稿件提供对国际安全问题的及时分析,通过专业性与政策相关性的结合促进对特定安全问题的分析;欢迎有关安全事务各个方面的文章,将安全宽泛地定义为包括战争起因、进行以及过程的各种问题,特别是对有关当代安全政策事项的严肃分析、安全研究中的理论与概念问题、有关于战争与和平问题的历史疑问感兴趣。所刊论文可大致分为政策(指当代安全政策问题的分析)、理论(提出、检验、改进或应用与使用、威胁使用和控制武力相关的国际关系理论)、历史(提供有关历史上事件新信息或新解释)、科技(分析国际安全的科技维度)四大方面。

3.《国际研究季刊》(*International Studies Quarterly*)

《国际研究季刊》创刊于 1959 年,是国际研究协会出版的六大学术刊物之首,也是代表协会的官方学术刊物,由著名学术出版商威利—布莱克维尔出版。该刊发表国际研究领域具有重大理论、实证和规范意义的前沿论文,论文应与跨越国界的政治、经济、社会和文化过程相关,或是为有关困惑提供回答,或是呈现了原创性研究成果,或是进一步探索了国际理论中的话题,或是介入了跨学科的争论。尽管这样的研究论文通常具有政策含义,刊物也鼓励作者阐明这些内涵的政策建议,但相对于文章的理论价值,它们是第二位的。

4.《世界政治》(*World Politics*)

《世界政治》创刊于 1948 年,季刊,在 1951 年前由耶鲁国际研究所主办,2003年前由普林斯顿国际研究中心主办,现由普林斯顿大学的普林斯顿国际与地区研究院编辑,剑桥大学出版社出版。刊物欢迎解决了国际关系、比较政治、国家发展、政治经济学及其相关子领域的理论或经验难题的分析性、理论性文章,鼓励学术争论,但不刊登纯粹史料性或有关当前事务、政策阐述等新闻性文章。

5. 《欧洲国际关系》(European Journal of International Relations)

《欧洲国际关系》创刊于1995年,季刊,由政治研究欧洲财团的国际关系常设小组创办,现由苏塞克斯大学编辑,欧洲国际关系协会和赛奇出版公司出版。刊物立足欧洲,面向整个国际关系研究共同体,接受有关国际关系的各个领域文章,不限于特定学派、路径和方法。

6. 《国际研究评论》(Review of International Studies)

《国际研究评论》创刊于1975年,季刊,是英国国际研究协会的旗舰刊物,由剑桥大学出版社出版。刊物致力于刊发国际关系领域的世界级学术成果,以及其他从国际和全球维度切入世界政治的相关领域如政治学、历史学、法学、地理学、社会学的研究成果。

7. 《中国国际政治》(Chinese Journal of International Politics)

《中国国际政治》创办于2006年,是由清华大学当代国际关系研究院主办并编辑、牛津大学出版社出版的英文学术季刊,旨在促进对国际关系系统和缜密的研究,除了刊登基于现代方法的学术论文,也同样欢迎历史研究和政策导向研究的学术研究成果。2009年起成为中国第一份也是迄今唯一一份被社会科学引文索引(SSCI)收录的国际关系专业杂志。所刊文章主要涵盖国际安全、国际关系理论、中国外交政策、东亚地区动态、军备控制与裁军、军事冲突与争端解决、全球化与国内转型、国际政治经济学等多个主题领域,偶尔刊登少量学术评论或书评。

8. 《世界经济与政治》(World Economics and Politics)

《世界经济与政治》系中国社会科学院主管、中国社会科学院世界经济与政治研究所主办的综合性学术月刊。自1979年创刊以来,以国际关系理论研究为主旨,注重国际政治与世界经济的结合。辟有国际关系理论、世界政治、国际战略、中国外交、国际政治经济学和海外专稿等主要板块,是中国国际问题研究领域的权威刊物,也是中文国际问题研究领域较具国际影响的一份学术刊物。

9.《外交评论》(Foreign Affairs Review)

《外交评论》创刊于1984年,系由中华人民共和国外交部主管、外交学院主办的双月刊。它既是外交学院的学报,也是中国国际关系学会的会刊。刊物以"外交和国际关系"为特色,致力于中国外交和国际政治重大和热点问题的学术讨论,涵盖中国外交及外交学、国际关系、国际经济、国际法等方面,偶尔也刊载少量书评和学术动态。

10.《当代亚太》(Journal of Contemporary Asia-Pacific Studies)

《当代亚太》是由中国社会科学院亚太与全球战略研究院和中国亚洲太平洋学会联合主办的学术性期刊,创刊于1992年,2008年起由月刊改为双月刊。主要刊登研究亚太地区重大问题和热点问题的文章,内容涵盖亚太地区国际政治、经济、外交、安全、文化等领域,既注重文章的理论探讨性,又强调研究的实践意义,重点反映当前最新的国内外研究成果。

三、国际政治学主要学术团体

全国性学术团体的形成是学术共同体内相互交流发展到一定程度后制度化的结果,也是学科发展成熟的重要体现。以下简单介绍中、美、英、日等国面向国际政治学的全国性学术团体。

1. 中国国际关系学会

中国国际关系学会(China National Association for International Studies,CNAIS)是全国从事国际关系专业教学与研究的人员自愿结成的、非营利性的群众学术团体和国家一级学会,受业务主管单位中国外交部、社团登记管理机关民政部的业务指导和监督管理,驻会单位为中国外交学院。会员单位包括国内设有国际政治、国际关系和外交学专业的高校,国内的主要国际问题研究机构、党校、军事院校以及外交部、中联部等单位。学会汇集了全国从事国际关系教学和研究的一流专家和学者,旨在推动我国国际关系历史、理论与现实问题的教学与研究,开展学术活动,交流学术成果。其前身是成立于1980年12月16日的中国国际关系史研究会,2000年的第六届年

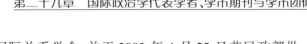

会一致同意更名为中国国际关系学会,并于2003年4月25日获民政部批准。学会会刊为外交学院学报《外交评论》。

2. 中国高等教育学会国际政治研究专业委员会

中国高等教育学会国际政治研究专业委员会是由中国各有关高校国际政治教学研究单位自愿组成的全国性社会团体,经民政部批准,于2003年10月18日在北京大学成立,是中国高等教育学会下属二级学会,是中国国际政治领域教学与科研人员联系与交流的平台,现有会员单位七十余所高等院校。会刊是与北京大学国际关系学院共同主办和编辑出版的《国际政治研究》。

3. (美国)国际研究协会(The International Studies Association)

国际研究协会成立于1959年,现拥有代表一百多个国家和地区的六千五百多名会员,是国际问题研究领域最具声望的学术团体,总部设在美国亚利桑那州图森的亚利桑那大学,每年举办一次年会,并向为该领域学术研究做出杰出贡献的会员颁发奖项。协会致力于联系全球的学者、从业者和学生,创建致力于国际问题研究的学术共同体。下设6个地区分部(250名会员以上可以成立分部,现有美国境内的西部、南部、东北部和中西部以及美国以外的加拿大和亚太共6个地区分部)、28个主题分组(100名会员以上可以成立主题分组,现有外交研究、对外政策分析、环境研究、全球发展研究、国际安全研究、国际政治经济学、国际政治社会学等共计28个主题小组)和4个连线小组(50名会员以上可成立连线小组,现有全球南方连线小组、性少数群体连线小组、妇女连接小组和在线媒体连线小组),为特定地区或研究领域内同行的思想和研究交流提供了便利。协会还与三十多个国家和地区的57个国际研究类组织建立了合作关系,并享有联合国非政府组织的咨商地位。协会出版或合作主办刊物有《国际研究季刊》《国际研究评论》《国际研究视角》《对外政策分析》《国际政治社会学》和《国际互动》六份专业学术期刊,其中《国际研究季刊》为代表协会的官方刊物。

4. 英国国际研究协会(British International Studies Association)

英国国际研究协会创立于1975年,设在阿伯里斯特威斯大学的国际政治系,旨在通过教学、研究以及学者间的联系以发展和促进国际问题研究,是在英国的国际问题研究者、政策制定者、从业者和学生的主要团体。协会拥有将近1000名会员,除了英国本土的成员外,还有来自欧洲其他国家以及美洲、非洲、亚洲国家的成员。协会旗舰刊物为《国际研究评论》(*Review of International Studies*),并与剑桥大学出版社合作出版"剑桥国际关系研究丛书"。

5. 日本国际政治学会(Japan Association of International Relations)

日本国际政治学会创立于1959年,旨在促进国际政治、国际关系史和区域研究等国际问题的研究和学术交流,每年举办一次年会。学会主办有日文季刊《国际政治》和英文期刊《亚太国际关系》。